로마서,
복음을 바르게
이해하라

저자 김성도

멘토링

로마서 주해서
복음을 바르게 이해하라

발행/ 2013년 1월 10일
인쇄/ 2013년 1월 10일
저자/ 김 성 도 목사
발행처/ 도서출판 멘토링
출판신고/ 2012년 6월 14일
제2012-000210호
서울 강남구 역삼동 828-38
070-8249-5259, 010-5268-5250
이메일/ mentor2020@nate.com
인쇄소/ 엘피스(010-3751-7224)
편집/ 박 은 환
표지디자인/ 김진아
ISBN 978-89-98600-00-6-13230

복음의 능력을 갈망하며

한 번은 로마서 강의를 막 듣고 나온 학생이 씩씩거리며 "로마서 교수님이 율법을 준수해야 한다고 강조하는데, 그럴 수 있습니까?"라고 항의를 하면서 덧붙여 "그 목사님은 평상시에도 교회에서 설교할 때마다 '하라' '하지 말라'와 같은 율법적 설교를 많이 해요."라는 말을 들으며 쓸쓸한 마음을 금할 길이 없었다.

오순절 신학에서 중요한 신학적 표제 중에 하나가 '순복음'(Full Gospel)으로서 그리스도 중심의 '완전하고' '충분한' 복음을 증거하는 것을 신앙의 표제로 삼고 사명으로 여기고 있는데, 그 강단에서 복음적 메시지보다 율법적 메시지가 더 많다는 것은 무엇인가 문제가 있다고 보여 졌기 때문이다.

우리 한국교회 안에는 복음에 대하여 몇 가지 잘못된 자세들이 있다는 것을 지적한 글을 읽은 적이 있다.

첫째는, 복음이 정확하게 무엇을 말하는 것인지 이해하지 못하고 무관심한 태도이다. 보편적으로 신자들은 '복음'은 '예수 그리스도에 관한 소식', 즉 탄생, 삶, 죽음, 부활, 재림에 대한 것이라는 피상적인 개념만 알고 있을 때가 많다. 그들의 생각대로 복음이 그리스도에 대한 이야기인 것만은 사실이다. 그러나 한 걸음 더 나아가서 예수 그리스도 때문에 우리 인생들에게 어떤 일이 일어나며 어떤 영향력과 결과가 일어나는지를 생각하지 않는다면 복음의 진정한 의미를 안다 할 수 없을 것이다.

둘째는, 복음에 대하여 모든 것을 다 안다고 자부하는 자세이다. 그래서 복음에 대한 이야기를 하면, 뻔히 아는 것을 또 이야기한다고 비아냥거린다. 사실은 복음의 내용을 아는 것이 중요한 것이 아니다. 구원하는 복음의 능력이 듣는 사람, 믿는 사람들 속에서 실제적으로 나타나야 함에도 전혀 그런 것에 대하여서는 관심이 없다.

셋째는, 복음만 가지고는 전도와 교회 사역이 부족하다고 생각하는 자세이다. 그래서 교회 안에서 다른 프로그램, 다양한 전략을 동원하고 있다. 설교자들은 복음의 메시지를 빼고 주로 성공전략과 긍정적 사고방식을 선포하고, 복음의 능력과 메시지보다 신비한 능력을 추구하기에 급급하고, 복음의 능력을 적용하고 체험하기보다는 심리학과 상담학적 기법만 동원하려고 할 때가 많다. 그렇다. 이 모두 정확한 지적이라고 본다.

 필자는 신약성경 중에서 에베소서, 히브리서, 로마서를 '복음의 트라이앵글'(triangle of the Gospel)이라고 부르기를 좋아한다. 에베소서는 세상을 향한 하나님의 구원 계획과 그 전략이 무엇인지에 대하여, 히브리서는 구원 계획의 핵심인 예수 그리스도의 십자가 사역의 완전성과 구속의 완성에 대하여, 로마서는 완성된 그리스도의 십자가의 복음을 어떻게 적용할 수 있을까에 대하여 기록하고 있기 때문이다.

 목회자와 평신도들은 바른 기독교 신앙 위에 서서 올바른 사역을 전개하기 위해서는 반드시 세 가지 복음의 서신들을 이해해야 한다고 본다. 그래서 모든 인종을 초월하여 전 세계 기독교인들이 '복음의 트라이앵글'의 내용을 바르게 이해하고 깨닫는 날이 왔으면 하는 간절한 소원을 가지고 있다.

 로마서는 비록 순서적으로 세 번째로 살폈으면 하는 말씀이지만, 개혁자 루터(Martin Luther)는 "로마서는 그 자체 안에 성경 전체 의도를 내포하고 있으며 새 언약 혹은 복음의 가장 완벽한 개요다"라고 했고, 개혁시대의 가장 탁월한 학자 중에 하나였던 루터의 친구 멜랑히톤(Melanchthon)은 로마서를 "기독교회의 교리 집약서"라고 정의한 것처럼 정말 뛰어난 교리적 내용이 들어 있음을 알 수 있다.

 그러나 로마서는 교리적 내용을 밝히려는 것에 초점을 맞추기보다는 "복음은 믿는 자에게 구원을 주시는 하나님의 능력"(1:16)이라는 사실을 밝히려는 의도에서 기록된 것이라 할 수 있다. '구원하는 능력'에 대하여 신학자 칼 바르트(Carl Barth)는 '파입'(破入, inbreaking)이라는 말을 사용하였다. 즉 예수 그리스도의 성육신과 죽으심, 그리고 부활의 사건은 이 세상속에 하나님의 왕국의 침투, 또는 현재의 악한 세대를 중단시키고 종말적 하나님의 나라를 침투시켜 설치하는 것이라고 본 것이다.

 그래서 복음에는 모든 것을 벗겨내고 엎어버리는 강력한 하나님의 능력이 있다고 본 것이다. 로마서는 그리스도의 구속에 근거하고 성령이 역사하는 복음은 죄의 권세와 율법의 속박에서 해방을 주는 능력이 있다는 사실을 밝히며 그 능력을 자신의 것으로 체험할 수 있도록 인도하고 있다.

로마서는 첫째 부분에서(1:18-3:18) 유대인이나 이방인을 불문하고 모든 인간은 죄의 권세 아래 놓인 죄인이며 하나님의 진노에 직면해 있다는 사실을 밝히고, 둘째 부분에서는(3:19-5:21) 그리스도의 구속에 근거하여 하나님께서는 율법 이외에 '믿음의 법칙'의 새로운 구원 전략을 제시했다는 것을, 셋째 부분에서는(6:1-8:39) 죄와 율법의 세력에서의 해방에 대하여 진술하면서 율법주의를 배격할 것을 권면하고, 성령을 따라 사는 삶을 통하여 승리와 성화의 생활, 그리고 종말적 소망에 대하여 설명하였다.

그리고 넷째 부분에서는(9-10장) 이스라엘의 구원 문제를 중심으로 전 인류, 즉 이방인의 구원과 이스라엘의 구원에 대한 하나님의 계획과 경륜하심이 어떠한지를 설명했다. 마지막으로(12-15장) 구속함을 받은 하나님의 백성, 하나님의 구원 계획의 비밀을 깨달은 신자는 하나님과 교회, 그리고 사회 속에서 어떤 삶을 살아야 하는지, 특히 신앙 공동체 안에서 왜 분쟁을 멈추어야 하는지를 자세하고 명확하게 가르쳐주고 있다

다시 말해, 1~5장에서는 죄인이 어떻게 해야 의롭다 하심의 존재 변화를 얻을수 있는지, 6~8장에서는 개인적 삶의 변화는 어떤 영적 원리를 따라야 얻을수 있는지를, 12~15장에서는 공동체 안에서 어떻게 실천적 변화를 해야 복음적 삶을 성취할 수 있는지를 말하고 있다.

사실 우리는 로마서를 참 친숙하게 생각하면서도 내용을 이해함에 있어서 실제적으로는 단편적이거나 이해를 제대로 하지 못할 때가 많고, 또한 잘못된 해석으로 편협적인 신앙에 빠질 때가 많다. 솔직히 기독교 2,000년 역사의 모든 행과 불행의 원인은 로마서에 기인했다고 볼 수도 있다. 어거스틴(Augustine)의 회심도, 마틴 루터(Martin Luther)의 종교개혁도, 요한 웨슬리(John Wesley)의 성결부흥운동도 로마서가 그 동기가 되었었다. 그런가 하면 기독교 세계에서 벌어진 모든 불행한 사건들의 원인들, 즉 구원의 공로(功勞)주의, 종교적 의식화, 율법주의, 신실한 신앙인들의 이단화 정죄, 권력투쟁과 분열, 무수한 동료 기독교인 박해와 사형들, 신자들의 삶의 변화 미진(未盡)과 무력증, 언행 불일치...등은 전부 로마서를 바르게 이해하지 못하고, 적용시켜 변화되지 못했고, 실천하지 못했기 때문이라고 볼 수 있다. 그러므로 앞으로 기독교가 같은 불행을 반복하지 않기 위해서라도 로마서 전체에 나타난 진리를 바르게 이해하고 적용하여 실천하는 것이 우리

기독교 세계의 과제라고 보여 진다.

역사가 토인비(Arnold J. Toynbee)는 역사에 대한 사람들의 태도를 하나의 배를 타고 먼 여행을 떠난 세 종류의 사람들로 비유하여 말했었다.

첫 번째 사람은 배가 어디로 가는지 전혀 관심이 없는 사람이다. 오로지 배 안에서 먹고 마시는 일에만 전심전력한다. 먹을 것이 많으면 만족해하고 먹을 것이 없으면 불행해 하는 사람이다.

두 번째 사람은 배의 행선지에 대하여 관심은 없으나 주변의 경치를 구경하는 일에 몰두하는 사람이다. 이 사람은 날씨가 화창하고 좋은 경치가 전개되면 좋아하다가도 날씨가 궂고 배가 흔들리면 죽느니 사느니 원망을 하는 사람이다.

세 번째 사람은 배가 가는 방향을 알고 최종 정착지를 생각한다. 그곳에 가기 위해 무엇을 해야 할지 아는 사람이다. 그래서 하루하루 자기에게 맡겨진 대로 열심히 노를 젓는 사람이다. 어쩌면 이들이 토인비가 말한 것처럼 역사 속에서 '창조적인 소수'(creative minority)일지 모른다.

복음을 바르게 이해하고 하나님의 구속사를 안다는 것은 교회가 추구해 가야 할 목적지를 안다는 말이다. 기독교 역사관은 하나님께서 이미 계획하신 목적지를 향하여 이끌어 가신다는 것을 믿는다.

우리가 그리스도의 몸인 교회라는 배에 올라탔으면서도 어디를 향하여 가야 할지를 전혀 모르고 무관심한 신자의 삶을 살아서는 안 된다. 그러므로 우리는 역사 속에서 전개되는 하나님의 구속 계획이 무엇인지, 그 계획을 성취하기 위한 경륜하심이 무엇인지를 알고 '경륜의 도구'가 되어야 한다. 그리고 무엇을 위해 살아야 할지를 알고 그 목적대로 살아가야만 한다.

사도 바울은 자신이 계시로 깨달은 비밀을 기록해 놓았는데, "그것을 읽으면 내가 그리스도의 비밀을 깨달은 것을 너희가 알 수 있으리라"(엡3:4)고 했다. 바라기는 본 로마서 주해서를 통하여 사도 바울이 계시로 깨닫고 가르쳐준 하나님의 계획이 무엇인지, 그 계획을 어떻게 이루어 가시기를 원하는지 이해하는데 조금이나마 도움이 되기를 희망한다.

그리고 한국교회가 복음을 바르게 이해하여 복음의 능력이 매일같이 나타나고 체험되어지고 우리들의 세대에서 구체적으로 실현되어지는 일들이 일어나기를 기도한다. 또한 솔직히 로마서를 주해하면서 말씀 앞에 무릎을 꿇을 때가 한 두 번이 아니었다. 내 선입견, 내 판단, 나의 조급함으로 쉽게 넘어가려고 할 때가 여러 차례 있었다. 그러나 말씀 속에 담겨 있는 심오하고 기가 막힐 정도로 정확하게 집어주는 메시지 앞에 나를 포기하고 순종하며 말씀 해석을 고치면서 주해할 때가 많았다. 내가 로마서에서 느꼈던 은혜와 감동을 독자들도 경험 되어졌으면 하는 바람이다.

로마서의 중요성을 알기에 정확하게 해석해 보고 싶은 마음은 항상 있었다. 그러나 솔직히 엄두를 못 내고 있을 때에 세미나를 듣는 교역자들의 요청에 의하여 집필하기 시작했고, 또한 교역자들은 그 원고를 가지고 교회에서 로마서 강해설교를 연속하고 있다는 압력적 요청에 의해 집필을 계속할 수밖에 없었다. 그래서 더욱 지금까지 본 로마서 주해서가 집필될 수 있도록 협력해 주고 함께 강의에 참여해 주신 교역자들에게 진심으로 감사를 드린다. 마지막으로 미천한 자의 로마서 주해서를 읽고 공감해 주신다면 함께 하나님의 목적을 성취하기 위해 매진해 주시고, 혹시 부족한 점이 발견된다면 넓은 아량으로 지도편달을 부탁드린다.

주후 2012년 1월 30일
남산 기슭에서 저자 김성도

Contents

로마서의 구조

주제 : 복음을 바르게 이해하라

성구 : "복음은 모든 믿는 자에게 구원을 주시는 능력이 됨이라" (롬1:16)

구분	본문	소주제	단락 주제			복음의 정의
서론	1:1~17	복음 - 구원을 주는 능력				
본론	1:18~3:18	이방인의 죄 유대인의 죄 인류의 죄	죄의 정죄 아래	죄인 심판	구원의 필요성	죄를 판단하시는 하나님의 거룩
본론	3:19~5:21	새로운 구원전략(이신칭의) 아브라함의 이신칭의 이신칭의의 근거	믿음으로 얻는 의	믿음의 법 / 그리스도의 구속	구원의 방법 (방체)	죄를 의롭게 하는 하나님의 은혜
본론	6:1~8:39	죄에서의 해방 율법에서의 해방 성령으로 자유	거룩한 삶의 원리	율법주의 배격 성령과 동행	구원의 삶	신자를 성화시키는 하나님의 능력
본론	9:1~11:36	참 이스라엘 이스라엘의 불신앙 이방인의 구원 이스라엘의 전망	이스라엘의 구원문제	우주적 구원의 경륜	구원의 범위	유대인과 이방인을 구원하시는 하나님의 계획
실천	12:1~15:13	신앙 공동체의 삶 사회 공동체의 삶 사랑실천과 종말신앙 형제 세우는 사역	공동체의 실천적 삶	그리스도인의 삶과 목적	구원의 섬김	건강한 공동체 건설
결론	15:14~16:27	이방인 선교 보고 서방 선교 계획 중보기도 부탁 공동체 문안인사 공동체 파괴자 경계 하나님의 영원한 계획에 대한 송영	복음의 제사장 직무	선교적 삶	구원의 전부	공동체 건설의 역군과 파괴자

일러두기

1. 본 주해서는 문자적 해석에 초점을 맞추기 보다는 본문이 말하고자 하는 의미가 무엇인지 그것을 밝히는 것에 초점을 맞추어 해석하였다. 그래서 한글성경을 원본으로 삼았지만 한글성경으로는 도저히 의미 전달이 잘 안 되는 부분들을 위하여 헬라어 성경을 중심에 두고 먼저 의미를 이해한 후에 내용을 설명할 때가 많았다는 것을 기억해 주기 바란다.

2. 한글성경은 「개정개역성경」을 원문으로 삼는 것을 원칙으로 하였으나 의미 전달이 안 될 때는 「개역성경」, 「표준새번역성경」을 사용했다. 그리고 헬라어 원본은 세계적으로 권위 있는 네슬 원전(Nestle-Aland)을 기초로 삼았고, 표준본문(Textus Receptus)도 인용했다.

3. 헬라어 단어를 설명할 때는 의미 이해를 위하여 한글과 함께 괄호 안에 단어의 원형을 표기하였다. 그리고 헬라어는 한글 표기를 하지 않는 것을 원칙으로 하였고 의미를 이해하는데 꼭 필요할 때만 단어와 함께 문법과 어근 설명을 덧붙였다. 그리고 히브리어는 단어의 원형과 함께 한글 표기를 해 두었다.

　　'보낸다' (ἀποστέλλω)
　　'막다' (κατεχόντων - κατεχω의 현재 분사)
　　'소유' (מגלה, 세굴라)

4. 문맥을 이해함에 있어 도움이 되고자 5-11장까지는 각 단락 앞에 개요 도표를 만들어 놓았다. 먼저 개요 도표를 자세히 살펴보고 전체 문맥을 이해한 후에, 또한 본문이 들어 있는 단락의 성경을 꼭 읽은 후에 본 주해서를 읽어주기 바란다.

5. 본 주해서는 본문 내용의 의미를 이해하는 것에 초점을 맞추었기 때문에 적용보다는 의미 해설로 마쳐질 때가 많았다. 그것은 책의 분량이 많아지는 것을 염려하는 것도 있고, 또 본문의 의미가 충분히 이해가 되었다면 얼마든지 각자 적용할 수 있으리라고 생각하여 적용 부분을 자제했다는 것을 이해해 주기 바란다.

6. 가능한 한 모든 성경 구절을 문장 순서에 따라 기록해 두었다. 그러나 어느 때는 주제에 따라 본문 성경구절이 바뀔 때가 있다는 것을 염두에 두기 바란다. 한글 성경과 해석이 자신이 생각했던 것과 다르다고 책을 덮거나 속단하지 말기를 바란다. 신학적 입장을 설명하려는 것보다는 성경 본문의 진정한 의미가 무엇인지 밝히려고 한 것이기에 끝까지 읽어주기 바란다.

7. 본 주해서는 논문이나 신학적 입장에서 저술한 것이 아니고, 성경본문의 내용을 어떻게 하면 정확하게 이해하는데 도움을 줄 수 있을까하는 입장에서 저술한 것이다. 그리하여 참고하고 인용한 주석들이 있지만 출처를 정확하게 밝히지 않았다. 그리고 신학적인 용어보다는 평이한 용어로 설명하려고 노력하였다. 그것은 평신도들도 부담 없이 읽게 하려는 목적도 있었기 때문이다. 그래서 주로 성경사전을 중점으로 살폈고 인용보다는 참고 형식으로 사용했음을 밝힌다. 본 주해서는 먼저 '강해설교 작성법' 원리에 따라 내용을 분석하고 주제를 정한 후에 설명하는 방식을 따랐을 때가 많았다는 것을 양지(諒知)해주기 바란다. 그래서 주제에 따라 설교를 작성한다면 아주 편리할 것이다.

Ⅰ. 서론: 복음이 무엇인가?(1:1-17)

로마서의 도입부는 서신서가 갖는 보편적인 양식에 따라 인사말과 더불어 수신자인 로마교회 성도들에게 축복을 기원하고 있다. 그러면서 자신이 사도로 부르심을 받은 과제로서의 복음에 대하여 간략한 개관을 설명하고 있다. 그리고 이어서 바울 자신이 로마교회를 방문하기를 원하는 목적과 계획을 밝히고 본서의 핵심 주제인 복음으로 의로워진다는 이신득의(以信得義)에 대하여 설명하고 있다.

1. 문안 인사(1:1-7)

(1) 바울의 자기소개

로마교회는 사도 바울 자신이 개척한 교회도 아니며, 방문한 바도 없는 곳이기에 자신에 대하여, 특히 가는 곳마다 복음 증거 때문에 소란을 일으킨 장본인으로 복음과 자신의 관계를 설명하기 위한 목적으로 자기를 소개하고 있다.

"예수 그리스도의 종 바울은 사도로 부르심을 받아 하나님의 복음을 위하여 택정함을 입었으니"(1절)

첫째는, 그는 예수 그리스도의 종이다.

헬라시대에 자신을 노예나 종으로 묘사하는 것은 결코 명예스러운 일은 아니었다. 그러나 바울은 자신을 '예수 그리스도의 종'으로 소개하고 있다. 이는 유대적 전통에서 하나님을 예배하는 사람들은 자신을 '하나님의 종'으로 생각한데서 비롯된 듯하다. 종이란 본래 전적으로 주인에게 속한 소유물이며, 그에게만 충성을 바쳐야 하며, 그의 생사여탈권(生死與奪權)이 주인에게 있다는 뜻을 지니고 있다. 바울이 자신을 '예수 그리스도의 종'이라고 소개한 것에는 두 가지 사상적 배경을 생각할 수 있다.

① 그는 예수 그리스도를 자신의 주인으로 모셨다는 것이다.

그는 초대교회 사도들처럼 예수를 유대인들이 대망하던 '메시아'로 믿었고, 예수 그리스도께서 십자가에서 죽었다가 부활하여 승천하시므로 신적 영광과 권세를 위임받은 주($\kappa\acute{u}\rho\iota o s$)가 되셨음을 믿었던 것이다(빌2:10-11).

예수를 자신의 '퀴리오스'로 고백한 사람은 자신의 삶을 전적으로 위임하고 순종하며 살겠다고 다짐하는 사람이다. 그래서 바울은 "사나 죽으나 우리가 주의 것"(롬14:7-8)이라고 고백했던 것이다.

② 그는 이방인을 향한 선교적 사명을 생각한 것이다.

구약에서 위대한 하나님의 사람들은 자신을 '하나님의 종'이라고 표현을 했다(수1:2, 24:9, 렘7:25). 그러나 여기서는 이사야서에 나타난 이방인의 선교적 사명을 감당하게 된다는 여호와의 종을 생각하게 한다(사42:6-7, 43:10, 49:1-6). 바울은 자신이 '이방인의 사도'가 된 것은 바로 '이방인의 빛'으로 선택받은 여호와의 종의 사명과 같다는 사실을 인식하면서 자신을 '예수 그리스도의 종'이라고 표현했다고 볼 수 있다(행26:16).

둘째는, 그는 사도로 부르심을 받은 자다.

바울이 자신을 '사도'($\dot{\alpha}\pi\acute{o}\sigma\tau o\lambda o s$)로 부르심을 받았다고 한 것은 자기 자신은 그리스도를 대신하여 '보냄 받은 자'라는 말이다.

기원전 350년경 마케도니아의 왕 알렉산더 대제(Alexander the Great)의 역사물에 보면 "사도"는 특별한 임무를 성취하기 위하여 제국을 대신하여 보내진 사신을 가리켰다. 이는 다른 나라들을 정복할 때도 보편적으로 사용되던 방법이었다.

왕은 '사도'가 보내진 곳에서 헬라 제국의 사도적 임무(apostolic mission)를 수행하게 하기 위하여 특별한 능력과 권위를 부여해 주었다. 그는 군사들을 이끌고 가서 적과 싸워 정복하고 최후에는 알렉산더 대제의 이름으로 그 나라를 통치하도록 만들었다.

그러므로 '사도'($\dot{\alpha}\pi\acute{o}\sigma\tau o\lambda o s$)라는 단어는 특별한 권위와 목적을 가지고 보내진 그룹의 지도자를 표현하는 말이다. 특히 신약성경에서 '사도'($\dot{\alpha}\pi\acute{o}\sigma\tau o\lambda o s$)라는 명사보다 '보낸다'($\dot{\alpha}\pi o\sigma\tau\acute{e}\lambda\lambda\omega$)는 동사가 더 많이 사용된 것을 보면 사도가 된다는 것은 어떤 직함이나 직분을 받는 것보다 그가 감당해야 할 활동이나 역할을 강조하고 있음을 알 수 있다. 사도는 보냄 받은 자의 역할을 감당해야 한다는 것이다.

바울은 자기는 특수한 임무 수행을 위하여 하나님께로부터 사도로 부르심을 받았다고 했다. 그 임무는 이방인을 위하여 하나님의 복음을 전하기 위한 것이다.

셋째는, 그는 하나님의 복음을 위하여 택정함을 받은 자다.

'택정함을 입다'($\dot{\alpha}\phi\omega\rho\iota\sigma\mu\acute{\epsilon}\nu o\varsigma$)는 말은 '일정한 목적을 위하여 따로 구분시켜 놓았다'는 의미이다. 하나님께서 그를 별도로 구별시키신 것은 '하나님의 복음'을 위한 것이었다.

사도 바울은 자기는 모태에서 태어날 때부터 하나님의 복음을 위하여 하나님께서 따로 구분하여서 불러주셨다는 사명의식이 뚜렷하였다(갈1:15). 그래서 자기가 세상에 살면서 무엇을 해야 하며, 어떻게 살아야 할 것인지를 분명히 알고 달려갔다. 그는 '나는 복음을 증거하기 위하여 태어난 사람이다'라고 믿고 복음을 전하기 위하여 목숨을 바쳤다.

그는 이렇게 고백했었다

"나의 달려갈 길과 주 예수께 받은 사명 곧 하나님의 은혜의 복음을 증거하는 일을 마치려함에는 나의 생명을 조금도 귀한 것으로 여기지 아니하노라"(행20:24)

여기에서 바울은 자기의 복음 증거 사역이나 사도직은 스스로 자원한 것도 아니요, 인간적 기원에 의한 것도 아니요, 전적으로 하나님께로부터 기원한 것이라는 소명의식을 가지고 있었으며 로마 교인들에게 자신의 사도직의 권위를 변증하고 있는 것이다.

(2) 복음이란 무엇인가?

복음($\epsilon \dot{\upsilon}\alpha\gamma\gamma\acute{\epsilon}\lambda\iota o\nu$)은 문자적으로 '좋은 소식'(good news)이라는 의미이다. 죄로 인하여 영원히 멸망 받을 수밖에 없는 운명에 처한 인류를 위하여 메시아 예수께서 오셔서 인류의 모든 죄를 십자가에서 영원히 완전하게 해결하므로 그를 믿는 자를 누구든지 죄 사함과 함께 영원한 구원에 참여할 수 있다는 소식이 복음인 것이다.

여기 복음이 어떤 성격, 어떤 특징이 있는지를 밝히고 있다.

첫째는, 복음의 핵심은 '그의 아들에 관한' 것이다.

"이 복음은 하나님이 선지자들을 통하여 그의 아들에 관하여 성경에 미리 약속하신 것이라"(2절)

'그의 아들에 관하여'는 '하나님의 아들', 즉 예수 그리스도를 가리킨다.

하나님의 복음의 중심 내용은 하나님의 아들에 관한 것이며 그가 세상에 오시고, 사역하시고, 죽으시고, 살아나시고, 승천하시고, 재림하심을 통한 구원 역사에 관계 된 것이다. 복음은 하나님의 아들 예수 그리스도가 핵심이며, '그리스도 안에서' 이루어지는 하나님의 은총과 역사를 말한다.

둘째는, 복음은 미리 약속되어진 예언적 성격이 있다.

하나님께서 선지자들에게 이스라엘의 구원을 예언하고 약속하시다가 이방인을 포함한 미래에 나타날 '영원한 구원'을 약속하게 되었다.

하나님은 이사야 선지자를 통하여 옛적에 준비한 "은비한 일"을 발표하기 시작했다(사48:6-7). 바울은 이것을 "영원부터 만물을 창조하신 하나님 속에 감추어졌던 비밀의 경륜"(엡3:9), 또는 "만세와 만대로부터 감추어졌던" 비밀(골1:26)이라고 했다.

그것의 핵심은 '메시아와 성령'을 보내주시는 것이다(사48:6). 기름부음 받은 고레스를 통하여서 육신적 이스라엘의 구원을 이루어주었다면 장차 올 메시아를 통하여서는 이스라엘과 이방인이 함께 영원한 구원에 참여하게 하신다고 약속하셨다(사45:17). 그러므로 복음은 하나님의 영원한 목적에 기초한 것이며, 인류를 위한 하나님의 사역과 그들을 구원하려는 뜻의 근원(origin)이며 핵심인 것이다.

이는 인간의 필요 때문에 갑자기 구상(構想)된 것이 아니라 이미 오래 전부터 계획되고 준비 되었고 예언 되었던 것이 나타난 것이다.

셋째는, 복음의 중심 내용은 그 아들 예수 그리스도의 사역을 통하여 성취 되었다는 것이다(3-4절).

복음은 예수 그리스도의 낳으심과 죽으심과 부활의 사건을 통하여 이루어진 것이다.

"그의 아들에 관하여 말하면 육신으로는 다윗의 혈통에서 나셨고"(3절)

① 육신으로 태어나심이 복음이다.

'나셨다'(γενομένου)는 태어난 사건 자체를 말하는 것보다 사람의 상태가 되었다는 것을 더 강조하는 말이다. 메시아는 다윗의 혈통을 따른 왕적 존재라는 것이다. 이는 누가가 증거 한대로 "그 조상 다윗의 왕위를 그에게 주시리니 영원히 야곱의 집을 왕으로 다스리실 것이며 그 나라가 무궁하리라" (눅1:32-33)는 말씀처럼 그의 메시아로서 왕적 권위를 나타내는 것이다. 그리고 인류 구원을 위하여 성육신한 그리스도를 말하려는 것이다. 천사들은 예수님의 낳으심을 "온 백성에게 미칠 큰 기쁨의 좋은 소식"(눅2:10)이라고 했다.

② 죽으심과 부활의 사건이 복음이다.

"성결의 영으로는 죽은 자들 가운데서 부활하사 능력으로 하나님의 아들로 선포되셨으니 곧 우리 주 예수 그리스도시니라"(4절)

앞의 절이 '육신'과 관련한 예수님의 신분을 말했다면 본 절에서는 '영'과 관련하여 예수님의 하나님의 아들로서의 신분을 말하고 있는 것이다.

여기 '성결의 영'이라는 말은 '예수의 인간적 영', 또는 '그의 신적 성품', '성령'으로 해석할 수 있다. 그러나 여기에서는 하나님의 성령으로 해석하는 것이 가장 타당하다고 보여 진다. 부활의 역사를 일으키는 것도 성령의 능력이고 그리스도께서 능력 있는 하나님의 아들로 지명한 것도 성령의 능력이기 때문이다. 또한 승천하신 예수님께서 성령을 보내신 것은 바로 성령의 능력으로 존귀하게 되어 아들로 인정되었기 때문이기도 하다(행2:33).

예수님께서는 원래 하나님의 아들이시다. 그러나 육신으로 계실 때에는 부활 전까지는 연약함에 싸여있는 하나님의 아들이셨다. 그래서 예수님께서는 자신에 대하여 '하나님의 아들'이라는 용어를 사용한 적도 있으나(마27:43, 요10:36) 주로 '인자'라는 용어를 사용했었던 것이다. 그러나 부활하신 후에는 능력으로 하나님의 아들로 확실하게 선포하게 된 것이다(행9:20, 8:37 다른 사본에 "내가 예수 그리스도께서 하나님의 아들인 줄 믿노라"가 있음). 그래서 바울이 "그리스도께서 약하심으로 십자가에 못 박히셨으나 하나님의 능력으로 살으셨으니"(고후13:4)라고 말했던 것이다.

예수 그리스도의 부활은 죽음과 분리된 사건이 아니다. 인류를 위하여 가장 중요한 결과를 만들어낸 사건이다. 그리스도의 부활을 통하여 하나님의 아들로 인정된 것이다.

바울은 지금까지 복음의 핵심인 예수 그리스도에 대하여 2절에서 구약에서 미리 약속된 것이었다는 사실을, 3절에서는 다윗의 혈통을 따른 예수의 인성을, 4절에서는 부활을 통하여 하나님의 아들이 된 신성에 대하여 설명하였다. 이제 그리스도와 인류의 관계에서 "우리 주 예수 그리스도"라고 했다. '우리 주'라는 말은 인생의 주인으로서의 하나님을 지칭하는 것이다. 그리고 예수를 그리스도요 하나님의 아들로 믿는 것이 기독교 진리의 핵심이요 복음의 중심인 것이다.

넷째는, 복음은 믿어 순종할 때 이루어지는 구원론적 성격이 있다.

"그로 말미암아 우리가 은혜와 사도의 직분을 받아 그의 이름을 위하여 모든 이방인 중에서 믿어 순종하게 하나니"(5절)

여기 '믿어 순종하게'($\epsilon\grave{\iota}s$ $\acute{\upsilon}\pi\alpha\kappa o\acute{\eta}\nu$ $\pi\acute{\iota}o\sigma\tau\epsilon\omega s$)는 믿음으로 말미암는 순종을 나타내어 모든 이방인들이 "믿음에서 나는 순종"(the obedience that comes from faith-NIV)으로 은혜를 받았다는 것을 일컫는 말이다(롬 16:26). 율법의 행위로 의롭다하심을 받을 육체는 아무도 없다(롬3:20). 오히려 "누구든지 율법 책에 기록된 대로 모든 일을 항상 행하지 아니하는 자는 저주 아래 있는 자"(갈3:13)가 되어 절망에 떨어질 뿐이다.

하나님은 절망에 처한 인간을 위하여 새로운 구원의 전략인 "예수 그리스도를 믿음으로 말미암아 모든 믿는 자에게...의롭다 하심을 얻을"(롬3:22, 24) 수 있도록 만들어 주셨다. 하나님은 인간들에게 다른 조건을 요구하지도 특별한 자격을 보시지도 않으신다. 예수님을 마음으로 믿고 입으로 시인만 하면 구원에 참여하게 하셨다(롬10:10). 이것이 바로 복음이다. 여기 부활하신 예수를 통하여 받은 '은혜와 사도의 직분'은 은혜와 사도직이라는 두 개의 분리된 선물로 볼 수도 있고, 사도직의 은혜라는 하나의 의미로 해석할 수도 있다. 문맥상 두 개의 개념으로 이해하는 것이 좋을 듯하다.

① 그리스도로 말미암아 받는 것은 하나님의 은혜다.

'은혜'($\chi\acute{\alpha}\rho\iota s$)는 '아무 것도 받을 자격이 없는 자에게 주어지는 선물'을 가리킨다. 예수 그리스도로 말미암아 받는 것은 값없이 주시는 은혜이다. "그리스도 안에서 하늘에 속한 모든 신령한 복"(엡1:3)을 은혜로 주시기로 하나님께서는 계획하셨다. 믿기만 하면 값없이 거저 놀라운 은혜를 선물로 주시는 것이다(엡1:6, 2:8-9). 이 은혜는 믿음으로 말미암아 하나님의 선물로 받는 것이다(엡2:8-9).

② 그리스도로 말미암아 사도의 직분을 받았다.
'사도의 직분'(ἀποστολὴν)이란 '사도적 임무'라는 뜻으로 특별한 은총을 가리킨다. 사도 바울은 자신이 받은 사도의 직책을 "하나님의 은혜의 선물"(엡3:7), 또는 "만삭되지 못하여 난 자 같은 나에게" 주신 은혜라고 했다(고전15:8-9).
하나님의 은혜 안에는 반드시 사명적인 것도 포함 되어 있다. 구원의 은총을 주신 중요한 목적은 "그 은혜의 지극히 풍성함을 오는 여러 세대에 나타내려"(엡2:7)는 것이다. 바울을 포함한 신자들에게 은혜의 사도의 직책을 주시는 것은 이방인 중에서 믿어 순종케 할 목적이다. 그리스도 안에서 주시는 은혜는 '믿어 순종하는 자'에게 베푸시는 은총이다. 구원은 마음으로 믿고 입으로 예수를 주로 시인할 때에 이루어지는 것이다(10:9-10).

다섯째는, 복음은 이방인도 구원하는 보편적 성격을 가지고 있다.
여기 "모든 이방인 중에서 믿어 순종하게 하나니"에서 밝혔듯이 복음은 유대인에게 한정된 것이 아니라 지구상에 거주하는 모든 이방인을 전부 포함하고 있는 것이다. 예수 그리스도는 유대인에게나 헬라인에게 차별이 없이 주가 되시며(10:12), 긍휼의 은총도 차별이 없이 적용되어(9:24) 누구든지 주의 이름을 부르는 자는 구원을 받게 하신 것이다(10:13).

여섯째는, 복음의 결과는 존재와 신분의 변화를 가져온다(6-7절).
"너희도 그들 중에서 예수 그리스도의 것으로 부르심을 받은 자니라"(6절)
여기 "너희도 그들 중에 있어"라는 말씀은 5절에 나오는 '이방인'을 가리키는 말로 로마교회 교인들은 이방인의 신분을 가지고 있었다는 말이다. 유대교의 종교제도 아래서 '이방인'은 하나님의 은총을 받을 수 없는 대상이었다.
에베소서에서는 이방인을 가리켜 "너희는 그리스도 밖에 있었고...약속의 언약들에 대하여는 외인이요 세상에서 소망이 없고 하나님도 없는 자"(엡

2:12)라고 했다. 이것은 하나님의 은총과 축복을 받을 자격에서 완전히 제외된 자라는 말이다. 그러나 '그리스도만 믿으면' 운명과 신분이 달라진다.

① 그리스도의 소유로 부르심을 입은 자가 된다.

여기 "예수 그리스도의 것으로 부르심을 받은 자"라는 말은 예수 그리스도의 소유된 백성으로 부르심을 받는 자가 되었다는 의미이다. 이는 이스라엘 백성들에게 시내산에서 언약을 맺으실 때에 제시 되었던 "너희는 모든 민족 중에서 내 소유가 되겠다"(출19:5)는 약속과 같은 의미이다. 하나님의 '소유'(segullah)라는 단어는 '값있는 재산'(valued property), '특별한 보배'(peculiar treasure)를 뜻한다.

하나님께서 세상 모든 사람들 가운데서 귀하게 여기고 값있는 존재로 삼아 주신다는 말씀이다. 과거에는 하나님과는 멀리 있던 존재요, 공중 권세 잡은 악한 영들을 따라다니던 종이었고, 하나님 앞에 버려진 존재였다. 그러나 예수 그리스도를 믿는 순간 운명이 새로워지게 되는 것이다. 예수 그리스도의 소유된 백성이 되는 것이다.

② 하나님의 사랑하심을 입은 자가 된다.

"로마에서 하나님의 사랑하심을 받고 성도로 부르심을 받은 모든 자에게 하나님 우리 아버지와 주 예수 그리스도로부터 은혜와 평강이 있기를 원하노라"(7절)

여기 '사랑하심을 입은 자'(ἀγαπητός)는 부모와 자녀 사이에서 아주 친밀한 관계를 표현하는 말로서 부모의 온갖 사랑을 독차지하는 독자(only-beloved)에 대하여 사용하는 단어이다. 이것을 예수 그리스도를 믿는 자에게 사용했다는 것은 우리는 하나님께로부터 하나 밖에 없는 외아들을 귀하게 여기고 사랑하듯이 사랑받는 자가 되었다는 말이다. 즉 엄청난 사랑을 받는 하나님의 자녀가 되었다는 것이다.

그리스도를 믿는 순간 하나님의 자녀의 권세를 주어 하나님을 '아바 아버지'라고 부르는 가장 애지중지하는 하나님의 자녀가 된 것이다. 하나님은 그 자녀를 절대로 버리지 않으신다.

"내가 확신 하노니 사망이나 생명이나 천사들이나 권세자들이나 현재 일이나 장래 일이나 능력이나 높음이나 깊음이나 다른 어떤 피조물이라도 우

리를 우리 주 그리스도 예수 안에 있는 하나님의 사랑에서 끊을 수 없으리라"(롬8:38-39)

③ 구별된 자로 부르심을 받게 된다.

여기 '성도로 부르심을 받은'이라는 말씀 중에서 '성도'(ἁγίοις)라는 단어는 '따로 떼어놓다'(to set apart), '분리하여 놓다'(to separate)는 뜻으로 어떤 목적을 위하여 구별시켜 놓는 것을 말한다. 이것은 어떤 도덕적인 면보다는 사명적인 목적으로 분리해 놓는 것을 가리킨다.

하나님께서 믿는 자를 '성도로 부르셨다'는 것은 세상으로부터 구별시켰다는 성별적인 의미도 있겠으나, 이것의 진정한 의미는 하나님의 특별한 목적을 위하여 구별시킨 '그의 헌신된 백성'(his dedicated people)이 되었다는 말이다. 하나님께서는 우리를 그의 특수한 임무를 위하여 부르셔서 구별시켜 놓으신 종들이다.

그러므로 우리는 부르심의 목적이 무엇인지 깨달아야 하며(엡1:18) 그 부르심의 목적에 합당하게 행동해야 한다(엡4:1).

하나님은 우리들이 세상에서 삶의 목적과 의미도 없이 방황하며 살아가는 것을 원치 않으신다. 그래서 "이제부터 너희는 이방인이 그 마음의 허망한 것으로 행함 같이 행하지 말라"(엡4:17)고 권고하였다. 하나님은 자신의 원대한 계획과 목적을 위하여 우리를 부르셔서 구별시켜 주셨으니, 우리는 그 부르심의 목적을 깨닫고 충성과 헌신을 다 바쳐서 살아야 한다.

이러한 자들에게 "하나님 우리 아버지와 주 예수 그리스도로부터 은혜와 평강이 있기를 원한다"고 기원하고 있다.

2. 로마교회 방문 계획과 목적(1:8-15)

사도 바울은 로마교회 교인들을 향한 문안 인사와 함께 자신이 로마교회를 방문하기를 원하는 뜻을 밝히고 있다.

첫째는, 그들의 믿음의 소문에 대하여 감사하고 있다.
"먼저 내가 예수 그리스도로 말미암아 너희 모든 사람에 관하여 내 하나님께 감사함은 너희 믿음이 온 세상에 전파 됨이로다"(8절)

신앙인에게 있어서 '믿음의 소문'이 퍼진다는 것 같이 아름다운 것은 없다. 그것도 '온 세상'에 전파되었다는 것은 그들의 믿음의 행위가 뛰어나고 아름다웠기 때문일 것이다. 마치 데살로니가 교인들의 '믿음의 소문'이 마게도냐와 아가야 지방에 있는 모든 신자들에게 본이 되었던 것처럼(살전 1:7-8) 좋은 영향력을 미쳤던 것이다.

신자는 그의 믿음의 행위가 복음 전파와 함께 전파되는 삶을 살아야 한다(막14:9). 좋은 신앙과 아름다운 덕행은 복음의 확장에 대단히 좋은 영향을 미치기에 믿음의 소문을 널리널리 퍼지도록 해야 한다.

둘째는, 자신이 쉬지 않고 기도해 왔다는 사실을 밝히고 있다.
"내가 그의 아들의 복음 안에서 내 심령으로 섬기는 하나님이 나의 증인이 되시거니와 항상 내 기도에 쉬지 않고 너희를 말하며"(9절)

사도 바울은 8-9절에서 자신이 감사하고 섬기는 하나님을 밝히고 있다.
먼저는 '예수 그리스도로 말미암는 내 하나님(διὰ Ἰησοῦ χριστοῦ)이라고 했다. 즉 예수 그리스도의 중보적 역할을 통하여 나타나고 섬기는 하나님이시다. 또한 하나님께서는 그리스도를 통하여 구원의 은총을 베풀어 주시는 분이시다. 우리는 그리스도로 말미암아 하나님께 나아갈 수 있는 것이다(엡 2:18),

두 번째는 '나의 심령으로'(ἐν τῷ πνεύματι μου) 섬기는 하나님이라고 했다. 이는 인간의 영은 흔히 하나님을 만나고 교제하는 인격의 기능으로서 하나님은 우리의 영으로 더불어 역사하신다(8:16, 고전2:10-13). 우리는 하나님을 입술이 아닌 심령으로 섬겨야 한다. 마지막으로 '복음 안에서'

($\dot{\epsilon}\nu\tau\tilde{\omega}$ $\dot{\epsilon}\dot{\nu}\alpha\gamma\gamma\epsilon\lambda\acute{\iota}\omega$)하나님을 섬긴다고 했다. 인간은 예수 그리스도의 복음을 통하여 의로워지고 거룩한 백성이 되어 하나님 앞에 설 수 있는 것이다. 그러므로 예수 그리스도의 복음을 통하지 않고는 하나님을 섬길 수가 없는 것이다.

본 절은 바울이 로마교회 성도들을 향한 관심이 지대하다는 것을 표현한 것이다. 기도에 쉬지 않고 있다는 사실이 진실임을 하나님의 증거를 들어서 밝히고 있다. 바울이 각 지역의 교회를 향하여 끊임없이 기도하는 자신의 모습을 자주 밝히는 것을 보면(엡1:16, 빌1:4, 골1:9, 살전1:2) 그가 얼마나 기도의 중요성을 알고 기도의 삶에 전념해 왔는가를 알 수 있다.

특히 여기서 바울이 "하나님이 나의 증인이 되신다"고 표현하는 것을 보면 그가 얼마나 진실한 삶과 말을 하는지를 알 수 있다. 하나님이 나의 증인 되는 삶, 이것은 내 양심, 내 삶의 목표, 내 삶의 중심에서 하나님 앞에 부끄럼이 없이 당당하고 떳떳한 삶을 살았다는 것을 표현하는 것이다. 무엇보다 예수 그리스도의 복음 안에서, 복음이라는 원칙 앞에서 부끄럼이 없다는 것이다. 우리는 세상 누가 알아주지 않는다 할지라도 하나님이 나의 증인 되어 변호해 주실 것을 확신하는 삶을 살아야 한다.

셋째는, 어떻게 해서든지 방문하겠다는 것을 피력하고 있다(10-15절).
"어떻게 하든지 이제 하나님의 뜻 안에서 너희에게로 나아갈 좋은 길 얻기를 구하노라"(10절)

여기 '어떻게 하든지 이제'($\epsilon\check{\iota}$ $\pi\omega\varsigma$ $\check{\eta}\delta\eta$ $\pi o\tau\acute{\epsilon}$)라는 말은 접속사와 부사들로 구성된 좀 난해한 표현이다. '에이'($\epsilon\check{\iota}$)는 '만일'이라는 뜻이고, '포스'($\pi\omega\varsigma$)는 '어떠하든지'(by any means)라는 뜻이고, '에데'($\check{\eta}\delta\eta$)는 '이렇게 기다린 끝에 이제'라는 뜻이고, '포테'($\pi o\tau\acute{\epsilon}$)는 과거나 미래든지 기다림의 불특정한 어느 때를 가리킨다. 이를 모두 합한다면 '이렇게 기다린 끝에 드디어 언젠가는'이라는 의미로 번역할 수 있다.

이는 13절에서 "여러 번 가고자 한 것"이라는 표현과 함께 지금까지 여러 번 로마에 가고자 하였지만 지금껏 가지 못한 안타까운 심정과 함께 이제는 더 이상 지체할 수 없다는 열망하는 안타까운 심정을 보여주고 있다. 로마 행의 길이 하나님의 섭리 가운데 잘 풀려서 '좋은 길'이 열리기를 간절히 소망한 것이다.

사실 사도 바울이 방문하려는 로마교회는 자신이 개척한 교회도 아니었고, 그리고 제대로 만난 적이 없었던 교인들이지만 그들을 위하여 늘 기도하며 준비하고 있었던 것이었다. 여기 바울이 로마교회를 방문하려는 목적을 구체적으로 이야기 하고 있다.

① 신령한 은사를 나누어주어 견고하게 하려는 것이다.
"내가 너희 보기를 간절히 원하는 것은 어떤 신령한 은사를 너희에게 나누어 주어 너희를 견고하게 하려 함이니"(11절)
여기 '어떤 신령한 은사'($\tau\iota$ $\chi\acute{\alpha}\rho\iota\sigma\mu\alpha$ $\pi\nu\epsilon\upsilon\mu\alpha\tau\iota\kappa\grave{o}\nu$)라고 말한 것은 어느 특정한 것을 가리키는 것보다는 각 가정, 각 심령들에게 필요 적절한 성령의 은총들을 나누어 주려는 것을 말한다. 아직까지 로마 교인들이 받아보지 못한 영적인 은사들이다. 은사($\chi\acute{\alpha}\rho\iota\sigma\mu\alpha$)란 '은혜'로 말미암아 개인이나 공동체 속에서 구체적으로, 가시적으로, 특별하게 구현되고 나타나는 성령의 영적 선물을 가리킨다. 모든 하나님의 은혜와 성령의 은사는 성령께서 각 심령들에게 주시는 것이다.

특별히 사역자는 그와 같은 신령한 은사를 전달해 주는 통로의 역할을 감당해야 한다는 것을 보여준다. 모든 신자는 그리스도의 몸의 지체로서 "측량할 수 없는 그리스도의 풍성함"(엡3:8)을 다른 사람들에게 전달해 주는 사명을 감당해야 한다.

중요한 것은 신령한 은사를 나누어주는 목적에 있다. 그것은 성도들을 '견고하게'($\sigma\tau\eta\rho\acute{\iota}\zeta\omega$)하려는 것이다. '견고하게 하다'는 말에는 '굳게 세우다'(to confirm), '확립하다'(to establish), '힘을 돋우다'(to strengthen)는 뜻으로 믿음의 뿌리를 내리고 성장할 수 있도록 돕는 것을 의미한다. 즉 그리스도 안에서 복음으로 사람들을 똑바로 세워주고, 약한 자는 강하게 만들고, 확신이 없는 자는 확신의 믿음 가운데 세워지기를 바라는 것이다. 이것은 사역자의 가장 중대한 과제 중에 하나이기도 하다.
우리는 믿음의 형제의 집을 방문하는 목적을 분명히 해야 한다. 돌아다니며 한담(閑談)이나 하고(잠11:13), 쓸데없는 말과 마땅하지 않은 말을 하여 분란의 일이나 만들고(딤전13), 사람들에게 상처를 주던지, 또는 공동체를 무너지게 만드는 작당의 모임을 위하여 돌아다녀서는 안 되는 것이다. 오직 연약한 자들을 건강한 신앙인으로 성장시키려는 분명한 목적을 가지고 방문해야만 한다.

② 교제를 통해 서로 위로를 받기 위한 것이다.
"이는 곧 내가 너희 가운데서 너희와 나의 믿음으로 말미암아 피차 안위함을 얻으려 함이라"(12절)
만남을 통하여 서로 믿음의 교제를 나누고, 그로 인하여 "피차 안위함을 얻으려"는 것이다. 여기 '안위를 얻다'($\sigma\upsilon\mu\pi\alpha\rho\alpha\kappa\alpha\lambda\acute{\epsilon}\omega$)는 말은 '같이 격려를 받다'(may be encouraged together), '같이 위로를 받다'(may be comforted together)는 뜻으로 서로 말을 주고받으면서 권면하고 위로하는 것을 가리킨다. 이는 방문을 통하여 서로 교제하고, 말씀으로 은혜 받고, 성령의 은사를 받음으로 서로 간에 위로와 격려를 받게 되는 것이다. 하나님은 보혜사(保惠師) 성령을 통하여 우리를 위로하기도 하지만 믿음의 형제의 방문을 통하여 비천한 자를 위로하시기도 하는 것이다(고후7:6).
믿음의 형제들끼리 피차간에 서로 위로하고 위로받는 것은 아름다운 그리스도의 사역이다. 특히 목회 사역에서 목회자와 성도 간에 상호 위로하고 격려 받는 것은 절대 필요하다. 환난과 상처가 많은 세상에서 믿음의 형제들끼리 위로하고 격려하여 서로를 세워주는 것은 공동체 삶의 중요한 요소가 되기 때문이다.

③ 신앙의 풍성한 열매를 맺게 하려는 것이다.
"형제들아 내가 여러 번 너희에게 가고자 한 것을 너희가 모르기를 원하지 아니하노니 이는 너희 중에서도 다른 이방인 중에서와 같이 열매를 맺게 하려 함이로되 지금까지 길이 막혔도다"(13절)
사도 바울은 다시 한 번 자신이 여러 차례 로마교회에 방문하려고 했던 노력을 이야기 하면서 그 목적을 '열매 맺는 것'에 두고 있음을 밝히고 있다. 신앙인은 그리스도 안에서 선한 열매가 풍성해야 한다. 예수님께서는 "너희가 열매를 많이 맺으면 내 아버지께서 영광을 받으실 것이요 너희는 내 제자가 되리라"(요15:8)고 말씀하셨다. 주님께서는 열매 없는 신앙인의 삶을 책망하셨던 것이다. 하나님께서 이스라엘 민족에게 좋은 열매를 맺기 위하여 온갖 정성을 쏟았음에도 불구하고 들포도를 맺은 것에 크게 실망하여 책망하셨던 것이다(사5:1-7). 신앙인은 풍성한 신앙과 삶의 열매를 맺어야 한다. 그러므로 심방과 방문을 통하여 신앙생활에 풍성한 열매가 맺을 수 있도록 도와주어야 한다. 성령의 열매도, 선한 사업에도, 전도에도 열매가 주렁주렁 맺혀야 한다.

④ 복음을 전하려는 것이다.
"헬라인이나 야만인이나 지혜 있는 자나 어리석은 자에게 다 내가 빚진 자라 그러므로 나는 할 수 있는 대로 로마에 있는 너희에게도 복음을 전하기를 원하노라"(14-15절)

사도 바울은 이방인의 사도로 부르심을 받아 "은혜의 복음을 증거하는 것"(행20:24)을 주 예수님께로부터 받은 사명, 즉 자신에게 주어진 지상의 과제(mission)라고 생각했었다. 그래서 항상 모든 사람을 향하여 '빚진 자'의 심정으로 살았었다. 여기 '빚진 자'($\partial\phi\epsilon\iota\lambda\acute{\epsilon}\tau\eta s$)는 다른 사람으로부터 어떤 유익을 받았기 때문에 그에게 갚아야 된다는 의무를 가진 사람을 나타낸다(8:12, 갈5:3). 바울은 주께로부터 사환과 증인으로 부르심을 받아 파송된 이방인의 사도였다.

그래서 그는 복음 전파의 과제(mission)는 "내가 부득불 할 일"이라고 생각을 한 것이다. 자신이 전하지 않으면 안 될 자신의 책무(責務)이기에 감당하지 않을 때에는 '화'가 미칠 것으로 여긴 것이다(고전9:16). 그것도 세계의 모든 사람들, 즉 '헬라인이나 야만인이나 지혜 있는 자나 어리석은 자 모두에게' 빚진 자의 심정을 느낀 것이다. 여기 '야만인'($\beta\alpha\rho\beta\acute{\alpha}\rho o\iota s$)은 헬라인이 볼 때에 외국 사람들의 말은 전부 '브르르브르르'(brrbrr)라고 들린 데서 유래한 단어이다. 헬라인들처럼 고상한 문화를 지니지 못한 헬라 문화권 밖에 있는 사람들을 야만인으로 취급한 데서 온 것이다.

또한 '어리석은 자'($\acute{\alpha}\nu o\acute{\eta}\tau o\iota s$)는 '지각하지 못하는 사람'을 뜻하여 헬라인들처럼 고상한 철학적 지식을 갖추지 못하여 지혜도 부족하고 도덕적 수준도 미천한 사람들을 나타낸다. 여기 나타난 네 종류의 인종은 전 세계 모든 사람을 통칭하는 말이다. 그는 지구상에 거하는 모든 종족에게 복음의 빚진 자의 심정을 가지고 살았던 것이다. 특히 이미 복음을 받아 믿음 안에 있는 로마 교인들에게 "나는 할 수 있는 대로 로마에 있는 너희에게도 복음을 전하기를 원하노라"고 말한 것은 조금 어폐(語弊)가 있는 것처럼 보인다.

그러나 이것은 바울이 하나님의 계시로 깨달은 "내 복음"(2:16, 16:25), 또는 "내가 전한 복음"(갈1:11)을 전해 주려는 의도가 있음을 짐작할 수 있다. 명확하고 정확한 복음의 의미를 깨달아야 신앙과 삶, 그리고 사역이 바르게 정립이 되고 하나님의 목적을 효과적으로 성취할 수 있기 때문이다.

그가 로마교회를 방문하려는 목적에도 이러한 심정은 변함이 없었기에 복음을 전하려는 것이었다. 우리는 누구를 만나든 어느 장소에 가든 복음 전도자의 심정을 잊지 말아야 한다. 즉 어느 곳, 어느 가정을 방문하던지 복음을 전할 수 있는 기회가 있다면 결코 놓치지 말아야 한다. 혹시 가족이나 친구들 가운데 복음을 듣지 못한 사람이 방문한 경우에는 반드시 복음을 증거해 주어야 한다.

신앙인은 피차간에 목적 없는 방문을 해서는 안 된다. 그리스도 안에서 분명한 목적과 사명을 가지고 방문해야 한다. 이것이 사명 있는 인생의 삶의 자세이기도 하며 또한 교회 공동체가 반드시 갖추어야 할 정신이기도 하다.

3. 중심 주제인 복음(1:16-17)

바울은 16-17절에서 앞에서 설명해 왔던 복음에 대하여, 자신이 복음을 전하려는 이유를 설명하고 있다. 그러나 이것은 로마서 전체에서 말하고자 하는 복음의 핵심 내용을 압축한 중심 주제라고 할 수 있다. 하나님의 아들 예수 그리스도로 말미암아 이루어진 복음은 14절에서 밝혔듯이 전 인류에게 필요한 것이기 때문이다.

또한 16-17절을 로마서 전체의 중심 주제로 보는 이유는 로마서 전체의 내용, 즉 복음의 필요성, 복음의 보편성, 복음의 내용, 복음적 삶의 내용이 함축되어 있기 때문이다.

먼저 하나님의 진노 아래 있는 전 인류는 구원의 필요성 앞에 있는데 (1:18-3:18), 복음은 바로 그들을 구원하는 능력이 있다는 것이다(16b).

두 번째는 로마서 전반에 걸쳐서 반복하여 구원의 모든 진리는 유대인과 헬라인에게 차별이 없이 동등하게 적용되는데, 바로 복음도 그들 모두에게 동일하게 적용되는 보편성이 있다는 것이다(16c).

세 번째는 하나님께서는 율법 외에 하나님의 의가 나타나게 하셨고(3:19-5:21), 또한 유대인들은 믿음으로 말미암는 의를 이해하지 못하여 불신앙과 불순종을 했는데(9-11장), 복음에는 믿음으로 말미암는 하나님의 의가 나타났다는 것이다(17a).

네 번째는 의롭다하심을 받은 신자는 율법주의 삶이 아니라 복음적인 거룩한 삶을 살아야 하는데(6-8장), 복음에는 바로 의롭다함을 받은 자가 믿음으로 말미암아 살수있게 하는 요소가 있다는 것이다(17b). 그러므로 16-17절은 로마서 전체를 포괄하는 개념들로 이루어져 있는 요절같은 중요한 구절이다.

(1) 복음을 부끄러워하지 않는 이유(16절)
"내가 복음을 부끄러워하지 아니하나니 이 복음은 모든 믿는 자에게 구원을 주시는 하나님의 능력이 됨이라 먼저는 유대인에게요 그리고 헬라인에게로다"(16절)

바울이 로마에 가서 복음을 전하려는 이유는 복음을 부끄럽게 생각하기

보다는 오히려 당당하고 자랑스럽게 생각하고 여겼기 때문이다. 십자가에서 죽은 예수 그리스도의 복음은 지혜를 숭상하는 헬라인에게는 미련하게 보였고 표적을 구하는 유대인들에게는 거리끼는 부끄럼의 대상이었다(고전1:22-23).

그래서 바울이 복음 전파의 현장에서 '죽은 자의 부활'의 복음을 전할 때에 조롱과 경멸을 당하고 미쳤다는 소리까지 들었던 경험이 있었다(행17:32, 26:23-24). 그럼에도 바울은 그리스도의 복음이 세상 사람들에게는 미련하게 보일지 몰라도 구원받는 사람에게는 '하나님의 능력이요 지혜'라고 확신하였다(고전1:24). 그가 복음을 자랑스럽게 생각하고 전파했던 이유는 다음과 같았다.

첫째는, 구원하는 하나님의 능력이 나타나기 때문이다.

여기 '하나님의 능력'($\delta \acute{u} \nu \alpha \mu \iota \varsigma$)이란 '가능한 것을 수행하는 능력'을 뜻하여 하나님께서 어떤 것이라도 행하실 수 있는 초자연적인 능력을 말한다. 그리고 '구원을 주시는'($\epsilon \acute{\iota} \varsigma \ \sigma \omega \tau \eta \rho \acute{\iota} \alpha \nu$)이라는 전치사구는 '구원을 창출하는 효력을 지닌'이라는 의미를 가지고 있어 바울에게 있어서 과거, 현재, 미래의 세 가지 용법으로 사용되어 지고 있다.

미래적으로는 최후의 심판에서 구출한다는 의미로(롬5:9, 13:11, 고전3:15, 5:5, 빌1:19), 그리고 본문과 같이 하나님께서 십자가의 그리스도 안에서 이미 행하신 결과로서 주어지는 현재적 경험의 의미로(고후6:2, 롬8:24), 마지막으로 그리스도의 십자가의 죽으심과 부활의 완성된 사역의 결과로서 이미 신자들에게 일어난 변화를 말한다. 즉 하나님의 형상의 회복, 의롭다하심, 새로운 피조물로서의 변화, 영생을 얻음, 하나님의 자녀의 권세를 이미 받은 과거적 경험을 가리킨다.(고전1:18, 고후2:15, 롬8:30).

그리스도의 복음은 인간들이 처한 여러 가지 상황에서 구원해 낼 수 있는 하나님의 초자연적인 능력을 가지고 있다. 그것이 영적인 것이든, 육체적인 것이든, 또는 환경적인 것이든 모두 해결할 수 있는 초자연적인 능력을 발휘할 수 있는 것이다.

복음은 포로되고 눌리 모든 상태에서 해방하는 능력이 있다(눅4:18).

복음은 악한 세력의 사로잡힘에서 자유를 주는 능력이 있다(히2:15).

복음은 각종 절망적 질병에서 구원하는 치료의 능력이 있다(눅8:48).

복음은 망령된 행실에서 구원하는 능력이 있다(벧전1:18).
복음은 새로운 운명으로 바꾸어 줄 수 있는 능력이 있다(고후5:17).
복음은 죄에서 용서 받고 구원하는 능력이 있다(마1:21).
복음은 모든 율법의 저주에서 속량해 내는 능력이 있다(갈3:13).
복음은 하나님 앞에 흠 없이 설 수 있는 자격을 부여한다(엡1:4).
복음은 하나님과 원수 된 관계에서 회복하는 능력이 있다(롬5:10).
복음은 종말의 날 진노하심에서 구원하는 능력이 있다(롬5:9).
복음은 그리스도 안에 예비 된 은총을 받게 하는 능력이 있다(엡1:3).

둘째는, 믿기만 하면 구원하는 능력이 나타나기 때문이다.

복음이 아무리 구원하는 능력이 있다 할지라도 무제한적으로 무조건적으로 주시는 것은 아니다. '믿음'이라는 조건을 통하여 주어지는 것이다. '모든 믿는 자에게'($\pi\alpha\nu\tau\grave{\iota}$ $\tau\tilde{\omega}$ $\pi\iota\sigma\tau\epsilon\acute{\upsilon}o\nu\tau\iota$)라는 말은 '믿는 자는 모두 다' (everyone who believes)라는 뜻으로 현재형 분사로 구원의 현재성과 함께 구원하는 역사의 보편성을 보여주고 있다.

복음에는 믿음이라는 조건만 갖추어진다면 언제라도 구원하는 하나님의 능력이 나타날 수가 있는 것이다. 그래서 예수님께서 귀신들려 거꾸러져 넘어지는 아이의 아버지에게 "할 수 있거든이 무슨 말이냐 믿는 자에게는 능히 하지 못할 일이 없느니라"(막9:23)고 말씀하셨던 것이다.

복음에서 믿음이라는 조건은 로마서의 핵심 주제 중에 하나이다. 즉 종교개혁자들이 주장한 이신득의(以信得義) 교리인 것이다. 구원을 베푸는 것은 하나님이 하시지만 인간에게 요구하는 것은 오직 믿음이다. 믿을 때에 하나님께서 마련하신 모든 구원의 은총은 값없이 허락해 주시는 것이다. 그러므로 복음을 부끄럽게 생각하지 않는 것은 누구든지 믿기만 한다면 하나님의 구원하시는 능력을 체험할 수 있기에 더욱 담대히 복음을 증거 하려고 했던 것이다.

셋째는, 복음은 전 인류를 위한 것으로 우주적이기 때문이다.

복음은 인종과 사회적 계층을 뛰어넘어 모든 사람이 경험할 수 있는 하나님의 능력이다. 여기 '모든'($\pi\alpha s$)이라는 말은 바울이 계속해서 강조하는 것으로(3:22, 4:11, 10:4, 11) 복음의 배타성보다는 포괄성, 또는 보편성을 말하려는 것이다. 할례와 율법은 언약적 축복들에 대하여 소수 선민들에게만 국한 시키려는 배타성이 강하지만 복음은 편협적인 민족적 전통을 허물어 버리고 유대인이나 이방인을 가리지 않고 믿음으로 나아오는 자들에게 구원의 축복을 약속하고 있는 것이다.

'모든'이라는 단어를 구체적으로 '유대인과 헬라인'에게 적용하여 설명하고 있다. 이것은 이미 14절에서 전체 인류를 지칭하는 "헬라인이나 야만인이나 지혜 있는 자나 어리석은 자에게"라고 밝힌 것과 같은 말이다(2:9, 10, 3:9, 29, 9:24, 10:12).

여기 이방 세계를 '헬라인'이라고 말한 것은 아마도 헬라문화가 당대에 모든 세계에 편만해 있었기에 전체 이방세계를 지칭하는 용어로 선택한 것 같다. 복음이 유대인과 이방인을 포함한 전 인류를 향한 포괄적인 성격을 가지고 있다 할지라도 구속사적 우선순위는 무시하지 않는다.

"먼저는 유대인에게요 그리고 헬라인에게로다"라는 문구는 복음이 유대인에게 전파되었기 때문이 아니라 예수님께서 "구원이 유대인에게서 남이라"(요4:22)는 말씀처럼 하나님의 구원 계획이 유대인에게서 시작했기 때문이다. 또한 선교 전략에서도 "예루살렘과 온 유대"(행1:8)에서 출발하도록 하셨기 때문이다.

사도 바울이 복음을 부끄러워하지 않고 어떻게 해서라도 모든 사람에게 전파하고자 했던 이유는 그것이 하나님의 구속 계획이요 목적이었기 때문이다. 하나님은 유대인의 하나님뿐만 아니라 이방인의 하나님도 되신다. 그래서 "물이 바다를 덮음 같이 여호와를 아는 지식이 세상에 충만할 것"(사11:9)과 여호와의 종교가 세계적 종교로 발전할 것을 계획하셨던 것이다(사2:2-4, 66:18-23).

또한 영원한 구원을 위하여 이스라엘을 이방인의 빛으로 삼으시고(사49:6) 그리스도 안에서 만물을 충만하게 하는 우주적 계획을 세우신 것이다(엡1:23). 그러므로 복음을 부끄러워하지 말고 당당하게 들고 나아가 만물을 충만하게 할 때까지 달려가야 한다.

(2) 하나님의 의가 나타나는 복음(17절)

"복음에는 하나님의 의가 나타나서 믿음으로 믿음에 이르게 하나니 기록된바 오직 의인은 믿음으로 말미암아 살리라 함과 같으니라"(17절)

17절 초두에 이유를 진술하는 접속사 '가르'(γαρ)가 나오는 것은 복음이 믿는 모든 사람에게 왜 구원의 능력이 되는지 그 이유를 밝히려는 것이다.

첫째는, 복음 속에서 '하나님의 의'가 나타나기 때문이다.

'하나님의 의'라는 술어는 로마서의 핵심적인 주제로 대단히 중요한 바울의 신학적 개념 중에 하나다(1:17, 3:5, 21, 22, 25, 26, 10:3).

구약에서 '의'(צדק, 쩨대크)라는 말은 관계적인 개념이 있다. 다른 사람과의 관계에서 신실하고 바른 '관계'에 있을 때에 사용되어졌다. 야곱이 외삼촌 라반에게 "내 품삯을 조사하실 때에 나의 의가 내 대답이 되리이다"(창 30:33)라고 말하여 서로의 관계에서 자신의 '정직'한 모습을 '의'라고 표현했다.

또 한편 관계에서 법률적 상태를 가리키는 말로 하나님의 말씀과 뜻에 일치하는 삶의 상태를 말하기도 한다. 세상 법정에서 의인과 악인이 무죄와 범죄를 판결 받는 것처럼(신25:1) 하늘 법정에서 하나님 앞에 선 인간이 옳고 그름에 대한 판결을 받는 것을 말한다.

시편 기자는 말하기를 "하늘이 그의 공의(righteousness)를 선포하리니 하나님 그는 심판장이심이로다"(시50:6)라고 했다. 하나님께서는 공의로 세상을 심판, 즉 판단하시는 분이시다(시96:13). 세상을 향한 하나님의 공의로운 판단에는 구원과 심판이 함께 공존하는 것이다(사51:6, 56:1).

"여호와께서 그의 구원을 알게 하시며 그의 공의를 뭇 나라의 목전에서 명백히 나타내셨도다"(시98:2)

또 한편 '하나님의 의'는 율법 이외에 하나님께서 새롭게 마련하신 구원의 전략이라는 의미도 있다. 율법의 행위가 아닌 '믿음의 법'으로 의롭다 하심을 얻는 하나님의 새로운 전략이다(3:21-22, 27-28).

로마서에서 바울이 '의'라는 개념에 대하여 집중하는 것은 바로 '하나님의 의'는 하나님께서 옳은 방법으로 세상을 구원하신다는 뜻을 내포하고 있기 때문이다. 이는 '하나님이 스스로 수행하시는 의'로서 그리스도의 구속 사역을 기반으로 하여(롬3:25, 26) '믿음의 법칙'을 통하여 의롭다고 인정하시고 구원해 주시는 것을 말한다(롬3:22). 복음에는 하나님의 의로운 판단이 나타나는데, 율법의 행위가 아니라 믿기만 하면 의롭다 인정해 주시는 하나님의 의로운 판단이 나타나고 있는 것이다.

둘째는, 복음은 믿음에서 믿음에 이르게 하기 때문이다.

여기 전치사구(前置詞句)는 '~로부터 ~에까지'(ἐκ...εἰς)로 해석할 수 있기 때문에 어떤 형태의 진행과정을 뜻하는 것이 분명하다. 이것은 여러 가지로 해석할 수 있는데, 어떤 학자는 '에크'(ἐκ)는 출발점을 시사(示唆)하는 것으로, 그리고 '에이스'(εἰς)는 종착점을 시사할 수 있다고 보고 '믿음에서 시작하여 믿음에 이르기까지'라는 의미로 해석한다.

현대의 많은 해석자들은 첫 번째 '믿음에서'(ἐκ πίστεως)를 하나님의 성실성을 지칭하는 것으로, 그리고 두 번째 '믿음으로'(εἰς πίστιν)를 사람의 믿음을 지칭한다고 보고 '하나님의 성실성에서 사람의 믿음에' 이르는 역동적 과정을 뜻한다고 해석하고 있다.

보편적으로 두 번째 해석을 따라 복음은 하나님의 성실하심에서 출발하여 인간의 믿음에 이르러 하나님의 의가 나타나게 만든다고 보는 것이다. 이것은 복음 안에는 하나님의 의가 계시되어 있고 그것이 출발점이 되어 인간이 믿음으로 받을 때에 하나님의 의가 성취되어 구속 사역이 이루어지기 때문이다. 이는 "하나님의 한 의가 나타나...예수 그리스도를 믿음으로 말미암아 모든 믿는 자에게 미치는 하나님의 의니 차별이 없느니라"(롬3:21-22)고 가르치는 바울의 구속사 신학사상과 잘 들어맞는 해석이라고 본다.

그러므로 복음 안에는 이 놀라운 구원의 전략이 들어 있어서 믿기만 하면 하나님의 구원하시는 능력이 나타나는 것이다.

셋째는, 오직 의인은 믿음으로 살기 때문이다.

"오직 나의 의인은 믿음으로 말미암아 살리라"(합2:4, 갈3:11, 히10:38)

하박국 성경에는 '나의'라는 단어가 없고 '차디크'(צדיק), 즉 '의인'으로만 기록되어 있는데 본서에서는 '나의'(μου)라는 인칭대명사를 첨가하고 있다. 여기에서 말하는 의인은 예수를 믿어 구원 받은 사람들로서 하나님과 새로운 언약관계에 들어간 사람들을 말한다.

구원 받은 의인은 오직 믿음으로 사는 사람이다. 구원 사역에서도 오직 믿음만 요구하고 있지만(롬3:22, 26) 신앙생활 자체에서도 오직 믿음을 요구하고 있기 때문이다. 의인은 삶의 매 순간을 믿음에 입각한 삶을 살아야 할 사람들이다.

믿음이 없이는 하나님을 기쁘시게 할 수가 없기에 하나님께 나아오는 자는 하나님의 존재에 대한 믿음과 함께 약속에 대한 신뢰를 가져야 한다(히 11:6). 즉 믿음은 한 순간으로 끝나는 요소가 아니라 전 삶의 과정에서 매일 같이 절대적으로 필요한 것이다.

그러므로 모든 신자는 큰 믿음, 강한 믿음으로 성장하기 위하여 "믿음의 부족한 것을 보충하기"(살전3:10) 위하여 믿음의 진보(進步), 즉 믿음의 증진을 위하여 수고하며(빌1:25), 서로 협력해야 할 것이다(빌1:27).

II. 하나님의 진노 아래 있는 인류(1:18-3:18)

우리는 앞서 살펴본 1:16-17이 로마서 전체의 주제가 된다는 사실을 설명했었다. 그 중에서 '하나님의 의'가 인류의 구원에만 관련된 것이 아니라 심판에도 깊은 관련이 있음을 살폈었다. 즉 믿음을 가지고 하나님 앞에 나오는 자에게 구원의 은총을 베풀어 주시는 것이 하나님의 의가 지닌 한 측면이라면, 불순종으로 살아가는 자들에게는 심판으로 보응하시는 것도 하나님의 의가 지닌 측면이라는 것이다.

이러한 전제 하에서 1:18-3:18까지는 인간이 믿음으로 의롭게 된다는 이신득의(以信得義)의 은총이 절대 필요할 수밖에 없는 근본 원인을 설명하기 위하여 인간의 타락과 이에 따른 하나님의 심판에 대하여 논증하고 있다. 그 내용을 개괄해 본다면, 먼저 1:18-32에서는 타락한 이방인들의 범죄와 그에 따른 하나님의 버리심에 대하여 다루고,

두 번째로 2:1-29는 유대인의 죄를 경고하고 있다. 남을 판단하면서 자신들도 같은 죄를 짓고 있는 유대인들의 교만과 위선, 그리고 율법과 하나님의 백성의 특권, 할례가 결코 구원을 보장할 수 없다는 것이다.

세 번째로 3:9-18은 유대인뿐 아니라 헬라인까지 모든 인간은 죄 아래 있는 죄인이라고 선언하고 있다. 이로서 모든 인류는 '하나님의 의' 앞에서 피 할 수 없는 죄인으로 인간이 전적으로 타락되었다는 사실을 밝히고 심판 아래 놓여 있는 존재임을 말하고 있다. 그리고 하나님의 값없는 구원의 은총이 아니면 인간 스스로 구원 받을 수 있는 조건이 전혀 없다는 사실을 밝히려는 목적으로 논증하고 있다.

1. 하나님의 진노 아래 처한 인간(1:18-32)

보편적으로 주석가들은 여기서 하나님의 진노 아래 있는 '이방인의 타락 상황'을 묘사한다고 주장한다. 그러나 문장의 내용을 볼 때에 이방인을 향한 것이라고만 국한 시킬 필요는 없다고 본다. 우상숭배와 부도덕한 성적

문란이 이방인의 삶의 모습을 묘사하는 것처럼 보이지만, 18절에 있는 '경건치 않음'과 '불의'는 굳이 이방인에게만 국한 된 것이라고 할 필요가 없기 때문에 유대인을 포함한 전 인류의 범죄 행위에 대한 하나님의 진노라고 보는 것이 타당할 것이다.

내용적으로는 18절은 19절 이하의 인간들의 범죄 행위에 대한 결론적이며 명제적 역할을 하는 것이라 할 수 있다. 그것은 19절 서두에 있는 내용의 이유를 설명하는 접속사 '왜냐하면'($\delta\iota\acute{o}\tau\iota$)으로 시작하는 것을 보면 알 수 있다. 즉 결론적 주제를 말한 후에 그 이유를 밝히는 형식이다.

특히 본 단락에서는 세 번에 걸쳐서 '바꾸었다'와 '내버려 두다'라는 단어를 연속적으로 사용하여 인간들의 범죄 상황을 설명해 가고 있다.

첫째 단락(21-24절) : 사람들은 하나님의 영광을 각종 우상으로 바꾸었고 하나님은 저희를 온갖 더러움에 내어버리셨다.

둘째 단락(25-26a절) : 사람들은 하나님의 진리를 거짓으로 바꾸었고 하나님은 저희를 부끄러운 욕심에 내어버리셨다.

셋째 단락(26b-32절) : 사람들은 성적인 순리를 성적 역리로 바꾸었고 하나님은 저희를 그 상실한 마음에 내어버리셨다.

(1) 하나님의 진노가 진리를 거절하는 사람들에게 나타나고 있다.

"하나님의 진노가 불의로 진리를 막는 사람들의 모든 경건치 않음과 불의에 대하여 하늘로부터 나타나나니"(18절) 본 절은 인간의 타락과 함께 죄론(罪論)에 대한 주제 역할을 하는 구절이다.

첫째는, 오늘도 하나님의 진노는 하늘로부터 나타나고 있다.

'하나님의 진노'($\acute{o}\rho\gamma\acute{\eta}\ \theta\epsilon o\tilde{v}$)는 '강한 내적 열정을 나타내는 격한 감정'을 의미하는 것으로 불의에 대하여 반응하시는 하나님의 깊은 곳에서 끓어오르는 분노의 감정으로 공의로운 심판을 묘사할 때 쓰여지는 말이다.

구약에서의 하나님의 진노는 언약을 파기 했을 때에 나타나는 것으로 즉 각적인 하나님의 격한 감정을 표할 때에 사용되어졌었다(민16:46, 25:3). 그래서 하나님의 진노는 현세적이면서 또한 종말적 개념을 가지고 있었다(사13:9, 겔7:19, 습3:8).

사도 바울에게 있어서도 하나님의 진노의 개념은 '장래의 노하심'(살전

1:10)이라는 표현처럼 종말적 의미로 사용하고 있지만(롬2:5, 5:9, 살전 5:9), 본 절에서 보여주는 것은 현재적이라는 것이다. 여기서 바울이 하나님의 진노가 '나타나다'(*ἀποκαλύπτεται*)라는 현재형 동사를 사용한 것을 보면 하나님의 진노가 최후 심판의 때에 나타나지만 그 과정은 이미 역사 속에서 진행 중에 있다는 것을 보여주고 있는 것이다(골3:6). 그러므로 하나님의 진노는 범죄한 인류에게 부분적이지만 이미 끊임없이 나타났었고 지금도 "하나님의 진노가 그 위에 머물러 있는"(요3:36) 상태에서 인간들은 살아가고 있기에 최후 심판은 이미 진행 중에 있는 심판 과정의 종착 지점일 뿐인 것이다.

둘째는, 하나님의 진노는 경건치 않음과 불의에 나타난다.

여기 '경건치 않음'(*ἀσέβεια*)과 '불의'(*ἀδικία*)는 하나님을 떠난 사람들의 죄악상을 포괄적으로 표현한 술어이다. '아세베이아'(*ἀδέβεια*)는 하나님을 경외하는 태도가 전혀 없을 뿐만 아니라 오히려 우상을 하나님의 자리에 올려놓는 종교적인 범죄를 가리키고, '아디키아'(*ἀδικία*)는 인간 상호간에서 발생하는 도덕적인 범죄로서 사람들이 하나님과 이웃들에 대한 의무들을 다하지 못한 것을 가리킨다. 이는 '하나님의 의'와 대조를 이루는 것으로 로마서에 자주 등장하고 있다(1:29, 2:8, 3:5, 6:13, 9:14).

종교적인 불경건과 도덕적인 불의한 모든 행동들은 하나님을 떠난 타락한 인간의 실존을 보여주는 것으로 하나님의 진노는 이러한 인간들에게 하늘로부터 임하게 되어 있다.

셋째는, 불의로 진리를 거절하기 때문이다.

인간의 행동 속에 불경건과 불의가 나타나는 이유는 그들이 "불의로 진리를 막기" 때문이다. 이것이 인간의 가장 큰 문제의 원인이다. 모든 불경건과 불의가 인간 내면(內面) 속에 있는 죄성(罪性)이 겉으로 드러난 외적 행위들이라면, '불의로 진리를 막는' 행위는 인간 내면에 있는 죄성의 성질을 일컫는 말이다.

여기 '진리(*ἀλήθεια*)는 그리스도와 복음 안에서 계시된 진리뿐만 아니라 더욱 포괄적으로 모든 인간들에게 열려 있는 일반적인 진리를 포함한다고 보는 것이 좋다.

인간의 본질과 창조 세계에 명백히 계시되어 있는 '하나님을 알 수 있는 참된 지식'(19절)과 우주적 원리, 또한 양심을 통하여 옳고 그름을 분별할 수 있고, 참과 거짓이 무엇인지 분별할 수 있는 능력이 인간에게는 주어져 있는 것이다. 그러나 타락한 인간은 하나님을 알고 진리를 인식하는 능력이 있음에도 불구하고 자신의 불의함을 정당화하기 위하여 진리를 '막고' 있다는 것이다.

여기 '막다'(κατεχόν-κατεχω의 현재 분사)라는 단어는 '억제하다'(to hold down), '억누르다'(to suppress)는 뜻으로 진리가 자신에게 적용되는 것을 거절하여 밀어내고 억눌러서 묻어버리고 기억 속에서 지워버리려고 노력하는 기질을 가리킨다. 타락한 상태에 있는 인간들은 하나님이 주신 우주적 법칙과 진리가 있음에도 불구하고 그것을 밀어내고 막아서 자기와는 아무 상관이 없는 것처럼 반응하여 온갖 불경건한 행동들과 불의의 죄악들을 행하고 있는 것이다.

이러한 행동의 원인이 '불의로'(ἐν ἀδικία) 말미암아 나오는 것임을 보여주고 있다. 여기에서의 '불의'는 타락한 욕망과 경향에서 나오는 사악함(iniquity)을 가리킨다. 즉 인간의 타락한 부패한 기질에서 종교적으로 참하나님을 거절하고 도덕적으로 참된 진리를 반대하는 것이다.

이런 타락한 불의의 기질에서 "진리를 억누르며 보이지 않게 그것을 묻어버리고 기억 속에서 지워버리려고" 의식적으로 또는 무의식중에서도 애를 쓰고 있는 것이다.

그러나 이러한 인간들의 내면적 기질과 외적인 불경건과 불의에 대하여 하나님께서는 결코 간과(看過)하지 않으시고 하나님의 진노는 하늘로부터 임하여 심판하시는 것이다. 하나님의 진노의 대상인 그 행동들이 구체적으로 무엇인지 19절부터 제시하고 있다.

(2) 진노는 하나님을 인식하지 못한 종교적 타락에 나타난다(1:19-23).

19절 서두에 '왜냐하면'(διότι)이라는 접속사가 나오는 것은 인간들이 하나님을 알만한 지식을 소유했음에도 불구하고 불의로 진리를 막아 불경건과 불의 때문에 하나님의 진노를 자초하는 이유를 밝히려는 것이다.

첫째는, 인간에게는 하나님을 알만한 신지식(神知識)이 주어져 있다.

① 인간 내면에는 종교성이 있다.

"이는 하나님을 알 만한 것이 그들 속에 보임이라 하나님께서 이를 그들에게 보이셨느니라"(19절)

인간의 내면적 인식 속에는 본능적으로 하나님을 알 수 있는 능력이 주어져 있다. 여기 '하나님을 알 만한 것'($τό\ γνωστόν\ τοῦ\ θεοῦ$)에서 '그노스톤'($γνωστον$)은 '알려진'(known)을 뜻하지만, 또 한편 '이해할 수 있는'(knowable)이라는 뜻도 가지고 있다.

그리고 '보임'($φανερόν$)이라는 단어는 '감지할 수 있는'(apparent), '잘 보이는'(conspicuous), '명백한'(manifest)이라는 뜻으로 하나님을 감지할 수 있는 능력이 있음을 가리킨다. 타락한 인간의 본성을 가지고는 참 하나님을 알 수 있는 능력은 없다. 그러나 비록 손상되었다 할지라도 인간은 하나님의 형상을 지닌 존재이기에 '하나님을 알 만한 것'이 주어져 있어 하나님을 감지할 수는 있는 것이다.

이는 바울이 아덴에서 전도할 때에 아덴 사람들에게 "종교성"(religiosity)이 많다고 말한 것과 같은 것으로(행17:22), 이것은 "사람으로 하나님을 더듬어 찾아 발견하게 하려"(행17:27)고 주신 능력을 말하는 것이다. 그러므로 인간의 내면에는 신(神)을 경외하는 종교적 감성이 있어서 하나님을 명확하게는 인지할 수 없다 할지라도 하나님을 찾아갈 수 있는 능력을 지니게 해 주신 것이다.

이는 "하나님께서 이를 그들에게 보이셨느니라"에서 더욱 분명히 확증하고 있다. 여기 '보이다'($φανερόω$)라는 단어는 '분명히 나타내다'(to manifest)라는 뜻으로 사도 바울은 이 단어를 주로 하나님의 구원 계획과 복음, 그리고 그리스도를 계시한 것에 사용하였지만(3:21, 고전4:5, 골1:26, 3:4, 딤전3:16, 딤후1:10), 본 절에서는 복음의 계시보다는 사람들이 가지고 있는 일반적인 신지식의 계시라는 의미로 사용하고 있다. 하나님께서는 인간 내면에 있는 종교성이라는 일반적인 계시를 통하여 하나님을 알 만한 지식을 분명히 주셔서 얼마든지 스스로 하나님을 찾아갈 수 있게 만들어 주신 것이다. 문제는 그것이 부패하고 어리석어진 것에 있을 뿐이다.

② 자연 계시를 통해 하나님을 인식할 수 있게 하셨다.

"창세로부터 그의 보이지 아니하는 것들 곧 그의 영원하신 능력과 신성이 그가 만드신 만물에 분명하게 보여 알려졌나니 그러므로 그들이 핑계하지 못할지니라"(20절)

또한 인간에게는 자연을 통한 외부적 계시로 하나님을 인지할 수 있는 능력까지도 주어져 있다는 것이다. '그의 보이지 아니하는 것들'은 하나님의 '볼 수없는 속성들'(invisible attributes, NASB)로서 세상을 창조한 이후로 지금까지 한 번도 인간들에게 보여 지지 않았던 하나님의 속성들이다.

하나님은 영적 존재이기에 인간의 시각적 눈으로는 볼 수 없는 분이시다(딤전6:16, 요4:24, 눅24:39). 그러나 '그의 영원하신 능력과 신성'은 그의 만드신 만물 속에 분명히 보여 지도록 하셨다. '영원하신 능력'이란 우주 만물을 창조하시고 그것을 운행하시는 하나님의 능력을 가리키며, '신성'($\theta\varepsilon\iota\acute{o}\tau\eta\varsigma$)은 신의 인격을 의미하는 '데오테스'($\theta\varepsilon\acute{o}\tau\eta\varsigma$, 골2:9)와는 다르게 '신의 성품', 즉 속성을 가리킨다.

예술가가 자신의 작품을 만든다면 그 작품 속에는 그의 예술적 능력과 혼이 담겨있어 그의 작품만 보아도 그의 정신과 솜씨가 어떠한 지를 알아볼 수 있는 것처럼 우주 만물은 하나님께서 만드신 작품이기에 그 속에는 그의 능력과 신성이 분명히 표현되어 있는 것이다. 그래서 언제라도 눈을 들어 자연을 관찰하고 신의 존재를 알려고만 한다면 하나님께서는 그의 지각을 열어 볼 수 있게 하신 것이다.

다윗은 자연만물을 바라보다가 창조물 속에 오묘하게 담겨있는 하나님의 우주법칙을 발견하였고(시8:3-9), 자연 속에서 하나님의 소리와 손길을 보았다고 찬양했던 것이다(시29:3-11).

여기 '분명히 보여 알게 되나니'에서 '분명히 보여'($\kappa\alpha\theta o\rho\hat{\alpha}\tau\alpha\iota$-$\kappa\alpha\theta o\pi\hat{\alpha}\omega$의 현재 수동태)는 '분명히 보이다'(to see clearly), '명확히 보이다'(to see distinctly)는 뜻으로 자연 현상이나 예술작품 등을 눈여겨 볼 수 있는 시각적 경향을 말한다. 또한 '알게 되나니'($\nu oo\acute{\upsilon}\mu\varepsilon\nu\alpha$-$\nu o\acute{\varepsilon}\omega$의 현재 수동태 분사)는 '알아차리다'(to perceive), '통찰할 수 있다'(to gain an insight into)는 뜻으로 어떤 사물을 보고 그 의미와 속성을 분명히 알 수 있는 인지 능력이 있다는 말이다. 이것은 인간이 하나님이 창조하신 만물을 바라보면

그 안에 하나님의 능력과 속성이 분명히 드러나서 인지할 수 있는 능력을 충분히 갖추었다는 것을 밝히는 말이다. 이 단어들이 전부 현재 수동태인 것은 지금도 얼마든지 인간이 자연 세계를 관찰하면 그 안에 내재되어 있는 신적 속성들이 보여 질뿐 아니라 알아진다는 말이다.

그러므로 하나님께서 인간의 내면에 있는 종교성을 통하여서도 하나님을 알 만한 계시의 능력을 주셨고, 또한 외적으로는 자연만물을 통하여 하나님의 능력과 신성들을 알아차리고 볼 수 있는 감지력(感知力)을 주신 것이다. 그러므로 인간은 내재되어 있는 종교성으로도, 또한 자연만물을 통하여 하나님을 감지할 수 있도록 창조되었기에 '나는 하나님을 모른다'고 어느 누구도 핑계할 수 없는 것이다. 오직 어리석은 자들만 '하나님이 없다'고 말하는 것이다(시14:1).

둘째는, 문제는 인간이 하나님을 알되 영화롭게도 감사치도 않았다(21절).
"하나님을 알되 하나님을 영화롭게도 아니하며 감사하지도 아니하고"(21절)

19절과 마찬가지로 본 절 서두에 '왜냐하면'(διότι)이라는 접속사가 또 나오는 것은 인간들이 하나님의 진노에 대하여 핑계할 수 없는 이유를 설명하려는 것이다. 그것은 하나님을 알았으면서도 하나님으로 인정하지 않고 거역했다는 것이다. 또한 21-23절까지 나오는 헬라어 동사들이 전부 부정과거 시제로 되어 있는 것은 그들의 행동이 전 역사를 걸쳐서 언제나 거역으로 점철되었다는 것을 시사해 주고 있다.

여기 '알되'(γνόντες)는 그들이 관찰과 경험을 통해서 이미 하나님의 존재를 알고 있었다는 사실을 밝히고 있다. 하나님께서 자신이 창조하신 자연만물과 종교성, 그리고 인간의 이성과 양심 등을 통하여 자신의 본질적 속성을 계시해 주셨다. 그러므로 사람들은 이미 그의 존재를 여러 가지 모양으로 알고 있었던 것이다. 그러나 문제는 그들이 '하나님을 알고'도 하나님으로 대접하지를 않았다는데 있다.

여기 '영화롭게 아니하며'(οὐχ ἐδόξασαν)라는 말은 모든 인간은 본능적으로 절대자의 존재에 대한 의식과 초월자에 대한 경외심과 같은 기본적인 신 관념(神觀念)이 있으면서도 하나님을 유일하신 창조주이시며 섭리자이신 참 하나님으로 영화롭게 높여 들이지를 못하였다는 것이다. 참 하나님을 하나님으로 인정하지 않은 행위이다.

그리고 '감사하지도 아니하고'(ἡ ηὐχαριστησαν)는 역시 마찬가지로 하나님께 감사하지도 않았다는 말이다. 하나님께서 자연의 섭리자로서 인간들에게 각가지 자연적 혜택과 은총을 베풀어 주어 그것들을 누리게 해 주었음에도 불구하고(호2:21-22) 인간들은 진정한 감사를 조물주에게 드리지 않고 있다는 것이다(참조, 시편136편). 인간이 하나님을 자신의 창조자로 인정하고 그에게 마땅히 영광과 감사를 드려야 함에도 행하지 않는 것은 하나님을 거역하는 근원적 범죄임을 깨달아야 한다.

셋째는, 그 이유는 인간의 중심이 허망해지고 우둔해졌기 때문이다.

하나님을 아는 지식을 버리고 거역함으로 인간에게는 '오히려'(ἀλλὰ) 반대 현상인 종교적 타락이라는 퇴행적 현상이 나타나게 되었다.

① 그들의 생각이 허망해졌다.

여기 '생각'(διαλογισμος)이라는 단어는 구약헬라어 성경(LXX)에서 '생각' 뿐만 아니라 '계획', '목적'을 뜻하는 히브리어 '마하솨바'(מחשבה)의 역어로 나오며(사59:7, 렘4:14), 신약에서는 '생각'(마15:19, 눅2:35, 5:22, 고전3:20, 약2:4), '변론'(눅9:46, 47), '의견'(롬14:1), '의심'(눅24:38) 등의 의미로 사용했는데, 이는 '추리'(reasoning), '추론'(ratiocination), '사고력'(cogitation), '생각'(thought)의 뜻으로 마음속에 품은 궁리, 또는 계책을 말한다. 그러나 조금 더 생각해 보면, 인간이 추론하고 사고하는 인간의 이성(理性)에 대해 헬라어에서 '로고스'(λογος)가 라틴어 '라티오'(ratio)로, 그리고 그것이 영어의 이성(reason)으로 변천해 온 것을 볼 때에, 그리고 헬라 철학자 키케로(Cicero, BC106-43)가 "이성은 세상에서 가장 신적인 것"(Cicero, De Legibus, Ⅰ, 22)이라 하고, 초대교회 당대의 철학자 필론(Philon Alexandria, BC24-AD50)도 "신의 형상으로서의 로고스는 또한 인간 안에, 곧 지성 안에 자신의 모상(模像)을 가진다. 이런 뜻에서 인간은 신의 형상을 따라 창조 되었다"고 말한 것을 빌린다면, 여기에서 사도 바울이 '생각'(διαλογισμός)이라고 말한 의미 안에는 인간의 이성(理性)을 염두에 두었을 듯하다.

그러므로 인간의 이성적 요소가 '허망해졌다'(ἐματιώθησαν – ματαιοω의 부정과거 수동태)는 것은 '무가치하다'(to render worthless), '알맹이 없이 되다'(to render futile), '무가치한 것들을 생각하다'(to think about worthless things)는 뜻으로 인간의 이성이 참되고 진리를 판단하기 보다는 '텅빈 상태'(emptiness), '공허한 상태'(vanity)에 빠져서 무가치하고 무의미한 것들을 생각하고 판단하게 되었다는 의미가 된다.

그렇다. 하나님을 인정하지 않고 감사하는 자세도 없는 삶을 살아가게 되자 자연적으로 그 계획과 궁리하는 이성적 판단이 전혀 목표도 없고, 가치도 없고, 의미도 없는 것을 추구하며 속이 텅 빈 것처럼 살아가는 상태에 빠진 것이다. 이성적으로 추론하여 생각하는 것마다 또는 그들의 견해(speculations)마다 모두 허무해져서 무가치한 것을 추구하는 삶을 살아가는 사람이 된 것이다. 전도자가 하나님이 없는 상태에서 인간들의 '땅 아래의 삶'이 모두 허무하다고 표현한 것처럼 생각하는 것마다 가치 없는 것만 추구하게 된 것이다(전1:2-3).

② 그들의 마음이 어두워졌다.

'마음'(καρδία)이란 사람의 내적 삶의 중심지로서 감정을 느끼고 열정을 품고(1:24, 10:1), 생각하고 이해하며(요12:40, 행8:22), 의지하고 결단하는(행11:23, 고후9:7) 인격의 중심지이다. 여기에서 하나님을 향하여 가는 종교적 생활의 중심 역할을 하고 도덕적 행위를 결정하게 된다(5:5, 8:27, 엡3:17, 히8:10).

이렇게 사람의 내적 중심 역할을 하는 마음이 '미련하여' 이해력이 떨어졌다는 것은 정상적인 기능과 역할을 할 수 없는 상태의 마음이 되어 있다는 것이다. 이러한 미련한 마음을 가지고 무엇을 바르게 사고(思考)하고, 어떻게 정상적인 감정을 발휘하고, 어떻게 올바른 결정을 할 수 있겠는가? 또 이런 마음의 상태로 어떻게 하나님을 바르게 이해하고 찾아갈 수 있겠는가?

분명히 생각은 비틀어지고, 감정과 뜻은 비정상적인 것으로 위장할 것이고, 하나님에 대하여서는 오해할 것이 분명하다. 이러한 미련한 마음에 어두움까지 덮이게 되었으니, 어떻게 세상을 올바른 시각으로 보고 바른 결정을 할 수 있겠는가?

미련한 마음에 어두움까지 덮이게 되었으니, 매사에 분별력이 떨어져서 착각과 오해, 그리고 어리석은 결정을 할 것은 자명한 사실이다.

③ 그들의 지혜가 어리석게 되었다.

"스스로 지혜 있다 하나 어리석게 되어"(22절)

당시 헬라 문화권에서는 '지혜'($\sigma o \phi \iota a$)는 신의 속성이며 인간에게 주는 재능으로 사람을 빛으로 이끄는 지식으로 보아 최고의 가치로 여겼었다. 또한 지혜는 창조의 비밀에 대한 통찰력으로 보기도 하였다.

사람들은 자신들이 지혜 있다고 계속해서 주장하고 있다. 여기 '스스로 ~하나'로 번역된 '파스코'($\phi \acute{a} \sigma \kappa \omega$)라는 단어는 '우겨대다'(to affirm), '강력히 주장하다'(to assert)는 뜻으로 주로 근거 없는 주장을 하는 것을 나타내는 동사다. 실제로 지혜롭지 못하면서도 자신들은 지혜롭다고 스스로 자부하고 주장하는 것이다. 바로 여기에 하나님을 떠난 인간의 어리석은 모습이 나타나 있다. 마음은 미련하여 사리를 분별할 수 없을 정도로 어두워져 있고, 생각하고 궁리하는 것들은 전부 헛되고 무가치한 것들을 생각하면서도 자기들은 가장 지혜롭고 똑똑하다고 착각하는 것이다.

하나님은 이러한 인간에게 어리석음을 덮어씌우신 것이다. 여기 '어리석게 되다'($\dot{\epsilon} \mu \omega \rho \acute{a} \nu \theta \eta \sigma a \nu$ - $\mu \omega \rho a \acute{\iota} \nu \omega$의 수동태)라는 단어는 단순히 지적으로 어리석은 상태를 말하는 것보다는 모든 사람이 알 수 있도록 어리석은 행동을 하는 것을 의미한다. 특히 영적 진리에 전혀 깨달음이 없는 무지를 가리킨다. 아무런 생명도 없고 호흡 할 수도 없으며 움직이지도 못하는 우상을 섬기는 것은 아무리 지혜 있다고 자처한다 할지라도 어리석기 그지없는 행동인 것이다(렘10:14).

그래서 하나님께서는 불신앙적 자세를 취하는 인간들의 "이 세상의 지혜를 미련하게"(고전1:20) 만드신 것이다. 인간들은 세상에서 자신의 지혜가 가장 지혜롭다고 우기지만 사실은 하나님의 지혜의 관점에서 볼 때에 가장 허무하고 무가치하고 가장 어리석은 행동을 하고 있는 것이다.

"이 세상 지혜는 하나님께 어리석은 것이다." 그래서 하나님께서는 "지혜 있는 자들로 하여금 자기 꾀에 빠지게"(고전3:19) 하여 그들의 지혜로 헛되게 만드신 것이다(고전3:20). 그래서 "이 세상이 자기 지혜로 하나님을 알지 못하게"(고전1:21) 하신 것이다.

"지혜 있는 자가 어디 있느냐 선비가 어디 있느냐 이 세대에 변론가가 어디 있느냐 하나님께서 이 세상의 지혜를 미련하게 하신 것이 아니냐"(고전1:20)

넷째는, 결국 인간은 하나님의 영광을 우상숭배로 바꾸게 되었다(23절).

"썩어지지 아니하는 하나님의 영광을 썩어질 사람과 새와 짐승과 기어다니는 동물 모양의 우상으로 바꾸었느니라"(23절)

'하나님의 영광'은 임재하시는 하나님의 실체를 가리키기도 하지만, 본 절에서는 하나님의 위엄과 완전하심을 뜻하는 것이다. 이러한 하나님의 영광은 썩어지지 않는 영원한 존재인 것이다. 그러나 반대로 사람과 새, 짐승, 기어다니는 동물들은 전부 썩어지고 부패하고 쇠하여 없어질 것들이다. 그런데 인간들이 썩지 아니할 것을 썩어질 것으로 바꾸어버리는 어리석음을 범한 것이다.

여기 '바꾸다'($\dot{\alpha}\lambda\lambda\dot{\alpha}\sigma\sigma\omega$)라는 단어는 '이것을 저것으로 교체하다'는 의미로 썩지 아니할 하나님의 영광을 썩어질 우상 형상으로 교체했다는 말이다. '썩지 아니할 것'을 '썩어질 것'으로 바꾸었다는 것은 정상적인 지각을 가진 인간으로서는 할 수 없는 행동이다. 그러나 여기에서 하나님을 인정하지 않는 미련한 인간의 마음의 어리석음의 극치를 보여주는 것이다.

구약 예언자들도 이러한 인간의 어리석음을 책망하였었다. 하나님은 천지의 창조자시오, 우주와 역사의 유일한 계획자이시며, 경영자(사40:12-14)이신 절대자이시다. 그럼에도 불구하고 인간들은 바람이 불면 초개(草芥)와 같이 날아가 버릴 우상들과 비교하고 바꾸어 섬긴다는 것은 어리석기 그지없는 짓이라고 책망했었다(사40:18-21, 41:21-24).

그것은 우상의 "모든 행사는 공허하고 허무하며 그들의 부어 만든 우상은 바람이요 허탄한 것"(사41:29)뿐이기 때문이다. 인간들이 각 가지 우상을 만들어 섬기는 어리석은 행동을 하는 것은(사44:12-17) "그 눈이 가리어서 보지 못하며 그 마음이 어두워져서 깨닫지 못함이라 마음에 생각도 없고 지식도 없고 총명도 없으므로"(사44:18-19) 그런 행동을 하는 것이라고 책망했던 것이다. 우상숭배, 그것은 인간의 마음이 얼마나 이해력과 분별력이 없고 어리석어졌는지를 보여주는 단적인 예인 것이다.

조물주이신 참 하나님을 알아보지 못하고 썩어질 우상을 섬기게 된 인간의 어리석음과 함께, 그로 인한 모든 불행의 시작은 바로 종교적 타락에서부터 시작되었다는 것이다. 뿐만 아니라 종교적 타락은 곧바로 도덕적 타락으로 연결되어 결국 진노의 자식이 된 것이다.

(3) 진노는 욕망을 추구하는 도덕적 타락에 나타난다(1:24-32).

본 단락의 서두가 '그러므로'(Διa)라는 단어로 시작하는 것은 인간이 하나님을 버리고 우상숭배로 교체하는 종교적 타락의 결과로 인하여 도덕적 타락이 오게 되었다는 것을 설명하려는 것이다. 우리는 모든 도덕적 타락의 근본 원인을 다른 것에서 찾으려고 해서는 안 된다. 그것은 참 하나님을 잊어버린 종교적 타락에서 오는 것임을 반드시 기억하고 명심해야 한다.

본 단락의 내용은 종교적 타락에 대한 '인간의 행동'과 그에 대한 '하나님의 조치'로 구성되어 있다. 특히 본 단락을 이해하기 위해서는 25절을 두 부분으로 나누어 상반부는 24절과 연결시켜 하나님의 진리를 거짓 것으로 바꾼 인간의 행동에 대한 하나님의 조치로 마음의 정욕에 버리셨다는 것으로(24절), 25절의 하반부는 26절에 연결시켜 피조물을 조물주보다 더 경배하고 섬긴 것에 대하여 부끄러운 욕정에 버리셨다는 것으로 보아야 한다(26절). 그리고 마지막으로 마음에 하나님 두기를 좋아하지 않은 인간의 행동에 상실한 마음대로 내어버리신 하나님의 조치(28절)로 인하여 도덕적으로 합당치 않은 일들을 행하게 하셨다는 내용의 진술로 보아야 한다(29-32절). 그리고 23절이 썩어지지 않는 하나님의 영광을 썩어질 우상으로 교체한 것에 대한 인간의 어리석음을 강조하려는 것이었다면, 24절 이후에 나타나는 종교적 타락의 행동들은 도덕적 타락으로 연결된다는 것을 설명하기 위한 것이다.

1) 인간의 종교적 타락에 대한 하나님의 첫 번째 조치(24-25상).

여기 24-25상반절을 인간의 타락에 대한 하나님의 첫 번째 조치로 분류한 것은 25절 서두에 나와 있는 '이는 그들이'에 해당하는 '호이티네스'(οἵτινες)를 원인을 나타내는 접두사로 보았기 때문이다. 25절 상반절에 있는 인간이 하나님의 진리를 거짓 것으로 바꾸어버린 행동에 대한 조치로서 24절에 나타난 심판으로 하나님께서 그들을 정욕에 버리셨다고 보는 것이 문맥 관계에서 해석상 자연스럽다고 보았기 때문이다.

첫째는, 인간은 하나님의 진리를 거짓 것으로 바꾸는 행동을 했다(25절).
"이는 그들이 하나님의 진리를 거짓 것으로 바꾸어"(25절상)
'하나님의 진리'는 하나님을 알게 만드신 진리, 다시 말해 "하나님 자신의 실체와 그 자신의 계시"로 구성된 진리를 말한다. 이 '진리'는 19절에서 만물 속에서 보여주신 하나님의 영원한 능력과 신성과 연결되며, 25절의 '조물주'와 동격을 이루는 것으로 하나님 자신을 가리킨다. 하나님만이 영원한 참 진리이시기 때문이다(사65:16).

여기 '거짓 것'(τῷ ψεύδει)은 일반적인 '거짓'을 말하기 보다는 정관사를 지니고 있으므로 어떤 특정한 '거짓 것'을 지칭하는 것이 분명하다. 구약에서 흔히 우상을 '거짓'(ψευδος)이라고 표현한 것은(사28:15, 렘10:14, 13:25) 그것들은 참 하나님과 비교했을 때에 하나님의 진정한 표상이 아니기 때문이다. 본 절에서는 이방 종교에서 사람들로 하여금 하나님의 진리를 믿지 못하도록 만드는 속임수를 가리키고 있다.

진리이신 하나님의 실체를 헛되고 거짓인 우상으로 바꾼다는 것은 어리석은 짓이요 하나님의 진노를 피할 수 없게 하는 것이다. 이는 23절에서 설명한 "썩어지지 아니하는 하나님의 영광을 썩어질...우상으로 바꾼"행위와 같은 말이다.

둘째는, 하나님은 인간을 마음의 정욕대로 내어버리셨다(24절).

"그러므로 하나님께서 그들을 마음의 정욕대로 더러움에 내버려 두사 그들의 몸을 서로 욕되게 하게 하셨으니"(24절)

여기 '내버려두다'(παραδίδωμι)라는 단어는 '내주다'(to deliver over), '넘겨주다'(to hand over)는 뜻으로 고의적으로 내어주거나 넘겨주는 행위로서 하나님께서 자신을 거부하는 인간을 그들이 원하는 것에 넘겨주고 방치(放置)하셨다는 것을 가리킨다.

정욕이라고 번역된 '에피뒤미아'(ἐπιθυμια)는 본문뿐만 아니라 6-8장을 이해하는 데 중요한 열쇠가 되는 단어이다. 이 단어는 '금지된 쾌락에 대한 격렬한 욕망'이라는 뜻으로 타락한 인간의 본성 속에 있는 세속적인 강렬한 욕망을 말한다. 이 욕망은 보편적으로 육체 속에 있어 "육체의 정욕"이라고 말한다(엡2:3, 벧전2:11). 이것은 사람을 '끌고 유혹하는' 성질이 있고(약1:14), 영혼을 거슬려 싸우고(벧전2:11), 성령을 거슬리며(갈5:17), 하나님의 말씀을 막아 신앙의 열매를 맺지 못하게 하며(막4:19), 썩어져 가는 구습을 좇게 만드는 성질이 있다(엡4:22). 그래서 육체는 마치 나귀 같고 그 정욕은 말과 같다고 비유했다(겔23:20). 육체의 욕망이 발동하면 마치 "들 암나귀가 성욕이 동(動)하여 헐떡거림과 같이"(렘2:24) 인간으로 인격과 이성을 잃어버리고 날뛰게 만들기 때문이다.

그런데 본문에서는 "마음의 정욕"이라고 했다. 이미 21절에서 살펴 본대로 '마음'(καρδια)은 사람의 내적 삶의 중심지로서 지정의를 결정하는 인격적 장소이다. 여기에서 하나님을 향하여 가는 종교적 생활의 중심 역할을 하고 도덕적 행위를 결정하기도 한다. 그런데 인생에 있어서 이렇게 중심지 역할을 하는 마음이 '에피뒤미아'에게 지배를 받은 것이다. 육체가 정욕적인 것에 지배를 받아서 거룩한 삶을 추구할 수 없는 것도 문제인데, 거기에 마음까지 욕망에 사로잡혀 있다면 가히 절망적이라 할 수 있을 것이다. 이는 마음이 거룩함을 추구해 갈 여력(餘力)이 보이지 않는 상태를 말하기 때문이다.

하나님께서 진리를 저버리고 거짓을 추구하는 인간을 그 마음의 욕망에 내어 맡겨버리고 만 것이다. 한 마디로 '네 마음대로 하라'는 방치(放置)이며 외면인 것이다. 이것은 하나님께 간섭받지 않는 인간의 자유가 아니라 하나님께 외면당한 인간의 불행이요 심판인 것이다.

셋째는, 인간은 자신들의 몸을 서로 욕되게 하였다(24절).

하나님께서 사람들로 '마음의 정욕' 대로 행동하도록 방치하자 곧 인간들은 고삐 풀린 망아지처럼 날뛰며 서로의 몸을 탐욕의 도구로 삼아 온갖 더러움을 추구하게 되었다.

여기 '욕되게 하다'(ἀτιμάζεσθαι - ἀτιμάζω의 현재 수동태 부정사)라는 단어는 '모욕하다', '유혹하다'는 뜻으로 상대방을 인격적으로 존경하는 마음이 없이 오직 탐욕의 대상으로만 다루는 행위를 가리킨다. 그리고 '더러움에'(εἰς ἀκαθαρσίαν)는 도덕적으로 부도덕한 것을 추구하는 성적 탈선을 말한다.

하나님을 저버린 인간을 그 마음의 정욕대로 내어버리자 그들은 상대방을 존중하고 아끼는 마음은 전혀 없이 오직 서로를 자신의 욕망을 채우는 대상으로 삼아 서로의 몸을 탐하고 유혹하여 성적 탈선에 빠져들게 된 것이다. 결국 우상숭배는 인간들을 탐욕과 성적 탈선의 길로 인도하는 원인이 된 것이다. 그래서 종교적 타락은 도덕적 타락을 불러온다고 말하는 것이다.

2) 인간의 종교적 타락에 대한 하나님의 두 번째 조치(25하-27절).

여기 25하반-27절을 인간의 타락에 대한 하나님의 두 번째 조치로 분류하는 것은 26절 서두에 나오는 '이 때문에'($\delta\iota\grave{\alpha}\ \tau o\tilde{\upsilon}\tau o$)를 25절과 연결시키는 역할을 하여 피조물을 조물주보다 더 경배하고 섬겼기 때문에 하나님께서 저희를 수치스러운 욕정에 내어버리셨다고 보는 것이 자연스럽기 때문이다.

첫째는, 인간은 조물주에게 돌아갈 찬송을 피조물에게 경배와 섬김을 돌렸다(25절하).

"피조물을 조물주보다 더 경배하고 섬김이라 주는 곧 영원히 찬송할 이시로다 아멘"(25절하)

하나님의 진리를 거짓 것으로 바꾼 인간의 행위를 다시 한 번 설명하고 있다. 영원히 찬송 받으실 조물주보다 피조물을 더 경배하고 섬기는 행동을 한 것이다. 조물주와 피조물, 즉 '창조하신 이'와 '창조된 것'을 비교해 놓고 인간이 창조하신 창조주보다 창조된 피조물을 자신의 경배의 대상으로 선택한 것을 보여주고 있다.

여기 '경배하고 섬겼다'는 것은 거의 동일한 의미를 지니고 있는 단어를 거듭 사용하므로 인간들이 창조주를 버리고 자신들이 만든 각 가지 조형물의 우상을 정성껏 경배한 것을 나타내 보여주고 있다.

이러한 행동은 하나님의 자존심을 심히 상하게 만든 행동이었다. 그래서 "너희가 나를 누구에게 비기며 누구와 짝하며 누구와 비교하여 서로 같다 하겠느냐"(사46:5)고 책망하였으며, 우상들에게는 참 하나님으로서의 자격 요건을 갖추었는지 그 신성을 증명해 보이라고 고소했었다(사41:21-24). 이런 이유들로 인하여 하나님께서는 우상숭배에 대하여 대단한 질투심을 보이셨고 진노하셨던 것이다.

둘째는, 하나님은 인간을 부끄러운 욕정에 내어버리셨다(26절).

"이 때문에 하나님께서 그들을 부끄러운 욕심에 내버려 두셨으니"(26절)

하나님의 진노 중에 하나는 인간을 시궁창 같은 처지에 버리신 것이다. 여기 '욕심'($\pi\acute{\alpha}\theta os$)이란 '강렬한 욕구'(a passionate desire)라는 뜻으로 자기 의지로 다스릴 수 없는 강한 성적 애착(愛着)을 의미한다. '부끄러운' 이라는 말을 더하여 '에피뒤미아'($\epsilon\pi\iota\theta\upsilon\mu\acute{\iota}\alpha$)보다 한 걸음 더 나아간 추잡한 성적 욕구를 말한다(골3:5, 살전4:5).

이렇게 부끄러운 성적 욕구에 내던져진 인간은 하나님이 정하신 성(性)에 대한 창조 질서를 깨뜨리고 자연 질서에 역행하는 죄악에 빠지게 되었다. 이로 인하여 개인의 삶 뿐 아니라 사회는 부도덕으로 황폐해지게 되었고 하나님의 진노에서 돌이킬 수 없는 자리에 이르게 되었다.

셋째는, 인간들은 자연적 순리(順理)를 역행하며 살았다(26절).

부끄러운 성욕에 던져진 인간은 그 욕망을 자연적 법칙대로 사용하지 못하고 그것을 뛰어넘어 자연 질서에 역행하는 죄악을 짓게 되었다.

"곧 그들의 여자들도 순리대로 쓸 것을 바꾸어 역리로 쓰며"(26절)

여기 '순리'($\phi\hat{\upsilon}\sigma\iota\varsigma$)는 '자연적 특성', '자연 질서'의 의미로, 그리고 '쓸 것'($\chi\rho\hat{\eta}\sigma\iota\varsigma$)이라는 단어는 '관계' 또는 '기능'이라는 뜻으로 남녀 간의 성관계를 가리킨다. 자연적인 성관계라는 것은 남자와 여자 사이에서 이루어져야 하는 것이다. 그것도 결혼한 남편과 아내의 관계에서 이루어지는 것이 하나님이 성을 창조하신 자연 질서인 것이다.

그러나 여기 '역리'($\tau\grave{\eta}\nu\ \pi\alpha\rho\grave{\alpha}\ \phi\acute{\upsilon}\sigma\iota\nu$)로 바꾸었다고 했다. 이는 자연 질서를 따라서 성관계를 맺는 것이 아니라 '자연 질서를 거슬러' 성관계를 맺는 것을 말한다. 그것은 하나님의 창조 질서를 거슬러 여자가 여자와 더불어, 그리고 남자가 남자와 더불어 동성연애에 빠지게 된 것이다.

특히 바울은 본 절과 27절에서 '여자'와 '남자'를 뜻하는 '귀네'($\gamma\upsilon\nu\acute{\eta}$)와 '아네르'($\dot{\alpha}\nu\acute{\eta}\rho$)를 사용하지 않고, '여성'과 '남성'을 뜻하는 '데루스($\theta\hat{\eta}\lambda\upsilon\varsigma$)와 '아르센'($\ddot{\alpha}\rho\sigma\eta\nu$)을 사용하였다. 이는 성(性)의 구별을 강조하는 단어로서 '여성'과 '남성'의 이미지를 부각시키기 위한 것이다. 인간에게 부여하신 성(性)이란 아름다운 것이며 하나님이 주신 축복이기에 바르게 사용할 때에 행복과 복을 누릴 수가 있는 것이다.

그러나 타락한 인간은 자연의 질서에 따라 성 생활을 하는 것이 아니라 "서로 향하여 음욕이 불 일듯 하여" 여자들도 여자들끼리, 남자들도 남자들과 더불어 동성애에 빠져 부끄러운 일을 행하게 된 것이다. 여기 '부끄러운 일'($\dot{\alpha}\sigma\chi\eta\mu o\sigma\acute{\upsilon}\nu\eta\nu$)이란 말은 '외설스러운'(obscenity), '부끄러운 줄 모르고'(shameless), '수치스러운'(disgraceful)이라는 뜻으로 성기를 드러내놓는 행위를 지칭하여 사용하였던 단어다(출28:42, 겔16:8, 고전12:23).

이러한 부끄러운 동성애의 범죄를 성경은 남색(男色)이라고 했다. 소돔성 사람들도 동성애적 음욕에 불탔었고(창19:5), 이스라엘의 베냐민 지파 불량배들도 남색을 추구하다가(삿19:22) 부족 간의 전쟁인 기브아 전쟁을 촉발시켰던 것이다.

여기 27절 마지막에 "그들의 그릇됨에 상당한 보응을 그들 자신이 받았느니라"는 말을 통하여 성적 타락에 관한 내용을 마무리하면서 하나님께로부터 상당한 형벌을 받고 있음을 지적하고 있다. 여기 '그릇됨'($\pi\lambda\acute{a}\nu\eta$)이란 말은 옳은 길에서 벗어나 방황하는 오류를 가리킨다. 창조 질서에서 벗어나서 행하는 모든 탈선된 행동들은 결국 하나님의 심판을 받게 되는 것이다.

그들의 그릇된 행동에 대하여 받는 형벌이 구체적으로 무엇을 말하는지는 알 수 없으나 '받았느니라'($\dot{a}\pi o\lambda a\mu\beta\acute{a}\nu o\nu\tau\epsilon\varsigma$)는 단어가 현재형인 것을 보면 지금도 계속적으로 그들의 행동에 대한 보응을 받고 있는 것을 알 수 있다. 소돔과 고모라 성이 하나님의 심판을 받은 것을 들 수도 있고, 오늘날 동성애로 인하여 발병되는 질병 에이즈(AIDS)도 그 형벌이라 할 수 있다.

3) 인간의 종교적 타락에 대한 하나님의 세 번째 조치(28-31절).

지금까지 인간들의 종교적 타락으로 하나님께서 부끄러운 정욕에 방임하자 음욕이 불타는 성적 문란을 이루었다는 것을 설명했다면, 본 단락에서는 종교적 타락이 각 가지 도덕적 타락의 원인이라는 것을 설명하고 있다.

첫째는, 인간은 마음에 하나님 두기를 좋아하지 않았다.
"또한 그들이 마음에 하나님 두기를 싫어하매"(28절a)

여기 '마음'으로 번역된 '에피그노시스'($\dot{\epsilon}\pi\iota\gamma\nu\acute{\omega}\sigma\iota\varsigma$)는 사실은 종교적이거나 도덕적인 '지식'을 뜻하는 말이다. 이 단어가 신약에 20회 나오는데, 그 중에서 15회가 바울서신에 나와 거의 '신적인 것'을 아는 지식을 뜻하여 하나님을 알고 그리스도를 알아가는 것에 사용하고 있다(엡1:17, 4:13, 빌1:9, 골1:9, 10, 2:2, 3:10, 딤전2:4, 딤후2:25, 3:7, 딛1:1).

여기 '싫어하매'($o\dot{v}\kappa$ $\dot{\epsilon}\delta\kappa\acute{\iota}\mu a\sigma a\nu$)에서 '도키마조'($\delta o\kappa\iota\mu\acute{a}\zeta\omega$)는 '검사하여 받아들이다'(to put to the test), '시험한 후에 결정하다'(to make a decision after a trial)는 뜻으로 자신이 조사해 본 후에 인정하고 받아들

이는 것을 의미한다. 그러므로 본문의 뜻은 자신의 삶 속에 하나님을 알아가는 지식을 받아들이거나 소유하는 것을 좋아하지 않았다는 말이다.

이는 어떻게 하다가 하나님을 알지 못했다는 것이 아니라 자기가 의도적으로 하나님과 그리스도에 대하여 검토하고 심사숙고한 후에 불필요하다고 결론을 짓고 거절했다는 말이다. 이것은 완전히 자의적인 하나님의 지식에 대한 거부의 행동을 말한다.

그렇다. 자기중심적인 인간은 자기 자신 이외에 다른 존재가 자신의 삶을 규정하고 통제하는 것을 원하지도 않을 뿐 아니라, 허락하지도 않는 반응을 보인 것이다. 이것이 바로 18절에서 말한 것처럼 "진리를 막는" 행동으로 '모든 이론', '하나님 아는 것을 대적하는 높아진 것', '모든 생각'으로 이루어진 견고한 진(陣)인 것이다(고후10:4-5).

둘째는, 하나님은 인간을 상실한 마음대로 내어버리셨다.
"하나님께서 그들을 그 상실한 마음대로 내버려 두사"(28절b)

인간이 하나님을 알려는 지식을 저버리자 하나님께서도 인간을 '상실한 마음'에 내버리셨다. 여기 '상실한'(ἀδόκιμος)이라는 단어는 '시험에 실격한' 상태를 뜻하지만 보통은 '쓸모가 없는'(useless), '자격이 박탈된'(disqualified)이란 뜻으로 제 기능을 발휘하지 못하는 무가치한 것을 말한다. 그리고 '마음'(νους)은 이성적 기능으로서 도덕적 태도와 행동을 결정짓는 이해력, 또는 선과 악을 구별하는 내적 인간의 인격적 요소를 말한다. 마음에서 하나님을 인식하고 그의 뜻을 판단하며 도덕적인 바른 판단을 내리는 기능을 발휘하게 되는 것이다.

하나님께서는 이러한 인간의 마음이 제 기능을 발휘하지 못하는 상태로 버려두어 무가치한 것을 결정하고 행동하도록 방치해 버리신 것이다. 사실 인간들은 자기 마음대로 할 수 있도록 버려졌다는 것은 하나님의 심판의 일환이며 불행의 시작인 것을 깨닫지 못하고 있는 것이다.

셋째는, 인간은 합당치 않은 일들을 행하고 있다.
"합당하지 못한 일을 하게 하셨으니"(28절c)

옳고 그름을 분별하고 판단하는 기능 역할을 하는 마음이 '상실된 마음' 상태를 가지고는 정상적인 삶을 추구해 갈 수가 없게 된 것이다. 그래서 인간은 "합당치 못한 일"을 행하게 된 것이다. 즉 마음의 기능이 제대로 작동이 안 되어 선악을 분별하지 못하므로 도덕적 기준에 어긋나는 행동을 하게 되고 하나님의 뜻과 말씀에 일치하지 않는 행동을 추구하게 된 것이다.

29-31절에 나열된 21개의 죄목들은 당대 뿐 아니라 역사 이래로 모든 인간들의 사회 속에서 자행되던 죄악들이다. 이 죄목들을 크게 세 가지로 분류해 볼 수 있다.

① 마음 바탕에 악이 가득한 자들이다.

첫 번째 분류에 속하는 죄목들을 수식하는 '가득한'($\pi\lambda\eta\rho\acute{o}\omega$)은 내적으로 '가득히 채워져서 넘치는' 상태를 나타내는 단어다. 여기 제시 된 네 가지 죄목들은 사람들 속에 내재 되어있는 죄악들을 말한다.

㉠ 불의($\dot{a}\delta\iota\kappa\acute{\iota}a$)

불의는 피조물에 대한 창조주의 권한을 망각하고 자기중심적인 주장대로 살아가는 마음의 자세를 말한다. 그래서 하나님과 사람에 대하여 마땅히 가져야 할 자세를 갖지 않고 하나님에 대하여 불경건하고 사람에 대하여 불법을 자행하는 것이다.

㉡ 추악($\pi\omega\eta\rho\acute{\iota}a$)

추악(醜惡)은 '해를 끼치고자 하는 욕구'를 의미한다. 이는 순진한 사람을 그 순진성으로부터 유혹해 낸다는 것을 의미하여 사탄의 호칭으로 '악한 자'($\tau o\ \pi o\nu\eta\rho os$)라고 부르고 있다(마13:38, 엡6:16). 의식적으로 사람의 순진성과 선한 것을 파괴하려 습격하고 공격하는 것을 말한다. '포네로스'는 자신이 악한 자일 뿐 아니라 모든 사람을 자기 같이 악하게 만들고 다른 사람을 자기의 수준에까지 끌어내리기를 원하는 사람이다. 이것 속에는 근본적으로 파괴적인 악행이 내재되어 있는 것이다.

㉢ 탐욕($\pi\lambda\epsilon o\nu\epsilon\xi\acute{\iota}a$)

탐욕(貪慾)은 '지칠 줄 모르고 더 갖고 싶어 하는 욕심'을 가리킨다. 헬라어 70인역(LXX)에서는 주로 부정한 소득과 권력을 이용하여 축재(蓄財)에 대한 선지자의 비난의 문맥에 나타나는데(렘22:17), 특히 뇌물을 탐하는 것에 관련하여 나오고 있다. 이것은 '법도 모르는 욕구'로 물질을 얻기 위해 명예와 정직 같은 것은 무시하고 수단방법을 가리지 않고 물질을 취하려 하며, 명예를 얻기 위해 남을 짓밟아 버리면서 야심을 드러내며, 쾌락을 얻기 위해 온갖 추잡한 짓을 저지르며 끝없는 욕망을 발동하는 것이다.

ㄹ 악의(*κακία*)

악의(惡意)는 '다른 사람들을 손상시키는 욕망', 즉 적의(敵意)를 가리킨다. 다른 사람을 해치기 위하여 갖는 마음의 부패와 부정으로 모든 악을 내포하고 있는 내적인 동인(動因)을 말한다. 여기에서 모든 악한 행동들이 나오는 것이다.

② 행동에 악함이 가득한 자들이다.

두 번째 부류의 죄목들을 수식하는 '가득한'(*μεστος*)은 '충만하게 채우는' 의미로 앞의 '프레로오'(*πληρόω*)와 별 차이가 없다. 그러나 '메스토스'(*μεστός*)는 물질적인 것들로 가득한 상태를 지칭할 수도 있지만(요19:29, 21:11), 보편적으로는 선한 것이든 악한 것이든 행동으로 옮겨지는 심령적 요소를 말한다(마23:28, 롬15:14, 약3:8, 17, 벧후2:14).

ㄱ 시기(*φθόνος*)

이는 시기(猜忌)와 질투심을 말한다. 자신이 원하지만 소유하지 못한 것을 남이 가진 것에 대한 시샘하는 마음으로 원망과 불평, 비난과 헐뜯음으로 상대방을 괴롭히는 행동이다. 남이 잘 되고 성공하고 행복한 꼴을 보지 못하여 분노의 감정을 드러내는 것이다. 이것은 인간의 감정 중에서 가장 왜곡되고 비틀어진 악습이다.

ㄴ 살인

살인은 시기와 질투심에서 생겨날 수 있는 것으로 예수님께서는 행동으로 옮겨진 살인보다 마음속에 미워하는 마음이 있으면 살인한 것이라고 했다(마5:21-22).

ㄷ 분쟁(*ἔριδος*)

분쟁은 '다툼', '불화'를 뜻하는데, 이는 시기와 명예, 지위, 탁월함에 대한 욕망과 야망에서 나온 논쟁을 말한다. 분쟁과 다툼은 언제든지 질투심과 사적 이익 추구, 고집과 교만에서 시작되는 악이다. 특히 공동체를 건설해야 하는 과제 앞에서 분쟁과 분열은 사탄의 도구로 사용될 때가 많다.

ㄹ 사기(*δόλος*)

사기(詐欺)라는 단어는 가끔 귀금속의 질을 저하시키는 것과 포도주에 다른 것을 혼합 시키는 것에 사용하였는데, 본래 물고기를 잡기 위한 미끼를 뜻하는 말이 후에는 속임수와 사기의 뜻이 된 것이다. 이것은 바르지 못한 마음과 비뚤어진 마음을 가진 사람의 성품으로 자신의 목적과 이익을 위하여 다른 사람을 속이고 간교를 부리는 행동을 말한다.

ⓜ 악독(κακοήδεια)

이 단어는 신약에서 이곳에서만 나오는 것으로 원래는 '악한 성격'의 의미로 적개심을 말한다. 즉 모든 것에 대하여 가장 나쁘게 해석하는 경향을 가리킨다. 아리스토텔레스는 이 단어를 "다른 사람에 대하여 항상 가장 나쁜 것을 생각하는 마음"이라고 했고, 제르미 테일러(Jeremy Taylor)는 "악한 구실로 사물을 취하여 언제나 가장 나쁜 의미로 그것을 해석해 버리는 성격의 비열성"이라고 말했다.

인간들 속에는 이러한 악독성이 너무나 많다. 모든 상황과 상대편에 대하여 긍정적인 시각으로 평가하기 보다는 항상 나쁘고 악하게 평가할 때가 많은 것을 볼 수 있다.

③ 인간관계에서 악을 행하는 자들이다.

여기에 열거한 모든 죄목들이 주로 사회생활의 인간관계에서 나타나는 죄악들이지만, 특히 세 번째 부류에 나오는 것들은 인간관계를 파괴하는 악들이다.

㉠ 수군수군하는 자(ψιθυριστής)

이는 '고자질하는 사람들', '수군거리는 사람들'이라는 뜻으로 사람들이 알기를 원하지 않는 것을 소문으로 퍼뜨리는 사람을 말한다. 남의 일에 대해 은밀하게 다니며 쑥덕공론하는 사람은 자기 스스로는 쾌감을 느낄지 모르나 상대방에게는 깊은 상처를 입히는 죄악인 것이다. 그래서 잠언은 "두루 다니며 한담하는 자는 남의 비밀을 누설하나니 입술을 벌린 자를 사귀지 말라"(잠20:19)고 했다.

㉡ 비방하는 자

비방하는 자는 수군거리는 자와 다르게 공개적으로 남을 욕하거나 비난하는 자를 말한다. 이런 자는 타인에 대하여 악의에 찬 말로 모함하고 비난하면서 나팔 불고 다닌다. 하나님이 없는 인간들은 다른 사람의 인격을 모독하거나 중상하는 일을 은밀하게 하든 공개적으로 행하든지 그 일에 익숙해 있는 경우가 많다. 그래서 전혀 거리낌도 없이 남을 헐뜯기를 쉽게 하는 것이다.

ⓒ 하나님을 미워하는 자($\theta \epsilon o \sigma \tau \upsilon \gamma \acute{\eta} s$)

여기에 열거하는 죄목들은 인간들의 죄악을 말하는 것이기에 '하나님께서 미워하시는 자'라는 의미보다 '하나님을 미워하는 자'라고 보는 것이 더 낫다고 보여진다. 인간들은 하나님은 자기가 추구하는 향락을 가로막는 장애물이라고 생각하여 하나님의 간섭을 싫어하여 미워하게 된 것이다. 하나님이 없는 세상만이 자신의 자유와 행복을 만끽할 수 있다고 여겨 하나님을 반항적으로 미워하고 싫어하는 것이다.

ⓓ능욕하는 자($\acute{\upsilon} \beta \iota \sigma \tau \acute{\eta} s$)

이 단어는 '거만한 태도로 앙심을 품고 대하다', '모욕하다'를 뜻하는 '휘브리조'($\acute{\upsilon} \beta \rho \iota \zeta \omega$)에서 유래하여 포학함과 교만이 혼합되어 있는 모습을 가리킨다. 아리스토텔레스(Aristoteles)는 이 단어를 "복수할 목적이나 그로부터 얻을 수 있는 이익이나 유익을 위해서가 아니라 순전히 남을 해치는 쾌감 때문에 남을 아프게 하고 해치는 사람'이라고 하였다.

세상에는 남에게 정신적, 육체적 고통을 가하는데서 악마적인 쾌감을 느끼는 사람들이 있다.

ⓔ 교만한 자($\acute{\upsilon} \pi \epsilon \rho \eta \phi \acute{\alpha} \nu o s$)

이 단어는 '다른 사람 위에 군림하려 하는 자'라는 뜻으로 생각과 행동에서 오만불손함을 나타내는 자를 가리킨다. 자기 스스로를 다른 사람보다 높이면서 남을 경멸하고 모욕적인 분위기를 풍기는 것으로 쾌감을 느끼는 사람이다.

ⓕ 자랑하는 자($\acute{\alpha} \lambda \acute{\alpha} \zeta \omega \nu$)

이 단어는 '방랑하는 허풍선이'라는 뜻으로 고대 사회에서 떠돌아다니는 장사꾼이나 약을 파는 사람을 가리켜 이들이 시장에서 큰소리로 허풍떨며 자신의 상품을 자랑하는 태도와 연관되어 있다. 즉 없으면서 있는 체 하면서 떠들어대는 사람을 가리킨다. 이런 사람은 헛된 목표를 내세우면서 의미 없는 약속과 자랑을 남발하는 경향이 많다.

야고보는 세상에서 인간의 한계점을 망각하고 큰소리치며 떠벌리는 사람들을 향하여 "이제도 너희가 허탄한 자랑을 하니 그러한 자랑은 다 악한 것이라"(약4:16)고 했다. 자랑하는 자는 세상 것을 자랑하지 말고 하나님과 그의 뜻을 아는 것으로 자랑하라고 했다(렘9:23-24).

ㅅ 악을 도모하는 자

이들은 일반적인 죄로는 만족할 수가 없어서 새롭고 더 교묘하게 죄 짓는 방법을 찾아내고 만들어내는 사람을 가리킨다. 지능화된 범죄 수법과 다양한 범죄 형태를 만들어내어 이것을 세상에 퍼뜨리는 자들이다.

ㅇ 부모를 거역하는 자

부모를 공경하고 순종하는 것은 자식 된 인간 도리의 가장 기본이 되는 것이다. 그러나 세대가 악해 질수록 부모를 거역하는 불량한 자식들이 양산되고 있다(딤후3:2). 부모가 베풀어 준 은혜를 망각하고 불효하는 자식을 성경은 악한 죄로 정죄하고 있다(신21:18-21).

ㅈ 우매한 자($\grave{\alpha}\sigma\nu\nu\acute{\epsilon}\tau o s$)

이 단어는 '몰지각한', '어리석은', '이해하지 못하는' 이라는 뜻으로 사리 분별력이 없어서 어리석게 행동하는 사람을 가리킨다. 특히 타인의 사정을 전혀 이해하지 못하고 배려심이 없는 꽉 막힌 사람이다. 이들은 자연적 원리, 사회적 규범, 인간적 예절 등에서 전혀 지각이 없어서 매사를 몰지각하게 행동하여 대인관계에서 답답함과 어리석음, 다툼과 상처를 유발하는 자들이다.

ㅊ 배약하는 자($\grave{\alpha}\sigma\nu\nu\theta\acute{\epsilon}\tau o s$)

이는 약속과 결의를 깨뜨려 신용이 없거나 충실하지 못한 사람을 가리킨다. 이런 사람들은 계약을 위반하고서도 전혀 양심의 가책을 느끼지 못하고 약속에 대한 책임감도 없는 사람이다. 서로 간에 굳게 맺었던 약속을 헌신짝 버리듯이 저버리고 상대방에게 손해와 아픔을 안겨주는 파렴치한 인간이다. 이런 인간들과는 전혀 인간관계, 사회적 약속이라는 것은 할 수 없는 배신자들이다.

ㅋ 무정한 자($\check{\alpha}\sigma\tau\acute{o}\rho\gamma o s$)

이는 애정이 전혀 없는 사람으로 가족적인 사랑, 친족 간의 사랑이 없는 상태를 말한다. 여기 부모와 자식 간에 있는 혈육적 사랑($\sigma\tau\acute{o}\rho\gamma\eta$)은 인간의 미덕일 뿐 아니라 모든 생명체의 본능인 것이다. 인간으로서 당연히 가지고 있어야 할 본능적 사랑도 없다는 것은 짐승만도 못한 인간을 말한다. 정(情)이 메마른 냉혈인간을 만난다는 것은 맹수를 만나는 것보다 더욱 섬뜩하고 공포감에 사로잡히게 된다. 이런 인간들이 많은 세상에서 살아가기란 정말 어렵고 힘든 일이다.

ⓔ 무자비한 자($\dot{\alpha}\nu\epsilon\lambda\epsilon\dot{\eta}\mu\omega\nu$)

이는 도움이 필요한 사람을 보면서도 전혀 자비를 베풀 줄도 모르고 불쌍히 여기지도 않고 오히려 매정하게 대하는 사람을 말한다. 무자비한 사람은 인간의 생명도, 인격도 존중히 여기지 않는 사람으로 다른 사람을 짓밟으면서도 전혀 양심의 가책을 느끼지 않는다.

또한 타인의 고통을 보면서 전혀 동정심이나 긍휼히 여기는 마음이 일어나지 않고 고개를 돌려버리는 것이다. 예수님께서 '선한 사마리아 사람' 비유에서 자비를 베풀지 않은 사람들의 삶의 형태가 어떤 것인지 분명히 가르쳐 주셨다(눅10:25-37).

제사장과 레위인처럼 아무리 종교적 직책을 수행하고 있다 할지라도 불행을 당한 사람을 우선으로 돌보지 않는 사람의 종교적 삶은 가식일 뿐이다.

우리는 지금 세상이 점점 삭막해져 가고 인간들은 이웃의 아픔과 상처에 대하여 아랑곳하지 않는 무정하고 무자비한 시대를 살아가고 있다.

4) 하나님의 판결에 대한 인간의 행동(32절)

"그들은 이 같은 일을 행하는 자는 사형에 해당한다고 하나님께서 정하심을 알고도 자기들만 행할 뿐 아니라 또한 그런 일을 행하는 자들을 옳다 하느니라"(32절)

본 절은 도덕적 타락에 대한 결론이며, 18절에서 '하나님의 진노'가 내리게 된 이유와 그 당위성을 밝히고 있다. 인간들은 자연을 통하여 계시하시는 '하나님을 알되'($\gamma\nu\dot{o}\nu\tau\epsilon\varsigma$) 하나님으로 영화롭게도 감사치도 않는 종교적 죄를 범했었는데, 또 한편 도덕적 범죄에 대한 하나님의 판결을 '알고도' ($\dot{\epsilon}\pi\iota\gamma\nu\dot{o}\nu\tau\epsilon\varsigma$) 각종 죄악을 지었던 것이다. 여기에서 인간이 '알았다는 사실'을 강조하고 있다. 그러므로 하나님의 진노에 대하여 "그들이 핑계하지 못할지니라"(20절)는 말씀은 정당한 것이다.

첫째는, 인간은 이러한 범죄자는 사형에 해당하다는 것을 알고 있었다.

여기 '사형에 해당하다'($\ddot{\alpha}\xi\iota o\iota$ $\theta\alpha\nu\dot{\alpha}\tau o\upsilon$)는 말은 단순히 법률적인 처형을 의미하기보다는 '죄의 삯은 사망'(롬6:23)이라는 하나님의 죄의 형벌 사상에 근거하여 '마땅히 죽어야 한다'(deserve death)는 의미로 보아야 한다.

그리고 이 죽음은 단순한 자연적 죽음만이 아니라 하나님과 영원히 단절되는 영적 사망과 둘째 사망까지 포함하는 것이다. 인간은 이러한 범죄를 짓는 자에게는 '죄의 삯은 사망'이라는 변치 않는 우주적 철칙(鐵則)이 적용된다는 것을 알고 있었던 것이다.

둘째는, 인간은 하나님의 판결을 이미 알고 있었다.

여기 '정하심'($\delta\iota\kappa\alpha\iota\omega\mu\alpha$)라는 단어는 본래 법률적인 술어로 재판관이 법정에서 어떤 사건이나 어떤 사람에 대하여 옳고 그름을 판결하고 선언하는 것을 가리킨다. 그러므로 여기서는 '하나님의 판결', '하나님의 선고'라는 의미이다(롬5:18, 계15:4). 그리고 '알고도'($\epsilon\pi\iota\gamma\nu\acute{o}\nu\tau\epsilon s$)는 확실하게 아는 것, 철저하고 완벽하게 아는 것을 나타낸다.

인간들은 자신들 속에 있는 종교성이나 양심을 통하여(19절), 자연 속에 있는 일반계시를 통하여(21절), 여러 가지 신적 감지를 통하여(28절) 하나님의 존재와 종교적, 또는 도덕적 타락이 사형에 해당하다는 사실을, 그리고 그것이 이미 하나님께서 정해 놓으신 판결이라는 것을 알고 있었던 것이다. 그래서 죄인들은 자신이 범죄를 저지를 때마다 항상 양심의 가책과 두려움을 가지고 살아가는 것이다. 양심이 화인 맞아 마비된 사람은 그것도 느끼지 못할 때가 있다.

셋째는, 인간은 자기만 죄를 짓는 것이 아니라 다른 사람에게도 옳다고 부추기고 있다.

여기에 하나님을 인정하지 않는 타락한 인간의 문제점이 있다. '죄의 삯은 사망'이라는 하나님의 판결이 이미 있다는 사실을 인지하고 알았으면서도 '진리를 막는' 태도와 행동을 하면서 지금까지 나열한 죄악들을 스스럼없이 행하고 있다는 것이다. 거기에 한술 더 떠 '그런 일을 행하는 자들을 옳다'고 옹호하고 있는 것이다.

여기 '옳다 하다'($\sigma\upsilon\nu\epsilon\upsilon\delta o\kappa o\hat{\upsilon}\sigma\iota\nu$)라는 단어는 '시인하다'(to approve), '즐거워하다'(to have pleasure)는 뜻으로 '전적인 지원'의 의미뿐 아니라 '즐거워함'이라는 의미도 포함하고 있다. 이는 다른 사람들이 행하는 악행을 보면서 전적으로 찬동하고 지원할 뿐만 아니라 자기 스스로도 그들의 악행에 대하여 즐거움까지 느끼고 있다는 것이다. 그로 인하여 자신도 악을 행하고 다른 사람들도 끌어들이고 더 확장되어 가도록 찬동하므로 인하여 무법천지와 같은 심각하게 타락한 사회를 만들어 가고 있는 것이다.

사도 바울은 18-32절에서 하나님의 진노 아래 놓여 있는 인간의 형편에 대하여 설명해 왔다. 진리를 막는 인간의 본질적 죄악으로 인하여 종교적 타락인 '경건치 않음'과 도덕적 타락인 '불의'에 대하여 하나님의 진노가 종말뿐 아니라 지금 역사 속에서도 나타나고 있다는 사실을 진술했다.

그것은 '하나님을 알만한 것', 즉 인간 내면에 있는 종교성과 자연만물에 내재되어 있는 하나님의 속성을 통하여 하나님을 알 수 있음에도 불구하고 인간들은 '하나님을 알되' 정당하게 하나님을 영화롭게도 감사치도 않았다는 것이다. 그로 인하여 우상숭배와 같은 종교적 타락이 생기게 되었고, 종교적 타락은 또한 도덕적 타락으로 연결되어 성적 문란과 윤리적 죄악의 상태에 놓이게 되었다고 했다.

한 마디로 하나님의 진리를 거절하고 우상숭배에 빠진 인생, 하나님을 저버리고 무신론에 빠진 인생은 고삐 풀린 망아지 같이, 또는 통제력이 없는 '상실된 마음'이 되어 자연 질서에 역행하는 행동을 하고 하나님이 제시한 윤리와 법에 어긋난 행동을 하는 타락한 인간이 되었다는 것이다. 결국 인간은 하나님의 심판인 진노 아래 있어 구원이 필요한 존재라는 것을 진술하였다.

2. 하나님의 진노 아래 처한 유대인(2:1-3:8)

앞에서(1:18-32) 종교적 타락과 도덕적 타락으로 하나님의 진노 아래 있는 인류의 죄를 고발했었다. 즉 종교성이 있으되 부정하거나 잘못된 종교관을 가진 사람들의 타락한 상황을 진술했었다. 이제 참 하나님을 아는 참 종교를 가진 유대인들을 진단하려고 하고 있다. 바울은 하나님의 선민(選民)이라고 자부하는 유대인도 종교의 본질, 하나님의 목적을 깨닫지 못하여 이방인과 같은 죄를 짓고 있어 하나님의 심판과 진노에서 제외될 수 없다는 사실을 밝히고 있다.

본 단락은 구조적으로 크게 다섯 부분으로 구성되어 있다. 첫째 단락(2:1-11)에서는 도덕적 우월감을 가지고 남을 판단하면서 같은 죄를 범하는 자에 대한 하나님의 심판은 공평하다는 사실을 밝히고, 둘째 단락(2:12-16)에서는 율법이 있든 없든 하나님의 심판은 동일하다는 것이고, 셋째 단락(2:17-24)에서는 유대인의 특권적 신분을 가졌다고 하면서 범죄 하므로 하나님의 이름을 모독했다고 밝히고, 넷째 단락(2:25-29)에서는 육체적 할례를 받았다고 율법을 범한 것에 대한 정죄가 면제되는 것은 아니라는 것이고, 다섯째 단락(3:1-8)에서는 이방인이나 유대인을 심판하시는 하나님은 공의로우시다는 사실을 밝히고 있다.

한 마디로 유대인들이 신앙적 혈통과 율법, 할례라는 신분과 특권을 가졌다 할지라도 "각 사람에게 그 행한 대로 보응하시는" 하나님의 심판은 동등하고 공평하다는 것이다. 그것은 하나님은 외모로 사람을 취하지 않기 때문이라고 했다.

(1) 하나님의 공의로운 심판은 차별이 없다(2:1-11).

본 단락의 특징은 저자인 바울이 가상의 대화 상대자인 '너'(συ)라는 개인과 논쟁을 벌이고 있는 점이다. 그 대화 상대자가 누구인지 처음에는 밝히지 않았으나 하나님께서는 범죄한 자에 대하여 유대인이나 헬라인에게 공평하시다는 사실을 밝히고 있다. 그러나 그가 누구인지는 17절에서 "유대인이라 불리는 네가"에서 분명히 밝히고 있다.

바울은 자신이 유대인이라는 입장에서 유대인들이 가지고 있는 잘못된 인식을 깨뜨리기 위하여 그들의 위선적 삶을 지적하고, 그들도 공감할 수 있는 '행한 대로 보응' 하시는 보응의 원리(시62:12, 잠24:12, 렘32:19)와 '사람을 외모로 보지 않는' 공평의 신학적 원리(신1:17, 대하19:7, 말2:9)를 동원하여 그들의 고정관념을 분쇄하기 위하여 진술하고 있다. 한 마디로 유대인들도 이방인과 마찬가지로 하나님의 진노 아래 있는 존재라는 것을 밝히려는 목적을 두었다.

1) 이방인과 똑 같이 행하는 유대인(1-3절)

하나님께서는 유대인의 조상인 이스라엘 민족을 시내산 언약 체결을 통하여 '모든 민족 중에서 하나님의 소유가 되게'(출19:5)하여 주셨다. 그리하여 열국 중에서 구별하여 생활의 법칙인 율법을 주셨고, 언약에 따라 은총을 주셨고, 사명을 부여해 주셨다. 그것은 예배 공동체를 건설하여 우상 숭배하는 이방인 앞에서 참 하나님 여호와를 경배하고 그 모범을 보여주고, 하나님의 특별한 소유이며 구별된 백성답게 거룩한 공동체를 건설하여 인간답게 사는 것이 어떤 것인지 보여주고, 이방의 빛으로 여호와 하나님을 알도록 증거하는 사명 공동체를 건설하여 세계를 향하여 책임을 다하는 삶을 살도록 요구하셨다.

그러나 그들은 하나님의 목적을 깨닫지 못하고 여호와 하나님이 함께 하는 신앙 공동체를 건설하는 것을 망각하고 선민(選民)이라는 잘못된 의식만 가지고 이방인과 똑 같은 세속적 삶을 살았던 것이다.

"그러므로 남을 판단하는 사람아, 누구를 막론하고 네가 핑계하지 못할 것은 남을 판단하는 것으로 네가 너를 정죄함이니 판단하는 네가 같은 일을 행함이니라"(1절)

여기 헬라어 원문의 첫 마디는 "그러므로 너도 핑계하지 못 한다"($\Delta\iota\alpha$ $\dot{\alpha}\nu\alpha\pi o\lambda\dot{o}\gamma\eta\tau os$)라는 말이다. 이는 앞에서 논술한 것(1:18-32)에 대하여 하나님을 알만한 것을 가졌음에도 불구하고 거절함으로 하나님의 진노를 받게 된 것에 대하여 핑계할 수 없었던 것처럼(1:20) 하나님을 알고 섬긴다는 자들이 똑 같은 죄를 범한다면 하나님의 진노에 대하여 핑계할 수 없다는 말이다.

그리고 1-3절에서 주목해 보아야 할 단어는 '판단'($\kappa\rho\dot{\iota}\nu\omega$, $\kappa\rho\dot{\iota}\mu\alpha$)과 '이 같은 일을 행하는 자들'($\tau o\dot{\nu}s$ $\tau\dot{\alpha}$ $\tau o\iota\alpha\hat{\nu}\tau\alpha$ $\pi\rho\dot{\alpha}\sigma\sigma o\nu\tau\alpha s$)이다. 판단이라는

단어가 여섯 번 나오는 중에 네 번은 인간이 다른 사람을 판단하는 것을, 두 번은 하나님의 판단을 말하고 있다. 이 세 가지를 연결시킨다면 다음과 같은 말이다. 다른 사람의 잘못을 판단하는 자가 자신도 같은 일을 행한다면 하나님의 판단(심판)을 받게 된다는 말이다.

본 단락에서 유대인의 잘못이 무엇인지 세 가지를 지적하고 있다.

첫째는, 남을 판단하는 자가 되었다는 것이다.

여기 대중 연설체에서 비난조의 호격인 '판단하는 사람아'를 거듭 부르고 있다(1, 3절). 이는 자신은 완벽한 사람처럼 재판장의 자리에 앉아 있으면서 다른 사람의 잘못을 지적하고 판단하는 행동을 서슴없이 하는 사람을 부르는 말이다. 성경에서 바로 이러한 행동은 유대인들에게서 가장 많이 나타났었다.

유대인들은 자신들은 하나님께서 선택하신 특별한 민족이라는 우월의식이 있어서 이방인들을 부정한 죄인으로(갈2:15), 개로(막7:27-28) 취급하여 가까이 접근하거나 교제하는 것을 위법(違法)으로 정했었다(행10:12-14, 28). 그리하여 심지어 교회 안에서 식탁 교제를 나눌 때에도 유대인 신자는 이방인 신자가 들어오자 그 자리를 떠나는 태도를 취했던 것이다(갈2:11-15, 참조 행15:1-5).

또한 자신들은 율법을 가장 잘 준수하고 있다는 우월의식 때문에 남의 잘못을 항상 판단하고 비판하는 자세를 취했던 것이다(마8:2, 막7:2-5). 이렇게 이방인을 기피하고 판단하는 태도를 취하게 된 것은 자신들은 하나님의 백성이라는 배타적 선민의식과 우월의식이 깔려 있었기 때문이다.

종교인들에게 가장 문제 중에 문제는 자신을 완벽하게 보고 남을 판단하는 것이다. 그래서 항상 자기가 하나님이고, 자기가 재판장이 되어 다른 사람들을 판단하고 비난하고 심판까지 한다는 것이다. 사실은 예수님께서 산상수훈에서 지적한대로 자기 눈 속의 들보는 보지 못하고 항상 남의 눈 속에 있는 티를 보고 비판하는 외식자들인 것이다(마7:1-6).

둘째는, 자신들도 같은 일을 행한다는 것이다.

문제는 자신이 남을 판단하고 비난하면서 자신도 그와 같은 죄악들을 행한다는 것이다. 여기 '행하다'($\pi\rho\acute{a}\sigma\sigma\omega$)라는 단어는 모두 현재형으로 '저지르다'(to commit), '행하다'(to execute)는 뜻으로 계속적이며 반복적으로 이방인들이 행했던 죄악을 동일하게 능동적으로 행하는 파렴치함을 의미하고 있다.

하나님께로부터 선택받은 백성이라면 하나님의 백성답게 행동해야 하고 거룩한 공동체를 건설해야 하는 백성이라면 그에 걸 맞는 거룩함과 정의가 있어야 함에도 그들의 행동에는 이방인과 별반 차이가 없었던 것이다.

여기 '같은 일'은 우상숭배의 죄악도 포함 되겠지만, 특히 1:29-32에 열거하고 있는 도덕적인 악행들을 가리키고 있다고 볼 수 있다.

구약 선지자들이 선포한 말씀들을 보면 유대 사회에도 이방인 세계에 있던 죄악들이 만연해 있었음을 발견할 수 있다. 이스라엘 사회에는 "저주와 속임과 살인과 도둑질과 간음과 포학이"(호4:2) 가득하였고, 유다 사회에도 탐욕, 향락, 교만, 학대, 잔해 등의 죄악으로 소돔성과 같아서 하나님께서는 그들을 국문장(鞠問場)으로 불러 심문 하셨던 것이다(사3:1-26).

마찬가지로 사도시대의 유대인들은 우상숭배의 죄를 저지르지 않았다 할지라도 1장에 제시한 것과 같이 이방인과 별반 차이가 없이 같은 죄를 범했던 것을 알 수 있다. 그래서 그들을 '악하고 음란한 세대'(마12:39), '악한 세대'(마12:45), '독사의 자식들'(마3:7, 12:34)이라고 불렀고, 교만, 외식, 탐욕, 방탕 등 죄악들이 만연해 있는 것을 지적했었다(마23장).

셋째는, 하나님의 심판을 피할 것으로 착각했다는 것이다.

'하나님의 심판'이란 하나님께서는 입법자이신 동시에 법의 집행자로서 사람 사이의 관계와 적대적 관계에 대하여 세상을 심판하시는 것을 가리킨다. 하나님께서는 우주와 인간, 그리고 그의 백성과 계약을 맺으시고 그에 따른 규범(規範)을 주셨다. 그 규범에 따라 범법자에게는 심판하시고 의를 행한 자에게는 구원과 상급을 주시는 것이다. 또한 하나님의 심판은 현재적이면서 종말론적이고(마5:22-26, 7:21-27, 10:28, 히12:25, 29), 또 모든 인류에게 보편적이고 공평하게 임하게 되어 있다(마25:32, 롬1:18).

① 남을 판단하는 것은 스스로를 정죄하는 꼴이 된다는 것을 몰랐다.
"남을 판단하는 것으로 네가 너를 정죄함이니"(1절)
남을 판단할 때는 자신은 깨끗해야만 판단할 수 있는 자격이 있는 것이다.

그러나 남을 판단하면서 자신이 그들의 행하는 죄를 그대로 행하고 있다면 그것은 자기 스스로를 정죄하는 것과 마찬가지인 셈이 된다. 그래서 예수님께서 "비판을 받지 아니하려거든 비판하지 말라 너희가 비판하는 그 비판으로 너희가 비판을 받을 것이요 너희가 헤아리는 그 헤아림으로 너희가 헤아림을 받을 것이니라"(마7:1-2)고 말씀하신 것이다.

유대인들이 율법의 내용과 그 정신을 알고 있으면서도 그 정신을 구현하지 못하였다면 율법의 요구 사항을 모르는 이방인을 판단할 자격이 없는 것이다. 그럼에도 불구하고 자신이 이방인보다 더 의로운척하면서 판단한다는 것은 언어도단이요 도리어 핑계할 수 없는 심판의 대상이 된다는 것을 알아야 한다.

② 하나님의 심판은 진리대로 된다는 것을 알면서도 착각한 것이다.
"이런 일을 행하는 자에게 하나님의 심판이 진리대로 되는 줄 우리가 아노라"(2절)

여기 '진리대로'(κατά ἀλήθειαν)라는 말은 '실제 사실들에 근거하여'라는 뜻으로 하나님께서 죄지은 사람을 심판하실 때 외모나 조건에 따라 하지 않고 그들의 성실함과 의로움의 정도에 따라 판단하신다는 말이다. 즉 겉모양으로 위장 된 것에 반대되는 실재(reality)로서 하나님께서는 눈에 보이는 외형이 아니라 그 사람의 현재 있는 모습 그대로를 판단 기준으로 삼는 것이다. 어떤 종교적 조건 때문에 눈감아 주는 것이 아니라 그가 행한 죄악에 따라 그대로 심판하시는 것이다. 그러나 유대인들은 하나님의 심판은 '진리대로' 이루어진다는 사실을 알면서도 자신들은 아브라함의 혈통이요 선민이라는 외적 조건 때문에 이방인들과는 다른 대접을 받을 것이라고 기대하는 경향이 있었다.

솔로몬 지혜서에 보면, 유대인들은 자신들은 죄를 범할지라도 하나님의 소유이고 하나님의 능력을 아는 백성이라고 자부하고 있다(지혜서15:2). 그래서 자신들을 징계하실 때에는 원수들은 자신들보다 만 배나 더 가혹하게 징벌하신다고 주장했다(지혜서12:22).

바로 초대교회 시대의 유대인들이 이러한 선민적 특권의식과 우월의식을 가지고 이방인들을 죄인 취급하였던 것이다. 그러나 그들의 큰 실수는 '행한 대로 갚으시는 공평의 원리'를 착각한데 있었던 것이다(6절).

③ 자신들은 하나님의 심판을 피할 줄로 착각한 것이다.

"이런 일을 행하는 자를 판단하고도 같은 일을 행하는 사람아, 네가 하나님의 심판을 피할 줄로 생각하느냐"(3절)

유대인들은 자신들이 '하나님의 백성' 이라는 종교적 특권 때문에 죄의 판단에 대하여 특별한 자격을 부여받았다고 생각했었다.

기독교 변증가이며 순교자인 저스틴(Justine, AD110-165)은 『트뤼포와의 대화』(Dialogue with Trypho)에서 한 유대인과 유대인의 지위에 대하여 논쟁할 때에 그 사람이 말한 것을 이렇게 기록하고 있다.

"육체로 아브라함의 자손은 어떤 경우에 있어서라도 심지어는 그들이 죄인이고, 하나님을 믿지 않고, 하나님께 불순종하다고 할지라도 영원한 나라에 참여하게 될 것이다."

그러나 그것은 큰 착각이었다.

여기 '같은 일을 행하는 사람' 은 1장에서 제시한 21가지 악행을 행하는 사람들을 비판하면서 자기도 같은 범죄를 행하는 사람을 가리킨다. 그러면서 자신들은 혈통적, 종교적 특권 때문에 하나님의 심판을 피할 수 있다고 생각한 것은 하나님의 공평하심을 깨닫지 못한 엄청난 착각인 것이다.

오늘도 이렇게 '유대인의 착각' 과 비슷한 착각에 빠진 사람들이 많은 것 같다. 자신은 교회의 중책을 맡고 있고 종교적 의식과 행사에 충실하고 또한 믿음도 좋기 때문에 하나님의 판단에서 제외된다고 착각하는 것이다. 그리고 자신이 가장 믿음이 좋고 신령한 척하면서 온갖 불의를 자행하는 위선자, 외식자로 행동하면서도 전혀 양심의 거리낌과 심판에 대한 두려움이 없이 활보하는 것을 보면 착각의 무리가 많은 것이 분명하다.

2) 하나님의 은총을 멸시하는 무지(4-5절)

하나님께서는 이스라엘 민족과 시내 산에서 언약을 맺으면서 "모든 민족 중에서 내 소유가 되겠고"(출19:5)라고 약속하셨다. 여기 '소유' (סְגֻלָּה, 세굴라)라는 단어는 '특별한 재산' (a peculiar treasure), '가치 있는 소유물' (valued property)을 뜻하여 이스라엘 민족을 하나님의 특별한 소유로 선택해 주신 것을 의미한다. 그러나 이스라엘 백성들은 하나님이 자신들을 부르시고 선택하셨다는 특권의식만 있었을 뿐이었지 자신들에게 주어진 특별한 목적을 깨닫지 못하고, 그 역할과 사명을 전혀 실천하지 못한 채 다른 민족들과 똑 같은 삶을 살아가는 우(愚)를 범했던 것이다.

하나님께서는 목적을 잃어버린 백성, 하나님의 공의를 저버린 백성을 향하여 진노와 심판을 내릴 수밖에 없는 상황에서도 그의 인자하심(ᄀᄆᄀ, 헷세드)으로 길이 참으시며 그의 종들을 보내어 회개를 촉구하였었다. 그럼에도 불구하고 그 백성들의 마음은 둔하고 귀는 막히고 눈은 감기어 깨닫지를 못하였고(사6:9-10), 또한 그 지도자들까지도 세속적 방탕에 빠져 옆걸음 치며 백성들을 잘못 인도하는 영적 소경노릇만 하고 있었던 것이다(사43:8, 56:10).

그러면 초대교회 당시 유대인들의 착각과 잘못이 무엇인지 살펴보자.

첫째는, 그것은 영적 무지와 하나님의 은총을 멸시하는 행동 때문이었다.
"혹 네가 하나님의 인자하심이 너를 인도하여 회개하게 하심을 알지 못하여 그의 인자하심과 용납하심과 길이 참으심이 풍성함을 멸시하느냐"(4절)
본 절에서 눈여겨보아야 할 단어는 '알지 못하여'와 '멸시하느냐'이다.

먼저 '알지 못하여'(ἀγνοῶν - ἀγνοέω의 현재 분사)는 '눈치를 채지 못하다'(to be ignorant), '무시하다'(to ignore)는 뜻으로 하나님의 역사하심을 깨닫지 못한 것을 의미한다. 즉 회개의 자리로 인도하시는 하나님의 인자하심을 깨닫지 못한 것을 말한다. 여기서 말하는 '인자하심'(χρησός)은 '너그러움'의 성품, 또는 태도를 뜻하는 '인자하심'(χρηστότης)과는 다르게 하나님의 은총을 베푸시는 태도와 연결시켜 '친절하고' '좋은' 행위를 가리킨다(시106:1, 렘33:11, 롬11:22).

즉 하나님의 은혜로운 행동으로 죄인에 대하여 "인자하심과 용납하심과 길이 참으시는" 하나님의 친절한 행동을 말한다. 여기에게 말하는 것은 하나님의 호의(好意)에 찬 행동이 죄인들을 회개의 자리로(toward repentance) 나아갈 수 있도록 인도하려고 수없이 역사하고 있다는 것이다. 그러나 유대인들은 회개의 기회를 주려고 역사하시는 하나님의 손길을 전혀 눈치를 채지 못하는 영적 무지, 영적 무감각 가운데 있었던 것이다.

하나님께서 베푸신 친절하고 인자한 손길을 세 가지로 표현하고 있다.

① '인자(仁慈)하심'이다.
하나님의 '인자하심'(χρηστότης)은 죄인들을 향하신 하나님의 은혜로운

태도를 말한다. '인자하심'은 구약 히브리어에서는 '헤세드'(חסד)라는 단어로 사용할 때가 많다. '헤세드'는 그 백성을 향한 끝없는 하나님의 사랑을 말한다. 하나님은 인자가 풍부하시고 영원하신 분이라고 했다(느9:17, 대하 7:3).

이스라엘 백성이 출애굽 과정에서 거역하자 하나님께서는 전염병으로 멸하시겠다는 계획을 말씀하자, 모세는 하나님께 "인자가 많아 죄악과 허물을 사하시나...구하옵나니 주의 인자의 광대하심을 따라 이 백성의 죄악을 사하시되 애굽에서부터 지금까지 이 백성을 사하신 것 같이 사하시옵소서"(민 14:18-19)라고 기도하여 진노하심을 유예(猶豫) 받았었다. 부족하고 못났음에도 불구하고 측은히 여기며 끝없이 사랑해주시는 하나님의 사랑이다.

② '용납(容納)하심'이다.

'용납하심'(ἀνοχη)이라는 단어는 '머뭇거림', '관용', '참고 견딤'이라는 뜻으로 전쟁에서 원수와 적대 행위를 중단하는 것을 말한다. 이는 하나님께서 죄인에 대하여 진노를 일시적으로 참고 중단하여 회개할 때까지 기다리는 '자제하시는 성격'을 말한다. 이것은 진노를 집행하지 않는다는 의미가 아니라 일시적으로 중단하여 기다리시는 하나님의 사랑의 발로(發露)이다.

이는 회개하여 하나님의 은혜의 자리로 회복되기를 바라셔서 충분한 기회를 주시려는 것이다. 그러나 유대인들은 이것을 오해하고 악용하여 '괜찮겠지' '괜찮을 거야!'라며 계속해서 죄악에 머물러 있었던 것이다.

③ '길이 참으심'이다.

'길이 참으심'(μακροθυμία)은 사람에 대하여 참는 것을 표현하는 말로 자신이 복수할 권리가 있지만 그 권리를 사용하지 않는 사람의 성격을 말한다. 하나님께서는 이스라엘 백성들의 거역하고 멸시하는 행동에 대하여 격노하실 때가 많으셨다. 그러나 즉시 진멸치 않으시고 참고 기다릴 때도 많았음을 볼 수 있었다(출32:7-14, 민14:11-20, 신9:7, 22).

하나님께서는 거역하고 범죄하는 백성을 향하여 풍부한 '인자하심과 용납하심과 길이 참으심'을 가지고 기다린 것은 회개의 자리로 나아가게 하려는 목적 때문이었다. 그러나 그들은 하나님의 목적과 의도를 알지 못하고 오히려 멸시하는 행동을 서슴없이 행했던 것이다.

여기 '멸시하느냐'(*καταφρονέω*)는 '경멸하다'(to think down on), '얕보다'(to despise)는 뜻으로 별것 아닌 것으로 생각하여 무시하는 것을 의미한다. 미련한 인간들은 은혜를 베풀어 주시면 그 목적과 의도를 깨닫지 못하고 오히려 착각에 빠지고 오만방자하게 행동할 때가 많은 것을 볼 수 있다. 바로 유대인들이 그 대표적인 사람들이었다. 자신들은 하나님의 심판에서 면제 되었다는 착각, 하나님의 인자하신 성품 때문에 결코 진노하지 않으실 것이라는 오해, 지금도 별일 없으니 내게는 형벌이 내리지 않을 것이라는 착각과 자만심이 항상 있었던 것이다. 유대인들은 하나님께서 "나를 존중히 여기는 자를 내가 존중히 여기고 나를 멸시하는 자를 내가 경멸하리라"(삼상2:30)는 말씀을 모른 채 행동하고 있었다.

둘째는, 그들은 고집과 회개치 않는 마음으로 진노를 쌓고 있었다.
"다만 네 고집과 회개하지 아니한 마음을 따라 진노의 날 곧 하나님의 의로우신 심판이 나타나는 그 날에 임할 진노를 네게 쌓는도다"(5절)
하나님께서 그들의 악행을 즉시 심판하지 않고 그의 '인자하심과 용납하심과 길이 참으심'의 은총을 베풀어 주셨던 것은 그의 선하신 목적 때문이었다. 그러나 그들은 하나님의 친절한 행위를 회개의 기회로 삼기보다는 오히려 외면하고 더 죄악의 길로 갔었다.
여기서 우리는 중요한 세 가지 사실을 생각해 보아야 한다.

① 하나님의 의로운 판단이 나타나는 진노의 날이 있다는 사실이다.
'진노의 날'은 신약 성경에서 '주의 날'(고후1:14), '하나님의 날'(벧후3:12), '심판의 날'(마11:22), 혹은 단순히 '그 날'(딤후1:12, 히10:25) 등으로 그리스도 재림 이후에 있을 마지막 심판의 날을 가리킨다.
'진노의 날'은 구약 예언자들에게서부터 자주 등장하던 종말적 사상으로 여호와를 배반한 자들과 여호와를 찾지도 아니하고, 구하지도 아니한 자들을 모두 멸절하는 날이었다(습1:2-6, 14-16).
"...내가 뜻을 정하고 나의 분노와 모든 진노를 쏟으려고 여러 나라를 소집하며 왕국들을 모으리라 온 땅이 나의 질투의 불에 소멸되리라"(습3:8)
이러한 구약 사상을 바울은 그대로 넘겨받아 하나님의 진노의 날을 진술하고 있는 것이다(롬1:18, 3:5, 살후1:8-9). 그 날은 '사람들의 은밀한 것을

심판하는 날'(롬2:16)이 될 것이며 '영원한 멸망의 형벌의 날'(살후1:9)이
될 것이다.

② 하나님의 진노는 고집과 회개치 않는 마음에 임한다는 것이다.
하나님의 진노는 완고한 고집에 사로잡힌 자들에게 임하게 되어 있다. 여
기 '고집'($\sigma\kappa\lambda\eta\rho\acute{o}\tau\eta\varsigma$)이라는 단어는 '굳음', '뻣뻣스러움'을 뜻하여 완고한
마음을 의미한다. 그런데 '완고한 것은 사신 우상에게 절하는 죄와 같아'
(삼상15:23) 멸망으로 가는 지름길인 것이다.
(영어 단어 '경화증'(sclerosis)은 헬라어 '스클레로테스'($\sigma\kappa\lambda\eta\rho o\tau\eta\varsigma$)의 어근이라는
점을 생각할 때에 동맥 경화증이 육체의 건강에 치명적인 병인 것처럼 영적 완고함도
인간의 영적 건강에 치명적 질병인 것이다)
'회개치 않는 마음'은 마음의 태도에 아무런 변화도 없는 상태를 의미한
다. 즉 자신이 죄의 자리에 머물러 있으면서도 깨닫지도 못하고 돌이키지도
않는 마음의 상태를 말한다. 사람이 죄를 습관적으로 범하다 보면 마음이
굳어져서 회개할 수 없는 마음의 상태에까지 떨어져서 하나님의 은총을 경
험할 기회를 잃어버리게 되는 것이다.
히브리서 기자는 주의 음성을 듣게 되면 "광야에서 시험하던 날에 거역하
던 것 같이 너희 마음을 완고하게 하지 말라"(히3:8, 13, 15, 4:7)고 거듭 촉
구하고 있다. 우리는 하나님의 음성이 들려지면 완고한 고집을 꺾고 돌이켜
회개하여 하나님의 자비하심을 구하는 자리에 나아가야 한다.

③ 자신의 행동들이 자기 자신에게 진노를 쌓고 있다는 사실이다.
여기 '쌓는다'($\theta\eta\sigma\alpha\nu\rho\acute{\iota}\zeta\omega$)는 단어는 '챙겨 넣다'(to store up), '저축하다
'(to treasure up)는 뜻으로 점차적인 축적의 의미를 가지고 있다. 그리고
재귀대명사 '자기 자신에게'($\sigma\epsilon\alpha\upsilon\tau\hat{\omega}$)가 더해져서 자신이 행하는 모든 악행
에 대하여 회개할 줄 모르고 완고함과 강퍅한 마음을 가지고 있으면 계속해
서 하나님의 진노를 쌓아가고 있는 행위와 같다는 것을 밝히고 있다.
하나님의 진노와 심판이 연기 되고 지체 된다고 해서 좋아할 것이 아니다.
회개하지 않고 계속해서 완고한 상태로 시간을 보내고 있으면 하나님이 잊
어버리고 무마하시는 것이 아니다. 오히려 시간이 가면 갈수록 자신에게 임
할 진노만 쌓이고 쌓여서 심판의 날 무서운 형벌이 임하게 될 것이다.

그래서 스바냐 선지자는 진노의 날이 오기 전에 회개할 것을 촉구하였다.
"명령이 시행되어 날이 겨 같이 지나가기 전
 여호와의 진노가 너희에게 내리기 전
 여호와의 분노의 날이 너희에게 이르기 전에 그리할지어다"(습2:2)
"너희는 여호와를 찾으며
 공의를 찾으며
 겸손을 구하라
 너희가 혹시 여호와의 분노의 날에 숨김을 얻으리라"(습2:3)

3) 행한 대로 보응하시는 심판의 보편성(6-11절)

구약 예언자의 시대에 이스라엘 백성들은 여호와의 날은 하나님께서 능력의 손을 드셔서 이스라엘의 원수들을 물리쳐 주시는 날이라고 생각했었다. 고통과 억압에서 구원해 주시는 기쁨의 날이요 해방의 날이라고 믿었었다. 그러나 '여호와의 날'이 예언자 아모스의 말씀에서부터 그 뜻이 완전히 달라지기 시작했었다. 아모스는 이스라엘을 향하여 "왜 여호와의 날을 기다리느냐 그 날은 기대와는 달리 빛의 날이 아니요 어둠의 날이 될 것이다"(암 5:18-19)고 외쳤다. 그것은 그들에게 충격적인 말씀이었다. '여호와의 날'이 범죄한 이스라엘을 징벌하시는 '심판의 날'로서 웃음과 기쁨이 끊어지고 애곡과 고통이 임하는 날이며 예루살렘의 모든 것이 무너져서 황무하게 되는 날이라는 것이다.

그러나 동시에 그 날은, 모든 유혹과 고난을 이겨내고, 신앙의 순수성을 지킨 의인들에게는 구원의 날이요, 치료하고 싸매시는 날이요, 승리의 날이 될 것이라고 했다. 그러므로 유대인들이 진노의 날에 자신에게는 특권이 있을 것이요 진노는 면제 될 것이라는 생각은 큰 오산이었다. 하나님의 심판의 원리를 모르는데서 온 착오였던 것이다. 하나님의 심판에는 모든 사람에게 동일하게 적용되는 보편성의 성격이 있다는 것을 몰랐던 것이다.

첫째는, 하나님의 심판은 각 사람의 행위대로 하신다.
"하나님께서 각 사람에게 그 행한 대로 보응하시되"(6절)
여기 '보응하다'($\dot{\alpha}\pi o\delta\acute{\iota}\delta\omega\mu\iota$)는 '되돌려주다'(to give back), '배상을 하다'(to recompense)는 뜻으로 빚을 갚거나 지불해야 할 것을 원상태로 만

들어 주는 것을 의미한다. 이것은 인간이 행한 행위에 대하여 하나님께서 갚아주시는 보응의 원리를 말하는 것이다. 이 보응의 원리는 구약에서나 신약에서 동일하게 적용되는 것으로 "사람이 무엇으로 심든지 그대로 거두리라"(갈5:7)는 것이다.

"보라 의인이라도 이 세상에서 보응을 받겠거든 하물며 악인과 죄인이리요"(잠11:31)

하나님의 보응에서 중요한 것은 '그 행한 대로'($\kappa\alpha\tau\grave{\alpha}$ $\tau\grave{\alpha}$ $\check{\epsilon}\rho\gamma\alpha$ $\alpha\mathring{\upsilon}\tau o\widehat{\upsilon}$) 갚으신다는 것이다. 여기에서의 '행위'는 율법의 행위와 믿음의 관계를 말하는 것이 아니라 악행을 행하는 유대인들의 모순을 다루는 것이기에 각자가 행동하는 행동을 말하는 것이다. 여기에서 말하는 '행위'는 단순히 외부로 표출된 육체적 행위뿐만 말하는 것이 아니라 하나님과의 관계에서 신앙과 불신앙, 선과 악, 거룩과 추함을 반영하는 인간의 총체적인 인격적 행위를 말하는 것이다.

행위 보응 사상도 구약에서부터 면면히 흐르는 개념이다(잠24:12, 렘17:10, 호12:2). "우리가 다 반드시 그리스도의 심판대 앞에 나타나게 되어 각각 선악 간에 그 몸으로 행한 것을 따라 받으려 함이라"(고후5:10)

또 한 가지 하나님의 심판은 '각 사람에게' 적용 된다는 것이다. 여기 '각 사람에게'를 뜻하는 '헤카스토'($\acute{\epsilon}\kappa\acute{\alpha}\sigma\tau\omega$)라는 단어가 보여주듯이 개별적인 각 개인을 지칭하고 있다(마16:27, 롬14:5, 12). 책임과 사명에 대한 것을 심판하실 때는 민족 전체, 혹은 신앙 공동체의 책임을 물을 때가 있지만, 구원에 관한 심판에서는 집단이 아닌 각 개인의 신앙과 행위를 판단하시는 것이다. 그러므로 유대인이라는 신분이 구원에 있어서 어떤 특혜를 기대할 수는 없는 것이다. 바클레이(W. Barclay)의 말처럼 "특별한 임무와 책임을 위해서 선택된 민족은 있을 수 있어도 특별한 존재로서 구원이 보장 되어 있는 민족은 없다"는 사실을 기억해야 한다.

둘째는, 하나님의 심판은 차별이 없이 공평하게 갚으신다(7-10절).

9-10절에서 "먼저는 유대인에게요 그리고 헬라인에게라"는 말이 거듭 나오는 것은 하나님의 보응이 공평하다는 것을 강조하기 위함이다. 하나님께서는 유대인에게는 특별한 대우를 하시고 반대로 이방인에게는 무자비하게 대하시는 분이 아니시다. 심판에 있어서 하나님은 공평하시다.

① 선을 행하는 사람에게는 영생을 주신다.

"참고 선을 행하여 영광과 존귀와 썩지 아니함을 구하는 자에게는 영생으로 하시고"(7절)

'그의 행한 대로' 보응하시는 하나님께서 영생으로 갚아주시는 사람들의 행위를 세 가지로 설명하고 있다. 먼저는 '참아야' 한다. 여기 '참고' (ὑπομονὴν)라는 단어는 본래 어떤 시험이나 훈련 아래서 견디어 내어 남아 있다는 뜻으로 확고부동성과 항구성이 함축되어 있는 표현이다(롬5:3-4, 8:25). 선을 행하는 사람은 어떤 상황에서도 흔들리지 말고 끝까지 견디면서 선한 목표를 완성해 나아가야 한다.

다음으로 '선을 행해야' 한다. '선한 일'은 사람의 시각에서만 선한 일이 아니라 하나님의 입장에서 볼 때에 선한 목표를 가지고 노력하는 사람을 가리킨다. 에베소서에서 제시한 대로 '선한 일을 위한 명품'이 되어야 한다(엡2:10). 마지막으로 '영광과 존귀와 썩지 아니함을 구하는 자'가 되어야 한다. 이는 기독교인들이 받게 될 부활의 생명과 깊은 연관을 지닌 하나님의 종말론적 선물이다(벧전1:7). 선한 일에 힘쓰는 사람은 어떤 어려움과 고난과 희생 속에서도 참고 견디며 충성을 해야 한다. 그것은 모세처럼 '상 주심을 바라보기' 때문이다(히11:26).

하늘의 썩지 아니하는 영광과 존귀를 추구하며 사는 사람은 이 세상의 썩어질 것에 연연하지 않는다. 선을 행한 사람에게 주어지는 보응의 결과가 7절에서는 '영생'이라고 했고, 10절에서는 "영광과 존귀와 평강"의 은총이라고 했다. 하나님께서 선한 일을 행한 사람에게 각각 그 행위에 따라 보응하시는 것은 전 인류에게 공평하게 적용하시는 하나님의 보편성의 원리 때문이다.

② 악을 행하는 사람에게는 진노와 분으로 하신다.

"오직 당을 지어 진리를 따르지 아니하고 불의를 따르는 자에게는 진노와 분노로 하시리라"(8절)

'그 행한 대로' 보응하시는 하나님께서 진노와 분노로 갚으시는 사람들의 행위에 대해서도 세 가지로 설명하고 있다.

먼저는 '당 짓는' 자들이다.

여기 '당을 지어'(ἐξ ἐριθείας)라는 말은 자기 혼자 행동하는 것이 아니라 악한 무리들과 함께 무리지어 행동하는 뉘앙스를 주고 있다. 그러나 이 단어는 '이기적 야심'(selfishly ambitious, NASB)을 뜻하여 진리에 순종치 않고 오직 자신의 목전(目前)의 이익에만 매달리는 비열한 인간성을 가리킨다. 자기 이익에만 열중하고 자신의 목표에만 몰두하는 사람은 다른 사람을 돌아볼 겨를이 없다. 그래서 남을 짓밟고 해치기도 하며 하나님의 진리는 배척하게 되는 것이다.

그 다음은 '진리를 따르지 아니하는' 자들이다.

여기의 진리는 1:18에서 설명한 것처럼 복음 안에서 계시된 진리뿐만 아니라 일반적으로 인간들에게 계시된 진리를 말한다. 즉 창조주 하나님을 인정하고 피조물로서의 그 책임을 감당해야 하는 것을 알게 하는 진리를 말한다. 이런 의미에서 본 절을 이해한다면, 유대인들은 자신들은 창조주 하나님을 인정하고 신뢰한다고 하면서 그의 목적과 책임은 깨닫지 못하고 오히려 불순종과 불의를 행하고 있다는 것이다.

마지막으로 '불의를 따르는' 자들이다.

여기 '따르는'($\pi\epsilon\iota\theta o\mu\acute{\epsilon}\nu o\iota s$ - $\pi\epsilon\acute{\iota}\theta o\mu a\iota$의 현재 중간태 분사)이라는 단어는 중간태로서 '자신을 위하여' 불의를 따르고 있다는 말이다. 오직 자신의 이익과 목적을 위해서라면 인정사정도 없이 불의를 서슴지 않고 행하는 악한 무리의 행동을 가리킨다.

이런 자들에게 하나님은 '진노와 분노'로 보응하신다. '진노'는 하나님의 엄중하시고 무서운 심판을 가리키며, '분노'는 진노보다 더 격렬한 감정을 담고 있는 격분으로 분노의 열기가 복받쳐 오르는 맹렬한 진노를 뜻한다.

③ 하나님의 심판은 개인적이며 보편적으로 임한다.

"악을 행하는 각 사람의 영에는 환난과 곤고가 있으리니 먼저는 유대인에게요 그리고 헬라인에게며 선을 행하는 각 사람에게는 영광과 존귀와 평강이 있으리니 먼저는 유대인에게요 그리고 헬라인에게라"(9-10절)

9-10절에는 악인과 선인을 대조하여 심판의 결과를 설명하고 있다. 여기서 우리는 몇 가지 의미를 생각해 보자.

먼저 하나님은 그들 스스로의 행위를 판단하신다는 것이다.

여기 악을 '행하다'($\kappa a\tau\epsilon\rho\gamma a\zeta o\mu\acute{\epsilon}\nu o\upsilon$ - $\kappa a\tau\epsilon\rho\gamma\acute{a}\zeta o\mu a\iota$의 현재 중간태 분사)라는 말은 '수행하다'(to accomplish), '성취하다'(to achieve), '초래

하다 '(to work out)는 뜻으로 어떤 일을 이루어내는 것을 말한다. 10절의 선을 '행하다'($\dot{\epsilon}\rho\gamma\alpha\zeta o\mu\alpha\iota$)라는 단어와 다르게 전치사 '카타'($\kappa\alpha\tau\alpha$)를 접두어로 붙인 단어를 사용한 것은 악을 행하는 자들의 행동을 강조하기 위한 의도로 보여진다. 하나님은 사람들의 행위로 그들을 판단하신다.

행위는 마음의 본성에서 나오는 것이기에 외적인 선악의 행위를 보신다는 것은 그의 전 인격을 보시는 것이다. 그리고 이 단어들이 전부 현재 중간태를 사용하고 있는 것은 그들 스스로 현재도 계속적으로 선과 악을 행하는 것을 보고 판단하신다는 것이다.

두 번째는 하나님의 심판은 각 사람이 행한 대로 그 개인 개인 모두에게 임한다는 것이다.

여기 '각 사람의 영(靈) 위에'($\dot{\epsilon}\pi\dot{\iota}$ $\pi\tilde{\alpha}\sigma\alpha\nu$ $\psi\nu\chi\dot{\eta}\nu$, $\pi\alpha\nu\tau\dot{\iota}$)라는 말에서 '각 사람'으로 번역된 '파스'($\pi\alpha s$)는 '모두'(all)를 뜻하는 말이다. 이는 악을 행하는 사람 '모두', 또한 선을 행하는 사람 '모두'를 심판하신다는 말이다. 하나님의 보응에서 제외되거나 특별 관리를 받는 사람은 아무도 없다. 그 각자가 행한 행동에 따라서 보응을 받게 되는 것이다.

그리고 '영'($\psi\nu\chi\dot{\eta}$)이란 단어는 히브리어의 '네페쉬'(שֶׁפֶנ)와 같은 단어로서 육체를 배제한 영을 말하는 것보다는 정신적인 요소로서 보편적으로 '사람'을 지칭하여 사용되고 있다. 그러므로 '각 사람의 심령 위에'라고 보면 될 것이다. 그러나 심판의 결과는 판이하게 다르다. 악을 행하면서 살아가는 사람에게는 '환난과 곤고'를 그 심령 위에 임하게 하시고, 선을 행한 사람에게는 '영광과 존귀와 평강'을 주신다는 것이다.

여기 '환난과 곤고'는 구약에서 자주 연결되어 나타나는 하나님의 심판의 용어이다(신28:53, 사8:22). '환난'($\theta\lambda\hat{\iota}\psi\iota s$)은 '압박', '억압', '고통'을 의미하는 말로 빈곤, 근심, 전쟁, 망명, 개인적인 적대감 등 여러 가지 상황에서 발생하는 '고난'을 의미하는데 사용되는 단어다. 이는 주로 외적인 환경에 의해서 신체적으로 생기는 고난을 의미한다.

그러나 '곤고'($\sigma\tau\epsilon\nu o\chi\omega\rho\iota\alpha$)는 '장소의 협착', 즉 밖으로 빠져나갈 출구도 없이 꼼짝없이 붙들려 있는 상태에 있는(고후6:4, 12:10) 일차적인 뜻에서 파생 되어 '곤궁', '근심', '고난'의 뜻으로 주로 내적인 곤경을 의미한다. 악을 행하는 자들에게는 하나님의 심판은 환경적이고 육체적인 외적인 것뿐만 아니라 정신적인 것에도 임하여 고통을 겪게 하는 것이다. 반대로 선을 행하는 사람에게는 '영광과 존귀와 평강'을 주신다고 했다.

'영광'($\delta \acute{o} \xi a$)은 그리스도로 말미암아 주어지는 종말적 보상을 말하며 (5:2, 8:18, 30), 또한 하나님의 임재에 나아가는 것을 가리키기도 한다 (3:23, 엡5:27). '존귀'($\tau \iota \mu \acute{\eta}$)는 악을 행하는 자들에게 주어지는 치욕과 불명예와는 대조적으로 선을 행한 자들에게 주어지는 영예와 영광스러운 칭찬과 상급을 말한다(벧전1:7, 계2:10, 3:12, 21). '평강'($\epsilon \iota \rho \acute{\eta} \nu \eta$)은 세상 사람이 누릴 수 없는 하나님의 평안으로 마음과 정신뿐만 아니라 하나님과의 관계에서 얻게 되는 은총을 말한다(요14:27, 엡2:17, 빌4:7, 살후3:16, 벧후3:14).

세 번째는 하나님의 보응은 모든 인류에게 보편적이라는 것이다.

하나님께서 선악을 심판함에 있어서 어느 누구에게든 차별이 없이, 즉 유대인이든 헬라인이든 동일하게 적용하신다는 것이다. 각 사람의 행위에 따라 그 각자의 심령 위에 하나님의 진노와 분노를 내리시고 또는 영광과 존귀와 평강을 내리시는 것이다.

그러므로 공평하신 하나님 앞에서 유대인들이 하나님의 선택받은 민족이라는 혈통적 특권을 이용하여 하나님의 뜻과 목적을 실천하지 않았으면서도 특별한 대접을 기대한다는 것은 어불성설(語不成說)이다.

하나님은 죄에 대하여서도, 심판에 대해서도, 구원과 은총에서도 어느 인종이라도 차별을 두지 않고 동일하게 적용한다는 것을 잊지 말아야 한다. 우리는 로마서의 교리 부분의 결론인 "하나님이 모든 사람을 순종하지 아니하는 가운데 가두어 두심은 모든 사람에게 긍휼을 베풀려 하심이로다" (11:32)라는 진리의 보편성을 절대로 잊지 말아야 한다.

셋째는, 하나님의 심판은 외모로 판단치 않으신다.

"이는 하나님께서 외모로 사람을 취하지 아니하심이라"(11절)

여기에서 바울은 하나님의 심판은 공평무사(公平無私)하다는 것을 천명하고 있다. 악을 행하는 자에게나 선을 행하는 자에게 어떤 경우에도 하나님의 심판은 편파적이지 않고 공정한 까닭을 설명하고 있다. 본 절은 2장 전체의 논의에 있어서 핵심적 역할을 하고 있다. 가깝게는 2:1-10을 마무리하는 형태를 띠고 있으면서도 이방인들에 대한 정죄 선언(1:18-32)과 유대인들에 대한 정죄 선언(2:12-3:8)의 논리적 근거를 제공하는 역할을 하고 있다.

여기 '외모로 사람을 취하지'($\pi\rho o\sigma\omega\pi o\lambda\eta\mu\psi\acute{\iota}\alpha$)라는 단어는 문자적으로 '얼굴을 받아들이다'는 뜻으로 재판할 때에 그 사람의 내적인 면은 보지 않고 외적인 모습에만 관심을 기울이는 편견을 나타내는 말이다.

당시 로마 제국의 재판관들 중에는 부자, 명문가의 사람, 권세자들을 사회의 하층민보다 더 가치 있게 여겨 편파적인 재판을 했었다. 그러나 하나님은 이러한 편파성이 없는 공평무사하신 재판관이시다(신10:17, 대하19:7).

그러므로 유대인들이 도덕적 우월의식을 가지고 남을 판단하면서 자신들이 같은 죄를 짓고도 무사하기를 기대한다는 것은 큰 오산이었으며, 회개의 자리로 이끄시는 하나님의 인자하심을 깨닫지 못하고 과신하거나 무시한 행동을 하면서도 괜찮을 줄 생각한 것도 잘못된 착각이며, 행한 대로 보응하시는 하나님의 심판의 원리를 모르고 자신들이 가지고 있는 혈통적 특권이 심판을 면제해 줄 것으로 생각한 것도 크게 오해한 것이었다.

하나님은 사람의 외형적 조건이나 신분을 보시지 않으시고 그 사람이 행한 행동과 쌓아 놓은 것에 따라 보응하시고 심판하시는 공평하신 분이신 것이다.

(2) 율법의 소유가 심판을 모면하게 하는 것은 아니다(2:12-16).

사도 바울은 가상의 대화 상대자를 아직 밝히지 않았으면서도 율법 문제를 꺼내들면서 '율법 있는 자'를 말하므로 유대인을 지칭한다는 것임을 분명히 하고 있다. 본 단락에서 바울이 말하려는 것은 유대인들이 율법을 가지고 있는 것만으로는 유익이 없다는 것이다. 율법의 소유가 언약의 백성이라는 것을 규정하는 중요한 신분의 표지는 될 수 있을지 몰라도 하나님께서 요구하시는 것은 그 율법의 목적과 내용을 실천하는 것이었다.

그리고 율법 문제와 함께 계속해서 하나님의 심판 문제를 다루는 것은 율법을 소유했다는 특권이 하나님의 심판을 모면하게 하는 조건이 안 된다는 사실을 밝히려는 의도에 있다.

바울은 본 단락에서 율법과 심판의 관계를 다음과 같이 밝히고 있다.

첫째는, 율법의 유무를 떠나 범죄자는 반드시 심판을 받는다.

"무릇 율법 없이 범죄한 자는 또한 율법 없이 망하고 무릇 율법이 있고 범죄한 자는 율법으로 말미암아 심판을 받으리라"(12절)

본 절에서 강조하는 것은 율법이 없는 이방인이든, 또는 율법이 있는 유대인이든 율법의 소유의 유무가 중요한 것이 아니라 '그의 행한 대로' 보응하시는 원리에 따라 범죄자는 심판을 받는다는 사실을 다시 한 번 밝히고 있다.

여기에서 본 절의 의미를 더 정확하게 이해하기 위해서는 한글 성경에서 '자는'으로 번역한 '호소이'($\delta\sigma\omega$)라는 상관어구(相關語句)의 뜻을 이해하는 것이 더 도움이 되어 진다고 본다. 이는 '누구든지'(whoever), 또는 '모두 똑같이'(all alike)라는 뜻으로 '율법 없이 범죄한 자는 모두 똑같이 율법 없이 망하고 율법이 있고 범죄한 자도 모두 똑같이 율법으로 심판을 받으리라'는 의미이다. 율법이 없고 모른다고 해서 그가 행한 범죄에 대하여 그 형벌이 가벼워지거나 사면되는 것이 아니라 자신이 행한 범죄에 대하여서 반드시 영원한 형벌을 받게 되어 있다.

여기 율법 없는 이방인의 판단에 대하여 14-15절에서 괄호 안에 넣어 취급하고 있지만 우리에게 아주 중요한 진리를 가르쳐 주고 있다.

① 이방인은 율법이 없다 할지라도 본성이 율법 역할을 해 주고 있다.
"율법 없는 이방인이 본성으로 율법의 일을 행할 때에는 이 사람은 율법이 없어도 자기가 자기에게 율법이 되나니"(14절)

여기 '본성'($\phi\acute{\upsilon}\sigma\iota\varsigma$)은 '자연적 특성', '자연의 규칙적인 질서'의 뜻으로 인간에게 있는 기본적인 '순리적 본성'을 의미한다. 그래서 이방인에게 성문화(成文化) 된 율법이 없다 할지라도 자연의 본질 혹은 이치에 따라 합당하고 선하게 행동하는 경우가 있는 것이다.

만약에 어떤 사람이 율법의 규정을 모르는 상태에서 자연의 본성에 따라 율법의 일들을 행하게 된다면 바로 '그의 본성'이 율법의 역할을 하여 그의 행동을 이끌어가게 만드는 것이다. 마치 1:19에서 인간 안에 '종교성'이 있어서 하나님을 찾는 기능을 갖게 하듯이, 또 한 편 인간 안에는 '도덕성'(morality)이라는 자연적 본성이 있어서 선악을 분별하고 바른 것을 찾아갈 수 있게 하는 것이다.

② 이방인의 마음에 있는 율법의 행위는 양심이 역할을 해 주고 있다.

"이런 이들은 그 양심이 증거가 되어 그 생각들이 서로 혹은 고발하며 혹은 변명하여 그 마음에 새긴 율법의 행위를 나타내느니라"(15절)

인간 안에 있는 '순리적 본성', 즉 도덕성을 본 절에서는 '그의 마음에 새긴 율법의 행위'라고 표현하고 있다. 성문화 된 율법이 아닌 인간의 마음에 새겨져 있는 '율법의 행위'는 양심(良心)과 생각들이 함께 작용해 주는 것이다.

여기에서 '양심'(συνειδήσις)이라는 단어는 '다른 이들과 함께 인식하다'는 말에서 유래하여 '함께 보는 것', '공동으로 인식하는 것'(conscience)이라는 뜻으로 자기 혼자만의 독단적 판단이 아니라 '무엇이 옳고 그른지를 누구나 알 수 있는 것'을 의미한다. 그러므로 양심이란 누구나 공감할 수 있는 보편적인 규범의 선악을 구별할 수 있게 하는 객관성을 지닌 의식(意識)을 말한다. 그래서 양심이 살아 있는 사람은 어떤 질서를 지켜야 한다는 책임의식과 무엇을 선택해야 하는지에 대한 의지적 선택을 갖고 있는 것이다.

인간이 본성적으로 가지고 있는 양심은 '부모를 공경하라', '살인하지 말라', '간음하지 말라', '도적질하지 말라'... 등 율법적 개념을 배우지 않아도 인식하고 선택하는 것이다. 양심이 정상적인 사람은 누가 무어라고 말하든 상관없이 다른 사람들이 볼 때에 보편타당성 있는 마음가짐과 행동을 하게 되는 것이다.

또한 '생각'(λογισμός)이라는 단어는 본 절과 고후10:5에만 나오는 단어로 '계산'(calculation)이라는 기본적인 뜻을 가지고 있지만, 보통 '사고'(reflection), '사상'(thought)이라는 뜻으로 행동을 낳는 실천적 사고를 의미한다. 스토아 철학에서는 윤리적인 것을 결정하는 인간의 기능을 나타내는 개념으로 사용하고 있다. 본 절에서는 사고(思考) 속에 들어 있는 '무형의 법'으로 윤리적 행동을 규제하는 기능으로서의 '판단력'으로 보면 좋을 듯싶다. 그런데 인간 안에 있는 양심과 판단력이 서로 고발하는 행동을 나타내기도 하고 서로 변명하는 행위도 나타내면서 내적 갈등을 일으키고 있는 것이다. 자신의 생각이나 행동이 잘못 되었다고 비판하기도 하고 또는 그것들을 옳은 것이라고 변명하면서 양심의 갈등과 생각의 번민 속에 빠지는 것이다. 그리하여 자신의 마음속에 있는 '율법의 행위'가 어떠한지를 나타내는 것이다.

그러므로 인간 안에 있는 '자연적 본성'을 한 마디로 정리한다면 본성은 마음과 양심, 그리고 생각이 함께 작용하여 선악 간에 행동을 결정하게 되는 것이다. 이것이 이방인에게는 마음의 율법적 역할을 하는 것이다. 그러므로 이방인이 율법이 없다 할지라도 '자연적 본성'에 따라 선악을 판단 받게 되고 범죄한 자는 '마음에 새겨진 율법의 행위'에 따라 심판을 받게 되는 것이다.

문제는 인간의 본성이 하나님이 창조하셨을 때의 자연 그대로의 본성을 제대로 유지하지 못하는 것에 있다. 어떤 사람들은 마음이 완악하고 굳어졌는가 하면(엡4:18, 히3:8) 부패해 있고(렘17:9), 양심이 더러워져 있고(고전8:7), 심지어 화인 맞아 양심의 기능을 제대로 발휘하지 못하며(딤전4:2), 생각은 견고한 진(陣)이 되어 진리를 받아 들을 수 없는 외골수가 되어 있다는 것이다(고후10:5).

하여간 이방인이 율법이 없다 할지라도 창조의 원리에 의하여 인간에게 주어진 기본적인 '본성적 율법'이 있으므로 그것에 의하여 판단 받고 심판을 받게 되어 있는 것이다. 반면에 "율법이 있고 범죄한 자는 율법으로 말미암아 심판을 받게" 되어 있는 것이다. 율법이 없는 이방인은 '본성적 율법'이 판단 기준이라면 율법이 있는 유대인은 '율법'이 판단 기준이 되어 심판을 받는 것이다. 율법을 소유했느냐 소유하지 않았느냐가 중요한 것이 아니다. 범죄한 자는 반드시 하나님의 심판을 받는다는 사실이다.

둘째는, 율법은 듣는 자가 아니라 행하는 자가 의인이라는 것이다.

"하나님 앞에서는 율법을 듣는 자가 의인이 아니요 오직 율법을 행하는 자라야 의롭다 하심을 얻으리니"(13절)

여기 '듣는 자'(ἀκροατής)라는 단어는 통상적으로 사용하는 '듣다'라는 용어 '아쿠오'(ἀκουω)와는 달리 특별히 율법 교육과 관련이 있다. 즉 회당에서 읽혀지는 율법을 듣거나 가정에서의 쉐마(Shema) 교육을 통한 의무적인 율법 청취를 의미한다. 그러나 유대인의 가정에서 태어나 어릴 때부터 율법을 듣고 율법 교육을 받는 특권을 받았다고 하나님 앞에서 의롭다는 자격을 부여받는 것은 아니다. 하나님 앞에서의 의인의 기준은 율법을 배우고 듣는 것이 중요한 것이 아니라 삶 속에서 그 말씀을 실천하여야만 의롭다는 인정을 받을 수 있는 것이다.

에스겔 선지자는 '의인의 기준'을 겔18:5-9에서 이렇게 설명하고 있다.
"사람이 만일 의로워서 정의와 공의를 따라 행하며
산 위에서 제물을 먹지 아니하며
이스라엘 족속의 우상에게 눈을 들지 아니하며
이웃의 아내를 더럽히지 아니하며
월경 중에 있는 여인을 가까이 하지 아니하며
사람을 학대하지 아니하며
빚진 자의 저당물을 돌려주며
강탈하지 아니하며
주린 자에게 음식물을 주며
벗은 자에게 옷을 입히며
변리를 위하여 꾸어 주지 아니하며
이자를 받지 아니하며
스스로 손을 금하여 죄를 짓지 아니하며
사람과 사람 사이에 진실하게 판단하며
내 율례를 따르며
내 규례를 지켜 진실하게 행할진대
그는 의인이니 반드시 살리라 주 여호와의 말씀이니라"

마지막 날 하나님의 심판대 앞에서 의롭다고 인정을 받으려면 율법을 실천한 삶의 모습을 보여야 한다.
유대인의 문제점은 바로 율법을 소유했다는 특권의식만 있었을 뿐이지 그것을 실천하려는 노력에는 게을렀다는 것이다.

셋째는, 심판의 날에 모든 인간은 복음과 그리스도로 말미암아 심판을 받게 된다.
"곧 나의 복음에 이른 바와 같이 하나님이 예수 그리스도로 말미암아 사람들의 은밀한 것을 심판하시는 그 날이라"(16절)
하나님의 계획안에는 우주의 구속 계획이 있는가 하면 또한 우주를 심판하는 계획도 있다. 그래서 심판의 날을 정해 놓았다(행17:31). 모든 인간은 필연적으로 그 심판의 관문을 거쳐야만 한다. "한번 죽는 것은 사람에게 정하신 것이요 그 후에는 심판이 있다"(히9:27)고 했다. 모든 인간은 자신의 행위에 대하여 심판을 받기 위하여 그리스도의 심판대 앞에 서게 될 것이요(고후5:10), 또한 백보좌 앞에 서게 될 것이다(계20:11-15).

심판은 각자의 '행한 것'에 따라 선악 간에 받게 될 것이다. 사람들은 심판대 앞에 나오면 자신의 행한 것을 직고(直告)하게 될 것이고(롬14:12), 하나님께서도 사람들의 은밀한 것을 드러내어 심판하실 것이다. 외형적으로 나타난 것만 아니라 숨겨진 동기, 은밀한 내면의 목적까지도 모두 드러내어(눅8:17, 고전4:5) 공의로운 판단을 하시고 심판하실 것이다.

여기에서 중요하게 이해해야 할 것이 있다. 율법이 없는 이방인은 자기 안에 있는 '자연적인 본성'이 하나님의 심판의 기준이 되고, 율법을 소유한 유대인들은 율법이 하나님의 심판의 기준이 되겠지만, 마지막 날 최후의 심판의 판단 기준은 복음과 예수 그리스도에 의하여 결정되어 진다는 사실이다. 먼저는 '복음에 따라 심판하신다'는 것이다. 복음을 듣고 순종했느냐 그렇지 않으면 불순종했느냐가 심판의 기준이 될 것이다.

"하나님을 모르는 자들과 우리 주 예수의 복음을 복종치 않는 자들에게 형벌을 주시리니...영원한 멸망의 형벌"(살후1:8-9)을 줄 것이기 때문이다. 다음은 '그리스도 예수로 말미암아 심판하신다'는 것이다. 이는 예수를 믿었느냐 그렇지 않으면 믿지 않았느냐가 심판의 기준이 될 것이다.

예수는 "많은 사람의 폐하고 흥함을 위하여 비방을 받는 표적되기 위하여 세움을"(눅2:34) 입었으며 또한 그 자신이 심판의 주로서 심판하실 것이기 때문이다. 그러므로 이방인들이 그리스도와 복음을 받아들이지 않는다면 심판을 받을 것이지만 율법을 소유한 유대인이라 할지라도 복음과 그리스도를 거절한다면 하나님의 진노와 심판은 피하지 못할 것이다.

(3) 유대인의 특권적 신분이라고 안전한 것은 아니다(2:17-24).

성심록(省心錄)에 보면 "자만자패(自滿者敗)하고 자긍자우(自矜者愚)라"는 말이 있다. 이는 '자기 만족에 젖어 있는 사람은 반드시 실패하고, 스스로 자랑하는 사람은 어리석다'는 뜻이다. 우리 주변에는 자만심과 우월감에 사로잡혀서 사는 사람들이 많이 있다.

유대인들도 대단한 우월감에 사로잡혀 사는 사람들이었다. 20절에 "스스로 믿으니"(πέποιθας τε σεαυτόν)라는 말은 '스스로 확신했다', '스스로 믿었다' 는 뜻으로 유대인들은 자기들 스스로 선민의식(選民意識)에 사로잡혀서 이방인들을 무시하고 자기들만이 하나님 앞에서 특별한 사람들인 것처럼 우월감에 젖어서 행동을 했었다. 앞에서도 말했듯이 이스라엘 민족에게 율법을 주신 목적은 하나님이 임재 하는 신앙공동체를 건설하라는 것이었다. 그러나 그들은 그 목적을 깨닫지 못하고 선민(選民)이라는 잘못된 특권의식과 우월감만 가지고 있을 뿐 세상을 향한 자신들의 역할이 무엇인지 몰랐고 그 목적을 감당하지도 못했던 것이다.

1) 유대인이 가진 우월감(17-20절)

바울은 1-5절에서 남을 판단하면서 자신들도 같은 죄를 범하고 있는 유대인들을 책망했고, 6-16절에서는 이방인이나 유대인을 불문하고 범죄자에 대한 하나님의 심판은 공평하다는 사실을 밝혔었다. 이제 자부심과 우월감에 사로잡혀 있는 유대인의 잘못을 지적하고 있다.

17절 서두에는 한글성경에서 생략해 버렸지만 헬라어 원문에는 '그러나 만일' 이라는 뜻을 가진 '에이 데'(*Ei δέ*)라는 표현이 나타나 있다. 이는 21절에 '그러면'(*οὖν*)과 연결되어 '네가 만일 유대인이라는 우월감과 자긍심이 있다면 당연히 그 백성답게 살아가야 함에도 과연 그렇게 살아가고 있느냐' 를 따지는 책망의 구조로 보면 된다.

그러므로 여기서 그들은 유대인이라는 우월감만 있을 뿐이지 전혀 하나님의 백성의 역할도 못하고 언약의 백성다운 삶을 살지 못하여 오히려 하나님의 이름을 모독하고 있다는 사실을 밝히고 있는 것이다. 먼저는 그들이 가지고 있는 우월감이 무엇인지 밝히고 있다.

첫째는, 유대인이라 불리는 자부심이다.

"유대인이라 불리는 네가 율법을 의지하며 하나님을 자랑하며"(17절)

유대인들에게는 세 가지 호칭이 있었다. '강을 건너 와' 히브리어를 사용하는 사람을 의미하는 히브리(Hebrew), 언약의 상속자임을 말해 주는 이스라엘(Israel), 신앙과 혈통의 순수성을 지켜 온 자를 의미하는 유대인(Jewish)이다. 그들은 바벨론 포로 귀환 이후 '히브리인' 이나 '이스라엘인' 이라는 옛 명칭을 버리고 '유대인' 이라는 칭호를 사용하기를 선호하였다. 그것은 북이스라엘의 사마리아가 앗수르의 혼합정책으로 인하여 민족의 혈통도, 여호와의 종교도 전부 상실하였지만 자신들만은 여호와 종교의 순수성과 이스라엘 민족의 혈통의 순수성을 보존하여 장차 메시아를 통하여 다윗의 왕국을 회복할 것을 소망하는 자라는 자부심 때문이었다. 즉 종교적이며 민족적인 우월의식과 자긍심이 담겨있는 용어이기에 '유대인'이라 불리기를 좋아했던 것이다(요4:9, 22, 행10:28, 갈2:15).

둘째는, 율법을 의지하는 것이다.

여기 '의지하다'(ἐπαναπαύῃ - ἐπαναπαυω 현재 중간태)라는 동사는 '기대다', '의지하다'의 중간태이므로 '자신을 위해 의지하다'는 뜻으로 율법에 소망을 걸어 만족을 찾고 안위를 얻으려는 태도를 의미한다.

유대인이 율법을 의지한다는 것은 그것을 단순히 소유한 것에 만족하지 않고 율법에 소망을 두고 거기에 자신의 삶과 존재의 뿌리를 내리고자 한 것이다. 그리고 율법을 가지므로 하나님의 언약 백성이라는 배타적인 신분적 우월성과 자긍심을 가지고 '율법 가진 것을 자랑하며' 살았던 것이다. 그러나 그들은 율법에 대한 맹목적이며 기계적인 의존에 머물러 있었을 뿐이다.

셋째는, 하나님을 자랑하는 것이다.

'하나님을 자랑하는 것'은 하나님의 백성에게는 당연한 것이며 또한 사명이기도 하였다. 우상 숭배가 만연되어 있는 세상에서 '하나님의 영광을 위하여 창조된 백성'(사43:7)으로서 여호와가 참 하나님이심을 증거하는 증인의 사명을 감당해야 했던 것이다(사41:21-24, 43:9-13).

그래서 마음껏 하나님을 자랑해야만 했던 것이다. 그러나 유대인들은 하나님께서 자신들을 '이방의 빛'으로 부르셨다는 사명과 책임을 망각하고 하나님을 자신들만의 민족적인 하나님으로 국한시켜 자랑하였던 것이다.

"하나님은 다만 유대인의 하나님이시냐 또한 이방인의 하나님은 아니시냐 진실로 이방인의 하나님도 되시느니라"(롬3:29)

넷째는, 하나님의 뜻을 아는 것이다.

"율법의 교훈을 받아 하나님의 뜻을 알고 지극히 선한 것을 분간하며"(18절)

유대인들이 율법 교육을 통하여 '하나님을 뜻을 아는 것'은 큰 축복이요 특권이었다. 율법 언약을 통해서 보여준 하나님의 뜻은 신앙 공동체를 건설하는 것이었다. 예배 공동체, 거룩 공동체, 사명 공동체를 건설하여 "물이 바다를 덮음 같이 여호와를 아는 지식이 세상에 충만"(사11:9)하게 만드는 것이다. 그리고 이것이 메시아를 통하여 성취되는 것이었다.

그러나 그들은 하나님이 자기들에게 무엇을 원하는지 그 분명한 뜻, 즉 하나님의 계획과 목적을 몰랐던 것이다. 율법을 통하여 쉽게 접근할 수 있는 것은 알았지만 그 근본적인 목적을 깨닫지 못하였고, 또한 조금 알았다 할지라도 그 뜻을 실천하지 않았던 것이다. 그래서 바리새인과 율법사들은 "스스로 하나님의 뜻을 저버렸고"(눅7:30), 유대인들은 영광의 주를 십자가에 못 박는 어리석음을 범했던 것이다(고전2:8).

다섯째는, 율법의 교훈의 뛰어난 것을 좋게 여긴 것이다.

여기 18절에서 한글성경은 "율법의 교훈을 받아"와 "지극히 선한 것을 분간하며"가 서로 분리 되어 있는데, 사실은 서로 연결하여 함께 해석하는 것이 더 좋을 듯하다. 여기 '지극히 선한 것'(τὰ διαφέροντα)은 '뛰어난 것들'(the things which excel), '색다른 것들'(the things which differ)이라는 뜻으로 율법 안에서 나오는 교훈들이 인생들에게 대단히 중요한 것이며 탁월한 것들이라는 말이다.

그리고 '분간하며'(δοκιμάζω)라는 단어는 '시험하다'(to test), '시험 후에 판단하다'(to approve after testing)는 뜻으로 시금석(試金石)을 통해 금속의 순도를 측정한다는 의미를 가지고 있다. 이것은 율법에서 나온 교훈들은 종교적으로나 윤리적으로 중요하며 뛰어나다는 것을 좋게 여겼다는 말이다.

유대인들은 율법의 교훈들이 얼마나 훌륭한 것인지를 알았다. 그래서 율법을 소유했다는 것에 대한 자부심이 대단했던 것이다. 그러나 그들은 율법에서 나오는 교훈의 본질적인 것을 귀하게 여기고 그것을 붙드는 것보다는 비본질적인 것에 집착하는 어리석음을 범했던 것이다.

희생제사의 본질보다는 제사의 의식에 매달리고, 율법의 교훈보다는 율법의 소유에 더 큰 비중을 두었고, 율법을 실천하는 것보다 경문(經文)을 읽고 몸에 차고 다니는 것에 치우치고, 할례를 행하는 정신보다는 할례 의식을 통하여 신분적 특권의식만 가졌던 것이다.

여섯째는, 맹인의 길을 인도하는 자라고 확신한 것이다.

"맹인의 길을 인도하는 자요 어둠에 있는 자의 빛이요"(19절)

이는 유대인들이 이방인들에 대해서 우월한 위치에 있음을 나타내는 말이다. 모든 이방의 세계는 영적인 것에 대하여, 진리에 대하여 맹인과 같은 존재들이었다. 따라서 율법을 통하여 하나님의 빛 가운데 있는 유대인들은 맹인 된 이방인들을 인도하는 안내자가 되어야 했다.

하나님께서는 이사야 선지자를 통하여 이방인들이 무익한 우상을 만드는 이유에 대하여 "그들이 알지도 못하고 깨닫지도 못함은 그들의 눈이 가려서 보지 못하며 그들의 마음이 어두워져서 깨닫지 못함이니라 마음에 생각도 없고 지식도 없고 총명도 없어"(사44:18-19) 미혹되어 자기 영혼을 구원하지도 못하는 우상을 숭배하고 진리와 인간의 의무에서 빗나갔다고 했다(사44:20).

하나님께서 이스라엘 백성을 부르신 것은 우상 숭배하는 이방인을 인도하는 자, 즉 '너희는 나의 증인이라'는 말씀처럼 증인 삼으려는 것이었다(사44:8). 그러나 유대인들은 자신들조차도 눈이 멀어 '맹인이 맹인을 인도하는' 꼴이 되었고 또한 그들은 선민의식에 빠져서 이방인을 인도하는 사명을 저버렸던 것이다.

일곱째는, 어두움에 있는 자의 빛이라고 믿은 것이다.

하나님께서는 이스라엘 백성을 '이방의 빛'으로 삼아(사42:6, 49:6) "네가 눈먼 자들의 눈을 밝히며 갇힌 자를 감옥에서 이끌어 내며 흑암에 앉은 자를 감방에서 나오게 하리라"(사42:7)고 했다. 이것은 메시아의 사역이라고 치부(致賻)만 할 것이 아니다. 메시아 사역을 계승해야 하는 것이 신앙 공동체의 사명인 것이다. 유대인들은 이방을 비추는 선교적 사명을 감당해야만 했던 것이다. 그러나 그들은 열방이 몰려올 수 있도록 일어나 빛을 발하는 사명을 감당하지 못했던 것이다(사60:1-3).

여덟째는, 어리석은 자의 교사라는 것이다.

"율법에 있는 지식과 진리의 모본을 가진 자로서 어리석은 자의 교사요 어

린 아이의 선생이라고 스스로 믿으니"(20절)

'어리석은 자'($\dot{\alpha}\phi\rho\omega\nu$)는 이성과 통찰력이 부족하여 분별하지 못하는 사람, 즉 진리 또는 가치에 대한 충분한 이해력이 없는 어리석은 사람을 말한다. 다시 말해 사물에 대하여 합리적인 생각을 할 능력이 없는 무지하고 둔한 사람을 가리킨다. 유대인이 보기에는 이방인은 불경건하여 하나님의 신령한 뜻을 인식할 능력이 없는 우둔하고 어리석은 자로 본 것이다.

'교사'($\pi\alpha\iota\delta\epsilon\upsilon\tau\eta s$)는 '교정하는 사람', '훈련시키는 사람'으로 남을 가르치고, 잘못을 바로 잡아주고, 진리를 좇는 사람이 되도록 훈련시켜주는 사람을 가리킨다. 이방인은 진리와 영적인 것에 대하여 무지하고 이해력이 부족하기 때문에 유대인들은 자신들만이 그들을 바르게 지도해 주는 교사라고 생각했다. 그래서 이방인을 향하여 항상 우월적인 자세를 취했던 것이다. 그러나 유대인들은 자신들도 바로 서있지 못한 처지에서 다른 사람을 교정한다고 위선을 부렸던 것이다(마23:15).

아홉째는, 어린아이의 선생이라는 것이다.

'어린아이'($\nu\acute{\eta}\pi\iota o s$)는 어리석고 경험이 없는 아이들을 뜻하여 인생의 경험이 없는 무지각하고 성숙하지 못한 사람을 말한다. 이방인이나 유대교로 금방 개종한 이방인은 진리와 영적 경험에서 어린아이 수준이었다(고전3:1, 히5:12-13). 그래서 앞선 교사가 가르치고 지도해 주어야 하는 것이다. 유대인들은 율법을 자신들만 소유했다는 자부심 때문에 살아계신 하나님에 대한 지식을 갖지 못한 유아기적 이방인들을 가르치는 선생으로 자처하기를 좋아했었다. 그러나 그들은 다른 사람을 가르친다고 말하면서 자기 자신은 가르치지 않았고, 말씀을 삶에 적용하지도 않았고 실천하지도 않는 위선과 가식의 선생들이었던 것이다.

열째는, 율법에 있는 지식과 진리의 교본을 가진 자라는 것이다.

유대인들이 이방인에 대하여 이렇게 우월의식을 갖게 된 것은 자신들은 "율법에 있는 지식과 진리의 모범을 가진 자"라고 믿었기 때문이었다. 유대인에게 있어서 율법('토라의 말씀')을 소유했다는 것은 '언약의 백성'이라는 의미로서 이방인과 구별 짓게 하는 그들의 민족적 정체성과 우월의식을 심어 주는 근본과 같은 것이며 삶의 기초가 되는 것이라고 확신한 것이다.

여기에서 '모범'($\mu\acute{o}\rho\phi\omega\sigma\iota\varsigma$)이라는 단어를 이해하는 것이 중요하다고 보여진다. 이 단어는 '본체가 없는 윤곽'(딤후3:5)라는 의미로 사용되는데, 최근의 학자들은 '완전한 내용'(full content), '완전한 형태'(perfect pattern), 또는 '구현'(embodiment)이라고 보고 있다.

율법에는 하나님과 하나님의 뜻에 대한 지식, 그리고 그 속에 내재되어 있는 진리들은 탁월한 것이며 인생의 근본적인 삶의 지침이 들어 있는 것이다. 이러한 내용을 구체적으로 구현시켜 놓은 것이 교리 문답(catechism)과 유사한 각종 교육 자료들로서 유대인들은 누구나 쉽게 율법의 지식과 진리를 배울 수 있게 되어 있었다. 유대인들은 이러한 독특한 교본을 가지고 율법의 진리를 배운다는 것에 대한 대단한 자부심이 있었던 것이다.

그러나 그들의 문제점은 앞에서 '만일'($E\grave{\iota}$ $\delta\acute{\epsilon}$)이란 말이 지적하였듯이 그렇게 훌륭한 것을 소유했고 탁월한 신분적 위치에 있었다면 그에 걸 맞는 삶을 살았어야 했건만 살지 못했다는 것이다.

그리고 다음 절부터 나오는 것처럼 율법과 그에 관한 교본들을 소유했고 배운다는 것에 만족하고 우월감에 빠져 있었을 뿐이지 전혀 그 내용을 실현하거나 실천하지 않았다는 것이다.

2) 세상에서 하나님의 이름을 욕되게 하는 유대인(21-24절)

"그러면 다른 사람을 가르치는 네가 네 자신은 가르치지 아니하느냐 도둑질하지 말라 선포하는 네가 도둑질하느냐"(21절)

'그러면'은 17-20절에서 유대인들이 이방인을 향하여 가졌던 교만과 우월감이 정당한지를 묻는 말이며 결론이기도 하다. 결론은 그들이 특별한 은총을 받은 것은 사실이지만 그렇게 교만하고 우월감에 사로잡힐만한 근거는 전혀 없다는 것이다. 2:1-3에서 남을 판단하면서 같은 일을 행하는 잘못을 지적했듯이 여기에서 그 구체적인 내용을 밝히고 있다.

바울은 여기서 그들의 잘못을 다음과 같이 비난하고 있다.

첫째 비난은 다른 사람들을 가르치는 유대인이 자신을 먼저 가르치지 않는다는 것이다.

이 비난은 '어리석은 자의 교사요 어린 아이의 선생'이라고 자처하는 유대인의 태도에 배치된다는 것이다. 율법을 가르치면서 자신에게는 전혀 적용하지 않는 위선적 행동이며, 알면서도 실천하지 않는 거역의 행동이라는 것이다. 이것은 이미 예수님께서 당시의 유대인과 그 지도자들을 책망한 말에서도 나온 위선적 행동이다.

"서기관들과 바리새인들이 모세의 자리에 앉았으니 그러므로 무엇이든지 그들이 말하는 바는 행하고 지키되 그들이 하는 행위는 본받지 말라 그들은 말만하고 행하지 아니하며 또 무거운 짐을 묶어 사람의 어깨에 지우되 자기는 이것을 한 손가락으로도 움직이려 하지 아니하며"(마23:2-4)

모세의 자리에 앉는다고 누구나 모세처럼 되는 것이 아니다. 모세의 자리를 자처하려면 먼저 모세처럼 그것을 행하는 사람이 되어야 한다. 그러므로 남을 가르치려는 사람은 에스라가 "여호와의 율법을 연구하여 준행하며 율례와 규례를 이스라엘에게 가르치기로 결심"(스7:10)했던 것처럼 먼저 자기 자신을 가르쳐 실천의 모범을 보여야 한다.

둘째 비난은 도적질하지 말라고 선포하면서 자신은 도적질한다는 것이다.
여기 '선포하다'는 단어를 사용한 것은 자신들은 하나님께 위임 받은 메신저(messenger)로 파송 받았다는 자부심에서 '도적질하지 말라'고 가르친 행위를 말하려는 의도였다고 보여 진다. 그들은 율법의 가르침을 남에게는 적용하면서 자신들에게는 적용하지 않고 그것을 지킬 의무는 면제되기라도 한 것처럼 생활했던 것이다. 그들이 도적질한다는 것은 단순히 물건을 훔치는 것보다 폭넓은 의미로 거래와 무역 등 상업에서 부당하게 폭리를 취하는 것을 말한다고 할 수 있다. 성전에서 상행위를 하는 사람들에게 '강도의 소굴'을 만들었다고 책망한 예수님의 말씀처럼(마21:13) 경건이라는 미명으로 탐심의 행동들을 서슴없이 행했던 것이다.

셋째 비난은 간음하지 말라 말하면서 간음한다는 것이다.
"간음하지 말라 말하는 네가 간음하느냐 우상을 가증히 여기는 네가 신전 물건을 도둑질하느냐"(22절)

여기 '간음하다'($\mu o\iota\chi\epsilon\acute{u}\omega$)라는 단어는 일차적으로는 '간음하다'는 뜻이지만, 이는 전반적인 성범죄를 가리키는 말이다. 유대인들은 하나님의 거룩한 백성이라는 선민의식을 가지고 있으면서도 가장 혐오스럽게 생각하는 성적 범죄가 사라지지 않고 계속해서 성행했던 것이다. 심지어 "아버지와 아들이 한 젊은 여인에게 다녀서" 하나님의 이름을 더럽혔던 것이다(암 2:7).

넷째 비난은 우상을 가증히 여기면서 신전 물건을 도적질한다는 것이다.
여기 '가증히 여기다'(βδελυσσόμενος – βδελύσσομαι의 현재 분사)는 '악취 등으로 고개를 젖히다', '몹시 싫어하다' 는 뜻에서 유래하여 '혐오하다' (to abhor), '미워하다'(to detest)는 의미를 가지고 있다. 유대인들은 십계명에 의한 유일신 사상에 철저하여 우상숭배를 몹시 혐오스럽게 여겼었다. 그래서 유대인들 가운데서는 로마 황제의 상이 새겨진 로마 화폐를 우상숭배라 여겨 사용을 거절했거나 로마의 독수리 휘장을 혐오하는 풍조도 있었다. 이런 강경한 태도를 취하는 사람들이 도리어 신전에 있는 물건을 도적질하는 어처구니없는 죄를 범하였던 것이다(행19:37).

다섯째 비난은 율법을 자랑하면서 율법을 범하고 있다는 것이다.
"율법을 자랑하는 네가 율법을 범함으로 하나님을 욕되게 하느냐"(23절)
이것은 지금까지 열거하던 것과 그 이외의 내용들까지 포함하여 유대인의 범죄를 요약해서 책망하는 말이다. 율법을 자랑한다는 것은 남들에게 자랑삼아 떠들어(약4:16) 댈 뿐 아니라 자랑하는 것을 즐거워하는 행동으로(롬 5:2, 3) 유대인들은 자신들만이 율법을 가졌다고 자랑하면서 폼 잡고 으스대기를 계속했던 것이다. 그러나 실상은 그 내용과 목적에서 빗나간 행동을 하면서 살아가고 있었던 것이다.
여기에서 주목해야 할 것은 여기 열거하고 있는 유대인들의 범죄들에 대한 단어들이 문법적으로 전부 현재형으로 되어 있다는 것이다. 그것은 유대인들이 지금도 계속적이고 반복적으로 그와 같은 죄를 저지르고 있음을 강조하여 보여주는 것이다.
결과적으로 이러한 그들의 행동은 하나님을 욕되게 만드는 것이며 하나님의 이름을 모독하게 만드는 결과를 자아냈던 것이다. 여기 '욕되게 하다' (ἀτιμάζω)라는 단어는 '능욕하다', '창피를 주다', '불명예스럽게 하다' 는 뜻으로 멸시받고 모욕당하는 것을 의미한다.
바울은 24절에서 이사야52:5의 칠십인역(LXX)을 인용하여 "기록된바와 같이 하나님의 이름이 너희 때문에 이방인 중에서 모독을 받는도다"(24절)

라고 논증하므로 유대인들로 수긍할 수밖에 없도록 만들고 있다. 여기 '모독을 받는도다'(βλασφημεῖται)는 의도적으로 불경스러운 말을 하여 하나님의 신성을 욕되게 한다는 의미를 가지고 있다(마26:65, 요10:36, 계16:9). 이스라엘은 하나님의 영광을 위하여 지음 받은 민족이었다. 그러나 그들은 하나님께 범죄하므로 세상 사람들에게 비난거리가 되었고 하나님의 진노로 실패하게 되자 더욱 조롱과 함께 하나님의 이름이 욕되어지고 모독을 받는 자리까지 이르게 된 것이다.

율법을 알고 있고, 또 말씀을 가르치고, 할례를 받았다는 것이 중요한 것이 아니다. 아무리 겉모양이 멋있는 신앙인처럼 보이고, 신앙의 모든 자격을 갖추었다 할지라도 그 말씀대로 실천하지 않는다면 아무 소용이 없는 것이다.

남은 가르치면서 자기 자신은 가르치지 않고, 도적질하지 말라 말하면서 자기는 도적질하고, 간음하지 말라 하면서 자기는 간음하고, 율법을 가졌다고 자랑하면서 율법을 범하는 껍데기 신앙인들 때문에 "하나님의 이름이 이방인 중에서 모독을 받는"(24절) 것이다.

유대인들의 잘못은 자신들의 역할은 하지 않고, 자기들의 지위만 지키고 세우려고 했기 때문에 가식적이고 위선적인 신앙인이 된 것이다. 하나님은 유대인들을 불러서 이방인들을 구원하려고 했었다. 그러나 유대인들은 자기들의 역할은 깨닫지 못하고 선민의식에 사로잡혀서 자기들은 특별히 구별된 지위를 가졌다는 착각과 오해속에 살았던 것이다.

(4) 할례를 받았다고 안전이 보장된 것이 아니다(2:25-29).

바울은 본 장에서 율법을 소유한 유대인들의 교만과 위선을 질책해 왔다. 이제 25-29절에서는 유대인들이 자신들이 선민 됨의 증표로 삼았던 할례라 할지라도 만일 언약의 말씀을 실천하지 않는다면 그것은 무가치한 것임을 밝히고 있다.

할례(割禮)는 창세기 17장에서 하나님께서 아브라함에게 언약을 맺으면서 그 증표로 제시한 의식이다. 할례는 내적인 믿음에 대한 외적인 증거로 하나님이 아브라함의 자손의 하나님이라는 표시이며(창17:7), 하나님이 제시한 언약을 지켜 순종하겠다는 다짐의 표현으로 제시된 표징이기도 했다(창17:9).

그러므로 할례를 행한다는 것은 하나님과 언약을 맺었다는 고백의 표시이며 하나님의 백성의 일원이 되었다는 표현이기도 했다. 그래서 '할례를 받지 않은 남자는...백성 중에서 끊어지리라"(창17:14)고 하여 계약 공동체에서 제명당할 것을 명했었다. 즉 할례는 유대인에게서 계약 백성으로서의 민족적, 종교적 상징이었던 것이다. 그래서 유대인에게서 할례는 구원과 은총에 보증수표와 같은 것으로 믿었던 것이다. 바울은 여기서 유대인들이 가진 할례에 대한 그릇된 생각을 깨뜨리고 있다.

첫째는, 율법을 범한다면 할례는 무가치한 것이라는 것이다.
"네가 율법을 행하면 할례가 유익하나 만일 율법을 범하면 네 할례는 무할례가 되느니라"(25절)
원래 언약은 하나님께서 제시하는 은총과 약속에 근거하여 그 당사자가 언약을 지켜 순종할 때에 성립이 되는 것이다(창17:7, 9). 그러므로 언약의 조건으로 제시하는 율법을 지킨다면 언약관계는 성립되어 약속되어진 축복은 성취되며 그에 따라 많은 유익을 얻게 되는 것이다. 그러나 만약에 율법을 지키지 않는다면 그것은 언약관계가 성립이 안 되어 깨어지는 것이기에 언약의 약속에 있는 축복들은 받을 권리가 없게 되는 것이다.

여기 '범한 자'($\pi\alpha\rho\alpha\beta\acute{\alpha}\tau\eta\varsigma$)는 바른 길에서 벗어나거나 목표에서 빗나가게 된 경우를 가리켜, 율법에서 요구하는 사항, 율법이 제시하는 목적에서 벗어난 행동을 하는 자를 말한다. 문제는 유대인뿐만 아니라 오늘날 기독교 신자들도 율법에서 제시하는 근본적인 목적을 이해하지 못하고 항상 외형적으로 나타난 것에만 매달리는 경향이 많다는 것이다.
다시 말하면 유대인들은 자신들에게 주어진 율법과 할례의 목적을 깨닫지 못하여 신앙 공동체를 건설하여 이방의 빛과 제사장의 나라로서의 사명을 망각하였던 것이다. 오히려 편협적인 선민적 배타주의와 우월적 민족주의에 빠져서 율법의 중심 요구사항을 실천하지 못하는 실패 공동체로 전락해 버리고 말았던 것이다.
결론적으로 율법의 요구사항에서 벗어났다면, 그것은 언약관계의 파기요, 무할례와 마찬가지가 되어 언약 백성의 신분을 '상실하게 되는 것'과 마찬가지라는 충격적인 말을 하고 있는 것이다. 그러므로 율법을 소유하고 언약의 표징인 할례를 가진 것이 중요한 것이 아니다. 언약이 언약 되려면 그 내용을 실천해야 하는 것이다.

둘째는, 율법의 조문과 할례를 소유한 것이 신분을 보장하는 것은 아니라는 것이다.

"그런즉 무할례자가 율법의 규례를 지키면 그 무할례를 할례와 같이 여길 것이 아니냐"(26절)

여기서 바울의 논리는 만약에 무할례자라 할지라도 율법에서 요구하는 사항들을 준수하게 된다면 그의 무할례는 오히려 할례로 간주 할 수 있지 않느냐는 것이다. 즉 유대인과 같은 신분과 자격을 가질 수 있다는 말이다.

여기 '율법의 규례'(δικαίωμα)는 한글 성경처럼 의례적인 측면보다는 오히려 언약적 측면이 더 강한 단어이기에 '율법의 의로운 요구들' 로 해석하는 것이 더 좋다. 율법의 의로운 요구사항이란 하나님이 임재하는 신앙 공동체 건설, 즉 예배 공동체, 거룩 공동체, 사명 공동체를 건설하는 것을 말한다.

만약에 무할례자가 율법의 요구사항을 '지키면'(φυλάσσω), 즉 계속해서 실천해 간다면, 그리고 27절에 나오는 대로 율법의 요구사항을 '온전히 지키면'(τελέω), 즉 계속해서 끝까지 완성하고 성취해 간다면 그 사람이 할례자로 인정을 받아야 한다는 말이다.

그러나 반대로 율법과 할례를 가지고 있으면서도 요구사항에서 벗어난 삶을 사는 사람은 무할례자로 여기는 것이 당연하다는 말이다.

그러므로 '율법의 조문과 할례'를 소유한 것이 중요한 것이 아니다. 그리고 그 특권과 자격을 주장한다 할지라도 율법의 의로운 요구사항을 실천하고 성취하지 못한다면 그 신분은 보장할 수 없다는 사실을 알아야 한다. 반대로 근본적으로 무할례자라 할지라도 율법의 요구사항을 성취한다면 그 사람을 할례자와 같이 여기는 것이 당연하다는 말씀도 명심해야 할 것이다.

셋째는, 할례는 육체에 하는 것이 아니라 성령으로 마음에 하는 것이다.

"무릇 표면적 유대인이 유대인이 아니요 표면적 육신의 할례가 할례가 아니니라"(28절)

28-29절에서 어떤 것이 참 유대인이며 참 할례인지를 결론짓고 있다. 여

기 '표면적'(ἐν τῷ φανερῷ)이란 '외관상'이라는 말이다. 겉보기에 혈통적으로 아브라함의 자손이며 율법을 소유했다고 참 유대인이 아니며 외형적으로 육체의 할례를 행했다고 할례를 받은 증표가 아니라는 것이다. 앞에서 논의한 것처럼 무할례자요 이방인이라 할지라도 율법의 요구사항을 실천하고 성취한다면 그 사람은 언약의 약속에 참여할 자격을 주는 것이 마땅하다는 것이다.

29절에서는 '이면적'(ἐν τῷ κρυπτῷ), 즉 '내면적' 유대인이 참된 유대인이라는 것이다. 여기에서 '표면적'인 것과 '이면적'인 것을 대조시키면서 육신적 조건이 아닌 영적인 유대인이 참 유대인이라고 말하고 있다.

"오직 이면적 유대인이 유대인이며 할례는 마음에 할지니 영에 있고 율법 조문에 있지 아니한 것이라 그 칭찬이 사람에게서가 아니요 다만 하나님에게서니라"(29절) 여기에서 '표면적'인 것과 '이면적'인 것을 서로 대조해 보면 다음과 같다.

① 육신과 마음이다.

육신의 할례란 일차적으로 살을 베는 육신적인 의식을 가리킨다. 이것이 언약의 증표인 것은 사실이다(창17:11). 그러나 구약의 사상은 참 하나님의 백성은 마음의 할례를 받아야 한다고 주장하고 있다(신10:16, 렘4:4, 9:25-26). 그것은 마음이 변화되지 않는 상태에서의 육신적 할례는 무용지물이라는 것을 뼈저리게 느꼈기 때문이다.

옛 언약시대에는 하나님의 백성의 신분이 육신적 할례를 통하여 표시되었지만, 새 언약시대에는 성령을 통하여 새 마음(마음의 변화)을 통하여 하나님의 백성의 증거가 될 것이다(겔36:25-28).

그러므로 육신의 할례 표지가 있는 것으로 우월의식이나 자만에 빠져서는 안 되는 것이다.

② 율법의 문자와 성령이다.

율법의 문자와 영의 대조는 옛 언약시대와 새 언약시대의 구원사(救援史)에 중요한 차이점을 드러내는 바울의 용법이다. 바울은 고후3:6에서 "율법 조문으로 하지 아니하고 오직 영으로 함이니 율법 조문은 죽이는 것이요 영은 살리는 것이니라"고 했다. 예레미야는 새 언약을 예언하면서 옛 시대의 백성이 율법을 귀로 듣고 언약을 파기한 것과는 달리 새 언약시대에는 말씀을 성령으로 마음에 새겨주신다고 했다(렘31:31-33, 겔36:26-28).

참 유대인은 성령에 의하여 마음의 할례를 경험한 사람들이다. 성령께서만이 사람의 인격과 삶을 변화시켜 새로운 하나님의 백성으로 살아갈 수 있게 하는 능력을 부여해 주시는 것이다.

③ 사람과 하나님이다.

여기 '칭찬'이란 유다의 이름에 담겨있는 뜻으로(창29:35, 49:8) 참된 유대인이라는 칭찬 또는 인정은 사람이 하는 것이 아니라 하나님께로부터 받아야 한다는 말이다. 사람의 시각으로 보는 유대인의 증거는 혈통적 아브라함의 자손, 율법의 소유, 육체적 할례를 가지고 있으면 되는 것이다.

그래서 그들은 외형적 요건을 갖춘 것만으로 우월감과 자만심에 빠져서 내면적인 변화도 추구하지 않고 율법의 요구사항도 실천하지 않았던 것이다. 그러나 하나님이 보는 유대인은 전혀 다르다. 외형적 조건이 없다 할지라도 하나님의 목적을 실현하는 삶을 살아간다면 그가 참 유대인인 것이다.

이 세 가지 대조에서 깨달을 수 있는 것처럼 하나님께서는 표면적 유대인을 유대인으로 인정하지 않으신다는 것이다. 오직 내면적, 즉 성령으로 말미암아 내적 유대인을 참된 유대인으로 보아서 아브라함의 유업을 이를 상속자로 보시는 것이다(갈3:29). 그러므로 종교적 의식, 성례적 자격을 갖추는 것이 중요한 것이 아니라 내면적 또는 영적 자격을 갖추는 것이 중요하다는 것을 기억해야 한다. 이런 면에서 유대인뿐만 아니라 기독교인들은 착각해서는 안 되는 것이다.

(5) 유대인의 의문과 궤변에 대한 답변(3:1-8).

바울은 지금까지 유대인들이 가지고 있는 문제점들을 지적해왔다. 선민적 특권의식을 가지고 남을 판단하면서 같은 죄를 짓는 위선은 하나님의 심판을 피할 수 없다는 것(2:1-3), 회개로 인도하려는 하나님의 인자하심을 멸시한 고집(4-5절), 하나님의 심판은 유대인이나 이방인에게 공평하다는 사실(6-11절), 율법을 소유한 특권의식보다 실천이 더 중요하다는 것(12-16절), 선민의 특권적 신분과 자격만 내세우고 실천하지 않는 것 때문에 하나님의 이름이 모독 받는다는 사실(17-24절), 할례의 표징보다 율법의 실천의 중요성과 이방인도 율법의 요구사항을 실천한다면 할례자와 동등한 자격이 있다는 사실(25-29절)등을 밝혀왔다.

이러한 바울의 논증에 대하여 선민이라는 우월감에 자존심이 상한 유대인들은 바울에 대하여 반박하면서 궤변을 늘어놓는다고 비난했던 것이다. 바울은 8절에서 "어떤 이들이 이렇게 비방하여 우리가 이런 말을 한다고 하니"라고 말하여 당시의 상황을 설명하고 본 단락에서 그들의 의문과 비난에 대하여 답변을 주고 있다.

첫째는 '유대인의 나은 것이 무엇이냐' '할례의 유익이 무엇이냐'고 항의하며 의문을 제기하는 유대인들에게 '범사에 많다'고 답변하고(3:1-2),

둘째는 불신앙이 하나님의 신실성을 폐지하게 되었느냐는 의문에 대하여서는 '그럴 수 없다'고 단호하게 답하고 있다(3:3-4). 그러면서 자신을 비방하기 위하여 늘어놓는 말도 안 되는 세 개의 궤변에 대하여 간략한 답(3:5-8)을 제시하고 있다.

1) 유대인의 특권이 무엇이냐는 질문에 대한 답변(1-2절).

"그런즉 유대인의 나음이 무엇이며 할례의 유익이 무엇이냐"(1절)

이것은 유대인으로 태어난 우위성(優位性, advantage)이 무엇인지, 할례를 받은 것의 혜택이 무엇인지 질문하는 것이다. 율법과 할례를 소유한 것에 대한 자부심을 갖고 살던 사람들에게 하나님께서 특별 대접해 주지 않는다면, 그리고 할례를 받은 자도 율법을 실천하지 못했다는 이유로 무할례자와 같이 취급받는다면 유대인의 나은 점이 무엇이냐고 항변하는 것이다. 그러나 그와 같은 항변은 아직도 하나님께서 이스라엘 민족을 특별한 백성으로 택하신 목적을 깨닫지 못한 상태에서 자신의 기분 나쁜 감정을 드러내는 표현일 뿐이다.

"범사에 많으니 우선은 그들이 하나님의 말씀을 맡았음이니라"(2절)

바울의 답변은 유대인에게 주어진 특권 또는 혜택이 '범사에 많다'고 했다. 이는 온갖 종류에 유익이 있다는 말보다는 각 방면에 유익이 많다(much in every way)는 뜻이다. 그 중에서 가장 중요한 것이 '하나님의 말씀'을 맡은 것이다.

여기 '말씀'(λόγια)이라는 단어는 학자마다 '십계명', '언약', '구약 성경' 등 여러 가지로 해석하지만, '신탁의 말씀'(민24:4, 16)으로 보는 것이 가장 타당하다. 이는 인류에게 주실 하나님의 신탁(神託)의 말씀을 위임 맡은 민족은 유대인 밖에 없다는 말이다(사59:21). 그것은 유대인은 "백성의 언약과 이방의 빛"(사42:6)이 되었고, '율법과 여호와의 말씀'(사2:3)이 시온에서 나오게 하셨고, '구원'(요4:22)이 유대인에게서 나오게 하셨기 때문이다.

하나님은 이스라엘을 여호와 하나님의 "영광을 나타낼 이스라엘"(사49:3)로, 또는 "너로 이방의 빛을 삼아 나의 구원을 베풀어서 땅 끝까지 이르게"(사49:5-6) 할 존귀한 종으로 부르셨던 것이다.

그러므로 유대인은 구원의 말씀, '신탁의 말씀'을 이방에 전하기 위하여 사명을 위임받은 특별한 민족이었다. 하나님이 유대인에게 위탁한 것은 특권이 아니라 사명이요 책임이었다. 그들은 하나님의 말씀을 위탁받은 특별한 백성으로서 임무를 수행했어야만 했다. 그러나 유대인들은 특권의식에만 빠져 배타적 민족주의에 사로잡혀 하나님의 뜻을 거역하여 세상을 향한 사명을 저버렸던 것이다.

2) 유대인의 불신앙이 하나님의 신실성을 폐지했는지의 질문에 대한 답변(3-4절).

"어떤 자들이 믿지 아니하였으면 어찌하리요 그 믿지 아니함이 하나님의 미쁘심을 폐하겠느냐"(3절)

여기 '믿지 아니하다'(ἀπιστέω)는 '믿기를 거절하다'(to refuse to believe)는 뜻으로 만약에 유대인 중에서 어떤 사람이 믿기를 거절했다면 그 결과가 어떻게 되었느냐는 질문이다. 즉 일부의 유대인이 불신앙으로 하나님의 목적을 거절했다고 전체 유대인을 향한 하나님의 언약의 신실함이 폐지될 수 있느냐는 것이다. 이것은 유대인의 입장에서는 특권이 상실되는 일일뿐 아니라 하나님에게는 세우신 언약의 파기로 인한 그의 신실함에 대한 의혹이 제기되는 심각한 문제인 것이다.

여기에서 '하나님의 미쁘심을 폐지하다'(τὴν πίστιν τοῦ θεοῦ καταργήσει)는 구문을 조금 더 자세히 살펴보는 것이 본문을 이해하는데 더 도움이 될 것 같다. '미쁘심'(πίτις)이라는 단어는 보편적으로 바울에게서 '믿음'(faith)이라는 의미로 압도적으로 사용되고 있고(롬3:22, 25, 4:5), '미쁘심', '성실하심'(faithfulness)의 의미로도 사용되고 있다(고전1:9, 10:13,

고후1:18). 그러나 본문에서는 '중대한 약속'(solemn promise)으로 번역하는 것이 더 좋을 듯하다. 그것은 '폐지하다'($\kappa\alpha\tau\alpha\rho\gamma\epsilon\omega$)는 단어와 연결시켜 보면 알 수 있다.

이 단어의 원래 의미는 '일을 절대로 못하게 하다'(to do absolutely no work)는 뜻으로 '무효로 하다'(to nullify), '무가치하고 무익하게 만들다'(to render null and void), '효력이 없게 만들다'(to make inoperative)라는 뜻들을 가지고 있기 때문이다. 그것은 유대인의 불신앙 때문에 '하나님의 성실하심이 폐지하겠느냐' 라는 것보다 '하나님의 중대한 약속이 폐지하겠느냐' 라고 해석하는 것이 더 타당성이 있다고 보여 진다.

몇 명의 유대인의 불신앙 때문에 유대인에게 주어진 '신탁의 말씀', '메시아에 대한 약속', '우주적 구원 계획'을 폐지할 수는 없는 것이다. 즉 하나님의 성실하심도, 유대인에게 주었던 언약도, 구원에 대한 신탁의 말씀도 무효화 할 수 없는 것이다.

① "그럴 수는 없느니라"(4절)

당연한 말이다. 일부 유대인이 메시아를 믿지 않는다고 해서 언약을 성취하시며 인류를 구원하시는 하나님의 약속이 무효화 되거나 하나님의 신실한 속성이 변하는 것은 아니다. 만약에 폐지되거나 무효화 된다면 그것은 전 인류에게 엄청난 불행인 것이다. 그러므로 지금 전파되는 복음은 하나님께서 이스라엘과 맺은 언약과 연장선상에 있다는 것을 기억해야 하며 그것은 앞으로 계속해서 성취되어야 할 과제이기에 폐지 될 수 없다는 사실도 깨달아야 한다.

② "사람은 다 거짓되되 오직 하나님은 참되시다 할지어다"(4절)

여기서 인간의 거짓됨과 하나님의 참되심을 대조하고 있다. 모든 사람이 거짓된 이유는 타락한 인간의 본성이 부패했기 때문이다. 예레미야는 "만물보다 거짓되고 심히 부패한 것은 마음이라"(렘17:9)고 했다. 인간은 "그 혀로는 속임을 일삼는"(롬3:13) "거짓말쟁이"(시116:11)들이라 '속고 속이는 반전'을 거듭하며 살아가고 있다(딤후3:13) 그러나 "우리는 미쁨이 없을지라도 주는 항상 미쁘시다"(딤후2:13). 하나님의 '미쁘심'과 '참되심'은 같은 하나님의 속성으로 신실하심과 정직하심을 말한다.

하나님은 진실하시고 정직하신 분으로 그의 속성은 변하지 않을 뿐 아니라 그의 약속도 변치 않으시고 영원히 지속되는 것이다. 바울은 하나님이 참되실 뿐 아니라 약속을 변개치 않으시는 분이심을 강조하기 위하여 시 51:4의 말씀을 인용하고 있다.

③ "기록된바 주께서 주의 말씀에 의롭다 함을 얻으시고 판단 받으실 때에 이기려 하심이라 함과 같으니라"(4절하)
다윗은 시편에서 자신의 범죄로 인하여 하나님의 의로우심과 순전하심이 조금도 손상되지 않고 오히려 하나님의 의로우심과 신실하심이 더욱 드러날 뿐이라는 의미로 사용하였다. 바울은 여기에 나오는 단어들을 법정 용어로 사용하여 사람들이 아무리 하나님의 의로우심을 판단한다 할지라도 하나님의 의로우심이 승소(勝訴)하게 된다는 의미로 해석하여 사용하고 있다.

3) 바울을 비방하기 위한 궤변(詭辯)에 대한 답변(5-8절).
바울은 앞에서 유대인들이 의문을 품고 질문했던 것에 대하여 정확한 답변을 준 후에 5절부터는 자신을 비방할 목적으로 만들어 낸 말도 안 되는 궤변에 대하여 세 가지를 제시하고, 그에 대한 답을 하고 있다.

첫째는, 우리의 불의 때문에 하나님의 의를 드러냈다면 어찌 심판하느냐는 것이다(5~6절).
"그러나 우리 불의가 하나님의 의를 드러나게 하면 무슨 말 하리요 내가 사람의 말하는 대로 말하노니 진노를 내리시는 하나님이 불의하시냐"(5절)
바울은 여기서 유대인들이 제기한 극단적인 궤변을 들어서 그 답변을 제시하고 있다. 본 절 서두와 7절 서두에는 우리 한글성경에는 잘 표현 되어 있지 않은 '그러나 만일'(εἰ δέ)이라는 말을 사용한 것은 유대인들이 제기하고 있는 여러 가지 극단적 궤변들 중에서 가정적(假定的) 예를 들고 있다는 것을 표시하고 있다.
그 첫 번째 예가 만일 인간의 죄가 하나님의 의를 드러내는 계기를 제공했다면 하나님께서 죄인을 징벌하시는 것은 지나치신 처사가 아니냐는 궤변이다. 마치 가롯 유다의 배신행위가 결국에는 예수님께서 죽음을 통하여 인류를 대속하는 기회를 제공하게 했으니 그의 행위를 책망하고 벌 줄 필요까지는 없지 않느냐는 말과 같다. 그러나 그것은 하나님의 공의로우심을 오해한 궤변일 뿐이다.

예수님께서는 자신은 하나님의 계획하심에 따라 가지만 불의의 도구가 된 가룟 유다의 행위에 대하여는 화가 있을 것이며(눅21:22) '멸망의 자식'(요17:12)이라고까지 칭하셨던 것이다. 그리고 인간의 불의 때문에 하나님의 의가 드러나는 것이 아니고 하나님의 심판에 의하여 하나님의 의는 드러나는 것이다.

그러므로 '진노를 내리시는 하나님이 불의하시냐?' 결코 그럴 수 없다. 인간의 불의가 하나님의 의를 드러냈다고 해서 불의를 행한 자에게 진노하시는 하나님을 불의하다 할 수는 없는 것이다. 불의를 행하는 자에게 진노하심은 당연한 것이다.

"결코 그렇지 아니하니라 만일 그러하면 하나님께서 어찌 세상을 심판하시리요"(6절)

만약에 인간의 불의가 하나님의 의를 드러내는 역할을 했다고 인간의 불의를 용납하게 된다면 불의를 미워하시는 하나님의 공의로운 속성에 위배되는 것이다. 그러므로 불의한 자에게 진노를 내리는 것은 당연한 것이며 이로써 하나님께서 공의롭게 세상을 심판할 수 있는 것이다. 하나님께서는 '정의'(justice)로 모든 세상을 심판하시는 의로운 재판장으로서(창18:25, 사3:10-11, 딤후4:8) 일체의 불의를 용납하지 않으시고 편협과 편애함도 없으시다. 유대인이 선민의 신분을 가졌다 할지라도 불의를 행한다면 "각 사람에게 그 행한 대로 보응"(2:6)하시는 하나님의 공의에 따라 진노하시고 심판하시는 것은 당연한 것이다.

둘째는, 나의 거짓말로 하나님의 참되심이 풍성하여 영광이 되었다면 어찌 나도 죄인처럼 심판을 받을 수 있느냐는 것이다(7절).

"그러나 나의 거짓말로 하나님의 참되심이 더 풍성하여 그의 영광이 되었다면 어찌 내가 죄인처럼 심판을 받으리요"(7절)

바울은 유대인이 제기한 두 번째 궤변을 제시하고 있는데, 첫 번째(5절)와 맥락이 같다. 그러나 첫 번째 궤변에서는 하나님 쪽에 초점을 맞추어 하나님의 의로움에 일조한 사람에게 불의하다고 진노하시는 하나님은 부당하다는 궤변이었다면, 본 절에서는 인간 쪽에 초점을 맞추어 인간의 거짓으로 하나님의 영광이 되었다면 내가 죄인으로 심판을 받는 것은 억울하다는 궤변이다.

그러나 이러한 유대인들의 궤변은 자기 자신들의 죄를 합리화하려는 어불성설(語不成說)인 것이다. 자신의 거짓말이 '하나님의 참되심'을 풍성하게 만들었다는 것도, '하나님의 영광'을 드러내는 계기를 마련했다는 주장도 억지일 뿐이다. 자신의 거짓말과 도적질이 결과적으로 하나님의 목적을 이루고, 하나님의 일에 보탬이 되고, 하나님의 영광이 되었다고 자신의 불의가 정당화 될 수는 없는 것이다.

하나님께서는 결과(結果) 이전에 그 동기와 수단 및 과정을 살피신다는 것을 기억해야 한다. 자신이 행한 행동으로 인하여 결과적으로 하나님의 참되심이 들어났고, 하나님의 일에, 하나님의 교회에 도움이 되었고, 하나님께 영광이 되었다면 자신의 불의는 정당한 것이라고 주장할 수는 없는 것이다. 그리고 하나님의 영광을 들어낸 자기를 죄인 취급하여 심판하는 것은 옳지 않다고 항변하는 것은 자기 합리화일 뿐이다. 이러한 궤변은 유대인 뿐 아니라 오늘날 신자들 가운데도 만연되어 있는 착각이요 궤변들이다. 이러한 궤변적인 행동들 때문에 정직하게 살려는 사람들이 억울하게 눈물을 흘리고 있는 것이다.

셋째는, 선을 이루기 위해 악을 행하자고 말한다는 것이다(8절).

"또는 그러면 선을 이루기 위하여 악을 행하자 하지 않겠느냐 어떤 이들이 이렇게 비방하여 우리가 이런 말을 한다고 하니 그들은 정죄 받는 것이 마땅하니라"(8절)

본 절은 7절에서 말한 유대인들의 착각과 궤변의 결과에서 나오는 또 하나의 궤변이다. 어떤 유대인들 가운데는 바울을 비방하면서 말하기를 '선을 이루기 위하여 악을 행하자'라고 말한다고 악의적인 주장을 했다. 이는 어쩌면 "죄가 더한 곳에 은혜가 더욱 넘쳤다"(5:20)는 바울의 복음에 대한 논술의 일부를 꼬투리 잡아서 말한 것일 것이며 율법과 할례를 부정하고 믿음만 주장하는 바울의 복음에 대한 반박에서 나온 궤변일 것이다.

여기 '비방하다'(βλασφημέω)라는 단어는 '중상하다', '명예를 훼손시키다'는 뜻으로 칠십인역(LXX)에서는 하나님을 거슬러 '참람 된'말을 하거나 행동을 할 때 이 동사를 즐겨 사용하였다. 이는 이방인들이 이스라엘 백성을 향한 하나님의 특별한 호의를 깨닫지 못하고 함부로 말하고 행동하는 일을 가리켰다(왕하19:4, 6, 22, 겔35:12).

어쩌면 유대인들이 바울을 향하여 이런 비방의 말과 행동을 취하는 것은 자신들의 입장에서는 정당할지 모른다. 유대인들에게 있어서 할례와 율법은 자신들의 선민 됨의 정체성을 뒷받침 하는 것이요 가장 큰 자부심과 우월감을 갖게 했던 것인데 믿음만 강조하고 율법과 할례를 부정하는 율법폐기론(antinomianism)을 주장하는 것처럼 보이니 반감을 가질 수 있었던 것이다.

그러나 그들의 중상모략은 복음의 내용을 이해하지 못한 궤변일 뿐이다. 바울이 가르치는 것은 사람이 하나님 앞에서 의롭다 하심을 얻는 것은 율법으로 말미암아 되는 것이 아니라 오직 믿음으로 된다는 것이다. 이는 율법의 폐기를 말하는 것이 아니라 구원에서의 역할과 수단에서 율법의 행위가 아니라 믿음으로 의롭다함을 얻는다는 '믿음의 법'을 말하는 것이었다(롬3:27). 이것은 믿기만 하면 은혜로 구원을 얻는 것이니 계속해서 죄를 지어도 상관이 없다는 도덕폐기론과는 완전히 다른 것이다.

바울은 유대인들 중에 이신칭의(以信稱義) 복음을 곡해하여 '선을 이루기 위하여 악을 행하자'고 비방하는 자들을 위하여 6-8장에 가서 복음 안에 지닌 윤리적 책임이 무엇인지 밝히고 있다. 그러나 그들의 행위에 대하여 공의롭게 판단하시는 하나님 앞에서 '저희가 정죄 받는 것이 옳으니라'고 결론짓고 있다.

우리는 지금까지 하나님의 진노 아래 있는 유대인들의 죄와 잘못된 사고에 대하여 살펴왔다. 하나님께서 율법을 주시고 그 요구사항이 무엇인지 모르고, 또 그 책임과 사명은 감당하지 않은 채 오히려 율법과 할례를 소유한 것으로 인한 특권의식과 우월감에 빠져있는 그들을 책망했었다.

그들은 율법과 할례는 하나님께서 자신들을 선민으로 삼으신 정체성의 표지일 뿐만 아니라 이방 죄인들과는 달리 하나님의 심판의 때에 특별한 호의를 베풀어 주신다는 언약의 증표로 여겼던 것이다.

그러면서도 자신들은 이방인과 같은 죄악을 행했던 것이다. 그러나 바울은 '각 사람의 행한 대로 보응'하시는 하나님의 공의로운 심판은 유대인이나 헬라인이나 동일하고 공평하다는 사실을 밝혔다.

3. 하나님의 심판 아래 있는 전 인류(3:9-18)

바울은 지금까지 이방인이든 유대인이든, 율법을 가지고 할례를 받은 자이든 그렇지 못한 자이든 구별 없이 모두 다 죄인이라는 사실을 논증해 왔다. 이에 이어지는 본 단락에서(3:9-18)는 앞 선 내용의 요약이자 결론으로서 모든 인간의 타락의 상태와 심판 아래 처해진 인간의 상황에 대해 선언하고 있다.

이것은 그리스도가 없는 인류의 상황과 또 한 편 '믿음으로 의롭다함을 받는다'(以信稱義)는 진리를 규명하기 위하여 반드시 필요한 논리를 전개하려는 것이다.

여기서 바울의 핵심적인 주장은 온 인류가 죄의 지배 아래 있다는 것이고, 이어 그것을 뒷받침하기 위하여 구약의 말씀을 마치 유대 랍비들이 자주 사용하는 '구슬 꿰기'(charaz) 방식으로 인용하여 인간의 죄악상을 설명하고 있다.

① 신앙적 의의 표준에 미달된 불신앙의 죄(10-11절, 시14:1-2)
② 선의 표준에서 빗나가 무익하게 된 생활(12절, 시14:3, 53:4)
③ 거짓과 악독으로 가득한 언어생활(13-14절, 시10:7, 140:3)
④ 피흘림과 파멸을 일삼는 죄악 된 행위(15-17절, 사59:7-8)
⑤ 하나님을 두려워하지 않는 교만(18절, 시36:1)

이와 같은 죄의 목록을 나열한 것은 모든 인간은 전적으로 타락하였고 하나님의 심판 아래 있다는 사실을 규명하여 하나님의 긍휼하심의 은총이 아니면 구원을 얻을 수 없음을 밝히려는 것이다.

(1) 인류는 죄 아래 있다고 선고 되었다.

"그러면 어떠하냐 우리는 나으냐 결코 아니라 유대인이나 헬라인이나 다 죄 아래에 있다고 우리가 이미 선언하였느니라"(9절)

바울은 본 단락에서 '그러면 어떠하냐?', '우리는 나으냐?' 라는 두 개의 의문문과 '결코 아니라' 라는 단호한 부정을 나타내는 부정문으로 시작하고 있다. 이는 지금까지 논의 해 오던 것과 비교해서 우리는 어떠한지를 묻는 말이다.

'우리는 나으냐?'

여기에서의 '우리'는 유대인을 지칭하는 것보다 바울을 포함한 유대인과 이방인 '그리스도인'을 가리킨다고 보는 것이 자연스럽다. 이는 바울이 지금 유대인과 이방인을 포함한 전인류의 죄악성을 언급하는 과정 가운데 있으므로 그리스도인도 죄의 보편성 테두리에서 제외될 수 없다는 사실을 밝히려는 것이다.

그러면 그리스도인이라고 '더 나은 조건'을 가졌느냐는 질문이다. 그 질문에 대한 답변은 '결코 아니라'는 것이다. 유대인의 논의에서도 율법과 할례를 소유한 것이 그들의 특권이 될 수 없었듯이 그리스도인이라는 조건이 공의로우신 하나님의 심판 앞에서 특권이 될 수는 없는 것이다. '유대인이나 헬라인이나' 모든 인류는 하나님 앞에서 공평하다.

여기 '다 죄 아래 있다'에서 '아래'(ὑπο)라는 전치사는 어떤 세력의 통치권 아래 있다는 의미로 군대의 장교가 자기 '지휘 하에' 군사가 있다는 의미로 사용되어 진다(마8:9). 그리스도가 없는 상태에 있는 모든 인간은 죄악의 명령 하에, 죄악의 권위 아래, 죄악의 지배 밑에 있어서 스스로 그곳에서 탈출할 수 없음을 시사한다.

그리고 '이미 선언하였느니라'(προῃτιάσαμεθα)는 단순한 선언을 했다는 말이 아니라 법정에서 검사가 법조문을 가지고 피고를 고발하여 논고한 것과 같은 의미로 '법률적인 선고'를 가리킨다. 모든 인류는 죄의 세력 아래 들어가서 결코 자신의 힘으로는 벗어날 수 없도록 선고 되었다. 이것이 인류가 직면하고 있는 절망적 상황이다.

(2) 인류가 정죄 받은 죄악상은 절망적이다(10-18절).

여기서 인류의 죄악상에 대하여 '절망적'이라는 표현을 쓰는 이유는 '하나도 없다'(10절 οὐδὲ εἷς, 12절 οὐκ ἔστιν ἕως ἑνὸς)는 말 때문이다. 이는 '하나'(εἷς, ἑνὸς)를 뜻하는 단어가 '많은 것들 중의 하나', '유일한'이라는 의미를 지닌 것에 '하나 조차도'(even one)라는 말이니, 온 세상에 눈을 씻고 보아도 하나 조차도 없었다는 말이기 때문이다. 즉 종교적으로 하나님을 찾는 의인이 있는가 보았지만 '하나도 없었고', 도덕적으로 선을 행하는 사람이 있는가 보았지만 '하나 조차도 없었다'는 것이다.

이것이 얼마나 절망적인 말인가?

바울은 인간의 절망적 죄악상에 대하여 이미 1:18-32에서 밝혔었지만 본 단락에서도 다시 한 번 죄에 대한 인간의 절망적 상황을 다음과 같이 나열하고 있다.

첫째는, 신앙적 의의 표준에 미달된 불신앙의 죄이다(10-11절).

"기록된 바 의인은 없나니 하나도 없으며 깨닫는 자도 없고 하나님을 찾는 자도 없고"(10-11절)

앞서 1:19-23에서는 인간의 종교적 죄악이 무엇인지를 말했다면 여기에서는 인간의 종교적 상황을 말하고 있다.

① 의인이 하나도 없었다.

여기 '의인'(δικαιos)은 구약에서 하나님의 요구하심에 응한 사람 또는 신정(神政)사회에 대한 의무들을 이행한 사람을 가리켜 '하나님 앞에서 절대적으로 완전한 자'라는 의미를 가지고 있다(창6:9). 구약에서와 마찬가지로 신약에서도 하나님의 뜻을 행하는 사람으로서 그리스도인에게 적용하고 있다(벧전3:12, 히12:23, 계22:11). 본 단락이 시14:1-3의 인용이라고 본다면 1절에서 "어리석은 자는 그 마음에 이르기를 하나님이 없다 하도다"라는 말을 '의인이 없다'는 말로 요약한 것으로 볼 수 있다.

하나님께서 하늘에서 인생들을 굽어보았을 때에(시14:2) 신앙적 표준에서 '의인'이라 칭할 사람이 하나도 없었던 것이다. 그래서 노아시대처럼 의인 노아 한 사람을 제외한 모든 사람은 심판 아래 놓이게 된 것이다.

② 깨닫는 자도 없었다.

앞서 1:19-20에서 밝혔듯이 하나님께서는 '하나님을 알만한 것'을 인간의 종교성 속에 주셨고, 창조하신 천지 만물에도 '그의 영원한 능력과 신성을...분명히 보여 알게'하셨지만 인간들의 마음이 어두워져서 깨닫지를 못하고 있는 것이다. 하나님을 아는 지식, 즉 영적 통찰력이 없으므로 보기는 보아도 보지 못하고, 듣기는 들어도 알아듣지 못하고, 마음으로 깨닫지를 못하는 것이다(마13:13-15).

③ 하나님을 찾는 자도 없었다.

여기 '찾는 자'(ὁ ἐκζητῶν)라는 단어는 '계속해서 탐색하는 자'라는 뜻이다. '제테오'(ζητέω)라는 단어 자체만으로도 몰두하여 찾는 것을 의미하는데, 여기에 강조를 나타내는 접두어 '에크'(ἐκ)까지 붙어 매우 강한 의미를 가져 하나님을 계속해서 열심히 찾아 나아가는 자가 없다는 것이다. "여호와의 눈은 온 땅을 두루 감찰하사 전심으로 자기에게 향하는 자"(대하16:9)를 찾고 있지만 하나도 없었던 것이다. 오히려 썩지 아니하는 하나님의 영광을 썩어질 버려질 형상의 우상들을 만들어 섬기는 죄악을 범했던 것이다.

둘째는, 도덕적 선의 표준에서 빗나가 무익하게 된 생활이다(12절).

"다 치우쳐 함께 무익하게 되고 선을 행하는 자는 없나니 하나도 없도다"(12절)

본 단락에서(12-18절)는 도덕적으로 인간의 타락 상황을 말하고 있다. 앞서 1:29-31에서는 죄악의 항목들을 나열했다면 여기에서는 인간 속에 있는 죄를 유발하는 원인을 설명하고 있다. 12절에서는 하나님이 제시하는 도덕적 선의 표준에서 미달된 인간의 상황을 말하고, 13-18절에서는 인간 속에 내재되어 있는 그 구체적인 죄악성을 열거하고 있다.

① 모든 사람이 바른 길에서 벗어났다.

여기 '치우치다'(ἐκκλίνω)는 '밖으로 이탈하다'(to turn away from), 올바른 길에서 '벗어나다'(to turn aside from)라는 뜻으로 하나님을 적극적으로 찾아나서야 할 사람이 오히려 찾지 않고 등을 돌려 왜곡되고 엉뚱한 길로 이탈해 가는 것을 의미한다. 즉 하나님의 뜻에서 벗어나는 성질, 즉 죄의 본질을 말한다. 모든 인간은 하나님이 요구하는 목표를 향하여 가지 못하고 거역의 삶을 사는 타락한 존재들이 된 것이다.

② 한결 같이 무익한 존재가 되었다.

여기 '무익하게 되다'(ἀχρέομαι)라는 단어는 '가치가 없다'(to be worthless), '소용이 없다'(to be useless)는 뜻으로 히브리어 단어의 의미는 우유가 상하고 시어 못쓰게 된 것을 말한다. 모든 사람이 하나님을 떠나고 정해 놓은 목적에서 벗어나 타락하므로 '한결 같이' 아무 쓸모가 없는 존재가 되어버리고 만 것이다. 이는 예수님께서 "나를 떠나서는 너희가 아무 것도 할 수 없음이라"(요15:5)는 말씀처럼 하나님께로부터 단절은 옳고 바른 삶을 살 수 있는 능력이 끊어지므로 윤리적으로 부패하게 된 것을 말한다.

③ 선을 행하는 자가 하나도 없다.

여기서의 '선'은 성경에서 일반적으로 사용하는 '아가도스'(ἀγαθός)가 아니라 '크레스토테스'(χρηστότης)를 사용하고 있다. 전자가 추상적인 개념의 '선'을 말하는 반면, '크레스토테스'는 실용성을 겸비한 실천적인 '선'을 가리키고 있다. 즉 성실하거나 친절하거나 인자한 것을 행하는 '도덕적인 선'을 말한다. 하나님을 떠나 부패한 죄악성을 가진 인간 중에서는 도덕적인 선을 추구하는 사람이 '한 사람조차도 없다'(οὐκ ἔστιν ἕως ἑνός)는 것이다.

이것이 바로 인간의 절망인 것이다.

셋째는, 타락한 인간의 죄악성은 악독하다(13-18절).

여기서부터 도덕적으로 선을 실천할 능력을 상실한 인간의 죄악성이 얼마나 악독한가를 보여주고 있다. '악독'(πικρίας)이라는 단어는 쓰거나 맛이 없는 샘물로서(약3:11) '쓴맛'(bitterness), 또는 '성질의 잔혹함'을 의미한다. 인간의 내부에는 이러한 악독함이 흐르고 있어 모든 행동에 영향을 미치고 있다.

① 언어가 악독하다.

"그들의 목구멍은 열린 무덤이요 그 혀로는 속임을 일삼으며 그 입술에는 독사의 독이 있고 그 입에는 저주와 악독이 가득하고"(13-14절)

여기 목구멍, 혀, 입술, 입은 전부 타락한 인간의 언어생활의 부패한 모습을 일컫기 위하여 동원된 단어들이다. 인간의 내부에 죄악성이 있어서 밖으로 표출하는 입을 통하여 온갖 악이 쏟아져 나오는 것이다. 목구멍은 열린 무덤과 같아서 온갖 악취와 잔인함과 거짓됨이 쏟아져 나오는데, 혀로는 온갖 거짓말을 일삼고, 입술에서는 수없는 사람을 물어뜯어 죽이는 독사의 독이 뿜어져 나오며, 그 입에는 저주와 잔인함이 가득하여 사람들에게 깊은 인격적 상처를 입히는 것이다.

이 모든 표현은 인간의 언어의 성질(性質)이 악독하고 거짓됨을 나타내는 타락한 인간의 본질을 말하고 있다.

② 행실이 악독하다.

"그 발은 피 흘리는 데 빠른지라 파멸과 고생이 그 길에 있어 평강의 길을 알지 못하였고"(15-17절)

이는 사59:7-8의 자유로운 인용인데, 이사야서에 있는 "그 발은 행악하기에 빠르고 무죄한 피를 흘리기에 신속하며"라는 말을 축약(縮約)하여 '그 발은 피 흘리는 데 빠른지라'고 표현한 것이다.

이것은 하나님을 떠난 인간, 선을 행할 수 있는 능력이 없는 인간이 걸어가는 발자취의 죄악상을 고발하는 것이다. 언어의 폭력이 인격적 상처를 입힌다면, 행동의 폭력은 신체와 생명에 깊은 상처를 입히는 것이다. 그리고 '파멸과 고생이 그 길에 있어'라는 말은 폭력을 휘두르는 당사자의 인생길에 파멸과 고생의 불행이 있다는 말이 아니라 피 흘리기에 빠른 발을 가진 사람이 가는 길마다 수많은 사람을 파멸시키고 비참하게 만들어 고통을 겪게 만든다는 의미이다. 인간의 생명을 존중히 여기지 않는 사람의 가는 길에는 항상 잔인함이 가득하여 그 환경을 황폐하게 파괴시키고 처절할 정도로 비참하게 만들어 놓는 것이다.

또한 그들은 '평강의 길을 알지 못한다.' 이런 악한 자는 다른 사람들과 화해와 평안을 만들어 내지도 못하고 그의 발이 밟는 곳마다 '샬롬의 상태'(שׁלוֹם)는 사라지고 오히려 처참한 파멸만 만들어내는 것이다.

이것이 타락한 인간의 발자취이다.

③ 심령이 교만하다.

"그들의 눈 앞에 하나님을 두려워함이 없느니라 함과 같으니라"(18절)

이는 타락한 인간이 하나님을 향하여 갖는 교만하고 불경건한 태도를 가리킨다. 여기 '눈 앞에'라는 말을 둔 것은 타락한 인간의 교만함과 거만함, 그리고 오만한 태도를 표현하는 말로 자기 앞에 어떤 것도 두려워하지 않는 심지어 하나님까지도 두려워하지 않는 방자한 모습을 말하려는 것이다. 피조물로서 조물주에 대하여 그 존재 가치를 인정치도 않고 경외심도 전혀 없으며 두려워하는 마음도 없는 오만방자한 태도인 것이다. 이것이 타락한 인간의 모습으로서, 이러한 심령의 자세에서 비인간적이고 비인격적이며 비윤리적인 행동들이 나오는 것이다.

마지막으로 본 단락에 나오는 여섯 개의 '없다'(οὐκ ἐστιν)는 단어가 전부 현재형으로 되어 있다는 것을 기억해야 한다. 그것은 타락한 인간의 죄악의 상태가 지금도 계속적으로 같은 상태를 가지고 있음을 시사한다. 이는 모든 인간은 과거에도 그리고 지금도, 미래에서도 타락한 죄인의 상태에 놓여 있다는 것을 밝혀 구원이 절대적으로 필요하다는 것을 강조하려는 것이다.

　이상에서 바울이 인간의 타락상을 논증한 것은 모든 인류는 '하나님의 의' 앞에서 피할 수 없는 죄인으로 타락했다는 사실을 밝히고 유대인이나 이방인이나 모두 하나님의 진노와 심판 아래 놓여 있다는 사실을 규명하였다. 이는 '죄 아래' 있는 인간의 절망적 상태는 구원이 절대적으로 필요하다는 사실을 말하려는 것이다. 그리고 19절부터 논술하려는 율법의 행위로는 구원을 받을 수 없고 오직 하나님이 마련하신 특별한 구속 방법으로만이 구원을 얻을 수 있다는 사실을 말하려는 것이다.

III. 구원에 대한 하나님의 새로운 전략(3:19-4:25)

우리는 지금까지 모든 인류, 즉 유대인이나 이방인이 차별이 없이 죄 아래 있어 하나님의 진노의 대상이라는 바울의 논증을 살펴보았다. 이것은 로마서의 핵심인 복음의 필요성을 깨닫게 하기 위한 작업일 뿐이었다. 특히 1:17에서 '복음이 무엇인지'를 그 중심 주제를 천명한 후 죄악으로 인하여 하나님의 진노하심에 직면해 있다는 사실을 말하면서 복음의 필요성을 밝혔다. 이제부터 하나님의 새로운 구원의 전략, 즉 복음의 내용이 무엇인지 설명하고 있다.

로마서를 이해하기 위해서는 가장 먼저 '하나님의 의'라는 개념이 무엇을 의미하는지를 정확하게 이해할 필요가 있다. 이미 1:17에서 설명하였지만 본 단락에서 핵심 주제 역할을 하기에 다시 한 번 살펴보려고 한다.

구약에서 '하나님의 의'를 표시할 때에 보편적으로 '의'(צדק 째대크), 또는 '공의'(משפט 미쉬파트)라는 단어를 사용한다. '째대크'는 '하나님께서 세상을 유지하는 규범'을 뜻하여 모든 사람에게 공평하게 행하셔서 가난하고 힘없는 자에게 자비를 베푸는 것을 의미한다(사32:1, 42:6). 그리고 '미쉬파트'는 '하나님의 율법이 일상생활의 원천이 되는 규범'으로 심판과 옳음의 뜻이 있지만 그 안에는 하나님의 회복의 은총이 있어 공동체에서 평화와 온전함을 성취하는 것을 말한다(사30:18, 32:16-18).

특히 이사야서에서의 하나님의 '의'와 '공의'는 인생들에게 베풀어주시는 은총, 또는 약속하신 구원의 계획을 의미한다. 장차 올 여호와의 종을 통하여 "이방에 정의(משפט)를 베풀고" 상한 갈대와 꺼져가는 등불 같은 인생들에게 "정의를 시행할 것"을 말씀하였다(사42:1-4).

그래서 공동번역 성경에서는 '미쉬파트'를 '바른 인생길'이라고 번역을 했다. 또한 하나님의 의는 미래에 나타날 '하나님의 구원 계획' 또는 '은총'의 의미로서 "내가 내 공의를 만민의 빛으로 세우리라"(사51:4) "내가 공의(צדק)로 그를 일으킨지라 그의 모든 길을 곧게 하리니 그가...사로잡힌 내 백성을 값이나 갚음이 없이 놓으리라"(사45;13)고 말씀하며 하나님의 공의와 구원이 함께 평행을 이루게 하여 사용하고 있다(사45:8, 51:5-6).

이런 구약적 개념을 바울도 지닌 것으로 생각 된다. 그래서 바울은 로마서에서 '하나님의 의'를 하나님께서 의로운 방법으로 구원을 가져오게 하는 새로운 전략으로서 그리스도의 죽음을 통하여 보여주는 '구원의 은총', 또는 '구원의 새로운 계획'이라는 의미로 사용하고 있는 것이 분명하다(3:25, 참조 3:22).

그 자세한 내용은 본문 말씀에 가서 다시 설명하기로 하자.

본 단락의 내용 구조는 먼저는 '율법의 행위'로는 하나님의 심판 아래 있게 할 뿐이지 의롭다 하심을 얻게 하지 못한다는 것이고(19-20절),

두 번째는 그리스도 안에 있는 구속에 근거로 한 새로운 구원 전략으로 '믿음의 법칙'으로 의롭다 하심을 얻게 된다는 것이요(21-31절).

마지막으로 아브라함이 의롭다함을 받은 예증을 통하여 믿음의 중요성을 강조하고 있다(4:1-25).

1. 의로워지게 할 수 없는 율법(3:19-20)

바울이 앞 단락(3:10-18)에서 타락한 인간의 종교적, 도덕적 죄악상을 말한 후에 19절에서 "우리가 알거니와"(Οἴδαμεν)라는 말로 율법의 이야기를 꺼내낸 것은 주제의 전환이라고 보여 진다. 인간의 타락상은 율법의 정죄로 하나님의 심판 아래 놓인다는 의미로 사용되고 있지만 또 한편 21-31에서 말하는 믿음의 법칙으로 의롭다 하심을 얻는다는 주제를 설명하기 위한 전제로 율법으로는 의롭다 하심을 얻을 수 없다는 것을 강조하기 위한 것이라고 보여 진다.

'우리가 알거니와'(οἴδαμεν δέ ὅτι)라는 말은 어떤 지식을 공통으로 소유했다는 것을 알게 하려고 호소할 때에 바울이 자주 사용하는 관용구이다(2:2, 8:28, 고후5:1, 갈2:16, 4:13). 이것은 율법의 기능이 무엇인지를 우리 모두 알고 있는바와 같다는 것을 확인시키는 말이다.

첫째로, 율법은 율법 안에 있는 자에게 말하는 것이다.
"우리가 알거니와 무릇 율법이 말하는 바는 율법 아래 있는 자들에게 말하는 것이니"(19절상)

여기 율법은 보편적으로 모세 오경만을 뜻할 때가 많지만 여기에서는 넓은 의미로 구약성경 전체, 그리고 그 안에 있는 '가르침'을 말하고 있다. 또한 '율법 아래 있는 자들'($\tau o \hat{\imath} s \ \dot{\epsilon} \nu \ \tau \hat{\omega} \ \nu \acute{o} \mu \omega$)에서 한글성경은 '아래'라는 전치사를 사용하고 있지만 본문의 실제적인 전치사는 '아래'($\dot{\upsilon} \pi o$)가 아니라 '안에'($\dot{\epsilon} \nu$)로 되어 있다. '율법 안에 있는 자들'이란 일차적으로는 율법을 소유한 유대인을 지칭하는 말이 되지만(2:12), 이차적으로는 율법 안에 명시되어 있는 자들은 유대인 뿐 아니라 이방인들도 포함되어 있는 것을 알 수 있다.

율법은 유대인의 조상 이스라엘 백성에게 주어진 것이지만 시온에서 나와 만민에게 적용하도록 되어 있는 것이다(사2:3, 51:4). 그러므로 율법이 말하는 것은 율법 안에 기록되어 있는 유대인과 이방인을 포함한 모든 인간을 향하여 말하는 것이다. 율법은 모든 인간을 향하여 '의인은 없나니 하나도 없도다...선을 행하는 자도 없나니 하나도 없도다'라고 말할 것이다.

둘째는, 율법은 온 세상으로 하나님의 심판 아래 있게 하는 것이다.
"이는 모든 입을 막고 온 세상으로 하나님의 심판 아래에 있게 하려 함이라"(19절하)

율법이 말하는 이유, 또는 그 역할은 모든 인간들로 할 말을 잃어버리고 입이 막히게 하려는 것이다. 여기 '막다'($\phi \rho \acute{a} \sigma \sigma \omega$)는 단어는 '멈추게 하다' (to stop)는 뜻으로 법정에서 결정적인 증거가 제시 되었을 때 피고가 함구무언(緘口無言)의 상황을 묘사하여 율법의 고발 앞에서 할 말을 잃어버리게 만들었다는 말이다. 여기 '모든 입', '온 세상'이라고 하여 세상에 살아가는 모든 인간, 즉 유대인뿐만 아니라 이방인까지도 모두 율법 앞에서 변명이나 자기 정당화 할 수 없도록 한 것이다.

결국 온 세상으로 하나님의 심판 아래 있게 만들었다. 여기 '심판 아래' ($\dot{\upsilon} \pi \acute{o} \delta \iota \kappa o s$)라는 단어는 '재판을 받아 죄가 있게 된 상태'를 묘사하는 술어로 심판과 진노를 받을 수밖에 없는 자리에 놓이게 되었다는 말이다.

율법은 모든 인류로 하여금 그들의 죄악상을 낱낱이 고발하여 변명과 항변을 할 수 없게 만들고 심판의 자리에 놓아 어느 누구도 피할 수 없게 만들어 놓은 것이다. 그리하여 공의로우신 하나님의 형벌을 받을 수밖에 없게 한 것이다.

셋째는, 율법은 행위로는 의롭다 하심을 얻을 수 없다는 것을 가르친다.

"그러므로 율법의 행위로 그의 앞에 의롭다 하심을 얻을 육체가 없나니" (20절상)

'그러므로'(διότι)는 19절에 대한 결과로 보고 번역한 것이지만, '온 세상으로 하나님의 심판 아래 있게 한' 이유로 본다면 '왜냐하면'(because)으로 번역하는 것이 더 문맥에 어울린다고 보여 진다. 율법의 행위로서는 하나님 앞에서 의롭다고 인정받을 육체가 없기 때문에 하나님의 심판 아래 놓이게 되었다는 뜻이기 때문이다.

여기 '율법의 행위'는 율법에서 제시하는 의식적인 것보다는 율법에서 요구하는 모든 말씀들을 실행하려는 행동을 말한다. 이는 유대인에게 국한된 것이 아니라 유대인과 이방인에게도 적용되는 종교적, 윤리적 실천 사항들이다. 구약에서는 율법을 행하는 자를 '의인'이라고 간주하였기 때문에(겔 18:5-9) 율법적 삶을 살려고 노력했던 것이다. 이에 대해 바울은 갈라디아서에서 육체를 가진 인간의 한계점을 제시하였다.

"무릇 율법 행위에 속한 자들은 저주 아래 있나니 기록된바 누구든지 율법책에 기록된 대로 모든 일을 항상 행하지 아니하는 자는 저주 아래 있는 자라 하였음이라"(갈3:10)

그리고 본 절과 같이 '율법의 행위' 아래 있는 자의 절망에 대하여 "또 하나님 앞에서 아무도 율법으로 말미암아 의롭게 되지 못할 것이 분명하니"(갈3:11)라고 단정하고 있다. 이것은 율법의 순종을 통하여 의와 생명에 이른다고 여겨왔던 유대인들의 고정관념, 즉 언약적 패러다임을 완전히 뒤엎어 버리는 주장일 뿐 아니라 죄의 세력에 취약한 '육신적 존재'인 타락한 인간으로서는 절대로 율법의 요구를 실천할 수 없다는 사실을 천명하는 것이기도 하다.

여기 '의롭다 하심을 얻을 육체가 없나니'(οὐ δικαιωθήσεται πᾶσα σάρξ)라는 문구에서 부정사(οὐ)와 '모든'을 뜻하는 '파사'(πᾶσα)가 함께 하면 '아무것도~아니다'(οὐδείς, nothing)라는 강한 부정이 되어 어떤 육체도 의롭다 하심을 얻을 수 없다는 뜻이 된다. 그리고 바울이 인용한 시 143:2의 '인생'이라는 단어를 사용하지 않고 '모든 육체'(πᾶσα σάρξ)를 사용한 것은 의도적인 것 같다(갈2:16).

'살크스'(σάρξ)는 단순한 '인간의 몸'(σῶμα)만 의미하는 것이 아니라 하나님을 떠나 죄의 세력에 취약한 인간의 존재 또는 죄의 현실적인 지배 아래 있는 육신적 존재를 지칭하여 인생의 유한성, 연약성, 파멸성을 나타내기 때문이다(6:19, 7:14, 8:3, 13).

'살크스' 안에는 '욕망'($\epsilon\pi\iota\theta\acute{\upsilon}\mu\iota\alpha$)이 있어서 성령의 역사를 거역하여 악을 추구하는 주체 역할을 하여(롬13:14, 갈5:13, 17, 19-21) 육신적 사고, 육신적 삶을 추구하게 된다. 그래서 타락한 인간성의 육체를 가지고는 율법을 실천하기 보다는 오히려 죄의 욕망을 가지고 역사하여 죄의 열매들을 맺게 되는 것이다(7:5, 14, 25).

그러므로 이러한 육체를 가진 인간이 어떻게 율법의 행위을 통하여 의롭다 하심을 얻을 수 있겠는가? 그것은 불가능한 일이다. 그래서 율법의 행위로는 하나님 앞에서 의롭다 하심을 얻을 육체가 없다고 말하는 것이다(갈2:16). 이는 유대인들이 그렇게 중요하게 여기고 민족적 특권의식의 근거로 삼았던 율법이 하나님 앞에서 의롭다 하심을 얻는데 전혀 도움이 안 될 뿐 아니라 그것을 성실하게 행한다 할지라도 '율법의 행위'로는 하나님이 정하신 의롭다 하심의 표준(標準)에 이를 수 없다는 것이다.

넷째는, 율법은 죄를 깨닫게 하는 역할을 할 뿐이다.

"율법으로는 죄를 깨달음이니라"(20절하)

이것은 율법의 기능을 말하는 것으로, 율법은 능동적으로 사람들에게 말씀을 실천하거나 선을 행하도록 역사하는 능력은 없지만 소극적으로 사람들로 죄가 무엇인지 깨닫게 하는 기능만 있다는 것을 말하는 것이다. 여기 '깨달음'($\epsilon\pi\acute{\iota}\gamma\nu\omega\sigma\iota\varsigma$)이라는 단어는 '안다' 는 것을 강조하여 '확실히 알아내다', '분명히 지각하다' 를 뜻하는 '에피기노스코'($\epsilon\pi\iota\gamma\iota\nu\acute{\omega}\sigma\kappa\omega$)에서 유래한 명사다.

율법은 죄에 대한 확실한 자각을 주는 역할을 한다는 것이다. 그렇다면 율법은 인간의 죄의 문제를 해결하거나 육체의 욕망을 극복하게 만들어 선을 행하고 의롭게 할 만한 능력은 전혀 없다는 말이다.

다만 죄가 무엇인지를 분명히 자각시켜주는 기능만 하는 것이다. 그러므로 율법의 행위로 의롭다 하심을 얻으려는 노력은 허사일 뿐이다(7:22-24). 오직 율법은 "우리를 그리스도께로 인도하는 초등교사"(갈3:24) 역할만 할 뿐임을 기억해야 할 것이다.

2. 의로움에 이르는 새로운 구원의 전략(3:21-31)

바울은 지금까지 모든 인간은 죄인이라는 사실과 하나님의 진노와 심판 아래 놓였다는 절망적 상황을 구체적으로 설명해 왔다. 그리고 바로 앞 단락에서 구약에서 주어졌던 율법에 따른 행위를 가지고는 하나님 앞에서 의롭다 하심을 얻을 육체가 없다고 분명히 밝혔었다. 이것은 그리스도 안에서 주어진 복음만이 유일한 구원 대책이라는 것을 명확히 하려는 의도이다.

그래서 본 단락에서는 '율법 외에' 새로운 하나님의 구원의 전략인 '하나님의 한 의'를 제시하고 있는 것이다. 그것은 '율법의 행위로 의롭다 하심'을 얻을 수 없던 것을 '믿음이라는 새로운 법칙'을 통하여 '의롭다 하심'을 얻을 수 있는 길을 마련하신 것이다. 그 근거는 예수 그리스도의 십자가의 죽으심을 통한 '구속'으로, 그리스도께서는 십자가에서 죄인들을 대신하여 형벌을 받으시므로 인간의 죄의 문제를 '단번에', '영원히', '온전하게' 해결했기 때문이다.

이렇게 하나님이 마련하신 새로운 구원의 전략에 인간은 믿음이라는 반응만 보이면 되는 것이다. 그리고 마지막으로 하나님이 마련하신 이신득의(以信得義)의 믿음의 법칙은 유대인이나 이방인 모두에게 보편적으로 적용된다는 것을 말하고 있다.

(1) 새로운 구원 전략으로 하나님의 의가 나타났다(21-22절)

"이제는 율법 외에 하나님의 한 의가 나타났으니 율법과 선지자들에게 증거를 받은 것이라"(21절)

여기 서두에 나오는 '그러나 이제는'(Nυνὶ δέ, But now)이라는 말을 시간적 대조로 보아(15:23, 25, 고후8:22) 구원사적으로 율법 아래 있는 절망적 세대는 가고 이제는 '하나님의 의'가 나타난 새로운 시대가 도래 했다는 의미로 해석할 수 있다. 그러나 여기서는 지금까지 이야기 하던 것의 논리적인 전환의 의미로 해석하여(7:17, 고전12:18, 13:13) 인류가 죄 아래 놓였다는 사실과 율법의 행위로는 의롭다 하심을 얻을 수 없는 절망적 상태에 있었으나 '그러나 이제는' 인류에게 희망을 주는 새로운 구원 전략이 주어지게 되었다는 것을 설명하기 위한 것으로 볼 수 있다.

'하나님의 의'란 이미 앞에서 설명하였듯이 하나님의 속성으로서의 '의' (righteousness)를 말하는 것보다는 하나님께서 은혜로 인간을 의롭게 만드시는 은총, 즉 구원의 은총 또는 구원의 새로운 전략을 말한다. 그리고 '나타났다'($\pi\epsilon\phi\alpha\nu\acute{\epsilon}\rho\omega\tau\alpha\iota$ - $\phi\alpha\nu\epsilon\rho\acute{o}\omega$의 완료 수동태)는 보편적으로 감추어져 있거나 알려지지 않은 것을 눈에 보여 알게 하는 '계시'와 같은 의미로 사용되어지는 단어. 완료 시제로 사용된 것은 이미 알려진 것이 현재 남아 있는 상태를 강조하기 위한 것이다. 이것도 두 가지 의미로 해석할 수 있다. 먼저는 '하나님의 의'는 갑자기 나타난 것이 아니라 이전에도 존재했으나 그 존재가 확실하지 않았던 것인데 이제 확실히 드러나게 되었다는 것이다. 즉 믿음으로 의롭다 인정받는 것은 그리스도 오시기 이전에도 존재했지만 이제 그리스도의 성육신을 통하여 확연히 드러나게 되었다는 말이다(벧전1:20).

다음으로는 하나님의 새로운 구원 사역이 이미 역사 속에서 성취되고 결정되어져 새로운 구원의 전환점을 맞이하여 왔다는 말이다. 그럼에도 불구하고 옛 시대를 특징짓던 율법에 의지하려는 행위는 분명히 시대적인 착오라는 것이다. 여기서 이미 우리 인생들에게 주어진 '하나님의 의'가 어떤 것인지 설명하고 있다.

첫째는, 새로운 구원의 전략은 율법과는 상관이 없는 것이다.

여기 '율법 외에'($\chi\omega\rho\acute{\iota}s$ $\nu\acute{o}\mu ov$)에서 전치사 '코리스'($\chi\omega\rho\acute{\iota}s$)는 '없이' (without), '상관없이'(apart from)라는 뜻으로 '율법과는 관계가 없이' 주어진 것을 의미한다. 이는 새로운 구원의 은총은 유대인들이 그렇게 선민적 우월감과 특권의식의 표지로 삼았던 율법 자체에서 비롯된 것이 아닐 뿐 아니라 28절에서 "율법의 행위에 있지 않고"라는 말처럼 율법에서 제시하는 것들을 지키고 실천해야 의로운 수준에 이를 수 있다는 것과는 전혀 상관이 없다는 것을 말한다. 지금까지 가지고 있었던 율법적 방법으로 구원의 자리에 이를 수 있다는 가르침, 또는 패러다임(paradigm)과는 전혀 다른 것이다. 한마디로 율법에 의한 것이 아니라 복음에 의한 것이다. 즉 행함이 아니라 믿음으로, 공로가 아니라 은혜로 얻게 되는 구원이다.

둘째는, 새로운 구원의 은총은 율법과 선지자들에게 증거를 받아 온 것이다.

새로운 구원 전략은 구원의 근거와 방법에서는 율법적인 것이 아니지만 그 내용은 이미 '율법과 선지자들에게 증거를 받은 것'이다. 여기 '율법과 선지자들'은 구약 성경 전체를 가리키는 말로(참조 마5:17, 22:40, 눅 24:27, 요1:45, 행13:15) 그리스도의 새 언약을 통한 구원의 전략은 이미 구약 성경 전체에 제시되었고 예언 되었던 것들이다(행10:43).

하나님은 선지자를 통하여 "새 일 곧 네가 알지 못하던 은비한 일"(사 48:6)을 발표하기 시작하여 자신의 "의로운 종이...많은 사람을 의롭게 하며 또 그들의 죄악을 친히 담당"(사53:11)하여 "그들의 악행을 사하고 다시는 그 죄를 기억하지 아니"(렘31:34)한다고 하셨다. 그리고 다윗에게 허락한 확실한 은혜로서의 영원한 언약을 맺어 만민이 달려오게 만드신다고 했다(사55:3-4).

셋째는, 새로운 구원의 은총은 그리스도를 믿음으로 말미암아 주어지는 하나님의 의인 것이다.

"곧 예수 그리스도를 믿음으로 말미암아 모든 믿는 자에게 미치는 하나님의 의니 차별이 없느니라"(22절)

본 절은 하나님의 새로운 구원 계획 또는 복음의 핵심 부분이라 할 수 있다.

① 하나님이 제시한 구원 계획은 예수 그리스도이다.

하나님께서는 '그리스도 안에서' 하늘에 속한 모든 신령한 복을 주시기로 하셨다(엡1:3). 예수 그리스도는 선재하신 하나님이시며(요1:1, 8:23, 히 1:3), 아버지와 존재적으로 연합 된 분이며(요14:11, 17:5), 하나님의 아들이시며(요11:27, 요일4:15), 약속된 메시아이시고(요6:69, 요일5:1), 아버지의 결정에 따라 성육신하신 분이요(요11:42, 17:8, 21), 완전한 인간이시며(요일4:2), 십자가에서 구속 사역을 완성하신 분(롬3:25, 5:9, 히10:14, 22) 이시다.

그가 육체로 세상에 오신 것은 "많은 아들을 이끌어 영광에 들어가게 하시는 일"(히2:10)을 위하여, 마귀에게 "일생에 매여 종노릇하는 모든 자들을 놓아주려고"(히2:15), "하나님의 일에 자비하고 충성된 대제사장이 되어 백성의 죄를 구속하려고"(히2:17) 고난을 통하여 '구원의 창시자'($τόν$

$\dot{\alpha}\rho\chi\eta\gamma o\nu$), 즉 구원의 문을 열어주시고 구원의 길을 개척해 주기 위한 것이다. 그러므로 예수 그리스도만이 천하 인간에 유일한 구원의 길이 되신 것이다(행4:12).

② 하나님이 제시한 구원 계획은 예수 그리스도를 믿는 것이다.

구원의 창시자, 구원의 유일한 길이 되시는 예수 그리스도를 믿기만 하면 구원의 은총에 참여하게 하신 것이다. 하나님께서 마련한 새로운 구원의 전략은 '믿음의 조건'만 갖추어지면 은총을 얻을 수 있게 한 것이다. 즉 예수님께서 구속적 죽음을 죽으셨다가 다시 사셨음을 믿으면 구원을 얻게 하신 것이다(롬10:9, 살전4:14).

'믿는다'는 것은 예수 그리스도의 인격(행11:17, 14:23, 16:31, 19:4)뿐만 아니라, 그의 이름(요3:18, 20:31, 행3:16, 10:43), 그의 구원 사역(롬3:25, 5:9), 선포된 말씀(행4:4, 17:11), 하나님이 계시한 구원 교리의 체계(행6:7, 13:8, 14:22, 16:5)를 신뢰하고 받아들이는 것을 말한다. 구원에 필요한 모든 요건은 하나님이 전부 마련하셨기에 인간은 오직 믿음으로 수용하기만 하면 은혜로 구원의 은총을 베풀어주시는 것이다.

한 예를 들어보면, 예수님께서는 니고데모에게 거듭남의 진리를 전하다가 갑자기 "모세가 광야에서 뱀을 든 것 같이 인자도 들려야 하리니"(요3:14)라고 말씀하셨다. 그것은 구약의 놋뱀 사건을 통하여 구원을 얻는 절대적 요소는 믿음이라는 것을 설명해 주고자 하는 의도에서였다.

뱀에게 물려 죽음의 자리에 있는 자가 구원받는 유일한 길은 장대에 달린 놋뱀을 "보면 살리라"는 말씀을 믿고 순종하는 것이었다(민21:9). 예수님께서도 이 원리를 자신에게 적용하여 "저를 믿는 자마다 영생을 얻게 하려 하심이니라"(요3:15, 16)고 말씀하셨다. 이는 자신이 광야의 놋뱀처럼 십자가에서 인류의 죄와 저주를 걸머지고 달린 사실을 믿음으로 받아 순종만 하면 영생을 얻게 하신다는 진리를 밝힌 것이다. 이것이 바로 기독교의 구원 교리, 즉 이신득의(以信得義)의 복음인 것이다.

③ 믿으면 하나님의 의가 나타나게 하신다.

여기서 '하나님의 의'란 그리스도 안에서 값없이 베풀어 주시는 구원의 은총을 말한다. '하나님의 의'를 이해하기 위하여 몇 가지 진리를 살펴보는 것이 필요하다.

먼저는 인간은 죄의 상태에 있다는 것이다. 타락한 인간은 하나님의 생명과 단절되어(엡4:18) 심령이 부패하여(렘17:9, 롬1:24-26) 하나님과 적대관계에 놓이게 되었다(롬5:10, 8:7, 골1:21). 그리하여 죄의 권세 아래서(롬3:9) 마귀의 종이 되었고(요8:44, 엡2:2, 히2:15), 하나님의 은총과는 상관이 없이 멀리 있고(엡2:11-13), 저주 아래서(갈3:10) 하나님의 심판으로 진노의 자리에 있는(롬1:18, 엡2:3) 절망적 존재가 되었다.

두 번째는 하나님께서는 거룩하고 의로운 성품을 가지셨다는 것이다. '거룩하다'는 것은 모든 악에서 떠나 있고 모든 죄와 부정을 가증히 여기셔서 "악을 참아 보지 못하시며 패역을 참아 보지 못하시는" 것을 말한다(합1:12-13). '의롭다'는 것은 참되고 선하고 옳음의 완전한 표준에 계신다는 말이다(시119:137-138, 145:17, 습3:5). 그리하여 그의 의로우심에 따라 의를 행한 자에게는 상급을 주시고 불의를 행한 자에게는 심판하시는 의로운 재판장이라는 것이다(시62:12, 롬2:6-8, 딤후4:8).

세 번째는 타협할 수 없는 도덕적 법은 심판을 요구한다는 것이다. 율법이 없는 자에게는 인간 속에 있는 본성이, 율법이 있는 자에게는 율법이 범법한 자에게 심판을 요구하는 것이다(롬2:12-15). 율법은 모든 입을 막고 온 세상으로 하나님의 심판 아래 있게 만든 것이다(롬3:19).

마지막으로 하나님께서는 인간을 위하여 구원의 길을 마련하셨다는 것이다. 긍휼이 풍성하신 하나님은 진노 아래 있는 인간을 불쌍히 여겨 큰 사랑으로 자신의 독생자를 화목제로 세상에 보내셨다(요일4:9-10, 2:2). 그리고 죄인들의 죄를 대신하여 담당하시고(사53:6, 8, 10) 십자가의 형벌로 저주를 받아 죽게 하신 것이다(갈3:13). 예수님께서는 십자가에서 '단번에' '영원히' '온전하게' 죄의 문제를 해결하므로(히9:28, 10:10, 12, 14) 하나님의 의로우심과 율법의 요구를 만족시켜드리게 된 것이다(롬7:4, 8:3-4). 그러므로 죄인 된 인간은 그리스도의 공로를 힘입어 죄사함 받고 의롭다 하심과 진노하심에서 구원을 받아 하나님과 화목 되게 하신 것이다(롬5:9-10). 이것이 바로 하나님이 마련하신 새로운 구원의 전략이며 '하나님의 의'이다. 이제 예수 그리스도를 믿으면 그 사람에게 이와 같은 '하나님의 의'가 나타나는 것이다.

넷째는, 하나님의 의는 차별이 없이 모든 믿는 자에게 주어지는 것이다.

하나님이 마련하신 구원의 은총, 하나님의 새로운 구원 전략으로서의 의는 믿는 모든 사람에게 적용되어지는 것이다. 여기 '차별이 없다'는 것은 특권의식을 가지고 있던 유대인 뿐 아니라 하나님의 은총에 참여할 자격이 없던 이방인들까지 믿음이라는 조건만 갖추어진다면 '그리스도 안에' 마련된 은총에 참여함에 있어서 차별이 없이 동일하게 주어진다는 것이다. 율법적 행위도, 어떤 특권적 자격도 필요 없다. 오직 예수 그리스도를 믿기만 하면 '의롭다 하시는' 하나님의 의는 그에게 나타나는 것이다. 이것이 바로 복음(福音)인 것이다.

(2) 의롭다 하심은 그리스도 안에 있는 구속이 근거다(23-26절)

바울은 본 단락에서 비록 짧은 구절들로 이루어져 있지만 범죄한 인간이 어떻게 구원의 자리에 이를 수 있는지 고민하시던 하나님께서 그 방책을 마련하신 것에 대한 간략한 구원론을 진술하고 있다.

그래서 본 단락에서는 구절의 순서를 따라 해석하기보다는 구원론적 순서에 따라 설명하려고 한다. 먼저 범죄 함으로 절망적 형편에 놓인 인간의 처지를 밝히고(23절) 긍휼이 풍성하신 하나님이 하나님의 의가 손상되지 않으면서도 인간의 죄를 간과(看過)하시는 방법을 고민하시다가(25-26절) 예수 그리스도를 화목제물로 세우시는 계획을 세우셨다(25절). 그리고 그리스도 안에서 마련된 구속으로 말미암아 믿음을 통하여 값없이 은혜로 의롭다 하심을 얻게 하셨다(24절).

1) 인간의 절망적 형편

"모든 사람이 죄를 범하였으매 하나님의 영광에 이르지 못하더니"(23절)

'모든 사람'(πάντες)이 죄를 범했다는 것은 이미 앞에서 "유대인이나 헬라인이나 다 죄 아래 있다고"(3:9) 선언한 것을 다시 한 번 확인하는 인류의 절망적인 비극을 표현하는 말이다. 그리고 '죄를 범하였으매'(ἥμαρτον - ἁμαρτάνω의 부정과거)를 부정과거 시제로 사용한 것은 집합적 역사적 부정과거(collective historical aorist)라고 부른다.

이는 롬5:12에서 "모든 사람이 죄를 지었으므로"(πάντες ἥμαρτον)라는 같은 말에서 밝힌 것처럼 인간의 범죄는 아담의 불순종으로 인하여 그 후손인 모든 인류가 죄인이 되었다는 말이다. 비록 아담의 범죄는 단회적 사건이지만 '대표의 원리'에 의해서 전 인류가 필연적으로 사망에 이르게 된 것을 언급하는 말이다.

그 결과로서 인류는 지금도 하나님의 영광의 자리에 이르지 못하고 있다. 여기 '하나님의 영광'에 대하여 창조주 하나님이 받아야 할 영광, 미래에 성도들이 누릴 하늘의 영광, 하나님이 부여하신 영광, 즉 하나님께서 주시는 칭찬과 위로 등, 그리고 창조 때에 하나님께서 인간에게 부여하신 특권(창1:27) 등의 견해가 있지만, '이르지 못하더니'($\iota\sigma\tau\epsilon\rho o\tilde{\upsilon}\nu\tau\alpha\iota$)라는 단어가 현재 시제로 되어 있는 것을 보면 '창조 때에 하나님께서 인간에게 부여하신 특권'이라는 견해가 가장 유력한 것 같이 보인다.

그러나 필자가 볼 때는 '하나님의 영광'은 하나님의 임재의 실체를 뜻할 때가 많기에 '하나님의 현존(現存)'이라고 보는 것이 가장 타당하다고 본다. 그것은 구원의 은총의 가장 핵심이 '하나님께 나아가는 것'(엡2:18), '그 앞에 거룩하고 흠이 없게 하는 것'(엡1:4), '자기 앞에 영광스러운 교회로 세우는 것'(엡5:27), "많은 아들을 이끌어 영광에 들어가게 하시는 일"(히2:10)이라는 것을 종합해 볼 때에 영광스러운 하나님 앞에 나아가는 것이라고 보는 것이 가장 타당하다고 보여 진다.

그리고 '이르지 못하다'($\iota\sigma\tau\epsilon\rho\epsilon\omega$)라는 단어는 '도달하지 못하다'(to fail to reach), '부족하다'(to be lacking), '못 미치다'(to come short of)라는 뜻으로 범죄한 인간의 상태를 가지고는 하나님의 영광의 자리에 이르지 못하고 하나님의 은총을 얻기에 기준 미달이라는 것이다.

예수님께서 '창세전에 아버지와 함께 가졌던 영화"(요17:5)처럼 인간이 하나님 앞에서 참여할 영광은 예수님께서 참여했던 것과는 비교가 되지 않는 것이지만 그래도 그 영광 가운데 있어야만 했던 것이다. 그러나 타락함으로 인하여 하나님의 영광에 가는 길은 막혔고 인간의 온갖 노력과 수고를 한다 할지라도 영광의 자리에 이를 수가 없는 절망적 처지에 놓이게 된 것이다.

2) 인간을 향한 하나님의 방책 고민

여기 '하나님께서 길이 참으시는 중에'(25절)라는 말에서 인간을 향한 하나님의 깊은 고민을 볼 수 있다. '길이 참으심'($\dot{\alpha}\nu o\chi\tilde{\eta}$)이라는 단어는 2:4에서는 '용납하심'이라고 번역한 것을 볼 수 있다. 이는 '머뭇거림', '관용', '참고 견딤'이라는 뜻으로 전쟁에서 원수와 대치하는 행위를 중단하는 것을 말한다. 즉 하나님께서 죄인에 대하여 진노를 일시적으로 참고 중단하며 '자제하시는 성품'을 말한다. 이것은 죄인을 용납하시려는 긍휼이 풍성하신 하나님의 사랑의 발로(發露)인 것이다.

첫째로, 전에 지은 죄를 간과하는 방법을 찾으셨다.
"이는 하나님께서 길이 참으시는 중에 전에 지은 죄를 간과하심으로 자기의 의로우심을 나타내려 하심이니"(25절하)
인간이 지은 죄는 하나님의 의 앞에서 절대로 용납받지 못할만한 것이며 반드시 심판을 받아야 하는 것이다. 그러나 긍휼이 풍성하신 하나님은 인간이 '전에 지은 죄'를 해결할 방도를 찾고 계셨다. 여기 '간과하심'($\pi\acute{\alpha}\rho\epsilon\sigma\iota\nu$)이라는 단어는 한글의 의미로는 '대충 보아 넘김'이라는 뜻으로 사용하였지만, 이것은 법률적으로 죄를 '처벌하지 않고 넘어가는 것', '형벌을 면해 주는 것'을 뜻한다.
하나님께서 인간의 죄를 대충 넘어가려는 것이 아니라 분명히 심판해야 마땅하지만 '고의적으로 눈을 감아 버려' 형벌을 면제할 수 있는 방도, 즉 과거에 지은 모든 죄를 불문에 부칠 수 있는 방법, 그러면서도 하나님의 의로우심이 전혀 손상되지 않는 길을 찾으시려는 것이다.

둘째로, 하나님의 의로우심을 드러낼 방법을 찾으셨다.
"자기의 의로우심을 나타내려 하심이니"(25절하) "자기 의로우심을 나타내사"(26절상)
여기 같은 말이 두 번 반복 쓰여지고 있다. 서로 다른 점이 있다면, 25절에서는 "전에 지은 죄를 간과하심으로"에, 26절은 "이 때에"로 연결되어 있다는 것이다. 만약에 의롭고 공의로우신 하나님께서 죄인의 죄를 무조건 불문(不問)에 부친다면 불공평한 처사가 될 것이다.
아무리 긍휼이 풍성하신 하나님이라 할지라도 결코 하나님의 의를 침해하는 방법으로 해결할 수는 없는 노릇이었다. 그래서 하나님께서 '자신의 의로우심을 드러내'면서도 문제를 해결할 수 있는 방책을 생각하고 마련하신 것이다. 25절에서 증거하는 것은 예수님을 십자가의 피 흘림을 통하여 '화목제물로 세움'으로 인간이 '이전에(formerly) 지었던 죄'를 불문에 부치기로 한 것이다.

이것은 예수께서 인류의 죄를 위하여 대속적(代贖的)으로 형벌을 받음으로 '하나님의 의'에 전혀 손상을 주지 않은 상태에서 문제를 해결하게 하신 것이다. 그리고 26절에서는 '이때에', 즉 예수 그리스도의 구속 사역이 성취된 시기와 그 공로를 힘입어 이를 믿는 자에게 의로움을 주시므로 '하나님의 의'를 입증했다는 것이다. 다시 말해 예수 그리스도의 십자가의 대속적 사건과 믿음의 조건을 통하여 죄를 간과하시므로 하나님의 의를 드러내게 하신 것이다.

셋째는, 하나님도 의로우시고 믿는 자도 의롭게 되는 방도를 찾으셨다.
"자기도 의로우시며 또한 예수 믿는 자를 의롭다 하려 하심이라"(26절하)
이 말씀은 앞에서 설명한 것의 반복인 것 같으나, 진술 내용을 조금 더 발전시킨 것이다. 인간이 전에 지은 죄를 간과하는 방법으로 마련된 그리스도의 십자가의 대속적 희생이 하나님의 의를 입증하는 방책이었다면, 이제 인간의 측면에서 죄의 간과(看過) 뿐 아니라 인간이 의롭게 될 수 있는 방도를 마련하셨다는 말이다. 20절에서 "율법의 행위로 그의 앞에 의롭다 하심을 얻을 육체가 없다"고 했다.
그러므로 인간은 율법의 준수나 그 어떤 특권으로도 의롭게 될 수는 없었기에 특별한 다른 방책이 필요했던 것이다. 하나님이 마련한 것이 바로 '믿음의 법칙'이다. 예수 그리스도를 믿기만 하면 그 모든 자에게 의롭게 되는 길을 마련하신 것이다.

3) 예수 그리스도 안에서 마련된 하나님의 계획
첫째는, 예수 그리스도를 화목제물로 세우신 것이다.
"이 예수를 하나님이 그의 피로써 믿음으로 말미암아 화목제물로 세우셨으니"(25절상)
여기 '세우다'($\pi\rho o\tau i\theta\eta\mu\iota$)라는 단어는 능동태로 사용될 때는 '앞에 놓다'(to set forth)는 뜻이지만, 중간태 일 때는 '목적하다'(to purpose) '설계하다'(to design)를 뜻한다. 본 절에서는 보편적으로 롬1:13, 엡1:9에서 사용한 것처럼 '목적'의 의미가 더 강하다. 그러므로 본문 문맥에서는 하나님께서는 인간에게 구원을 제공하기 위하여 예수 그리스도를 '그의 피로써... 화목제물'로 계획하셨다는 말이다.

인간이 지은 죄를 간과할 수 있는 방법, 그러면서도 하나님의 의를 드러낼 수 있는 방책이 바로 예수 그리스도를 '화목제물'로 세우는 것이었다. '화목제물'(ἱλαστήριον)은 '속죄하는 것', '화해하게 하는 것'의 뜻으로 구약에서는 '속죄 방법'(the means of expiation), 또는 '화해의 장소'(the place of propitiation)의 의미로 사용하였다(히9:5).

이것의 원래 의미는 고대에 제사와 관련이 있는 단어로서 죄 지은 자가 하나님께 제사를 드리는 목적은 그 제물을 통하여 하나님께서 자기에게 긍휼을 베풀게 하고, 진노를 돌이키게 하고, 자신에게 내려진 형벌을 돌려버리게 하고자 하는 것이었다. 이런 의미에서 예수 그리스도의 십자가의 피 흘리심은 희생적 죽음을 통한 '화목제물'로서 하나님의 진노를 제거하고 화목하게 하는 유일한 수단이 되게 했다는 것을 가리킨다.

하나님께서는 인류의 죄를 간과하는 방법으로 예수 그리스도를 십자가의 희생적 죽음을 통한 '화목제물'로 세우신 것이다.

둘째는, 예수 그리스도 안에 있는 속죄로 은총을 얻게 하신 것이다.

"그리스도 예수 안에 있는 속량으로 말미암아 하나님의 은혜로"(24절상)

여기 '속량'이라고 번역되어 있는 헬라어 아포루트로시스(ἀπολυτρώσις)는 보편적으로 "속전을 받고 자유롭게 한다"는 해방의 의미를 가지고 있다(히11:35). 그러나 이 단어는 '구속'(救贖)의 의미를 가지고 있는 '루트론'(λύτρον)과는 조금 구별되어야 한다고 본다.

그 단어는 '구출'(deliverance)의 의미보다는 '죄의 용서'(forgiveness of sins)를 강조하는 말로 사용할 수도 있기 때문이다(히9:15, 엡1:7, 골1:14). 즉 속전(贖錢)을 지불하므로 모든 죄가 면죄 받게 된 '속죄'(atonement)의 의미를 가지고 있기 때문이다. 그러므로 예수 그리스도께서 십자가에서 화목제물이 되어 '단번에' '영원히' '온전하게' 구속사역을 완성하여(히9:12, 10:14) 죄를 없게 하였기에(히9:26) 그를 힘입어 나아가는 자마다 '죄 사함'을 받고(행10:43) '양심을 죽은 행실에서 깨끗하게'(히9:14) 하여 살아계신 하나님을 섬기게 만들어 준 것이다.

하나님께서는 그리스도를 통하여 인간의 범죄를 완전히 간과(看過)할 수 있는 방책을 마련한 것이다. 이것이 바로 하나님이 마련하신 "율법 외에 하나님의 한 의"의 근거인 것이다.

4) 믿는 자에게 값없이 주시는 은총

지금까지 구원의 적용 부분을 진술함에 있어서 구절의 순서를 무시하고 주제에 따라 설명했던 것은 구원의 논리적 순서를 이해시키려는 것 때문이었다. 그리고 '믿음'에 관한 것은 다음 단락에서 또 다시 다루게 되어 있지만 여기에서 하나님이 마련하신 구원 전략이 무엇인지 밝히면서 마무리 지으려는 것 때문이다.

하나님이 마련하신 구원의 전략은

첫째로, 예수님의 십자가 희생을 통한 속죄가 근거라는 것이다.

예수님께서 화목제물이 되어 "죄의 삯은 사망"(롬6:23)이라는 우주적 철칙을 죽음으로 엄청난 값을 지불함으로 하나님으로 하여금 인류가 '전에 지은 죄에 대하여 간과할 있는 발판'을 마련해 주셨고 하나님의 의로우심도 드러낼 수 있는 근거를 마련하신 것이다.

둘째는, 믿는 자에게만 구원의 방책이 적용된다는 것이다.

"믿음으로 말미암아"(25절), "예수 믿는 자를 의롭다 하려 하심이라"(26절)

이미 22절에서 설명하였듯이 '예수 그리스도를 믿는 모든 자에게' 하나님의 의도 나타날 뿐 아니라 그리스도 안에서 마련된 모든 은혜를 적용시켜주시는 것이다.

"그러나 성경이 모든 것을 죄 아래 가두었으니 이는 예수 그리스도를 믿음으로 말미암아 약속을 받는 자들에게 주려 함이라"(갈3:22)

셋째는, 하나님의 은혜로 값없이 적용해 준다는 것이다.

"하나님의 은혜로 말미암아 값없이 의롭다 하심을"(24절)

여기 '은혜'란 '공로 없이 얻는 은총'(unmerited favor), '받을 자격이 전혀 없는 사람에게 베풀어주는 호의'를 말한다. 그러므로 은혜를 베풀어준다는 것은 가장 소중한 것을 상대방에게 주는 구체적인 행동을 가리킨다. 하나님께서 모든 것을 해결하시고 마련하여 베풀어 주시는 것이기에 값없이 주시는 은혜가 되는 것이다. 다시 말해 믿는 자에게 의롭다 하심이 은혜로 값없이 이루어질 수 있었던 것은 '그리스도 예수 안에 있는 구속으로 말미암아' 주어지는 것이기 때문이다.

넷째로, 은혜로 값없이 의롭다 하심을 얻는 자가 되게 하신 것이다.
"하나님의 은혜로 값없이 의롭다 하심을 얻는 자 되었느니라"(24절)
여기 '의롭다 하심을 얻는 자 되다' ($\delta\iota\kappa\alpha\iota o\acute{\upsilon}\mu\epsilon\nu o\iota$ - $\delta\iota\kappa\alpha\iota\acute{o}\omega$의 현재 수동태 분사)라는 단어는 '무죄 선고하다' (to acquit), '의롭다고 선언하다 '(to declare righteous), 또는 '의롭게 취급하다' (to treat as righteous)라는 뜻으로 죄인을 의롭게 만든다는 도덕적 의미보다는 법률적인 선언(宣言)의 의미로 재판장이 죄 없다고 선언하는 것, 즉 무죄 선언 또는 무죄 방면을 말한다. 하나님이 마련하신 구원의 방책에 따라서 죄인을 예수 그리스도를 믿는다는 이유 하나 때문에 옳다고 인정하여 무죄를 선언해 주는 것이다. 이것을 신학적으로 칭의(稱義)라고 한다.
인간은 의로우신 하나님 앞에 설 때에 그 죄는 더러운 걸레를 걸친 것과 같고(슥3:3-4), 그 죄악은 구스인의 피부처럼, 표범의 반점처럼 지워질 수 없는(렘13:23) 가증스러운 모습이었다. 그럼에도 불구하고 하나님께서는 무한한 자비하심으로 인간에게 무죄를 선언하여 의로운 사람같이 취급하시고, 인정하시고, 간주해 주신다는 것이다. 그것은 예수그리스도의 십자가의 희생을 근거로 하여 믿는 자에게 값없이 베풀어 주시는 하나님의 은총인 것이다. 이것이 바로 이신득의(以信得義)의 복음인 것이다.

(3) 의롭다 하심은 오직 믿음의 법칙으로 이루어진다(27-28절).
"그런즉 자랑할 데가 어디냐 있을 수 없느니라 무슨 법으로냐 행위로냐 아니라 오직 믿음의 법으로니라"(27절)

첫째는, 의롭다 하심의 은총은 자랑할 것이 없다.
죄인을 '믿는다' 는 조건 하나 때문에 의롭다 인정해주고 무죄 선고를 한다는 것은 율법적 사고를 가진 사람들에게는 도저히 상상할 수 없는 일이다. 그러나 하나님이 마련하신 인류 구원의 방책은 이신득의의 원리에 의한 은혜로 값없이 주어지는 것이다. 그러므로 절대로 자신의 공로인 것처럼 자랑할 수가 없는 것이다.
여기 '있을 수 없다' ($\dot{\epsilon}\kappa\kappa\lambda\epsilon\acute{\iota}\omega$)라는 단어는 '따돌리다 '(to shut out), '배

제하다'(to exclude)는 뜻으로 단호한 배제와 폐쇄를 의미한다. 믿음으로 의롭다 하심을 받는다는 사실이 혹시 인간적으로 자랑할 것이 될지 모른다. 그러나 하나님 입장에서는 '절대 그럴 수 없다'고 단호하게 잘라버리시는 것을 말한다.

구원의 은혜는 예수님께서 화목제물로 희생적 죽음을 통하여 주어지는 속죄의 은총이기에(24절), 또한 예수 그리스도의 의로운 행위로 말미암아 전가(轉嫁)된 의롭다 하심을 얻게 된 것(5:18)이기에, 그것은 하나님께서 값없이 은혜로 주시는 것이지 인간의 공로가 아니며 자랑할 것이 전혀 없는 하나님의 선물인 것이다(엡2:8-9).

그러므로 인간은 그리스도 안에서 "우리에게 거저 주시는 바 그의 은혜의 영광을 찬송"(엡1:6)할 뿐이지 자랑할 것이 전혀 없는 것이다. 한 가지 '거저 주시는 하나님의 선물'을 거절하는 것은 하나님의 모독이라는 것을 기억해야 한다(살후1:8-9).

둘째는, 의롭다 하심의 은총은 율법이나 행위로 주어지는 것이 아니다.

또한 여기 '아니라'(οὐχί)는 강한 부정사가 나온다. 뒤에 '그러나'(ἀλλά)가 따라 나올 때는 '아니'라는 강한 거절(nay), 또는 '결코…아니다'(by no means)는 거부의 뜻을 가지고 있다. 이는 의롭다 하심의 은총이 율법이나 어떤 행위에 근거한 것이냐는 질문에 대해 강하게 거부하는 말이다.

'의롭다 하심의 은총'은 어떤 개인적인 성품이나 자질에 근거하지 않는다. 그것은 인간은 "만물보다 거짓되고 심히 부패한 마음"(렘17:9)을 가지고 있고 "악인은 은총을 입을지라도 의를 배우지 아니하며…불의를 행"(사26:10)할 뿐이며, "의인은 없나니 하나도 없기"(롬3:10) 때문이다.

또한 개인적인 혈통이나 특권을 가지고 있다고 받는 것도 아니다. 유대인들처럼 선민이 되었다는 특권의식이나, 할례를 받았다는 조건이 자격을 부여하는 것이 아니기 때문이다. 그렇다고 율법의 행위로 의로워지는 것도 아니다. "율법의 행위로 그의 앞에 의롭다 하심을 얻을 육체가 없나니."(롬3:20)라고 분명히 했고, "만일 의롭게 되는 것이 율법으로 말미암으면 그리스도께서 헛되이 죽으셨느니라"(갈2:21)고 밝히고 있기 때문이다.

그러므로 율법을 지키려는 어떤 인간적 노력을 한다 할지라도 어느 육체도 하나님 앞에서 의롭다고 선언 받을 인간은 없는 것이다(갈2:16, 3:11).

셋째는, 의롭다 하심의 은총은 오직 믿음의 법으로 되어 진다.

'의롭다 하심의 은총'이 오직 '믿음의 법'으로만 주어진다는 의미는 나중에 다시 설명하겠지만, 이는 '믿음의 원리'(principle of faith), 또는 믿음이라는 '행동의 원칙'(rule of action)을 의미한다(7:21, 23, 8:2).

바울은 앞에서 타락한 인간성의 육체를 가지고 있는 인간은 어느 누구도 율법을 실천할 수 없기에 '율법의 행위'로 하나님의 의롭다 하심을 얻을 수 없다고 분명히 밝혔었다. 그리고 "율법 외에 하나님의 한 의가 나타났으니"(롬3:21) "곧 예수 그리스도를 믿음으로 말미암아 모든 믿는 자에게 미치는 하나님의 의"(롬3:22)라고 했었다. 즉 하나님이 마련하신 구원의 원리는 '믿음의 원리'라는 말이다.

"그러므로 사람이 의롭다 하심을 얻는 것은 율법의 행위에 있지 않고 믿음으로 되는 줄 우리가 인정하노라"(28절)고 말하는 것이다. 믿음은 공로(功勞)적 기초가 아니라 그리스도 안에 있는 하나님의 의가 우리의 것이 되게 하는 하나의 '도구'(instrument)내지 '통로'(channel)에 불과 한 것이다.

그러므로 그리스도의 희생적 죽음이 개인적 의롭다 하심의 경험으로, 구속의 경험으로, 속죄의 경험으로, 하나님과 화목하고 화해하게 하는 경험의 유일한 길은 '믿음' 뿐인 것이다. 믿음은 하나님께서 그리스도 안에서 제시하는 구원의 은총을 경험하게 하는 수단인 것이다.

"사람이 의롭게 되는 것은 율법의 행위로 말미암음이 아니요 오직 예수 그리스도를 믿음으로 말미암는 줄 알므로 우리도 그리스도 예수를 믿나니 이는 우리가 율법의 행위로써가 아니고 그리스도를 믿음으로서 의롭다 함을 얻으려 함이라 율법의 행위로써는 의롭다 함을 얻을 육체가 없느니라"(갈2:16)

(4) 믿음의 법칙은 모든 사람에게 동일하게 적용된다(29-31절)

본 단락에서 바울은 앞에서 지금까지 개진했던 이신칭의의 복음이 보편적 성격을 띠고 있다는 것을 강조하고 있다. 즉 그리스도 안에서 주어지는 칭의의 은총은 유대인이라는 종족적 한계를 넘어 이방인에게까지 적용된다는 사실을 밝히기 위해 '하나님이 한 분'이라는 신론을 전개하고 있다.

첫째는, 하나님은 온 인류의 하나님이시라는 것이다.

"하나님은 다만 유대인의 하나님이시냐 또한 이방인의 하나님은 아니시냐 진실로 이방인의 하나님도 되시느니라"(29절)

앞서 2장에서 밝혔듯이 유대인들은 율법의 소유와 언약의 증표인 할례에 대한 자신들만의 우월감과 특권의식에 빠져 있었다. 27-28절에서 율법의 소유를 자랑하며 그 행위로 구원받으려는 유대인들의 행위 구원론을 비평했다면, 본 절에서는 '유대인만의 하나님'으로 인식하고 있는 유대인들의 배타적 신론을 비판하고 있는 것이다.

유대인들은 매일같이 쉐마(Shema)를 암송할 때마다 "이스라엘아 들으라 우리 하나님 여호와는 오직 유일한 여호와이시니"(신6:4)라는 말씀을 통하여 하나님이 한 분이시라는 사실을 고백하였었다. 그러나 그들의 문제는 하나님께서 온 세상을 창조하셨다는 것을 믿으면서도 하나님께서는 자신들에게만 언약을 맺어 주신 '유대인만의 하나님'으로 한정하고 있다는 것이다.

바울은 자기 스스로 유대인의 입장에서 묻고 있다.

'하나님은 홀로($μόνον$, only) 유대인의 하나님이시냐?'

'또한 이방인의 하나님은 아니시냐($οὐχί$)?'

이것은 배타적 신관을 가지고 있는 유대인들의 사고방식을 압박하는 질문이다. 그 질문에 대한 답변은 단호하다.

'진실로 이방인의 하나님도 되시느니라'

여기 '진실로'($ναί$)라는 단어는 긍정적 확언을 강조할 때에 사용하는 접두사로서 '옳습니다'(yes), '물론입니다'(of course)라는 의미로서 루터(M. Luther)는 '말할 것도 없이 옳습니다'라고 번역을 했다. 다시 번역한다면 '물론 역시($ναί$ $καί$) 이방인의 하나님도 되십니다.'라고 할 수 있다. 이것은 배타적 신관을 가지고 있는 유대인을 비판하는 반면, 이방인을 포함한 전 인류의 하나님이심을 강조하는 것이다.

하나님은 일찍이 아브라함과 이스라엘 민족으로 하여금 열방을 향한 사명을 위하여 부르셨지만 그들만의 하나님으로 국한(局限)되기를 원치 않으셨다. 하나님께서는 '모든 민족을 지으셨고'(시86:9) '모든 나라를 다스리시며 만민을 공평하게 심판하시는'(시96:10) 분이라고 했다. 그래서 '해 뜨는 곳에서든지 지는 곳에서든지' 하나님만이 창조자요, 구원자요, 전능자이심을 알게 되기를 원하셨고(사45:6), 그들을 모아서 하나님의 영광을 보게 되기를 원하셨고(사56:8, 66:18), 유대인들보다 더 나은 선물을 줄 것을 계획하셨던 것이다(사56:5).

유대인들의 착각은 자신들을 부르신 것은 '땅의 모든 족속에게 복의 통로'가 되며(창12:3) '이방의 빛'이 되어야 하는(사42:6, 49:6) 사명을 잊어버리고 '유대인만의 하나님'으로 국한 시키는 배타적 신관에 빠진 것에 있었다. 여기서 바울은 하나님은 유대인뿐만 아니라 이방인의 하나님도 되심을 말하므로 그리스도 안에서 주어지는 복음은 온 인류에게 적용되는 보편성을 띠고 있다는 사실을 강조하고 있다.

둘째는, 이신득의의 은총은 온 인류에게 동일하게 적용하신다는 것이다.

"할례자도 믿음으로 말미암아 또한 무할례자도 믿음으로 말미암아 의롭다 하실 하나님은 한 분이시니라"(30절)

본 절 서두에는 헬라어 '에이페르'($\epsilon\check{\iota}\pi\epsilon\rho$)가 나오는데, 이는 앞 문장에서 서술한 것을 다시 확인하면서 '그렇다면 결국', '그것이 사실이라면'이라는 뜻으로 하나님이 유대인만이 아니라 이방인의 하나님도 되신다면 결국 하나님은 한 분이시며, 그분이 할례자이든 무할례자이든 믿는 자라면 어느 누구를 막론하고 모두 의롭다 하시는 은총을 베풀어 줌에 있어서 동일하다는 것을 말하고 있다. 이것은 유대인의 배타적 신관을 배격하면서 유대인에게도 '믿음으로 말미암아', 이방인에게도 '믿음으로 말미암아'라는 말을 사용하므로 의롭다 하심을 얻는 일에 '믿음의 원리'는 동일하게 적용된다는 사실을 강조하고 있는 것이다.

다시 말해 믿음을 통하여 '의롭다고 하실 하나님은 한 분'이시기 때문에 유대인이나 이방인에게 동일한 믿음의 조건, 동일한 은총을 약속하시는 것이다. 이는 할례자라는 자부심을 가진 유대인의 입장에서 보면 기분 나쁠 일이지만 그리스도 안에서 마련한 복음은 유대인이나 이방인에게 차별을 두지 않는 보편적 성격을 가졌다는 것을 말하고 있다.

그러나 여기에서 주의하여 볼 것은 할례자인 유대인에게 사용한 '믿음으로 말미암아'($\acute{\epsilon}\kappa$ $\pi\acute{\iota}\sigma\tau\epsilon\omega s$)와 무할례자인 이방인에게 사용한 '믿음으로 말미암아'($\delta\iota\grave{\alpha}$ $\tau\eta s$ $\pi\iota\sigma\tau\epsilon\omega s$)의 전치사가 서로 다르다는 점이다. 그것은 유대인에게 사용된 전치사 '에크'($\acute{\epsilon}\kappa$)는 분출의 의미를 나타내기 때문에 유대인에게 있어서는 믿음의 조상들이 있기에 누구보다도 쉽게 믿음을 가질 수 있다는 것을 암시하고 있고, 반면에 이방인에게 사용한 전치사 '디아'($\delta\iota\acute{a}$ $\tau\hat{\eta}s$)는 관사와 함께 수단과 방편을 나타내어 이방인에게 있어서는 유대인들처럼 자연스럽지는 않지만 복음을 받아만 들인다면 반드시 구원에 이른다는 것을 표현하고 있다.

그렇다면 유대인들은 이방인들보다 이신득의의 믿음을 받아들이기에 좋은 환경을 가진 것은 사실이지만 구원의 은총에서는 온 인류에게 동일한 '믿음의 원리'를 적용한다는 것을 기억해야 한다.

셋째는, 믿음의 원리는 오히려 율법을 완성한다는 것이다.
"그런즉 우리가 믿음으로 말미암아 율법을 파기하느냐 그럴 수 없느니라 도리어 율법을 굳게 세우느니라"(31절)

이것은 결론적인 질문으로서, 지금까지 진술해 온 대로 '율법의 행위'가 아니라 오직 '믿음'으로 의롭다 하심을 얻는다면 유대인의 입장에서 율법의 필요성과 가치는 있는 것인지를 묻고있으며, 그 결과로서 믿음의 원리는 율법을 파기하는 것이 아니냐는 질문이 나올 수밖에 없는 것이다.

여기 '파기하다'($\kappa\alpha\tau\alpha\rho\gamma\acute{\epsilon}\omega$)라는 단어의 원래 의미는 '일을 절대로 못하게 하다'(to do absolutely no work)는 뜻으로, '무효로 하다'(to nullify), '무가치하고 무익하게 만들다'(to render null and void), '효력이 없게 만들다'(to make inoperative)라는 의미로 의롭다 하심이 '율법의 행위'로는 의롭게 될 육체가 없고 '오직 믿음'으로만 된다면 율법의 필요성이 없기에 율법은 폐기해야 하지 않겠느냐는 것이다.

정말 복음은 율법을 폐기하는가?

바울의 답변은 '그럴 수 없다'는 것이며 오히려 율법을 굳게 세운다고 진술하고 있다. 여기 '굳게 세우다'($\acute{\iota}\sigma\tau\alpha\nu\omega$)라는 단어는 '굳게 세우다'(to stand firm)는 뜻과 함께 '확립하다'(to establish), '유효하다고 생각하다'(to consider valid)라는 뜻을 가지고 있다. 이것은 예수님께서 "율법을...폐하러 온 것이 아니요 완전하게 하려 함이라"(마5:17)고 말씀하신 것처럼 불완전한 율법은 복음을 통하여 오히려 완전하게 확립시킨다는 의미라고 본다.

그렇다면 이 말은 바울이 율법을 부정하는 것처럼 말한 '율법 외에'(21절), 즉 율법과 상관이 없다는 말이나, '율법의 행위에 있지 않다'(28절)는 말이나, 또는 히브리서 저자가 첫 언약인 율법은 허물이 발견되어 "낡아지게 하여" "낡아지고 쇠하는 것은 없어져 가게" 하였다고(히8:13), "전엣 계명이 연약하며 무익하고"(히7:18) "아무 것도 온전케 못하므로"(히7:19) "폐하고"(히7:18, 10:9) "더 좋은 언약"을 세우게 되었다(히7:22, 8:6, 9:15)는 말과는 배치되는 것이 아니냐는 의문이 생긴다.

  그러나 여기서 우리는 분명히 한 가지를 깨달아야 할 것이 있다. 그것은 구속사(救贖史)적 측면에서 율법적 계율이나 의식, 또는 율법적 행위로서는 구원을 이루는데 한계가 있어서 폐지하고 더 완전한 것을 세웠다는 말이다. 율법의 제도적인 것들을 폐지했다는 것은 율법 자체를 완전 폐기했다는 말이 아니다. 오히려 구원 사역 과정에서 완전하게 확립한 것이다. 율법의 외적인 제도와 형식은 폐지하였지만 율법을 주신 정신, 그 중심 개념은 변함이 없이 구약에서 신약으로 계승되었으며 '그리스도 안에서' 완성된 것이다(히2:10, 7:28, 10:14).
  속죄와 구속 사역에서 율법의 동물의 희생적 제도를 가지고는 불완전하고 한계점이 있어서 폐지하였지만, 속죄 개념은 계승하여 그리스도의 십자가의 희생을 통하여 완성하셨다는 것이다.
  그리고 구원의 과정에서 율법의 역할은 죄를 깨닫게 해 주며(20절), 모든 입을 막고 온 세계를 하나님의 심판 아래 있게 하여(19절) 구원과 구세주의 필요성을 절감하게 하여 그리스도에게로 인도하는 교사 역할을 하게 하신 것이다(갈3:24). 그러므로 복음은 율법을 폐기한 것이 아니라 그리스도를 통하여 율법의 정신을 완성하게 하셨고 지금도 계속하여 신자들의 삶 속에서 성령을 통하여 '율법의 요구'를 성취해 가게 하는 것이다(롬8:4, 갈4:14, 요일2:7-8).

3. 아브라함의 칭의 경험이 보여준 믿음의 원리(4:1-25)

바울은 앞 단락에서 율법 외에 새로운 하나님의 구원 전략을 설명했었다. 그것은 예수 그리스도를 화목제물로 세워 그 안에 있는 속죄로 말미암아 믿는 자에게 값없이 은혜로 의롭다 하심을 얻게 하는 이신득의(以信得義), 즉 믿음의 원리를 진술해 왔었다.

이제 4장에서 신자가 하나님께로부터 '의롭다 하심'을 받는 것은 오직 믿음의 원리 밖에 없다는 것을 밝히고 있다.

앞에서는 '믿음으로 말미암아 의롭다 하심을 얻는' 구원의 전략을 밝혔다면, 이제는 아브라함이 받은 칭의 과정을 통하여 신자에게도 같은 믿음의 원리가 적용 된다는 사실을 확증하려는 것이다.

바울이 이신득의(以信得義)의 진리를 설명함에 있어 아브라함을 실례로 든 것은 유대인들이 아브라함을 자신들의 국가적으로나 영적으로 위대한 조상이며 설립자라는 자부심을 가지고 있기 때문이었다. 특히 창세기15:6의 "아브람이 여호와를 믿으니 여호와께서 이를 그의 의로 여기시고"라는 말씀을 통하여 '믿음으로 의롭다 하심을 얻는다'는 원리는 새로운 것이 아니라 옛 언약에서나 새 언약에서 변함이 없는 원칙이라는 것을 증명하려는 의도였다.

또한 믿음의 원리가 "율법과 선지자들에게 증거를 받았다"(3:21, 참조1:2)고 진술한 사실을 확인시켜주려는 의도이기도 하다.

전체적인 내용 구조는 아브라함이 의롭다 하심을 얻은 것은 '선한 행위'가 아니라 믿음에 의한 것이며(1-8절), 언약 공동체 구성원의 표시인 '할례'에 의한 것도 아니고(9-12절), 그렇다고 400년 후에 나타난 '율법'에 의한 것도 아니고, 오직 '믿음'에 의하여 얻었으며, 확실한 믿음의 삶을 산 아브라함은 믿음을 가지고 나오는 모든 인류의 조상이 되었다는 사실을 주장하고 있다(13-25절). 그러면서 5장에서 예수 그리스도를 믿으므로 의롭다 하심을 얻는 신자의 삶과 연결시키고 있다.

(1) 행위가 아닌 믿음으로 얻어지는 의(1-8절).

전통적으로 유대인들은 자기들의 조상 아브라함이 의인으로 인정받은 것은 '의로운 행동' 때문이라는 인식을 가지고 있었다. 그러나 바울은 여기서 아브라함이 의롭다 하심을 얻은 것은 어떤 '의로운 행위'에 있지 않고 믿음에 있다는 사실을 강조하고 있다.

그러면서 어떤 공로도 없고 경건치도 않은 자에게 믿음이라는 조건 하나 때문에 의롭다 하시는 복을 주신다는 사실을 밝히고 있다.

1) 아브라함이 의롭다 함을 받은 것(1–3절)

첫째는, 아브라함은 어떤 육체적 노력으로 의로워지지 않았다.

"그런즉 육신으로 우리 조상인 아브라함이 무엇을 얻었다 하리요"(1절)

여기 '육신으로'(κατὰ σάρκα)라는 부사구가 '우리 조상'에 걸리는지, 아니면 '얻었다'에 걸리는지에 따라 해석이 달라진다. 표준 본문(Textus Receptus)에 따라 '얻었다'(εὑρηκέναι)를 '육신으로'라는 단어 앞에 두어 '그런즉 우리 조상된 아브라함이 육신으로 말미암아 무엇을 얻었다 하리요'라고 번역하는 것이 문맥상 자연스럽다고 보여 진다.

'육신'(σαρξ)은 '타락한 인간성'의 의미를 가지고 있지만 한편 인간의 자연적 출생, 즉 육체를 가진 인간성을 의미하기도 한다(8:3). 그러므로 의롭다 하심을 얻는 관점에서 "육신으로 말미암아 연약하여 할 수 없는"(8:3) 육체를 가진 인간으로서의 아브라함이 얼마나 노력한다고 해서 의로운 경지에 이를 수 있겠느냐는 질문이다. 한 마디로 아브라함은 여러 가지 육신적 수고와 조건을 갖추었다 할지라도 그것으로 의롭다 하심을 받을 수 없었다는 사실이다.

인간은 어떤 육체적 조건을 갖춘다 할지라도 그것들로서는 하나님 앞에서 의롭다 하심을 얻을 수 없는 것이다.

둘째는, 아브라함은 어떤 행위로 의로워지지 않았다.

"만일 아브라함이 행위로서 의롭다 하심을 받았으면 자랑할 것이 있으려니와 하나님 앞에서는 없느니라"(2절)

이것은 1절의 질문에 대한 답변이다. 만약에 아브라함이 어떤 육체적 행위로 의롭다고 인정을 받았다면 자랑할 것이 많이 있었겠지만 실수가 많았던 아브라함으로서는 하나님 앞에서 자랑할 것이 없었다는 것이다.

그것은 아브라함이 공로로 세울만한 어떤 행위(deeds)로 의롭다함을 받은 것이 아니기 때문이다.

유대인의 입장에서는 그들의 조상인 아브라함을 특별한 신분과 특권을 가진 신화적 인물로 윤색(潤色)시킬 필요가 있었다. 그래서 중간기의 랍비 문헌에서는 아브라함이 세 살 때부터 하나님을 믿기 시작했으며, 당시에는 주어지지 않았지만 앞으로 주어지게 될 율법과 할례를 이미 예기(豫期)적으로 행했고, 또한 자신의 공력으로 하나님의 임재의 상징인 '빛나는 구름'(출 24:15-16)을 불러올 수 있는 인물이라고 말했던 것이다.

그러나 바울은 유대인들의 이러한 전통적 견해에 대하여 '만약에 아브라함이 어떤 행위로 의롭다 하심을 받았다면 자랑할 것이 많았을 것이다. 그러나 하나님 앞에서는 자랑할 행위가 아무 것도 없다'는 말로 유대인들의 생각을 송두리 채 흔들어 놓고 있다. 행위로서는 하나님 앞에 의롭다 할 인간이 없다는 것을 강조하는 것이다. 리빙 바이블(Living Bible)은 '하나님 앞'을 '하나님의 관점'이라고 해석하여 "그러나 하나님의 관점에서 아브라함은 조금도 자랑할 만한 근거가 없다"(But from God's point of view Abraham had no basis at all for pride.)라고 번역했다.

어떤 인간도 하나님이 정하신 의의 기준 앞에서 행위로 의롭다함을 받을 육체는 없는 것이다.

셋째는, 아브라함은 믿음으로 의롭다 하심을 받았다.
"성경이 무엇을 말하느냐 아브라함이 하나님을 믿으매 그것이 그에게 의로 여겨진바 되었느니라"(3절)

바울은 자신의 주장을 뒷받침하기 위하여 성경을 인용하고 있는데, 그는 창세기15:6을 인용하여 자신의 이신칭의 복음의 근거로 삼아 제시하고 있다. 창세기 본문의 말씀은 하나님이 아브라함을 밖으로 데리고 나아가서 하늘의 뭇별들을 보여주시면서 자손이 그와 같이 많게 해 주시겠다고 약속하셨을 때에 아브라함이 그 약속을 믿었다고 했다. 그러자 하나님은 그의 믿음을 의로 여기셨다고 기록하고 있다.

여기서 바울은 '여기다' ($\dot{\epsilon}\lambda o\gamma\acute{\iota}\sigma\theta\eta$ - $\lambda o\gamma\acute{\iota}\zeta o\mu\iota$의 부정과거 수동태)라는 단어를 4장에서만 열한번씩이나 거듭 사용하여 의롭다 하심이 어떤 의미인지를 분명히 밝혀주고 있다. 그 단어는 본래 금융 거래상의 신용에 관계하여 사용된 단어로서 '회계 장부 속으로 들어가다'(to enter in the account book)는 뜻이지만, 신약성경에서는 '여기다'(눅22:37), '평가하다'(롬

6:11), '생각하다'(빌4:8) 등의 의미로 사용되었다.

구약에서는 죄를 전가하는 것(imputing, 시31:2)으로, 제사를 통해 거룩하게 여김 받는 것(레7:18, 17:4)으로, 그리고 창15:6처럼 의로 간주하는 것으로, 즉 어떤 사람이 다른 사람에게 부여한 법적인 '신분'을 지칭하여 사용되기도 했다(참조 삼하19:20, 시106:31). 그러므로 여기에서 아브라함의 믿음을 의로 여긴다는 말은 실제적 지불은 이루어지지 않은 상태에서 신용을 담보로 하여 융자를 얻게 되듯이 아직 그에게 속하지 않는 의로운 신분을 그에게 부여해 주었다는 것을 뜻한다.

이것은 아브라함 자신의 어떤 행위 때문에 의인으로 인정한다는 말이 아니라 하나님을 신뢰하는 모습을 보고 의인으로 취급해 주었다는 말이다. 그리고 '의로 여긴다'는 말은 윤리적인 성질이라기보다는 오히려 어떤 관계를 포함하고 있다. 즉 '하나님과의 올바른 관계를 맺다'는 의미를 가지고 있는 것이다. 아브라함이 하나님의 약속을 신뢰하는 것을 보자 하나님과 관계를 맺기에 합당한 자로 인정해 주셨다는 말이다. 여기에서 중요한 것은 믿음만이 의로 여김을 받을 수 있는 조건이라는 것이다.

2) 믿음으로 의로워지는 신자의 복(4-8절)

바울은 이신득의의 원리를 아브라함의 경험을 통하여 그가 어떤 '의로운 행위'에 근거한 것이 아니라 '믿음'에 근거했다는 사실을 밝힌 후에, 이제 그 원리를 신자들에게 적용하고 있다.

여기에서 아브라함에게는 언약 관계에서 주어졌던 칭의의 개념을 신자들에게서는 속죄에 관련지은 칭의의 개념으로 바뀌어서, 그리고 행위와 의롭다 하심을 받은 은총의 관계를 설명하고 있다.

첫째는, 행위는 결코 은혜로 여기지 않는다.
"일하는 자에게는 그 삯이 은혜로 여기지 아니하고 보수로 여겨지거니와"(4절)

여기 '일하는 자'는 일차적으로는 당시 사회의 하층민인 노동자를 연상하게 한다. 그들은 노동판에서 일한 것에 대한 삯을 받을 때에 그것을 절대로 은혜로 생각하지 않고 자신이 노동판에서 일한 노동에 대한 당연히 받아야 할 보수(報酬)라고 여겼다.

바울은 여기서 '일하는 자'를 구원을 얻기 위하여 인간적 노력과 수고를 한 사람, 또는 율법을 실천한 자에게 적용하여 사용하고 있다. 만약에 인간적 노력을 통하여 구원을 받거나 의롭다 하심을 받게 된다면 그것은 은혜로 받은 것이 아니라 당연히 자신의 수고의 대가로 받은 것이기에 감사하거나 고마워할 필요도 없을 것이다.

오히려 이런 사람은 하나님의 은혜 없이도 의인의 반열에 설 수 있다는 자만심에 빠질 것이며 자기의 의를 자랑하게 될 것이다. 그러나 죄인이 '의롭다 하심의 은총'을 얻는 것은 인간적 행위로 얻어지는 것이 아니라 오직 하나님의 값없이 주시는 은혜로만 이루어지는 것이다.

둘째는, 은혜는 믿는 자에게 값없이 주어지는 것이다.

"일을 아니할지라도 경건하지 아니한 자를 의롭다 하시는 이를 믿는 자에게는 그의 믿음을 의로 여기시나니"(5절)

본 절에서는 은혜가 무엇인지 정확하게 밝히고 있다. 여기에서 먼저 두 개의 부정적인 요소 '일한 것이 없는 것'과 '경건하지 아니 한 것'에 주목해야 한다. 하나님 앞에서 구원을 위하여 인간적인 어떤 노력이나 공적(功績)을 쌓은 것이 전혀 없고, 거기에 삶의 태도까지도 경건하지 않다면 그것은 치명적인 마이너스 요소가 될 것이고 정죄 대상이 될 것이다.

이런 인간에게 자비를 베푼다는 것은 있을 수 없는 것이다.

그런데 만약에 인간적으로는 도저히 구원의 은총을 얻을 수 없는 자격 박탈자(剝奪者)에게 하나님께서 "율법 외에 하나님의 한 의"를 제시해 주었다면 그것이 바로 하나님의 은총인 것이다. 제시 된 것은 '믿음의 법칙', 즉 예수 그리스도의 구속에 근거하여 믿기만 하면 의롭다고 인정해 주신다는 것이다.

이런 자격 박탈자가 하나님의 제의를 받아들여 믿었다는 것 때문에 하나님이 그를 의롭다고 인정해 주셨다면 바로 '그의 믿음이 의로 여김' 받는 조건을 충족시킨 것이 되는 것이다.

이것이 하나님께서 죄인을 위하여 마련하시고 베풀어 주시는 값없는 은혜인 것이다. 행위의 공로도 없고 경건치도 않은 자에게 믿음이라는 조건 때문에 의롭게 여기시는 것이 바로 이신칭의의 은총인 것이다.

셋째는, 행한 것이 없이 의롭다함을 받는 사람은 복 있는 사람이다(6-8절).

"일한 것이 없이 하나님께 의로 여기심을 받는 사람의 복에 대하여 다윗이 말한바"(6절)

바울은 행위의 공로 없이 하나님께 의롭다 여기심을 받는 사람이 얼마나 복된지 다윗의 시편을 인용하여 설명하고 있다. 전혀 자기 스스로 의로움을 위하여 '일한 것과 상관없이'(χωρὶς ἔργων) 특별한 은총을 받은 사람의 복에 대하여 세 가지로 설명하고 있다.

"불법이 사함을 받고 죄가 가리어짐을 받는 사람들은 복이 있고 주께서 그 죄를 인정하지 아니하실 사람은 복이 있도다 함과 같으니라"(7-8절)

먼저 '불법이 사함을 받는' 사람이다. 이는 '불법적인 행위'(lawless deeds)가 용서를 받은 것을 말하는데, '사하심을 받다'(ἀφίημι)라는 단어는 '지워버리다', '없애버리다' 는 뜻으로 법을 어기어서 딱지, 또는 구속 영장을 받았는데, 그것을 완전히 없애버리고 용서해 주었다는 의미이다.

"누구든지 율법 책에 기록된 대로 모든 일을 항상 행하지 아니하는 자는 저주 아래에 있는 자라"(갈3:10)고 했는데, 그 율법들을 무시하고 깨뜨렸던 자를 용서해 준다는 것은 엄청난 은총인 것이다.

두 번째는 '죄가 가리어짐을 받는' 사람이다. '가리우다'(ἐπικαλύπτω)는 수의(繡衣)같은 것으로 '덮어씌우다'(to cover over)는 의미이다. 의로우신 하나님 앞에서 오만 가지 죄악들을 덮어서 보이지 않도록 가리어주신다는 것은 말로 형용할 수 없는 은총인 것이다. 이것은 죄악으로 인하여 벌거벗은 알몸과 같이 된 예루살렘을 향하여 하나님께서 "내 옷으로 너를 덮어 벌거벗은 것을 가리고...너를 내게 속하게 하였느니라"(겔16:7-8)는 말씀과 같은 엄청난 축복인 것이다.

마지막으로 '그 죄를 인정하지 아니하심' 을 받는 사람이다.

여기서는 '결코 아니'(οὐ μή)라는 강조적인 부정사가 사용되어 주께서 그 사람이 실제로 죄인임에도 불구하고 전혀 그의 죄를 인정치 않는다는 것을 강조하고 있다. 행위에 따라 심판하는 '행위록' 에(계20:12) 죄의 목록을 기록해 주지 않는다는 말이다. 이 얼마나 큰 은총인가?

믿는 자의 믿음을 보고 의롭다 하심의 은총을 베풀어 주신다는 것은 바로 죄악들을 사해주고 가리어주고 기록에 남겨지지 않는 것과 같은 은총을 주신다는 말이다. 그래서 구원은 값없는 은혜라고 말하는 것이다.

(2) 할례가 아닌 믿음으로 얻어지는 의(9-12절).

'의롭다 하심의 은총'이 어떤 '의로운 행위'에 있지 않다는 사실을 밝혔던 바울은 다시 한 번 본 단락에서 아브라함의 예를 들어 할례와는 무관하다는 사실을 밝히고 있다.

여기서 바울은 "이 복이 할례자에게냐 혹은 무할례자에게도냐"고 묻고 있다. 값없이 주시는 죄사함의 복이 할례자인 유대인에게 적용 되는지, 그렇지 않으면 무할례자인 이방인에게도 적용되는지를 묻고 있는 것이다.

1) 무할례시에 의롭다함을 받은 아브라함(9-10절)

"무릇 우리가 말하기를 아브라함에게는 그 믿음이 의로 여겨졌다 하노라"(9절)

"그런즉 그것이 어떻게 여겨졌느냐 할례시냐 무할례시냐 할례시가 아니요 무할례시니라"(10절)

아브라함에게 있어서 칭의의 은총은 "여호와를 믿으니 여호와께서 이를 그의 의로 여기시고"(창15:5)라는 말씀처럼 믿음이 그의 의롭다 하심을 받는 조건이 되었다. 이것은 그가 할례를 받기 이전에 얻은 은총이었다. 그러므로 할례가 칭의의 조건이 되는 것이 아니고 오직 믿음만이 칭의의 조건이라는 것을 말하고 있다.

유대인에게 있어서 할례는 하나님의 계약 백성으로서의 민족적, 종교적 상징이었고 구원과 은총의 보증수표와 같이 여겼던 것이었다. 그러므로 그들은 할례를 구원의 조건으로 생각했던 것이다. 그리하여 할례 받은 유대 그리스도인 가운데서는 "너희가 모세의 법대로 할례를 받지 아니하면 능히 구원을 받지 못하리라"(행15:1)고 가르쳤던 것이다. 그리고 바리새파 중에 믿는 어떤 사람들은 "이방인에게 할례를 행하고 모세의 율법을 지키라 명하는 것이 마땅하다"(행15:5)고 주장했던 것이다. 그러나 이 문제로 모였던 예루살렘 회의의 결론은 '구원은 주 예수의 은혜로 받는 것'이니 할례라는 멍에를 제자들에게 두지 말자는 것이었다(행15:8-11).

바울의 주장은 바로 아브라함의 실례처럼 할례는 구원의 조건이 아니라는 것이다. 오히려 아브라함은 할례를 받기 이전에 믿음으로 의롭다 여김을 받았기 때문에 할례를 구원의 조건으로 내세우는 것은 합당치 않다는 것이다. 그리고 "그가 할례의 표를 받은 것은 무할례시에 믿음으로 된 의를 인친 것 '(11절상)에 불과하다는 것이다.

할례는 '언약의 표징'으로서(창17:11) 믿음을 통하여 하나님께로부터 의롭다 여김 받은 것을 보증하기 위한 외적인 표식(標識)일 뿐이다. 즉 구원의 본질(essence)이 아니라 본질의 증거일 뿐이다.

2) 믿음의 자취를 따르는 신자(11-12절)

"이는 무할례자로서 믿는 모든 자의 조상이 되어 그들도 의로 여기심을 얻게 하려 하심이라"(11절하)

"또한 할례자의 조상이 되었나니 곧 할례 받을 자에게뿐 아니라 우리 조상 아브라함이 무할례시에 가졌던 믿음의 자취를 따르는 자들에게도 그러하니라"(12절)

아브라함이 할례 받은 유대인의 조상이기에 유대인들이 아브라함의 육적인 후손 뿐 아니라 영적인 후손이 되는 것은 사실이다(요8:37). 그렇다고 모든 유대인들이 영적인 후손이 되는 것은 아니다. 같은 할례를 받은 유대인이라 할지라도 이신칭의의 복음을 듣고 믿은 기독교인 유대인과 불신자 유대인으로 나눌 수 있는 것이다.

12절의 '할례에 속한 자들'($\tau o \hat{\iota} s$ $\dot{\epsilon} \kappa$ $\pi \epsilon \rho \iota \tau o \mu \hat{\eta} s$)은 본래 유대인의 혈통으로 났으면서도 아브라함처럼 믿음의 자취를 좇는 유대 기독교인들을 가리킨다. 그것은 "뿐 아니라 ~에게도"($o \dot{\upsilon} \kappa$ $\mu \acute{o} \nu o \nu$, $\dot{a} \lambda \lambda \grave{a}$ $\kappa a \grave{\iota}$)라는 표현에서 볼 수 있듯이 아브라함은 할례를 받은 유대인에게는 물론이고, 무할례시에 아브라함이 가졌던 믿음의 자취를 좇는 이방인에게도 믿음의 영적 조상이 되었다는 말이다(갈3:29).

그러므로 아브라함이 무할례시에 믿음으로 의롭다 여김을 받았다는 것은 무할례 상태에 있는 이방인이라 할지라도 그의 믿음의 발자취를 좇아서 예수 그리스도를 믿는다면 "의로 여김을 얻게" 된다는 사실을 증명해 주는 것이다. 여기에서 바울은 만약에 이방인으로서 믿음보다 할례를 구원의 조건으로 생각하는 사람들에게 "너희가 만일 할례를 받으면 그리스도께서 너희에게 아무 유익이 없으리라"(갈5:2)고 분명히 못박고 있다.

구원에 있어서 '할례를 받았느냐' 또는 '할례를 받지 못했느냐'라는 조건이나 신분적 차이는 중요한 것이 아니다. 오직 믿음이라는 조건만 필요할 뿐이다. 그러므로 믿음을 도외시한 어떤 종교적 의식이나 표식(表式)은 인간 구원의 기준이 될 수는 없다는 것이다.

(3) 율법이 아닌 믿음으로 받은 약속(13-16절).

바울은 지금까지 의롭다 여김 받는 은총이 어떤 의로운 행위나 할례라는 표지(標識)에 있지 않다는 것을 아브라함의 실례를 들어서 설명했었다. 이제 본 단락에서는 '약속'이라는 신학적 주제를 가지고(13, 14, 16, 20) 아브라함에게 주어진 '하나님의 약속'이 율법에 기초하지 않고 믿음에 입각한다는 사실을 설명하고 있다.

아브라함이 하나님께로부터 약속을 받고 성취한 것은 율법을 받기 훨씬 이전에 이루어진 일로서 믿음으로 말미암아 의로 여김 받았고, 그것은 예수 그리스도를 믿는 자에게도 동일하게 적용된다는 사실을 진술하고 있다.

이것은 아브라함의 언약의 축복은 '율법을 통해서만' 주어진다는 유대인들의 배타적 특권의식을 깨뜨리고 '믿음으로 말미암아' 만인에게 주어지는 보편적인 은총이라는 것을 강조하기 위한 것이다.

1) 아브라함과 그 후손은 믿음으로 약속을 받았다(13절).

"아브라함이나 그 후손에게 세상의 상속자가 되리라고 하신 언약은 율법으로 말미암은 것이 아니요 오직 믿음의 의로 말미암은 것이니라"(13절)

바울에게 있어서 '약속'($\epsilon\pi\alpha\gamma\gamma\epsilon\lambda\iota\alpha$)이라는 단어는 신약에 52개 중에서 반에 해당하는 26개를 사용할 정도로 대단히 중요한 단어이다. 그것은 어떤 사람의 일방적인 호의(好意)에서 나온 것으로 상대방에게 어떤 특별한 조건을 제시하고 주어지는 것이 아니라 거의 조건 없이 만들어진 은총의 성격이 있는 약속을 의미한다.

불완전하고 연약한 인간은 하나님께 대하여 어떤 조건도 내세울 것이 없는 입장이기에 하나님께서 인간에게 주시는 약속은 항상 '에팡겔리아' ($\epsilon\pi\alpha\gamma\gamma\epsilon\lambda\iota\alpha$)일 수밖에 없다. 그리고 하나님께서는 자신의 은혜로운 뜻과 목적에 따라서 약속을 주시는 것이다.

하나님께서는 아브라함과 그 후손들에게 다음과 같은 약속을 주셨다.

첫째는, 하나님이 주신 약속은 세상의 상속자가 되는 것이었다.

"세상의 상속자가 되리라"는 약속이 구약 어느 부분에서 나오는 것인지는 알 수 없지만 일차적으로는 자손이 번성하여 큰 민족을 이룬다는 의미이며 (창12:2), 가나안 땅을 소유하게 된다는 것(창13:15-17)과 땅의 모든 족속을 향한 복의 매개체가 된다(창12:3, 18:18, 22:18, 26:4)는 것을 포함하고 있다.

이것은 17절에서 "내가 너를 많은 민족의 조상으로 세웠다"는 말씀과 18절의 "네 후손이 이 같으리라"는 말씀에 연관시켜 해석해서 종말론적으로 아브라함의 씨인 메시아를 통하여 인종과 지역을 초월하여 아브라함의 영적 후손들이 온 세상에 편만하게 될 것을 내다본 약속이기도 하다(갈3:16).

이 약속은 자신과 후손에게 축복적인 면이 있는가 하면 또한 세계 열방을 향한 사명적인 약속이기도 하다. 또 한편 이 약속은 아브라함의 자손이라는 육체적 혈통을 이어받은 유대인에게만 해당되는 것이 아니라 이미 11절에서 밝힌 것처럼 할례자이든 무할례자이든 믿음으로 의롭게 되는 모든 사람에게 약속되어진 것이다(갈3:29).

둘째는, 하나님의 약속은 율법이 폐하지 못한다.

"내가 이것을 말하노니 하나님께서 미리 정하신 언약을 사백삼십년 후에 생긴 율법이 폐기하지 못하고 그 약속을 헛되게 하지 못하리라"(갈3:17)

여기에서 로마서 본문을 떠나서 갈라디아서 본문을 선택하여 설명하는 것은 18절의 "네 후손이 이 같으리라"는 말씀을 갈라디아3장에서도 언약과 율법의 관계를 설명하는 가운데서 '후손'이라는 단어를 '그리스도'에게 적용하고 있기 때문이다(갈3:16).

즉 아브라함에게 준 약속은 그의 후손 그리스도에게 준 약속으로, 그리스도를 통하여 '세상의 상속자', '우주적인 메시아 통치'가 되게 하신 것을 말한다. 그러므로 율법은 어떤 경우라도 하나님의 약속을 효력이 없게 만들거나 무효화시킬 수 없다는 것이다.

뿐만 아니라 14절에서 율법에 속한 자들, 즉 율법의 행위로 의에 이르려는 자들이 상속자라면 믿음도 헛것이 되고 약속도 파기 된다는 말씀에 비추어 볼 때도 아브라함에게 주어진 언약은 율법이 아닌 '믿음의 의'에 입각하여 주었기 때문에 율법에 의하여 파기 될 수 없는 것이다.

2) 약속의 상속자는 율법을 지키는 자로 이루어지는 것이 아니다(14-15절).

13절에서 아브라함에게 주신 약속은 "율법으로 말미암은 것이 아니요 오직 믿음의 의로 말미암은 것"이라고 했다. 이것은 어떤 타협의 의지가 없는 바울의 확고부동한 확신이다. 아브라함에게 주어진 약속은 하나님의 값없는 은총과 아브라함의 믿음에 근거한 것이지, 430년 후에 주어진 율법과는 전혀 상관이 없다는 것이다. 다시 말해 '세상의 상속자', 세상을 얻는 우주적 통치의 복은 율법의 행위를 통하여 얻는 것이 아니라 '믿음으로 말미암는 의'를 통하여 얻는 것이다.

만약에 '율법에 속한 자들', 즉 율법에 종속되어 율법을 지키는 행위로서 의롭게 되려는 자들이 '세상의 상속자'라면 기독교 진리의 토대는 완전히 무너지고 말 것이다.

첫째는, 율법주의자가 상속자가 된다면 믿음도 헛것이 되고 약속도 파기될 것이기 때문이다.

"만일 율법에 속한 자들이 상속자이면 믿음은 헛것이 되고 약속은 파기 되었느니라"(14절)

바울이 13절에서 '상속자'($\kappa\lambda\eta\rho\acute{o}\nu o\mu o\nu$)를 단수로 사용한 것은 갈라디아서처럼 그리스도에게 적용했다면(갈3:16), 14절에서 '상속자'($\kappa\lambda\eta\rho o\nu\acute{o}\mu o\iota$)를 복수로 사용한 것은 성도들을 염두에 두고 사용한 것 같이 보인다. 하나님의 자녀 된 성도들은 "하나님의 상속자요 그리스도와 함께 한 상속자"(롬8:17)이기 때문이다.

그런데, 유대인들은 자신들의 율법의 의를 통하여 '세상의 상속자'의 은총을 성취할 수 있다고 생각했던 것이다. 그들의 주장대로 만약에 그리스도와 함께 참여할 은총 또는 영광의 상속이 율법에 속한 자, 즉 율법을 지키는 행위에 의존한다면 '믿음'이란 쓸모가 없고 가치 없는 것이 될 것이며 약속은 무효가 될 것이라는 사실이다. 그로 인해 율법주의자들은 오직 믿음으로 의롭게 된다는 이신칭의의 원리를 무시할 것이며 이러한 은혜를 값없이 주시겠다는 하나님의 약속도 쓸모없는 것으로 만드는 결과를 낳을 것이기 때문이다.

바울이 "율법의 행위로 그의 앞에 의롭다 하심을 얻을 육체가 없다"(3:20)

고 분명히 밝힌 것처럼 율법의 행위로는 약속의 상속자가 될 수 없다는 것을 분명히 알아야 한다. 그러므로 그리스도와 함께 약속에 참여하는 자는 자기의 어떤 노력으로 구원의 은총에 참여하는 것이 아니라는 사실을 분명히 해야 한다.

둘째는, 율법은 모든 사람을 범법자로 만들기 때문이다.
"율법은 진노를 이루게 하나니 율법이 없는 곳에는 범법도 없느니라"(15절)

율법이 요구하는 것은 그 안에 기록된 모든 말씀을 항상 실천하라는 것이다. 그러므로 율법의 기능이라는 것은 의의 표준이 무엇이니 그곳에 이르도록 노력하라는 촉구와 함께 죄가 무엇인지를 분명히 자각시켜주는 기능만 있을 뿐이다(3:20, 7:7). 그래서 '율법이 없는 곳에는 범법도 없다'는 말이 나온 것이다.

그렇다고 율법이 없다고 범죄가 없거나 정죄함이 없는 것은 아니다. 2:14-15에서 밝혔듯이 이방인이 율법이 없다 할지라도 인간의 본성 안에 있는 도덕성이 율법 역할을 하기에 정죄함은 피할 수 없는 것이다.

율법을 행하려는 자는 율법으로 의에 이르려고 노력하지만 결국에는 자신의 의로움과 선은 들어나지 않고 죄만 살아날 뿐이며(7:9) 율법은 지키려는 자에게 생명에 이르게는 못하고 오히려 사망에 이르게 하여(7:10) 가책과 괴로움 속에서 몸부림치게 만들 뿐이다.

율법에게는 인간의 죄의 문제를 해결하거나 육체의 욕망을 극복하게 만들어 선을 행하고 의롭게 할 만한 능력이 전혀 없는 것이다

셋째는, 율법은 진노를 이루기 때문이다.
여기 '이루게 하다'(κατεργάζομαι)라는 말은 '초래하다'(to work out), '결과를 낳다'(to bring out as a result)는 뜻으로 루터(M. Luther)는 '야기할 뿐이다'(nuranrichten)라고 번역을 했다. 율법은 속성상 "누구든지 기록된 대로 모든 일을 항상 행하지 아니하는 자는 저주 아래에 있는 자라"(갈3:10, 참조 신27:26)고 규정하고 있다. 그래서 연약하고 불완전한 타락한 육체의 본성을 가진 인간으로서는 율법의 '모든 조항'을 '항상' 행할 수 없기에 저주 아래 놓일 수밖에 없는 것이다.

그러므로 하나님의 은혜가 아닌 율법을 지킴으로 의롭다 하심을 얻으려는 자는 필연적으로 하나님의 진노를 야기할 수밖에 없다는 사실을 기억해야 할 것이다.

3) 약속의 상속자는 믿음으로 이루어진다(16절).

만약 우리가 하나님의 구원과 영광의 은총에 참여하는 상속자가 되려면 분명히 기억해야 할 것이 있다.

"그러므로 상속자가 되는 그것이 은혜에 속하기 위하여 믿음으로 되나니 이는 그 약속을 그 모든 후손에게 굳게 하려 하심이라 율법에 속한 자에게 뿐만 아니라 아브라함의 믿음에 속한 자에게도 그러하니 아브라함은 우리 모든 사람의 조상이라"(16절)

첫째는, 상속자가 되는 것은 은혜에 속한다는 것이다.

여기 "은혜에 속하기 위하여"(*ἵνα κατὰ χάριν*) 중에서 '카타'(*κατα*)라는 전치사는 목적어를 가질 때에 시간적으로 '이유'를 나타내어 '~ 때문에'(because of), '그 결과로서'(as a result of), '~에 근거하여'(on the basis of)라는 의미로 구원의 은총, 즉 '상속자'의 자격은 하나님의 은혜에 근거하여 주어지는 것임을 밝히고 있다.

에베소서에서 밝히듯이 '그리스도 안에서' 주시는 하늘의 모든 신령한 복(엡1:3)은 만세 전에 세우신 하나님의 계획에 따라 되었을 뿐 아니라 "그의 은혜의 풍성함을 따라"(엡1:7) 된 것이라고 했다. 그리스도 안에서 주어지는 은총의 상속자의 자격은 '거저주시는' 하나님의 은혜에서 출발한 것이기에 자랑할 것이 없는 '하나님의 선물'인 것이다(엡2:8).

둘째는, 은혜의 상속은 믿음으로 이루어진다는 것이다.

구원의 은총이 거저주시는 하나님의 선물이라면 인간은 믿음의 손을 내밀어 받기만 하면 되는 것이다. 여기서 '믿음으로'(*ἐκ πίστεως*)에서 '은혜에 근거하여'와 마찬가지로 '근원'을 나타내는 전치사 '에크'(*ἐκ*)를 사용하여 약속의 상속자가 되는 것은 믿음에 근거한다는 것을 밝히고 있다.

"너희는 그 은혜에 의하여 믿음으로 말미암아 구원을 받았으니 이것은 너희에게서 난 것이 아니요 하나님의 선물이라"(엡2:8)

여기에서 중요한 것은 믿음에 근거하여 구원의 은총을 주신다는 것은 나의 믿음의 공로 때문에 주어진다는 말이 아니다. 약속의 상속자가 되는 것은 전적으로 하나님이 값없이 주시는 은혜요 선물인 것이다. 그것은 "행위에서 난 것이 아니니 이는 누구든지 자랑하지 못하게 함이라"(엡2:9)는 말씀처럼 '믿음'은 행위가 아니며 어떤 공로도 아니다. 거저주시는 하나님의 선물에 대한 당연한 응답일 뿐이다.

셋째는, 그것은 그의 모든 후손에게 약속을 굳게 하기 위한 것이다.
"이는 그 약속을 그 모든 후손에게 굳게 하려 하심이라"(16절)
그리스도 안에서 주어지는 하나님의 약속의 유업(遺業)을 은혜와 믿음에 근거하여 주시는 이유는 그 약속을 받을 모든 후손들에게 그 약속을 굳게 세우려는 것 때문이다. 여기 '굳게'(βεβαίαν)라는 단어는 '확인하다'(to confirm), '변하지 않고 확고하게 되다'(to render constant and unwavering), '승인하다'(to ratify)라는 동사(βεβαιόω)에서 온 형용사로서 '확고한', '확립한'이라는 뜻이다. 이는 아브라함에게 주었던 약속의 유업이 세월이 지나도, 어떤 상황에 처한다 할지라도 변하지 않고 은혜와 믿음의 원리에 따라 믿는 모든 사람에게 그 약속이 동일하게 적용되고 확립되게 하려는 하나님의 계획 때문이라는 것이다.

그것은 23-24절에서 "그에게 의로 여겨졌다 기록된 것은 아브라함만 위한 것이 아니요 의로 여기심을 받을 우리도 위함이니 곧 예수 우리 주를 죽은 자 가운데서 살리신 이를 믿는 자니라"고 말한 것에서 분명히 알 수 있다.

그렇다. 아브라함에게 주었던 약속의 상속은 은혜/믿음의 원리를 따르는 사람에게 동일에게 적용된다. 그리하여 "유대인이나 헬라인이나 종이나 자유인이나 남자나 여자나 다 그리스도 안에서 하나"(갈328)이기에, 다시 말해 모든 인류가 은혜/믿음의 원리에 따라 예수 그리스도를 믿어 "그리스도의 것이면 곧 아브라함의 자손이요 약속대로 유업을 이을 자"(갈3:29)가 되는 것이다.

그래서 "율법에 속한 자에게 뿐만 아니라 아브라함의 믿음에 속한 자에게도 그러하니 아브라함은 우리 모든 사람의 조상이라"(16절)고 말하는 것이다. 즉 율법을 가진 유대인뿐만 아니라 오직 믿음의 법칙만 가지고 나오는 이방인에게도 아브라함은 믿음의 조상이 되는 것이다.

(4) 견고한 믿음의 삶으로 인정받은 의(17-25절)

이제 네 번째 아브라함의 믿음의 예를 들고 있다. 본 단락에서는 아브라함이 견고한 믿음의 삶을 살므로 의롭다고 인정받을 뿐 아니라 하나님께 영광돌리게 되었다는 것이다. 오늘 우리 신자들도 아브라함과 같은 믿음의 삶을 살 때에 아브라함과 동일한 은혜와 축복을 주실 것이다.

1) 아브라함은 믿음으로 의로 여김을 받았다(17-22절).

"기록된바 내가 너를 많은 민족의 조상으로 세웠다 하심과 같으니 그가 믿은바 하나님은 죽은 자를 살리시며 없는 것을 있는 것으로 부르시는 이시니라"(17절)

"내가 너를 많은 민족의 조상으로 세웠다"는 말씀은 창17:5의 인용이다.

하나님께서 아브라함에게 '큰 민족'을 이루게 해 주시겠다고 약속하시고 언약을 세우실 때는 "사래는 임신하지 못하므로 자식이 없었던"(창11:30) 상황이었다. 가문의 대가 끊어진 불임(不姙)의 절망적 상황, 그것도 사라의 나이 65세로 "나이가 많아 단산"(히11:11)한 상태, 즉 가임(可姙)의 시기가 이미 지난 때였었다. 이렇게 '잉태치 못하는 태'를 가진 자에게 '큰 민족의 조상'이라는 약속은 허황된 말처럼 보일 뿐이었다.

그러나 아브라함이 믿은 하나님은 '죽은 자를 살리고 없는 것을 있는 것으로 부르시는 분'이셨다. 아브라함에게 나타나 약속한 하나님은 "전능한 하나님"(창17:1)으로 불가능이 전혀 없으신 분이시다. 아무리 사라의 태(胎)가 죽어 기능을 발휘하지 못하는 불임(不姙)의 절망적 상태라 할지라도 얼마든지 살려내어 임신할 수 있게 하시는 분이시다. 남자를 알지 못한 동정녀에게도 잉태하게 하는 능력을 베푸시는 하나님(눅1:34-35)이 어찌 불임의 태라고 소생시킬 수 없겠는가?

또한 '없는 것을 있는 것 같이 부르시는'이라는 말을 직역하면 '존재하지 않는 것들을 존재하는 것처럼 부르시는'이라는 뜻이다. 하나님은 우주를 창조하실 때에 아무 것도 없는 '무(無)의 상태'에서 삼라만상을 만들어내신 전능자이시다. 그러므로 아브라함이 현재는 약속의 자녀가 없다 할지라도 '하늘의 별 같이 바닷가의 모래처럼 많게' 만들어 주시겠다고 얼마든지 약속하실 수 있는 분이시다. 결국 히브리서 저자의 증언처럼 "이러므로 죽은 자와 같은 한 사람으로 말미암아 하늘의 허다한 별과 또 해변의 무수한 모래와 같이 많은 후손이 생육하게"(히11:12) 되었던 것이다.

본 단락에서 설명하고자 하는 것은 불가능한 상황에서 약속의 성취는 하나님의 전능한 능력과 아브라함의 믿음이 결실을 맺게 했다는 것을 보여주려는 것이다. 그래서 아브라함의 믿음이 어떤 믿음의 상태였었는지를 밝히고 있다.

첫째는, 아브라함은 바랄 수 없는 중에도 바라고 믿었다.

"아브라함이 바랄 수 없는 중에 바라고 믿었으니 이는 네 후손이 이 같으리라 하신 말씀대로 많은 민족의 조상이 되게 하려 하심을 인함이라"(18절)

여기 '바랄 수 없는 중에 바라는' 것은 '희망할 수 없는 것을 희망한다' (hoping against hope)는 말이다. 하나님이 아브라함에게 제시한 약속은 그의 후손이 하늘의 별처럼, 바닷가의 모래처럼 많게 하여 많은 민족의 조상이 되게 만들어 주시겠다는 것이었다.

그러나 당시 아브라함의 아내 사라는 '잉태할 수 없는 불임의 상태', 또는 '나이 많아 단산(斷産)된 상태'에 있었던 소망과는 거리가 먼 절망적 상황이었다. 이런 상태에서 주어진 약속은 어쩌면 허황되게 보일 뿐이었다.

그러나 아브라함은 '바랄 수 없는 상태'에서 바라고 희망하며 믿었다는 것이다. '믿음은 바라는 것들의 실상'(히11:1)이라고 했지만 조금이라도 될 만하고, 기대 할 만한 것을 바라고 소망하여야지 전혀 기대할 수도 없는 상황에서 기대한다는 것은 어쩌면 무모한 것처럼 보일 뿐인 것이다.

그럼에도 불구하고 아브라함이 바라고 믿었던 것은 하나님의 전능성과 그의 약속의 신실성(信實性) 때문이었다. 즉 그가 믿은 하나님은 '죽은 자를 살리고 없는 것을 있는 것으로 부르시는 분'이라는 사실을 믿었기 때문이다. 이러한 믿음이 아브라함을 '의로 여김'을 받게 만든 것이다.

히브리서 저자는 하나님께서 아브라함에게 약속하실 때에 맹세로 보증하셨기에 이러한 약속에 대한 소망을 갖는 사람은 마치 "영혼의 닻 같이 튼튼하고 견고하여 휘장 안에 들어가나니"(히6:19)라고 말했다. 이는 비록 바랄 수 없는 상태이지만 하나님께서 '맹세로 보증하신 약속'이기에 그 약속에 소망을 두는 것은 튼튼하고 견고한 영혼의 닻을 걸어둔 것과 마찬가지라는 말씀이다. 이런 사람은 어떤 상황에서도 흔들리지 않고 앞으로 나아갈 수 있는 것이다.

둘째는, 그는 불가능한 상태임을 알면서도 믿음이 약해지지 않았다.
"그가 백세나 되어 자기 몸이 죽은 것 같고 사라의 태가 죽은 것 같음을 알고도 믿음이 약하여지지 아니하고"(19절)

여기 '죽은 것 같고...죽은 것 같음'이라는 말은 '이제 이미 죽었고...그리고 죽은 상태임'을 알았다는 것이다. 자신도 백세라는 나이로 늙어 남자로서의 생식 능력을 잃어버렸을 뿐만 아니라 사라까지도 여성으로서 임신할 수 있는 생식 능력이 전혀 없는 상태에 놓인 것을 알았다는 것이다.

여기 '알고도'($\kappa\alpha\tau\alpha\nu o\acute{\epsilon}\omega$)는 '분명히 보다'(to see clearly), '인식하다'(to discern)는 뜻으로 아브라함은 자신과 아내 사라가 늙어서 죽은 것처럼 생식 능력이 전혀 없다는 것을 깊이 인식한 것을 말한다. 아브라함은 자신의 상태로서는 하나님의 약속의 성취라는 것은 불가능한 것임을 깊이 인식했으면서도 '믿음이 약해지지 않았다'는 것이다.

여기 '약해지다'($\alpha\sigma\theta\epsilon\nu\acute{\epsilon}\omega$)라는 단어는 '약해지다'(to be weak), '힘이 부족해지다'(to be deficient in strength), '병들다'(to be sick), '흔들리다'(to be unsettled)는 뜻으로 '일어설 수 없을 정도로 힘이 없다'는 의미로 마치 중병에 걸린 사람이 힘이 없어서 설 수 없는 것처럼 무기력증에 빠져있는 상태를 가리킨다. 그러나 아브라함은 현실이 불가능한 상황인 것을 깊이 인식했으면서도 그 믿음이 약해지거나 무기력증에 빠지지 않았다.

사실 하나님의 전능성과 그 약속의 신실성을 확신하는 신앙인은 약해 질 수밖에 없고, 흔들릴 수밖에 없는 상황에서도 흔들리지 않고 굳게 서서 믿음으로 나아가는 것이다.

셋째는, 그는 하나님의 약속을 의심치 않고 믿음으로 견고해졌다.
"믿음이 없어 하나님의 약속을 의심하지 않고 믿음으로 견고하여져서 하나님께 영광을 돌리며"(20절)

절망적 상황에서도 약해지지 않은 아브라함의 믿음을 '하나님의 약속의 신실성'이라는 입장에서 다시 한 번 설명하고 있다. 하나님은 자신의 약속의 신실성을 보여주기 위하여 약속이 변치 아니함을 '맹세로 보증'하여 주신 분이시다(히6:17, 민23:19).

여기 '의심하다'($\delta\iota\alpha\kappa\rho\iota\nu\omega$)라는 단어는 문자적으로는 '철저히 구별하다'는 뜻으로 '의심하다', '마음으로 다투다'는 의미를 가지고 있다. 이는 마음이 하나로 뭉쳐 굳세게 나아가지 못하고 회의와 갈등으로 혼란에 빠져 갈기갈기 찢어지고 나누어진 상태를 가리킨다.

사람의 마음에 의심이 밀려오면 신뢰감이 떨어지면서 혼란에 빠져 걷잡을 수 없이 흔들리게 된다. 그래서 "의심하는 자는 마치 바람에 밀려 요동하는 바다 물결 같다"(약1:6)고 말하는 것이다. 하나님의 약속을 신뢰하지 못하고 의심하는 사람은 마치 "물 위에 있는 거품 같이"(호10:7) 흔들거리다가 멸망하고 마는 것이다.

그러나 아브라함은 절망적 상황에서도 하나님의 약속에 대하여 한 치의 의심도 하지 않았다. 오히려 '믿음에 있어서' 견고해지고 강해져서 '하나님의 약속의 신실성'을 신뢰했던 것이다. 마치 하나님의 능력과 그의 약속을 신뢰하는 "심지가 견고한 자"(사26:3)의 모습을 보여 준 것이다.

이런 사람이 신앙으로 하나님께 영광을 돌리기도 하지만 그의 신앙으로 인하여 하나님의 기적을 창출하게 되어 결국은 하나님의 영광을 드러내게 만드는 것이다.

넷째는, 그는 약속하신 것을 능히 이루실 줄 확신했다.
"약속하신 그것을 또한 능히 이루실 줄을 확신하였으니"(21절)

이는 하나님께서는 '약속하신 것을 행할 수 있는 능력', 또는 '약속하신 것을 성취할 수 있는 능력'을 가지고 있다는 '전능성'에 대한 믿음을 말한다. 하나님은 아브라함에게 약속하실 때에 '전능하신 하나님'(God Almighty)으로 나타나셨다(창17:1).

이는 자신이 의도하신 것은 무엇이든지 할 수 있는 능력 있는 신(a powerful deity)이심을 스스로 계시하려는 의도 때문이었다(창18:14, 민11:23). 하나님은 자신의 전능성을 늘 계시하지만 인간들은 그것을 신뢰하지 못할 때가 많이 있었다. 그래서 하나님의 전능성을 믿지 못하는 이스라엘 백성들을 향하여 '나를 누구에게 비교하느냐?'고 탄식했던 것을 볼 수 있다(사40:12-26). 그러나 아브라함은 약속하신 것을 능히 이루시는 하나님의 전능성을 확신하였다. 여기 '확신하다'($\pi\lambda\eta\rho o\phi o\rho\epsilon\omega$)는 '완전히 채우다'(to fill completely), '충분히 확신하다'(to convince fully)는 뜻으로 '믿음의 확신'이라는 의미를 가지고 있다((골2:2, 살전1:5, 히10:22). 아브라함은 하나님의 약속 앞에서 자신의 현실은 실현 불가능한 상태임을 깊이 인식했음에도 불구하고 약속을 하시는 하나님의 전능성이라면 얼마든지 가능하고 성취할 수 있다는 사실을 확신했던 것이다. 그래서 그는 약속을 믿고 행동으로 옮겼던 것이다.

결론적으로 바울은 이러한 아브라함의 믿음이 하나님께로부터 '의로 여김'을 받게 되었다는 사실을 밝히면서(22절) 똑 같은 방법으로 모든 사람들도 믿음으로 의롭다 하심을 받는다는 것을 진술하고 있다.

바울은 지금까지 아브라함이 의로 여김을 받은 것은 '믿음'이었다는 것을 논증해 왔었다. 행한 것이 없이 오직 믿음으로 의롭다 하심을 받았다는 사실(1-8), 그리고 그것은 할례를 받기 전 무할례시에 인정 되었고(9-12), 약속의 상속은 율법이 아닌 오직 믿음으로 이루어져 믿음의 자취를 따르는 자들의 조상이 되었다는 것(13-16절), 마지막으로 의로 여김 받는 믿음이 어떤 성격인지(17-21절)를 밝혔다. 이것은 다음 단원의 결론을 도출하기 위한 것들이었다.

2) 예수 믿는 자에게 동일한 의로움의 은총을 주신다(23-25절).
"그에게 의로 여겨졌다 기록된 것은 아브라함만 위한 것이 아니요"(23절)
"의로 여기심을 받을 우리도 위함이니 곧 예수 우리 주를 죽은 자 가운데서 살리신 이를 믿는 자니라"(24절)
창세기의 아브라함에 대한 기사 중에서 '그에게 의로 여겨졌다'라는 말씀이 기록된 이유를 밝히고 있다. 그것은 성경이 기록된 이유와 목적은 성경에 기록된 사건과 이야기들은 당사자와 그 시대에만 국한 된 것이 아니라 후대의 사람들에게도 같은 의미로 적용하기 위한 목적이 있다는 것이다(고전10:11). 그러므로 아브라함이 믿음으로 의롭다 여김을 받았다는 기사는 아브라함 자신에게만 그 원리가 적용되는 것이 아니라 후대와 오늘을 살아가는 우리들에게도 그대로 적용하기 위한 것이다.

여기 '뿐만 아니라~도 역시'(οὐκ μόνον. ἀλλὰ καὶ)라는 표현은 4장에서만 벌써 세 번째 사용되고 있는(12, 16절) 바울의 애용어이다(1:32, 5:3, 11,

8:23, 9:10, 24, 13:5). 본문에서는 '저에게 의로 여기셨다는 것은 아브라함뿐만 아니라 우리도 역시 의로 여기심을 받게 하려는 것이다' 는 뜻이다.

그런 의미에서 사도 바울은 여기서 다시 한 번 옛 언약적 진리를 새 언약적 진리로 전환하여 설명하고 있다.

첫째는, 아브라함의 이신칭의 원리를 구속사적 측면으로 확대 해석하고 있다는 것이다.

바울이 3장에서 이신칭의의 복음이 유대인이나 이방인에게 동일하게 적용된다는 사실을 진술하다가 4장에서 아브라함을 실례로 들어 '아브라함이 하나님을 믿으매 그것이 그에게 의로 여겨진바 되었다' (3절)라고 말했었다. 그리고 그것은 인간적 행위와 할례, 또는 율법이 아닌 오직 믿음으로 의로 여김을 받았다는 사실을 논증해 왔었다. 그것은 아브라함의 믿음이 본받아야 할 개인적인 모델의 의미로 제시하는 것이 아니라 아브라함은 구속사적인 대표성을 지닌 상징적 인물이라는 것을 말하고 있다.

즉 4장에서 진술한 논의의 핵심은 이방인이 어떻게 믿음만 가지고도 약속의 상속자가 될 수 있느냐를 밝히려는 의도였었기에 '믿음으로 의롭다 여김 받는다' 는 원리는 아브라함 자신만 위한 것이 아니라 아브라함처럼 '믿음의 법칙' 을 따르는 모든 사람도 의롭다 여김을 받을 수 있다는 것이다.

둘째는, "아브라함만 위한 것이 아니라...우리도 위함이니"라는 말을 통하여 이신칭의 은총의 보편성을 강조하고 있다는 것이다.

아브라함이 믿음으로만 의로 여김을 받았다는 것을 강조한 것은 율법의 행위와 할례의 조건을 강조하는 유대인들의 구원관을 뛰어넘어 아브라함의 믿음의 자취를 따르는 이방인에게도 적용된다는 것을 밝히는 것이다.

이는 하나님은 유대인의 하나님뿐만 아니라 이방인의 하나님도 되시고, 더 나아가 아브라함은 혈육적 유대인의 조상만 되는 것이 아니라 믿음의 자취를 따르는 모든 이방인의 조상도 되며, 또한 '세상의 상속자가 되리라' 는 약속은 율법으로 말미암는 유대인을 위한 것보다는 믿음으로 말미암은 모든 자들을 위한 것이라는 복음의 보편성을 말하고 있는 것이다.

셋째는, 아브라함의 이신칭의 원리를 기독론적으로 전환하여 적용했다는 것이다.

바울은 지금까지 아브라함이 하나님을 향한 '믿음으로' 의로 여김을 받았다는 사실을 진술해 왔던 것을, 24절에서 이제는 '예수 우리 주를 죽은 자 가운데서 살리신 이를 믿는 자' 라는 기독론적인 내용으로 전환하여 발전(發展)시키고 있다. 이것은 기독교 신앙을 아브라함의 신앙의 연장선상에 놓기 위한 것으로 아브라함이 '죽은 자를 살리시는' 하나님을 믿었던 것처럼(17절) '우리' 도 예수를 죽은 자 가운데서 살리신 능력의 하나님을 믿는다는 사실을 밝히려는 것 때문이다. 하나님은 이제 죽은 자 가운데서 살아나신 예수를 믿는 자에게 '의롭다 여김' 의 은총을 적용해 주시는 것이다.

초대교회 사도들의 신앙고백과 메시지는 '하나님이 예수를 죽은 자 가운데서 살리셨다' 는 것이며, 이를 믿는 것이 기독교의 진리요 복음의 핵심이었다(행2:24, 3:15, 4:10, 13:30, 롬8:11, 10:9, 고전15:12, 20, 엡1:20, 벧전1:21). 즉 예수님께서 십자가에서 죽으신 죽음과 부활은 기독교 진리의 핵심이요, 그것을 믿는 자에게 의로 여겨주신다는 것이었다. 그래서 바울은 25절에서 예수님의 죽음과 부활이 구원을 위한 근본 진리임을 다시 밝히고 있다.

"예수는 우리가 범죄한 것 때문에 내어줌이 되고 또한 우리를 의롭다 하시기 위하여 살아나셨느니라"(25절)

① 예수님의 죽음은 우리의 범죄 때문이다.
여기 '내어주다' ($\pi\alpha\rho\epsilon\delta\delta\theta\eta$ - $\pi\alpha\rho\alpha\delta\delta\omega\mu\iota$의 수동태)라는 단어는 재판에 회부한다는 의미를 지닌 사법적 용어로서 '넘겨주다' (to deliver up)는 뜻으로 죄수를 법정에 인도하는 것을 의미한다. 이는 하나님의 구속적 목적을 위하여 예수님을 십자가의 죽음에 넘겨준 것을 의미하는 말로 이사야 53장에 나타난 구속사상에서 반영된 것이다. 헬라어 칠십인역(LXX)에는 '많은 사람의 죄' 와 관련하여 고난의 종을 '내어주다' ($\pi\alpha\rho\alpha\delta\delta\omega\mu\iota$)는 단어가 세 번이나 사용된 것을 발견할 수 있다(사53:6, 12).

예수님을 죽음에 내어준 것은 하나님의 '정하신 계획과 미리 아심' 에 따른 것으로(행2:23) 세상 죄를 지고 가는 하나님의 어린 양이 되어 온 세상의 죄를 위한 화목제물이 되려는 것이었다(요1:29, 요일2:2). 예수님께서는 "많은 사람의 죄를 담당하시려고 단번에"(히9:28, 10:10) "영원한 제사를 드리시고"(히10:12, 9:12) "한 번의 제사로 영원히 온전하게"(히10:14) 완성하여 "다시 죄를 위하여 제사 드릴 것이 없게"(히10:18)하셨다. 그리하여 그를 힘입어 하나님께 나아가는 자들에게 '죄사함'(행10:43)과 '거룩함'(히10:10)을 얻어 '하나님과 화해의 자리'(롬5:10)에 나아가게 만든 것이다.

② 예수님의 부활은 우리의 의롭다 하시기 위한 것이다.

여기 "그는 우리를 의롭다 하시기 위하여 살아나셨느니라"고 말했다고 예수님의 죽음과 부활이 별개의 구분된 사건으로 보아서는 안 된다. 구속사적 사역에서 십자가의 죽음과 부활은 불가분리의 관계에 있는 것이다. 3:24절에서 밝힌 것처럼 그리스도의 죽음을 통한 속량하심이 의롭다 하심의 근거가 되었듯이 부활도 의롭다 하심을 얻게 하는 원인이기 때문이다.

예수님께서 십자가에서 속죄 사역을 완성하셨지만 바울이 고린도전서 15장에서 밝혔듯이 만약에 그리스도의 부활이 없다면 "너희가 여전히 죄 가운데 있을 것"(고전15:17)이라는 말씀처럼 속죄를 위한 십자가의 죽음은 아직도 미완성으로 끝나 죄의 문제가 해결되지 않은 상태에 놓이게 된다는 것이다. 그러므로 예수님의 부활은 구속 사역의 완성의 마침표이며 성부께서 예수 그리스도의 구속 사역을 받으셨다는 증표(證票)인 것이다.

'의롭다 하심'(justification)은 사법적인 변호와 칭의를 뜻하지만 본 절에서는 넓은 의미로 '하나님과의 관계 회복'으로 용납하심(acceptance with God)을 받았다는 말이다. 즉 죄를 용서하시고 화해함으로 속죄 사역을 완성하였다는 것이다. 이제 예수 그리스도의 부활을 통하여 '그리스도 안에서' 믿는 자에게 거듭남과 함께 새 생명에 참여하여(벧전1:3, 롬6:4) 산 소망이 있게 하시는 것이다(엡2:5-6, 골2:12).

③ 예수님은 우리의 주가 되셨다.

24절에서 예수를 '우리 주'(κύριος)로 부르는 것도 그의 부활 사건과 밀접한 연관성이 있다. '퀴리오스'(κύριος)는 '소유주' 혹은 '주인'이라는 의미로 구약에서 하나님의 이름 '야웨'(יהוה)를 칠십인역(LXX)에서 '퀴리오스'로 번역하였고, 이를 신약 성경에서 그대로 받아 고유명사를 보통명사처럼 번역하여 사용하게 되었다.

'퀴리오스'(κύριος)는 본래 하나님의 본 이름이었었는데, 아버지 하나님께서는 온 우주를 다스리는 권세와 함께 그 이름인 '퀴리오스'(κύριος)까지 예수 그리스도에게 위임해 주셨다(딛2:13, 요20:28). 그래서 신약성경기자들은 구약의 사40:3의 "여호와의 길을 예비하라"는 말씀을 "주(κύριος)의 길을 예비하라"(마3:3, 막1:3)로 바꾸어 예수를 구약의 '여호와'와 같은 의미로 사용하고 있다. 그러면서 그 결정적 계기를 죽음에서 다시 살아난 부활에 두고 하나님께서 부활한 예수를 "만유의 주가 되게"(행2:36, 10:36, 롬14:9, 빌2:9-11)하셨다고 증언하고 있다.

예수님께서는 부활하여 하늘에 올리어 하나님 우편 영광의 보좌에 앉으시므로 우주적 통치권을 위임받아 '만유의 주'가 되어 통치하시게 된 것이다. 그러므로 이제는 예수를 '주'로 고백하고 죽었다가 살아나셨다는 진리를 믿으면 '의롭다하심'의 은총을 허락해 주시는 것이다(10:9).

이제 본 단원을 정리해 보자.

사도 바울은 3장에서 죄 아래 있어 하나님의 진노에 직면해 있는 인간이 하나님 앞에서 '율법의 행위'로는 의롭다 하심을 얻을 육체가 전혀 없다는 사실을 밝히면서 하나님의 새로운 구원 전략을 제시했었다. 그것은 예수 그리스도의 십자가의 속죄사역에 기초한 '믿음의 법칙'으로 예수 믿는 자에게 은혜로 값없이 의롭다 하심을 얻게 하시는 것이었다. 이 원리는 율법도 없고 할례도 받지 않은 이방인에게도 동일하게 적용된다는 것이었다.

그러면서 4장에서 아브라함을 실례로 하여 다시 한 번 이신칭의(以信稱義)의 믿음의 원리를 설명했다. 특히 창세기15:6의 말씀을 인용하여 "아브라함이 하나님을 믿으매 그것이 그에게 의로 여겨진바 되었느니라"(4:3)는 말씀을 통하여 이방인들도 의롭다 하심을 받을수 있는 믿음의 원리의 정당성을 확증해 나아갔다.

아브라함이 칭의의 은총을 받은 것은 육체적 어떤 행위도 아니며, 또한 할례로 인하여 받은 것도 아니고, 그렇다고 율법에 의하여 약속의 상속자가 된 것도 아니라 '오직 믿음으로 말미암아' 약속의 상속자가 되었고 의로 여김을 받았다는 사실을 차근차근히 진술해 나아갔다. 그리고 이것은 "아브라함만 위한 것이 아니요 의로 여기심을 받는 우리도 위함이니"라는 말을 통하여 아브라함이 믿음으로 의로 여김을 받았듯이 예수를 죽은 자 가운데서 살리신 하나님을 믿는 자에게도 동일한 은총이 적용된다는 사실을 확증하며 마무리를 지었다.

Ⅳ. 의롭다함을 받은 신자의 신분과 영적 삶(5:1-8:39)

바울은 지금까지 믿음으로 말미암는 칭의를 논의해 왔던 것에서 본 단원 (5-8장)에 와서 칭의의 결과로서의 영적 삶의 문제로 주제를 전환하고 있다. 지금까지는 유대인을 염두에 둔 입장에서 이신칭의의 복음을 변증하기 위해 진술했다면 이제부터는 교회 공동체 안의 신자들을 향하여 이러한 은 총을 받은 사람이 어떻게 살아야 승리로운 기독인의 삶을 살 수 있는지를 권면하고 있다.

그것은 몇 가지 관찰을 통하여 확인할 수 있다.

첫째는, 1절은 지금까지 논의해 오던 믿음으로 의롭다 하심을 얻는다는 이 신칭의 진리를 요약하여 그것을 근거로 하여 새로운 삶의 주제로 전환시키고 있다. 그래서 이후의 논의들은 주관적이고 경험적인 면을 다루고 있다.

둘째는, 1-4장에서는 '우리'라는 일인칭 복수 대명사가 13회 나오지만 주로 문체적 성격으로 사용했던 반면, 5-8장에서는 48회나 나오는데 주로 공동체 안에 있는 믿음의 형제들을 지칭하는 의미로 사용하고 있다. 앞에서는 주로 유대주의적 사고를 반박하면서 기독교의 이신칭의 복음을 증명하고 변증하는 데 관심을 기울였다면 본 단원에서는 자신을 포함한 믿음의 형제들에게 칭의의 은총을 생활에 적용하는 문제를 직접 호소하는 형식을 취하고 있다(7:1, 8:12).

셋째는, 사용하는 문체들의 변화를 볼 수 있다. 1-4장에서는 '믿음' ($\pi i\sigma\tau\iota\varsigma$)이나 '믿다' ($\pi\iota\sigma\tau\epsilon\acute{u}\omega$)는 단어가 33회 이상 빈번하게 사용했던 것과 다르게 5-8장에서는 세 차례(5:1, 2, 6:8) 밖에 사용하고 있지 않으며, 대신에 '생명' ($\zeta\omega\acute{\eta}$)이나 '살다' ($\zeta\acute{a}\omega$)라는 단어는 1-4장에서 단지 두 번만 (1:17, 2:7) 사용했던 것을 5-8장에서는 무려 24회나 사용하고 있다. 이는 이신득의의 교리적 문제에서 신자의 새로운 생활과 윤리적 의무로 전환되는 것임을 보여주고 있다.

넷째는, 주제가 칭의에서 성화로 넘어가는 것을 볼 수 있다. 5장에서는 예수 그리스도로 말미암아 주어지는 순간적인 신분적 성화를, 6장-8:17까지는 신자의 삶 속에서 이루어져가는 점진적인 성화를, 8:18-25는 장차 나타날 영광의 소망으로서의 완전 성화를 진술하고 있다.

성화는 신자의 경험 속에서 역사하는 하나님의 역사로 세 가지 면이 있다. 구원 받는 순간 그리스도 안에서 순간적으로 주어지는 의롭다 하시고 거룩하게 만들어 주시는 것이다(과거적 성화, 고전1:2, 30, 6:11).

다음으로 지상에서 살아가는 동안에 그리스도와의 연합과 성령의 역사를 통하여 아들의 형상을 닮아가는 점진적인 경험이다(현재적 성화, 엡4:13-15). 마지막으로 그리스도 강림하실 때에 홀연히 변화되어 완전히 성화될 때이다(미래적 성화, 요일3:2, 고전15:50-54).

1. 예수 그리스도로 말미암는 은총에 즐거워하라(5:1-11)

(1) 의롭다 하심을 받은 자의 축복(5:1-5)
첫째는, 칭의는 하나님과 더불어 화평을 가지게 한다.
둘째는, 칭의는 하나님의 은혜의 자리에 나아가는 자격을 얻게 한다.
셋째는, 칭의는 하나님의 영광을 바라보며 즐거워하게 한다.
넷째는, 칭의는 우리로 환난 중에서도 즐거워하게 한다.
다섯째는, 칭의로 인하여 우리 마음에 하나님의 사랑을 부어주셨다.

(2) 칭의 축복의 근거인 예수 그리스도의 속죄(5:6-11)
첫째는, 인간의 형편은 용납 받을 수 없는 절망적 상태였다.
둘째는, 하나님의 사랑은 그리스도의 죽음을 통하여 나타났다.
셋째는, 그리스도의 죽음을 통하여 놀라운 은총을 받게 되었다.
넷째는, 예수님의 살아나심을 인하여 구원을 얻게 될 것이다.

바울에게 있어서 중요한 사상 중에 하나가 칭의의 은총은 '종말적인 것' 이라는 사실이다. 하나님은 의로우신 입법자이시며 재판자이시기에 각 사람의 의와 불의에 대하여 최종적으로 판결하실 때는 오직 최후 심판의 때이다.

예수님께서 "내가 너희에게 이르노니 사람이 무슨 무익한 말을 하든지 심판 날에 이에 대하여 심문을 받으리니 네 말로 의롭다 함을 받고 네 말로 정죄함을 받으리라"(마12:36-37)는 말씀에서 한층 이 사실을 분명히 나타내고 있다. 칭의를 법정적인 측면일 뿐만 아니라 종말론적인 측면이라고 이해했다는 면에서 바울의 사상은 당대의 유대인들의 사상과 일치한다. 그러나 바울의 칭의 개념은 유대인들의 사상과 전혀 다른 몇 가지 점이 있다. 먼저는 미래적이고 종말론적인 칭의가 이미 성취되었다는 것이다.

"우리가 믿음으로 의롭다 하심을 받았으니"(1절), "주 예수 그리스도의 이름과 우리 하나님의 성령 안에서 씻음과 거룩함과 의롭다 하심을 받았느니라"(고전6:11). 이 구절들에 나오는 동사들이 전부 부정과거 형태로 나타나는 것은, 그것은 이미 성취된 행위를 표현하는 것이다. 미래의 최후 심판의 때에 주어질 방면(放免)의 은총인 칭의가 이미 현재적으로 역사 속에서 성취된 실재적인 것이라는 말이다. 그리고 그것은 그리스도의 죽음을 근거로 하여 믿음으로 값없이 주어지는 현재적인 경험이라는 것이다.

바로 본 단원이 의롭다 하심의 은총이 이미 성취된 경험이라는 사실을 밝히면서 그리스도 말미암아(διά, 1, 2, 9, 10, 11) 주어진 이 은총에 대하여 즐거워하고 자랑스럽게 생각한다는 사실을 밝히고 있다.

(1) 의롭다 하심을 받은 자의 축복(5:1-5)

"그러므로 우리가 믿음으로 의롭다 하심을 받았으니"(1절상)

지금까지 논의해 온 이신칭의, 즉 모든 사람이 죄 아래서 스스로의 노력이나 율법의 행위로 의롭다 하심을 얻지 못하였으나 오직 예수 그리스도의 화목제물 되심을 통하여 믿음으로 의롭다 하심을 얻게 되었다는 사실을 다시 한 번 확인하고 있다. 그리고 그 결과를 표현하기 위해 '그러므로'(οὖν)라는 말로 시작하고 있다.

바울은 여기서 '의롭다하심을 받았다'(Δικαιωθέντε)는 단어를 부정 과거 동사를 사용하고 있다. 바울에게 있어서 이 단어(δικαιόω)를 신자들의 일반적인 경험과 관련하여 사용되어 질 때에 현재 직설법(3:24, 26, 28, 4:5)이나 미래 직설법(2:13, 3:20, 30)으로 사용할 때가 더 많다.

그런데 여기서 과거 시제를 사용했다는 것은 '의롭다 여김 받은 것'은 신자들에게 있어서 이미 과거에 주어진 실재(實在)가 되었다는 것을 시사해 주고 있다. '믿음으로' 라는 말과 함께 우리가 예수 그리스도를 믿었을 때에 이미 의롭다 여김을 받게 되었고 하나님과의 관계가 정상화 되었다는 것이다. 이것을 신학적으로 '최초의 성화' 혹은 '신분적 성화' 라고 한다. 또는 의롭다고 여김 받는 순간에 이루어진다고 해서 '순간적 성화' 라고도 한다. 바울은 고린도에 있는 신자들을 "그리스도 예수 안에서 거룩하여지고, 성도라 부르심을 입은 자들"(고전1:2)이라고 불렀다. 여기 "거룩하여지다" (ἡγιασμένοις)라는 단어는 현재 완료 수동태 분사로서 '이미 거룩하여진 상태' 가 계속되어지는 것을 말한다. 신자는 예수 그리스도와 성령 안에서 이미 "씻음과 거룩함과 의롭다 하심을 받은"(고전6:11) 자가 된 것이다. 그러므로 이러한 칭의의 은총을 받은 사람은 그리스도 안에서 예비된 은총에 참여하게 된 것이다.

첫째는, 칭의는 하나님과 더불어 화평을 가지게 한다.
"우리 주 예수 그리스도로 말미암아 하나님과 화평을 누리자"(1절하)
한글 성경이 '우리가 ~누리자' 라고 권고적 의미로 번역한 것은 '우리가 가지다' (ἔχομεν)에서 시내사본 등에서 단모음 '오' (ο)를 장모음 '오' (ω)로 기록한 것을 근거로 하여 다른 사람에게 참여할 것을 권유하는 현재 가정법 (ἔχωμεν)에 따라 번역했기 때문이다. 그러나 시내사본 수정판과 몇몇 사본들이 현재 직설법(ἔχομεν)을 취하여 선포의 의미로 사용하고 있다. 대부분의 학자들도 선포적 의미로 해석하고 있다. 그리고 여기에서는 칭의의 결과를 말하는 것이기에 권고적 의미보다는 선포적 의미를 따라 '우리가 하나님과 더불어 화평을 가지고 있다' 라고 번역하는 것이 전체 문맥에 더 잘 어울린다고 보여 진다.
여기 '화평' (εἰρήνη)은 유대인들이 널리 사용하고 구약에서 자주 나오는 '샬롬' (שלום)에 대응하는 단어로서 단순히 분쟁이 없거나 심적 평안함을 의미하는 것은 아니다. 히브리어 '샬롬' 이 '회복', '보상' 의 의미가 있듯이 본문에서도 긴장 관계가 해소되어 본래의 상태로 돌아간 것을 의미한다. "하나님으로 더불어"라는 말이 보여주듯이 하나님과 불편한 관계, 즉 죄로 말미암아 원수의 관계에 있던 인간이 칭의의 은총으로 새로운 관계로 회복된 것을 말한다.
"공의의 열매는 화평이요 공의의 결과는 영원한 평안과 안전이라"(The

fruit of righteousness will be peace, the effect of righteousness will be quietness and confidence forever. 사32:17-NIV).

우리는 앞에서 하나님께서 예수 그리스도를 화목제물로 세워 인간의 죄를 간과하시는 '율법 외에 하나님의 한 의'의 전략을 세우셨고 그로 인하여 "자기도 의로우시며 또한 예수 믿는 자를 의롭다 하려"(3:26)는 계획을 완성하셨음을 살펴보았었다. 다시 말해 예수 그리스도께서 죄인 된 인간을 위하여 하나님과 "원수된 것을 십자가로 소멸하시고"(엡2:16) 화목하게 하시므로 하나님과 더불어 평화의 관계를 가질 수 있도록 만들어 주신 것이다.

이제 우리는 그리스도로 말미암아 하나님과 관계 회복과 함께 심령의 평안을 얻게 되었다. 세상에서 줄 수 없는 하늘의 평안의 선물을 얻게 되었다(요14:27, 엡2:17, 빌4:7).

둘째는, 칭의는 하나님의 은혜의 자리에 나아가는 자격을 얻게 한다.

"또한 그로 말미암아 우리가 믿음으로 서 있는 이 은혜에 들어감을 얻었으며 하나님의 영광을 바라고 즐거워하느니라"(2절)

여기 '들어감'($\pi\rho o\sigma\alpha\gamma\omega\gamma\dot{\eta}$)이라는 단어는 '소개'(introduction), 또는 '접근할 수 있는 권리'(access)를 뜻한다. 이 단어는 원래 신에게 예의를 갖추어 접근할 수 있든지 그렇지 않으면 왕의 면전에 알현할 수 있는 자격을 가진 것에 사용되었다. 이는 칭의의 은총은 신자에게 하나님의 면전에 나아갈 수 있는 자격과 그리스도 안에서 주어지는 은혜의 영역에 들어갈 수 있는 당당한 자격을 부여받은 것을 말한다(엡2:18, 3:12).

즉 하나님의 은혜의 보좌 앞에 담대히 나아갈 수 있는 자격을 부여받은 것이다(히4:16). 원래는 죄인 된 인생들은 하나님의 은혜와 은총을 받을 자격이 없던 자격 미달자였었다. 그러나 이신칭의의 원리에 따라 '그로 말미암아', 즉 예수 그리스도께서 '중간에 막힌 담을 허시고'(엡2:14), 걸림돌이 되었던 '계명의 율법을 폐하시고'(엡2:15), '원수 된 것을 십자가로 소멸하시고'(엡2:16) 우리의 화평이 되어 인도해 주셨기 때문이며 또한 하나님이 제시한 믿음의 법칙에 따라 '믿음으로' 값없이 얻게 된 것이다.

셋째는, 칭의는 하나님의 영광을 바라보며 즐거워하게 한다.

또한 칭의의 결과로 주어지는 은총은 미래에 나타날 '하나님의 영광'에 참여할 수 있는 자격이다. '하나님의 영광'은 구약에서 그 백성에게 나타난 하나님의 임재의 현존(現存)을 뜻하였다면(출40:34-35, 사60:1-2), 바울에게서는 하나님의 완전한 선하심과 구원하는 은혜를 가리킨다(롬1:23, 3:7, 23 등). 본문에서의 '하나님의 영광'은 하늘에 있는 주의 영광과 함께 신자들에게 주어질 영광으로 '광채'(splendour), '웅장함'(magnificence), '명예'(honour)의 의미로 종말론적 경험을 가리키고 있다(고후3:18). 그래서 '하나님의 영광을 바란다'는 것은 신자들이 장차 들어가서 경험하게 될 하늘의 신분과 영화로운 상태를 소망하는 것을 말한다(롬8:18, 고후4:17, 골3:4, 살전2:12, 살후1:9).

하나님의 영광은 아담의 타락으로 인하여 상실된 것이지만 이제 모든 신자에게 마지막 날에 회복되어질 축복인 것이다(8:17, 18, 21, 30).

여기 '즐거워하다'($\kappa \alpha \nu \chi \acute{\alpha} o \mu \alpha \iota$)라는 단어에는 '기뻐하다'(to rejoice), '환희하다'(to exult)는 뜻도 있지만 '자랑하다'(to boist)는 뜻도 있어 신자들이 당당히 자랑한다는 의미로(2:17) 승리에 취하여 하나님을 신뢰하는 즐거움에 있는 것을 가리킨다.

인간은 원래 하나님의 영광에 이르지 못하는 존재였지만 예수 그리스도를 믿음으로 말미암아 그의 영광에 참여하게 하시고(엡1:18, 3:16, 골1:27) 그리스도의 영광을 바라보며(요17:24) 장차 나타날 영광에 참여하는 자가 되었다(살전2:12, 벧전5:1, 10). 그러므로 그리스도인은 지금은 비록 지상에서 나그네의 인생을 살아간다 할지라도 시민권이 하늘에 있기에(빌3:20) 그리스도 강림하실 때에 나타날 칭찬과 영광과 존귀를 바라보면서 즐거워하며 살아가는 것이다(벧전1:7). 영광을 얻을 것이라는 기대감과 '소망'(in hope)이 행복한 기쁨을 누릴 수 있도록 만드는 것이다.

넷째는, 칭의는 우리로 환난 중에서도 즐거워하게 한다.

"다만 이뿐 아니라 우리가 환난 중에도 즐거워하나니 이는 환난은 인내를, 인내를 연단을, 연단은 소망을 이루는 줄 앎이라"(3-4절)

구원의 은총을 받은 신자는 소망 중에서만 즐거워할 뿐 아니라 환난의 시련과 절망적 상황에서도 즐거워한다. 그것은 환난은 인내를 이루는 줄 알기 때문이다. 여기 '환난'($\phi \lambda \iota \psi \iota s$)은 '괴롭히다', '에워싸다', '누르다'는 뜻을 가진 '들리보'($\theta \lambda \acute{\iota} \beta \omega$)에서 파생된 단어로서(고후4:8, 딤전5:10) 심적인 고통이나 고뇌뿐만 아니라 육체적인 괴로움이나 곤경 등 온갖 종류의 압박을 의미한다(고후7:5).

예수님께서는 신자들이 악이 지배하는 세상에 속한 자들이 아니기에(요 17:14, 16) 세상에서 미움을 받고 환난을 겪게 될 것이라고 했다(요15:18-19, 16:33). 그래서 예수님을 따르는 자는 그리스도와 그의 복음을 인하여 고난을 겪게 될 것이기에 '날마다 자기 십자가를 지고'(눅9:23) 따라야 한다고 말씀하셨던 것이다. 그러므로 그리스도의 제자가 되려는 자에게는 악의 세력이 역사하는 세상 속에서 늘 환난, 곤고, 박해, 기근, 적신, 위험, 칼(롬8:35)과 같은 위험한 상황에 직면해 있는 삶을 살아가야만 한다.

그럼에도 불구하고 환난 가운데서 낙심하지 말아야 할 이유는 시험 당할 때에 피할 길을 주셔서 능히 감당할 수 있게 하기 때문이며(고전10:13), 현재의 고난은 장차 올 영광과 비교할 수 없기 때문이다(롬8:18). 바울은 여기서 신자들이 당하는 고난들은 아름다운 영적 성품들을 만들어내는 계기가 된다는 것을 '알기 때문'이라고 했다.

① 환난은 인내를 이루기 때문이다.

'인내'(ὑπομονή)라는 단어는 '견디어 냄', '오래 참음', '확고부동'이라는 뜻으로 고난을 참고 끝까지 버티어 내는 것을 의미한다(벧전1:6, 9, 계1:9, 3:10). 바클레이(William Barclay)는 '휘포모네'라는 단어에는 인내 이상의 의미가 있다고 했다.

"이것은 이 세상을 이길 정신을 말한다. 이것은 피동적으로 참는 것을 의미하는 것이 아니라 이것은 능동적으로 이 세상의 시험과 시련을 이기고 정복하는 것을 의미한다."

'휘포모네'는 자신의 인생 앞에 놓여 있는 절망적 운명이나 시련 앞에서 포기하고 좌절해 있는 것이 아니다. 그렇다고 체념하여 참고 묵묵히 있는 것도 아니다. 그것은 굴복해서 홍수가 그 위로 지나가게 내버려 두는 것이 아니라 오히려 사물을 정면으로 대항하여 그것을 이기는 정신인 것이다. 그러므로 그리스도인에게 있어서 환난은 그를 위축시키는 것이 아니라 오히려 더 강한 정신을 길러내기에 자신 앞에 있는 환난을 보면서 오히려 기뻐하고 당당해 하는 것이다.

② 인내는 연단을 만들기 때문이다.

'연단' (δοκιμή)은 불을 통과하여 모든 불순물이 전부 제거되어 시험에 합격된 금속에 관련하여 사용되어진 단어로서(벧전1:7) 신뢰할 수 있는 인정받은 품질을 나타내며, 동시에 사람에게 사용될 때는 속성과 본질이 순수해져서 '훌륭한 품성'이나 '인격'을 나타내는데 사용되어졌다(고후2:9, 9:13, 13:3). 그래서 영어 새표준성경(NASB)은 '인정받은 성품'(proven character)라고 번역을 했다. 그러므로 환난을 통한 연단은 신앙인에게 결코 나쁜 것만은 아니다. 오히려 신앙과 인격과 도덕적 삶에 붙어 있던 합당치 않은 온갖 불순물을 제거하여 순수하게 만들어서 하나님 앞에서 인정을 받게 되기 때문이다.

"무릇 징계가 당시에는 즐거워 보이지 않고 슬퍼 보이나 후에 그로 말미암아 연단 받은 자들은 의와 평강의 열매를 맺느니라"(히12:11)

그렇다. 시련의 연단을 받는 사람은 신앙과 인격이 성숙하고 성장하여 아름다운 열매를 맺게 되는 것이다. 그러므로 욥처럼 "그가 나를 단련하신 후에는 내가 순금 같이 되어 나오리라"(욥23:10)는 확신을 가지고 환난 중에서도 기뻐하고 즐거워해야 할 뿐 아니라 또한 사도 바울처럼 '약한 데서 온전하여' 진다는 사실을 확신하고 '여러 약한 것들에 대하여 자랑'(καυχήσομαι ἐν ταῖς ἀσθενείαις, 고후12:9)하며 살아야 한다.

③ 연단은 소망을 만들어내기 때문이다.

우리가 환난 중에도 즐거워할 수 있는 이유는 소망을 하나님께 두기 때문이다. 아무리 큰 사망 가운데 있다 할지라도 하나님께서 '건져주실 것이라는 소망'(고후1:10)을 가지고 있기에 시험을 참아내며 연단을 받을 수 있는 것이다. 불로 연단함을 통하여 점점 거룩해지고 완숙해져 가는 사람은 가슴속에 희망이 솟구쳐 올라오는 것이다.

그래서 칠흑같이 어두운 절망적 환경에서도 희망을 품고 '소망 중에 즐거워하며' 살아가는 것이다(슥9:12, 롬12:12). 뿐만 아니라 "현재의 고난은 장차 우리에게 나타날 영광과 비교할 수 없다"(8:18)는 확신 때문에 환난 중에서도 즐거워하고 자랑스럽게 살아가는 것이다.

사람에게서 외부적 환경이 그의 운명을 좌우하는 것이 아니다. 내적으로 하나님에 대한 확신, 즉 '아골 골짜기로 소망의 문을 삼아'(호2:15) 주시는 하나님을 확신하고 소망하는 사람은 외부적 환경이 어떠하다 할지라도 흔들리지 않고 굳게 서서 푯대를 향하여 달려가는 것이다.

바울은 "소망이 우리를 부끄럽게 하지 아니 한다"고 했다. 그 이유는 하나님의 사랑에 근거하기 때문이다. 여기 '부끄럽게 하다'(καταισχύνω)라는 단어는 '모욕을 주다'(to dishonor), '부끄럽게 하다'(to put to shame), '실망케 하다'(to disappoint)는 뜻으로, 여기서는 부정사와 함께 약속을 지키지 않으므로 사람들 앞에서 보기 흉하고 추하게 만들어 부끄럼을 당하지 않게 한다는 말이다(9:33, 10:11, 벧전2:6). 우리의 소망이 하나님 안에 있다면 그것은 결단코 먼지나 재로 변해 버릴 수 없는 것이다. 우리의 소망이 하나님의 사랑 안에 있다면 절대로 환상으로 끝내버릴 수는 없는 것이다. 우리를 사랑하시는 하나님의 사랑은 '환난이나 곤고나 박해나 기근이나 적신이나 위험이나 칼이라'(8:35) 할지라고 우리에게서 끊을 수 없기 때문이다. 비록 우리가 매일 같이 죽임을 당하고 도살(屠殺)할 양 같이 여김을 받는다 할지라도 '그러나 이 모든 일에 우리를 사랑하시는 이로 말미암아 우리가 넉넉히 이기기' 때문이다(8:36-38). 특히 우리의 소망이 세상에 있지 않고 하늘에 있을 때에 절대로 부끄러움을 당하지 않게 하시는 것이다.

다섯째는, 칭의로 인하여 우리 마음에 하나님의 사랑을 부어주셨다.

"소망이 우리를 부끄럽게 하지 아니함은 우리에게 주신 성령으로 말미암아 하나님의 사랑이 우리 마음에 부은바 됨이니"(5절)

5절은 소망이 우리를 부끄럽게 만들지 않는 이유를 밝히고 있지만 그 내용은 칭의의 결과로 우리 마음에 부어진 하나님의 사랑을 말하는 것이다.

여기 '하나님의 사랑'은 8절의 '우리에 대한 자기의 사랑'과 같은 의미로서 죄인 된 인간을 사랑하신 하나님의 구원하시는 사랑을 말한다. 바울은 에베소서에서 이 하나님의 사랑을 "긍휼이 풍성하신 하나님이 우리를 사랑하신 그 큰 사랑"(엡2:4)이라고 했다. 즉 불행을 당한 사람을 불쌍히 여기는 사랑으로서 "허물로 죽은 우리를 그리스도와 함께 살리신"(엡2:5) 큰 사랑을 말한다. 독생자를 죽음에 내어주기까지 한 우리에 대한 하나님의 사랑은 정말 말로다 형용할 수 없는 크고 크신 사랑이시다.

하나님께서는 우리가 회심할 때에 이러한 놀라운 하나님의 사랑을 깊이 체험할 수 있도록 성령을 통하여 우리 마음에 부어주신 것이다. 성령은 하나님의 사랑과 그리스도의 사랑을 체험하게 하시는 영이시다. 그래서 여기 '하나님의 사랑을 부어주심'이라는 표현은 '성령의 부어주심'이라는 말과 동의어적으로 보아도 되는 것이다(행2:17, 33, 10:45, 딛3:6). 성령은 하나님의 임재와 그리스도의 실체를 체험하게 할 뿐 아니라 그리스도 안에서 주시는 놀라운 은총들을 체험하게 해 주시기 때문이다.

(2) 칭의 축복의 근거인 예수 그리스도의 속죄(5:6-11)

본 단락은 5절에서 말했던 우리 마음에 부어진 '하나님의 사랑'이 어떻게 나타났는지를 설명할 뿐 아니라 1절에서 '의롭다 하심을 받은' 근거가 그리스도의 십자가의 죽음을 통하여 이루어졌다는 사실을 설명하고 있다.

인간이 영적으로 연약하여 무능력한 상태에 있어 경건치도 않고, 죄인의 상태에 있고, 원수의 관계에 있었을 때에 하나님의 사랑이 그리스도의 십자가의 죽으심을 통하여 나타나셨다. 그의 죽으심으로 말미암아 우리는 이미 (already) 의롭다 하심을 받았고(9절), 하나님과 더불어 화해하게 되었을(10절)뿐만 아니라 장차 진노하심에서 구원을 얻게 될 것을(9절) 바라보면서 즐거워하게 하신 것이다. 그러면 하나님의 사랑이 어떻게 나타났는지 살펴보자.

첫째는, 인간의 형편은 용납 받을 수 없는 절망적 상태였다.
하나님 편에서 인간을 바라보았을 때에 전혀 용납 받을만한 상태에 있지도 못하였고 가치도 없는 존재였었다.

① 연약한 상태에 있었다(6절).
"우리가 아직 연약할 때에 기약대로 그리스도께서 경건하지 않은 자를 위하여 죽으셨도다"(6절)
여기 '연약'(ἀσθενής)은 강한 것의 반대적 개념으로 신체적으로 병들고, 경제적으로 가난하고, 지적으로 부족하고, 신앙적으로 미약한 수준을 뜻한다. 그러나 영적인 상태를 말할 때는 죄와 관련하여 '무능한 상태' (inability)를 가리킨다(히4:15, 7:28, 롬8:3, 26). 이는 하나님의 뜻과 율법의 요구를 이루거나 따라 행할 수 있는 능력이 전혀 없는 무능한 상태에 빠진 인간의 상태를 말하는 것이다. 인간 스스로는 구원의 자리에 이를 수 없는 '죄와 허물로 죽은 상태'에 있는 것을 말한다(엡2:1). 영적 무능력한 상태에서 타락한 본성의 육신을 가진 인간은 '세상 풍조를 따르고' '공중의 권세 잡은 악한 영을 따르고' '육체의 욕심을 따라' 살아가므로 결국 진노의 자녀가 된 것이다(엡2:2-3).

② 경건치도 않은 상태에 있었다(6절).
'경건치 않은 자'(ἀσεβῶν)는 신(神)에 대한 존재를 무가치하다고 보는 사람으로 신의 선물들을 승낙하지도 않고, 신이 정해 준 운명을 받아들이려고도 하지 않는 사람을 뜻한다. 구약 헬라어 성경(LXX)에서는 '악인'에 대하여서도(시1:1, 4, 5, 6) '미련한 자'에 대하여서도(잠1:7, 10, 22, 32) '아세본'(ἀσεβῶν)이라는 단어를 적용하고 있다.
이는 하나님을 경외할 줄 모르는 영적으로 무감각하고 둔하여 하나님과 그의 뜻에 대한 경멸의 자세를 취하는 자를 가리킨다. 신약에서 이런 사람은 그리스도를 부인하고 하나님의 은혜를 모욕하게 만드는 자들로서(유1:4) 그들의 모든 경건치 않은 행동과 주를 거슬러 말한 모든 완악한 말에 대하여 정죄를 받고(유1:15) 하나님의 진노를 받을 존재들을 말한다(롬1:18). 그들은 노아시대에도 홍수로 심판을 받았거니와 마지막 날에도 심판과 멸망으로 준비되어 있는 자들이다(벧후2:5, 3:7).

③ 죄인의 상태에 있었다(8절).
"우리가 아직 죄인 되었을 때에 그리스도께서 우리를 위하여 죽으심으로 하나님께서 우리에 대한 자기의 사랑을 확증하셨느니라"(8절)
'죄인'(ἁμαρτωλῶν)은 '경건치 않은 자'와 동의적 의미로 사용되고 있다. 이 단어는 '맞지 않는 것' 또는 '놓치는 것'이라는 뜻으로 하나님의 기준에 어긋난 사람을 가리키는 법적, 신학적 용어이다. 율법이 요구하는 것에서 벗어나 부당한 행동을 취하므로 율법을 통해서 자신을 뜻을 나타내시는 하나님과 그 뜻에 대하여서도 거부하고 부당한 태도를 취하는 사람을 가리킨다(마9:10). 바울에게서는 하나님의 주권에 대한 거역을 나타내는 용어로 사용하여(5:19, 7:13) 그리스도를 믿지 않는 자를 지칭하는데 사용하고 있다(갈2:17, 딤전1:15).
죄인은 하나님의 우주적 요구, 율법적 요구, 복음적 요구를 거절하고 벗어난 상태에 있는 모든 인간들로서 하나님과 단절되어 있는 존재들이다(약 5:20, 벧전4:17-18, 유1:15).

④ 원수 관계에 있었다(10절).

죄인 된 인간과 하나님의 관계를 '원수'($\acute{\epsilon}\chi\theta\rho o\acute{\iota}$)로 표현한 것은 바울만의 독특한 것이다(8:7, 엡2:16, 골1:21). 하나님과의 관계를 원수로 표현한 것은 하나님 편에서와 인간 편에서 모두 볼 수 있다. 의로우신 하나님께서 타락하여 불의한 죄인인 인간을 미워하신다는 측면에서 '원수'이고, 또한 인간이 하나님을 미워하여 대적한다는 측면에서도 '원수'로 볼 수 있기 때문이다.

이것은 인간이 죄로 말미암아 불의를 용납하실 수 없는 공의로우신 하나님과의 관계가 단절되었다는 것과 그 축복에서 제외되어 참여할 수 없는 상태에 있다는 것을 말하며, 또한 인간이 이 세상의 권세를 잡은 사단과 합세하여 하나님께 대항하는 관계에 있다는 것을 말하는 것이다. 이러한 원수 관계로 인하여 인간은 진노 아래 있게 된 것이다(1:19-32, 2:5).

둘째는, 하나님의 사랑은 그리스도의 죽음을 통하여 나타났다.

"우리가 아직 연약할 때에 기약대로 그리스도께서 경건하지 않은 자를 위하여 죽으셨도다"(6절)

절망적 인간의 상태에 대한 하나님의 행동, 즉 의로운 심판이 아니라 구원을 위한 하나님의 사랑의 행동이 나타나고 있다(8절). 그것은 아들이시며 그리스도를 죽음에 내어준 것이다. 8절에서 "하나님께서 우리에 대한 자기의 사랑을 확증하셨느니라"고 했다.

여기 '확증하다'($\sigma\upsilon\acute{\iota}\sigma\tau\eta\sigma\iota\nu$)는 '함께 놓다'(to place together), '분명히 나타내다'(to evince), '확실하게 보이다'(to demonstrate)라는 뜻으로 연약한 죄인들을 위한 하나님 자신의 사랑을 확실하게 보여주었다는 말이다. 또한 이 단어가 현재형인 것은 그 사랑은 십자가를 통하여 지금도 계속하여 보여주고 있다는 뜻이다.

① 하나님의 사랑은 실제적인 역사적 사건이었다.

'기약대로'($\kappa\alpha\tau\grave{\alpha}$ $\kappa\alpha\iota\rho\grave{o}\nu$)는 '바로 그때에'(at the right time), '정하신

그 시간에'(at the appointed hour)라는 뜻으로 예언자들이 예언한 시간, 또는 하나님의 약속이 현실화되는 종말론적 소망의 때를 가리킨다(참조 막 1:15, 12:2, 롬3:26). 바울은 엡1:9에서 "때가 찬 경륜"이라는 말을 사용하고 있다. 이는 ' 하나님의 계획을 성취하기 위한 결정적인 시점이 되어서 하나님이 그 일을 집행하시게 되었음 '을 의미하는 말이다.

하나님은 만세전에 세우신 계획이 성취되어야 할 가장 적절한 시간이 되었을 때에 '여인에게서 아들을 낳게 하시고'(갈4:4) 그 아들을 대속물로 십자가에 죽게 하신 것이다. 그러므로 하나님의 사랑은 인류를 위한 구속 계획을 세우게 되었고 그것이 역사 속에서 현실화 되게 하신 것이다.

② 하나님의 사랑은 인간을 용납할 수 없는 상황에서 나타났다.

하나님의 구속 계획이 현실화 된 것은 인간이 '아직 연약할 때'($\check{\epsilon}\tau\iota$ $\acute{o}$ $\nu\tau\omega\nu$ $\acute{\eta}\mu\hat{\omega}\nu$ $\acute{a}\sigma\theta\epsilon\nu\hat{\omega}\nu$), '아직 죄인 되었을 때'($\check{\epsilon}\tau\iota$ $\acute{o}\mu\alpha\rho\tau\omega\lambda\hat{\omega}\nu$ $\check{o}\nu\tau\hat{\omega}\nu$ $\acute{\eta}\mu\hat{\omega}\nu$), '원수 되었을 때'($\acute{\epsilon}\chi\theta\rho o\acute{\iota}$ $\check{o}\nu\tau\epsilon s$)였다. 이는 '죄의 삯은 사망' 이라는 (6:23) 우주적 철칙 앞에서 인간의 어떠한 노력과 수고로도, 어떤 특별한 자격 조건으로도 해결할 수 없는 절망적 상황에 처해 있을 때였다. 즉 하나님의 은총을 받을 만한 조건이 전혀 없는 절망적 상황에 있을 때에 하나님의 크고 큰 사랑이 나타난 것이다. 이는 죽어야 마땅하고 버림받아야 마땅한 인간을 구원하기 위한 하나님의 큰 사랑인 것이다.

③ 하나님의 사랑은 그 아들의 죽음으로 나타났다.

본 단락에서 예수 그리스도께서 우리를 위하여 '죽으셨다' 는 말이 세 번이나 나오고 있다. 이는 그의 죽으심의 의미를 강조하기 위한 것이다.

그리스도의 십자가 죽음은 하나님의 정하신 계획이었다(행2:23, 3:20).그리스도의 십자가 죽음은 하나님의 사랑의 발로(發露)이었다(요3:16, 요일 4:10). 그리스도의 십자가 죽음은 메시아적 죽음이었다(사53:5-6, 막 8:31). 그리스도의 십자가 죽음은 대리 속죄적 죽음이었다(사53:10, 막 10:45). 그리스도의 십자가 죽음은 희생적 죽음이었다(막14:24, 요10:11, 15:13, 요일2:2).

"의인을 위하여 죽는 자가 쉽지 않고 선인을 위하여 용감히 죽는 자가 혹 있거니와"(7절) 예수 그리스도의 죽음은 '죄인을 위한', '원수 된 자를 위한' 화목제물로서의 죽음이었다. 이로서 하나님이 얼마나 우리 인간을 사랑하셨는지를 확증하신 것이다.

셋째는, 그리스도의 죽음을 통하여 놀라운 은총을 받게 되었다.
"그러면 이제 우리가 그의 피로 말미암아 의롭다 하심을 받았으니 더욱 그로 말미암아 진노하심에서 구원을 받을 것이니"(9절)
본 단락에서 예수 그리스도의 죽으심으로 인한 결과를 세 가지를 말하고 있다. 특히 '더욱'($\pi o\lambda\lambda\hat{\omega}\ \mu\hat{a}\lambda\lambda o\nu$)이라는 말은 '보다 더 확실하게', '더욱더 명약관화(明若觀火)하게' 라는 의미로 예수 그리스도의 죽음을 통하여, 또는 '그의 피로 인하여' 믿는 자에게 분명한 은총이 주어지게 되었다는 것을 강조하고 있다(골1:20-22).

① 의롭다 하심을 얻게 되었다.
'의롭다하심'은 죄인을 의롭게 만드는 것을 말하는 것이 아니라 의롭다고 인정해 주는 하나님의 법적인 선언을 말한다. 즉 무죄 선언, 무죄 방면의 뜻으로 의로우신 하나님 앞에 설 수 없는 죄인에게 거룩하고 흠이 없이 설 수 있는 자격을 부여하는 것을 말한다(엡1:4). 의롭다 하심의 은총은 정죄함이 없어지고 형벌이 면제 되었고 송사가 사라진 것을 가리킨다(8:1, 33). 그 결과 하나님과의 관계가 회복되게 되었다.

② 하나님과 더불어 화해하게 되었다.
그리스도의 죽음은 화목제물의 역할로 인하여 하나님과 적대적 상태에 놓였던 것을 제거하고 친교의 관계를 회복하게 하였다. 여기 화해를 뜻하는 헬라어 '카탈랏소'($\kappa a\tau a\lambda\lambda\acute{a}\sigma\sigma\omega$)는 문자적으로는 '완전히 변하다' 는 뜻이며, 고전 헬라어에서는 "사람들이 서로 적대감 또는 반감을 품은 뒤에 다시 원래 가졌던 이해심을 회복하다"는 의미로 쓰여 '친목관계를 위하여 증오심을 바꾸다'(to exchange enmity for friendship)는 의미를 가지고 있다. 그래서 화해는 원수 되었던 관계를 화목하게 하여서 명예를 회복하고, 다시 친구의 관계를 만드는 것을 의미한다.
원래 죄인 된 인간은 하나님과 원수의 관계였는데(롬5:10), 하나님께서 자신과 인간, 그리고 세상과 화해하시려고(고후5:18-19) 그리스도를 세상에 보내셔서 그의 단 한 번의 죽으심(the once-for-all death)을 통하여 화해를 이루게 하셨다(롬5:10). 그리하여 그리스도의 죽으심은 유대인과 이방인 사이에 가로막혀 있던 장벽이 허물어지게 하였고(엡2:14) 또한 하나님과 "원수된 것을 십자가로 소멸하여"(엡2:16) 화해됨으로 유대인과 이방인이 함께 하나님께 나아가는 은혜를 얻게 된 것이다(엡2:18). 이 화평은 인간 뿐 아니라 우주 만물과의 화해도 이루게 하였다(골1:20, 엡1:10).

③ 장차 진노하심에서 구원을 얻게 될 것이다.

그리스도의 십자가의 효력은 현세적 구원뿐만 아니라 미래에 나타날 종말적 진노하심에서도 구원을 보장한다. 하나님의 '진노'(ὀργή)는 현세적인 면과 종말적 면이 있다고 했다. 그러나 여기서의 진노는 장차 나타날 심판과 형벌을 가리킨다(살전1:10). 종말론적 진노를 가리키는 다른 용어로는 '멸망의 형벌'(살전5:3, 살후1:9), 또는 '분노'(θῡμός)가 있다(계14:8, 10, 19, 15:7, 16:1, 18:3).

종말적 진노는 최후 심판의 때에 나타날 것들로 '큰 환난'(마24:21, 막13:19)을 가리키며, 또한 '꺼지지 않는 불'(마3:12, 7:19, 25:41, 요15:6), '바깥 어두운 곳'(마8:12, 25:30), '지옥'(막9:43-48, 눅12:5) 등으로 표현하였다. 예수 그리스도의 십자가의 죽음은 장차 나타날 영원한 멸망의 형벌과 하나님의 진노하심에서 구원을 보장하는 것이다. 그리고 그리스도는 친히 그의 성도들을 진노하심에서 구원하실 것이다(살전1:10).

넷째는, 예수님의 살아나심을 인하여 구원을 얻게 될 것이다(10-11절).

"곧 우리가 원수 되었을 때에 그의 아들의 죽으심으로 말미암아 하나님과 화목하게 되었은즉 화목하게 된 자로서는 더욱 그의 살아나심으로 말미암아 구원을 받을 것이니라"(10절)

예수 그리스도의 죽으심을 통하여 하나님과 더불어 화해가 이루어졌다면 더욱이 그의 부활을 통하여 신자는 마지막 날 구원을 얻게 될 것이다. 즉 '화목하게 된 자'라고 한다면 당연히 마지막 날 구원은 보장 되었다는 말이다. 9절에서의 '구원을 얻을 것'은 마지막 날의 큰 환난과 진노, 심판과 형벌, 그리고 지옥에서의 구원을 말한다면, 10절에서의 '구원을 받을 것'(σωθησόμεθα)은 '그의 살아나심'(ἐν τῇ ζωῇ αὐτοῦ)으로 말미암는 미래적 구원을 말한다. 이는 예수 그리스도의 부활을 통하여 주어지는 생명에 참여하는 구원을 말한다. 하나님과 화해 된 자는 예수님의 부활의 생명에 참여한 자이기에 '영원히 멸망치 아니할 것'(요10:28)이고 그는 '죽어도 살겠고 무릇 살아서 믿는 자는 영원히 죽지 아니'(요11:25-26)할 것이다. 이것은 마지막 날에 영생의 부활에 참여하는 것을 가리킨다(요6:39-40).

또 한 편 "더욱 그의 살아나심으로 말미암아($\dot{\epsilon}\nu\ \tau\hat{\eta}\ \zeta\omega\hat{\eta}$) 구원을 받을 것이니라"는 말씀을 매일의 삶 속에서 죄의 권세로부터의 구원으로 해석해도 좋다. 그것은 이어 나오는 11절의 '그뿐 아니라 그러나 역시 즐거워하느니라'($o\dot{v}\ \mu\acute{o}\nu o\nu\delta\epsilon,\ \dot{\alpha}\lambda\lambda\dot{\alpha}\ \kappa\alpha\grave{\iota}\ \kappa\alpha\upsilon\chi\acute{\omega}\mu\epsilon\nu o\iota$)에서 ' 즐거워하다 '의 ' 카우코메노이 '($\kappa\alpha\upsilon\chi\acute{\omega}\mu\epsilon\nu o\iota$)가 현재형인 것을 보면 '구원을 받을 것이다'($\sigma\omega\theta\eta\sigma\acute{o}\mu\epsilon\theta\alpha$)가 비록 미래형이지만 종말적 의미로만 해석할 필요는 없다고 보여 진다(10:9, 13).

즉 우리는 장래에 구원을 받을 것이라는 말이 아니라 우리는 이미 지금 구원의 즐거움 속에서 기뻐한다는 말이다. 그렇다면 이것을 부활하신 그리스도의 중보사역과 연관하여 이해해도 좋을 듯하다.

히브리서 저자는 그리스도에 대하여 "그러므로 자기를 힘입어 하나님께 나아가는 자들을 온전히 구원하실 수 있으니 이는 그가 항상 살아 계셔서 그들을 위하여 간구하심이라"(히7:25, 참조 롬8:34)고 말하고 있다. 문맥 상 여기에서의 약속된 구원은 과거적이거나 미래의 종말적 구원을 말하는 것보다는 죄의 유혹으로부터의 매일의 구원을 말하는 것이다.

예수 안에는 생명($\zeta\omega\eta$)이 있고 그 생명은 사람들의 빛이 되어 어두움에 비추일 때에 어두움이 이기지 못하고(요1:4-5) 물러가게 된다(요일2:8). 그 예수의 생명이 신자들 안에 있어(요일5:11-12) "예수 그리스도를 통하여 생명 안에서 왕 노릇 하게"(6:17) 된 것이다. 즉 예수의 생명이 신자 안에서 왕 노릇하면 어두움의 요소들은 이기지 못하여 결국에는 물러가므로 거룩한 삶을 이루게 되는 것이다. 이것이 예수의 생명 안에 있는 구원인 것이다.

그러므로 신자는 하나님의 은혜의 영광을 바라보면서도 즐거워하고, 환난을 통하여 얻게 될 유익을 바라보면서 환난 중에 즐거워하며, 그리스도로 말미암아 주어지는 의로움과 화해, 그리고 구원의 은총을 바라보면서 즐거워하는 것이다.

2. 의의 대표자 예수 그리스도에게 연대(連帶)하라(5:12-21)

(1) 아담 한 사람 때문에 전 인류가 죄인 되었다(12-14절).
첫째는, 아담 한 사람으로 모든 사람이 죄를 지어 사망에 이르렀다
　　(12절).
둘째는, 율법이 없을 때에는 죄를 규정하지 않았었다(13절).
셋째는, 아담 이후 모든 인류 위에 사망이 왕 노릇하였다(14절).

(2) 그리스도로 말미암아 은혜와 선물이 넘친다(15-17절).
첫째는, 만일 한 사람의 범죄로 많은 사람이 죽었다면 더욱 예수
　　　　그리스도로 말미암아 은혜가 넘친다(15절).
둘째는, 심판은 정죄에 이르게 했지만 은사는 의롭다 하심에 이르게
　　　　한다(16절)
셋째는, 만일 한 사람의 범죄 때문에 사망이 왕 노릇했다면 더욱
　　　　예수 그리스도로 말미암아 은혜를 받은 사람들에게는 생명이
　　　　왕 노릇한다(17절).

(3) 아담이 정죄의 대표자이듯이 그리스도는 의와 생명의 대표자이시다
　　(18-21절).
첫째는, 아담은 정죄에 이르게 하고 그리스도는 의롭다 하심에
　　　　이르게 한다(18절).
둘째는, 아담은 죄인이 되게 하고 그리스도는 의인이 되게 한다(19절).
셋째는, 아담은 사망으로 왕 노릇하게 하였으나 그리스도는 우리로
　　　　의로 왕 노릇하여 영생에 이르게 한다(20-21절).

　존슨(S. L. Johnson, Jr.,)은 1:18-3:20의 중심은 유죄선고의 확실성과 보편성이고, 3:21-5:11은 칭의의 확실성이 핵심이라면, 바울은 5:12에서 '그리스도의 구원 사역의 우주적 적용, 그것의 모든 믿는 자의 가능성'으로 주제를 전환했다고 말하고 있다.

그래서 앞의 진술에서는 유대인과 이방인을 대상으로 하여 복음을 진술해 왔으나 본 단락에서는 전 인류를 대상으로 하여 구속 역사를 진술하고 있다. 인류의 대표인 아담과 구속의 대표인 예수 그리스도를 대조 비교하면서 첫 아담의 범죄와 그 죄의 결과를, 그리고 마지막 아담 그리스도의 구속적 죽음과 그 결과로 주어지는 은총을 이야기하고 있다.

이것을 이해하려면 '연대의 원리'(the principle of solidarity)를 깨닫는 것이 대단히 중요하다. 연대(連帶)의 원리란 다른 사람의 삶을 통하여 자신의 삶을 유지하는 사회적 관계를 말한다. 연대의 원리에는 '대표와 연합의 원리'가 있다. 이는 어느 한 인격체가 자신과 여하한 법적 근거로 연합된 공동체 전체를 대표하여 계약을 체결했을 때 그가 그 계약에 대하여 갖는 태도의 법적 결과가 그와 연합된 공동체 전원에게 미치는 원리를 말한다.

이 원리를 본 단락에 나타난 성경의 구원론에 적용하면 다음과 같다. 아담은 최초로 창조된 인류의 조상으로 전 인류의 대표자가 되었다. 따라서 전 인류는 아담과 법적 연합이 되었고(혈통적 근거에 의한 육적 연합) 아담은 전 인류의 법적 대표가 된 것이다. 그가 하나님과 맺은 '선악과 언약'에 대하여 불순종하여 범죄하므로 사망과 형벌 아래 놓이게 된 결과로 아담과 연합된 전 인류는 대표자의 범죄로 인하여 법적 책임과 그 영향력을 받아 죄인이 되고 정죄를 받아 사망이 왕 노릇하게 되었다는 것이다.

반면에 하나님께서는 인류를 구원하기 위하여 예수 그리스도를 '한 사람'이 되게 하시고 그와 새로운 구속 언약을 체결하시고 그의 죽음으로 말미암는 의로운 행동을 통하여 의의 대표자가 되게 하셨다.

그리고 '믿음의 법'을 통하여 그리스도와 영적 연합을 이루게 하여 의의 대표자인 예수 그리스도를 통하여 전 인류가 하나님의 은혜와 의의 선물을 받게 하여 의롭다 하심과 영생을 얻어 생명 안에서 왕 노릇하게 만든 것이다. 그러므로 모든 기독교인들은 이 대표와 연합의 연대 원리는 기독교의 인간론과 구원론에 중요한 신학적 원리임을 깊이 깨닫고 확신하여 그리스도와 연합된 존재로서 승리로운 삶을 살아야 한다.

본 단락은 먼저 12-14절에서 아담의 죄로 인한 결과를 말하고, 15-17절에서는 아담보다 그리스도로 말미암아 주어지는 것은 더욱 큰 은혜와 선물이라는 사실을 비교하고, 18-21절에서는 그리스도의 의로 말미암는 결과에 대하여 진술하고 있다.

(1) 아담 한 사람 때문에 전 인류가 죄인 되었다(12-14절).

12절 서두에 나오는 '그러므로'(Διὰ τοῦτο)라는 접속사는 본 단락(12-21절)이 앞 단락(1-11절)의 결론인 것처럼 보여주고 있다. 앞 단락에서 바울은 예수 그리스도의 죽으심과 부활이 신자의 삶에 미친 영향에 대하여 진술하였다. 즉 그리스도의 죽음과 부활이 의롭다 하심과 화해와 미래의 진노하심에서의 구원이라는 은총을 주었다는 것이다.

그런데 본 단락의 내용을 살펴 볼 때에 인류의 타락의 원인과 인류 구원의 원인을 밝히는 내용으로 되어 있어 선행하는 구절들의 결론이기보다는 이신칭의(以信得義)의 '근거'를 밝히려는 목적에 있다고 보는 것이 더 타당하다. 먼저 아담이 전 인류의 대표자로서 범죄하여 죄와 사망이 세상에 들어왔다는 사실을 밝히고 있다.

첫째는, 아담 한 사람으로 모든 사람이 죄를 지어 사망에 이르렀다(12절).
"그러므로 한 사람으로 말미암아 죄가 세상에 들어오고 죄로 말미암아 사망이 들어왔나니 이와 같이 모든 사람이 죄를 지었으므로 사망이 모든 사람에게 이르렀느니라"(12절)

여기 '한 사람'이란 14절에서 밝혔듯이 최초로 창조된 인간 아담을 가리킨다. 아담을 '한 사람'이라고 표현한 이유는 그가 혈통적으로 그의 후손인 전 인류의 조상이요 대표자임을 강조하기 위한 것이다.

① 아담 한 사람의 범죄가 세상에 죄가 들어오게 했다.
아담은 에덴동산에서 하나님과 '은혜의 언약'을 맺었다. 언약은 하나님의 계획의 기본적인 부분들이기 때문이다(창6:18, 9:9-17, 15:18, 출34:27-28, 렘31:31, 히8:6, 13). 에덴동산에는 보기에도 아름답고 먹기에도 좋은 나무와 열매가 있고 생명나무와 선악을 알게 하는 나무도 있었다.

하나님은 인간에게 동산의 '각종 나무의 실과'를 임의로 먹을 수 있는 특권을 주셨다(창2:16). 특히 생명나무의 실과도 먹어 영생하도록 하셨다(창3:22). 하나님은 그들이 영생을 얻고 행복하게 살기를 원하셨다. 선악과를 금한 것은 하나님의 궁극적인 뜻에 순종하는 법을 배우게 하려는 것이었다. 그러나 아담은 언약을 지키지 못하고 불순종하여 깨드리고 말았다(호6:7). 언약의 파기는 결국 자신과 환경과 후대에게도 불행을 초래하게 만든 것이다. 결국 아담 한 사람의 불순종으로 인하여 죄가 세상에 들어오게 만든 것이다.

혹자는 아담 한 사람의 불순종이 어떻게 온 세상에 죄를 들어오게 만들었느냐고 의문을 제기하는 사람도 있다. 그것이 바로 연대의 원리에 의한 것으로 계약은 반드시 좋든 나쁘든 미래의 세대에 연결되기 때문이다(창9:9-10, 17:7, 삼하7:12-13). 그래서 인류의 대표자인 아담의 범죄는 세상에 죄의 영향력을 미치게 되었다. 이것을 신학적으로 원죄(原罪)라고 한다.

② 모든 사람이 죄를 지어 사망에 이르게 되었다.

'이와 같이'(οὕτως)는 앞 문단의 조건절(ὥσπερ)에 대한 결과절로서 아담의 범죄로 모든 사람이 죄를 짓게 되어 사망의 형벌을 받게 되었다는 말이다. 여기 '죄를 지었다'(ἥμαρτον)는 것은 아담의 죄를 전가(轉嫁)받아 전 인류가 자범죄(自犯罪)를 짓게 된 상태에 이른 것이다(신21:1-9). 즉 전 인류가 타락한 상태에 이르렀다는 말이다.

자신이 의식하든 안하든, 또는 인정하든 안하든 상관없이 모든 인류는 아담에게 혈육적으로 연대되어 있기 때문에 대표와 연합의 원리에 따라 아담의 죄의 성질과 영향까지 그대로 전가되어 죄를 지을 수밖에 없는 환경에 처한 죄인이 된 것이다. 그래서 '모든 사람이 죄를 범하였으매 하나님의 영광에 이르지 못하게"(3:23) 되었다고 단정하는 것이다.

아담의 원죄로 인하여 죄책과 오염이 인류에게 전가 되었다. 이로 인하여 인류는 다음의 타락 상태에 놓이게 되었다.

먼저는 죄책(罪責)이다.

죄책(guilt)은 율법 또는 도덕적 요구를 어긴 행위에 대해서 처벌 또는 정죄를 받게 되는 상태를 말한다. 즉 죄에 대한 책임 받는 것이다. 그것은 하나님과의 단절과 형벌이다(사59:1-2, 롬3:23, 엡4:18, 2:1). 그리고 그 죄책에 대하여 느껴지는 죄의식을 죄책감이라고 한다. 죄책감은 사람들의 양심에 따라 각각 다르게 느껴지게 된다.

간혹 사람들은 죄책과 죄책감을 혼돈할 때가 있다. 어느 기독교 정신과 의사가 둘 사이를 이렇게 정의해 주었다.

"정신병학(psychiatry)의 문제점은
그것이 단지 증세들만 다룬다는 것입니다.
정신병 의사는
환자의 죄책감(feeling of guilt)은 제거할 수 있지만
죄책(guilt)은 제거할 수 없습니다.

 …
환자는 결국 기분은 좋아지지만
한 문제가 아니라 두 문제를 갖게 됩니다"(죄책과 착각의 문제)

다음은 부패(腐敗)다.

부패(depravity)란 의에 대한 소원이나 하나님을 향한 거룩한 애정이나 도덕적 성품은 부패하고 악을 향한 성향을 갖게 된 것을 말한다(렘17:7). 하나님을 향한 사랑은 없고(요5:42), 영혼은 어두워지고 육체의 기능은 부패하여 선한 것이 없는 상태가 된 것이다(롬7:18, 23, 8:7, 엡4:18, 딛1:15).

마지막으로 형벌(刑罰)이다.

형벌(penalty)이란 죄의 삯은 사망이라(5:12, 6:23, 창2:17)는 선고에 따라 당하는 벌을 말한다. 아담 한 사람의 죄로 말미암아 사망이 세상에 들어와 모든 사람을 지배하게 되었다. 그리하여 영혼의 죽음(엡2:1, 5), 삶의 고통(창3:17-18), 육체적 죽음(창3:19민16:29, 27:3), 영원한 죽음(마10:28, 25:41, 살후1:9)을 당하게 된 것이다.

모든 사람이 죄를 지은 상태 때문에 사망이 모든 사람에게 이르렀다는 것이다. 여기 '이르렀다'($\delta\iota\hat{\eta}\lambda\theta\epsilon\nu$)는 말은 '퍼져 나가다', '확산되다' 는 뜻으로 한 사람의 범죄의 행동으로 인하여 모든 사람들에게 두루 영향을 미치게 되었다는 것을 의미한다. 즉 한 사람의 죄로 전 인류가 그 책임을 지게 되었고 또한 그 죄로 인하여 사망이 전 인류에게 퍼지게 된 것이다.

그리고 '죄와 허물로 죽은'(엡2:1) 영적 죽음은 하나님과의 단절을 말한다. 그로 인하여 인간의 삶에 나타난 현상은 다음과 같다.

세상 풍조를 따르는 존재가 되었다.
공중 권세 잡은 영을 따르게 되었다.
육체의 욕심을 따라 욕망대로 살았다.
결국 진노의 자녀가 된 것이다(엡2:2-3).

둘째는, 율법이 없을 때에는 죄를 규정하지 않았었다(13절).

"죄가 율법 있기 전에도 세상에 있었으나 율법이 없었을 때에는 죄를 죄로 여기지 아니하였느니라"(13절)

앞에서 '율법으로는 죄를 깨달음'(3:20)이라고 했다. 즉 율법의 역할은 죄가 무엇인지 분명히 규정해 주는 역할과 기준이 되었던 것이다. 그렇다면 율법이 없던 아담 이후 모세 때까지의 사람들은 죄의 실체를 인식할 없었던 것은 아니었다.

분명히 율법이 있기 전에도 죄는 존재하고 있었다. 다만 사람들이 율법이 없을 때에는 죄를 죄로 인정하고 책임을 전가하는 일이 부족했을 뿐이다. 그러나 2:14-15에서 밝혔듯이 율법이 없다 할지라도 인간은 그 본성(nature), 즉 자연의 규칙적인 질서, 인간 안에 있는 '도덕성'(morality)이라는 자연적 본성이 선악을 분별하고 판단할 수 있는 것이다.

자연적 본성 안에는 '양심'과 윤리적 행동을 규제하는 기능으로서의 '사고' 또는 '판단력'이 있는 것이다. 이런 것이 율법 역할을 감당했던 것이다. 그러므로 율법이 없다고 죄가 없다거나 죄를 죄로 인정치 않는 일은 있을 수 없는 것이다.

셋째는, 아담 이후 모든 인류 위에 사망이 왕 노릇하였다(14절).

"그러나 아담으로부터 모세까지 아담의 범죄와 같은 죄를 짓지 아니한 자들까지도 사망이 왕 노릇 하였나니 아담은 오실 자의 모형이라"(14절)

'그러나'(ἀλλά)는 율법이 없을 때에는 죄를 죄로 여기지 않는 일이 있다 할지라도 '그럼에도 불구하고'(nevertheless) 죄를 짓지 않은 자들 위에도 사망이 왕 노릇했다는 말이다.

여기 '아담의 범죄'(παράβασις)는 흔히 율법을 어기는 범법 행위를 가리키는 말이다. 아담이 범법을 저질렀다는 것은 하나님이 주신 명령을 알면서도 그것에 불순종하였기 때문이다.

그런데 아담에서부터 모세 때까지 아담과 동일한 형식의 범법을 저지르지 않은 자들이라 할지라도 그들 위에 죄로 말미암아 사망이 왕 노릇했다는 것이다. 사망이 폭군처럼 군림하여 지배를 한 것이다. 이것은 생명의 반대인 죽음이 왔다는 말이기도 하지만 사망의 권세를 잡고 있는 사단이 지배를 했다는 말이기도 하다(히2:14-15).

아담 한 사람의 범죄가 그 후손들과 연대되어 죄의 결과가 전가 되어 죄인이 되었고, 사망의 지배를 받고, 사단의 종이 되었고, 저주 아래 놓이게 된 것이다.

(2) 그리스도로 말미암아 은혜와 선물이 넘친다(15-17절).

14절 하반절에서 "아담은 오실 자의 모형이라"고 했다. 여기 '오실 자'는 인류 구원을 위해 세상에 오시기로 약속되어진 메시아, 곧 예수 그리스도를 가리킨다(마11:3, 눅7:19-20).

그리스도는 아담 안에서 절망에 빠진 인류에게 소망의 길을 열어주기 위하여 세상에 오시는 분이시다. 그리고 '모형'($\tau\acute{u}\pi os$)이란 '전형', '유형', '양식'이라는 의미이다. 여기에서 아담이 예수 그리스도의 모형이라는 것은 아담이 인류의 대표자로서 불순종과 범죄가 그와 연합 관계에 있는 전 인류에게 영향력을 미쳤듯이 예수 그리스도도 의의 대표자로서 그의 구속적 행동이 그와 연합 관계에 있는 사람들에게 영향을 미쳐 칭의와 성화를 이루게 된 것을 말한다.

15-21절까지에는 아담과 그의 죄의 결과와 그리고 그리스도와 그의 구속 사역의 결과를 여섯 가지 형태로 비교하고 있는 것을 발견할 수 있다.

① 15, 17절에서는 '만일 A이면, 더욱 더 B이다.'(If A, how much more B.)라는 형태이다.

"만일 한 사람의 범죄로 많은 사람이 죽었으면 더욱 한 사람 예수 그리스도의 은혜로 많은 사람에게 선물이 넘치리라"(15절),

"만일 한 사람의 범죄로 사망이 왕 노릇하였으면 더욱 예수 그리스도를 통하여 생명 안에서 왕 노릇하리로다"(17절),

② 16절에서는 'A는 B와 같지 아니하니'(A is not like B.)라는 부정적인 형태로 되어 있다.

"이 선물은 범죄한 한 사람으로 말미암은 것과 같지 아니하니"(16절),

③ 18, 19, 21절에서는 'A와 같이 역시 B이다'(Just as A, so also B.)라는 형식으로 되어 있다.

"한 범죄로 많은 사람이 정죄에 이른 것 같이 한 의로운 행위로 많은 사람이 생명에 이르렀느니라"(18절),

"한 사람이 순종하지 아니함으로 많은 사람이 죄인 된 것 같이 한 사람이

순종하심으로 많은 사람이 의인이 되리라"(19절),

"죄가 사망 안에서 왕 노릇한 것 같이 은혜도 또한 의로 말미암아 왕 노릇 하여 생명에 이르게 하려 함이라"(21절).

15절 첫 절에서 "그러나 이 은사는 그 범죄와 같지 아니하니"라는 것은 그리스도를 통하여 주어지는 은혜의 결과는 아담의 범죄를 통하여 주어지는 결과와는 다르다는 사실을 밝히는 것이다. 그러면서 아담의 죄의 결과와 그리스도로 말미암아 주어지는 은혜의 결과를 비교하고 있다.

첫째는, 만일 한 사람의 범죄로 많은 사람이 죽었다면 더욱 예수 그리스도 로 말미암아 은혜가 넘친다(15절).

"그러나 이 은사는 그 범죄와 같지 아니하니 곧 한 사람의 범죄를 인하여 많은 사람이 죽었은즉 더욱 하나님의 은혜와 또한 한 사람 예수 그리스도의 은혜로 말미암은 선물은 많은 사람에게 넘쳤느니라"(15절)

여기서는 '은사'와 '범죄'를 비교하면서 '만일~더욱 더'($\epsilon\acute{\iota}...\pi o\lambda\lambda\tilde{\omega}$ $\mu\tilde{a}\lambda\lambda o\nu$)라는 비교 법칙을 적용하고 있다. 즉 아담 한 사람의 범죄의 결과와 한 사람 그리스도의 은혜의 결과가 서로 다르다는 것을 비교 대조시키고 있다.

일반적으로 '은사'($\chi\acute{a}\rho\iota\sigma\mu a$)는 성도들에게 주시는 성령의 선물을 가리키는 경우가 많다(롬12:6-8, 고전12:4-11). 그러나 여기서는 보다 근본적인 하나님의 은총, 즉 그리스도로 말미암아 베풀어 주시는 구원의 은총을 가리키고 있다. 그리고 '범죄'($\pi a\rho\acute{a}\pi\tau\omega\mu a$)는 14절에서 율법을 어기는 범법 행위를 가리키는 '범죄'($\pi a\rho\acute{a}\beta a\sigma\iota\varsigma$)와 다르게 '파라프토마'를 사용한 것은 '은사'($\chi\acute{a}\rho\iota\sigma\mu a$)와 동일한 운율을 맞추기 위한 것 같다. '파라프토마' ($\pi a\pi a\pi\tau\omega\mu a$)는 '허물'(fault)이라는 뜻으로 하나님이 명령한 것에서 이탈하여 배신한 행위를 가리킨다. 은사와 범죄가 서로 같지 않은 이유는 그 결과가 판이하게 다르기 때문이다.

① 아담의 범죄는 많은 사람을 죽음에 몰아넣었다.

아담이 하나님의 명령을 어기고 배신하여 불순종한 범법 행위는 그 후손들에게 그대로 전가(轉嫁)되어 '많은 사람', 즉 전 인류가 죽게 된 것이다. 하나가 전체를 죽음으로 몰고 간 것이다.

② 예수 그리스도의 은혜는 많은 사람을 은혜와 선물이 넘치게 하였다.

여기 '더욱'(πολλῷ μᾶλλον)은 만약에 아담의 범죄가 많은 사람을 죽음으로 몰고 갔다면 더욱 분명한 사실은, 즉 질적인 면에서 더욱 월등하고 확실한 것으로서 예수 그리스도는 많은 사람들에게 은혜와 선물이 넘치게 했다는 말이다. '하나님의 은혜'와 '그리스도의 선물'은 동일한 의미로 그리스도 안에서 주어지는 구속적 하나님의 은혜를 가리킨다. 하나님은 그리스도 안에서 하늘에 속한 모든 신령한 복을 은혜로 주신다(엡1:3).

그 선물은 죄 사함, 의롭다 하심, 영생, 평안, 성령...등으로 그리스도 안에서 헤아릴 수 없는 은총들을 말한다. 그리고 '넘치다'(περισσεύω)라는 단어는 '매우 풍부하다'(to be more than enough), '더 탁월하게 되다'(to be rendered more prominent)는 뜻으로 그리스도로 말미암아 주어지는 선물이 풍성할 뿐 아니라 아담이 저질러 놓은 죄의 결과보다 더욱 탁월하다는 것을 가리킨다. 그리스도의 구속을 통하여 주어지는 은혜와 선물은 "측량할 수 없는 그리스도의 풍성"(엡3:8)이며 어떤 것과 비교할 수 없을 정도로 탁월한 것이다.

둘째는, 심판은 정죄에 이르게 했지만 은사는 의롭다 하심에 이르게 한다 (16절).

"또 이 선물은 범죄한 한 사람으로 말미암은 것과 같지 아니하니 심판은 한 사람으로 말미암아 정죄에 이르렀으나 은사는 많은 범죄로 말미암아 의롭다 하심에 이름이니라"(16절)

본 절에서는 '선물'은 '범죄'의 결과와 같지 않다고 부정하면서 대조 관계 기법(μέν...δέ, one~another)을 적용하여 심판과 은사의 결과를 비교 설명하고 있다.

그리스도 안에서 주어지는 은혜로서의 선물은 아담의 범죄로 말미암아 초래된 결과와 완전히 다르다. 아담으로 말미암은 것은 저주요, 사망이요, 어둠이요, 절망이지만 그리스도로 말미암는 선물은 축복이요, 생명이요, 빛이요, 소망이다. 왜냐하면(γάρ) 다음과 같은 이유 때문이다.

① 심판은 한 사람으로 말미암아 정죄에 이르렀기 때문이다.

심판은 '판결' 또는 '선고된 형벌'로서 아담의 범죄 행위로 인하여 주어진 형벌을 말한다. 아담의 범죄 행위에 대한 형벌로서 정죄, 즉 유죄판결을 받게 된 것이다. 한 사람의 행동이었지만 그 결과는 전 인류에게 영원한 죄인이 되게 한 것이다. 이것은 인류에게 가장 큰 불행이다.

② 은사는 많은 범죄로 말미암아 의롭다 하심에 이르렀기 때문이다.

그리스도로 말미암아 주어지는 구원의 은총은 의롭다 하심의 은총을 얻게 한다. '많은 범죄로 말미암아'는 인류에게 정죄가 초래된 것은 한 사람 아담의 범죄 행위에 기인하였지만, 그러한 많은 범죄에도 불구하고 사람들이 의롭다하심의 선물을 받게 된 것은 그리스도의 은혜로운 행동으로 말미암았다는 말이다. '의롭다 함'은 칭의(稱義), 곧 그리스도 예수 안에 있는 구속으로 말미암아 저를 믿는 자마다 하나님의 은혜로 값없이 의롭다 하심을 얻는 것을 가리킨다(3:24). 이것은 많은 죄를 지은 사람이라 할지라도 값없이 의롭다고 인정해 주시는 은총이다.

셋째는, 만일 한 사람의 범죄 때문에 사망이 왕 노릇했다면 더욱 예수 그리스도로 말미암아 은혜를 받은 사람들에게는 생명이 왕 노릇한다(17절).

"한 사람의 범죄로 말미암아 사망이 그 한 사람을 통하여 왕 노릇 하였은 즉 더욱 은혜와 의의 선물을 넘치게 받는 자들은 한 분 예수 그리스도를 통하여 생명 안에서 왕 노릇 하리로다"(17절)

여기에서도 15절처럼 '만일~더욱 더'($\epsilon i...\pi o\lambda\lambda\hat{\omega}\ \mu\hat{a}\lambda\lambda o\nu$)라는 비교법에 따라 만일 아담의 범죄로 사망이 통치했다면 그리스도를 통하여서는 생명이 통치한다는 사실을 밝히고 있다. 이는 앞에서 이미 밝혔듯이 아담의 죄로 많은 사람에게 죽음이 전가 되었듯이 그리스도의 의의 행동 때문에 많은 사람에게 생명이 전가되어 왕 노릇한다는 사실을 다시 한 번 밝히고 있는 것이다.

① 한 사람 아담의 범죄로 사망이 왕 노릇하였다.

'죄의 삯은 사망'이라는 말씀에 따라 아담의 범죄는 전 인류를 사망에 이르게 하고 사망이 폭군처럼 왕 노릇하여 다스리게 했다. 여기 '왕 노릇하다'($\beta a\sigma\iota\lambda\epsilon\acute{u}\omega$)는 '왕이 되다'(to be king), '다스리다'(to rule as king)는 뜻으로 사망이 모든 사람 위에 군림하여 왕 노릇했다. 사람들은 사망의 세력을 잡은 자 마귀에게 종노릇하며 죽음이 두려워서 그 손아귀에서 벗어나지를 못하고 있는 것이다(히2:14-15).

② 한 사람 예수 그리스도로 말미암아 생명 안에서 왕 노릇할 것이다.
예수 그리스도로 말미암아 은혜와 의의 선물을 받은 자들은 사망의 세력에서 벗어난 자들이다. 예수 그리스도께서 세상에 오신 목적이 마귀를 없이하고 '일생에 매여 종노릇하는 모든 자들을 놓아 주어'(히2:15) 사망에서 생명으로 옮겨주었기 때문이다. 뿐만 아니라 그는 '마귀의 일을 멸하여'(요일3:8) 모든 사람을 해방시키려고 세상에 오셨기 때문이다.
여기 '넘치는 은혜'는 그리스도로 말미암아 주어지는 하나님의 은혜로서 값없이 주시는 선물을 말한다. 즉 "측량할 수 없는 그리스도의 풍성"(엡3:8)의 은총을 말한다. 또한 '의의 선물'이란 하나님과의 새로운 관계를 맺어 얻어진 신분과 특권을 말한다.
범죄한 죄인임에도 불구하고 예수 그리스도 안에서 믿음으로 값없이 무죄선언을 해주시고 자녀 삼아서 풍성한 은혜에 참여하게 하신 것이다. 이런 사람에게는 장차 그리스도와 함께 왕 노릇하게 될 것이다(딤후2:12, 계20:4, 6, 22:5).
여기 '생명 안에서 왕 노릇하게 될 것이다'는 말은 비록 미래형이지만 이것은 현재적으로 그리스도 안에서 사망의 지배를 받아 종살이 하던 사람들이 그것에서 해방되어 그리스도께서 주신 영생의 생명 안에서 세상을 정복하며 살아가는 것을 뜻하는 것이다.

(3) 아담이 정죄의 대표자이듯이 그리스도는 의와 생명의 대표자이시다 (18-21절).
18절 서두에 나오는 결과를 강조하려는 접두사 '그런즉'(ἄρα οὖν)을 통하여 지금까지 논의했던 아담과 그리스도를 대조했던 것에 연이어 결론을 내리려고 하고 있다. 그러면서 여기서도 다시 조건절(ὡς, ὥσπερ, 같이)에 따른 결과절(οὕτως καί, 이와 같이 역시)을 사용하여 아담과 그리스도의 행동의 결과를 설명하고 있다.
즉 앞에서 설명했던 것처럼 18, 19, 21절에서는 'A 와 같이 역시 B 이다' (Just as A, so also B.)라는 형식으로 아담의 범죄가 정죄와 사망의 대표자 역할을 했다면, 그리스도의 의로운 행동은 많은 사람을 은혜와 의로움과 생명에 이르게 했다는 사실을 비교하여 진술하고 있다.

첫째는, 아담은 정죄에 이르게 하고 그리스도는 의롭다 하심에 이르게 한다(18절).

"그런즉 한 범죄로 많은 사람이 정죄에 이른 것 같이 한 의로운 행위로 말미암아 많은 사람이 의롭다 하심을 받아 생명에 이르렀느니라"(18절)

18, 19절은 바로 신학적으로 대표와 연합의 원리를 설명하는 아주 중요한 구절이다. 아담과 그리스도는 각각 자신에게 속한 자들과 영적으로 연대되어 있는 대표로서 그들의 행위의 결과가 자신에게 속한 자들에게 전가(轉嫁)된다는 것을 보여주고 있다. 즉 아담의 범죄 행위가 많은 사람 또는 전 인류에게 정죄에 이르게 했다면, 그 반면에 그리스도의 의로운 행동은 많은 사람을 의롭다 하심을 받아 생명에 이르게 했다는 것이다.

아담은 유죄 판결(condemnation)을 가져왔다면 그리스도는 무죄 판결(justification)을 가져온 것이다. 그리스도의 '의로운 한 행동'이란 화목제물로서 십자가 희생적 죽음을 통하여 나타난 의로우심의 행위를 말한다. 그의 십자가 희생은 하나님의 의로우심도 드러내고 믿는 자에게 의로움도 주게 된 것이다(3:24-26). 여기 '생명의 의'($\delta\iota\kappa\alpha\acute{\iota}\omega\sigma\iota\nu$ $\zeta\omega\hat{\eta}\varsigma$)란 생명으로 이끄는 의로움을 말한다. 그리스도 안에서 얻게 되는 의롭다 하심은 생명의 하나님과의 관계 회복을 가져오고 그 생명 안에 들어가게 만드는 것이다.

둘째는, 아담은 죄인이 되게 하고 그리스도는 의인이 되게 한다(19절).

"한 사람이 순종하지 아니함으로 많은 사람이 죄인 된 것 같이 한 사람이 순종하심으로 많은 사람이 의인이 되리라"(19절)

여기에서는 아담의 불순종과 그리스도의 순종, 그리고 죄인과 의인 된 것을 대조하고 있다. 이것은 앞 절의 단순한 반복이 아니라 해설하는 것이다. 앞 절에서는 범죄하고 의롭게 된 상태를 말했다면 본 절에서는 죄인 되고 의인된 사실을 증거하고 있다.

'한 사람의 순종치 아니함'은 아담이 하나님과 동등해지려는 교만 때문에 불순종하였는데, 그 한 사람의 불순종은 그의 후손인 전 인류를 죄인 만들었다는 것이다. 그에 반하여 '한 사람의 순종하심'은 인류를 구원하시려는 하나님의 구속 계획에 대하여 예수 그리스도께서 죽기까지 순종하여 대속적 죽음을 당하시므로 인류로 하여금 의인의 반열에 설 수 있는 길을 마련하셨다는 것이다. 아담은 인류로 죄인(sinners) 되게 하였지만 그리스도는 인류로 의인(the righteous)되게 하고/할 것이다.

셋째는, 아담은 사망으로 왕 노릇하게 하였으나 그리스도는 우리로 의로 왕 노릇하여 영생에 이르게 한다(20-21절).

"율법이 들어온 것은 범죄를 더하게 하려함이라 그러나 죄가 더한 곳에 은혜가 더욱 넘쳤나니"(20절)

지금까지 바울은 아담과 그리스도를 대조하여 정죄와 은혜를 설명하다가 갑자기 율법에 관한 것을 끌어들이고 있다. 그것은 13절에서 율법에 관한 논의를 잠시 제쳐두었다가 다시 대두 시키는 것이 복음을 설명하는데 옳다고 생각했기 때문이다. 하나님의 구원 계획 가운데서 아담의 범죄 이후 그리스도께서 인류를 위한 구속사역을 성취하기 위해 오기 이전 그 중간에 율법이 끼어들어온 이유를 밝히고 있다. 율법은 구원사적 목적을 가지고 이스라엘 백성에게 주어진 하나님의 교훈이요 선물이지만 거기에는 한계점이 있었다.

인간을 의의 표준에 이르게 하기 보다는 오히려 죄를 더욱 드러나게 하고 정죄하는 역할을 할 뿐이었다. 그러므로 율법은 아담으로 전가된 범죄 행위를 더욱 분명히 밝힐 뿐 아니라 죄의 목록만 더해지게 하는 역할을 했던 것이다. 그러나 죄인이 그리스도 앞에 왔을 때에는 죄가 더한 곳에 은혜가 넘치는 것처럼 더욱 넘치는 은혜가 있게 한 것이다.

여기 '더욱 넘치다'(ὑπερεπερισσεύω)라는 단어는 '양을 초과하다', '매우 풍부하다' 라는 뜻의 '페릿슈오'(περισσεύω)에, '~을 초과하는'(more than, beyond, over)이라는 의미를 가진 접두어 '휘페르'(ὑπερ)와 합성된 최상급보다 더 강한 의미의 동사로서 더 이상 넘쳐흐를 것이 없을 정도로 풍성한 상태를 의미한다. 아담의 범죄로 죄가 세상에 들어와 지배하게 되었고 중간에 율법까지 들어와서 인류의 죄 된 상황을 더욱 심화시켜 깊은 수렁과 절망에 빠지게 만들었지만, 그리스도 안에서 주어지는 은혜는 이 모든 죄악 된 상황을 극복하고도 남을 만큼 풍성하다는 것이다. 인류가 아무리 죄의 세력의 깊은 수렁에 빠져 있다 할지라도 하나님의 은혜는 그것을 압도

하고도 남을 수 있을 만큼 힘이 있고 풍성하게 넘치는 것이다.

"이는 죄가 사망 안에서 왕 노릇 한 것 같이 은혜도 또한 의로 말미암아 왕 노릇하여 우리 주 예수 그리스도로 말미암아 영생에 이르게 하려 함이라" (21절)

율법이 죄를 더하였지만 은혜가 더욱 풍성하게 된 이유를 밝히고 있다. 그 것은 그리스도로 말미암는 은혜는 죄의 통치를 종지부 찍고 새로운 은혜의 통치시대를 열었기 때문이다.

① 죄는 사망 안에서 통치한다.

17절에서는 사망이 아담의 범죄로 말미암아 왕 노릇한다고 했는데, 본절 에서는 '죄가 사망 안에서 왕 노릇한다' 고 말하고 있다. 이것은 같은 의미 이다. 아담의 범죄를 통하여 인류에게 죄가 들어오고 사망이 들어와서 지배 를 하게 되었기 때문이다. 죄는 사망의 통치권 아래 갇혀 있는 인류를 지배 하고 그 안에서 왕 노릇하고 있다. 그래서 모든 인간은 죄의 권세 밑에서 벗 어나지 못하고 그 아래 굴복하여 죄의 노예 생활을 하고 있는 것이다.

② 그러나 은혜는 예수 그리스도의 의로 말미암아 통치한다.

예수 그리스도 안에 새로운 통치가 시작 되었다. 예수 그리스도 안에 있는 사람에게는 죄책과 형벌에서 벗어나서 은혜의 지배 아래서 살아가게 된 것 이다. 죄와 사망의 통치권에서 은혜의 통치권으로 옮겨가게 되는 것이다.

다시 말해 은혜는 '분에 넘치는 자비와 은총'(undeserved mercy and favor), 또는 '신적 은총의 향유(享有)'(enjoyment of divine favor)의 뜻 으로 '하나님께서 예수 그리스도 안에서 버려진 죄인들에게 베푸시는 값없 는 은총이나 자비로운 인자하심' 라는 의미이다(5:15, 17, 고후9:8, 엡1:6-8, 딛2:11).

특히 본 단락에서의 은혜는 그리스도 안에서 주어지는 각종 은사 또는 선 물을 말한다. 은혜의 풍성한 시대는 예수 그리스도로 말미암아 주어지는 것 으로 '그리스도 안에서' 만 주어진다. 그리스도 안에서 공급되어지는 풍성 한 은혜 속에서 헤엄치며 은혜 아래서 살아가는 것이다.

이 은혜는 '의를 통해서' 주어지는 것이다. 여기서의 '의' 란 믿음으로 말 미암아 얻어지는 의의 선물, 다시 말해 하나님과의 바른 관계를 맺게 된 신자의 '의의 신분'을 말한다. 이러한 은혜의 삶은 의로운 신분에서 영원한 생명으로 인도하는 것이다. 영생은 이미 그리스도 안에서 주어진 것이지만 또한 마지막 부활의 때에 완성되어지는 것이다(요3:15, 16, 5:24, 롬6:22, 딛1:2).

지금까지 우리는 아담과 그리스도를 구원사적 측면에서 대조하여 살펴보았다. 1-11절에서는 주로 예수 그리스도의 십자가의 희생적 죽음을 통하여 주어진 신자의 위치와 신분에 대하여 진술했고, 12-21절에서는 아담과 그리스도에 의하여 인류에게 미쳐진 결과를 구원사적으로 비교 대조하여 살펴보았다. 아담과 그리스도는 구원의 역사 속에서 단순한 개인들이 아니라 인류의 운명을 바꾸어 놓은 대표적인 인물들이다.

아담은 혈통적으로 전 인류의 조상이 되어 그 한 사람의 범죄와 불순종의 영향력은 그 후손들에게 그대로 전가되어 정죄를 받아 죄와 사망의 지배 아래 살아가는 절망적 존재들이 되게 만들었다. 그러나 예수 그리스도는 하나님이 계획하신 구속 언약에 대하여 죽음으로 순종하여 그의 의로운 행동은 새로운 은혜의 시대를 열게 된 것이다(히5:8-9).

그래서 하나님이 마련하신 새로운 구원의 방법인 '믿음의 법'에 따라 의롭다 하심을 받는 사람들에게는 하나님의 은혜와 선물이 넘쳐 영생의 나라로 인도함을 받게 한 것이다. 즉 죄와 사망의 종에서 그리스도와 함께 은혜 안에서 왕 노릇하는 신분으로 변화 되어 영생과 넘치는 은혜 속에서 살아가게 만든 것이다.

그러므로 이제 죄의 대표자 아담과 연대(連帶)되어진 줄을 끊고 의의 대표자인 예수 그리스도에게 연대하여 풍성한 은혜 아래서 새로운 시대, 새로운 신분을 향유하며 살아야 한다. 이 사실을 깊이 깨닫고 이제부터는 아직까지도 아담 안에서 절망하고 있는 인류에게 그리스도 안에 들어와 연대하므로 새로운 시대를 열어갈 수 있도록 만들어주어야 한다.

3. 그리스도와 함께 산 자로 여겨라(6:1-11)

(1) 의롭다하심을 받은 성도는 더 이상 죄에 거할 수 없다(1-2절)

(2) 그리스도와 연합하여 침례 받은 자는 침례의 원리를 알아야 한다
   (3-4절).
   첫째는, 신자는 그리스도 안에서 연합한 자이다.
   둘째는, 신자의 침례는 그리스도와 연합하여 죽음, 장사지냄,
      살아남을 의미한다.
   셋째는, 연합의 영적 목적은 새 생명 가운데서 살게 하려는 것이다.

(3) 그리스도와 연합된 죽으심과 부활의 의미를 알아야 한다(5-10절)
   첫째는, 우리는 옛사람이 십자가에 못 박힌 이유를 알아야 한다
      (6-7절).
   둘째는, 우리는 그리스도와 함께 죽었으면 또한 함께 살줄을 믿는다.
   셋째는, 우리는 그리스도께서 죽은 자 가운데서 사신 역사적 사실을
      분명히 안다(9-10절).

(4) 이제 우리는 죄에 대하여 죽은 자요 하나님에 대하여 산 자로
   여겨야 한다(11절)

바울은 5장에서 우리가 믿음으로 의롭다하심을 얻는 이신득의의 은총의 기초는 예수 그리스도의 십자가의 구속(5:6-11)과 대표와 연합의 원리에 따라 의의 대표자이신 그리스도에게 연대함으로 의롭다하심과 은혜와 생명이 넘치게 되었다(5:15-21)는 사실을 밝혔었다. 이것은 그리스도로 말미암아 신분의 변화를 얻게 되었다는 말이다.

이제 6-8장에서는 존재의 변화를 얻은 자는 '삶의 변화', 즉 거룩함으로 성화된 삶을 살아야 한다는 사실을 강조하고 있다. 그리스도 안에서 신분의

변화를 경험한 사람이 계속해서 죄에 머물러 있을 수는 없는 것이다. 앞에서 누차 설명했었듯이 의롭다하심의 칭의의 은총은 단회적이며 순간적으로 이루어진 일이지만 이제부터는 매일의 삶 속에서 거룩함의 완전한 단계를 향하여 점진적으로 나아가야만 하는 것이다. 이것을 위한 영적 원리를 깨닫게 되기를 원하여서 세 가지 비유를 들어서 설명을 하고 있다.

첫 번째는 우리는 죄에 대하여 죽은 자요 하나님에 대하여 산 자라는 사실을 확실하게 깨닫기 위하여 침례(浸禮)의 원리를 설명했고(6:3-11),
두 번째는 죄가 우리의 몸을 지배하지 못하게 하고 도리어 은혜가 지배하는 삶을 살기 위하여 주종(主從) 관계를 이해하도록 설명했고(12-23절),
마지막으로 율법의 문자적 사슬에서 해방되어 영의 새로운 것으로 섬기며 열매 맺는 삶을 위하여 혼인(婚姻) 관계를 통하여 설명하고 있다(7:1-6).
또한 본 단락을 이해하기 위해서는 "알지 못하느냐"(3절), "우리가 알거니와"(6절), "앎이로다"(9절)라는 단어들이 한글 성경과는 다르게 각 문장 서두에 나와 있는 것에 관심을 기울이고 살펴보아야 한다.
첫 번째 '알지 못하느냐' 는 우리가 그리스도와 연합하여 죽고 살았다는 침례의 원리를 알아야 한다는 것을 강조한 것이고(3-5절),
두 번째 '우리가 알거니와' 는 우리의 옛사람이 그리스도와 함께 십자가에 못 박혀 죽은 이유, 또는 목적을 알아야 한다는 것이며(6-8절),
세 번째 '앎이로다' 는 그리스도의 사심은 죄에 대하여는 죽고 하나님에 대하여 살았다는 사실이 우리에게 그대로 적용된다는 것을 강조하면서(9-11절)
마지막으로 우리도 죄에 대하여 죽고 하나님에 대하여 산 자라는 사실을 '여기라' 고 명령하고 있다.
여기 '앎'(知)과 '여김'(看做)의 삶은 죄의 몸을 이기고 성결한 삶으로 나아가는 첫 번째 단계에 속하는 중요한 영적 원리들이다.

(1) 의롭다하심을 받은 성도는 더 이상 죄에 거할 수 없다(1-2절).
"그런즉 우리가 무슨 말을 하리요 은혜를 더하게 하려고 죄에 거하겠느냐"(1절)
본 절은 앞에서 설명한 '그리스도로 말미암아 주어지는 은총' 을 혹시 오해할 소지가 있어 그것을 피하기 위해 부연 설명하려고 던지는 질문이다. 바울은 독자들이 오해할 문제점을 미리 제기하고 난 후에 자신이 자답(自答)하는 방식은 앞에서도 사용했었던 것이다(참고, 3:1-9, 27-31, 4:1-12).

여기 '그런즉'은 5:20에서 "죄가 더한 곳에 은혜가 더욱 넘쳤나니"를 받는 것으로 바울이 진술하고자 한 것은 율법의 기능은 지키려고 노력하는 자들로 하여금 죄를 깨닫게 하여 깊은 절망에 빠지게 만들지만 그리스도의 구속은 죄 사함과 구원을 통하여 하나님의 은혜를 체험하게 만든다는 의미로 사용하였다. 즉 율법으로 인하여 죄가 더 해질수록 그리스도의 은혜는 더욱 넘친다는 구속 은총의 풍성함을 체험하게 된다는 것을 강조한 말이다.

그러나 이것을 제대로 이해하지 못하면 도덕 폐기론 내지 자유방임주의를 주장하는 것으로 오해할 수 있는 것이다. 죄가 더한 곳에 은혜가 더 풍성히 임한다면 죄짓는 것이 심각한 문제가 아닐 뿐 아니라 은혜를 더하기 위한 수단으로 죄를 짓는 것이 더 좋은 일 아니냐는 오해를 낳게 되는 것이다.

이러한 오해의 소지를 반영하여 "은혜를 더하게 하려고 죄에 거하겠느냐"고 질문한 것이다.

여기 '머물겠느냐'(ἐπιμένωμεν)는 현재 가정법으로 단순한 미래보다는 훨씬 강한 의미를 요구하여 어떤 것을 습관적으로 강하게 고집하는 집착행위를 시사(示唆) 할 수 있다. 즉 계속해서 꾸준히 죄의 지배 세력권 아래 머물러 있으려는 것을 말한다. 이 말은 그리스도의 구속으로 말미암는 은혜를 더하려고 죄의 통치권 아래 계속해서 머물러 있을 수 있겠느냐는 것이다.

① "그럴 수 없느니라"

대답은 "그럴 수 없느니라"(By no means!)는 말로 단호하게 부정하고 있다. 바울은 어떤 논쟁에서 거짓된 결론으로 나아가려는 경향이 있을 때마다 쐐기를 박기 위하여 이 말을 사용하였다(3:4, 6, 31, 6:15, 7:7, 13, 9:14, 11:1, 11). 여기에서는 복음이 아무리 좋은 것이라 할지라도 도덕과 율법의 계명까지 폐기하고자 하는 것은 아니라는 것이다. 이것은 상습적인 범죄생활을 지속할 수는 없다는 말이다.

② "죄에 대하여 죽은 우리가"(2절)

믿음으로 의롭다함을 받은 성도가 죄에 계속해 머물러 있을 수 없는 이유는 그리스도인은 '죄에 대하여 죽었다'는 것이다. 여기 '죽었다' (ἀπωθάνομεν)는 말은 이미 죽어서 다시 그 가운데 살 수 없는 상태를 의미하고 있다. 이 단어가 의미하는 것은 먼저는 그리스도의 죽으심과 연결되어 신자는 이미 죄에 대하여 죽은 상태에 있다는 것이며, 또한 죄에 대하여 죽었다는 것은 죄와의 단절 상태, 즉 죄의 형벌로부터의 면제뿐만 아니라 죄의 세력에서부터 완전한 단절, 완전한 해방을 말한다.

그러므로 신자는 과거의 죄악의 삶에 대하여는 죽은 자이므로 더 이상 죄의 영향력을 받으며 사는 자가 아니라 죄의 세력이 미치지 못하는 영역으로 옮겨 놓았다는 것이다.

다시 말해 5:17, 21에서 밝힌 것처럼 사망이 왕 노릇하는 '죄의 영역'에서 생명이 왕 노릇하는 '그리스도의 영역'으로 옮겨진 것이다. 그러므로 죄와는 단절되고 의롭다하심의 은총 속에 들어갔으므로 이제는 더 이상 그 안에서 살 수 없는 존재가 된 것이다. 그래서 존재의 변화를 체험한 신자가 생활의 변화를 체험하지 않는다는 것은 있을 수 없는 노릇이다.

③ "어찌 그 가운데 더 살리요"

여기서 '우리가 어찌 그 가운데 더 살리요'라고 했다고 해서 죄 없는 완전한 상태에 이르렀다는 말은 아니다. 이 말은 죄의 유혹을 받지 않는다든지, 그 능력을 감지하지 못하게 되었다든지, 범죄의 가능성도 없다는 말이 아니다. 그리고 완전한 성화의 단계에 들어갔기 때문에 죄의 성품이 전혀 없다는 말도 아니다.

그리스도 안에서 존재의 변화를 체험했다 할지라도 여전히 죄성(罪性)을 지닌 육체 가운데 살아가게 되고, 또한 이 세상 임금인 사탄이 왕 노릇하는 세상 가운데서 유혹을 받으며 살아가는 존재이기에 전혀 죄를 짓지 않는다는 말이 아니다.

사도 요한이 "하나님께로부터 난 자마다 죄를 짓지 아니하나니"(요일3:6, 9)라고 말한 것은 거듭난 신자는 전혀 죄를 짓지 않는다는 말이 아니라 죄의 세력 아래 갇혀 습관적이고 지속적으로 죄를 짓는 삶을 살아가지 않는다는 말이다. 거듭난 신자는 죄가 왕 노릇하는 아담의 세력에서 벗어나 그리스도 안에서 생명의 은혜가 왕 노릇하는 영역에 거하기 때문이다.

존재의 변화를 체험한 신자가 더 이상 죄 가운데 머물러 있다는 것은 복음적 역사에 어울리지 않으며 맞지가 않는 것이다. "새로운 피조물"이 되었기에 "이전 것은 지나가고 새것"이 된 것이다. 죄악의 성질에서 단절되어 새로운 그리스도의 생명에 접붙임을 당한 존재이다(롬11:17). 그리스도 안에서 존재적 변화를 받은 사람은 더 이상 죄에 머물러 있는 삶을 살아서는 안 된다.

여기서 한 가지 깨달아야 할 것은 의롭다하심은 순간적이며 신분적 변화를 체험하는 단회적 사건이라 한다면 성화는 평생을 두고 그리스도를 닮아가는 점진적인 사건이라는 것을 알아야 한다.

(2) 그리스도와 연합하여 침례 받은 자는 침례의 원리를 알아야 한다(3-4절).

"무릇 그리스도 예수와 합하여 세례를 받은 우리는 그의 죽으심과 합하여 세례를 받은 줄을 알지 못하느냐"(3절)

여기 '알지 못하느냐' 로 번역된 헬라어 아그노에오(ἀγνοέω)는 '알지 못하다'(not to know) '무지하다'(to be ignorant)는 뜻으로 바울이 자주 사용하는 용어다. 이는 정보의 결여가 아니라 정보를 이해하지 못하므로 생긴 무지를 말한다. 이러한 무지는 불순종을 수반하게 된다(롬10:3).

바울이 이 질문을 하는 것은 로마 교인들이 이미 복음의 의미와 침례가 그리스도의 죽으심과 살아나심을 의미한다는 사실을 알고 있다는 말이다. 그리고 그들이 시행하고 있는 침례의 진정한 의의가 그리스도와의 연합에 있다는 것을 이해하지 못하는 무지를 책망하는 말인가 하면 또 한 편 이 사실을 너희가 분명히 알고 있어야 한다는 표현이기도 하다.

또한 여기서 중요한 것은 신자가 거룩한 삶을 살려고 한다면 진리의 원리, 즉 그리스도와의 연합의 원리를 분명히 알아야 한다('앎')는 것이다. 신자가 그리스도 안에서 이루어진 영적 원리를 알지 못하면 영적 원리를 자신에게 적용시키지 못하고 '성화의 삶'을 살아가는데 걸림돌이 되며, 오히려 잘못된 사고에 사로잡혀 괴로움과 혼돈 속에서 방황하는 세월이 길어지고 영적 성장을 이룰 수가 없게 되는 것이다.

첫째는, 신자는 그리스도 안에서 연합한 자이다.

5절의 "만일 우리가 그의 죽으심과 같은 모양으로 연합한 자가 되었으면"

에서 '연합한 자'(σύμφυτοι)는 '함께 자라다'(grown together)는 뜻에서 온 명사로 '함께 자라는 자들'을 의미한다. 그러나 여기에서는 성장의 과정을 말하기보다는 그리스도 안에서 가지는 영적 관계의 친근성, 또는 영적 연합을 표현하기 위해 사용하고 있다. 즉 질적으로 다른 나뭇가지가 한 나무에 접붙임이 되어 같은 성질로 변화 된 것을 의미하고(요15:4, 5, 롬 11:17), 또는 다른 사람에게 속하여 생명, 성장, 존재적인 면에서 하나가 된 유기적 연합을 의미하여 '접목된 자들'(engrafted ones)을 뜻한다.

신자는 그리스도를 영접하고 믿는 순간 그리스도 예수와 신비한 연합이 이루어진다(요14:20). 우리는 "하나님으로부터 나서 그리스도 안에 있는" (고전1:30) 자가 된 것이다. 갈3:27에서는 "누구든지 그리스도와 합하기 위하여 세례를 받은 자는 그리스도로 옷 입었느니라"는 말씀을 통하여 신자가 그리스도와의 결합을 통하여 그리스도의 사상과 견해, 독특한 특성들을 소유하게 된 것을 표현하고 있다.

그리고 '되었다'(γεγόναμεν)는 동사는 완료동사로 과거의 결과가 현재에도 남아 있는 상태를 말하여 그리스도와 연합된 상태가 지금까지도 계속되어져 있다는 말이다. 이 말은 "멜기세덱이 아브라함을 만날 때에 레위는 이미 자기 조상의 허리에 있었음이라"(히7:10)의 말씀처럼 신자는 예수 그리스도께서 십자가에서 죽으시고 장사지냈다가 부활하시는 사역의 때에 이미 '그 안에' 포함 되어 있었다는 의미이다. 또 한편 그리스도를 믿어 거듭날 때에 그리스도와의 연합이 실제적으로 적용되게 된 것을 말한다.

둘째는, 신자의 침례는 그리스도와 연합하여 죽음, 장사지냄, 살아남을 의미한다.

여기 "그리스도 예수와 합하여 세례를 받았다"(ἐβαπτίσθημεν εἰς χριστὸν Ἰησοῦν)는 말은 두 가지 의미로 생각해 볼 수 있다. 먼저는 모리스 (Leon Morris)의 해석처럼 이것은 '그리스도 예수와의 연합으로서'(into union with Christ Jesus, GNB, NEB)의 침례 되었다는 영적 연합이라는 의미로 볼 수 있다. 즉 그리스도와의 신비한 연합으로서의 '그리스도 안에 잠겨 졌다.'(were immersed into Christ)는 의미를 말한다.

여기에서 '침례 되었다'는 단어를 물 침례의 의미보다는 영적으로 그리스도에게 합병(合倂) 되었다는 의미로 보는 것이다. 바울이 "우리가 유대인이나 헬라인이나 종이나 자유인이나 다 한 성령으로 세례를 받아 한 몸이 되었고"(고전12:13)라는 말씀에서 '밥티조'($\beta\alpha\pi\tau\acute{\iota}\zeta\omega$)를 물 침례의 의미로 사용하지 않고 그리스도 안에서의 연합의 의미로 사용한 것처럼 '그리스도 안으로 침례'는 연합의 의미를 강조하는 것이 분명하다.

그렇다고 이것을 로이드 죤즈(D. M. Lloyd-Jones)의 말대로 '성령 세례'라는 의미로까지 비화시킬 필요는 없다고 본다. 모든 믿음의 형제가 그리스도 안에 침례 되어 '한 몸'을 이루는 것은 '성령에 의한 역사'로 이루어지는 일이지만 본 단락에서 침례라는 단어가 사용되어지는 의미를 살펴보면 성령세례를 뜻하는 것은 아니기 때문이다(여기에 성령세례에 대한 견해 차이가 있다).

다음으로 물 침례가 주는 진정한 의미는 그리스도와 연합의 행동을 상징한다는 상징적 의미로 볼 수 있다. "그리스도 예수와 합하여"($\epsilon\grave{\iota}\varsigma$ $X\rho\iota\sigma\tau\grave{o}\nu$ $I\eta\sigma o\upsilon\nu$)라는 전치사구는 그리스도 '속으로' 들어가서 그 속에서 침례를 받았다는 말이다. 이것은 이미 그리스도 안에서 영적으로 연합되어진 사실을 물 침례를 받을 때에 그리스도 예수 안에 들어가서 일치가 되고 결합되고 연합이 되었다는 것을 고백하는 것이다.

이것은 단순한 외부적 접촉 정도를 말하는 것이 아니라 내면적 연합을 이루었다는 사실을 고백하는 것이다. 즉 침례는 그리스도 안에서 신비한 연합이 이루어진 것에 대한 상징적 표현인 것이다. 이것은 가톨릭의 성례주의적 해석처럼 물 침례가 그리스도의 연합으로 중생을 가리킨다는 의미는 절대로 아니다. 침례는 우리에게 다음과 같은 의미를 제공하고 있다.

① 침례는 그리스도의 죽음에 연합한 것을 뜻한다.
"우리는 그의 죽으심과 합하여 세례를 받은 줄을"(3절)
여기 사도 바울은 신자의 영적 삶의 원리를 설명하기 위하여 장례법을 적용하고 있다. 장례를 치르려면 먼저 죽어야 한다. 예수님께서는 십자가에서 죽으셨다. "그의 죽으심은 죄에 대하여 단번에 죽으심이다"(10절).

그리스도와 연합된 자는 그리스도께서 죽을 때 함께 죽은 자가 되었다. 여기서 그 죽음의 상징을 침례 의식에 비유하고 있다. 그것은 이미 예수님께서 자신의 죽음을 침례에 빗대어 설명한 것에서(막10:38-39, 눅12:50) 빌려온 것이라 할 수 있다.

다시 말하지만 우리는 "한 사람이 모든 사람을 대신하여 죽었은즉 모든 사람이 죽은 것이라"(고후5:14)는 연합과 대표의 원리를 알아야 한다. 그리스도 예수께서 십자가에서 못 박혀 죽으셨을 때에 우리도 "그리스도와 함께 십자가에 못 박혔다"(갈2:20)는 것이다. 또한 우리가 그리스도의 죽음에 연합한 자가 되었으면 그리스도께서 죄에 대하여 죽은 것처럼 우리는 "자신을 죄에 대하여 죽은 자"(11절)라는 사실도 알아야 한다.

② 침례는 그리스도의 장사지냄에 연합한 것을 뜻한다.
"우리가 그의 죽으심과 합하여 세례를 받음으로 그와 함께 장사되었나니"(4절)

여기 '함께 장사되었다'(συνετάφημεν)는 죄가 왕 노릇하는 영역에서 죄의 통치를 받으며 살던 사람이 그리스도와 함께 죽으므로 죄에 대하여 죽어 완전히 땅에 파묻어 매장하므로 살아날 수 없는 상태에 있게 되었다는 말이다. 장사 지냈다는 것은 사망의 사실을 최종적으로 확인하는 행위이다. 이것은 그리스도와의 연합은 옛 사람의 죽음을 강조하는 것이다.

장사지냄은 이생과 이 세상에 대한 관계가 종결되었음을 선언하는 선언장이다. 죄가 왕 노릇하여 통치하는 것도, 그 체제 아래 있는 우리의 신분도, 옛 사람의 본질도 매장하여 끝이 났다는 것이다.

③ 침례는 그리스도의 부활에 연합한 것을 뜻한다.
"그리스도를 죽은 자 가운데서 살리심과 같이 우리로"(4절)

사망은 죄를 통하여 온 엄청난 힘이다. "죄가 사망 안에서 왕 노릇 한 것 같이"(롬5:21) 사망은 엄청난 힘을 가지고 있다. 사람을 속박하는 힘, 죽음으로 몰고 가는 강력한 힘을 가지고 지배하는 것이다. 사망은 예수 그리스도를 죽음에 묶어 두려고 붙들고 늘어졌다.

그러나 하나님께서는 그의 권능으로 예수 그리스도를 "사망의 고통에서 풀어 살리셨다"(행2:24). 하나님께서 "그의 영혼을 음부에 버리지 아니하시며...썩음을 당하지 않게"(행2:27) 하시려고 살리신 것이다. 그래서 더 이상 "그가 사망에 매어 있을 수 없게"(행2:24) 하신 것이다. 죄와 사망의 세력의 사슬을 깨뜨리고 이겨 승리하게 하신 것이다.

또한 "그리스도를 죽은 자 가운데서 살리심과 같이 우리로"에서 이미

5:18, 19, 21절에서 사용되었던 조건절(ὥς, ὥσπερ, 같이)에 따른 결과절 (οὕτως, καὶ, 이와 같이 역시)을 다시 사용하여 그리스도의 죽음 가운데서 살리신 조건이 우리에게도 같은 결과를 낳았다는 것을 설명하고 있다. 즉 앞에서 설명했던 것처럼 'A 와 같이 역시 B 이다'(Just as A, so also B.)라는 형식으로 그리스도의 부활은 신자의 부활의 결과를 가져왔다는 것이다. 그것은 죽음과 장사지냄과 부활에 있어서 신자는 그리스도와 연합되어졌다는 것을 말한다.

셋째는, 연합의 영적 목적은 새 생명 가운데서 살게 하려는 것이다.
"그리스도를 죽은 자 가운데서 살리심과 같이 우리로 또한 새 생명 가운데서 행하게 하려 함이라"(4절)
다시 설명한다면, 여기서도 'A와 같이 역시 B이다'(Just as A, so also B.)라는 논리로 그리스도께서 부활한 것처럼 역시 우리도 부활하여 살아났다는 것이다. 그리스도와의 연합의 중요한 원리는 그리스도와 함께 죽고 장사 지냈다가 함께 다시 살아나게 하려는 것이다. 그리스도의 부활은 그 안에서 신자의 부활이 이루어진 것이다. 즉 아담으로 말미암았던 옛 사람은 이미 죽어 이제 죄와 사망의 통치를 받을 필요 없이 끝냈고 장사까지 지냈다. 이제는 그리스도 안에서 새 생명으로 살아났으므로 새 생명 가운데 살아가게 된 것이다.

여기 '새 생명'에서의 '새로움'(καινότης)은 이미 기존에 있었던 것이 새롭게 되었다는 뜻의 '네오스'(νέος)와는 다르게 이전에 있었던 것과는 완전 다른 것으로서의 새로운 것을 말한다. 즉 질적으로 완전히 새로운 생명을 말한다. '새로운 피조물'(고후5:17)이나 '새 사람'(엡4:24) 등에서 나타나듯이 이전의 생명과는 판이하게 다른 영원한 생명, 그리스도 안에서 주어지는 영적 생명으로서의 생명을 말한다. 즉 '영원히 목마르지 아니하고 그 속에서 영생하도록 솟아나는 생명'인 것이다(요4:14).

그리스도의 부활에 참여한 것은 이제부터는 사망의 영역에서 살지 않고 그리스도 안에서 주어진 새 생명의 영역에서 살아가게 하려는 것이다. 그리스도와의 연합의 목적은 이 세상의 풍속을 좇고 공중 권세 잡은 자, 곧 마귀를 따르며, 육체의 욕망이 원하는 대로 생활하던 옛 사람은 죽고 그리스도 안에서 새 사람, 또는 새로운 영적 체제 안에서 다시 살아나서 새 생명 가운데서 성령을 좇아 행하며(롬8:4, 갈5:16), 사랑 가운데서 빛의 자녀처럼(엡 5:8) 생활하게 하려는 것이다.

이것은 어떤 인간적 노력이나 수고로 이루어져 가는 것이 아니라 이미 그리스도의 십자가 안에서 이루어진 일이다. 우리는 그리스도 안에서 율법이 지배하고, 죄와 사망이 통치하는 영역의 삶은 죽음으로 끝낸 것이다. 이제 그리스도와 함께 새로운 영적 생명의 영역으로 옮겨졌기 때문에 새로운 영적 삶을 출발하면 되는 것이다.

(3) 그리스도와 연합된 죽으심과 부활의 의미를 알아야 한다(5-10절).

"만일 우리가 그의 죽으심과 같은 모양으로 연합한 자가 되었으면 또한 그의 부활과 같은 모양으로 연합한 자도 되리라"(5절)

여기서 사도 바울은 3-4절에서 말했던 것을 다시 한 번 반복하여 설명하고 있다. 그러나 단순한 반복이 아니라 더 구체적이고 분명한 사실을 밝히고 있다.

여기 '만일' (ϵi)은 현재 사실에 대한 반대로서의 가정이 아니라, 현재 사실을 확인 시켜주는 의미에서 한층 더 논증을 강화시켜주기 위한 가정이라 할 수 있다. 즉 만일 그리스도의 죽으심과 연합한 자가 되었다면 마찬가지로 부활에도 연합한 자가 되었다는 말이다.

'연합한 자' ($\sigma\acute{\upsilon}\mu\phi\upsilon\tau o\iota$)란 이미 앞에서 설명했듯이 '함께 자라게 하다' (make to grow together), 또는 '연합하다' (to unite)는 뜻에서 온 명사로 어떤 식물에 접목시키는 농경적 비유로 '함께 자라는 자들' 을 의미하는가 하면 또한 생물학적 의미로 '함께 연합한 자들' 을 말한다.

그러나 그것은 성장의 과정을 말하는 농경적 의미보다 그리스도 안에서 가지는 영적 관계의 친근성, 또는 영적 연합을 표현하는 생물학적 의미로 보아야 한다. 즉 질적으로 다른 나뭇가지가 한 나무에 접붙임이 되어 같은 성질로 변화 된 것을 의미하고(요15:4, 5, 롬11:17),

또는 다른 사람에게 속하여 생명, 성장, 존재적인 면에서 하나가 된 본질적인 성질로서 유기적 연합을 의미한다. 그리고 '죽으심과 같은 모양으로' 에서 '같은 모양' ($\acute{o}\mu o\acute{\iota}\omega\mu a$)은 기존의 어떤 것과 같은 모양으로 만들어진 것을 가리키는 단어로서 '닮음' (likeness), '유사' (similitude)의 뜻으로 동일한 같은 모양이 아니라 비슷한 형태로 죽었다는 것이다. 이 단어가 5:14에서는 아담과 모세 사이를 살아가는 자들은 아담과 '같이' 범죄하기는 했지만 그가 행한 그대로 범죄하지 않았다는 유사성의 의미로 사용하였다.

그런가 하면 빌2:7에서는 이 단어가 '유사성'(likeness)이 아니라 '동일성'(identity)의 의미로 사용하고 있다. 예수 그리스도는 인간과 동일한 참 인간이지만 죄는 없다는 의미를 내포하는 것이다(롬8:3). 본문에서는 우리의 죽음은 실재적인 사실이지만 예수 그리스도와 똑 같이 십자가의 고통이 따르는 동일한 죽음을 당한 것은 아니라는 것이다. 즉 그것은 그리스도와 함께 죽은 것은 사실이지만 실제적으로 일어난 죽음이 아니라 영적으로 일어난 죽음을 말하는 것이다. 그리스도처럼 만인의 죄를 담당한 대속의 죽음이 아니라 우리의 죄에 대한 죽음을 당한 것이다.

그리고 '되었다'($\gamma\epsilon\gamma\acute{o}\nu\alpha\mu\epsilon\nu$-완료동사)는 동사에서 보여주듯이 과거의 결과가 현재에도 남아 있은 상태를 말하여 그리스도와 연합된 상태에서 죽은 것이 지금까지도 계속해서 죽은 자가 되었다는 말이다. 우리는 이제 죄책에 대하여 죽었을 뿐 아니라 죄의 왕 노릇과 죄의 체제, 세력에 대해서도 그리스도와 함께 죽은 자가 된 것이다.

이렇게 그리스도의 죽음과 함께 연합한 자가 되었다면 또한 마찬가지로 그의 부활과 같은 모양으로 연합한 자가 될 것이다. 여기서 '~되리라'($\epsilon\sigma\acute{o}\mu\epsilon\theta\alpha$)는 '~이다'를 의미하는 존재 동사 '에이미'($\epsilon\acute{\iota}\mu\iota$)의 미래형이다. 이는 미래에 일어날 육체의 부활을 가리키는 것으로 생각할 수 있다.

그러나 여기에서 미래 시제는 다가올 미래, 즉 종말론적 시점에 이루어질 일을 가리키는 예언적 미래이기 보다는 현재와 미래에 있어서 어떤 조건이 충족되면 반드시 이 일이 일어나는 것을 가리키는 격언적 미래(Gnomic Future)로 볼 수 있다.

따라서 그리스도의 죽으심을 본받아 연합한 자는 틀림없이 그리스도의 부활과도 연합하여 4절에서 새 생명 가운데서 현재적으로 산다고 말한 것처럼 현재적인 부활을 의미하는 것이다. 다시 말해 이 말은 장차 종말의 때에 성도의 부활을 가리키는 것이기는 하나, 현재 거듭남을 통하여 영적인 부활에 연합한 자가 되어 새 생명을 향유하는 것을 포함하는 것이다.

신자는 그리스도를 영접하고 믿는 순간 그리스도 예수와 신비한 연합을 통하여 부활을 경험하는 것이다(엡2:5, 골2:13, 3:1요14:20). 사도 베드로는 "예수 그리스도를 죽은 자 가운데서 부활하게 하심으로 말미암아 우리를 거듭나게 하사"(벧전1:3)라고 하여 분명히 밝혀주고 있다.

이는 본 장의 문맥을 볼 때에도 먼 미래에 일어날 부활, 영화의 상태만 말하는 것이 아니라 11절에서 "하나님에 대하여 살아 있는 자로 여길지어다"와 13절에 "자신을 죽은 자 가운데서 다시 살아난 자 같이 하나님께 드리라"는 말을 비추어 볼 때에 현재적인 사건을 포함하고 있음을 알아야 한다.

우리는 지금 이 세상에서 그리스도 예수 안에서 죽은 자일 뿐 아니라 그의 부활을 본받아 산 자가 된 것이다. 우리는 더 이상 죄의 지배와 죄의 폭군 밑에 있는 옛 사람의 존재가 아니다. 옛 사람은 그리스도와 함께 죽고 그리스도와 연합하여 새 생명 가운데, 은혜 아래 산 자가 된 것이다.

첫째는, 우리는 옛사람이 십자가에 못 박힌 이유를 알아야 한다(6~7절).

"우리가 알거니와 우리 옛 사람이 예수와 함께 십자가에 못 박힌 것은 죄의 몸이 죽어 다시는 우리가 죄에게 종노릇 하지 아니하려 함이니"(6절)

여기 '우리가 알거니와'(τοῦτο γινώσκοντες)에서 우리 한글성경에는 번역 되지 않은 '이것'은 우리의 옛 사람이 그리스도와 함께 십자가에 목박힌 것은 죄의 몸이 죽어 다시는 죄의 종노릇하지 않기 위함이라는 본 절 전체를 받는 지시대명사로서 확실히 안다는 것을 설명해 주는 역할을 하므로 번역하는 것이 좋다.

그리고 '안다'는 것은 경험적으로 안다(experimental acquaintance)는 의미가 내포되어 있겠지만 여기에서는 '믿음으로 안다'는 것은 내적 확신이 더 강조된 말이다. 즉 우리는 다음의 사실, 모든 그리스도인들은 우리 옛 사람이 십자가에 못 박혔다는 사실을 분명히 알아야 한다는 것을 강조하는 것이다. 그러므로 우리는 교리적으로도 분명히 알아야 하겠지만 성령을 통하여 실제생활에서도 체험을 통하여 알아야 한다.

① 우리 옛 사람은 예수와 함께 십자가에 못 박혔다는 것을 알아야 한다.

여기 '우리 옛 사람'은 바울에게서 세 번 사용된 단어로서(엡4:22, 골3:9) 중생하기 전에 가지고 있던 아담으로 말미암아 타락되어 내려온 부패한 옛 죄인, 죄에게 지배되고 있는 육적 존재를 말한다. 아담적인 옛 사람, 태어날 때부터 가지고 있었던 사람이다.

이 옛 사람은 죄에게 종노릇하던 사람이다. 이는 육체적인 본성(Carnal

nature)이나 육체적인 기질, 또는 정욕을 가진 육체를 의미하는 것이 아니다. 그것은 아직도 우리에게 있다. 여기서 말하는 옛 사람은 예수와 함께 십자가에 못 박힌 존재, 죄와 사망의 통치 아래 있던 옛 존재, 옛 인간을 말한다.

옛 사람의 죽음은 오랜 시간을 걸쳐서 이루어지는 과정이 아니다. 여기 '함께 못 박히다'(συνεσταυρώθη)는 과거형 수동태이다. 이미 그리스도와 함께 못 박혀 끝난 것이다. 이 일은 '단번에'(once for all) 예수 그리스도께서 십자가에서 죽으신 것처럼 우리의 옛 사람도 함께 죽은 것이다. 아담적인 옛 사람, 태어날 때부터 가지고 있었던 그 사람은 이미 죽은 것이다. 많은 경우 그리스도인들이 "구습을 따르는 옛 사람을 벗어버리고...새 사람을 입으라"(엡4:22-24)는 말씀과 "그리스도 예수의 사람들은 육체와 함께 그 정욕과 탐심을 십자가에 못 박았느니라"(갈5:24)는 말씀을 잘못 해석하여 자기 스스로 옛 사람을 벗어버리고 자기가 옛 사람을 십자가에 못 박아야 한다고 착각하여 자신의 옛 사람을 죽이려는 고행의 과정을 밟으려고 할 때가 많이 있다.

그래서 자신의 '옛 사람'을 제거시키려고 몸부림치며 투쟁을 버릴 때가 많다. 그러나 분명히 알아야 할 사실은 우리의 옛 사람은 죽이는 과정을 밟을 대상이 아니라 이미 그리스도와 함께 죽음으로 끝난 존재라는 것이다. 즉 아담 안에 있던 나의 옛 인간 존재, 정죄 아래 태어난 하나님의 진노의 대상인 옛 사람은 그리스도와 함께 십자가에서 죽은 것이다. 그래서 그리스도 예수 안에 있는 자는 정죄함이 없는 것이다. 죽었는데, 이미 죽은 사람에게 무슨 정죄를 하겠는가? 이제 우리는 그리스도 안에서 새 사람이 된 것이다.

② 그것은 죄의 몸이 효력을 발휘하지 못하게 하기 위한 것이다.

옛 사람이 그리스도와 함께 십자가에 죽은 이유, 또는 목적을 밝히고 있다. 여기 '죄의 몸이 죽어'에서 '죽었다'(καταργηθῇ)는 단어는 원래 의미가 '일을 절대로 못하게 하다'(to do absolutely no work)는 뜻으로서 '무효로 하다'(to nullify), '무가치하고 무익하게 만들다'(to render null and void), '효력이 없게 되다'(to render inoperative), '활동하지 못하게 만들다'(to make inactive)라는 의미를 가지고 있다. 그러므로 '죽었다'는 의미보다는 '죄의 몸'이 힘을 잃고 꼼짝 못하고 무능하게 되어 활동을 정지하게 되었다는 말이다.

특히 여기서는 '죄의 몸' (τo $\sigma \hat{\omega} \mu \alpha$ $\tau \eta s$ $\dot{\alpha} \mu \alpha \rho \tau \acute{\iota} as$)이 무엇을 의미하는 지 바르게 이해하는 것이 중요하다. 어떤 사람들은 '죄의 특징이 나타나는 육체적 몸'(the physical body characterized by sin), '죄를 소유하고 있는 몸'(the sin-possessed body)이라고 한다. 또는 어떤 사람은 '옛 사람'이라고도 한다.

그러나 우리는 인간의 육체가 본질적인 죄의 성향을 가지고 있다든지, 죄의 원천이라는 개념으로 보는 것은 합당치 않다고 본다. 몸은 본능과 성향은 가지고 있다 할지라도 결코 그 자체가 죄의 덩어리는 아니다. 즉 몸 자체가 본질적으로 악한 것은 아니라는 것이다. 예수 그리스도께서도 우리와 똑같은 육체의 몸을 가지고 있었으나 그 몸이 죄의 원천으로서 역할은 하지 않았다. 오히려 몸은 장차 "몸의 속량"을 기다리고(8:23), 우리의 낮은 몸은 그리스도의 영광스럽고 신령한 몸의 형체로 변하게 될 것이다(빌3:21, 고전 15:43).

또 한편 '죄의 몸'은 '옛 사람'일 수 없다. 만약에 죄의 몸이 옛 사람을 뜻한다면 '우리 옛 사람이 십자가에 못 박힌 것은 옛 사람이 무능하게 하려는 것이라'고 해야 할 것이다. 옛 사람이 죽었으면 끝난 것이지 어떻게 또 살아 있어 무능하게 된다고 말할 수 있겠는가?

여기에서 '죄의 몸'이란 죄와 악에게 영향을 받고, 지배되고, 사용되어지는 것으로서의 몸을 의미한다. 이 세상을 살아가는 동안 죄가 거하고 활동하는 곳으로서의 몸을 말한다. 죄의 지배를 받아 죄를 실현하는 도구와 수단이 되었던 몸이 그리스도와 연합하여 옛 사람이 죽으므로 죄의 영향력이 미치던 것에 대하여 놀라운 변화를 겪게 된 것이다. 죄의 통제와 지배를 받던 몸이 그 영향력이 단절 되므로 죄의 수단으로 사용되어지는데 무력해지게 된 것이다.

로이드 존스(Lloyd-Jones)는 이것을 하이델베르그 신조(Heidelberg Catechism)를 인용하여 설명하였다.

제 43장에 '그리스도의 죽음이 우리에게 가져오는 결과가 무엇이냐'는 질문에 대한 답으로 "그리스도의 죽으심의 공효(功效)로 우리의 옛사람이 그와 함께 십자가에 달리고 죽고 장사되며, 그럼으로써 육신의 악한 소욕(所慾)이 더 이상 우리를 지배하지 못하게 되고, 오히려 우리 자신을 그분께 감

사의 제물로 드리게 됩니다."라고 했다.

즉 우리의 죄의 몸에 있는 부패한 성향들이 더 이상 지배하지 못하게, 우리 몸 안에서 죄가 왕 노릇하지 못하게 만들었다는 것이다. 이것은 우리의 죄의 몸을 완전히 죽여 멸했다는 말이 아니다. 죄의 몸은 여전히 존재하고 있는 것이다. 그러나 이것은 옛 사람이 죽었으므로 우리의 지체 안에서 죄의 영향력을 강력하게 미칠 수 없게 무력해졌다는 말이다.

옛 사람과 단절되므로 힘을 못 쓰게 된 것이다. 그래서 12-13절에서 이제부터는 "죄가 너희 죽을 몸을 지배하지 못하게 하여 몸의 사욕에 순종하지 말고 또한 너희 지체를 불의의 무기로 죄에게 내주지 말고 오직... 너희 지체를 의의 무기로 하나님께 드리라"고 권면한 것이다.

이제는 은혜가 우리 지체에 왕 노릇하여 거룩함과 의로움의 영향력을 미치게 되었으니 의의 무기로 하나님께 드려 거룩함을 추구해 나아가야 한다.

③ 그것은 우리로 다시는 죄에게 종노릇하지 않게 하려는 것이다.

옛 사람이 죽은 두 번째 목적은 이제부터는 절대로 우리가 죄에게 종노릇하지 아니하려는 것이다. 여기 '다시는'($\mu\eta\kappa\acute{\epsilon}\tau\iota$)은 '이제는~아니다'(no longer)는 뜻으로 강한 부정어로 '이제부터는 절대로 ~하지 아니하다'는 의미를 가지고 있다. 그리고 '종노릇하다'($\delta o\upsilon\lambda\epsilon\acute{\upsilon}\epsilon\iota\nu$)는 현재형 동사로, 그 뜻은 이제부터는 죄의 영향력을 받고 죄의 지배를 받으며 종노릇하는 생활을 살아가지 않게 하려는 것이다. 즉 자신의 자율성을 잃어버리고 자신의 의지와는 다르게 죄에게 질질 끌려 다니며 살지 않게 하려는 것이다.

자신의 의지력을 잃어버리고 죄에게 종노릇하는 것은 아담에 속한 사람의 운명인 것이다. 그러나 그리스도와 함께 아담에 속한 옛 사람이 죽은 그리스도인은 죄의 통치에서 해방이 되었고 그 속박에서 자유함을 얻었다. 이제부터는 죄의 영향력에 끌려 다닐 필요가 없게 된 것이다.

④ 그것은 죽은 자는 죄에서 벗어나 의롭다하심을 얻었기 때문이다.

"이는 죽은 자가 죄에서 벗어나 의롭다 하심을 얻었음이라"(7절)

여기서 그리스도인이 죄와 사망의 종노릇할 필요가 없는 이유를 밝히고 있다. 그리스도와 함께 죽은 자는 죄에서 벗어나 의롭다 하심을 받았기 때문이다. '의롭다 하심을 얻었다'($\delta\epsilon\delta\iota\kappa\alpha\acute{\iota}\omega\tau\alpha\iota$)라는 단어는 문법적으로 완료 수동태이다. 수동태인 것은 스스로의 힘으로 의롭게 된 것이 아니라 하나님의 은혜로 의롭게 되었다는 말이고, 완료동사인 것은 이미 그리스도 안에서 의롭다고 선언 받은 상태가 계속해서 유지되고 있다는 말이다.

이 단어에 대한 영어 번역본들을 보면, 흠정역(KJV)을 비롯한 많은 번역본들이(RSV, NIV, TEV, NKJV) '죄에서 벗어나 자유롭게 되었다'(freed from sin)고 번역하였고, 개정역(RV)은 '죄에서 벗어나 의롭다 하심을 얻었다'(justified from sin)고 번역하였다. 그리고 새영어성경(NEB)은 '이제는 더 이상 죄에 책임이 없게 되다'(no longer answerable for sin)로 번역한 것을 볼 수 있다.

우리 한글 성경도 개정역이 '의롭다 하심을 얻었다'로 번역을 했는데, 표준새번역은 '이미 죄의 세력에서 해방 되었습니다'로 번역하고 있다. 그러면 왜 많은 성경들이 '의롭다 하심을 얻었다'(justified)보다는 '자유롭게 되었다'(freed)를 선호하는지 생각해 보아야 한다.

그것은 본문의 문맥은 칭의를 설명하고 있지 않고 성화의 문제를 다루고 있기 때문이라는 것이고, 또한 18, 20, 22절에서 각각 '자유' 또는 '해방'이라는 단어를 사용하는 것을 볼 때도 '자유롭게 되었다'는 말이 타당성이 있다는 것이다.

18절에서 "죄로부터 해방되어 의에게 종이 되었느니라", 20절에서 "너희가 죄의 종이 되었을 때에는 의에 대하여 자유로웠느니라", 22절에서는 "이제는 너희가 죄로부터 해방되고 하나님께 종이 되어 거룩함에 이르는 열매를 맺었으니…"라고 되어 있다.

로이드 존스(Lloyd-Jones)는 이 문제를 이렇게 설명하고 있다.

먼저 6장에서는 그리스도와 신자의 관계는 연합의 원리에 따라 그리스도에게 일어난 일은 신자에게도 일어났다는 사실을 강조하고 있다. 그렇다면 그리스도에게는 죄에서 벗어나 의롭다 하심을 얻었다고 말할 수 없다는 것이다. 의롭다 하심을 받는 것은 '우리' 뿐이지 그리스도가 죄를 짊어졌다 할지라도 죄에서 벗어나 의롭다 하심을 얻을 필요는 없다는 것이다.

다음으로 만약에 '의롭다 하심을 얻었다'로 번역한다면 그것은 칭의와 그리스도와의 연합의 사건의 순서를 뒤바꾸어 놓는 것이라는 것이다. 순서적으로 의롭다 하심을 받은 후에 그리스도에게로 연합 되는(joined) 것이 이치에 맞는 것인데, 여기서 연합을 설명하면서 의롭다 하심을 얻었다고 말하는 것은 구원 사역의 순서에 맞지 않는다는 것이다.

4장에서 '경건치 않은 자를 의롭다 하신다'고 역설했는데, 그리스도와 함께 옛 사람이 죽은 사람은 이제 더 이상 불경건한 자가 아니라는 것이다. 그러므로 그리스도와 연합하여 죽은 사람을 의롭다 하심을 얻었다고 말하는 것은 옳지 않다는 것이다.

그러나 여기서 '의롭다 하심을 얻었다'는 말과 '자유롭게 되었다'는 말로 굳이 어느 것이 옳은 지 논쟁할 필요는 없다고 본다. 법정적인 칭의를 통한 구원이나 그리스도와의 신비한 연합을 통한 구원은 그리스도 안에서 함께 일어나는 구원 역사이기 때문이며, 또한 바울에게 있어서 이 두 가지 개념은 분리시키지 않고 상호 교환적으로 사용하기 때문이기도 하다.

법정에서 죽은 사람에게는 선고를 내릴 수 없어 사법적인 영역에서 벗어난 사람으로 취급하는 것처럼 무죄선언(無罪 宣言)의 의미로 '의롭다 하심을 얻었다'고 말할 수도 있지만, 또 한편 전치사 '아포'($\dot{\alpha}\pi o$)와 함께 사용할 때는 무죄방면(無罪 放免)의 뜻으로 '~로부터 해방되다'는 뜻을 나타내므로 '자유롭게 되었다'라고 해석할 수도 있는 것이다.

특히 '죄에서 벗어나'($\dot{\alpha}\pi\dot{o}$ $\tau\hat{\eta}s$ $\dot{\alpha}\mu\alpha\rho\tau\dot{\iota}\alpha s$)라는 전치사구는 '죄의 형벌로부터'(from the penalty of sin)라는 뜻으로 형벌 면제의 측면에서 칭의로 볼 수 있고, 또한 '죄의 세력으로부터'(from the dominion of sin)라는 뜻으로 해방의 의미로 해석할 수 있는 것이다.

옛 사람이 그리스도와 함께 죽은 사람은 모든 방면에서 죄에게 종노릇하는 데서 벗어나 구원 받았기 때문에 죄의 권능, 죄의 세력, 죄의 폭군적 통치 아래서 벗어나 완전히 자유롭게 된 것이다. 그러므로 우리는 이제 옛 사람이 죽었기 때문에 그리스도 안에서 무죄판결을 받은 자요, 죄가 우리 몸에서 직접적인 관계와 효력을 발휘할 수 없는 자가 되었고, 죄에서 해방되어 다시는 죄에게 종노릇할 필요가 없게 된 것이다.

그래서 2절에서 "죄에 대하여 죽은 우리가 어찌 그 가운데 더 살리요"라고 말한 것이다.

이제 우리의 옛 사람이 예수와 함께 십자가에 못 박혔다는 의미가 무엇을 말하는 것인지 정확히 이해했는지 다시 점검해 보기 바란다.

둘째는, 우리는 그리스도와 함께 죽었으면 또한 함께 살줄을 믿는다.

"만일 우리가 그리스도와 함께 죽었으면 또한 그와 함께 살줄을 믿노니"(8절)

앞의 6-7절에서 죽음의 문제를 설명했다면, 이제 8-10절은 그리스도와 연합하여 살아난 부활의 문제를 다루고 있다. 즉 본 절은 대(大)주제인 5절의 후반부를 설명하는 것인가 하면, 또한 본 절은 9-10절을 설명하기 위한 소(小)주제 역할을 하는 구절인 것이다.

서두의 '만일'(if)이라는 단어는 가정적(假定的) 의미보다는 이미 일어난 기정사실을 밝히는 조건사(條件詞)로서 정말로 우리가 그리스도와 연합하여 그리스도에게 일어난 일이 우리에게도 일어난 사건으로 확신한다는 것을 밝히는 것이다. 정말로 우리가 그리스도와 함께 죽은 것이 사실이라면 이제부터는 죄의 선고를 받을 필요도 없고, 죄의 통치를 받을 필요도 없이, 죄의 세력에서 벗어나 자유를 얻은 것이다. 그렇다면 또한 우리는 그리스도와 함께 부활에 참여해 살아날 줄을 확신한다.

여기 '우리가 죽었다'(ἀποθνήσκω)는 '죽다'의 강조적인 의미로 '몰사하다'(마8:32), 혹은 '완전히 죽다'는 뜻으로 이미 완전히 죽은 상태나 조건을 말한다. 정말로 우리가 그리스도와 함께 완전히 죽었다면 그리스도께서 부활하여 살아나셨으므로 우리도 살아날 것이다.

"미쁘다 이 말이여 우리가 주와 함께 죽었으면 또한 함께 살 것이요"(딤후 2:11)

이것은 진리이다. 함께 연합 되었다면 모든 상황에 함께 참여하는 것은 당연한 진리인 것이다. 우리가 그리스도와 함께 연합 되어 죽었다면 당연히 그와 함께 살아나야만 하는 것이다. 이것이 연합의 원리에 맞는 것이다.

그런데 여기 '함께 살아날 것이다'(συζήσομεν)라는 말이 미래시제로 되어 있음으로 많은 사람들이 이를 마지막 날의 그리스도의 부활의 생명에 참여하는 종말론적 몸의 부활로 해석해 버린다는 것이다. 그러나 그것은 잘못된 해석이다. 신자에게는 미래의 부활이 약속되어 있는 것도 사실이고(살전 4:14, 17), 본 단어에서도 미래의 부활의 의미가 함축되어 있는 것도 사실이지만, 지금 사도 바울이 진술하고 있는 내용은 미래에 일어날 사건을 막연히 설명하고 있는 것이 아니라 그리스도의 죽음과 부활의 역사적 사실에 기초한 현재 신자의 삶 속에서 일어나는 성화의 문제를 다루고 있다는 사실을 잊지 말아야 한다. 이미 5절에서 설명한 것처럼 부활의 사건은 미래적인 것이지만 신자의 삶 속에서 일어난 현재적 사건을 말하는 것이다. 그리스도와 함께 한 우리의 죽음은 그 자체로 마지막이 아니고 그리스도와 함께 한 생명으로 계속 이어지는 것이다.

현재 우리가 그리스도와 함께 죽음으로 인하여 더 이상 죄의 체제와 그 영역에 거할 수 없는 것처럼 동시에 같은 방식으로 그리스도와 연합하여 살아났으므로 새로운 생명 가운데서 살아야 하는 것이다. 4절에서 "그리스도를 죽은 자 가운데서 살리심과 같이 우리로 또한 새 생명 가운데서 행하게 하려 함이라"고 밝힌 것처럼 '새 생명의 삶'은 미래에 나타날 삶을 말하는 것이 아니라 현재의 삶에서 새 생명 가운데서 살아가는 것을 말하는 것이다.

특히 여기 '믿노니'($\pi\iota\sigma\tau\epsilon\acute{\upsilon}o\mu\epsilon\nu$)라는 단어가 이 의미를 이해하는데 도움이 되는 말이다. 이 단어는 신뢰를 강조함을 내포하여 '전폭적으로 맡기다'는 뜻으로 조금도 흔들림이 없는 '확고한 신념', '신임'을 의미한다.

그리스도와 함께 죽었다면 또한 그와 함께 살아난다는 사실은 '연합의 원리'를 인정한다면 조금도 의심할 수 없는 확실한 것임을 믿는 것이다.

그렇다. 우리의 옛 사람이 그리스도와 함께 죽었다면 옛 사람이 더 이상 살아 있어서는 안 된다. 옛 사람은 끝난 것이다. 이제부터는 그리스도 안에서 새 사람으로의 삶을 살아야 하는 것이다.

셋째는, 우리는 그리스도께서 죽은 자 가운데서 사신 역사적 사실을 분명히 안다(9-10절).

"이는 그리스도께서 죽은 자 가운데서 살아나셨으매 다시 죽지 아니하시고 사망이 다시 그를 주장하지 못할 줄을 앎이로라"(9절)

여기 '앎이로라'($\epsilon\iota\delta\acute{o}\tau\epsilon\varsigma$)에 해당하는 헬라어 '오이다'($o\acute{\iota}\delta a$)는 경험적이거나 배움을 통한 앎이 아니라 직관적이며 초경험적인 앎을 가리킨다. 그런데 바울은 어떤 사실, 특히 영적인 진리가 확실하고 명확하다는 사실을 밝히려고 할 때마다 '앎이로라'($\epsilon\iota\delta\acute{o}\tau\epsilon\varsigma$ $\acute{o}\tau\iota$)라는 관용구를 사용하는 것을 볼 수 있다(롬13:11, 고전15:58, 고후1:7, 4:14, 엡6:8, 9, 골3:24, 4:1).

그리스도께서 죽은 자 가운데 사신 것은 분명한 역사적 사실이라는 것이다. 많은 증인과 함께 자기 자신도 분명히 부활의 사실을 확인한 바였었다(고전15:4-8). 그리고 예수님께서 아버지의 영광스런 능력(glorious power)으로 죽은 자 가운데서 사셨다는 것은 죽음을 통한 구속 계획이 완성되었다는 것을 전 우주에 선포한 것이었다. 그러므로 예수 그리스도께서 죽은 자 가운데서 사셨다면 다음의 사실은 절대로 변경시킬 수 없는 자명(自明)한 진리인 것이다.

① 다시는 죽지 아니한다는 사실이다.

여기 '다시 아니'를 뜻하는 헬라어 '우케티'(οὐκέτι)는 강한 부정을 뜻하여 '절대로~아니다'를 의미한다. 예수님에게서 부활은 일시적인 것이 아니라 영원한 부활, 영원한 생명을 뜻한다. 그러므로 예수님에게 다시 죽음이라는 것은 있을 수 없는 일이다.

죽음을 통한 구속 계획은 '단번에'(once for all) 끝난 일이었고 부활을 통하여 구속 계획의 완성을 선포하였기에 되돌릴 수 없는 일인 것이다. 그러므로 하나님의 구속 경륜상 (經綸上) 절대로 다시 죽을 수 없는 일이다. 이것은 예수 그리스도에게만 국한 된 것은 아니다. 그리스도와 연합하여 부활에 참여한 신자도 다시 죽지 않는 것은 영원한 진리이다.

"나는 부활이요 생명이니 나를 믿는 자는 죽어도 살겠고 무릇 살아서 나를 믿는 자는 영원히 죽지 아니하리니"(요11:25-26)

② 다시는 사망이 그를 주장하지 못한다는 사실이다.

예수 그리스도는 부활이요 생명이기에(요1:4, 11:25) 죄와 죽음이 그를 다스리거나 지배할 수 없었다. 그러나 "잠시 동안...죽음의 고난 받으심으로 말미암아...모든 사람을 위하여 죽음을 맛보려"(히2:9)하신 것은 구속 계획을 성취하려는 것이었다.

그리하여 잠시 동안이지만 사망의 지배를 받았던 것이다. 그러나 부활을 통하여 원래의 위치와 본질로 회복되었기에 다시는 사망이 그를 주장할 수 없게 된 것이다. 오히려 그는 "이제 세세토록 살아 있어 사망과 음부의 열쇠"를 쥐고 계신 분으로(계1:18) "맨 나중에 멸망 받을 원수는 사망"(고전15:26)이라 할지라도 결국에는 그리스도께서 "사망과 음부도 불 못에 던지게 될" 것이다(계20:14).

마찬가지로 신자들도 그리스도와 함께 부활에 참여했으므로 똑같지는 않지만 그리스도와 유사하게 "죽을 것이 죽지 아니함을 입을 때"에 사망을 이겨 삼킴으로 최후의 승리가 주어질 것이다(고전15:54). 그러므로 신자는 그리스도 안에서 사망을 두려워하지 말아야 한다.

③ 그의 죽으심은 죄에 대하여 단번에 죽으신 것이다.
"그가 죽으심은 죄에 대하여 단번에 죽으심이요 그가 살아 계심은 하나님에 대하여 살아 계심이니"(10절)
본 절은 사망이 그리스도를 주장하지 못하는 이유를 밝히고 있다. 그가 죽었기 때문에 더 이상 사망의 지배를 받을 필요가 없을 뿐 아니라 또한 살아있기 때문에도 사망의 지배를 받을 필요가 없게 된 것이다. 그의 죽으심은 '죄에 대하여' 단번에 죽은 것이다.
이는 죄 때문에 죽임을 당한 단순한 의미가 아니라 '죄를 위하여' 속죄의 죽음, 즉 전 인류의 죄를 대속하기 위한 죽음을 당하신 것이다(사53:8, 11, 12). 그에게는 죄가 전혀 없는 분이기에 죄에 대한 어떤 개연성(蓋然性) 때문에 죽으신 것이 아니라 인류의 죄를 담당한 화목제물로서의 죽음을 당하신 것이다(요일2:2). 또한 그의 죽음은 "죄와 관련하여"(with respect to sin) 죽으신 것으로 죄책뿐만 아니라 죄의 권세에서 해방을 위하여 죽으신 것이다.
여기서 중요한 것은 그리스도의 죽으심은 "단번에" 죽으셨다는 것이다. '단번에'(ἐφάπαξ)는 '영원히 단 한번', 또는 '모든 것을 단 한번에'(once for all)라는 의미로 그리스도의 죽음은 인류의 대속을 위한 희생으로 역사 속에서 단 한번만으로 영원히 완전하게 해결하고 완성했다는 의미로 히브리서에서 강조하여 나타나는 단어다(히7:27, 9:12, 26, 28, 10:10). 그리스도의 죽음은 죄를 위해 최종적으로 단 한번으로 완성하셨기에 더 이상의 속죄를 위한 희생제사가 필요 없게 된 것이다(히10:18).

④ 그의 살아 계심은 하나님에 대하여 살아계신 것이다.
여기 '살아 계신 것'(ὃ δὲ ζῇ)과 '살아 계심이니'의 헬라어 '제'(ζῇ)는 현재시제로 계속적인 사실임을 밝히고 있다. 앞에서 밝힌 대로 '그의 죽으심'은 단회적으로 일어난 사건인데 반하여 '그의 살아계심'은 영원히 계속되어지는 현재적 사실이라는 것이다.
죄에 대한 죽음은 '영원히 단 한번'의 사건으로 끝내셨지만 그의 살아나셔서 존재하심은 영원히 계속되어지는 것이다. 그리스도의 부활은 하나님의 계획을 완성했다는 증표이며 죄와 사망과 사단과의 대립에서 승리와 마침표이기도 하다.

또한 영광 받으심과 우주 통치권을 받으심의 전주곡이요(행2:33, 빌2:9), 주와 그리스도가 되게 하시고 하나님의 아들로 인정 되신 사건인 것이다(행2:36, 롬1:4). 뿐만 아니라 신자들에게는 의와 새 생명을 얻게 하시고(롬4:25, 6:4) 부활의 첫 열매가 되셨다(고전15:20).

"그가 살아 계심은 하나님께 대하여"라고 했다. 이는 '하나님의 영광을 위하여'라는 뜻으로 예수님께서 "아버지께서 내게 하라고 주신 일을 내가 이루어 아버지를 이 세상에서 영화롭게 하였사오니"(요17:4)라고 기도한 것처럼 하나님의 구속계획을 완성시킨 것은 하나님을 영화롭게 만든 일인 것이다.

예수님께서는 하나님의 계획의 경륜을 위하여 죽으셨지만 또 한편 하나님의 구원 경륜을 위하여 살아 계시기도 한 것이다. "만물을 충만하게 하는 충만을 위하여" 살아 계신 것이다(엡1:22-23).

(4) 이제 우리는 죄에 대하여 죽은 자요 하나님에 대하여 산 자로 여겨야 한다(11절)

"이와 같이 너희도 너희 자신을 죄에 대하여는 죽은 자요 그리스도 예수 안에서 하나님께 대하여는 살아 있는 자로 여길지어다"(11절)

'이와 같이'라는 결과절을 나타내는 단어로 설명한 것은 4절의 패턴을 따른 것이다. 4절에서 "~같이 이와 같이 우리로 또한"($\H{o}\sigma\pi\epsilon\rho\sim$, $o\H{u}\tau\omega\varsigma$ $\kappa\alpha\iota$)라는 표현 방법처럼 본 절에서는 앞의 10절에서 조건절을 표시하는 '호스페르'($\H{o}\sigma\pi\epsilon\rho$)가 생략 되었지만(5:19, 21, 6:4) 조건의 의미를 받아서 '마찬가지로 역시'($o\H{u}\tau\omega\varsigma$ $\kappa\alpha\iota$)라는 결과절로 사용한 것이다.

이는 예수 그리스도께서 죄에 대하여 죽고 하나님께 대하여 살아 계신 것처럼 '마찬가지로 역시'(likewise also) 구원받은 우리도 죄에 대하여 죽은 자요 하나님께 대하여 산 자로 여기라는 본 단락의 결론이며, 5, 6장에서 지금까지 계속되어져 왔던 그리스도와의 연합의 원리, 또는 진리를 신자의 삶에 적용하라는 말씀이다.

특히 여기에서 "여길지어다"라는 단어가 성화의 과정으로 들어가는데 중요한 의미를 가지고 있다는 사실을 명심해야 한다. 지금까지 거룩한 삶을 살아가기 위해서는 그리스도와의 연합의 원리를 '알아야 한다'는 앎(知)에 대하여 강조한 저자는 다음 단계로 '여김'(看做)을 강조하고 있기 때문이다. 우리는 그리스도께서 '단번에' 죽으심같이 우리 옛 사람도 그리스도와 함께 영원히 단번에 죽었다는 사실을 알아야 하고 또한 그리스도와 함께 새로운 생명으로 살아났다는 것을 알아야 하는 것이다.

그렇다면 이제 우리는 다음 단계로 어떻게 해야 하는가?

'여기는 것'(看做)이다. 여기 "여길지어다"($\lambda o\gamma i\zeta\epsilon\sigma\theta\epsilon$)라는 단어는 '여기다'(to consider), '간주하다'(to reckon)는 뜻으로 문법적으로 현재 중간태 명령동사다. 이는 자기 스스로 이것을 계속해서 행하는 것을 가리킨다. 즉 '자기 자신을'($\epsilon a\upsilon\tau o\upsilon s$, yourselves) 죄에 대하여 죽은 자요 그리스도 예수 안에서 하나님께 대하여서는 살아 있는 자로 스스로 계속해서 간주하라는 명령인 것이다.

그리스도께서 인류의 죄의 문제에 대하여 단번에 죽으시고 하나님의 영광을 위하여 살아나 계심은 이미 완성되었다. 이제 그리스도의 죽음과 부활에 연합되어 죽음의 영역에서 해방되어 생명의 영역에 들어온 사실을 알았다면 이제부터는 신자 스스로의 결단, 또는 책임만 남아있는 것이다.

먼저는 자기 자신이 죄에 대하여 죽은 자라는 사실을 간주해야 한다. 죽기 위하여 노력하라는 것이 아니다. "나는 날마다 죽노라"(고전15:31)는 말씀을 잘못 이해하여 성화 문제에 적용시켜서 날마다 죽는 노력, 연습을 하라는 것도 아니다. "육체와 함께 그 정욕과 탐심을 십자가에 못 박기"(갈5:24) 위해 고행의 길을 걸으라는 것도 아니다. 또한 앞으로 자기 자신이 죽기를 고대하라는 것도 아니다. 이미(already) 자기 자신이 죽었다는 사실을 인정하라는 것이다.

여기 '죽은 자'($\nu\epsilon\kappa\rho\acute os$)는 주로 죽은 자 또는 시체에 대하여 사용하는 단어다. 즉 감각이 없는 사람, 어떤 역할을 할 수 없는 사람을 말한다. 죄에 대하여 어떤 감각을 느끼거나 어떤 역할을 할 수 있는 존재가 아니다. 우리 옛 사람은 이미 그리스도와 함께 죽은 자다. 더 이상 죄의 지배, 영향력을 받을 수 없는 사람이 된 것이다. 다시 말해 우리는 죄와 사망의 체제와 통치의 굴레에 메이지 않을 것이며, 사로잡혀 죄가 왕 노릇하는 상태에 놓이지 않게 되었다는 말이다.

그렇다고 이것이 우리가 죄의 영향을 전혀 받지 않는 상태, 즉 관계가 완전히 끊어졌고 단절되었다든지 또는 뿌리 채 뽑혀 우리 체질 밖으로 나갔다는 말은 아니다. 또한 반대로 우리에 대하여 죄가 죽었다든지 근절(根絶) 되었다는 말도 아니다. 죄는 아직도 생생하게 살아 있으며 육체의 몸을 지니고 있는 우리에게 영향력을 미치려고 역사하고 있기 때문이다.

이 의미는 그리스도 안에서 우리 자신이 죄에 대하여 이미 죽었다는 것이다. 이것은 하나의 가상적이거나 상징적인 사건이 아니라 그리스도 안에서 실재적으로 일어나고 확정된 사건인 것이다. 그러므로 그리스도에게 일어난 실재적인 역사적 사건을 이제는 실재적인 자기의 사건으로 여기라는 것이다.

이것은 전혀 나와 상관없는 것을 내 것으로 여기라는 말이 아니다. 하나님의 말씀의 정직성에 입각하여 내가 그리스도와 연합되었기 때문에 그리스도의 사건이 나의 사건이 된 것이다. 그러므로 다시 말하지만 그리스도 안에서 내가 이미 죽었다는 사실을 인정하라는 것이다.

다음은 자신이 그리스도 안에서 하나님께 대하여 살아 있는 자로 간주해야 한다. 그 이유는 1절에서 밝힌 대로 '죄에 대하여 죽은 우리'가 그 가운데서 더 이상 살아갈 수 없기 때문이다. 우리는 "그리스도 예수 안에" 있는 자이다. 그렇다면 예수 그리스도께서 죄에 대하여 죽고 하나님께 대하여 산 것처럼 우리도 역시 죄에 대하여 죽은 것이고 하나님께 대하여 산 자가 된 것이다.

이 연합의 원리를 인정한다면 당연히 우리는 자기 자신이 죄에 대하여 죽고 하나님 앞에서 산 자로 인정해야 한다. 당연한 사실, 이미 일어난 사실을 인정(認定)하고 규정(規定)하고 간주(看做)하라는 것이다. 이것이 바로 그리스도 안에서 갖는 믿음이다.

예수 그리스도께서 죽은자 가운데서 살아 하나님께 대하여 산 것은 "창세 전에 아버지와 함께 가졌던 영화"(요17:5)의 상태에 들어가 영광의 보좌에 앉게 된 것이다(히1:3, 8:1, 12:2). 마찬가지로 우리들도 역시 그리스도 예수 안에서 함께 살고, 함께 일으킴을 받고, 함께 하늘에 앉힘을 받은(엡2:5-6) 새로운 피조물이 된 것이다.

그리하여 하나님 앞에서 거룩하고 흠 없이 서서 하늘에 속한 모든 신령한 복을 받는 자로(엡1:3-4), 그리고 새 생명 가운데서 '아들의 형상을 본받고'(롬8:29) '신성한 성품에 참여하는 자가 되고'(벧후1:4) '그리스도의 장성한 분량이 충만한 데까지 이르기'(엡4:13) 위하여 성령과 더불어 살아가는 존재가 된 것이다. 또한 그리스도의 몸의 지체가 되어 영원하신 하나님의 계획과 목적을 성취하는 역군으로 살아가게 된 것이다.

정말로 사망의 영역에서 생명의 영역으로 옮겨와서 새로운 운명을 살아가는 존재로 완전히 변화된 것이다. 그러므로 자신이 새로운 운명, 새로운 존재가 되었다는 사실을 인정해야 하는 것이다.

4. 거룩함에 이르기 위해 지체를 의의 도구로 드려라(6:12-23)

(1) 몸을 올바르게 사용하도록 결정해야 한다(12-14절).
  첫째는, 죄가 너희 몸을 지배하지 못하게 하라.
  둘째는, 너희 지체를 불의의 도구로 죄에게 드리지 말라.
  셋째는, 자신을 하나님께 드려라.
  넷째는, 지체를 하나님께 드린다면 죄가 너희를 주관하지 못할 것이다.

(2) 은혜의 영역에 있는 자는 죄를 지을 수 없다(15-19절).
  첫째는, 누구에게 순종하느냐에 따라 그의 종이 되는 원리를 깨달아라.
  둘째는, 너희는 죄의 종에서 해방되어 의의 종이 된 자다.
  셋째는, 너희는 이제 거룩함에 이르기 위해 지체를 의에게 종으로
      드려라.

(3) 거룩함을 추구해야 할 이유는 신자의 삶이 완전히 달라졌기 때문
    이다(20-23절).
  첫째는, 과거에는 부끄러운 열매를 맺었었다.
  둘째는, 이제는 거룩함에 이르는 열매를 맺고 있다.

지금까지(6:1-11) 침례 비유를 통하여 신자의 옛 사람은 그리스도와 함께 죄에 대하여 죽은 자가 되었기 때문에 죄에 계속해서 머물러 있을 없다는 사실과 반면에 그리스도의 살아나심과 함께 하나님께 대하여 새 생명으로 살아났기 때문에 새 생명 가운데서 살아야 한다는 사실을 밝혔었다.

이제부터는 그리스도와 연합된 죽음과 부활의 교리를 실제 생활에서 어떻게 죄의 세력에서 해방되어 거룩한 삶을 살아야 할지를 주종(主從) 관계(6:12-23)의 비유를 통하여 설명하고 있다.

본 단락의 두드러진 특징은 두 가지 상반된 개념들을 서로 대조하고 있다는 것이다. 예를 들면, 불의의 무기로 죄에게 내주다 / 의의 무기로 하나님

께 드리라(13절), 율법 아래 있지 않다 / 은혜 아래 있다 (14-15절), 죄의 종으로 사망에 이름 / 순종의 종으로 의에 이름(16절), 죄로부터 해방됨 / 의에게 종이 됨(18절), 부정과 불법에 내주어 불법에 이름 / 의에게 종으로 내주어 거룩함에 이름(19절), 죄의 종이 됨 / 의에 대하여 자유함(20절), 죄로부터 해방됨 / 하나님께 종이 됨(22절), 마지막은 사망 / 마지막은 영생(21-22절), 죄의 삯은 사망 / 하나님의 은사는 영생(23절) 등이다.[1]

바울은 여기에서 반복되지 않으면서도 계속해서 서로 대립된 구조를 통하여 신자의 거룩함을 추구하는 삶의 필요성과 방법을 제시하고 있다.

먼저는 신자는 현재 죄와 의 사이에서 긴장 관계에 있다는 사실을 깨닫기를 원하고 있다. 앞 단락에서(1-11절) 밝힌 것처럼 신자의 존재와 신분은 '이미'(already) 죄에 대하여 죽은 자요(6, 11절), 죄에서 벗어나 해방되어(7, 18절) 죄에게 종노릇하지 않는 자가 되었을(6절) 뿐만 아니라 더 나아가 하나님께 대하여 새 생명 가운데서 사는 자가 되었다(4, 11절) 할지라도 '아직'(not yet) 완전한 상태에 이른 것은 아니라는 것이다.

신자는 존재와 신분의 변화를 체험한 자라 할지라도 죄의 영향력과 지배를 받을 수 있는 몸과 지체를 지니고 있는 육신적 실존으로서 세상을 살아가는 존재인 것이다. 그러므로 아직까지는 현실적으로 죄의 세력과 영적 전투를 경험해야 하는 존재라는 것이다.

두 번째는 '불의와 의', '죄와 하나님', '율법 아래와 은혜 아래'를 대조하면서 신자는 옛 사람이 예수 그리스도와 함께 죽은 자이기 때문에 옛 영역 안에 있는 죄와 율법의 지배를 받아 불의를 행할 수 없다는 것이다. 반면에 신자는 하나님과 은혜의 통치 아래 있는 자가 되었으므로 의를 추구하며 의와 거룩함에 이르라는 것이다.

세 번째는 거룩한 삶의 방법을 적극적으로 실천하라는 것이다. 신자는 의의 종이 되었으니, 이제는 적극적으로 지체를 죄에게 내주어 지배하지 못하게 하고 오히려 지체를 의의 도구로서 하나님께 드리고 의에게 순종하여 거룩한 삶을 실천하라는 것이다.

(1) 몸을 올바르게 사용하도록 결정해야 한다(12-14절).

로이드 존스(Lloyd-Jones)는 현대 크리스천을 크게 두 부류로 나누고 있

---

1) 이한수. 복음은 구원을 주시는 하나님의 능력, (서울: 이레서원. 2010) p.639

다. 하나는 큰 부류로서 교리적인 것에는 전혀 관심이 없고 실제적인 문제에만 관심을 기우리는 사람들이다. 또 다른 하나는 소수의 부류로서 교리에만 관심을 집중하고 실제적인 삶의 문제에 대하여는 전혀 관심이 없는 사람들이라고 했다. 물론 둘 다 잘못된 사람들이다.

교리란 그 자체에만 목적을 두어서는 안 되는 것이다. 그러므로 교리에 대하여 너무나 집착하여 지적이고 신학적이고 학문적인 관심만 가지고 그것에 머물러 있는 것은 교리에 전혀 관심을 두지 않고 체험 중심의 신앙만 추구하는 것과 마찬가지로 심히 위험한 일인 것이다.

사도 바울은 본 단락에서 앞서 1-11절에서 개진했던 논증이나 교리들에 관심을 가졌다 할지라도 그것을 실제의 삶에서 실천으로 옮기지 않으면 아무 소용이 없다는 사실을 밝히고 있다. 그래서 신앙인에게 합당한 거룩한 삶을 살기 위하여 그리스도와 연합의 진리를 분명히 '알고', 그리스도 안에서 자신의 존재가 죄에 대하여는 죽고 하나님께 대하여서는 산 존재라는 사실을 믿음으로 '여기고', 이제 그것을 실제 생활 속에서 실천하라고 권면하고 있다. 바울은 세 개의 명령 동사 '지배하지 못하게 하라' (μὴ βασιλευέτω) '내주지 말라' (μηδὲ παριστάνετε), '드리라' (παραστήσατε)를 통하여 신자들이 자신의 몸을 어떻게 사용해야 할 것인지를 가르쳐주고 있다.

첫째는, 죄가 너희 몸을 지배하지 못하게 하라.
"그러므로 너희는 죄가 너희 죽을 몸을 지배하지 못하게 하여 몸의 사욕에 순종하지 말고"(12절)

여기 '그러므로' (οὖν)는 앞 단락의 논의 된 내용을 받아서 구체적인 삶의 내용을 제시하는 말이다. 즉 신자는 죄에 대하여 죽은 자가 되었기 때문에 이제부터는 죄가 지배하지 못하게 하라는 것이다.

① "너희는 죄가 ~을 지배하지 못하게 하여"
여기 '지배하다' (βασιλευέτω)라는 단어는 제3인칭 단수 현재 명령형이다. 이는 한글 성경처럼 전체적으로는 '너희'라는 말이 주격이겠지만 단어가 의미하는 것은 간접명령형으로 권고문의 형태를 띠고 있어, 그것은 '~로 하여금, ~하게 하라'는 뜻으로 죄가 주격이 되어 '죄로 하여금 지배하지 못하게 하라'는 뜻이 된다. 죄로 하여금 함부로 우리 몸 안에서 자신의 영향력

을 행사하고 지배하고 통치하도록 끌어들이지 말아야 할뿐 아니라 방치해 두지 말라는 것이다.

② "너희 죽을 몸을"

여기에서는 '몸'(σῶμα)과 함께 13절의 '지체', 그리고 19절 이하 7-8장에서 계속 나오는 '육신'(σαρξ)의 관계를 이해하는 것이 대단히 중요하다. 간략하게 설명하면 '몸'은 글자 그대로 육체적인 몸을 의미하고, 지체는 몸이 구성하고 있는 각 부분으로서의 손과 발처럼 신체적인 것과 정신적인 요소들도 포함한다. 그리고 '육신'은 몸과 같은 뜻으로 사용될 때가 있지만(고후4:10-11) 보편적으로 인간적이며 지상적인 인간성(humanity)을 가리킨다. 그래서 몸은 육신의 지배를 받으며 지체들이 사용되어 활동하게 되는 것이다.

몸을 '죽을 몸'이라고 한 것은 살과 뼈와 피로 구성된 신체로서 죽음에 직면해 있는 요소이기 때문이다. 타락한 인간의 몸은 필연적으로 죽을 수 밖에 없는 죽어가는 존재로(히9:27) 죽었을 때에 시체라는 의미로 표현을 하기도 한다. 몸은 병들기도 하고(막5:29) 음식과 의복이 필요하며(약2:16) 결국에는 죽음을 맞이하게 된다(마10:28, 롬8:11, 참조 창3:19).

바울은 "혈과 육은 하나님 나라를 이어 받을 수 없고 또한 썩는 것은 썩지 아니하는 것을 유업으로 받지 못"(고전15:50)하기 때문에 신자는 "몸의 속량"(롬8:23)을 기다린다고 했다. "이 썩을 것이 썩지 아니함을 입고 이 죽을 것이 죽지 아니함을 입을 때"(고전15:54) 그리스도께서는 "우리의 낮은 몸을 자기 영광의 몸의 형체와 같이 변하게"(빌3:21) 하실 것이라고 했다. 더욱이 신자의 몸은 하나님께서 "값으로 산 것"(고전6:20)으로 우리의 것이 아니요 하나님의 것으로 "너희 몸은 너희가 하나님께로부터 받은 바 너희 가운데 계신 성령의 전"(고전6:19)이라고 했다.

그러므로 신자는 비록 자신의 육체가 죽을 몸이라 할지라도 "몸 안에서"(ἐν τῷ θνητῷ σώματι) 죄로 하여금 왕 노릇하도록 방치해서는 안 된다는 것이다. 이미 2, 6절에서 설명했듯이, 신자는 옛사람이 예수와 함께 죄에 대하여 죽었으므로 죄의 세력, 죄의 영향력에서 단절된 존재다. 또한 하나님께 대하여서는 새롭게 산 자가 되었으니, 이제는 몸을 죄의 수단으로 내어주어서는 안 되는 것이다. 오히려 우리 몸 안에서 예수의 생명이 나타나야 하고(고후4:10-11) 그리스도께서 통치하여 그의 존귀함이 나타나야 한다(빌1:20).

③ "몸의 사욕에 순종하지 말고"

본 전치사구($\epsilon is \ \tau \grave{o} \ \acute{v}\pi \alpha \kappa o\acute{v}\epsilon \iota \nu \ \acute{\epsilon}\pi \iota \theta \upsilon \mu \acute{\iota} \alpha \iota \zeta \ \alpha \grave{v} \tau o\grave{v}$)를 바르게 해석하는 것이 본 구절을 이해하고 더 나아가 성화의 원리를 이해하는데 중요하다고 생각되어 진다. 본 전치사구를 한글 성경처럼 부정사를 첨가하여 "몸의 사욕에 순종하지 말고"라는 의미도 있겠으나 실제로는 헬라어 원문에는 부정사가 없다.

그러므로 한글 성경처럼 '죄가 몸에 왕 노릇하지 못하게' 한 결과로 '몸의 사욕에 순종하지 말라' 는 의미로 해석해서는 안 된다고 본다. 오히려 그 반대로 '몸의 사욕에 순종하므로' 그 결과로서 '죄가 몸에서 왕 노릇하게 만들지 말라' 는 의미로 보아야 한다.

여기 전치사구를 이끄는 전치사 '에이스' ($\epsilon is+\tau o \ \acute{v}\pi \alpha \kappa o\acute{v}\epsilon \iota \nu$)는 부정사와 함께 목적의 의미를 가진 것보다는 여기서는 행동과 조건의 결과(the result of an action or condition)를 나타내어 '~하므로' 라고 해석하는 것이 본문을 이해하는데도 또한 전체 성화의 원리를 이해하는 것에도 좋다고 본다. 즉 '몸의 사욕들에게 순종하므로' 죄가 몸 안에서 왕 노릇하게 방치하지 말라는 뜻이 되는 것이다.

여기 '사욕' ($\acute{\epsilon}\pi \iota \theta \upsilon \mu \iota \alpha$)은 '육신의 욕망', '육체적 욕구' 로서 보편적으로 '금지된 쾌락에 대한 격렬한 욕망' 이라는 뜻으로 타락한 인간의 본성 속에 있는 세속적인 강렬한 욕망을 말한다(엡2:3, 벧전2:11). 다시 말해 세상적 본성을 가지고 있는 것으로 '충동적이고 탐욕적인 조바심 가득한 자기 추구' 를 가리킨다(요일2:15-16). 그래서 예레미야 선지자는 육체는 마치 나귀 같고 그 정욕은 말과 같다(겔23:20)고 표현한 것이다. 육체의 욕망이 발동하면 마치 '들 암나귀가 성욕이 동(動)하여 헐떡거림과 같이"(렘2:24) 인간의 인격과 이성을 잃어버리고 날뛰게 만드는 것이다.

성경학자 바클레이(William Barclay)는 육신의 정욕을 이렇게 설명했다. "육신의 정욕이란 감각에 지배되어 사는 사람을 말한다. 음식을 절제하지 못하고 탐식하며, 사치에 빠지고, 쾌락에 노예가 되며, 도덕적인 면에 있어서 느슨하고 욕정적이며, 재산을 사용하는데 있어서 이기적이며, 영적인 문제에는 무관심하되 세상적, 물질적 욕심을 충족시키는 데는 열을 올리는 삶이 그것이다. 육신의 정욕은 하나님의 계명을 잊게 하고 보지 못하게 하여 거기에 대해 무관심하게 한다."

이와 같은 성질의 욕망들에게 순종하게 되면 죄는 몸속에서 날뛰며 왕 노릇하며 몸과 지체를 온갖 불의함으로 이끌어가게 되는 것이다. 그것은 "누구에게 순종하든지 그 순종함을 받는 자의 종이 되기"(롬6:16) 때문이다. 욕망에 순종하면 욕망의 종이 되고 자연적으로 죄의 종으로 전락하기 때문이다.

그러나 이제 신자의 신분과 위치는 달라졌다. 과거 옛사람은 욕망에 끌려 다니는 죄의 노예였으나 이제는 옛사람은 죽고 그리스도 안에서 새사람이 되었다. 그럼에도 불구하고 욕망에 순종하게 된다면 죄가 신자의 몸 안에서 통치의 영향력을 펼치며 역사하게 되는 것이다. 이러한 것을 방지해야만 한다. 그리하여야 우리 몸 안에 죄가 지배하지 못하고 그리스도가 나타나 거룩한 삶을 추구해 갈 수 있는 것이다.

둘째는, 너희 지체를 불의의 도구로 죄에게 드리지 말라.

"또한 너희 지체를 불의의 무기로 죄에게 내주지 말고 오직 너희 자신을 죽은 자 가운데서 다시 살아난 자 같이 하나님께 드리며 너희 지체를 의의 무기로 하나님께 드리라"(13절)

앞서 자신의 몸 안에서 죄가 그 세력을 발휘하여 왕 노릇하도록 방치하지 말라(μη)고 권면했던 것에 연이어 두 번째로 조금 더 구체적으로 자신의 지체들을 불의의 도구가 되도록 죄에게 드리지 말라(μηδέ)고 강조하여 권면하고 있다.

여기 '지체들'(μέλη)이란 문자적으로는 신체의 사지(四肢)를 뜻하는 말이지만(롬12:4, 5) 여기에서는 인간의 전 기관, 즉 인간이 소유하고 있는 전 인격으로서 생각, 언어, 의지, 감정, 마음, 지능, 상상력, 욕구, 육체적인 힘 등 정신적인 것들까지 포함하여 힘과 기능과 성향들을 일컫는 말이다. 이는 죄가 '몸 안에서' 역사하여 이러한 모든 지체들에게 그의 통치권, 지배권을 확장하여 범죄의 도구로 사용하도록 방치해서는 안 된다는 말이다.

그리하려면 자신의 각 지체들을 '불의의 무기'가 되게 하여 죄에게 드려서는 안 된다. 여기 '무기'(ὅπλα)는 '도구들'(tools, instruments), 또는 '무기들'(weapons)을 뜻한다. 개역성경에서는 '병기' '무기'로 번역이 되어 있으나, 표준새번역에서는 '연장', 또는 '도구'라는 의미로 번역을 했다. 본문을 이해함에 있어서는 '도구'라는 단어가 조금 더 자연스럽다고 보여진다. 그러나 이 단어에는 분명히 '무기'라는 의미도 담고 있다는 것을 기억해야 한다.

우리가 이미 5장에서부터 살펴본바와 같이 사도 바울은 죄(Sin)를 의인화(擬人化)하여 하나의 큰 세력, 즉 통치자(sovereign)로 표현하고 있다. 죄는 폭군적 세력으로 사망 안에서 하나님과 빛의 세력과 싸워 자신의 영역을 확장시켜 왕 노릇 하려고 혈안이 되어 있다. 그리하여 인간의 몸 안에서 '각 지체들'을 자신의 도구, 또는 무기로 사용하여 세상을 타락시키고 혼돈에 빠지게 하려고 역사하는 것이다.

그런데 그리스도 안에서 새 사람이 되어 '하나님의 것'이 된 신자들이 옛 상사였던 죄의 폭군에게 자신의 지체들을 다시 내어주어 '불의의 도구'로 사용하게 한다는 것은 합당치 않은 것이다. 여기 '불의의 도구'란 '불의한 행동을 위한 도구'라는 뜻으로 의로우신 하나님과 그의 통치 원리에 반대되는 모든 어두움과 불법의 도구로 사용되는 것을 말한다.

'너희 지체를 불의의 무기로 드리지 말라'는 말 가운데서 '드리다'(παριστάνετε-παρίστημι의 현재 명령형)라는 단어는 '옆에 놓다'(to place beside), '마음대로 하게 하다'(to put at one's disposal), '바치다'(to present)는 뜻으로 군대에서 사용하는 용어로서 자신의 사용권한을 맡겨버리는 행위를 말한다. 특히 이 단어가 현재형으로 되어 있는 것은 언제라도 자신을 죄에게 내어줄 위험성이 있다는 것을 보여준다.

또한 죄에게 드린다는 것은 무의식(無意識) 중에 자신을 죄에게 넘겨주는 것을 말하는 것이 아니라 자의적(自意的)인 양도 행위를 말하는 것이다. 이것은 엄청난 배신(背神) 행위인 것이다. 신자는 자신의 몸과 함께 모든 지체들은 자신의 것이 아니다. 신자의 몸은 하나님께서 이미 "값으로 산 것이 되었으니"(고전6:20) 신자 자신의 것이 아니라 하나님의 것, 즉 그리스도의 지체들이 된 것이다(고전6:15). 그러므로 그리스도의 것을 자신 마음대로 죄에게 드린다는 것은 합당치 않은 것이다.

그렇지 않아도 죄는 신자의 모든 지체들−기능들과 기질들과 힘들까지−을 장악하여 마음대로 사용하려고 혈안이 되어 있는데, 그리스도의 것으로 소유된 신자들이 스스로 자신의 지체들을 갖다가 맡긴다는 것은 있을 수 없는 일이다. 다시 말해 자신의 힘, 자신의 에너지, 자신의 언어, 자신의 감정, 자신의 마음, 자신의 생각, 자신의 모든 사지백체(四肢百體)를 죄의 통치자가 마음대로 사용하도록 맡겨서는 안 된다는 것이다.

셋째는, 자신을 하나님께 드려라.

"오직 너희 자신을 죽은 자 가운데서 다시 살아난 자 같이 하나님께 드리며 너희 지체를 의의 무기로 하나님께 드리라"(13하절)

앞에서 '드리지 말라'는 소극적인 권면을 했다면 반대로 이제는 '드리라'는 적극적인 권면을 하고 있다. 여기 '드리라'($\pi\alpha\rho\alpha\sigma\tau\acute{\eta}\sigma\alpha\tau\epsilon$)는 앞에서는 현재형으로 되어 있는데 여기서는 부정과거 명령형으로 되어 있다. 부정과거형이라고 해서 과거적 행위와 결단을 말하는 것은 아니다. 명령법은 시상(時狀)의 구별이 없고 동작의 차이와 구별만 있을 뿐이어서 단순과거 명령법이라고 해서 어떤 과거의 뜻이 포함된 것이 아니고 다만 과거에서부터 계속되거나 반복되지 아니했던 어떤 동작을 단호하게 명령할 때 사용되는 것이며, 또한 현재 명령법이라고 하여 현재적인 뜻이 있는 것이 아니고 다만 계속되고 반복되는 어떤 동작을 명령할 때 사용되어지는 것이다.

이미 존재의 변화를 받았음에도 불구하고 지금까지 자신의 지체들을 불의의 도구로 죄에게 드렸을 뿐이지 하나님께 드리지 못했던 것을 이제부터는 하나님께 드려서 하나님의 통치와 명령을 받으라는 강한 권면인 것이다.

여기 "하나님께"($\tau\hat{\omega}$ $\theta\epsilon\hat{\omega}$)를 두 번이나 강조하여 사용하고 있다. 이는 우리의 지체들은 하나님의 것으로, 우리의 전인격적인 모든 영역들이 온전히 하나님의 도구로만 바쳐져서 쓰임 받을 수 있도록 하라는 말이다. 앞에서 설명했듯이 신자의 몸은 하나님께서 "값으로 산 것"(고전6:20)으로 우리의 것이 아니요 하나님의 것이다. 뿐만 아니라 우리의 몸은 "하나님께로부터 받은 바 너희 가운데 계신 성령의 전"(고전6:19)이요 그리스도의 지체가 되었다(고전6:15, 골2:17). 그러므로 우리의 몸과 지체들은 주를 위해 존재해야 하며(고전6:13) 하나님께 영광을 돌려야 하는 것이다(고전6:20).

① "너희 자신을 죽은 자 가운데 산 자 같이"

11절에 나왔던 '산 자'($\zeta\hat{\omega}\nu\tau\alpha\text{s}$)가 다시 나오고 있다. 그리스도의 사람은

그와 연합하여 '함께 죽고' '함께 산' 자가 되었다. 이는 옛 사람은 죄에 대하여 죽고 그리스도 안에서 새 사람으로 다시 살아난 새 존재를 말한다. 사도 바울은 골로새서에서도 신자에 대하여 "그리스도와 함께 다시 살리심을 받은" 자라고 했으며(골3:1), 더 나아가 '그 행위들과 함께 옛 사람을 벗어 버리고 새롭게 하심을 받은 새 사람을 입었다'(골3:9-10)고 표현하고 있다. 이는 그리스도와 함께 살아날 때에 본질적으로 완전히 새롭게 된 새로운 사람, 즉 이전 것이 지나간 새 피조물이 된 것이다.

그러므로 새 피조물이 된 자신을 과거의 통치자 죄에게 드릴 수는 없는 것이다. 이제부터는 자신을 새롭게 만들어 준 하나님께 드려서 그의 다스림과 통치를 받으며 살아야 하는 것이다. 그리하여 새로운 삶을 살아야 한다(골3:1-14). 옛 습관, 옛 기질, 옛 방법, 옛 가치관을 하나님께 드릴 수는 없다. 그런 것은 하나님께서 받지도 않으실 뿐 아니라 오히려 신앙 공동체만 더욱 어지럽히고 파괴시킬 뿐이다. 우리가 진정으로 드릴 수 있는 것은 그리스도 안에서 새 사람이 된 새 습관, 새 가치관...등을 드려야 한다.

② "너희 지체를 의의 도구로 하나님께"

여기 '의의 무기'는 '의로운 삶을 위한 도구'라는 의미로 우리 몸 안에 있는 전 지체들이 의로운 삶을 추구하는데 필요한 도구들로 사용되기 위하여 하나님께 드리라는 것이다. 19절에서 다시 한 번 더 설명하고 있듯이 과거에는 지체를 불법의 종으로 드려 불법에 이르렀지만 이제는 의에게 종으로 드려 거룩함에 이르라고 권면하고 있다. 이는 자신의 전 인격을 하나님께서 통치하고 사용할 수 있도록 맡기지 않고는 거룩하고 의로운 삶을 이루어 갈 수는 없다는 것이다.

본 단락의 의미는 '거룩한 삶'을 위한 헌신을 말하고 있지만 또 한편 우리의 전 지체를 하나님의 뜻을 성취하는 사명적 삶에 헌신하는 것도 생각해 보아야 한다. 사탄이 죄와 함께 혼돈이 가득한 파괴적 세상을 세우려는 계획을 획책(劃策)한다면 하나님께서는 거룩하고 의로운 목적의 계획을 세우시고 경영하고 계신다.

엡2:10에는 하나님의 계획은 우리를 그리스도 안에서 '명품'($\pi o \acute{\iota} \eta \mu a$, workmanship)을 만드는 것이라고 했다. 즉 선한 일을 위한 명품으로 새롭게 창조하신 것이다. 그 선한 일은 하나님께서 "전에 예비한" 계획과 목적으로서 우리로 그 일을 행하게 하려는 의도로서 새로운 명품을 만드시는 것이다. 그렇다면 신자들은 당연히 하나님의 거룩하고 영원한 목적을 위하여 자신을 '의의 도구'로 헌신해야만 한다.

이제부터는 과거처럼 세상을 더럽히고 어지럽히며 파괴하면서 살지 말고(엡4:17-20) 하나님이 보시기에 '심히 좋은' 세상을 창조하며 '만물을 충만하게 하시는' 하나님의 우주적 비전을 성취하기 위하여 자신을 선한 일을 위한 명품으로 드려야 한다(엡2:10). 그리하면 하나님께서는 분명히 '이가 날카로운 새 타작기로 삼아'(사41:15) 사용해 주실 것이며 '용사의 칼'처럼 쓰셔서(슥10:13) 거룩한 목적을 달성하실 것이다.

그리하려면 우리의 삶은 당연히 하나님께 드려진 의의 도구가 되어야 하는 것이다. 우리는 여기서 결단해야 한다. 죄의 종이었던 옛사람은 죽고 새사람으로 존재가 변화 된 자로서, 자신의 지체를 옛 주인인 죄에게 굴복하여 '불의의 도구들'로 사용되게 할 것인지, 그렇지 않으면 하나님께 대하여 '산 자'(ζῶντας)로서 '의의 도구들'로 바쳐질 것인지를 결단해야 한다.

신자의 삶에 중립지대는 있을 수 없다. 내면적으로 모든 지체를 불의의 도구로 사용하면서 하나님을 위해서 산다고, 또는 하나님께 헌신한다고 위장하고 위선을 떨어서는 안 되는 것이다. 선한 일에 참여하기 전에 먼저 자신의 사상, 가치관, 감정, 행동... 습관까지도 의로운 삶으로 변화 받아야 하는 것이다.

넷째는, 지체를 하나님께 드린다면 죄가 너희를 주관하지 못할 것이다.
"죄가 너희를 주장하지 못하리니 이는 너희가 법 아래에 있지 아니하고 은혜 아래에 있음이라"(14절)

우리 한글성경에는 나타나 있지 않지만 헬라어 원문에 있는 접속사 '가르'(γαρ)를 번역하여 넣는 것이 13절과 연결을 짓는데도 그렇고 본 단락의 결론을 내리는데도 그 내용이 더욱 분명해 진다. '왜냐하면'이라는 말을 통하여 적극적으로 그 이유를 밝히고 있기 때문이다.

즉 우리의 지체를 죄에게 드리지 않고 하나님께 드려야 할 이유는 "죄가 너희를 주장하지 못하게" 된다는 사실 때문이다. 그러므로 우리는 반드시 자신을 하나님께 드려야만 한다.

여기 '주장하지 못하리니'(οὐ κυριεύσει)가 미래형으로 되어 있는 것은 단순히 미래에 되어 질 일만 뜻하는 것이 아니라 현재는 물론 미래에까지도 주장하지 못하게 된다는 뜻이다. 만일 우리가 아무리 노력해도 죄의 세력 아래서 벗어날 수 없다면 어쩔 수 없이 우리는 죄에게 종노릇하며 살아갈 수밖에 없을 것이다. 그러나 사도 바울은 우리가 그리스도로 말미암아 죄의 세력에서 벗어날 수 있게 되었다는 사실을 영적 원리에서 분명히 밝혔었다. 우리는 그리스도와 함께 죄에 대하여 죽은 자다.

그것은 죄책뿐 아니라 죄의 통치와 세력, 그 권위에 대하여서도 죽게 한 것이다. 그리하여 결국에는 우리로 죄와 아무런 관계를 갖지 않는 조건에 이르게 하는 것이다. 이러한 목적 때문에 하나님께서 그 아들을 세상에 보내셔서 십자가에서 죽게 하신 것이다.

또 한편 6절에서 밝힌 것처럼 "우리의 옛 사람이 예수와 함께 십자가에 못 박힌 것은 죄의 몸이 죽어 다시는 우리가 죄에게 종노릇하지 아니하게"하려는 목적이기도 하다. 그것은 우리가 육체를 입고 있는 동안 "죄의 몸"이 죄에 대하여 활동할 수 없게 만들어 죄가 우리의 지체들을 지배하지 못하게 하려는 것이다.

그러므로 12절에서 밝힌 것처럼 "너희는 죄가 너희 죽을 몸을 지배하지 못하게" 만들어야 한다. 그것은 죄와 단절된 사람이 다시 죄를 불러들인다는 것은 합당치 않은 일이기 때문이다. 그래서 13절에서 그 방법을 제시해 주었던 것이다. 즉 자신의 지체들을 불의의 도구로 죄에게 내어주지 말고 자신을 의의 도구로서 하나님께 드리라고 했다.

그리하면 죄가 우리 몸 안에서 더 이상 그 세력을 확장하지도 못하고 우리의 지체들을 지배하고 주관하면서 계속해서 주인노릇을 하지 못하게 될 것이다. 그 이유로 우리의 삶의 영역이 바뀌었다는 사실을 밝히고 있다. 그것은 우리가 '법 아래' 있지 않고 오히려 '은혜 아래' 있기 때문이라고 한다.

① 우리는 '법 아래' 있지 않다.

여기 '법 아래'라는 것은 율법의 통치권 영역을 말한다. 사도 바울이 7:1에서 "율법이 주관하다"(ὁ νόμος κυριεύει)라는 표현을 사용한 것을 볼 때에 율법을 이 세상을 지배하는 통치자 중에 하나로 간주하는 것이 분명하다 (갈4:2-5). 율법이 거룩하고 의로운 것은 사실이지만(7:12) 율법이 주어진 것은 구원의 방편으로 준 것이 아니라 오히려 모든 인간을 '율법 아래' 두어 죄를 깨달아 모든 입을 막고 하나님의 심판 아래 있게 하려는 목적에 있었다(3:19-20).

또한 육신에 속한 인간은 육신으로 말미암아 연약하여 율법을 행할 수 없어(8:3) 죄로 더욱 죄 되게 하여 '죄 아래 팔리게' 만들기 때문이다(7:13-14). 그러므로 '율법 아래' 있다는 것은 '죄 아래' 있다는 말과 같은 말이 되는 것이다(갈3:22-23). "죄의 권능은 율법이라"(고전15:56)고 했듯이 율법은 모든 인간을 정죄하고 그 정죄로 인하여 죄 아래 갇히게 만들기 때문이다(5:13, 20, 7:7-11). 결국은 율법 아래 있는 자는 죄와 사망의 세력에서 벗어날 수가 없는 것이다.

감사한 것은 신자는 '율법 아래' 있지 않게 되었다는 사실이다. 그것은 예수 그리스도께서 율법 아래 나신 것은 "율법 아래에 있는 자들을 속량"하시려고 오셨기 때문이다(갈4:4-5). 그러므로 그리스도 예수 안에 있는 자는 이제 죄를 심화(深化)시키는 율법의 옛 영역에서 해방 되었기에 율법으로 인한 정죄함이 없게 된 것이다(8:1).

② 오히려 우리는 '은혜 아래' 있는 존재다.

신자는 죄를 이길 수 있는 능력의 새로운 영역에 들어가게 되었다. 여기 '은혜 아래' 있다는 것은 그리스도 안에서 베푸시는 하나님의 구원 역사와 그로 말미암아 값없이 주어지는 은총들 아래 있게 되었다는 뜻이다. 하나님의 은혜는 인간 편에서 어떤 기여를 한 것이 없이 값없이 주어지는 선물이기에 인간은 자랑할 것이 없는 것이다(엡2:8-9).

그리스도 안에서 거저주시는 하나님의 은혜는 창세전부터 마련되어 종말의 때까지 계속되어지는 것이다. 그래서 신자는 구원의 때부터 은혜 아래 살아가는 존재가 된 것이다. 특히 여기에서의 '은혜 아래'라는 말은 보혜사이신 은혜의 성령의 통치 아래 들어가게 되었다는 말이기도 하다.

성령의 영향력은 신자들로 죄와 사망의 영향력에서 해방시켜주며, 항상 연약함을 도와 주시고, 속사람을 강건하게 해 주어 승리로운 삶을 살게 해 주고, 거룩한 삶으로 변화시키시고, 진리 가운데로 이끄시고 인도해 주기 때문이다(8:2-11).

"너희가 만일 성령의 인도하시는 바가 되면 율법 아래에 있지 아니하리라"(갈5:18)

(2) 은혜의 영역에 있는 자는 죄를 지을 수 없다(15-19절).

거룩한 삶의 실천 문제를 다루면서 앞에서는(11-12절) 몸의 정욕에 순종하여 죄가 몸을 지배하지 못하게 하라고 했다. 그 방법으로 몸의 지체들을 불의의 도구로 죄에게 드리지 말고 의의 도구들로 하나님께 드리라고 했다. 즉 성화의 삶을 살기 위해서는 먼저 그리스도와 연합하여 십자가에서 죽고 살아난 영적 원리를 '알고'(知), 다음으로는 자신의 옛사람은 죄에 대하여 죽고 하나님에 대하여는 산 자라는 사실을 '여기라'(看做)고 했다. 그리고 자신의 지체들을 의의 도구로 하나님께 드려(獻身) 거룩함에 이르라고 했다. 이제 네 번째 원리로서 죄의 종에서 해방되어 의의 종이 되었으니 의의 종, 또는 하나님의 종으로 드려 순종(順從)할 것을 권면하고 있다.

"그런즉 어찌하리요 우리가 법 아래에 있지 아니하고 은혜 아래에 있으니 죄를 지으리요 그럴 수 없느니라"(15절)

본 구절은 1절과 같은 '그런즉 어찌하여'라는 질문으로 시작하여 '그럴 수 없다'는 대답 형식으로 이루어져 '은혜와 죄'를 주제로 다루고 있다. 1절에서는 "은혜를 더하게 하려고 죄에 거하겠느냐"는 질문이었다면, 본 절에서는 "은혜 아래에 있으니 죄를 지으리요"라는 질문으로 되어 있다.

이것은 14절에서 신자가 "법 아래에 있지 아니하고 은혜 아래에 있음이라"는 말씀에 연관된 것으로 혹시 사람들 가운데 이 말씀을 잘못 이해하는 사람이 있을까하는 염려에서 경계하는 것이다.

① "우리가 법 아래에 있지 아니하고 은혜 아래에 있으니 죄를 지으리요"

이것은 14절에서 제시한 말씀의 의미를 잘못 이해하여 잘못 적용하거나 오해한 사람들을 교정하기 위한 질문이다.

여기 '죄를 지으리요'(ἁμαρτησωμεν)라는 말은 무의식적으로나 또는 가끔 죄를 짓는 것을 의미하지 않고 죄의 상태에 계속 머물러 있던지, 계속해서 죄의 습관 속에서 벗어나지 않고 있던지, 고의적으로 죄를 짓고 있는 것을 뜻한다. 그래서 고의적이든 습관적이든 '계속해서 죄를 지어도 괜찮으냐'라는 질문이다. 신자들도 세상을 살아가면서 얼마든지 범죄에 빠질 수 있다. 그러나 곧 자신의 잘못을 깨닫고 회개하여 죄악에서 벗어나려고 애쓰게 된다. 만약 그렇지 않고 계속해서 죄 안에 거하고 죄와 더불어 살아간다면 그것은 분명히 문제가 있는 것이다.

어떤 사람들은 '우리는 죄를 금지하는 율법의 간섭과 통치를 받지 않는 상태에 있으니 죄를 지어도 정죄 당하지 않을 것이다'라고 괴변을 늘어놓는 사람들이 있었다. 그런가 하면 또 다른 종류의 사람들은 '우리는 죄를 용서하시는 은혜 아래 있으니 죄를 지으면 곧 용서해 주실 것이다'라고 말하기도 했다. 그러나 그것은 전부 말씀을 잘못 이해한 것이다.

우리는 율법의 행위로 의롭다하심이나 거룩함의 자리에 이를 수 없다 할지라도 우리에게는 율법의 요구를 성취해야 할 과제가 있는 것이다(8:4). 율법의 조문들과 의식과 의례적인 것들은 폐지되었다 할지라도 율법을 주신 근본 정신, 개념, 사상은 변하지 않았기 때문이다.

② "그럴 수 없느니라"

2절과 마찬가지로 강하게 부정하여 '결코 그럴 수 없다'(By no means-NIV), '물론 아니다'(of course not-Livng Bible), '당치도 않다'(God forbid-KJV)라고 했다. 아무리 사유(赦宥)하시는 하나님의 은혜 아래 있다 할지라도 고의적으로 죄를 범하거나 습관적으로 범죄 해서는 안 되는 것이다. 이런 자들은 "하나님의 은혜를 도리어 방탕한 것으로 바꾸어 홀로 하나이신 주재 곧 우리 주 예수 그리스도를 부인하는 자"(유1:4)인 것이다.

뿐만 아니라 "만일 우리가 하나님과 사귐이 있다 하고 어둠에 행하면 거짓말을 하고 진리를 행하지 아니하는"(요일1:6) 것을 드러낼 뿐이다. 그러므로 신자는 하나님의 은혜를 욕된 것으로 만들어서는 안 된다. 자신이 속죄를 받고 거듭난 신자라는 것을 분명히 보여주어야 한다.

그리하기 위하여 그리스도의 은혜의 영역 안에서 더욱 성숙하고 거룩하며 그리스도의 형상을 본받는 자리로 나아가야 한다. 만약에 "예수 그리스도를 앎으로 세상의 더러움을 피한 후에 다시 그 중에 얽매이고 지면 그 나중 형편이 처음보다 더 심하리니"(벧후2:20)라는 말씀을 명심해야 할 것이다.

사도 바울은 16-19절 사이에서 은혜의 영역 안에 있는 자가 죄를 지을 수 없는 이유를 세 마디 말씀을 통하여 교인들을 권면하고 있다.

16절의 "알지 못하느냐"를 통하여 순종의 원리를 설명했고, 17절의 "감사하리로다"를 통하여 죄의 종에서 해방되어 의의 종이 되었다는 사실을 밝히고, 19절의 "말하노니"를 통하여 거룩함에 이르기 위하여 지체를 의의 종으로 드리라고 권면하고 있다.

첫째는, 누구에게 순종하느냐에 따라 그의 종이 되는 원리를 깨달아라.

"너희 자신을 종으로 내주어 누구에게 순종하든지 그 순종함을 받는 자의 종이 되는 줄을 너희가 알지 못하느냐 혹은 죄의 종으로 사망에 이르고 혹은 순종의 종으로 의에 이르느니라"(16절)

여기 서두에 '알지 못하느냐'(οὐκ οἴδατε)라는 의문문으로 시작하고 있다. 이는 3절에서 침례의 영적 원리를 설명하기 위해서 '알지 못하느냐' 라는 부정 의문문을 통하여 강조하였듯이, 본 절에서도 순종의 원리를 부각(浮刻)시키기 위하여 강한 부정 의문문을 사용하여 독자들의 시선을 집중시키는 것을 볼 수 있다. 마찬가지로 7:1에서도 혼인에 의한 율법의 원리를 설명하면서 '알지 못하느냐' 라는 질문을 통하여 진리를 논증해 가고 있는 것을 볼 수 있다.

① 사람은 누구에게 순종하든지 그의 종이 되는 것이다.

상반 절을 이해하기 쉽게 다시 번역하면 다음과 같다.

"너희가 너희 자신을 종으로 드리는 자에게 순종하게 되는 줄 알지 못하느냐, 너희는 너희가 순종하는 자에게 종이 되느니라"(Don't you know that when you offer yourselves to someone to obey him as slaves, you are salves to the one whom you obey.-NIV)

여기에서 우리는 몇 가지 중요한 진리를 생각해야 한다.

먼저는 우리가 자기 자신을 누구에게 드리느냐는 것이다.

여기 '드리다'(παρίστημι)라는 단어는 이미 앞에서 설명한 것처럼 군대에서 사용하는 용어로서 자신의 사용권한을 맡겨버리는 행위를 일컫는다고 했다. 그러므로 '바치다'(to present)는 뜻과 함께 '마음대로 하게 하다' (to put at one's disposal)는 뜻으로 처분에 맡기는 복종의 의미를 가지고 있다.

원래 인간은 죄와 사망의 권세 아래 있던 종이요((5:19, 21), 율법과 사탄의 세력 아래 있던 종들이었다(3:19, 히2:15). 그러나 신자들은 그리스도로 말미암아 이 모든 세력 아래서 해방을 받게 되었다(6:18, 22). 이제 신자들에게는 자신의 인생, 더 구체적으로 말하면 자신의 삶과 몸, 그리고 각 지체들을 누구에게 바칠 것인지를 선택해야 하는 기로에 있게 되었다.

육신의 정욕에 드려 죄의 종이 될 것인지, 그렇지 않으면 하나님께 드려

의의 종이 될 것인지를 결정해야 한다. 이미 존재적으로는 옛사람은 죽고 새사람이 된 자들이다. 그러나 삶의 스타일을 위하여 누구에게 자신을 맡길 것인가를 결정해야 한다. 이미 13절에서 권면했지만 여기에서 자기 자신을 누구에게 맡겨 복종하는 종이 될 것인지 결정하는 것은 대단히 중요한 문제라는 것을 알아야 한다.

다음으로는 **우리가 누구에게 순종하느냐는 것이다.**

여기 '순종하든지'(εἰς   ὑπακοήν)라는 전치사구는 결과를 나타내는 말로 사용되어 '순종하게 된다'라고 해석하는 것이 훨씬 이해하기 쉽다. 사람이 자기 자신을 누구에게 종으로 맡겼다면 그에게 순종하지 않을 수 없는 일이다. 종에게 있어서 순종은 필연적인 것이다. 여기에서 자신이 누구에게 순종(順從)하느냐는 성화의 과정에서 중요한 과제라는 것이다. "몸의 사욕에 순종"(12절)하면 죄의 종이 되어 지배를 받게 될 것이고 '성령을 따라 행하면'(8:4, 갈5:16) 의의 열매를 맺게 될 것이다.

마지막으로 **우리는 순종하는 자에게 종이 되어 진다는 것이다.**

여기 "그 순종함을 받는 자의"는 수동태 형식으로 되어 있어 문맥상 이해하기가 좀 어려운 것이 사실이다. 원문에는 현재 직설법과 여격 관계대명사로 이루어져 있기에 '너희가 순종하는 자에게'(ᾧ ὑπακούετε)라고 번역하는 것이 좋다고 보여 진다.

누구에게든지 자신을 종으로 드려 순종하게 되면 그에게 종이 되는 것은 기정사실인 것이다. 종이 된다는 것은 원래 전적으로 주인에게 속한 소유물이며, 그에게만 충성을 바쳐야 하며, 그의 생사여탈권(生死與奪權)이 주인에게 있다는 뜻을 지니고 있다. 그러므로 내가 누구에게 순종하느냐는 대단히 중요한 의미가 있다. 어떤 주인을 만나느냐에 따라서 운명이 달라지기 때문이다.

다음 말씀을 생각하기 전에 접속사 "혹은..., 혹은..."(ἤτοι...ἤ)은 'A 이든, B 이든지'(either A, or B)라는 뜻으로 한정의 의미를 가지고 있음을 기억해야 한다. 즉 죄의 종이든 또는 순종의 종이든지 둘 중에 하나가 된다는 말이다. 이것은 한 종이 두 주인을 섬길 수 없다는 말이다.

예수님께서도 "한 사람이 두 주인을 섬기지 못할 것이니 혹 이를 미워하고 저를 사랑하거나 혹 이를 중히 여기고 저를 경히 여김이라 너희가 하나님과 재물을 겸하여 섬기지 못하느니라"(마6:24)고 교훈한 것처럼 우리는 죄의 종이 되든지 그렇지 않으면 순종의 종이 되든지 어느 하나에게만 속하기 위해 양자택일해야 하는 것이다(수24:15).

② 죄에게 순종하면 죄의 종이 되어 사망에 이른다.

자신을 죄에게 드려 섬기게 되면 죄의 종이 되어 주인이 시키는 대로 순종하여 죄를 범할 수밖에 없는 것이다. 그리하여 "죄를 범하는 자마다 죄의 종이라"(요8:24)고 한 것이다. 평생 죄의 종으로 살다보면 결국은 사망에 이르는 것이다. "죄의 삯은 사망"(23절)이라는 결론처럼 죽음에 이르는 것이다.

여기 '사망'이란 일차적으로는 하나님의 생명과 단절을 뜻하는 영의 죽음(엡2:1, 4:18)과 육체적인 죽음을 지칭한다. 뿐만 아니라 하나님과 영원히 단절 되는 종말적 사망, 즉 하나님의 영광을 떠나 영원한 멸망의 형벌(살후1:9)에 처하는 둘째 사망을 말한다(계20:14, 21:8). 또한 7:9-11에 나타난 '죽음'은 영적인 죽음이나 종말적 죽음을 뜻하는 것보다는 삶에 나타나는 체험적인 것을 뜻하는 것으로 볼 수 있다. 이것은 영적인 삶의 죽음, 즉 심령적인 고통과 괴로움을 당하여 깊은 절망에 빠지는 것을 말하기도 한다(7:24).

결론적으로 죄의 종으로 산 결과는 전 인격 뿐만 아니라 전(全) 운명적 사망, 그리고 종말적 죽음에 이르게 된다는 것이다. 그러므로 죄의 종에서 해방된 신자는 어떤 일이 있어도 다시 자신의 지체들을 죄에게 드려 섬김으로 죄의 종으로 전락해서는 안 되는 것이다.

③ 그리스도에게 순종하면 의의 종이 되어 의에 이른다.

여기 '죄의 종'의 대응 개념으로 '순종의 종'을 말하고 있다. 그러나 사실은 그것은 바른 대응 개념은 아니라고 보여진다. '죄'의 대응 개념은 '의'가 되어야 하고, '순종'의 대응 개념은 '불순종'이 되어야 한다. 그럼에도 바울이 여기에서 '죄'와 대응한 개념으로 '순종'이라는 단어를 선택한 것은 아담이 불순종하므로 인류를 죄인 되게 하였듯이 예수 그리스도의 순종은 의를 이루었다는 내용뿐 아니라 신자가 그리스도를 믿어 순종하므로 의롭게 되었다는 내용을 내포하고 있기 때문이다(5:19, 6:17).

그것은 본 절에서 '순종의 종'이라고 했던 것을 18절에서 원래대로 "의에게 종"이 되었다고 표현한 것에서 잘 알 수 있다. 또한 '사망'에 대응하는 개념은 '생명'이 되어야 함에도 '의'라고 한 것도 마찬가지로 구원의 전체적인 개념 아래에서 표현했기 때문이다.

다시 정리하여 설명하면 여기에서의 '의'도 '사망'의 개념처럼 몇 가지로 생각할 수 있다. 예수 그리스도를 믿으므로 '의롭다 함'을 얻게 되는 칭의(justification) 뿐만 아니라 하나님께 순종하는 삶을 살게 되면 영적 성숙을 위한 개인적 성장으로서의 의로운 삶의 자리에 나아가게 된다(마5:20, 고후9:10, 엡5:9, 빌1:11, 딤전6:11, 딤후2:22). 더 나아가 자신을 그리스도에게 드려 순종하는 삶을 살게 되면 마지막 날에 최종적인 무죄 선언, 즉 종말적 의로움(eschatological justification)을 얻어 영생에 이르게 되는 것이다.

우리는 은혜로 값없이 구원을 받았지만, 아직 구원이 완성된 것은 아니기에 완성의 그날까지 그리스도의 종으로서 성령을 따라 거룩함에 이르는 열매를 맺으며 구원을 이루어 가야 한다(22절, 8:3-4, 빌2:12).

둘째는, 너희는 죄의 종에서 해방되어 의의 종이 된 자이다.

"하나님께 감사하리로다 너희가 본래 죄의 종이더니 너희에게 전하여 준 바 교훈의 본을 마음으로 순종하여 죄로부터 해방되어 의에게 종이 되었느니라"(17-18절)

우리 한글 성경에는 생략하였지만, 접속사 '그러나'($\delta\epsilon$)를 넣어서 번역하는 것이 16절의 순종의 원리를 설명한 "알지 못하느냐"라는 내용에서 우리가 의의 종이 된 이유를 밝히는 것이기에 "그러나 감사하리로다"라고 번역하는 것이 훨씬 본문을 이해하고 설명하는데 좋을 듯하다.

앞 절에서 일반적인 순종의 원리, 즉 누구에게 자신을 드리고 순종하느냐에 따라 죄의 종이 될 가능성도 있고, 의의 종이 될 가능성이 있다는 것을 밝혔었는데, 본 절에서는 그 가능성 중에서 신자들은 의의 종이 된 이유를 밝히면서 "그러나 하나님께 감사하리로다"라고 찬양하고 있다.

하나님께 감사하는 이유는 다음과 같은 신자들의 변화 때문이다.

① 그들은 과거에는 죄의 종들이었다.

여기 "너희가 본래~이더니"($\eta\tau\epsilon$)에 해당하는 헬라어는 '~이다'($\epsilon\iota\mu\iota$) 동

사의 미완료 과거시제로서 과거로부터 지속적인 상태를 나타내고 있다. 이것은 모든 인류뿐만 아니라 현재는 죄의 종에서 벗어난 신자들까지도 예수 그리스도를 믿기 이전에는 죄의 종으로 살고 있었다는 말이다.

정말 하나님께 감사할 일이다. 과거에는 죄와 허물로 죽었던 자였고(엡 2:1), 사탄의 노예였고 진노의 자녀였으며(엡2:2-3), 하나님의 약속의 언약들에게 대하여 외인들이었고(엡2:12), 율법의 저주 아래 있었고(갈3:10), 죄에게 노예가 되어 그 도구로 사용되었던 자들이었는데, 그리스도 예수 안에서 이 모든 것에서 해방되어 의의 종으로 하나님의 생명과 은혜 아래 살게되었으니 얼마나 감사한 일인가?

② 그렇게 된 것은 전하여 준 복음의 교훈을 마음으로 순종하였기 때문이다.

신자가 놀라운 변화를 체험하게 된 것은 '마음으로부터...순종했기' 때문이다. 즉 전하여 준 교훈의 본을 마음으로부터 순종했기 때문이다.

여기 '교훈의 본'이란 딤후1:13에서 '내게 들은 건전한 가르침의 모범'(What you heard me, ...the pattern of sound teaching-NIV, '나에게서 들은 건전한 말씀을 생활양식'-공동번역, '나에게서 들은 건전한 말씀을 본보기로'-표준새번역)이라고 한 것처럼 '진리의 교훈', 또는 '복음의 틀'을 의미하는 것으로 보는 것이 타당하다고 보여진다. 즉 기독교 진리의 한 부분이 아니라 구원의 도리를 전하는 복음의 전체적인 틀을 말한다.

신자들은 전도자들이 전해주는 복음의 메시지를 듣고 '마음으로 순종'한 자들이다. 이는 억지로 순종하거나 강압적으로 순종을 강요하므로 한 것이 아니라 자기 스스로 마음에서부터 우러나온 순종을 통한 결단을 한 것이다. 구원은 마음으로 믿고 입으로 시인하는 결단을 통하여 이루어지는 것이다(10:10).

③ 그리하여 죄에서 해방 되어 의에게 종이 된 것이다.

죄의 종이었던 자가 복음의 메시지를 순종하므로 죄에서 해방되었다는 것이다. 여기 '해방되다'(ἐλευθερόω)는 본래 책임을 '면제받다'(to exempt), 또는 속박에서 '자유롭게 되다'(to make free from)는 뜻으로 노예가 종의 신분에서 벗어나는 것을 의미한다. 이 동사는 신약성경에서 예수님을 통하여, 또는 예수 안에 있는 성령에 의하여 일어난 자유에서만 사용되어지는 것을 볼 수 있다(요8:32, 36, 롬6:18, 22, 8:2, 21, 갈5:1).

예수 그리스도를 통하여 이루어지는 해방은 먼저는 죄와 사망, 그리고 사탄의 종노릇에서 자유를 주시는 것이다(요8:36, 갈5:1, 히2:15). 그것은 그리스도 안에 있는 생명의 성령의 영향력으로 죄와 사망의 영향력에서 해방되었다는 의미로도 설명하고 있다(8:2). 이는 성령을 쫓아 살 때에 성령의 영향력으로 인하여 매일의 삶 속에서도 죄의 세력을 물리치며 승리의 길로 인도하기 때문이다(갈5:18).

다음으로는 주께서 모든 피조물로 "썩어짐의 종노릇"에서 종말적 해방을 주시는 것이다(8:21). 이는 피조물이 '허무한 데 굴복' 된 상태에 있기에 탄식하며 하나님의 아들이 나타나 해방을 주어 "하나님의 자녀들의 영광의 자유"에 함께 참여하기를 고대하기 때문이다(8:19-22).

죄의 세력 밑에서 종노릇하던 자를 해방하여 의에게 종이 되게 하셨다. "아들이 너희를 자유롭게 하면 너희가 참으로 자유로우리라"(요8:36)는 말씀처럼 신자들은 그리스도의 속량하심을 통하여 참 자유를 얻게 되었다.

그러나 인간은 '연약한 육신'을 소유하고 있기 때문에 자유의 상태에 방치하면, 또는 그 자유로 육체의 기회를 삼으면 다시 죄의 종으로 전락하기가 쉬운 불안전한 상황에 놓여있다. 아는 그리스도의 사역이 미완성 되었다는 말이 아니다. 육신을 가지고 있는 이상 아직 구원이 완성된 것이 아니기 때문이다(갈5:13, 벧전2:16). 그래서 새로운 주인, 새로운 상전을 만날 수 있는 자격을 부여해 주신 것이다. 그리하여 지체를 그리스도에게 맡기면 순종의 종(16절), 의의 종, 하나님의 종(22절)이 되게 하신 것이다.

옛 시대의 옛 사람들은 죄를 주인으로 섬기고 죄의 폭군적 지배 아래서 순종하며 고달픈 인생을 살았었지만, 이제 종말적인 새 시대를 맞이하여 그리스도를 만나므로 죄의 종에서 해방되어 새 사람으로 은혜와 자비가 풍성하신 하나님을 주인으로 섬기는 종이 된 것이다.

그러므로 우리에게 섬김의 필요성이 없어진 것이 아니다. 다만 죄와 사탄의 노예적 섬김의 삶에서 자유롭게 하나님께 종노릇하는 '섬김의 양태' (mode of service)가 바뀌었을 뿐이다. 이제부터 예수 그리스도를 주 (κύριος)로 모시고 섬기며(14:18, 골3:24), 또한 형제들을 섬겨 종노릇하며 살아야 한다(고전9:19, 갈5:13).

셋째는, 너희는 이제 지체들을 거룩함에 이르기 위해 의의 종에게 드려라.

"너희 육신이 연약하므로 내가 사람의 예대로 말하노니 전에 너희가 너희 지체를 부정과 불법에 내주어 불법에 이른 것 같이 이제는 너희 지체를 의에게 종으로 내주어 거룩함에 이르라"(19절)

이것은 12-13절에서 설명했던 방식을 다시 한 번 설명하고 있는 것이다. 1-11절에서 침례의 원리를 통하여 예수님께서 죽으시고 다시 사신 것처럼 그리스도와 연합한 신자는 자신의 옛 사람은 죄에 대하여 죽고 하나님에 대하여 새 사람으로 살아났다는 사실을 인정하라고 했다(11절). 그러면서 이제는 자신의 지체를 불의의 도구로 죄에게 드리지 말고 의의 도구로 하나님께 드리라고 대조하여 권면했었다(12-13절).

같은 원리를 15-23절에서는 노예제도의 주종(主從) 관계를 통하여 다시 한 번 설명하고 있는데, 죄의 종에서 해방되어 의의 종이 되었으니 거룩함에 이르기 위해 자신의 지체를 의에게 종으로 드리라는 비교 문장으로 설명하고 있다. 그것을 구체적으로 16절에서 '알지 못하느냐'를 통하여 순종의 원리를 설명하고, 17-18절에서 '감사하리로다'를 통하여 죄의 종이 의의 종으로 신분이 변했다는 교리적 사실을 밝힌 후에, 이제 19절에서 '말하노니'를 통하여 실천적으로 적용하여 거룩한 삶을 살기 위하여 지체를 의의 종으로 드리라고 권면하고 있다.

여기 '사람의 예대로'($\dot{\alpha}\nu\theta\rho\dot{\omega}\pi\iota\nu o\nu$)는 '사람의 방식으로'(표준새번역), '인간사에 비추어'(공동번역), '인간이 사용하는 용어로'(in human terms-NIV), '일상적인 말을 사용하여'(use ordinary words-TEV) 등으로 해석할 수 있는 단어다. 이는 당시 민간에 널리 통용되고 있던 '노예 제도'를 들어서 어느 노예가 한 주인을 섬기다가 매매되어 다른 주인을 만나게 되면 다시 새 주인을 열심히 섬기는 것처럼 자신을 새 주인에게 종으로 드려 충성하라는 의미이다.

즉 일상생활에서 볼 수 있는 노예제도의 주종(主從) 관계처럼 신자는 과거에는 죄의 종이 되어 섬겼지만 속전(贖錢)을 치른 예수 그리스도를 만남으로 의의 종으로 운명이 바뀌었으니, 이제부터는 새로운 주인의 종이 되어 거룩함에 이르기 위해 자신의 지체들을 드리라는 것이다.

이렇게 말하는 이유는 신자들이 육신적으로 연약하기 때문이다. 여기 "너희 육신이 연약하므로"($\delta\iota\grave{\alpha}$ $\tau\grave{\eta}s$ $\dot{\alpha}\sigma\theta\acute{\epsilon}\nu\epsilon\iota\alpha\nu$ $\tau\hat{\eta}s$ $\sigma\alpha\rho\kappa\sigma s$ $\dot{\upsilon}\mu\hat{\omega}\nu$)를 어떻게 해석하느냐로 논란이 많다. 어떤 사람은 육체가 연약한 것을, 또 어떤 학자는 이해력이 연약한 것을, 다른 사람들은 영적으로 연약한 것을 말한다고 주장하고 있다. 그런데 많은 경우 지적으로 연약한 '이해력 부족'으로 번역을 하고 있다(표준새번역, 공동번역).

그러나 보편적으로 영어 성경들은 인간의 본성의 연약함을 말하고 있다 (because you are weak in your natural selves.–NIV). 본인이 볼 때에는 문맥상 이해력 부족을 말하기보다는 인간의 육신적 본성의 연약성을 말하는 것으로 보아야 한다고 여겨진다. 사도 바울이 지금 진술하는 것은 이해력의 부족을 탓하거나 향상시키려는 목적이 아니라 십자가 구속 원리를 이해시켜 육신의 연약함을 이기고 승리와 거룩한 삶을 추구하게 하려는데 있기 때문이다.

이미 죄의 종에서 해방되어 의에게 종이 되었음에도 불구하고 '육신이 연약하여' 죄의 종이 되는 삶으로 전락하는 것을 방지하기 위하여 이제는 과거처럼 지체를 불법의 종으로 드리지 말고 거룩함을 이루기 위해 의에게 종으로 드리라고 권면하고 있기 때문이다. 그리고 육신의 연약한 문제에 대하여서는 7–8장에서 집중적으로 다루고 있다.

또 하나 더 설명한다면, 앞에서 설명했던 것처럼 'A 와 같이 역시 B 이다' (Just as A, so also B.)라는 형식의 문장을 통하여 조건절($\ddot{\omega}\sigma\pi\epsilon\rho$, 같이)에 따른 결과절($o\ddot{\upsilon}\tau\omega s$, 이와 같이 역시)을 사용하여 자신을 불법의 종으로 드려 충성했던 것처럼 마찬가지로 이제는 자신의 지체를 의의 종으로 드려 충성을 바치라고 촉구하고 있다.

① 과거에는 지체를 부정과 불법의 종으로 드렸었다.

신자가 그리스도를 만나기 이전의 상태, 믿어 구원 받기 이전의 삶의 모습은 이방인의 삶의 특징과 같았다. 자신의 지체들을 부정과 불법의 종으로 드려 죄악의 도구로 사용되었던 것이다. 여기 '지체'($\tau\alpha$ $\mu\acute{\epsilon}\lambda\eta$)는 이미 13절에서 설명하였듯이, 신체의 사지(四肢)를 뜻하는 말이지만(롬12:4, 5), 구체적으로 인간의 전 기관, 즉 인간이 소유하고 있는 전 인격으로서 생각, 언어, 의지, 감정, 마음, 지능, 상상력, 욕구, 육체적인 힘 등 정신적인 것들까지 포함하여 힘과 기능과 성향들을 일컫는 말이다. 그러니까 자신의 전 인격을 부정과 불법의 종으로 드렸던 자들이었다.

부정(ἀκαθαρσία)은 육체의 정욕에 의하여 부도덕적인 것을 추구하는 성적 탈선행위를 가리킨다. 그리하여 "모든 더러운 것을 욕심으로 행하는"(1:24, 엡4:19, 5:3, 골3:5) 부패한 기질과 죄악을 말한다. 그리고 불법(ἀνομία)은 하나님의 계명을 어긴 범법 행위를 말한다.

하나님의 계명을 어겼다는 것은 인간에게 주신 우주의 법칙, 인간의 마음에 주신 도덕성으로서의 법, 그리고 기록된 계명의 법을 총괄한 것을 거역한 행위를 가리킨다. 그러므로 '부정과 불법의 종'이 되었다는 것은 자신을 욕망과 거역의 노예로 드려 자신의 사지백체와 전 인격을 욕되게 사용하고 하나님의 뜻을 거역하는 것에 사용하도록 내어주었다는 것이다.

그 결과 '불법에 이르게'(εἰς τὴν ἀνομίαν) 되었다고 했다. 이는 인간을 창조하신 하나님의 요구 조건에서 벗어난 상태에 이르렀다는 말이다. 하나님께서 천지를 창조하시고 만물에게 언약과 법칙을 주었듯이(렘33:25), 인간을 창조하신 후에도 언약과 법칙을 주셨다(창1:26-28, 시8:3-9).

인간은 이 언약과 법칙대로 살아야 함에도 불구하고 온 지체를 부정과 불법의 종으로 드려 부패하고 타락한 세상을 만들므로 '불법에 이르게 되어' 하나님께서는 그들을 버리시고(1:24) 상당한 보응에 처하시고 사형에 해당하게 하셨던 것이다(1:27, 32).

② 이제는 거룩함에 이르기 위해 지체를 의의 종으로 드려야 한다.

이제는 종으로서의 위치와 신분이 변했다. '이제는' 그리스도 예수 안에 들어온 새로운 시간, 즉 그리스도를 만나므로 과거의 존재, 과거의 신분은 지나가고 '새로운 피조물'로 변화 된 시간과 상태를 말한다(고후5:17).

그리스도의 구속의 은총으로 "죄로부터 해방되어 의에게 종이"(18절) 된 것이다. 무엇보다 "이제는"(νῦν)이라는 단어는 '변화된 자의 신분'에서 한 걸음 더 나아가 '변화된 자의 삶'을 살아야 할 시간이 되었다는 것을 강조하는 말이다.

과거에는 자신의 지체를 부정과 불법의 종으로 드려 온갖 불법에 이르는 삶을 살았었다면, 이제는 변화된 자가 되었으니 거룩한 삶에 이르기 위해 자신의 지체들을 의에게 종으로 드려 새로운 삶을 살아야 한다.

여기 한글성경은 "거룩함에 이르라"를 명령사로 사용했는데, 헬라어 원문에는 '드리라'(παραστήσατε)가 명령사로 되어 있다. 이것은 원문대로 번역하는 것이 훨씬 낫다고 보여진다. 만약에 '거룩함에 이르라'를 명령사로 사용하게 되면 자기 자신이 거룩함에 이르기 위해 노력을 해야 한다는 것을 강조하는 인상을 주기 때문이다.

성화, 성결의 삶은 내가 거룩해지기 위해 노력해서 이루어지는 것이 아니다. 성결의 삶은 '거룩함에 이르기' 위해 자기 자신을 의의 종으로 드려야 이루어지는 것이기 때문이다. 내가 거룩함을 이루기 위해 노력하는 것이 아니라 거룩해지기 위해 자신의 전 지체들을 주님께, 성령께, 의에게 헌신과 충성을 받치는 노력을 해야 이루어지기 때문이다(13절). 사도 바울은 여기서 신자의 처신에 대하여 이야기 하면서 의(righteousness)에게 종으로 드리라고 권면하고 있다.

죄를 의인화 했듯이 의에 대하여서도 의인화하여 설명하고 있다. 그러므로 여기에서의 의는 칭의(Justification)를 말하거나 무죄(acquittal), 또는 어떤 의롭게 된 존재를 말하고 있는 것은 아니다. 뿐만 아니라 하나님의 은혜로운 능력(God's gracious power)이나 그의 의의 영향력 아래 있는 존재(being under the sway of his righteousness)를 말하는 것도 아니다.

6장에서 말하고 있는 의(δικαιοσύνη)는 22절에서 "하나님께 종이 되어"라고 밝힌 것처럼 신자의 삶을 성결하게 하시며 의로운 상태에 이르게 하시는 하나님을 말하는 것이다(sanctifier).

하나님께서만이 신자에게 의롭다 하심을 주시고, 종말적 의로운 상태를 주시며, 의로운 조건들을 주시는 분이시기 때문이다. 의로우신 하나님께 자신의 지체를 드리면 하나님께서는 "성령 안에서 거룩하게" 만드시는 것이다(15:16).

특히 바클레이(William Barclay)는 '거룩함에 이르라'(εἰς ἁγιασμόν)에 대하여 설명하면서 어미(語尾)가 '아스모스'(ασμος)로 끝나는 모든 헬라어는 어떤 완성된 상태를 말하지 않고 과정을 말한다고 했다. 그렇다면 여기서의 '거룩함'은 완성된 것이 아니라 자신의 삶을 하나님의 의에 드렸을 때에 계속해서 거룩함이 이루지는 길로 걸어가게 된다는 말이다.

그러므로 신자는 매일의 삶에서 "물로 씻어 말씀으로 깨끗하게 하사 거룩하게 하시고...티나 주름 잡힌 것이...없이 거룩하고 흠이 없게"(엡5:26-27) 변화되어 가야 한다. 그리하려면 자신의 지체를 의의 종, 의의 도구로 바치는 삶을 계속해야 한다. 그리할 때에 "귀히 쓰는 그릇이 되어 거룩하고 주인의 쓰심에 합당하며 모든 선한 일에 준비함이"(딤후2:21) 될 것이다.

(3) 거룩함을 추구해야 할 이유는 신자의 삶이 완전히 달라졌기 때문이다(20-23절).

존재가 변한 사람은 삶도 변하기 마련이다. 사도 바울은 15-19절에서 신자는 죄의 종에서 해방되어 의에게 종이 된 자라고 했다. 그러므로 거룩함을 이루기 위해 자신의 지체를 의의 종으로 드리라고 권면했었다. 이제 20-23절에서 다시 한 번 과거의 존재와 삶의 태도를 이야기 하고 이제 그리스도 예수로 말미암아 새로운 존재와 삶의 스타일을 설명하고 있다.

그러면서 거룩한 삶에 이르는 열매를 맺어야 할 이유를 밝히고 있다. 그것은 죄의 열매를 맺는 삶과 거룩함의 열매를 맺는 삶의 마지막이 사망과 영생으로 갈라지기 때문이라고 한다. 본 단락에서는 죄와 의, 사망과 영생을 대조하여 과거 죄의 종으로서 삶의 열매는 부끄러운 것들이었고 그 결과는 사망이었지만 이제는 하나님에게 종이 되어 거룩한 삶의 열매를 맺음으로 영생을 얻게 되었다고 진술하고 있다.

첫째는, 과거에는 부끄러운 열매를 맺었었다(20-21절).
"너희가 죄의 종이 되었을 때에는 의에 대하여 자유로웠느니라"(20절)

한글성경에는 나타나 있지 않지만 '왜냐하면'($\gamma\alpha\rho$)이라는 접속사를 넣어 번역하는 것이 좋을듯 하다. 20절 이하의 말씀은 19절에서 신자가 자신의 지체를 의의 종으로 드려 거룩함을 추구해야 할 이유를 밝히는 것이기 때문이다. 그 이유를 과거의 삶과 현재의 삶을 비교하여 설명하고 있다.

과거의 삶은 '죄의 종이 되었을 때'를 말한다. 그때는 '의에 대하여 자유로웠느니라'고 진술하고 있다. 여기 '자유로웠다'($\epsilon\lambda\epsilon\acute{u}\theta\epsilon\rho\omicron\iota$ $\mathring{\eta}\tau\epsilon$)에서 '엘류데로스'($\epsilon\lambda\epsilon\acute{u}\theta\epsilon\rho\omicron s$)는 '자유로운', '메이지 않은'이라는 뜻으로 신약성경에서는 주로 속박 되어진 노예와는 대조적으로 '자유롭게 되다', 혹은 '어떤 법에 속박되지 않다'는 의미로 사용되어졌다.

이는 공동번역처럼 "여러분이 죄의 종이었을 때는 여러분은 정의에 예속되지 않고 제멋대로 놀아났었습니다."라고 너무 지나치게 방종자(放縱者)처럼 해석할 필요는 없다고 본다.

한 사람이 두 주인을 겸하여 섬길 수 없다(마6:24)는 노예 제도의 원리처럼 죄의 종으로 있을 때에는 당연히 의의 종으로 있을 수는 없는 것이다. 그래서 의를 추구하고 강요받을 필요는 없는 존재였다는 말이다.

그리고 여기에서의 의(義)는 도덕적 기준의 의가 아니라 하나님의 의의 기준을 말하는 것이다. 죄의 종으로 있는 자는 아무리 도덕적으로 선하고 의롭게 살았다 할지라도 하나님의 의의 표준에는 미치지 못하는 것이다. 또는 하나님의 의의 표준에 도달하려고 애쓸 필요도 없는 것이다. 그것은 하나님의 의에 대하여 자유로운 상태에 있기 때문이다.

"너희가 그때에 무슨 열매를 얻었느냐 이제는 너희가 그 일을 부끄러워하나니 이는 그 마지막은 사망임이라"(21절)

여기서도 한글성경에 번역되지 않은 '그런데'(οὖν)를 넣어서 해석하는 것이 더 좋을 듯하다. 그것은 앞 절에서 말한 회심 이전의 불신자로 의에 대하여 자유로운 상태의 삶을 살아온 결과가 무엇인지를 밝히려는 것이기 때문이다. '그때'와 '이제'를 비교하면서 '이제는 부끄러워하는 그 일들'에 대하여 '그때에 무슨 열매를 얻었느냐"고 묻고 있다.

이 말 속에는 구체적인 많은 내용들이 생략되어 있는 것을 생각할 수 있다. '그 일들을'(ἐφ' οἷς)이라는 관계대명사를 대동한 전치사구에는 과거 죄의 종으로 있을 때에 의에 대하여 아무런 책임과 가책도 없이 자유롭게 행동할 때에 얻게 된 수많은 열매들을 내포하고 있기 때문이다.

'그때', 즉 죄의 종으로 있을 때, 회심 이전의 생활의 열매는 지금 생각해도 정말 완전히 부끄러운 일들뿐이었다. 그것들은 분명히 '부끄러운 욕심'에 사로잡힌 온갖 성적 죄악들(1:26, 27)과 악행들로서 그 이름조차도 부르기에 부끄러운 것들이었다(1:29-31, 엡5:3-4). 과거에는 이런 삶의 열매들을 주렁주렁 달고 다니면서도 전혀 죄책감이나 수치심도 없이 행동하며 살았던 것이다. '그 마지막이 사망'임을 알면서도(1:32), 아니 심령이 마비되어 전혀 의식하지도 못한 채 행했던 것이다.

둘째는, 이제는 거룩함에 이르는 열매를 맺고 있다(22-23절).

"그러나 이제는 너희가 죄로부터 해방되고 하나님께 종이 되어 거룩함에 이르는 열매를 맺었으니 그 마지막은 영생이라"(22절)

'그러나 이제'라는 것은 죄의 종으로 부끄러운 열매를 맺었던 과거의 삶과는 정반대의 상태를 설명하는 말이다.

이제는 예수 그리스도를 믿고 난 이후, 심령으로 새롭게 되어 새 존재가 된 지금, 신자의 신분과 상태, 그리고 삶의 열매뿐 아니라 더 나아가 종말에까지도 완전히 달라진 운명이 된 것이다.

① 죄에게서 해방 되었다.

이미 18절에서 설명한 것처럼 죄에게로부터 해방되어 그의 통치, 그의 영향력에서 벗어나게 된 것이다. 해방자이신 예수 그리스도로 말미암아 죄에게서, 저주에서, 사탄의 세력에서 놓임을 받아 자유를 얻게 된 것이다(요8:36, 갈3:13, 히2:14-15). 그러므로 이제부터는 그 자유를 방종에 사용하여(갈5:13, 벧전2:16) 다시 종의 멍에를 메서는 안 될 것이다(갈5:1).

② 하나님께 종이 되었다.

신분이 완전히 변한 것이다. 과거에는 죄와 사탄의 폭력적 지배 아래서 시달림을 받았지만 이제는 그곳에서 해방되어 하나님께 종이 된 것이다. 다시 말하지만 신자는 죄와 사탄의 노예적(slaves) 섬김의 삶에서 해방되어 자유롭게 하나님께 종노릇(servant)하는 '섬김의 양태'가 바뀐 것이다.

그러므로 이제부터는 하나님의 종으로서 자원하여 충성을 받쳐 섬겨야 하며 맡겨진 임무를 성실히 감당하는 종이 되어야 한다.

③ 거룩함에 이르는 열매를 맺고 있다.

앞의 '해방 되고'($\dot{\epsilon}\lambda\epsilon\upsilon\theta\epsilon\rho\omega\theta\dot{\epsilon}\nu\tau\epsilon s$)와 '종이 되어'($\delta o\upsilon\lambda\omega\theta\dot{\epsilon}\nu\tau\epsilon s$)는 전부 과거형으로 되어 있는데, 여기 '맺었으니'($\dot{\epsilon}\chi\epsilon\tau\epsilon$)는 현재형으로 되어 있다. 그것은 거룩함에 이르는 열매를 맺기 위해서는 죄에서 해방되고 하나님께 종노릇할 때에 이루어질 수 있다는 것을 시사하며 또 한편 매일의 삶 속에서 점진적으로 성취해 가는 경험인 것을 보여주고 있다. 하나님을 섬기며 충성스러운 삶을 살아갈 때에 의의 열매를 맺게 되고 그로인하여 거룩하고 성결한 자리에 나아갈 수가 있게 되는 것이다.

'거룩함에 이르는 열매'는 '의의 열매'(빌1:11)이며 '빛의 열매'(엡5:9)이고 더 나아가 '성령의 열매'(갈5:22)인 것이다. 사람은 열매로 그를 평가할 수 있다(마7:16). 절대로 좋은 나무가 나쁜 열매를 맺을 수 없다(마7:18).

신자는 거룩하고 신실한 하나님의 종이 되었고(요15:1-2), 거룩한 뿌리인 그리스도에게 접붙임이 되었기에(11:16-17) 반드시 회개에 합당한 열매를 맺어야 한다(마3:8, 눅3:8). 거룩하고 선한 삶의 열매를 풍성히 맺는 것은 구약과 신약을 통괄하여 하나님께서 그의 백성을 향하여 바라시는 간절한 뜻이다.

이사야 선지자는 언약 관계에 있는 이스라엘 백성을 향한 하나님의 목적을 전하면서 포도원의 노래를 불렀던 것이다. 포도원 주인은 하나님이시고, 그 포도원은 이스라엘이라고 했다. 하나님께서는 극상품 포도나무를 심고 정성을 쏟으시면서 그들을 통하여 '좋은 포도' 맺기를 바라셨다(사5:1-10, 참조, 사32:15-17).

사도 요한도 이러한 사상을 전하고 있다. "너희가 나를 택한 것이 아니요 내가 너희를 택하여 세웠나니 이는 너희로 가서 열매를 맺게 하고 또 너희 열매가 항상 있게 하여..."(요15:16). "너희가 열매를 많이 맺으면 내 아버지께서 영광을 받으실 것이요 너희는 내 제자가 되리라"(요15:8)

그리고 열매를 많이 맺기 위한 방법을 제시하였다. 먼저는 말씀으로 깨끗함을 받아야 하고(요15:2-3), 다음으로 그리스도 안에 거하여 영적 교제를 이루고(요15:4-6), 마지막으로는 그리스도 안에서 간구하는 생활을 할 때에 열매를 풍성히 맺을 수 있다고 했다(요15:7).

하나님께서 그의 백성들에게 요구하시는 삶의 열매는 특별히 '거룩함에 이르는' 열매이다. 반면에 그 안에는 사명적 열매를 풍성히 맺기를 바라시는 것도 포함하고 있다는 것을 명심해야 한다.

④ 그 종말은 영생을 얻게 되어 있다.

여기 '영생'은 21절의 '사망'과 대조되고 있다. 죄의 종으로 부정과 불법을 범하며 산 결과가 영원한 사망을 이루었다면, 그리스도 안에 들어와 의의 종으로 거룩한 삶의 열매를 맺으며 살아가는 신자의 최종 결과는 영원한 생명이라는 것이다. 이것은 거룩한 삶의 결과, 즉 선행의 열매가 영생을 얻는데 전제조건이나 공로가 된다는 말은 아니다.

영생(ζωήν αἰώνιον)이란 영원히 존재한다는 의미보다는 그리스도를 통하여 하나님의 본질적인 생명에 참여할 때에 신자가 받는 생명의 특별한 속성을 말한다. 이것은 그리스도를 소유할 때에 얻어지는 현세적인 영적 실체이다(요일5:11-12).

그러므로 예수 그리스도를 믿는 자는 이미 영생을 얻었으나(요5:24, 6:47) 그리스도와 함께 계속적인 연합과 교제를 유지할 때에 지속되어지는 것이다(요11:25, 딤전6:12, 요5:11-13). 행위가 아닌 믿음의 결과로 주어지고 유지되는 것이지만 행위가 불의의 열매를 맺으면 "그리스도와 하나님의 나라에서 기업을 얻지 못하게"(엡5:5) 되는 것이다. 그것은 그리스도와의 영적 관계가 단절되기 때문이다. 또한 영생은 그리스도의 나타나심에 관련하여 종말적 성격을 가지고 있어(딛1:2, 3:7) 내세에서 얻게 되는 생명의 은총을 가리킨다(마25:46, 막10:30).

이제 마지막으로 6장의 결론 역할을 하는 23절을 살펴보자.

"죄의 삯은 사망이요 하나님의 은사는 그리스도 예수 우리 주 안에 있는 영생이니라"(23절)

20-22절에서는 죄와 하나님, 그리고 사망과 영생이라는 개념을 대조시켜 거룩함에 이르는 원리를 설명했다면, 본 절에서는 같은 개념을 다시 대조하면서 또 한편 '삯과 은사'라는 새로운 개념을 대조시켜 죄의 영역에 있는 것과 하나님의 영역에 있는 것의 결과를 다시 한 번 더 설명하고 있다.

여기 '삯과 은사'는 전부 군대에서 사용하던 용어였다. '삯'(ὀψώνια)은 군사들의 생계 보조를 위해 지급 되었던 봉급을 지칭하였다(눅3:14, 고전9:7). 바울이 이 단어를 사용한 것은 불신자들이 죄의 지배 아래 종노릇한 삶의 댓가 혹은 형벌은 사망이라는 것을 강조하려는 것이었다.

또한 '은사'(χάρισμα)는 수고하지 않고 받은 선물로서 황제의 생일 또는 특별한 기념일에 가끔 군인들에게 주었던 하사품을 가리켰다. 이것은 하나님께서 예수 그리스도를 믿는 자들에게 주시는 선물은 영생으로, 그것을 얻기 위하여 어떠한 수고나 노역을 드리지 않았음에도 불구하고 값없이 주시는 특별한 은총인 것이다(엡2:8, 9).

이제 정리를 한다면 인간이 죄의 종이 되어 자신의 모든 지체들을 부정과 불법의 도구로 사용하여 부끄러운 열매를 맺으면서 살아온 결과는 하나님과의 단절뿐 아니라 둘째 사망에 처하게 되는 것이다. 그러나 신자는 그리스도로 말미암아 죄에게서 해방되어 하나님께 종이 되었으므로 자신의 지체를 의의 도구로 사용하여 거룩함에 이르는 열매를 맺으며 살아야 하는 것이다. 그리하면 그 마지막은 그리스도 예수 안에 있는 영생이 하나님의 선물로 주어지는 것이다.

여기에서 거룩함에 이르는 삶을 위하여 자신을 누구에게 드릴 것인지 또한 누구에게 순종할 것인지를 결정해야 하는 것이다.

5. 율법주의 신앙에서 탈피하라(7:1-25)

(1) 우리는 율법의 속박에서 벗어난 자다(7:1-6).
첫째는, 남편이 죽으면 법적으로 아내는 자유하다는 것을 알아야 한다
(1-3절).
둘째는, 그리스도로 말미암는 죽음과 부활은 율법의 구속력에서 해방
되어 하나님을 위해 열매 맺기 위한 것이다(4절).
셋째는, 우리는 육신에 있을 때 정욕이 지체 중에 역사하여 사망의
열매를 맺었던 자들이었다(5절).
넷째는, 율법에서 해방된 사람은 이제는 영의 새로운 것으로 섬겨
하나님을 위한 열매를 맺어야 한다(6절).

(2) 우리가 율법으로 살려고 하면 죽음에 이를 수밖에 없다(7:7-13).
첫째는, 율법의 역할은 죄가 무엇인지 알게 할뿐이다(7절).
둘째는, 율법에는 역기능적인 요소도 있다(8절).
셋째는, 율법은 죄가 살아나고 나를 죽게 만들뿐이다(8-11절).
넷째는, 율법은 인생으로 죄의 절망에 이르게 할 뿐이다(12-13절).

(3) 나는 육신의 연약함 때문에 심령적 갈등을 겪고 있다(7:14-25).
첫째는, 신자의 삶의 영역이 어디 있느냐?(14-17절)
① 나는 육신에 속하여 죄 아래 팔려 있다(14절).
② 내가 원하는 것은 행치 않고 미워하는 것을 행하고 있다(15-16절)
③ 그것은 내가 아니라 내 안에 거하는 죄다(17절).
둘째는, 선을 행할 능력이 있느냐?(18-20절)
① 내가 원함은 있으나 선을 행할 능력은 없다(18절).
② 내가 원하는 선은 행치 않고 악을 행하고 있다(19절).
③ 이를 행하는 자는 내가 아니라 내 안에 거하는 죄다(20절).
셋째는, 자신을 바르게 직시하고 있느냐?(21-25절)
① 내 안에 선과 악이 공존하는 것을 깨달았다(21절).
② 내 지체 속에서 육체의 법과 마음의 법이 싸우고 있다(22-23절).
③ 나는 곤고한 사람이다(24절).
④ 나의 육신은 죄의 법을, 나의 마음은 하나님의 법을 섬긴다(25절).

로마서 7장은 많은 주석가들에게 해석상 어려움을 안겨준 성경 중에 하나이다. 특히 죄와 내적 투쟁을 하다가 절망에 빠진 '나'가 누구냐는 것이다. 학자들에 따라 어떤 사람들은 중생한 신자를 가리킨다고 하고, 다른 사람은 신앙생활을 잘 하다가 세속에 빠진 신자를 가리킨다고, 또 다른 사람들은 죄의 절망적 상황에서 헤어 나오지 못하고 절규하는 불신자를 가리킨다고 보았다.

결론부터 말한다면, 본 단락 안에 어려운 구절들이 몇 군데 있지만 여기에서의 '나'는 중생한 신자로서 성화 과정에서 율법적 노력, 즉 율법주의 노력 때문에 겪는 갈등과 영적 투쟁하는 모습을 그리고 있다고 보는 것이 옳다고 본다. 그 이유를 몇 가지로 생각해 볼 수 있다.

첫째는, 본 단락은 6장에 연이어 성결에 관한 교훈을 하고 있기 때문이다. 6:14에서 "너희가 법 아래에 있지 아니하고 은혜 아래에 있음이라"는 사실을 밝히기 위해서는 앞에서는 주종관계를 통하여 복음의 교훈에 순종하여 죄에서 해방되어 의의 종이 되고 '은혜 아래' 있음을 설명했다면, 본 단락에서는 혼인관계의 비유를 통하여 율법에서 벗어나 그리스도에게 가서 새로운 관계를 맺음으로 '은혜 아래' 살게 되었음을 설명하고 있기 때문이다.

둘째는, 사도 바울이 자신의 독자인 믿음의 형제들에게(1, 4절) "너희도... 가서...우리가 하나님을 위하여 열매를 맺게 하려 함이라"(4절)는 목적을 분명히 밝히고 있기 때문이다. 앞 단락의 6:22에서 열매는 "거룩함에 이르는 열매"라고 하여 신앙생활의 과정에서 맺는 것으로 표현했듯이 본 단락에서도 그 목적을 중생한 신자의 삶의 과정에서 거룩함에 이르는 열매를 맺는 것으로 보는 것이 논리상 맞는다고 본다.

셋째는, 7절부터 나타나는 '나'(I)라는 일인칭은 중생한 신자인 바울 자신의 경험을 바탕으로 전체 신자들의 영적 경험의 과정을 설명하고 있기 때문이다. 여기에서 "우리가 육신에 있을 때"(5절), 즉 육신의 연약함 속에서 죄와 율법의 종으로 살아갈 수밖에 없었던 과거 불신앙의 시절을 말한 후에 "이제는" 우리를 얽매던 율법에서 벗어났으니 율법의 조문의 묵은 것을 섬기면서 살지 말고 영의 새로운 것으로 섬기면서 살자고 했다.

즉 이미 낡아 쓸모없게 된 율법 조문에 매달려 살지 말고 완전히 새로워진 성령의 역사를 따라 살라는 것이다. 그러므로 이후부터의 말씀은 신자의 삶에 대하여 논하는 것이다. 비록 7-13절에 나타난 동사들이 과거형이라 할지라도 '나' 는 불신자로서 아담적인 전 인류를 말하는 것이 아니라 사도 바울 자신이 율법적 삶을 살려고 했던 자신의 과거적 신앙생활을 설명하는 것이다. 즉 육신의 연약함을 가지고 있는 자신이 율법적 삶을 통하여 욕망과 죄를 이겨보려고 했던 과거의 경험(7-13절)과 현재의 경험(14-25절)을 말하고 있는 것이다.

그러므로 본장 전체는 이미 그리스도를 믿고 성화의 과정에 있는 신자가 율법을 통하여 죄의 본성과 싸우게 되는 실제적인 경험을 상세히 서술(敍述)하면서 율법의 역할이 무엇인지 밝히고 있는 것이다.

7장의 내용을 분석해 보면, 먼저 1절에서 "너희가 알지 못하느냐"는 질문을 통하여 혼인관계 비유를 통해 신자가 옛 남편인 율법과의 관계에서 해방되어 새 남편인 그리스도를 만났으니 이제부터는 율법의 조문으로 섬기지 말고 영의 새로운 것으로 섬기라고 권면하고 있다.

다음으로 7절에서는 "우리가 무슨 말을 하리요 율법이 죄냐"라는 질문과 "그럴 수 없느니라"는 답변을 통하여 율법의 역할을 진술하고 있다. 즉 율법이 거룩하고 선한 것이지만 율법을 지키면서 살려는 율법주의적 삶은 오히려 자신을 죽음으로 몰고 간다는 자신의 경험을 통한 일반적인 영적 원리를 설명하고 있다.

마지막으로 14절에서 "우리가 알거니와"라는 말을 통해 율법이 신령한 것이지만 자신은 육신에 속하여 죄 아래 팔렸다고 고백하고 있다. 그러면서 자기 속에 선한 것이 거하지 않고 선을 행한 능력이 없다는 것을 '내가 안다'(18절), 자신이 선을 행하기를 원하는 것에 악이 함께 있음을 '내가 깨닫고 있다'(21절), 자신의 지체 속에서 육신의 법이 마음의 법과 싸워 죄의 법으로 사로잡아 가는 것을 '내가 본다'(23절)라는 말로 율법주의적 삶의 실패를 설명하고 있다.

결국 '오호라 나는 곤고한 사람이로다'고 탄식하면서(24절), 결론적으로 육으로는 죄의 법을 섬길 것이고, 마음으로는 하나님의 법을 섬길수 밖에 없다고 고백하고 있다. 그렇지만 예수 그리스도 때문에 하나님께 감사한다고 말하고 있다. 그리고 8장에 가서 감사하는 이유를 구체적이고 긍정적으로 밝히고 있다.

(1) 우리는 율법의 속박에서 벗어난 자다(7:1-6).

사도 바울은 거룩함에 이르는 성화의 삶의 실천 문제를 다루면서 6장에서는 '죄'와의 관계를 다루었다. 신자는 옛 사람이 그리스도 예수와 함께 죄에 대하여 죽고 하나님께 대하여 새 사람으로 살아난 존재가 되었다고 했다. 그러므로 이제는 자신의 지체를 죄가 지배하도록 죄의 종으로 드리지 말고 하나님께 자신을 드리고 순종하므로 거룩함의 열매를 맺으라고 권면했었다.

이제 7장에서는 '율법'과의 관계에서 거룩한 열매를 맺는 길을 제시하고 있다. 율법은 거룩하고 선하며 신령한 것이지만 구원과 거룩함으로 인도하기 보다는 오히려 정죄로 인한 죄와 사망으로 나아가게 할 때가 많다.

따라서 본 단락(7:1-6)에서도 율법의 속박에서 벗어나 자유를 얻게 되었다는 사실을 밝히기 위해 혼인에서의 남녀의 법적 관계를 제시하고 있다. 결혼하여 남편이 있는 여인은 법적으로 남편에게 매여 있게 되지만 남편이 죽으면 그 속박에서 벗어나 새로운 남자에게 간다 할지라도 법적으로 전혀 하자(瑕疵)가 없듯이 신자도 그리스도와 함께 율법에 대하여 죽고 그리스도에 대하여 살아난 자이므로 이제는 율법에 얽매일 필요가 없게 되었다는 것이다. 그러므로 이제부터는 율법의 문자에 매여 시달림을 받지 말고 성령이 주시는 새로운 능력으로 살아야 한다고 권면하고 있다.

첫째는, 남편이 죽으면 법적으로 아내는 자유하다는 것을 알아야 한다.
"형제들아 내가 법 아는 자들에게 말하노니 너희는 그 법이 사람이 살 동안만 그를 주관하는 줄 알지 못하느냐"(1절)

여기 "형제들아"는 1:13에서 사용했던 것을 두 번째로 사용하는 것으로 믿음의 형제들을 부르는 아주 친근한 호칭이다. 사도 바울이 로마서에서 "형제들아"라는 호칭을 사용할 때는 항상 어떤 진리를 구체적으로 밝히고 싶거나 어떤 권면을 주고자 할 때에 사용한 것을 볼 수 있다(1:13, 8:12, 10:1, 11:25, 12:1, 15:14, 30, 16:17).

여기서는 신자의 신앙생활과 율법의 관계가 어떤 관계인지 구체적으로 밝히고 싶어서 부르고 있다. 그리고 "내가 법 아는 자들에게 말하노니"에서 '법'(νόμος)이란 꼭 율법만 말하는 것이 아니라 일반적인 사회의 혼인법을 가리킨다고 볼 수 있다. 그러므로 꼭 율법을 아는 자들에게만 말하겠다는 뜻이 아니라 모세의 율법뿐 아니라 일반상식으로 알 수 있는 자들에게 말한다는 뜻이다.

① 혼인 관계법은 상대방이 살아 있을 때만 적용되고 유효한 것이다.
"너희는 그 법이 사람이 살 동안만 그를 주관하는 줄 알지 못하느냐"(1절)
문장 서두에 "~줄 알지 못하느냐($H \ \acute{\alpha}\gamma\nu o\epsilon\hat{\iota}\tau\epsilon...\acute{o}\tau\iota$)가 나오는 것은 이를 강조하는 것으로 혼인법을 통한 영적 진리를 이해하지 못한 무지를 책망하는 말이기도 하지만 한 편 이 사실을 너희가 분명히 알고 있어야 한다는 표현이기도 하다.
모세의 율법뿐 아니라 일반 사법적인 법도 사람이 세상에 살아 있을 동안만 적용되는 것이다. 이것은 법의 일반적인 원칙으로서 법은 사람의 생전에만 구속력이 있을 뿐이지 죽은 자에게는 법의 효력이 미치지 못하는 것이다. 다시 말해 사법권은 사람이 생존할 때에 적용되는 것이지 사후의 세계까지 좇아가서 적용하고 행사하지 못하는 것이 일반적인 상식인 것이다. 사람이 죽는 순간 사법권의 속박에서 벗어나는 것이다.

② 결혼한 여인은 만일 남편이 죽으면 그 영향력에서 벗어나는 것이다.
"남편 있는 여인이 그 남편 생전에는 법으로 그에게 매인 바 되나 만일 그 남편이 죽으면 남편의 법에서 벗어나느니라"(2절)
유대 사회뿐 아니라 고대 여러 문화권에서는 남녀가 결혼을 하면 아내는 남편에게 종속되는 처지에 있었다. 그래서 스스로 남편의 구속력 아래서 벗어날 수가 없었다(신24:1-4). 여기 '남편의 법'이란 남편과의 법적 관계에 의한 그 권한, 그 영향력을 의미한다. 그러므로 남편이 살아 있는 동안에는 그 법적인 구속력 아래 매어 있었던 것이다. 그러나 만일 남편이 죽는다면 남편의 구속적 법아래서 완전히 벗어나는 것이다.

③ 자유롭게 된 여인은 다른 남자에게 갈지라도 허물이 없는 것이다.
"그러므로 만일 그 남편 생전에 다른 남자에게 가면 음부라 그러나 만일 남편이 죽으면 그 법에서 자유롭게 되나니 다른 남자에게 갈지라도 음녀가 되지 아니하느니라"(3절)
남편 있는 여인이 다른 남자에게 가서 성적 관계를 맺으면 음부(淫婦), 즉 창녀(娼女)로 취급하여 혹독한 형벌을 감내해야만 했었다(레20:10, 신 22:24, 겔16:38, 40, 요8:5). 그러나 만일 남편이 죽게 된다면 법적 구속력에서 뿐만 아니라 그 영향력에서도 완전히 벗어나고 자유롭게 되는 것이다. 그러므로 그녀가 다른 남자에게 가서 결혼한다 할지라도 잘못된 것이 아니며 음부라 말할 수 없는 것이다.

그 의미를 4-6절에서 다시 설명하겠지만, 이 비유는 율법과 그리스도인의 관계를 설명하려고 끌어들인 예화다. 여기 연약함이 많은 한 여인, 즉 인간이 율법이라는 남편을 만나 결혼을 하게 되었다. 그런데 율법이라는 남편은 선하고 거룩하고 신령하기까지 하지만 성격이 아주 정확하고 엄격하다.

그리고 매우 합리적인 성격의 소유자로서 아내에게 요구하고 지시하는 것이 많다. '거짓되지 말라', '탐내지 말라', '마음을 다하고 성품을 다하고 힘을 다하여 하나님을 사랑하라' ...등등 수없이 많은 것을 요구하면서도 아내에게 올바르게 행하지 못했다고 책망하고 정죄하기만을 거듭하였다.

이런 완벽한 남편인 율법 아래 있는 아내인 인간은 너무나 연약하고 게으르고 부족함이 많아서 도저히 율법 남편의 요구를 이루어 줄 수가 없다는 것이다. 문제는 율법 남편은 잘못한다고 눈을 부릅뜨고 책망하고 정죄만 할 뿐이지 전혀 연약한 아내를 도와주지를 않는 엄격한 남편이라는 사실이다. 이런 남편 밑에서 인간은 도저히 살수가 없다.

그런데 옆을 돌아보니, 아주 멋진 남자 예수 그리스도께서 계신다. 그에게도 여인들에게 요구하는 것이 많이 있지만, 그래도 여인이 연약하고 부족한 것을 알고 감당할 수 없는 문제는 자신이 직접 일을 처리해 주기도 하고 불쌍히 여기고 사랑하고 보살펴 준다는 것이다. 그리고 여인이 감당할 수 있는 방법을 제시해 주고 함께 이루어 갈수 있기 위하여 수고하고 역사해 준다는 것이다.

엄격한 율법 남편의 그 지긋지긋한 잔소리와 온갖 시달림을 받으며 살아왔지만 언제까지 그 법적 손아귀에서 살아야 한단 말인가? 이러한 남편의 법아래서 벗어나는 것만이 아내의 희망이다. 그러나 그것은 남편이 죽어야만이 그 구속력 아래에서 벗어날 수 있는 것이지 어떤 방도가 없는 것이다. 그 구체적인 방법을 4-5절에서 설명하고 있다.

둘째는, 그리스도로 말미암는 죽음과 부활은 율법의 구속력에서 해방되어 하나님을 위해 열매 맺기 위한 것이다.

"그러므로 내 형제들아 너희도 그리스도의 몸으로 말미암아 율법에 대하여 죽임을 당하였으니 이는 다른 이 곧 죽은 자 가운데서 살아나신 이에게 가서 우리가 하나님을 위하여 열매를 맺게 하려 함이라"(4절)

엄격한 율법이 죽기를 바라지만 그것은 기대할 수 없는 일이다. 성경은 "진실로 너희에게 이르노니 천지가 없어지기 전에는 율법의 일점일획도 결코 없어지지 아니하고 다 이루리라"(마5:18)고 분명히 못박고 있다.

그렇다면 인간은 어쩔 수 없이 평생 율법의 권세 아래 매어있어 시달림을 받고 정죄 받고 절망해야 한단 말인가?

여기 '그러므로'(ὥστε)라는 접속사, 즉 앞에 있는 이야기의 실제적인 결과를 나타내는 접속사를 통하여 하나님의 놀라운 구출 전략이 그리스도 예수 안에서 나타난 것을 설명하고 있다.

① 우리로 그리스도로 말미암아 율법에 대하여 죽게 만든 것이다.

사도 바울은 여기에서 또 다시 로마 교인들을 애정 어린 "내 형제들아"라고 부르면서 예수 그리스도의 십자가의 죽음의 중요한 목적을 말하고 있다. 그리스도의 죽음은 구속의 완성이며, 사탄의 권세에서의 해방이요, 또한 6장에서는 죄의 권세 아래서의 해방시켰다는 것을 증거 했었는데, 이제 7장에서 율법의 속박 아래에서의 해방을 가져왔다고 진술하고 있다.

그렇다. 예수님의 십자가의 죽음은 실로 "우리의 모든 죄를 사하시고"(골2:13), "우리를 거스리고 불리하게 하는 법조문으로 쓴 증서를 지우시고 제하여 버리시고 십자가에 못 박으시고"(골2:14), 사탄의 세력인 '통치자들과 권세들을 무력화하여"(골2:15) 해방시켜준 엄청난 사건이었다(히2:14-15).

"너희도 그리스도의 몸으로 말미암아 율법에 대하여 죽임을 당하였으니"

앞에서 남편의 죽음만이 그 아내가 남편과의 법적관계에서 자유를 얻을 수 있다고 예증했었는데, 본 절에서는 남편인 율법과 아내인 신자의 관계에서 위치를 바꾸어 신자의 죽음으로 '율법에서의 해방'을 설명하고 있다.

그것은 아내의 죽음도 마찬가지로 남편과의 법적 관계에서 자유롭게 만들기 때문이다. 신자는 이미 6장에서 설명하였듯이 예수 그리스도와 연합하여 옛 사람은 '죄'에 대하여 죽었고 하나님께 대하여 새 사람으로 살아났다. 마찬가지로 예수 그리스도와의 연합된 죽음과 부활은 '율법'에 대하여서도 죽었고 하나님께 대하여 살아난 것이다. 여기서 기억해야 할 것은 율법에 대하여 "죽임을 당하였으니"($\dot{\epsilon}\theta\alpha\nu\alpha\tau\acute{\omega}\phi\eta\tau\epsilon$)라는 단어가 부정과거 수동태라는 것이다. 이는 자기 스스로의 의지와는 상관없이 율법의 노예상태에서 죽임을 당하였다는 것이다.

이미 예수 그리스도께서 십자가에서 죽으실 때에 그 안에서 연합하여 죽었고 그리스도를 믿어 거듭날 때에 나의 죽음으로 적용되어 율법과의 법적인 속박에서 해방을 받게 된 것이다. 이제는 더 이상 율법의 주관이나 그 영향력 때문에 시달림을 받을 필요가 없게 된 것이다.

② 우리로 죽은 자 가운데서 살아난 그리스도에게 결혼시키려는 것이다.

여기 '가서'($\epsilon\dot{\iota}\varsigma$ $\tau\grave{o}$ $\gamma\epsilon\nu\acute{\epsilon}\sigma\theta\alpha\iota$)라는 전치사구는 $\epsilon\dot{\iota}\varsigma$ + 관사가 있는 부정사로 흔히 목적을 표현하는 것으로 우리가 율법에 대하여 죽임을 당한 목적을 밝히고 있다. 그것은 '다른 이 곧 죽은 자 가운데서 살아나신 이에게 가기' 위한 것이다. '다른 이'는 십자가에서 죽으셨다가 다시 살아나신 예수 그리스도다. 그리고 이 말씀에는 그리스도와 연합하여 죽었다가 다시 살아난 신자를 포함하고 있다.

또한 '게네스다이'($\gamma\epsilon\nu\acute{\epsilon}\sigma\theta\alpha\iota$)는 '~에게 속하다'(belong to)라는 뜻으로 '~에게 결혼하다'(be married to, NKJV)는 의미를 내포하고 있다. 이 단어가 중간태인 것을 보면 예수 그리스도에게 가서 결합하고 결혼하는 것은 신자의 결단이 필요한 것임을 암시해 주고 있다. 신자가 율법에 대하여 죽은 것은 그리스도와 함께 부활에 참여하여 '죽은 자 가운데서 살아나신' 부활의 그리스도와 영적으로 연합하기 위한 것이다.

신자가 그리스도를 영접하는 것은 새로운 남편을 맞이하여 연합하는 것을 의미하기 때문에 신자와 그리스도와의 관계를 결혼 개념으로 표현할 때가 많다(고전6:17, 고후11:2, 엡5:25-33, 참조 사54:5-6, 62:4-5).

③ 그 목적은 하나님을 위하여 거룩함의 열매를 맺게 하려는 것이다.

우리가 죄의 세력에서 해방 되는 것도 거룩함에 이르는 열매를 맺기 위한 것이었듯이 율법에서의 자유도 그리스도의 영역 안에 들어와서 하나님께 풍성한 열매를 맺기 위한 것이다. 옛 남편인 율법에게서 벗어나서 새로운 남편인 그리스도를 만난 것은 분명히 운명의 변화, 즉 구원론적으로 신분의 변화를 체험한 것이다. 신분의 변화를 받아 새로운 은혜의 영역에 살게 된 신자는 이제부터는 윤리적인 것뿐 아니라 사역적인 것에서도 풍성한 열매를 맺어야 하는 것이다(골1:6, 10).

셋째는, 우리는 육신에 있을 때 정욕이 지체 중에 역사하여 사망의 열매를 맺었던 자들이었다.

"우리가 육신에 있을 때에는 율법으로 말미암는 죄의 정욕이 우리 지체 중에 역사하여 우리로 사망을 위하여 열매를 맺게 하였더니"(5절)

여기 "육신에 있을 때"(ὅτε...ἦμεν ἐν τῇ σαρκί)라는 말이 어느 때를 가리키는지 생각해 볼 필요가 있다. 본 절에서는 회심 이전의 불신자의 상태에 있을 때를 가리킨다고 볼 수 있다.

그러나 신약성경에서 '육신'(σαρξ)과 '육신에'(ἐν σαρκι)라는 표현은 폭넓은 의미로 사용되고 있다. 일차적으로는 순수한 육체적인 면을 지칭하고 있다(요1:14, 고후4:11, 12:7, 갈4:14, 골2:1). 다음은 지상 영역의 요소로서 하늘이나 영(πνεῦμα)과 대조하여 인간적 존재라는 의미로 사용되어진다(요3:6, 롬1:3-4, 갈3:3, 골1:22, 2:11 "σώματι τῆς σαρκός").

그러나 많은 경우 인간성(human nature)을 나타낼 때 사용하고 있다(요1:13, 롬7:18, 25). 자연적인 인간의 본성, 즉 인간성은 본질적으로 악한 영역은 아니지만(딤전4:1-3) 욕망과 율법, 그리고 세상적인 것에 대하여 연약한 성질을 지니고 있다(6:19, 7:18, 8:3).

육신의 연약함은 도덕적 연약함으로 이끌려 죄의 편향성(偏向性)을 가지게 되어 하나님을 거역하는 인간의 죄성(罪性)으로 보기도 한다(8:8, 9, 갈5:16). 그래서 육신의 본성을 따르는 자는 육신의 일을 생각하기 때문에 (8:4-8) 거듭난 신자임에도 불구하고 육신을 중심으로 사는 자는 영적으로 어린아이일뿐 아니라 "육신에 속한 자"(σαρκίκος)라고 불렀다(고전3:1, 3, 참조 롬8:12, 13, 갈5:16-17).

본 절에서의 '육신에 있을 때'는 육신의 욕망에 따라 죄의 권세 아래 있을 불신앙의 때를 가리킨다.

① 불신앙의 그때는 율법으로 말미암는 죄의 정욕이 우리 지체 중에 역사하였다.

여기 '정욕'(παθήμα)은 신약성경에서 16회 나오는데, 보편적으로는 외적으로 찾아오는 '고난', '괴로움'의 뜻으로 사용되지만 본 절과 갈5:24에서는 '열정'(passion), '나쁜 애착'(the evil affection), '타락한 욕망'(the corrupt desire)의 뜻으로 '강렬한 욕구'($\pi\acute{a}\theta o\varsigma$, 롬1:26)의 실제적인 경우를 가리킨다. 즉 욕구의 상태에 머물러 있는 것이 아니라 실제적인 경험으로서 죄로 이끌어가는 충동, 또는 정욕들을 말한다.

죄를 짓게 만드는 충동이 우리 지체들 속에서 역사하게($\acute{\epsilon}\nu\eta\rho\gamma\hat{\epsilon}\hat{\iota}\tau o$) 되면 사람들은 그 충동을 자제하고 다스리지를 못하여 죄의 세력에게 굴복되어 범죄의 도구로 조종을 받게 되는 것이다. 거듭나기 이전의 인간은 육신적 본성이 연약하여 몸 안에서 죄로 이끄는 정욕과 충동이 역사할 때에 지배를 당하여 범죄를 저질렀던 것이다.

그런데 사도 바울은 이 '죄로 이끄는 정욕'이 '율법으로 말미암아' 생긴다고 했다. 아니, 율법이 선하고 거룩한 것인데 어떻게 죄의 충동을 유발시키는 원인을 제공한단 말인가? 그것은 율법은 죄도 아니고, 악한 것도 아니고, 그렇다고 죄를 만들어내는 것도, 죄의 충동의 원인이 되는 것도 아님은 분명한 사실이지만(7, 12절), 타락한 인간으로 죄를 추구하는 충동이 일어날 수 있도록 간접적인 자극을 준다는 사실이다. 즉 죄의 충동은 탐욕을 금지시키는 율법에 의하여 더 자극을 받고 불러일으킴을 받는다는 것이다.

율법은 선하고 하나님의 표준이 무엇인지 가르쳐 준다할지라도 인간의 본성 속에서 내재 되어 있는 '죄의 욕망' 또는 '진리를 막는 기질'(1:18)을 자극하여 오히려 반작용이 일어나게 하여 온 지체 속에서 역사하여 범죄에 사로잡히게 만든다는 것이다.

그래서 불신앙의 사람들은 "이 같은 일을 행하는 자는 사형에 해당한다고 하나님께서 정하셨다"는 사실을 율법이 알려주면 육신 속에 있는 죄의 욕망은 그것을 "알고도 자기들만 행할 뿐 아니라 또한 그런 일을 행하는 자들을 옳다"(1:32)고 거역적 행동을 하게 되는 것이다.

이것은 전부 육신이 연약하기 때문에 일어나는 현상들이다. 그래서 사도 바울은 8장에서 '우리가 육신에게 져서 육신대로 살 것이 아니라 영으로서 몸의 행실을 죽이라'고 권면했다(8:12-13).

② 불신앙의 그때는 사망을 위하여 열매를 맺었었다.

죄의 욕망이 우리 지체 속에서 역사하면 사망을 위한 열매를 맺을 수밖에 없다. '사망을 위한 열매'란 1:24-32에 제시되어 있는 '사형에 해당하는 것'들을 말한다. 종교적 타락으로 인한 도덕적 타락의 결과들로 성적인 더러운 욕구들, 마음에 내재 되어 있는 악들, 행동으로 나타나는 악행들, 인간 관계에서 나타나는 죄악들의 열매가 주렁주렁 맺히게 된 것이다.

그러므로 육신이 타락한 상태에 방치해 놓았을 때는 죄를 향한 성향이 강한 육적 충동이 역사하여 죄의 열매를 맺을 수밖에 없었다. 아무리 율법이 있다 할지라도 육적 욕망을 자제시키거나 조정할 수 있는 능력은 없고 오히려 짓누르거나 잘못되었다고 책망하여 자극하므로 내재되어 있는 죄의 욕구만 반발하여 지체 속에서 역사하게 만드는 것이다.

이것이 그리스도를 만나지 못한 하나님께 '버려진' 인간의 현실이요 비극인 것이다(1:24, 26, 28).

넷째는, 율법에서 해방된 사람은 이제는 영의 새로운 것으로 섬겨 하나님을 위한 열매를 맺어야 한다.

"이제는 우리가 얽매였던 것에 대하여 죽었으므로 율법에서 벗어났으니 이러므로 우리가 영의 새로운 것으로 섬길 것이요 율법의 조문의 묵은 것으로 아니 할지니라"(6절)

'그러나 이제는'(νυνὶ δὲ), 그리스도를 만나 새 사람으로 거듭난 이후를 말한다. 과거의 육적 욕망이 역사하도록 방치된 상태에 있던 인간과는 완전히 다르게 이제는 예수 그리스도를 만나므로 완전히 달라진 것이다. 그것은 율법의 통제 아래 있지 않고 은혜의 영역 안에 살게 되었기 때문이다.

① 우리는 얽매는 율법에서 벗어난 자들이다.

여기 '얽매였던 것'(ᾧ κατειχόμεθα - κατέχω 미완료 수동태)은 '억제하다'(to hold down), '억누르다'(to suppress), '견고히 잡다'(to hold fast), '가두다'(to confine)는 뜻으로 율법은 학정을 일삼는 폭군과 같아서 범죄한 인류를 책임과 가책으로 짓누르고, 자유와 행복을 향하여 나아가지 못하도록 붙들어 얽어매고, 정죄함과 심판 속에 가두어 절망하게 만들었던 것이다(갈3:23).

신자는 그리스도로 말미암아 믿음의 시대가 오기 전까지 무서운 남편인 "율법 아래에 매인 바 되고...갇혀" 시달림을 당하였지만 마침내 율법에 대하여 죽어 그 아래서 벗어나게 된 것이다(갈3:25). 이미 연합의 원리에서 설명하였듯이 그리스도께서 죽으실 때에 율법에 대하여 함께 죽은 자가 된 것이다(갈2:19). 그러므로 죄의 세력에게서 벗어나 해방 되었듯이(6:6, 7, 18) 율법의 속박에서도 벗어나게 된 것이다.

여기 '벗어났으니'(κατηργήθημεν)라는 단어는 앞에서 여러차례 설명한 것 처럼 '무효로 하다'(to nullify)는 의미를 가지고 있다. 그러므로 '벗어남을 받았다'는 뜻 속에는 지금까지 오래토록 억누르고 얽매어 괴롭혔던 모든 세력을 무력화시키므로 해방을 받게 만들었다는 의미를 내포하고 있는 것이다.

할렐루야! 그리스도를 만남 것, 그리스도 안에 들어 온 것이 이렇게 놀라운 해방의 은총을 준 것이다. 신자는 엄격한 율법의 책망과 손가락질, 닦달과 정죄, 가책과 책무에서 벗어난 것이다. 이제는 율법이 신자를 향하여 힘있게 달려들 수 없게 된 것이다.

② 우리는 율법의 낡은 것이 아닌 성령의 새로운 것으로 섬겨야 한다.

여기 '이러므로'(ὥστε)라는 접속사, 즉 앞에 있는 이야기의 실제적인 결과를 나타내는 접속사를 통하여 우리가 율법에서 벗어나므로 하나님과의 새로운 관계를 가지게 되었으니, 그 결과로 우리가 앞으로 어떻게 살아야 할지를 설명하고 있다.

먼저는 우리가 성령의 새로운 것으로 섬겨야 한다. 여기 '섬길 것이요'(δουλεύειν)는 '예속되다', '섬기다'는 뜻으로 예속(隸屬)되는 개념을 가지고 있다. 우리가 율법에서 해방을 받아 하나님과의 새로운 관계를 맺음으로 그에게 속하고, 그에게 예속되어 그의 종이 되었음을 보여주고 있다. 이것은 또 다른 속박을 의미하는 것이 아니라 피조물로서 조물주에게 순종하고 섬기는 관계에 들어갔다는 말이다.

이것은 속박이 아니라 오히려 진정한 자유를 얻게 된 것을 말한다. 어떤 관리도 받지 않는 방임(放任)적 자유가 아니라 새로운 관계 속에서 조물주를 주인으로 섬기며 살아야하는 것이다. 그리고 '영의 새로운 것으로'라는 말은 성령으로 말미암아 완전히 새로워진 방법으로 하나님을 섬겨야 한다는 것이다. '새로운'이라는 단어에는 두 가지가 있다. '네오스'(νέος)는 사물의 본질은 그대로 있으면서 시간에 있어서 새로운 것을 뜻한다.

그러나 '카이노스'(καινός)는 그 질(質)에 있어서, 즉 이미 사용된 것이나 낡은 것이나 손상된 것에서 완전히 반대되는 것으로 본질적으로 새로운 것을 말한다.

본 절에서는 후자로서 낡은 율법이 통치하는 영역이 아니라 성령이 역사하는 완전히 새로운 영역 안에 들어왔으니 새로운 원리로 하나님을 섬기자는 것이다. 이는 8장에서 설명하는 육신을 따라, 또는 율법의 지시를 받으며 살지 않고 성령의 인도를 받으며 성령을 따라 살라는 말이다(8:12-14, 갈5:16). 그것은 "너희가 만일 성령의 인도하시는 바가 되면 율법 아래에 있지 아니하리라"(갈5:18)는 원리 때문이다. 반면에 우리는 이제부터는 율법 문자의 묵은 것으로 섬기지 말아야 한다.

여기 '율법 조문'(γράμμα)이란 본래 '쓰여 진 것'(that which was written), '문자'(letter of the alphabet), '편지'(letter)라는 뜻으로 여기서는 문자로 기록된 '구약 율법'을 의미하고 있다. 그리고 '묵은 것'이라는 단어도 두 가지가 있다.

'알카이오스'(ἀρχαῖος)는 예전에, 오래된, 즉 시간적인 면에서 오래된 것을 가리킨다. 그러나 '파라이오스'(παλαιός)는 이미 사용되어 낡아서 쓸모없는 옛 것을 말한다. 본 절에서는 후자의 의미로 율법은 이미 오랜 세월동안 사용해 보았지만 아무 효력이 없고 낡아져서 유용가치가 없는 쓸모없는 것이 되었다는 말이다.

신자는 그 효율성에 있어서 이미 낡은 율법의 영역 안에서 섬기며 살아서는 안 된다. 인생의 삶을 얽매고 조아리는 율법의 통치 밑에서 그 조문(條文) 하나하나를 지키며 살겠다고 허우적거릴 것이 아니라 질적으로 완전히 새로워진 영역, 즉 성령의 영역 안에서 성령의 도움을 받으면서 하나님을 섬기며 살아야하는 새로운 시대를 맞이한 것이다.

그것은 율법은 '사람이 행하는 것'(what human do)이라면 복음은 성령으로 말미암아 '하나님이 행하는 것'(what God does)이기 때문이다. 무엇보다 중요한 것은 율법의 문자들은 사람을 죽이는 것이지만 성령은 살리는 능력이기 때문이다(고후3:6).

그러므로 율법주의 신앙인은 마치 무자비한 옛 남편에게 계속해서 매인 여인과 같다는 것을 기억해야 한다. 이미 율법의 얽매이는 사슬에서 벗어나서 자유를 얻었음에도 불구하고 아직도 낡은 옛 것, 즉 무자비하고 엄격한 남편을 섬기면서 율법 중심으로 산다는 것은 하나님의 구속 계획과 목적에 대한 무지한 소치요, 그리스도의 은총과 성령의 역사를 무시하고 거역하는 행위라는 것을 명심해야 한다.

이제 거듭난 신자는 참된 진리를 가리우는 수건을 벗어버리고(고후3:12-18) 복음의 원리에 따라 연약함을 도우시는 성령을 쫓아서 정상적인 크리스천의 삶을 살아야 한다(8:3-4).

(2) 우리가 율법으로 살려고 하면 죽음에 이를 수밖에 없다(7:7-13).

사도 바울은 지금까지 율법에 대하여 몇 차례 설명해 왔었다(2:17-29, 3:19-20, 4:14-15, 5:20, 7:1-6). 그러나 율법과 죄에 취약한 육신을 가진 인간과의 관계, 또는 신자와의 관계에 대하여서는 구체적으로 설명한 적은 없었다. 그런데 이제 7-13절에서는 사도 바울이 자신의 과거의 삶의 경험에 비추어 율법의 역할과 기능이 무엇인가에 대하여, 14-25절에서는 자신의 현재적 삶의 경험을 통하여 율법과 신자의 관계를 설명하고 있다.

특히 1-6절까지 에서는 '너희' 또는 '우리' 와 같은 인칭대명사가 나왔었는데, 7절부터는 단수 일인칭대명사 '나' 가 특징적으로 나타나고 있다. 이것은 사도 바울이 자신의 경험을 바탕으로 해서 일반적 진리를 진술하고 있는 것이다.

그리고 7-13절에 나오는 단어들이 과거 시제가 주로 나오고 있다. 이는 율법과 관련하여 자신의 과거의 경험을 말하고 있지만 그렇다고 불신앙의 시절로 국한시킬 필요는 없다고 본다. 그것은 13절에서 선한 율법이 나를 죽게 했다는 과거적 뜻으로 말하면서도 "선한 그것으로 말미암아 나를 죽게 만들었으니"($\kappa\alpha\tau\varepsilon\rho\gamma\alpha\zeta o\mu\acute{\varepsilon}\nu\eta$)에서는 현재형을 사용하는 것을 보면 율법이 과거 시절 뿐 아니라 현재에서도 계속적으로 자신에게 죽음을 가져오고 있다고 표현한 것을 보면 알 수 있다.

또한 이미 앞에서 설명한 것처럼, 율법으로는 의롭다 함을 얻을 수 없을 뿐 아니라(3:20), 율법에 속한 자는 언약의 상속자도 될 수 없다는 것이었다(4:14). 오히려 "율법이 들어온 것은 범죄를 더하게"(5:20)하려는 것이며, "모든 입을 막고 온 세상으로 하나님의 심판 아래에 있게"(3:19) 하려는 것이었다. 그런데 7장에 와서는 율법과 인생의 삶의 문제를 다루면서 율법의 세력 아래서 얽매어 살던 자가 해방 되었다는 비유를 들어 설명했었다. 그러면서 율법의 사슬에서 벗어났으니, 이제부터는 낡은 옛 것인 율법의 글자에 매어 살지 말고 성령을 따라 새로운 영역에서 새로운 원리로 하나님을 위하여 열매를 맺으며 살라고 했다.

그러면서 7절 이후의 말씀을 통하여 율법주의로 살지 말아야 할 이유를 밝히고 있다. 먼저는 율법의 순기능에 대하여(7절), 다음으로는 율법의 역기능적 요소에 대하여(8절) 설명하고, 9절부터는 역기능적 요소를 자신의 경험을 바탕으로 해서 밝혀 나아가고 있다.

첫째는, 율법의 역할에는 죄가 무엇인지 알게 하는 순기능이 있다(7절).
"그런즉 우리가 무슨 말 하리요 율법이 죄냐 그럴 수 없느니라 율법으로 말미암지 않고는 내가 죄를 알지 못하였으니 곧 율법이 탐내지 말라 하지 아니하였더라면 내가 탐심을 알지 못하였으리라"(7절)

여기서 또 다시 "우리가 무슨 말 하리요"라고 질문해 놓고 "그럴 수 없다"(By no means!)는 말로 단호하게 부정하고 있다. 사도 바울은 어떤 논리를 펴다가 혹시 오해하거나 잘못된 결론으로 나아갈 경향이 보일 때마다 쐐기를 박기 위하여 문답형 방법을 사용하고 있다(3:4, 6, 31, 6:1, 15, 7:7, 13, 9:14, 11:1, 11).

여기에는 5절에서 "율법으로 말미암아 죄의 정욕이 우리 지체 중에 역사하여"라는 말이나, 6절에 율법의 묵은 것으로 섬기지 말라는 말이나, 또는 얽매였던 율법의 속박에서 해방되었다고 말하다 보니, 마치 율법이 나쁘고 악한 것으로 오해할 수 있었던 것이다. 그래서 "율법이 죄냐"고 묻고는 "그럴 수 없느니라", '천만예요'(God forbid)라고 분명한 답을 하고 있는 것이다.

12절에서 "율법은 거룩하고 계명도 거룩하고 의로우며 선하도다"고 했다. 분명히 율법이 죄 자체이거나 악한 것은 아니다. 우리는 하나님께서 율법을 주신 동기와 목적을 분명히 알아야 한다. 율법은 언약 백성으로써 합당한 삶을 위한 지침으로 주신 것이며(신6:25, 삼상12:23), 사법적 판단을 위함보다는 그 백성과의 관계를 지속하기 위한 생활의 법칙이며(출20:1-7), 그 백성을 구속(拘束)하기 위한 조항으로 주신 것이 아니라 풍성한 삶을 위한 도구로 주신 것이었다(신5:33, 6:18, 12:28). 그러나 율법의 문제점은 죄인을 의롭게 할 수 없고 거룩하게 만들어 줄 수도 없다는 것이다. 또한 인간의 연약성 때문에 그 목적에 한계성을 가지고 있다는 것이다(8:3).

여기에서 사도 바울은 하나님께서 율법을 주신 목적과 율법의 기능을 밝히고 있다.

"율법으로 말미암지 않고는 내가 죄를 알지 못하였으니…알지 못하리라"

이것은 율법의 목적 중에 하나다. 율법의 목적은 인간들로 하여금 죄가 무엇인지 정확하게 알게 하는데 있다. 여기 '알다' 라는 두 개의 단어는 서로 의미가 다른 단어들이다. 앞에 있는 '알다' ($\acute{\epsilon}\gamma\nu\omega\nu$ - $\gamma\iota\nu\acute{\omega}\sigma\kappa\omega$의 부정과거)는 배움이나 경험을 통하여 이해했다는 것을 가리키고, 뒤에 있는 '알다' ($\acute{\eta}\delta\epsilon\iota\nu$ - $o\hat{\iota}\delta a$의 미완료)는 훨씬 더 강한 의미로 세밀한 관찰을 통하여 상황을 지속적으로 파악하고 있다는 말이다.

인간은 율법이 있기 전에도 죄가 세상에 있었기 때문에 인간 속에 있는 도덕성, 즉 양심과 판단력을 통하여 옳고 그름을 인식할 수 있었다(2:14-15). 그러나 율법이 없는 상태의 이방인은 죄의 실체, 죄의 참된 본질이 무엇인지, 하나님을 거역한 죄의 심각성이 어떤 것인지 정확하게 깨닫지 못했었다. 그런데 율법은 바로 죄의 본질이 무엇이며, 죄의 결과가 얼마나 심각한 것인지 깊이 인식하고 깨닫게 만들어 주는 것이다.

율법이 죄를 알게 해 준다는 것을 설명하기 위해 그 실례로 계명 중에서 '탐심' 을 들고 있다. 율법이 '탐내지 말라' 고 말하지 않았다면 탐심을 알지 못했을 것이라고 했다. 사도 바울이 '탐내지 말라' 는 말씀을 실례로 든 것은 십계명 중에 하나이기도 하지만(출20:17, 신5:21) 어쩌면 탐심이 다른 계명들 속에 들어있어 모든 죄의 원인이 되기 때문일 것이다.

살인도, 간음도, 도적질도 전부 탐심이 그 근본에 깔려 있어 일어나는 악한 행동들이기 때문이다. 사실 탐심($\acute{\epsilon}\pi\iota\theta\acute{\upsilon}\mu\iota a$)은 좋은 뜻으로 사용되지만(눅22:15, 빌1:23, 딤전3:1), 보편적으로는 나쁜 것들을 탐하는 강한 욕망을 가리킨다. 탐심을 나쁜 의미로 보는 것은 충동적이고 불합리한 성격 때문이 아니고 하나님이 요구하는 것을 거역하고 자기 만족만을 추구하는 욕망이기 때문이다. 이렇게 자기 만족만을 추구하는 탐심은 결국 모든 죄악의 근원이요 뿌리로 간주되어 "욕심이 잉태한즉 죄를 낳고"(약1:15)라고 말하는 것이다.

사람들은 보편적으로 행동으로 나타난 죄악들만이 죄라고 생각할 때가 있다. 그러나 그 행동의 뿌리는 자기 만족만 추구하는 욕망에서 오는 것이기에 예수님께서도 살인보다 형제를 향하여 노하는 마음이 이미 살인한 것이고(마5:21-22), 간음의 행위보다 음욕을 품는 것이 간음의 죄라고 말씀하셨던 것이다(마5:27-28).

그러므로 만약에 율법이 '탐내지 말라'고 말하지 않았다면 탐심이 죄악의 뿌리 역할을 한다는 것을 알지 못했을 거라는 것이다. 이로 볼 때 분명히 율법의 역할은 인간에게 필요한 것임을 알 수 있다.

둘째는, 율법에는 역기능적인 요소도 있다는 것을 알아야 한다(8절).

율법이 죄를 죄로 밝히고 인식시키는 것에는 중요한 역할을 하고 있지만, '그러나'라는 말을 통하여 율법에는 역기능(逆機能)적인 요소도 가지고 있다는 것을 밝히고 있다. 율법의 역기능적 요소에 대하여 8절에서 핵심 원리를 이야기 하고, 9절부터는 자신의 경험을 통하여 설명하고 있다.

"그러나 죄가 기회를 타서 계명으로 말미암아 내 속에서 온갖 탐심을 이루었나니 이는 율법이 없으면 죄가 죽은 것임이라"(8절)

① 죄는 항상 기회를 노리고 있다.

여기 '죄가 기회를 타서'에서 '죄'($\dot{\eta}$ $\dot{\alpha}\mu\alpha\rho\tau\dot{\iota}\alpha$)는 외부적인 행동의 죄악이 아니라 내부적인 악한 본성, 즉 행동의 근본과 원천이 되는 죄의 본성을 가리킨다. 그리고 '기회를 타서'($\dot{\alpha}\phi o\rho\mu\dot{\eta}\nu...\lambda\alpha\beta o\tilde{\upsilon}\sigma\alpha$)는 문자적으로는 '원정을 위한 작전 기지로 삼아'라는 뜻이다. 이는 죄의 본성이 율법으로 말미암아 '기회'를 포착하여 자신의 목적을 성취한다는 의미로 죄의 능동적인 활동성과 교활성을 보여주고 있다.

죄는 순한 양처럼 가만히 있거나 소극적으로 활동하는 본질을 가지고 있지 않다. 죄의 본성은 그 활동성과 교활성을 가지고 자신의 작전을 전개할 수 있는 기회를 엿보기 위해 인간 속에 가만히 숨어 있는 것이다. 그때는 죄성(罪性)이 없는 것이 아니라 죄의식(罪意識)이 없을 뿐이다.

마치 에덴동산의 뱀이 아담을 속이고 넘어뜨리기 위해 숨어서 기회를 엿보다가 공격할 기회를 포착하자 유혹의 공격을 전개한 것처럼 죄의 세력은 자신의 마성(魔性)을 드러낼 기회를 찾고 있는 것이다.

② 죄는 율법을 통하여 온갖 탐심을 이룬다.

죄의 본성은 계명을 통하여 자신이 활동할 기회를 포착하는 것이다. '계명으로 말미암아'($\delta\iota\grave{\alpha}$ $\tau\hat{\eta}s$ $\acute{\epsilon}\nu\tau o\lambda\hat{\eta}s$)는 5절의 '율법으로 말미암아'와 같은 의미로(9, 12절) 율법이 죄가 활동할 수 있는 기회를 제공해 준다는 말이다. 어떻게 율법이 죄가 그 기회를 포착할 수 있도록 원인 제공을 하는 것일까? 그것은 율법이 근본 악한 것은 아니지만 그 기능적 특성에 따라 인간에게 의의 표준을 요구하게 된다.

그러나 인간은 육신의 연약성 때문에 "율법 책에 기록된 대로 모든 일을 항상 행하지"(갈3:10) 못하는 약점이 있고, 그리하면 율법은 곧 그 잘못을 지적하여 죄를 깨닫게 하는(3:20) 역할을 하게 되니, 결국 "율법이 들어온 것은 범죄를 더하게"(5:20)하려는 꼴 밖에 안 되는 것이다. 그때 죄의 본성은 그 기회를 그냥 지나치지 않고 그것을 악용하여 자신의 마성적(魔性的) 활동을 펼쳐 범죄하게 만드는 것이다.

마치 잠자는 사자를 건드려 잠을 깨우면 일어나 모든 것을 물어뜯기 위해 덤벼들듯이 율법이 잘못을 지적하고 정죄하게 되면 죄는 그 기회를 포착하여 새로운 범법 행위를 저지르도록 역사하는 것이다.

그래서 죄가 "내 속에서 온갖 탐심을 이루었나니"라고 말하는 것이다. 여기 '이루었나니'($\kappa\alpha\tau\epsilon\iota\rho\gamma\acute{\alpha}\sigma\alpha\tau o$)는 7장의 주제어에 해당하는 단어로(8, 13, 17, 18, 20절) '성취하다'(to achieve), '초래하다'(to work out)는 뜻으로 강력하게 역사한다는 의미이다. 단순한 하나의 시도가 아니라 계명을 통하여 포착한 기회를 결코 놓치지 않고 자기의 목적을 성취하기 위하여 강력하게 역사하는 것이다.

죄가 강력하게 이루려는 것은 인간 내부에서 '온갖 탐심'인데, 탐심($\acute{\epsilon}\pi\iota\theta\acute{\upsilon}\mu\iota\alpha$)은 타락한 인간의 내부에 존재하는 죄악 된 욕망이다. 하나님께서 종교적으로 타락한 자들을 '마음의 정욕대로 더러움에 내버려 두었기'(1:24) 때문에 인간의 마음에는 항상 탐심이 내재되어 있는 것이다.

죄의 본성은 기회를 포착하면 인간 마음에 있는 욕구를 자극하여 온갖 탐심을 이루어가도록 역사하는 것이다. 그런데 율법이 인간의 욕망을 자제시키고 극복하게 할 능력도 없으면서 오히려 죄를 들추어냄으로 죄의 본성만 왕성하게 활동하는 발판만 만들어 놓게 되는 것이다(고전15:56).

이로 볼 때에 신자가 율법 중심의 삶을 산다는 것은 심히 위태한 일이다.

신자는 그리스도로 말미암아 "법 아래에 있지 아니하고 은혜 아래에 있는"(6:14) 자가 이미 되었다. 그런데도 율법적 삶을 살려고 한다면 죄성이 역사하는 활동 무대를 만들어 놓게 될 것이며 결국에는 온갖 탐심이 역사하여 불법의 열매만 주렁주렁 맺게 만들 것이다. 이것이 율법의 역기능적 요소인 것이다.

③ 율법이 없다면 죄는 효력을 잃는다.
"이는 율법이 없으면 죄가 죽은 것임이라"

율법이 죄가 활동할 수 있는 기회를 제공하게 만든다면, 그 반대로 율법이 없다면 죄는 죽은 상태에 있게 될 것이다. 이는 "율법이 없는 곳에는 범법도 없느니라"(4:15), 또는 "율법이 없을 때에는 죄를 죄로 여기지 아니하였느니라"(5:13)와 같은 말씀과 동일한 맥락의 말이다. 여기 '죽었다'는 말은 죄가 죽어 없어졌다는 말이 아니라 '효력이 없어진'(ineffective), '힘을 잃은'(powerless)이라는 의미로 해석할 수 있다. 율법이 있을 때에는 죄의 활동성이 강력하였지만 율법이 없는 상태에 있게 되자 죄는 그 활동성과 교활성을 제대로 발휘하지 못하고 무력해지는 것이다. 죄가 활동할 수 있는 발판을 잃었기 때문이다.

그런 면에서 다시 한 번 율법주의적 신앙생활을 생각해 본다. 율법이 없으면 죄의 본성이 그 활동성을 잃어버리게 된다고 했는데, 왜 군이 율법주의 신앙을 표방하는지 모르겠다. 사도 바울은 골로새서에서 율법에 관하여 진술하다가 "이런 것들은 자의적 숭배와 겸손과 몸을 괴롭게 하는 데는 지혜 있는 모양이나 오직 육체 따르는 것을 금하는 데는 조금도 유익이 없느니라"(골2:23)라고 했다.

그렇다. 율법주의적 삶은 분명히 자기 종교성을 만들고, 고상한 생활을 하고, 금욕주의 삶을 사는 것에는 지혜 있는 모양인 것만은 사실이다. 그러나 복음적인 신앙인, 성령 안에서 사는 신앙인은 그런 것들을 "붙잡지도 말고 맛보지도 말고 만지지도 말라"(골2:21)고 했다. "이 모든 것은 한때 쓰이고는 없어지는"(골2:22) 것임을 명심해야 한다. 육체의 욕망을 따라가려는 것들을 금하고 자제시키는 것에는 전혀 도움이 되지 못하여 조금도 유익을 주지 못하는 무용지물(無用之物)인 것이다.

셋째는, 율법은 죄는 살아나고 나를 죽게 만들 뿐이다(9-11절).

본 단락에서는 8절에서 설명했던 율법의 기능에 대하여 자신의 과거 경험을 근거로 하여 율법 아래 있는 인생에 대하여 다시 구체적으로 설명하고 있다.

"전에 율법을 깨닫지 못했을 때에는 내가 살았더니 계명이 이르매 죄는 살아나고 나는 죽었도다"(9절)

여기 "전에 율법을 깨닫지 못했을 때"는 사도 바울이 예수 그리스도를 믿기 이전시대, 복음을 알기 이전시대를 가리킨다. 그는 어릴 때부터 교법사(敎法師) 가말리엘의 문하에서 율법을 배우고 연구했었다(행22:3). 그러나 율법의 근본정신은 이해하지 못하고 문자적 규례에 따라 누구보다도 열심이 있어 율법에 어긋나는 기독교인들을 박해하기도 했었다. 율법의 근본정신을 미처 깨닫지 못했을 때에는 자신이 가장 훌륭한 율법 준수자라는 착각에 빠져서 형벌에 대한 두려움도 없었고 괴로운 죄의식도 없이 편안하게 생활했었다(빌3:5-6, 눅18:11-12).

그러나 다메섹 도상에서 그리스도를 만나 회심한 이후에 자신이 율법의 근본정신을 망각한 채 살아왔다는 것을 깨닫게 되었다. 그 이후 그는 "할례 받는 것도 아무 것도 아니요 할례 받지 아니하는 것도 아무 것도 아니로되 오직 하나님의 계명을 지킬 따름이니라"(고전7:19)고 고백했던 것이다. 이는 율법적 요소들이 구원의 조건은 아니지만 하나님의 계명을 지키는 삶을 산다는 것을 표현한 것이다. 그는 개종한 이후 율법의 계명들을 붙들고 지키며 살았던 시절이 있었던 것이 분명하다.

① 계명이 이르매 죄는 살아나고 나는 죽게 되었다.

'계명이 이르매'는 '계명의 근본정신을 깨닫게 되었을 때'라는 말이다. 그리고 '살아나고'($\dot{\alpha}\nu\dot{\epsilon}\zeta\eta\sigma\epsilon\nu$)는 '소생하다'(to revive), '다시 살다'(to live again), '생명을 되찾다'(to regain life)는 뜻으로 죄가 죽은 듯이 있다가 율법이 와서 자극을 하자 강력한 힘을 가지고 일어나서 형벌에 대한 두려움과 양심의 가책으로 죄의식을 느끼게 만들었다는 의미이다.

율법을 깨닫지 못했을 때에는 죄가 죄인 줄도 모르고 '내가 살아서' 활개치며 마음대로 살았지만 율법의 의미를 깨닫게 되자 이제는 반대로 부패된 본성을 통하여 죄가 생명력을 얻어 활개를 치며 심령과 행위에서 온갖 탐심을 이루어 부정과 불법의 열매들을 맺게 한 것이다. 그리하여 인간으로 하여금 엄습해오는 죄책감과 두려움에 사로잡히게 만드는 것이다. 그래서 "나는 죽었도다"(ἐγώ ἀπέθανον)라고 말한 것이다.

여기 '죽었다'는 말은 영적으로 죽었다는 말이 아니다. 모든 인간은 "죄와 허물로 죽었던"(엡2:1) 존재이기에 본 절에서 율법이 없을 때는 "내가 살았더니", 율법이 이르매 "내가 죽었도다"라는 말은 논리적으로 영적인 삶과 죽음을 말하는 것이 아니라는 것이다. 이것은 율법이 요구하는 새로운 책임(new responsibilities)과 육신의 욕망과의 내적 갈등으로 인하여 생겨난 정신적 고통과 하나님께로부터 소원(疏遠)해지는 괴로움을 말하는 것이다.

율법의 요구 사항들을 지키고 열심히 하면 더 의롭고, 더 거룩하며, 더 은혜롭게 살아갈 줄 알았으나 오히려 율법을 알면 알수록, 율법대로 살려고 하면 할수록 죄는 더 기승을 부리고 나는 더 깊은 죄책감과 정죄에 사로잡혀 자신감도 사라지고, 행복감도 없어지고, 확신도 사라져 심령적 또는 영적 절망에 떨어지게 된 것이다.

② 생명이 아닌 사망에 이르게 한 계명의 역행적 기능을 알게 되었다.

"생명에 이르게 할 그 계명이 내게 대하여 도리어 사망에 이르게 하는 것이 되었도다"(10절)

여기 "되었도다"(εὑρέθη)라는 용어를 주목해 볼 필요가 있다. 이 단어는 우리 한글성경처럼 '되었다'는 뜻보다는 '발견되다'(to find), '알아채다'(to observe)는 뜻으로 경험을 통하여 알게 되었다는 의미를 가지고 있다.

원래 하나님께서는 인간에게 율법을 주실 때에 생명을 얻게 할 목적으로 주셨다(레18:5, 겔20:11). 그러나 생명에 이르게 해야 할 계명이 도리어 사망에 이르게 했다는 사실이 자신의 경험을 통하여 발견되어지게 되었다는 것이다. 이는 경험상의 문제만이 아니다.

에덴동산에서도 하나님이 주신 계명을 지키면 생명에 이르지만 어기면 사망에 이른다는 근본적인 원리(창2:9, 17)가 주어졌음에도 인간의 본성은 탐심을 추구하므로 계명, 즉 율법은 인간을 생명이 아닌 사망에 이르게 하는 역행적(逆行的) 도구가 되고 말았던 것이다. 그런데 이 원리가 실재 경험에서도 그대로 적용된 것이다.

특히 9절에서도 '나'(ἐγω)를 두 번씩이나 강조했듯이 본 절에서도 "내게 대하여"($\mu o\iota$)를 부각시키고 있다. 율법은 나를 생명에 이르게 할 능력도 기능도 없었던 것이다(갈3:21). 오히려 율법의 정죄의 기능이 죄만 역사하게 만들어 사망에 이르게 만든 것이다.

③ 죄가 기회를 타서 계명으로 나를 속이고 죽였다.
"죄가 기회를 타서 계명으로 말미암아 나를 속이고 그것으로 나를 죽였는지라"(11절)
'죄가 기회를 타서 계명으로 말미암아'는 이미 8절에서 설명했듯이 죄의 본성은 인간 속에서 가만히 숨어 있다가 계명의 작용으로 자신의 작전을 전개할 기회가 포착이 되면 목적을 달성하기 위해 역사하는 것이다. 8절에서 진술한 '온갖 탐심을 이루는' 전략 이외에 또 다른 전략은 '속이고' '죽인다'는 것이다.

8절에서는 온갖 탐심을 이루게 하는 '죄의 권세'를 강조했다면, 본 절에서는 율법의 정죄를 통하여 인간을 절망의 자리로 내모는 '죄의 속성'을 강조한 것이다. 여기 '나를 속이고'($\dot{\epsilon}\xi\eta\pi\acute{\alpha}\tau\eta\sigma\epsilon\nu$)에서 '속이다'는 '철저히 속이다'(to deceive completely), '길을 잃게 하다'(to make someone lose the way)는 뜻으로 철저하고 완벽하게 속임을 통하여 길을 잃고 잘못된 곳으로 가도록 만들었다는 의미이다(16:18).

이는 에덴동산에서 뱀이 하와를 속여 범죄하게 만든 경우와 같은 방법이다. 하나님께서는 "선악을 알게 하는 나무의 열매는 먹지 말라 네가 먹는 날에는 반드시 죽으리라"(창2:17)는 계명을 주셨는데, 뱀은 계명의 말씀을 기회로 포착하여 하와에게 접근한 것이다.

그리고 뱀은 "너희가 결코 죽지 아니하리라 너희가 그것을 먹는 날에는 너희 눈이 밝아져 하나님과 같이 되어 선악을 알 줄을 하나님이 아심이니라"(창3:4-5)고 속여 하와를 미혹했던 것이다. 그리고 탐심이 발동하게 만들어 "나무를 본즉 먹음직도 하고 보암직도 하고 지혜롭게 할 만큼 탐스럽기도 한 나무"(창3:6)로 착각을 일으켜 범죄하게 만든 것이다.

이렇게 철저하게 속이고 미혹하는 역사는 하와와 바울뿐만이 아니라 오늘 우리들에게도 사탄은 마찬가지로 죄의 성향을 지닌 인간의 본성을 충동질하여 자신의 목적을 이루어가고 있는 것이다(고후11:3, 딤전2:14). 오늘도 죄는 율법을 붙잡고 그 아래 살려는 모든 사람을 속여 참된 구원의 원리에서 떠나 방황하며 영적 죽음의 상태에 빠지도록 기만의 전략을 펼치는 것이다(잠7:21-23). 율법을 지키는 삶이 멋지게 보일지 모르지만 결국에는 죄의 속성에 속아서 영적 방황과 절망에 빠지게 된다는 것을 기억해야 한다.

또한 죄는 '나를 죽였다'($\dot{\alpha}\pi\acute{\epsilon}\kappa\tau\epsilon\iota\nu\epsilon\nu$)는 것이다. 여기 '그것으로'($\delta\iota'$ $\alpha\grave{\upsilon}\tau\hat{\eta}\varsigma$)는 율법의 '정죄의 기능으로'라고 볼 수도 있고, 죄가 인간을 '미혹한 결과로' 죽음에 몰아넣었다는 것으로 볼 수 있다. '나를 죽였다'는 것은 9절과 마찬가지 의미로 육신이 연약하여 죄 아래 팔린 상태를 가리킨다(14절). 즉 죄의 미혹에 빠져 참된 진리의 길을 잃고 방황하며 고민하고 심령적 몸부림을 치는 곤고한 상태에 이른 것을 말한다(24절).

여기에서 율법의 역할 중에서 죄가 인간 속에서 온갖 탐심을 이룰 때도 율법이 기회를 제공했고(8절), 인간을 속여 죽음에 이르게 할 때도 율법이 기회를 제공했다고 지적하고 있다(11절). 그러고 보면 율법, 즉 계명의 역할과 기능이 타락한 인간의 본성을 대처하는 데는 좀 어설프다는 것이다. 인간을 완전하게 생명으로 인도할 수 있는 능력이 부족할 뿐 아니라 역이용 당하고 있는 것이다.

오히려 죄의 속성에게 속아서 심령적으로 절망의 자리에 이르게 되는 것이다. 결국 "오호라, 나는 곤고한 사람이로다. 이 사망의 몸에서 누가 나를 건져내랴"(7:24)는 탄식에 사로잡히게 만드는 것이다. 그래서 율법의 그 한계점 때문에 하나님께서는 "전에 있던 계명은 연약하고 무익하므로 폐하고"(히7:18) 그리스도 안에서 새로운 구원 전략을 제시하게 된 것이다.

넷째는, 율법은 인생으로 죄의 절망에 이르게 할 뿐이다(12-13절).

이제 7-11절까지에서 "율법이 죄냐 그럴 수 없느니라"에 대한 진술의 결론을 말하고 있다. 즉 인간이 죄를 짓는 원인은 율법이 아니라 타락한 인간의 죄의 본성 때문이라는 것이다.

① 율법은 거룩하고 의로우며 선하다.

"이로 보건대 율법은 거룩하고 계명도 거룩하고 의로우며 선하도다"(12절)

여기 '이로 보건대'($\H{\omega}\sigma\tau\epsilon$)는 앞에 있는 이야기의 결과를 도출(導出)하려고 할 때 사용하는 접속사로(7:4, 6) 율법이 죄에게 기회를 제공해 주었다고 율법이 악한 것 같지만 그렇지 않다는 것을 밝히는 것이다.

여기 '율법'과 '계명'을 구분하고 있다. 구약에서 율법($\acute{o}$ $\nu\acute{o}\mu os$)은 하나님의 법의 총칭을 뜻하고, 계명($\acute{\eta}$ $\acute{\epsilon}\nu\tau o\lambda\acute{\eta}$)은 특정한 교훈을 말할 때 사용한다. 그러나 사도 바울에게 있어서는 율법과 계명을 구분하기보다는 함께 혼용하며 서로 교차하여 사용하는 것을 볼 수 있다.

죄가 비록 율법을 수단으로 삼아 사람들을 속이고 죽게도 하지만, 그럼에도 불구하고 율법 자체, 즉 계명은 거룩한 것이다. 거룩하다($\acute{a}\gamma\acute{\iota}a$)는 것은 하나님께 봉헌하여 구별 되었다는 면에서 거룩한 것이다. 거룩하신 하나님께서 거룩한 백성들에게 거룩하게 살라고 거룩한 계명을 주신 것이다.

또한 율법은 '의로운'($\delta\iota\kappa a\acute{\iota}a$) 것이다. 의(義)란 친밀한 관계에 사용되는 것으로 하나님과 그 백성, 넓게는 창조주와 피조물과의 언약관계에 나타나는 것이다. 하나님께서는 언약 관계에서 책임과 형벌에 대하여 의로우시다. 그래서 그의 계명도 불합리하지 않고 모든 것에 대하여 동등하시고 의로우시다.

또한 율법은 '선한'($\acute{a}\gamma a\theta\acute{\eta}$) 것이다. 율법 자체가 '선한 도리'인 것은 사실이지만(잠4:2) 그것보다는 율법의 결과가 사람들에게 '선한 상태'를 만들어 주기 때문이다(신5:33). '선하다'의 히브리어 '토브' (טוב)는 '좋다' (창1:4, 욥13:9), '아름답다' (민24:5), '복되다' (신19:13)는 의미로 아름다운 환경을 만들어 주는 것을 말한다(시19:7-11).

② 사망을 이루는 것은 선한 율법이 아니라 죄 때문이다.
"그런즉 선한 것이 내게 사망이 되었느냐 그럴 수 없느니라 오직 죄가..." (13절)

여기 '그런즉'($o\mathring{\vartheta}\nu$)이라는 접속사는 바로 앞 절과만 연결되는 것이 아니라 7절에서부터 계속해서 진술해 오던 내용 전체에 관여한 말이다. 지금까지 진술해 오던 율법의 역할에 대하여 결론을 내리고 14절부터 실제적인 경험의 문제를 다루려는 것이다. 즉 이제부터 말하려는 것은 이제까지 말해 온 내용과 연관이 있다는 것이다.

그러면서 또 다시 "선한 것이 내게 사망이 되었느냐"라는 역설적인 질문과 "그럴 수 없느니라"라는 분명한 답변을 통하여 새로운 진리를 펼쳐 나아가고 있다. 선한 율법이 자신에게 사망을 가져오는 것은 아니라는 것이다. 그것은 율법이 아니라 오히려($\dot{a}\lambda\lambda a$) 죄라는 것이다. 그래서 다음 두 문장($\ddot{\iota}\nu a$절)을 통하여 율법이 죄로 활동하도록 어떤 원인을 제공했는지 그 이유를 밝히고, 14절부터는 율법과 육신과 죄의 투쟁적 관계를 설명하고 있다.

③ 율법이 기회를 제공한다는 것은 죄를 드러내고 죄를 심화시켰기 때문이다.

"오직 죄가 죄로 드러나기 위하여 선한 그것으로 말미암아 나를 죽게 만들었으니 이는 계명으로 말미암아 죄로 심히 죄 되게 하려 함이라"(13절)

13절 하반절은 이유를 나타내는 두 개의 '히나($\ddot{\iota}\nu a$) 목적절을 통하여 율법과 죄의 관계를 설명하고 있다. 율법은 분명히 거룩하고 의롭고 선한 것이지만 죄가 활동할 수 있도록 기회를 제공하는 이유를 밝히고 있다.

먼저는 선한 율법으로 말미암아 죄를 드러내 나를 죽게 만들기 때문이다. 여기 "선한 것으로 말미암아"($\delta\iota\dot{a}$ $\tau o\hat{v}$ $\dot{a}\gamma a\theta o\hat{v}$)는 12절에서 설명했듯이 율법은 '선한 것', 즉 세상을 아름답고 복되게 만드는 '토브'(מוֹב)의 목적을 가지고 있지만, 그러나 율법은 그 목적과는 다르게 죄를 드러냄으로 오히려 나를 죽게 만들고 있다는 것이다.

'죄가 드러나기 위하여'($\ddot{\iota}\nu a$ $\phi a\nu\hat{\eta}$ $\dot{a}\mu a\rho\tau\acute{\iota}a$)라는 말은 율법은 그것을 어긴 사람에게 죄가 어떤 존재인지 그 정체를 드러내고 모든 사람이 그 개념이 무엇인지 알 수 있도록 규정해 주고 죄의 성격이 어떠한지 분명하게 보여주기 위하여 존재한다는 말이다. 그러므로 죄는 율법 때문에 그 정체가 분명하게 드러나게 되고 그로 인해 정죄를 받게 되는 것이다.

그러면 결국은 정체가 드러난 죄로 말미암아 나에게 사망이 초래(招來)되게 만드는 것이다. 10절에서 밝힌 것처럼 생명에 이르게 해야 할 계명이 오히려 사망이 나에게 이루어지게 만들고 있는 것이다. 그래서 "율법 조문은 죽이는 것"(고후3:6)이라고 한 것이다.

두 번째는 율법으로 말미암아 죄로 더 심하게 죄 되게 했기 때문이다. 여기서도 앞 문구와 마찬가지로 율법의 기능, 또는 그 역할을 말하고 있다. 여기 '심히 죄 되게 하려 함이라'($\ddot{\iota}\nu a$ $\gamma\acute{\epsilon}\nu\eta\tau a\iota$ $\kappa a\theta$' $\dot{v}\pi\epsilon\rho\beta o\lambda\dot{\eta}\nu$ $\dot{a}\mu a\rho\tau\omega\lambda\dot{o}s$)에서 '심히'($\kappa a\theta$' $\dot{v}\pi\epsilon\rho\beta o\lambda\dot{\eta}\nu$)라는 말은 보통을 초과하거나 뛰어넘는 성질을 나타낼 때 사용하는 숙어다(고후1:8, 갈1:13).

그리고 '죄'(ἁμαρτωλος)라는 말은 보편적으로 '죄인'이라는 말로 사용되지만 여기에서는 형용사처럼 사용되어 '죄 많은'(sinful), '사악한'(wicked)이라는 뜻을 가지고 있다. 그리고 '히나'(ἵνα) 가정법을 적용하여 '죄로서 인식되어지기 위하여'(in order that sin might be recognized as sin)라는 뜻에 '심히'라는 말이 더하여져서 율법이 없이는 극렬한 악이 내재되어 있는 죄를 깊이 인식할 수가 없다는 의미를 가지고 있다. 즉 율법의 역할은 죄로 하여금 죄 속에 내재 되어 있는 사악함을 깊이 인식되게 만들기 위한 목적이라는 것이다.

그렇다. 우리 스스로의 지각을 가지고는 죄를 깊이 인식할 수 없다. "율법으로는 죄를 깨달음이니라"(3:20) "율법으로 말미암지 않고는 내가 죄를 알지 못하였으니"(7:7)라는 말씀들처럼 율법을 통해서만이 죄를 깊이 인식할 수 있는 것이다. 즉 율법은 죄를 죄로서 더 깊이 심화(深化)시키는 기능이 있는 것이다. 그러므로 율법 자체는 죄는 아니지만 죄를 만천하에 밝히 드러내고 또한 죄의 사악함을 깊이 인식시켜 주므로 인간들로 하여금 자신이 죄인 됨을 뼈저리게 느끼게 해 주는 기능을 가지고 있는 것이다.

끝으로, 이러한 율법의 기능과 역할을 생각할 때 이미 거듭나고 그리스도 안에 있는 신자에게 율법 중심의 율법주의(legalism) 삶이 필요 하느냐는 것이다. 한마디로, 정상적인 그리스도인의 삶을 위해서는 율법주의 신앙이 합당치 않다는 것이다. 율법주의란 '내 자신이' '내 자력으로' '그리스도의 도움 없이 내 힘으로' 하나님의 계명을 준수하려는 노력을 말한다.

우리가 율법주의적 사고에서 벗어나기 위해서는 예수님께서 십자가 사역에서 율법을 어떻게 다루셨고 처리하셨는지 생각해 보는 것이 절대로 필요하다.

사도 바울은 신자들 가운데서 어떤 사람들이 '율법의 선생이 되려는' 이유를 설명하면서 그들이 바른 교훈(the sound doctrine-10절, NIV)에서 벗어나 헛된 말에 빠져서 그럴 뿐 아니라 "자기가 말하는 것이나 자기가 확증하는 것도 깨닫지 못했기"(딤전1:6-7) 때문이라고 했다. 즉 복음의 무지때문이라는 것이다.

연이어 "율법은 사람이 그것을 적법하게만 쓰면 선한 것"이 분명하지만 "율법은 옳은 사람을 위하여 세운 것이 아니요 오직 불법한 자와 복종하지 아니하는 자…거룩하지 아니한 자…기타 바른 교훈을 거스르는 자를 위한" (딤전1:8-10) 것임을 분명히 밝히고 있다. 그런가 하면 믿는 "우리가 법아래 있지 아니하고 은혜 아래에 있다"(롬6:14, 15)는 사실도 분명히 하고 있다. 다시 말해 율법은 그리스도 안에 있는 신자를 위하여 존재하는 것이 아니라는 것이다.

그러므로 예수 그리스도의 사람은 율법의 영역에 사는 존재가 아니며, 이미 율법의 세력 아래에서 해방 된 자들이다. 이제는 은혜의 영역에 사는 자답게 은혜의 법칙에 따라 살아야 한다. 은혜의 원리대로 살아야 할 사람이 율법적 삶을 살려하고 율법의 선생이 되려는 것은 그리스도의 구속의 사역을 헛되게 만드는 어리석은 행동이 되는 것이다.

사도 바울은 율법과 신자와의 관계에서 그리스도께서 율법을 어떻게 처리했는지, 그리고 신자는 율법에 대하여 어떤 자세로 살아야 하는지를 골로새서 2장에서 분명히 밝혀 주었다.

"우리를 거스르고 불리하게 하는 법조문으로 쓴 증서를 지우시고 제하여 버리사 십자가에 못 박으시고"(골2:14)

여기 '법조문으로 쓴 증서'라는 말은 사람들에게 율법적 행위의 온전한 이행(履行)을 요구하는 법적 채무 증서로서 직접 서명한 것을 말한다. 마치 약속어음에 대한 자필 서명한 것처럼 율법은 하나님과 이스라엘 백성 사이에 언약을 맺고 그것을 지키기로 서명한 것이었다(출24:3).

그러므로 유대인 뿐 아니라 모든 인간은 율법 앞에서 율법의 조문 내용들을 이행해야 하는 의무와 책임이 있게 된 것이다. 문제는 율법이 요구하는 것을 인간이 이행할 수 있는 능력이 전혀 없다는데 있다(갈3:10).

실천 능력이 없는 인간이 율법의 증서를 들고 이행해 보려고 몸부림친다는 것은 채무에 대한 압박만 가중되고 시달림만 받게 될 뿐인 것이다. 사도 바울은 이러한 율법을 "우리를 거스르고 불리하게 하는 법조문으로 쓴 증서"라고 표현했다.

'우리를 거스르고'($\kappa\alpha\theta$ ' $\acute{\eta}\mu\tilde{\omega}\nu$)라는 말은 율법이 요구하는 바를 인간이 이행하지 못하게 되니, 율법은 인간이 계속해서 실천하지 못한 것을 들추어내며 지적하면서 채무에 대하여 인간과 대치각(對峙角)을 세우면서 야만적 모습을 드러내는 것이다.

또한 '우리를 불리하게 하는 것' ($\check{o}$ $\hat{\eta}\nu$ $\acute{\nu}\pi\epsilon\nu\alpha\nu\tau\acute{\iota}o\nu\acute{\eta}\mu\hat{\iota}\nu$)이란 인간이 채무를 실행하지 못한 사실을 야기(惹起)하면서 적대(敵對)하는 행동을 말한다. 그리하여 가책에 시달리게 하고 정죄하고 절망하게 하고 죽음에 이르게 하는 것이다.

문제는 믿음으로 구원받는 복음이 오기 전까지 인생은 "율법 아래에 매임바 되고...갇혔다"(갈3:23)는 사실이다. 그 손아귀에서 빠져 나오지 못하고 계속적인 채근(採根)질과 시달림을 받을 수 밖에 없는 절망적 운명에 처해 있는 것이다(갈4:3).

여기 율법 아래 있는 인간을 위한 하나님의 놀라운 계획이 나타나게 되었다. 예수 그리스도께서 "율법 아래에 나게 하신 것은 율법 아래 있는 자들을 속량하시려는"(갈4:4-5) 하나님의 계획이었다. 결국 예수님께서는 십자가에서 율법으로 인한 모든 문제를 해결하시고 인간의 무거운 채무를 청산하신 것이다.

먼저는 율법으로 인한 채무에 대한 의무사항을 전부 지워버리셨다.

여기 '지우시고' ($\acute{\epsilon}\xi\alpha\lambda\epsilon\acute{\iota}\psi\alpha s$)는 '문질러 닦다', '제거하다' 는 뜻으로 어떤 책이나 글씨나 사람의 마음에 있는 것을 흔적도 남기지 않고 깨끗하게 지워버리는 것을 의미한다. 이것은 율법이 인간과 맺은 '법조문으로 쓴 증서' 와 그것을 이행치 못하므로 발생한 모든 고소장들을 완전히 취소시키고 철회하게 만들었다는 말이다. 더 이상 율법의 고발장 때문에 시달림을 받고 정죄를 받을 필요가 없게 만든 것이다.

두 번째는 성도들의 공동체 안에서 율법으로 인한 구속적(拘束的) 역사를 영원히 제거하고 퇴출시켜버리셨다.

여기 '제하여 버리사' 에 해당하는 부분을 표준새번역에서는 "우리 가운데서 없애 버리셨습니다.'라고 번역했다. '우리 가운데서' ($\acute{\epsilon}\kappa$ $\tau o\hat{\nu}$ $\mu\acute{\epsilon}\sigma o\upsilon$)는 믿음의 형제들이 교제하는 회중을 가리킨다(고전5:2). 그리고 '제하여 버리사' ($\hat{\eta}\rho\kappa\epsilon\nu$ – $\acute{\alpha}\iota\rho\omega$의 완료동사)는 '들어 올리다', '나르다', '제거하다' 는 뜻으로 율법적 채무 문서자체를 믿음의 형제들이 교제하는 회중권으로부터 영원히 제거해 버리셨다는 의미이다. 즉 새 언약 백성들 사이에서 율법적 잣대로 형제를 판단하고 정죄하는 율법적 틀을 전부 영원히 퇴출하고 출회(黜會)시켜버리신 것이다.

그러므로 이제 새 언약 공동체에서 율법적 의무사항을 강조하고, 율법의 내용을 가르치고, 율법적 기준으로 판단하고 정죄하는 것은 예수 그리스도의 십자가의 구속 사역의 원칙에 어긋나는 것이다. 그러므로 이제는 '법조문으로 쓴 증서'는 퇴출 되었다는 것을 분명히 해야 한다.

세 번째는 율법은 그리스도와 함께 십자가에 못 박으셨다.

여기 '못 박으시고'(προσηλόω)은 '못으로~에 고착시키다', '~에 못 박아 고정하다'는 뜻으로 더 이상 움직이지 못하고 효력을 발휘하지 못하게 만들어 놓았다는 의미이다. 이것은 율법이 완전히 없어졌다는 말이 아니라 인류를 향하여, 특히 그리스도인을 향하여 의무를 강요하고 정죄할 권한을 잃어버렸다는 말이다. 이제는 율법이 인간을 향하여 채무를 이행하라고 따라다니고 괴롭히고 사로잡을 권한이 완전히 없어진 것이다.

"그리스도는 모든 믿는 자에게 의를 이루기 위하여 율법의 마침이 되시니라"(롬10:4)

할렐루야! 그리스도안에서 율법은 "마침"이 되었다. 사실 신자들에게는 '율법의 요구'를 이루어야 할 과제(8:4)와 '그리스도의 새 계명'을 실천해야 할 의무가 있지만(요일2:3-6, 8), 그러나 엄격한 율법의 세력에 대하여서는 그리스도와 함께 한 죽음과 살아남을 통하여 해방되었을 뿐 아니라 율법도 신자에 대하여 그 권리를 주장할 수 있는 권한이 없어졌다는 것을 기억해야 한다.

뿐만 아니라 '율법의 요구'는 "육신을 따르지 않고 그 영을 따라 행"(8:4) 할 때에 이루어져 갈 수 있도록 새로운 전략을 마련하신 것이다.

그러므로 새 언약의 백성이 된 자들이 은혜의 영역의 원리(principle)대로 살지 않으면서 오히려 퇴출 되고 권리를 잃어버린 율법을 자신의 삶의 중심 표준지표(標準指標)로 삼아 율법주의를 지향하는 것은 큰 문제라는 것을 기억해야 한다.

또한 신앙 공동체 안에서 율법주의를 끌어들여 그 아래 예속(隸屬) 되겠다고 충성을 맹세하고 율법의 잣대로 서로를 판단한다는 것도 정상적인 신자의 삶과 성공적인 공동체를 건설함에 있어서 합당치 않은 자세라는 것을 명심해야 한다.

(3) 나는 육신의 연약함 때문에 심령적 갈등을 겪고 있다(7:14-25).

사도 바울은 앞 단락에서(7-13절) 자신의 과거의 경험을 근거로 하여 율법의 기능과 역할, 특히 죄의 관계에서의 역할에 대하여 설명했었다. 비록 율법이 거룩하고 선한 것이지만 죄를 알게 하고 정죄하는 역할로 인해 오히려 죄의 본성에게 기회를 제공하여 내 안에서 탐심을 이루게 하고 죽음에 이르게 했다고 고백했었다. 그것은 생명에 이르게 해야 할 율법이 죄를 드러내고 죄를 심화시키는 역할을 하여 오히려 사망에 이르게 하는 율법의 역기능 때문이라고 했다.

이제 본 단락에서는 율법과 육신, 그리고 죄의 삼각관계를 바울이 자기 자신의 현재적 경험을 바탕으로 하여 설명하고 있다. 한마디로 율법은 거룩하고 신령한 것이지만 나는 육신에 속해 있다는 것이다. 율법을 지킬 능력도, 죄를 이길 힘도 없는 내가 율법의 요구에 따라 선을 추구해 보려고 발버둥 치지만 원함대로 되지 않고 오히려 미워하는 행동만 행하고 있다는 사실을 발견한 것이다. 이러한 자신의 영적 갈등과 괴로움의 경험을 구체적으로 밝히면서 자신의 노력으로는 거룩함을 이룰 수 없다는 절망을 호소하고 있다.

본 단락은 크게 세 부분으로 되어 있다.

첫째로, 14-17절에서는 신자로서 '지금 내가 어디 있느냐' 는 것이다. 율법이 신령한 것인 줄 알지만 죄의 세력에서 해방된 내가 오히려 지금 죄 아래 팔려 있다는 사실을 '알고 있다' (οἴδαμεν)는 것이다.

둘째로, 18-20절에서는 신자로서 자신의 노력으로 율법의 선한 요구대로 '선을 행할 능력이 있느냐' 는 것이다. 원함은 있지만 행할 능력이 없어 오히려 악만 행한다는 사실을 '안다' (οἶδα)는 것이다.

셋째로, 21-25절에서는 '자신을 바르게 직시하고 있느냐' 는 것이다. 사실 선을 행하기를 원하는 나에게 악이 함께 하여 서로 싸우며 죄의 법 아래로 사로잡아 간다는 사실을 '깨닫는다' (Εὑρίσκω)는 것이다.

그래서 곤고하다고 탄식하는 것이다. 결론적으로 육신에 속한 신자는 마음으로는 하나님의 법을 섬기게 되고 육신으로는 죄의 법을 섬기는 갈등하는 자신의 모습을 고백하면서 7장을 마치고 있다.

그러나 이러한 내적 갈등은 신자로서 성화의 삶을 이루어감에 있어서 필연적으로 한 번은 겪어야 하는 과정이라고 본다. 먼저는 자신 안에 있는 죄의 본성을 알고 어떻게 해야 승리로운 생활을 할 수 있는지 그 원리를 배워야 하는 것이다.

첫째는, 신자의 삶의 영역이 어디 있느냐?(14-17절)

사도 바울은 여기서 신령한 율법과 육신에 속한 자기를 대조시키고 있다. 율법은 하나님께로부터 온 신령한 것이지만 자기 자신은 육신에 속해 율법을 지킬 수 있는 능력이 없다는 것이다. 그러면서 현재 자신이 경험하고 있는 삶과 심령의 상태를 말하고 있다.

① 나는 육신에 속하여 죄 아래 팔려 있다.

"우리가 율법은 신령한 줄 알거니와 나는 육신에 속하여 죄 아래 팔렸도다"(14절)

우리 한글성경에는 반영되어 있지 않지만 '왜냐하면'($\gamma\grave{\alpha}\rho$)으로 시작하고 있다. 그것은 12-13절의 내용에 대한 이유를 밝히는 것이다. 율법이 거룩하고 의롭고 선한 것인데 내게 사망이 될 수 있느냐고 물었었다. 답은 "그럴 수 없느니라"였다. 그럼에도 불구하고 율법이 죄에게 기회를 제공하여 나를 죽게 만들고 죄를 더 심화시켰다는 사실을 밝혔었다. 이제 그 이유를 밝히는 것이다.

"우리가 알거니와"($o\acute{i}\delta\alpha\mu\epsilon\nu$)는 우리 모두가 다 알고 있는 사실을 말한다. 그것은 '율법', '나', '육신', '죄'의 관계에 대한 것이다. 먼저는 율법이 '신령한' 것이라는 사실을 이미 알고 있다. 여기 '신령한'($\pi\nu\epsilon\nu\mu\tau\iota\kappa\acute{o}s$)이란 육체적인 것과는 반대적으로 '영적인' 것이라는 뜻이다. 이는 율법의 기원이 세상에 있지 않고 신적인 것에 있어 인간 모세에 의하여 주어진 것이 아니라 신령한 하나님에 의하여 주어진 것으로 변치 않는 진리를 나타낸다.

'그러나'($\delta\acute{e}$) 문제는 내게 있는 것이다. '내가 육신에 있다'($\acute{e}\gamma\omega$ $\sigma\alpha\rho\kappa\iota\nu\acute{o}s$)는 것이다. 여기 '육신'은 앞에서 몇 차례 나왔었지만 본 단락에서 핵심 주제로 사용되는 단어다.

'육신'($\sigma\alpha\rho\kappa\iota\nu\acute{o}s$ −권위본 등 많은 사본은 $\sigma\alpha\rho\kappa\iota\kappa os$로 되어 있다.)은 '육욕적인'(carnal), '육신적 성향이 있는 주체'(subject to the propensity the flesh)로서 이미 3:20에서 설명했었듯이 단순한 '인간의 몸'($\sigma\tilde{\omega}\mu\alpha$)만 의미하는 것이 아니라 하나님을 떠나 죄의 세력에 취약한 인간의 존재 또는 죄의 현실적인 지배 아래 있는 육신적 존재를 지칭하는 말이다.

이 육신에는 인생의 유한성, 연약성, 파멸성이 있고 또한 '욕망'($\acute{e}\pi\iota\theta\acute{v}\mu\iota\alpha$)에 취약하여 성령의 역사를 거역하고 악을 추구하는 주체 역할을 하여서(롬13:14, 갈5:13, 17, 19-21) 육신적 사고, 육신적 삶을 추구하는 것이다. 그래서 타락한 인간성의 육신을 가지고는 아무리 율법이 신령하다 할지라도 실천하기 보다는 오히려 죄의 욕망에 이끌리어 인간을 죄의 속박으로 끌고 갈 때가 많다는 것이다.

그리고 '나'($\acute{\epsilon}\gamma\omega$)를 강조하여 '내가 육신에 있다', 즉 신령한 율법을 실천할 수 없는, 도리어 죄의 성향에 취약한 육신을 가지고 있다는 것이다. 육신에 속한 '나'는 육신적 삶을 사는 그리스도 안에 있는 갓난아이를 말한다(고전3:1). 사도 바울은 고린도교인들을 향하여 "너희는 아직도 육신에 속한 자로다"(고전3:3)라고 말했는데, '아직도'($\acute{\epsilon}\tau\iota$)라는 말은 이미 거듭나서 그리스도에게 속한 자가 되었음에도 불구하고 아직까지도 육신에 속해 있다는 말이다. 이것은 그리스도의 구속 사역과 구원 역사가 미완성 상태에 있다는 말이 아니다. 이미 완성된 그리스도의 사역(the finished work of Christ) 안에 있지만 성령 중심의 신령한 삶이 아니라 세속 중심의 육신의 삶에 머물러 있다는 말이다.

그 결과 '죄 아래에 팔렸다'는 것이다. 여기 '팔려있다'($\pi\epsilon\pi\rho\alpha\mu\acute{\epsilon}\nu o\varsigma$ $\pi\iota\pi\rho\alpha\sigma\kappa\omega$의 완료 수동태 분사)는 말은 '아래'($\acute{\upsilon}\pi o$)라는 전치사와 함께 '아래 팔려져 있다'(to be sold under), '바쳐져 있다'(to be devoted to)는 뜻으로 노예시장에서 넘겨졌다는 말이다.

이 말은 처음부터 죄의 노예 상태에 계속 머물러 있었다는 말이 아니다. 그리스도로 말미암아 속량(贖良)되어 해방을 받은(롬3:24, 갈3:13, 4:5, 딛2:14) '내가' 연약하고 타락한 죄성의 육신에 속하여 율법이 요구하는 대로 살려고 노력을 했지만 실패하여 다시 죄의 세력 밑에 팔려 죄의 소굴에서 살아가고 있다는 말이다. 이것이 육신을 따라 살아가는 영적 갓난아이 신자의 영적 비극이요 괴로움의 시작인 것이다.

6:2에서 "죄에 대하여 죽은 우리가 어찌 그 가운데 더 살리요"라는 말에 '그럴 수 없느니라'고 분명히 밝혔듯이, 이미 죄의 세력 아래에서 벗어났고 해방 된 자가 다시 그 아래 팔린다는 것은 있을 수 없는 일이다.

그럼에도 불구하고 존재와 신분은 의의 영역에 속해 있으면서 삶은 불의의 영역에 팔려서 그곳에서 살아가는 이중적(二重的) 삶을 살게 된 것이다. 이러한 삶은 신자에게서 있어서는 안 될 일이며 엄청난 괴로움과 갈등을 겪게 만드는 불행스러운 신앙생활이 되는 것이다.

② 내가 원하는 것은 행치 않고 미워하는 것을 행하고 있다(15-16절).

"내가 행하는 것을 내가 알지 못하노니 곧 내가 원하는 것은 행하지 아니하고 도리어 미워하는 것을 행함이라"(15절)

여기서도 '왜냐하면'(γαρ)이라는 말로 신자의 이중적 상태의 결과 또는 문제점을 제시하고 있다. 본 절의 내용은 바로 죄의 세력 밑에 팔려서 죄의 영향력을 받으며 발버둥치는 육신적 신자의 괴로움과 탄식, 그리고 고통의 모습을 표현한 것이다. 여기 본 절뿐만 아니라 본 단락에서는 '행하다'(to do)라는 단어가 세 종류가 나오고 있다.

본 절에서는 '행하는 것'(κατεργάζομα), '원하는 것'(πράσσω), '함이라'(ποιέω)가 한꺼번에 나오고 있다. 첫 번째는 '성취하다'(to achieve), '초래하다'(to work out)는 뜻으로 어떤 일을 이루어내는 것을 말한다. 두 번째 것은 자각한 상태에서 습관적으로 반복하여 행동하는 것을 말한다. 세 번째 것은 생각 없이 어떤 것을 나타내는 외적인 행동을 말한다.

'내가 행동하는 것들, 내가 이루어내는 행동들을 나도 정말 모르겠다!'

그것은 선악을 분별하는 지각이 없다거나 무식하다는 것이 아니라 자신이 원하지도 않는 일을 행하는 자기 자신을 볼 때에 도무지 모르겠다는 말이다. 즉 내가 원하고 바라는 것은 행하지 않고 엉뚱한 행동을 하는 자신의 모습을 도대체 모르겠다는 것이다. 거듭남의 체험을 한 신자는 분명히 자신이 '원하는 것'(ὃ θέλω)이 있고 반대로 '미워하는 것'(ὃ μισῶ)도 있게 마련이다.

거기에는 율법이 요구하는 것도 있을 것이고 변화된 자로서 스스로 추구하는 삶의 모습(의지)도 있을 것이다. 반대로 과거에 좋아했던 것은 이제는 다시는 행하기를 원치 않는 세속적인 것, 즉 미워하는 것들도 있을 것이다. 그런데 이상하게 내가 소원하고 이루기를 바라며 애쓰는 것은 이루어 지지 않고 오히려 싫어하고 미워하는 행동들을 하게 되는 것이다.

이것이 바로 던(J.D.G.Dunn)이 표현한 것처럼 '성령의 새로움 속에 살아가야 할 신자의 좌절 된 무능력이며 죄의 세력에 항거하는 종노릇'이라고 할 수 있다. 그래서 죄 아래 팔려 살아가는 신자는 매일 같이 양심의 가책과 신앙적 갈등과 투쟁을 겪으며 살아가는 것이다. 완전히 마음과 행동이 따로 돌아가는 괴로움의 이중적 삶이다.

한번 내가 원하는 '이것'($\tauο\hat{υ}\tauο$)이 무엇인지 찾아보자.

또한 내가 미워하는 '그것'($\tauο\hat{υ}\tauο$)이 구체적으로 무엇인지 찾아보라.

"만일 내가 원하지 아니하는 그것을 행하면 내가 이로써 율법이 선한 것을 시인하노니"(16절)

한글성경에 나타나지 않은 '그러나'($\deltaέ$)로 시작하는 것은 15절에서 자신 안에서 일어난 문제와 율법과의 관계가 어떠한지를 말하려는 것이다. 만일 내가 원치 않는 '그것'을 내가 행한다면 내가 율법이 선하다는 것을 시인하는 것이 된다는 것이다.

여기에서 우리는 몇 가지를 생각할 수 있다. 먼저는 자신의 연약함과 부족함 때문에 '자신이 원치 않는 것'을 행할 수 있는 가능성이 있다는 것이며, 다음으로는 자신이 선을 행할 수 있다고 장담할 수 없는 불안한 자신의 초라한 모습을 보여주고 있다. 그리고 또한 율법이 요구하는 것에 대하여 동의(同意, $\sigmaύ\phi\eta\mu\iota$)하지만 율법이 요구하는 것을 행하지 못하는 자신의 비극적인 모습을 고백하고 있다.

여기 '선한'($\kappa\alphaλός$)은 12절에 나오는 '선한'($\dot{\alpha}\gamma\alphaθός$)과는 다른 말이다. '아가도스'는 본질적인 선을 말하는 반면, '칼로스'는 도덕적인 고귀성을 뜻하기 때문이다. 율법은 하나님이 제정하셨다는 면에서 근본적으로 선할 뿐 아니라 선한 것을 요구하는 것이기에 도덕적으로 선하다는 것이다.

특히 목회서신에서는 '칼로스'($\kappa\alphaλός$)가 많이 나오는데, 대체로 옳은 행위, 올바른 가르침, 세상에 대한 합당한 태도와 같은 의미로 사용하고 있다(딤전1:8, 4:4, 6, 6:18).

선을 요구하는 것은 내 안에 있는 자아(自我), 즉 마음과 의지이다. 또 한편 율법도 선한 것을 요구하고 있다. 그러나 내가 원하는 것도, 율법이 요구하는 것도 실행하지 못하는 무능하고 무력한 상태에 놓인 것이다.

③ 그것은 내가 아니라 내 안에 거하는 죄다.

"이제는 그것을 행하는 자가 내가 아니요 내 속에 거하는 죄니라"(17절)

'이제는'에 해당하는 '뉘니 데'(νυνὶ δὲ)는 문자적으로는 '그러나 이제는'으로 시간적 차원에서의 전환을 말하는 것이 아니라 논리적인 전환을 가리킨다. 따라서 '그런즉 이제'라고 번역하여 그런즉 이제 그것을 행하는 자, 즉 원치 않는 것을 행하고 미워하는 것을 행하는 자는 내가 아니라는 것이다.

'오히려'(ἀλλα) 내 속에 거하는 죄라고 고발하고 있다. 이것은 자신의 잘못을 변명하거나 책임을 회피하려는 것이 아니다. 오히려 자신의 내부에는 부패한 죄성이 있다는 것을 분명히 밝히는 것이다. 여기 '내 속에 거하는 죄'라는 말에서 우리는 두 가지를 생각해 볼 수 있다.

먼저는 죄가 어디 있느냐는 것이다.

'내 속에 거한다'(ἡ οἰκοῦσα ἐν ἐμοὶ)고 했다. 보편적으로 사람들은 죄는 인간의 외부에, 사회 속에 존재하다가 나를 유혹하여 내 안에 들어오는 것으로 생각하고 있다. 그러나 죄는 인간의 내부에 존재하며 밖으로 나오고 표출되는 것이지 외부에서 들어가는 것이 아니다.

예수님께서 "입으로 들어가는 것이 사람을 더럽게 하는 것이 아니라 입에서 나오는 그것이 사람을 더럽게 하는 것이니라"(마15:11)고 말씀하시면서 입에서 나오는 것들은 마음에서 나오는 것으로 "마음에서 나오는 것은 악한 생각과 살인과 간음과 음란과 도둑질과 거짓 증언과 비방"(마15:19)이라고 말씀하신 것이 바로 그 뜻이다. 신자 안에는 성령이 거하시는가 하면(롬 8:9, 고전3:16), 다른 한 편 죄의 성향도 거하고 있는 것이다.

다음은 죄는 강력한 힘을 가지고 있다는 것이다.

죄는 앞에서도 설명했듯이 나의 타락한 욕망의 본성과 자연적 성향을 가리킨다. 이러한 타락한 성향은 내가 행하기를 원하는 내 마음, 내 의지력보다 더 강력하다는 것이다.

내가 율법의 선한 것을 동의하고 율법이 요구하는 대로 선을 행하고 악한 것들을 미워하면서 살기를 원하고 있지만, 그러나 죄는 내가 행하기를 원하는 노력과 안간힘을 기우리는 것보다 더 강력하여 나를 반대 방향으로 이끌고 간다는 것이다. 내 마음과 의지력보다 더 강하여 도저히 당해 낼 수가 없는 것이다. 그래서 결국 질질 끌려가게 되는 것이다.

또 하나 더 생각해 보고 싶은 것은, 내 안에서는 두 가지의 '나'가 있다는 것이다.

먼저는 전 인격을 가리키는 '나'(ἐγω)이다. 자신의 본체적인 인격으로서의 '나', 율법의 선한 것을 지키기를 원하는 '나', 좋은 것으로 행동하기를 원하는 '나'이다. 다음은 율법의 선한 요구를 거절하고 죄에게 순종하는 지체 속의 다른 '나'다. 선을 원하는 '나'와 악을 행하려는 '나'가 내 안에 공존해 있으므로 22-23절에서 밝힌 대로 신자안에서 심령적 투쟁이 벌어지는 것이다.

이러므로 인간의 고민은 육에 머물러 있는 동안 율법의 요구를 이루고자 하는 선한 자아(自我)와 타락한 육신의 부패한 인간성이 서로 이율배반적인 심령적 전쟁 상태로 살아간다는 것이다. 이미 그리스도로 말미암아 죄와 율법에 대한 죽음으로 해방되었다 할지라도 육신을 가지고 살아가는 동안에는 계속적인 투쟁이 있는 것이다. 이러한 갈등에서 해방 되고 승리하는 길은 8장에서 제시하는 것처럼 '성령을 좇아' 살아가는 방법 밖에 없다.

둘째는, 선을 행할 능력이 있느냐?(18-20절)

이 문단(文段, 18-20절)은 앞 문단(14-17절)과 약간의 차이는 있으나 반복되는 내용이다. 앞에서는 내가 육신에 속하여 죄 아래 팔린 상태를 설명했다면, 여기에서는 내 육신 속에 선한 것이 거하지 않아 선을 행할 능력이 없음을 밝히고 있다.

18절 서두에서 '왜냐하면'(γάρ)이라는 말을 통하여 17절에서 내가 원치 않는 일들을 행하는 것은 내가 아니요 죄라고 말한 이유를 밝히고 있다.

① 내가 원함은 있으나 선을 행할 능력은 없다.

"내 속 곧 내 육신에 선한 것이 거하지 아니하는 줄을 아노니 원함은 내게 있으나 선을 행하는 것은 없노라"(18절)

또 다시 '내가 아노니'(οἶδα)라는 말을 통하여 자신이 발견한 진리 또는 깨달은 사실을 이야기 하고 있다. 14절과 마찬가지로 '육신'에 대하여 논하면서 '육신 속에 선한 것이 거하지 아니하는 줄' 알고 있다고 한다.

다시 한번 더 밝힌다면 '내 육신'(τῇ σαρκί μου)은 부패하고 타락한 인간의 본성 곧 죄의 성향을 지닌 인간성을 가리킨다. 그래서 NEB에서는 '나의 비영성적 성품'(my unspiritual nature)으로, NIV에서는 '나의 사악한 성품'(my sinful nature)으로, Living Bible에서는 '나의 오래된 죄 많은 본성'(my old sinful nature)이라고 번역을 했다. 이러한 타락한 육신의 본성 속에는 선한 본질($\dot{\alpha}\gamma\alpha\theta os$)이 거하지 않기 때문에 죄악의 성향만 나타날 뿐이지 선을 행하고자 하는 의지나 경향은 없는 것이다.

신자의 삶에서 중요한 것은 이러한 자신의 육신의 성향을 바르게 이해해야 한다는 것이다. 자신의 육신의 성향을 바르게 이해하지 못할 때에 자기의 결심, 자기 의지, 자기 생각을 신뢰하여 율법주의적 노력을 하게 되며 또는 신령한 척 하면서 뒤에서 온갖 탐심을 이루는 이중적 삶을 살게 된다는 것이다(8절).

그러면 육신 속에 선한 것이 거하지 않는 것을 어떻게 알 수 있는가?

그것은 "원함은 내게 있으나 선을 행하는 것은 없노라"는 말씀에서 밝히고 있다. 여기 '있으나'($\pi\alpha\rho\acute{\alpha}\kappa\epsilon\iota\tau\alpha\iota$)는 '곁에 있다'(to lie along side), '가까이 있다'(to lie at hand), '닿는 곳에 있다'(to be within reach)는 뜻으로 내가 원하는 것, 즉 내가 간절히 소원하는 것은 항상 나와 함께 존재해 있다는 것이다. '그러나'($\delta\epsilon$) 선을 행할 수 있는 능력은 항상 없다는 것이다. 선한 결과를 성취해 낼 수 있는 능력이 없다는 것은 육신에 속한 본성의 한계점이며 절망인 것이다.

이것이 율법을 추구하며 율법주의적 삶을 살려는 사람의 문제점이기도 하다. 아무리 마음의 소원이 있다 할지라도 선한 열매를 맺을 수 있는 능력과 여력이 없으니, 아무리 발버둥 친다 할지라도 율법의 요구를 이루어줄 수가 없는 것이다. 그러므로 아무리 결단을 하고, 새 각오를 다짐하고, 새로운 목표를 세운다 할지라도 그것을 실행할 수 있는 능력, 성취해 낼 수 있는 힘이 없는 이상 실패로 인한 괴로움과 갈등만 깊어지는 것이다.

② 내가 원하는 선은 행치 않고 악을 행하고 있다.

"내가 원하는 바 선은 행하지 아니하고 도리어 원하지 아니 하는 바 악을 행하는도다"(19절)

여기 더 깊은 절망적 상황이 그려져 있다. 선한 것을 이루어낼 수 있는 능력이 없다는 것도 문제였었는데, 한 걸음 더 나아가 원하는 선은 행하지 않고 오히려 원하지 않는 악을 행한다는 것이다. 여기 '행한다'는 말이 15절과는 다르게 뒤바뀌어 나오고 있다.

'선은 행하지 아니하고'에서의 '행하다'($\pi o \iota \acute{\epsilon} \omega$)는 생각 없이 어떤 것을 나타내는 외적인 행동이라고 했다. 원하는 선을 조금이라도 잠시 행해보려고 하지만 그것도 행해지지가 않는 것이다. 도리어 '원하지 아니 하는 바 악을 행하도다'에서의 '행하다'($\pi \rho \acute{\alpha} \sigma \sigma \omega$)는 자각한 상태에서 습관적으로 반복하여 행동하는 것을 말한다고 했다.

원하지 않는 악은 알면서도 계속해서 습관적으로 행하게 된다는 말이다. 작은 분량의 선을 행하려는 것도 제대로 안 되면서 계속적으로 악한 모습만 보여 지게 되니, 여기에 무능(無能)하고 실패하는 자신의 모습을 바라보는 신자의 괴로움이 있는 것이다. 이것은 선하고 거룩하게 살아가려는 신자에게는 엄청난 비극이요 자존심이 상하는 괴로움이요 갈등인 것이다.

③ 이를 행하는 자는 내가 아니라 내 안에 거하는 죄다.

"만일 내가 원하지 아니하는 그것을 하면 이를 행하는 자는 내가 아니요 내 속에 거하는 죄니라"(20절)

16-17절을 다시 반복하여 사용하고 있다. 만일 내가 행하기를 원하는 선은 행하지 않고 도리어 악을 행하게 된다면 그것은 내가 아니요 내 속에 거하는 육신의 죄성(罪性)이라고 한다. 즉 지금 거듭난 자신 속에는 자기 자신도 어떻게 할 수 없는 죄의 성향이 계속 거주하고 있다는 것이다.

그래서 자신이 원치 않는 것을 행한다면 그것은 자신이 아니라 죄의 성향이라는 것을 강조하기 위하여 영어의 'not~but'과 같은 용례를 사용하여 '절대로 내가 아니요 오히려 죄다'($o\dot{\upsilon}\kappa\acute{\epsilon}\tau\iota\ \dot{\epsilon}\gamma\grave{\omega}\sim\dot{\alpha}\lambda\lambda\alpha\ \dot{\alpha}\mu\alpha\rho\tau\acute{\iota}\alpha$)라는 문장을 통하여 죄를 부각시키고 있다.

이것은 자신의 도덕적 의지를 거스르고 억압하여 선을 행하기보다는 악을 행하도록 역사하는 결정적인 세력은 '죄'라는 것이다. 이는 자신의 범죄에 대한 책임을 죄에게 떠넘기려는 궁색한 변명을 하려는 것이 아니다. 다만 성령을 쫓아 살아가지 않고 육신을 따라 율법주의적 삶을 살아가려는 신자의 실패하는 삶의 모습을 적나라하게 보여주려는 것일 뿐이다.

셋째는, 자신을 바르게 직시(直視)하고 있느냐?(21-25절)

사도 바울은 지금까지 율법이 거룩하고 선하며 신령하다 할지라도 율법 중심으로 사는 것, 즉 율법주의 신앙생활을 하는 것의 문제점을 지적해왔었다. 그것은 자기 자신이 육신에 속하여 죄에 팔린 상태에서 자신이 원하는 선보다는 미워하는 악을 행하고 있다는 사실과 또한 자신의 육신 속에는 선을 행할 수 있는 능력이 없어서 오히려 악을 행하게 되는 자신의 딜레마(dilemma)를 밝혔었다.

이제 마지막으로 자신 속에는 선을 행하기를 원하는 '나'와 지체 속에 악을 행하는 '나'가 공존하고 있다는 사실을 밝히고 있다. '내가 깨달았노니' 또는 '내가 보는도다'를 통하여 자신의 존재, 즉 투쟁과 갈등, 그리고 절망에 빠진 자기를 발견하게 되었다는 사실을 고백하고 있다.

(가) 내 안에 선과 악이 공존하는 것을 깨달았다.

"그러므로 내가 한 법을 깨달았노니 곧 선을 행하기를 원하는 나에게 악이 함께 있는 것이로다"(21절)

여기 바울이 깨달은 '한 법'(τὸν νόμον)이란 율법이라는 뜻보다는 '원리'(principle, NEB), 또는 '규범'(rule, JB)이라는 뜻으로 어떤 규제하는 원리(controlling principle), 또는 어떤 의지의 통제력(the coercion of the will) 같은 의미를 가리킨다.

바울은 자기 나름대로 율법과 복음 사이에서 갈등을 겪으면서 인간의 존재 안에서 일어나는 한 원리를 발견하게 된 것이다. 그것은 선을 행하기를 원하는 자신에게 악이 함께 존재한다는 것이다. 자신의 마음과 상반된 행동을 하게 되는 이유는 바로 선을 행하려는 의지와 악을 행하고자 하는 의지가 자신 안에 함께 공존하기 때문이다. 이것은 지금까지 자신의 인격 속에 다른 두 자아들이 존재하는 것 같은 인상을 주었으나 그러나 여기에서 동일한 하나의 자아 속에 상반된 두 경험을 소유하고 있다는 사실을 밝히고 있다. 선을 행하려는 의지를 가지고 있으나 죄의 성향이 함께 공존하여 분열된 자아의 투쟁의 모습을 보여주고 있는 것이다.

(나) 내 지체 속에서 육체의 법과 마음의 법이 싸우고 있다(22-23절).

이제 21절에서 깨닫고 발견한 '한 원리', 즉 자신 안에 선한 의지와 악을 행하는 의지가 공존하여 일어나는 심령적 상황을 22-23절에서 설명하고 있다.

"내 속사람으로는 하나님의 법을 즐거워하되"(22절)

사도 바울에게 있어서 '속사람'($\tau\grave{o}\nu$ $\acute{\epsilon}\sigma\omega$ $\acute{\alpha}\nu\theta\rho\omega\pi\sigma\nu$)은 '육신과 대조되는 그리스도 안에서 성령으로 거듭난 자아'를 가리킨다(고후4:16, 엡3:16). 이는 육욕적이며 타락한 본성으로 "유혹의 욕심을 따라 썩어져 가는 구습을 따르는 옛 사람"(엡4:22)이 아니라 거듭남으로 변화된 "새 사람"(엡4:24)을 말한다.

구습을 따르는 옛 사람과는 다르게 거듭난 새 사람은 하나님의 법을 즐거워한다. 여기서의 '법'은 모세의 율법을 가리킨다. 여기 '내가 즐거워하다'($\sigma\upsilon\nu\acute{\eta}\delta\sigma\mu\alpha\iota$)는 '함께 기뻐하다'(to rejoice with), '즐겁게 동의하다'(to joyfully agree)는 뜻으로 문장 제일 앞에 두어 자신의 속사람이 하나님의 법을 즐거워하는 것은 과장된 것이 진심으로 즐거워한다는 것을 강조하고 있다.

다윗이 시편에서 주의 율례를 즐거워하여 주야로 묵상하고 사모한다고 고백한 것처럼(시1:2, 119편) 바울도 심령으로 하나님의 법을 즐거워하고 좋게 여겨 실천하기를 열망했던 것이다. 그러나 곧 그것의 요구를 실행할 수 없는 자신의 무능력과 율법으로 인한 정죄로 갈등하는 모습을 보여주게 된다.

"내 지체 속에서 한 다른 법이 내 마음의 법과 싸워 내 지체 속에 있는 죄의 법으로 나를 사로잡는 것을 보는도다"(23절)

어쩌면 본 절이 7장의 핵심이요 클라이맥스(climax)라 할 수 있다. 지금까지 설명해 오던 것의 원인을 분명히 밝히고 있기 때문이다. 그것은 21절에서 자신의 내부에서 일어나는 어떤 원리를 발견하듯이 본 절에서는 어떤 현상을 보게 되었다고 고백하고 있다. 여기 '내가 본다'($\beta\lambda\acute{\epsilon}\pi\omega$)는 말은 어떤 것을 눈여겨보고 깨닫고 발견했다는 의미를 포함하고 있다. 그가 보고 깨달은 것은 속사람이 율법을 즐거워하는 것과 그것을 순종하여 실천하는 것은 전혀 별개의 문제라는 것이다. 그가 발견한 것은 다음과 같은 사실이다.

① 먼저는 내 지체들 속에 다른 법이 있다는 것이다.

여기 '법'($\nu\acute{o}\mu\sigma s$)은 21절에서 설명했듯이 율법을 뜻하는 것이 아니라 어떤 강제력의 요소를 가진 것과 같은 '원리'(principle), 또는 '행동의 원칙'(rule of action), '행동에 압박을 가하는 힘과 영향력'(of a force or influence impelling to action)을 의미한다.

그리고 내 지체들 속에 있는 '다른 법'이란 타락한 인간의 본성 속에 있는 세속적인 강렬한 욕망인 '육체의 정욕'($\acute{\eta}$ $\acute{\epsilon}\pi\iota\theta\acute{\upsilon}\mu\iota\alpha$ $\tau\widehat{\eta}s$ $\sigma\alpha\rho\kappa\acute{o}s$)을 가리킨다(벧전2:11, 요일2:16). 그것은 '다른 법'은 '죄의 법'과 짝을 이루고, '하나님의 법'과 '마음의 법'이 짝을 이루는 것을 볼 때에 '다른 법'은 나머지 법들과는 같은 것이 아니라는 것이 분명하기 때문이다.

그리고 7:5에서 "죄의 정욕이 우리 지체 중에 역사하여"라는 말씀을 볼 때도 정욕을 뜻하는 것이 분명하다. 정욕은 '충동이며 탐욕이고 조바심 가득한 자기 추구'로서(요일2:15f) 사람을 '끌고 유혹하는' 성질이 있고(약1:14), 영혼을 거슬려 싸우고(벧전2:11), 성령을 거슬리며(갈5:17), 하나님의 말씀을 막아 신앙의 열매를 맺지 못하게 하며(막4:19), 썩어져 가는 구습을 좇게 만들기 때문이다(엡4:22). '다른 법'인 육신의 정욕이 지체 속에서 그 영향력을 발휘하는 것이다.

② 두 번째는 이 다른 법이 마음의 법과 싸우고 있다는 것이다.

여기 '마음의 법'($\tau\widetilde{\omega}$ $\nu\acute{o}\mu\omega$ $\tau\acute{o}\nu$ νoos)에서 '마음'($\nu o\widehat{\upsilon}s$)이란 이성적 기능으로서 도덕적 태도와 행동을 결정짓는 이해력, 또는 선과 악을 구별하는 내적 인간의 인격적 요소를 말한다. 마음에서 하나님을 인식하고 그의 뜻을 판단하며 도덕적인 바른 판단을 내리는 기능을 발휘하게 되는 것이다.

불신자의 마음은 하나님의 인식을 거절하므로 "상실한 마음"에 방치하여 제 기능을 발휘하지 못하게 되었다(1:28). 그러나 신자는 그리스도로 말미암아 마음이 회복되고 치료됨으로 제 기능을 발휘할 수 있도록 만들어 주신 것이다. 마음은 22절의 '속사람'과 같은 역할을 하여 하나님의 율법을 즐거워하고 선한 열매를 맺기를 간절히 원하고 있다.

그런데 내 속에서 다른 법인 '육체의 정욕의 영향력'과 하나님의 법을 즐거워하는 '마음의 영향력'이 서로 싸우고 있다는 것이다. 여기 '싸워'($\dot{\alpha}\nu\tau\iota\sigma\tau\rho\alpha\tau\epsilon\nu\acute{o}\mu\epsilon\nu o\nu$ - $\dot{\alpha}\nu\tau\iota\sigma\tau\rho\alpha\tau\epsilon\acute{\upsilon}o\mu\alpha\iota$의 현재 중간태 분사)는 '~에 대항하여 싸우다'(to war against), '대치하다'(to oppose), '~과 교전 중이다'(to take the field against)라는 뜻으로 마음의 힘과 육체의 정욕의 힘이 서로 엎치락뒤치락 하면서 계속해서 싸우고 있다는 말이다.

마음은 하나님의 법을 즐거워하여 선을 행하려고 하고 또한 성령의 감동을 따라 살아보려고 하지만 곧 육체의 욕망은 강한 반발력으로 악마적인 전략을 가지고 역사하여 마음의 원함을 꺼꾸러뜨리려고 덤벼드는 것이다(갈 5:17, 벧전2:11). 이로서 바울은 자기 속에서 자기를 파괴시키고 무너지게 하는 치열한 투쟁으로 인한 괴로움을 발견하게 된 것이다. 서로 갈라진 삶의 요소, 즉 두 법(two laws) 또는 두개의 통치 원리(governing principles)가 매일 같이 또는 순간마다 자신 내부에서 투쟁을 벌이고 있는 것을 깨닫게 된 것이다. 이것이 바로 신자의 삶 속에서 매일 같이 일어나고 있는 영적 투쟁인 것이다.

③ 세 번째는 다른 법이 이겨 내 지체 속에 있는 죄의 법 아래로 나를 사로잡아 온다는 것이다.

영혼을 거슬려 싸우는 정욕의 힘은 율법을 즐거워하는 마음을 꺾어버리는 것에 머무르지 않고 한 걸음 더 나아가 사로잡아 정복하기를 원하고 있다. 문제는 육체의 법과 마음의 법이 겨루어 싸우게 되면 결국은 마음이 육체의 욕망에 패배할 때가 많다는 사실이다. 생명의 근원이 마음에서 나가기에 마음을 지키는 것이 대단히 중요하다고 했다(잠4:23). 그러나 아무리 마음으로 다짐하고 결심한다 할지라도 연약함이 있는 마음의 힘과 능력(겔16:30)을 가지고는 강렬한 정욕의 세력을 이겨 정복할 수가 없는 것이다.

결국은 패배하여 육체의 욕망이 마음과 지체들을 죄의 법 아래로 사로잡아 오게 되는 것이다. 여기 '죄의 법'($\tau\hat{\omega}$ $\nu\acute{o}\mu\omega$ $\tau\hat{\eta}s$ $\acute{\alpha}\mu\alpha\rho\tau\acute{\iota}\alpha s$)이란 인간으로 하여금 하나님께 불순종하고 죄의 종노릇하게 역사하는 죄의 세력 또는 죄가 역사하는 원리를 말한다. 그리고 '사로잡는 것'($\alpha\acute{\iota}\chi\mu\alpha\lambda\omega\tau\acute{\iota}\zeta o\nu\tau\alpha$ - $\alpha\acute{\iota}\chi\mu\alpha\lambda\omega\tau\acute{\iota}\zeta\omega$의 현재 분사)은 '전쟁 포로로 잡다'(to take a prisoner of war), '복종시키다'(to subdue)는 뜻으로 죄가 통솔하고 지배하는 세력권 안으로 사로잡아 복종하게 만든다는 의미이다.

죄의 세력은 나의 지체 안에서 있으면서 기회를 엿보고 있다가 마음의 힘과 정욕의 힘이 겨루어 정욕의 세력이 이기면 나의 인격과 마음, 지체들을 사로잡아서 굴복시키는 것이다. 그리하여 범죄하여 죄의 열매, 그리고 사망에 이르는 열매를 맺게 하는 것이다. 의의 열매를 맺어야 할 사람이 불의와 불법의 열매를 맺는다는 것은 비극인 것이다.

그러므로 신자가 마음으로부터 하나님의 법을 즐거워하여 있는 힘을 다하여 애쓰고 노력한다 할지라도 육체의 정욕의 법과 죄의 법이 합세하여 공격해 오면 감당하지 못하는 것이다. 그래서 매일 같이 심령 속에 격렬한 투쟁이 벌어지는 전쟁터를 만들어 놓고, 매일 같이 몸부림치며 싸우다가 결국에는 정욕과 죄의 세력에게 굴복되어 죄의 종으로 전락하고 마는 것이다.

의의 나라 사람이 죄의 나라 포로로 잡혀 있으니 얼마나 힘들고 괴롭겠는가? 이것이 율법주의적 삶을 살려는 신자의 한계이며 절망인 것이다. 결국에는 자신의 모습을 숨기기 위해 위장하여 이중적 생활을 하게 되는 것이다. 마치 지킬 박사와 하이드처럼...

(다) 나는 곤고한 사람이다.

"오호라 나는 곤고한 사람이로다 이 사망의 몸에서 누가 나를 건져내랴" (24절)

이것이 바로 영적 투쟁에서 패배한 신자의 탄식소리이다. 여기 '곤고한 사람'($\tau\alpha\lambda\alpha\acute{\iota}\pi\omega\rho os$ $\acute{\alpha}\nu\theta\rho\omega\pi os$)이란 '몹시 불행한 사람'(miserable man), '비참한 상태의 사람'(wretched man), '곤궁에 처해 있는 사람'(distressed man)이라는 뜻으로 전쟁에서 패배하여 적의 포로가 되어 기진맥진한 병사의 모습을 나타낸다.

바울은 자기 자신이($\acute{\epsilon}\gamma\omega$) 중생을 경험한 사람이라 할지라도 육체의 지체 속에서 역사하는 죄의 성향과의 싸움에서 이기지 못하여 죄의 포로로 시달림을 당하고 있는 자신의 비참한 삶의 처지를 생생하게 표현하고 있다. 이러한 비참한 상황과 탄식은 육체뿐만 아니라 정신적으로 또는 환경적으로도 겪는 실패자의 모습인 것이다.

신자가 아무리 선한 소원을 가지고 있고, 하나님의 법을 즐거워한다 할지라도 "죄의 정욕이 우리 지체 중에 역사"(5절)하는 것을 막지 못하고 이길 수 없다면 영적 실패자가 되는 것이다. 혹시 율법이 죄를 이길 수 있는 능력이 있는 줄 오해하거나 또는 자신의 마음의 힘이 정욕의 힘을 억누르고 정복할 수 있다고 착각한다면 크게 오산인 것이다. 거룩한 삶의 고지를 점령하는 영적 전투는 내 마음의 힘으로도, 율법의 힘으로도 안 되는 것이다. 오직 '생명의 성령의 원리'만이 이길 수 있는 길과 능력이 주어지는 것이다.

여기 절망하는 신자의 절규를 들어보라.

"이 사망의 몸에서 누가 나를 건져내랴"

여기 '사망의 몸'이란 5-6장에서 이야기해 왔던 '영원한 멸망으로서의 사망'을 말하는 것이 아니다. '이 사망'($\tau o\hat{v}$ $\theta\alpha\nu\acute{\alpha}\tau o\upsilon$ $\tau o\acute{\upsilon}\tau o\upsilon$)이라는 표현은 죽을 수밖에 없는 육체의 몸(6:12, 8:11)을 가리키며 한 걸음 더 나아가서 '완전히 연약한 상태의 몸'을 가리킨다(고전11:30).

이는 하나님의 뜻을 행하기에 극히 연약하여 사망의 세력에게 사로잡히고 정복당하여 자신의 힘으로는 그 속박에서 벗어날 수 없는 완전히 무력한 상태에 빠져 있는 비참한 인간의 처지를 말한다. 즉 육체의 욕망의 세력과 죄의 세력에게 사로잡혀 기진맥진하고 절망에 빠져 있는 인간 자체를 말하는 것이다.

그리고 '건져내랴'($\acute{\rho}\acute{\upsilon}\sigma\epsilon\tau\alpha\iota$)는 '구출하다'(to rescue)는 뜻으로 적군의 손에 생포되어 있는 전우를 위하여 적진에 들어가서 구출해 내는 병사의 행동을 언급할 때에 사용되는 단어다. 또한 '누가 나를 건져내랴'는 말은 구출할 그리스도를 알지 못하는 불신자의 울부짖는 소리가 아니라 인간의 어떤 방법으로든 이런 상태에 놓인 인간을 구출해 낼 수 없다는 말이다.

즉 인간의 힘으로는 어느 누구도 이러한 절망의 상태에 놓여 있는 자를 구원할 수 없다는 신자의 외침인 것이다. 이는 바꾸어 말하면 포로 상태에 있는 신자를 구출할 수 있는 것은 하나님밖에 없다는 말이기도 하다.

내가 육신에 속해 있는 이상 하나님의 법을 즐거워하고 선을 행하기를 원하는 소원을 가지고 마음으로 다짐하고 다짐한다 할지라도 육체의 욕망의 힘을 이길 수가 없는 것이다. 그래서 죄 아래 팔리게 되고 죄의 포로가 되어 비참한 상태에 빠질 수밖에 없는 것이다. 이것을 바르게 직시(直視)할 수 있는 사람만이 인간의 노력이 아닌, 또는 율법 중심이 아닌 그리스도를 중심으로 한 복음적 삶을 추구할 수 있는 것이다.

㈐ 결국 나의 육신은 죄의 법을, 나의 마음은 하나님의 법을 섬긴다.

"우리 주 예수 그리스도로 말미암아 하나님께 감사하리로다"(25절상)

여기 25절을 상반절과 하반절로 나누어서 살펴보려는 것은 의미가 서로 연결된 문장이 아니기 때문이다. 상반절은 24절에서 "이 사망의 몸에서 누가 나를 건져내랴"에 대한 반응으로 절망적 상황에서 현재뿐 아니라 미래에 구원해 내실 분은 그리스도로 말미암아 하나님이라는 사실 때문에 감사가 터져 나온 것이기 때문이다. 그러나 하반절은 14-24절까지의 갈등적 상황에 대하여 '그런즉'($\dot{\alpha}\rho\alpha$ $o\check{\upsilon}\nu$)이라는 접속사를 통하여 결론적 답을 내리고 있기 때문이다.

사도는 자신이 하나님의 법을 즐거워하여 율법 중심의 삶을 살아온 것을 고백했었다. 그러나 자신 속에는 '한 다른 법'이 있어 선을 행하고 하나님의 법을 즐거워하는 마음의 법과 싸워 거슬리는 상황이 항상 벌어졌었다. 그리고 결국에는 마음의 의지력은 육체의 정욕의 힘에 굴복하여 정복되고 죄의 세력 밑으로 포로로 전락하게 되는 것이 반복 되었던 것이다. 그로 인한 괴로움과 비참함 때문에 "오호라 나는 곤고한 사람이로다 이 사망의 몸에서 누가 나를 건져내랴"고 외쳤던 것이다.

이 절망적 외침에 대한 반응으로 구출과 승리의 때를 바라보는 새로운 마음의 외침을 발하고 있다. 그것은 절망적 상황에서 구원해 주실 분은 우리 주 예수 그리스도요, 하나님밖에 없다는 것을 생각하면서 찬양과 감사가 터져 나온 것이다. 율법도, 자기의 마음도, 자신의 강한 의지력도 심령적 절망에서 건져 낼 수가 없었던 것이다. 그러나 예수 그리스도로 말미암아 하나님만이 죄의 세력에서 해방뿐 아니라 율법에서 벗어나게 했었으며 현재적 신앙생활에서 겪는 고통을 해결해 주실 분도 하나님밖에 없고 종말의 때에 몸의 구속을 이룰 분도 하나님밖에 없다는 사실이다(참조, 고전15:57).

그래서 감사하게 된 것이다. 과거적 구원은 이미 6, 7장에서 설명했었고, 현재적 구원과 종말적 구원은 8장에서 설명하고 있다.

이제 7장의 마지막 결론적이며 요약 된 문장을 살펴보자.

"그런즉 내 자신이 마음으로는 하나님의 법을 육신으로는 죄의 법을 섬기노라"(25절하)

이제 사도 바울은 율법 아래서 분열되어 투쟁하는 삶에 대하여 냉정하게 매듭지으며 정리하고 있다. 자신의 속사람이 아무리 하나님의 법을 즐거워하고 선을 행하기를 소원한다 할지라도 자기 자신의 힘과 노력으로는 육체의 욕망의 세력과 죄의 세력을 이길 수 없다고 한다면 이중적(二重的) 삶을 살 수 밖에 없다는 것이다.

여기 '섬기노라'($\delta o\upsilon\lambda\epsilon\acute{\upsilon}\omega$)라는 단어는 7:6에서 설명했듯이 단순히 섬긴다는 의미만 있는 것이 아니라 '예속되다'는 개념을 가지고 있어 그에게 예속되어 종노릇하겠다는 의미를 가지고 있다. 그러므로 자기 자신이 결론을 내린 것은 마음으로는 하나님의 법을 섬기고 육신으로는 죄의 법에 예속되어 섬기겠다는 것이다.

　어쩌면 자신이 원하는 것은 행하지 않고, 도리어 원하지 않는 것이 행해지는 상황이 계속해서 벌어진다면 이중적 섬김을 할 수 밖에 없다는 결론이 나오는 것이다. 즉 마음 따로, 육체 따로 행동하겠다는 것이다. 이것이 8장의 영적 원리를 깨닫지 못한 '율법주의 신앙인'의 최종적 결론이요, 또한 불행이며 절망인 것이다.

　분명한 사실은, 한 사람이 두 주인을 섬길 수 없듯이 그리스도를 주(主)로 섬기며 살기로 작정한 사람은 하나님과 세상 둘 중에 하나를 선택해야만 한다. 마음 따로 육신 따로 살아갈 수는 없는 것이다. 그럼에도 불구하고 오늘 많은 신자들이 바울과 같이 마음은 하나님의 법을, 육신으로는 죄의 법을 섬기는 이중적 삶, 위선의 삶을 살아가고 있다는 것이다.

　이제 7장의 "율법주의 신앙에서 탈피하라"는 주제를 정리해 보자.

　많은 학자들이 로마서 7장을 바울이 그리스도를 만나기 이전 불신자의 때 율법 중심으로 살았던 자신의 경험을 통하여 타락한 아담적 인류에 대한 영적 상태를 진술한 것이라고 해석을 하고 있다. 그러나 그것은 단순한 해석의 견해차이라고 말할 수 있겠으나, 죄송한 말씀이지만 분명한 사실은 해석자 본인이 사도 바울과 같은 영적 경험내지 그 과정을 밟아오지 않은 상태에서 학문적, 또는 교리적으로만 성경을 해석했기 때문이라고 보여 진다.

　사도 바울은 5장에서 의롭다하심 또는 거룩함의 근거가 예수 그리스도의 십자가 사역에 있다는 것을 분명히 밝혔고, 6장부터는 거룩한 삶의 열매를 맺는 구체적인 과정을 진술하면서 몇몇 구절에서 회심 이전의 과거의 삶 또는 상태를 설명한 것이 있지만(6:20-21, 7:5), 전반적인 내용은 회심 이후의 신자의 삶과 그 상황을 설명했던 것이다.

　먼저는 침례의 원리를 통하여 그리스도와 연합하여 죄에 대하여 죽어 해방되고 하나님에 대하여 새사람으로 살았다는 신자의 존재 변화를 설명했었다. 다음으로 주종(主從) 관계의 원리를 통하여 누구에게 자신을 드리느냐 또는 순종하느냐에 따라 그의 종이 되므로 자신의 지체를 불의의 도구로 죄에게 드리지 말고 의의 도구로 하나님께 드려 거룩함에 이르는 열매를 맺으라며 삶의 변화를 권면했었다.

　그리고 7장에 와서 결혼 관계 원리를 통하여 엄격한 율법으로부터의 해방을 설명했었다. 특히 4-6절에서 우리 신자들은 그리스도의 십자가의 사역을 통하여 율법에서 해방되었으므로 율법의 낡은 것으로 섬기지 말고 성령의 새로운 것으로 섬기자고 했다.

그것은 율법이 기회를 제공하여 죄의 정욕이 지체 속에서 역사하여 사망의 열매를 맺게 만들기 때문에 율법주의적 삶을 살아서는 안 된다는 것이었다. 그러면서 7-25절까지에서 자신의 삶의 경험을 가지고 율법 중심의 생활의 문제점과 한계점을 지적했다.

먼저는 7-13절에서 자신의 과거의 삶의 경험을 비추어 율법이 선하고 거룩한 것임에도 불구하고 그 역할과 기능에서 역기능적 요소가 있다는 것을 밝혔고, 다음은 14-25절에서 자신의 현재적 삶의 경험을 가지고 육신을 가진 존재로서 마음과 욕망의 끝없는 투쟁을 다루었다. 결국 영적 투쟁에서 패배하여 죄의 세력 아래 포로가 된 상황과 갈등을 고백하며 절망적 탄식을 발하였던 것이다.

이것은 "아들의 형상을 본받기 위한"(8:29) 성화의 길을 걷는 신자에게는 반드시 통과해야 할 하나의 과정을 그린 것이다. 한 마디로 율법주의적 노력을 가지고는 결코 이룰 수 없다는 것이다. 이것은 8장에서 설명할 오직 '생명의 성령의 원리'가 작용하여야만 사망에 이르는 열매를 맺는 것에서, 또한 죄의 포로가 되어 절망하는 상황에서 벗어날 수 있을 뿐만 아니라 율법의 요구까지도 이룰 수 있다는 사실을 밝히기 위한 것이다.

6. 생명의 성령의 원리로 승리하라(8:1-39)

> **(1) 우리는 거룩함을 이루는 삶을 살 수 있다(8:1-11).**
> 첫째는, 그리스도의 완성된 사역의 결과 때문이다(1-4절).
> ㈎ 그리스도 안에서 결코 정죄함이 없다(1절).
> ㈏ 생명의 성령의 법으로 해방하셨다(2절).
> ㈐ 영을 따르는 자에게 율법의 요구를 성취할 수 있는 방법을 마련
> 하셨다(3-4절).
> 둘째는, 영을 따르면 완성할 수 있기 때문이다(5-8).
> 셋째는, 이미 성취할 수 있는 주의 영이 내주하기 때문이다(9-11절).
>
> **(2) 성령의 인도하심으로 하나님의 자녀답게 살아야 한다(8:12-17).**
> 첫째는, 육신을 따라 살아서는 안 된다(12절).
> 둘째는, 성령으로 몸의 행실을 죽여야 한다(13절).
> 셋째는, 하나님의 자녀이기 때문에 성령 따라 살아야 한다(14-16절).
> 넷째는, 자녀이면 그리스도와 함께한 상속자임을 알아야 한다(17절).
> 다섯째는, 함께 영광을 얻기 위해 함께 고난도 감내해야 한다(17절).
>
> **(3) 삶의 과정 속에서 성령의 사역을 깨달아야 한다(8:18-30).**
> 첫째는, 성령은 종말론적 영광의 소망을 가지게 하신다(18-25절).
> 둘째는, 성령은 우리의 연약함을 돕는 사역을 하신다(26-27절).
> 셋째는, 성령은 하나님의 구속 목적대로 이끄신다(28-30절).
>
> **(4) 우리는 구원 계획에 최후 승리자가 될 수 있다(8:31-39).**
> 첫째는, 하나님께서 우리 편이 되어 주시기 때문이다(31-34절).
> 둘째는, 하나님께서 우리를 사랑해 주시기 때문이다(35-39절).

로마서 8장은 일찍부터 로마서 전체의 핵심이요 영감 있는 최고의 하이라
이트(highlight) 같은 진리라고 여겨져 왔다. 7장의 어둡고 절망하는 밤을
통과하고 8장에서 광명의 새 아침을 맞아 환희의 송가를 부르는 것 같은 느

낌을 주고 있다. 그리고 서두에서 '그러므로 이제'(ἄρα νῦν)라는 접속사를 통하여 완전히 새로운 주제로 전환하는 것을 보여주고 있다.

사도 바울은 지금까지 그리스도의 십자가의 구속에 근거한 이신득의의 원리에 따라 의롭다하심의 은총을 받은 신자는 거룩함에 이르는 열매, 즉 성화의 단계에 이르러야 할 것을 설파했었다.

6장에서 죄의 세력에서 해방되었으니 이제부터는 지체를 의의 도구로 드려 거룩함에 이르라고 했다. 7장에서는 율법의 속박에서도 해방되었으니 이제부터는 낡은 계명의 글자에 매어서 살지 말고 성령의 새로운 것으로 섬기라고 했다(7:6). 그러나 만약에 율법주의로 살아간다면 실패할 수밖에 없다는 사실을 다음과 같이 밝혔었다.

① 율법은 선하고 거룩하지만 역기능적 요소가 있어 죄를 드러내고 죄의 깊은 수렁에 빠지게 만들기 때문이다.

② 인간은 육신에 속하여 죄 아래 팔리기 때문이다. 그리하여 원하는 선은 행하지 않고 미워하는 악을 행하게 된다.

③ 그것은 내 안에 선을 행하기를 원하는 자아(自我)와 악이 공존해 있기 때문이다.

④ 하나님의 법을 즐거워하는 내 안에서는 욕망의 법과 마음의 법이 싸워 죄의 포로로 사로잡히는 일이 계속되고 있다.

⑤ 결국 죄의 포로 상태에 빠져 절망하며 구원을 절규하는 인간이 되는 것이다. 그러다 보면 마음으로는 하나님의 법을, 육신으로는 죄의 법에 복종하는 이중적 삶을 살아가게 되는 것이다.

이것은 정상적인 그리스도인의 삶이 아니다.

이제 8장에서는 율법주의적 내 힘, 내 노력으로 성화의 열매를 맺을 수 없었던 것을 어떻게 이룰 수 있는지 그 새로운 영적 원리를 제시하고 있다. 그것은 '성령을 따르는 삶'을 통해서 이룰 수가 있다고 한다. 즉 그리스도의 사역과 성령 사역을 통하여 성취할 수 있다는 것이다. 이는 일찍이 구약 선지자들에게 계시했던 것이며(사48:16), 새 언약의 약속을 통해서도 제시했던 것이다(렘31:31-34, 겔36:26-28).

성령 사역은 율법의 요구를 성취하지 못하여 실패했던 이스라엘 백성들에게 제시했던 하나님의 새로운 전략이었다. 인간적 노력인 율법주의로 이룰 수 없었던 것을 성령의 도우심으로 성취할 수 있게 하신 것이다.

성령은 선교와 사역을 위한 '능력 부여'에만 목적이 있는 것이 아니라(행 1:8) 죄와 사망의 세력에서 해방을 시켜주고 속사람을 강건하게 하여 죄와 육체의 욕망을 이길 수 있게 만들어 주기도 하여 거룩함에 이르는 열매를 맺을 수 있게 만드는 사역을 하신다.

그러므로 8장은 성령의 역할을 통하여 어떻게 하나님께 열매를 맺으며 승리로운 기독교인의 삶을 살아갈 수 있는지를 가르쳐주고 있다. 그래서 알렌 (Leslie C. Allen)처럼 8장의 구조를 분류해 보는 것도 괜찮을 듯하다.

1-4절은 성령 사역의 근거는 십자가에 있다는 사실을, 5-13절은 성령은 육신과 거슬려 대치한다는 것을, 14-17절은 성령은 아들 됨의 신분을 보증하고 있다는 것을, 18-25절은 성령은 미래의 영광을 보증한다는 사실을, 26-27절은 성령은 중보사역을 하신다는 것을, 28-30절에서는 성령은 하나님의 계획을 성취한다고 보았던 것이다.

본인은 8장을 다음과 같은 관점으로 이해하기를 원한다. 먼저 1-11절에서는 거룩한 삶을 살아갈 수 있는 이유를 밝힌 것이라고 본다. 그것은 그리스도의 구속의 결과이며, 성령을 따르는 삶을 추구할 때 이루어진다는 사실을 밝힌다고 보기 때문이다.

12-17절에서는 하나님의 자녀임을 확신하고 하나님의 자녀답게 살기 위해 성령의 인도를 받으며 살라는 것이다. 18-30절에서는 비록 성령이라는 단어가 단지 두 번 밖에 나오지 않는다 할지라도 종말론적 몸의 구속, 성령의 중보사역, 구속 목적의 성취가 전부 성령 사역이라는 것을 밝히고 있다고 본다. 마지막 31-39절에서는 신자가 이 세상에서 도살할 양처럼 취급당하는 고난을 겪는다 할지라도 최후 승리자가 될 수 있다는 사실을 밝히고 있다고 본다.

(1) 우리는 거룩함을 이루는 삶을 살 수 있다(8:1-11).

사도 바울은 7장에서 신자는 그리스도로 말미암아 율법의 속박에서 벗어났다는 사실을 밝혔었다. 우리는 율법이 거룩하고 선한 목적을 가지고 있다 할지라도 율법의 역기능을 알지 못하고, 또한 인간은 육신이 연약하여 율법의 요구를 이룰 수 없다는 사실을 깨닫지 못한 상태에서 율법주의 삶을 살려고 할 때가 많다. 그러나 7장에서 바울이 자신의 경험을 예로 들어 설명한 것처럼 인간에게는 마음으로 하나님의 법을 즐거워한다 할지라도 그것을 실행할 수 있는 능력이 없다는 한계점과 그로 인한 영적 투쟁과 절망을 지적해 왔었다.

이제 8장에서 율법주의적 노력으로 실패했던 성화의 삶을 얼마든지 이룰 수 있다는 사실을 제시하고 있다. 그것은 먼저 그리스도의 십자가의 완성된 사역의 결과로 성취할 수 있게 만들었기 때문이다. 그리고 다음으로는 성령을 따르는 삶과 성령의 내주하심으로 거룩함을 이루어갈 수 있다고 말하고 있다.

첫째는, 거룩한 삶을 살 수 있는 것은 그리스도의 완성된 사역의 결과 때문이다(1-4절).

구원 사역에 있어서 그 근거가 그리스도의 십자가의 완성된 사역(finished work)이라는 사실을 밝히는 것은 바울의 진술 방법이었다. 5:6-11에서는 의롭다하심의 근거가 십자가 사역이라고, 6:3-11에서는 죄에서의 해방도, 7:4-6에서는 율법에서의 해방도 십자가 사역이 근거라고 했다. 이제 여기에서 율법과 육신과 죄의 세력에서 벗어나서 성화의 삶을 살아가는 근거도 예수 그리스도의 십자가의 완성된 사역에 근거하는 세 가지 이유를 밝히고 있다.

㈎ 그리스도 안에서 결코 정죄함이 없다.

"그러므로 이제 그리스도 예수 안에 있는 자에게는 결코 정죄함이 없나니"(1절)

'그러므로'($\alpha\rho\alpha$)는 지금까지 진술해 오던 사실에 의거하여 보다 한 차원 높은 내용을 이야기 하려는 것을 나타내는 접속사이다. 이는 율법의 얽매는 것에서 해방을 주었다는 7:6a와 그리스도로 말미암아 구원을 주시는 하나님을 찬양했던 7:25a와 연관된 말이라 할 수 있다. 그러나 보다 더 넓게 그리스도 안에서 마련된 칭의와 성화의 은총을 말하는 3-7장 전체를 가리킨다고 보는 것도 좋을 듯하다.

'그러므로 이제'($\alpha\rho\alpha$ $\nu\hat{\nu}\nu$)는 죄의 법을 섬기는 절망적 상황에서 이제 새로운 국면으로 넘어간다는 말이기도 하고, 또 한편 그리스도의 죽음과 부활을 통하여 도래한 구원의 새로운 시대를 가리키기도 한다.

사도 바울은 로마서에서 신자들의 회심 이전 시대인 '그때'와 회심 이후 그리스도 안에 있는 상태를 '이제'라고 자주 대비시켰었다(5:9, 11, 6:19, 21-22, 7:6). 이제 그리스도 예수 안에 있는 신자에게는 율법의 정죄에서 벗어난 영역에서 살아가는 존재가 되었다.

'그리스도 안에'(ἐν χριστῷ)는 바울이 즐겨 사용하는 구(句)이지만 로마서에서는 지금까지 세 차례 밖에 나오지 않았었다(3:24, 6:11, 23). 이는 그리스도의 구속적 행위로 말미암아 그 안에서 주어지는 은총을 말할 때 사용되는 용어로 신자들이 그의 신비한 은혜에 참여한 것을 가리킨다. 그러므로 '그리스도 예수 안에 있는 자들'이라는 말은 그리스도 안에서 주어지는 구속, 자유, 의롭다하심, 영생...등에 참여한 자들을 말한다.

그들에게는 '결코 정죄함이 없다'. 여기 '정죄함'(κατάκριμα)은 심판 그 자체(κατάκρισις)를 말하기보다는 그 심판의 결과로 인하여 주어지는 단죄, 즉 유죄판결과 형벌을 가리킨다(5:16, 18). 그러나 6:16, 18에서 '정죄'는 '의롭다 하심'의 반대 개념으로 사용하고 있기 때문에 '의롭다 하심'이 무죄 판결과 하나님과의 관계 회복, 그리고 종말적 형벌 면제를 포함한 내용이듯이 '정죄'도 유죄로서의 판단과 송사(訟事)로 인한 죄책감, 그리고 종말적 형벌을 포함한 포괄적 의미로 보는 것이 좋을 것이다.

예수님께서는 "자기를 단번에 제물로 드려 죄를 없이 하시려고"(히9:26) 세상에 나타나셨다. 그는 십자가에서 희생의 죽음을 통하여 하나님과 "원수 된 것을 소멸하시고"(엡2:16) "계명의 율법을 폐하셨다"(엡2:15). 그리고 죄의 세력과 율법의 세력에서 속량해 주셨고(갈3:13, 롬6:6, 7:4, 7), 죄와 율법의 세력을 괴멸(壞滅)시키시고 그 형벌적 결과들을 제거해 주셨다.

그로 인하여 "그가 거룩하게 된 자들을 한 번의 제사로 영원히 온전하게"(히10:14) 만들어 주셨기 때문에 신자는 율법의 정죄함, 즉 유죄 판결과 죄책감, 그리고 죄의 형벌에서 구원받은 자가 된 것이다. 여기 '결코 없나니'(Οὐδέν)가 포함 되어 정죄를 받을 수 없다는 것을 강하게 강조하고 있다. 이것은 율법의 송사로 인한 죄책감과 죄책이 주어지지 않을 뿐 아니라, 죄의 권세의 영향력 아래서도 벗어난 자가 되었다는 말이다.

여기서 성화의 문제를 다루고 있기 때문에 '정죄함이 없다'는 것은 유죄 판결과 종말적 형벌의 의미보다는 현재의 삶 가운데서 율법에 의한 송사와 죄책감에서 벗어남을 일컫는 말로 생각하는 것이 좋을 것이다(8:34). 이것을 이해함에 있어서는 표준 원문(Textus Receptus) 등 몇 가지 사본들 속에 첨부되어 있는 "육신을 따라 행하지 아니하고 성령을 따라 행하는 자에게"(μὴ κατὰ σάρκα περιπατοῦσιν, ἀλλὰ κατὰ πνεῦμα)를 염두에 두면 괜찮을 듯하다.

7장에서 밝혔듯이 육신을 따라 행하면 내적 투쟁이 일어나고 결국에는 정죄를 받아 죄의 포로로 팔리게 되지만 성령을 따라 행한다면 육신의 연약함을 극복하고 율법으로부터 정죄함을 받지 않게 될 것이고 죄책감으로 괴로움과 절망에 빠지지도 않게 될 것이다. 중요한 것은 그리스도 안에서 친밀한 영적 연합과 교제를 이루며 성령의 역사에 순종하며 살아갈 때에 결코 정죄함으로 시달림을 받지 않게 될 것이다.

(나) 생명의 성령의 법으로 해방하셨다.
"이는 그리스도 예수 안에 있는 생명의 성령의 법이 죄와 사망의 법에서 너를 해방하였음이라"(2절)

'이는'(γαρ)이라는 접속사는 정죄함이 없다고 선언한 이유를 밝히는 '왜냐하면'으로 두 번째 이유이다. 그것은 그리스도 안에서 '해방'이 이루어졌기 때문이다. 신자에게 경험 되어지는 해방의 역사는 성령을 통하여 이루어지는 것이다.

여기 '성령의 법'(ὁ νόμος τοῦ πνεύματος)이란 7:23에서 설명했듯이 어떤 강제력의 요소를 가진 것과 같은 '원리'(principle), 또는 '행동에 압박을 가하는 힘과 영향력'(of a force or influence impelling to action)으로 성령의 역사를 의미한다.

또한 '생명의 성령'은 '살려 주는 영'(고전15:45)이시며, 살리고 생명을 주시는 영이시며(고후3:6), 자유를 주시고(고후3:17), 영광에서 영광으로 변화시키는 주의 영이시라는 말이다(고후3:18). 즉 죄와 사망으로 이끄는 율법과는 달리 성령은 생명을 주고 생명으로 이끄시는 하나님의 영이시다(고후3:6).

'죄와 사망의 법'이란 사망과 정죄로 나아가게 하는 죄의 지배적인 영향력을 말한다. 7:5-11에서 진술한 것처럼 죄의 정욕이 지체 속에서 역사하여 사망을 위한 열매를 맺게 하고 나를 속여 포로로 사로잡아 죽음에 이르게 하는 영향력을 말한다. 문제는 생명에 이르게 해야 할 계명이 오히려 죄에게 기회를 제공하여 포로로 사로잡히게 만들고 절망과 사망에 빠지게 만드는 것이다.

그러나 그리스도 예수 안에 있는 생명의 성령의 역사는 연약한 인간의 육신으로 이길 수 없는 율법의 세력, 죄와 사망의 통치 세력을 깨드리고 그 속박에서 해방시키는 위대한 일을 하시는 것이다. 여기 '해방하였음이라' (ἠλευθέρωσεν)는 '해방하다'(to liberate), '자유롭게 하다'(to make free) 는 뜻으로 노예 신분의 반대 개념에서 생겨난 것이지만, 자유로운 행동을 막는 어떤 속박으로부터 사람을 해방시킨다는 의미로 쓰여지고 있다. 이 단어는 신약에서 전부 예수님을 통해서 일어나거나 일어났던 행위에 대하여 사용되어졌다(요8:32, 롬6:18, 22, 8:2, 21, 갈5:1).

이는 죄의 지배하는 영향력에서 구원받은 것을 가리킨다. 예수 그리스도는 십자가에서 단번에 우리를 죄와 율법의 속박에서 해방하셨고 성령께서는 자유하게 하시는 역사를 우리에게 적용해 주셨다. 그러므로 그리스도 안에서 이제부터는 율법으로부터 정죄 받을 이유가 없어진 것이다. 만약에 우리가 지금도 정죄함에 시달린다면, 그것은 그리스도의 십자가 사역, 그 안에서 역사하시는 성령의 사역에 확신이 없어 속임을 당하고 있는 것이다.

성령의 법으로 행방된 사역은 그리스도 안에서 이미 이루어진 '완성된 사역'(finished work of Christ)이며 또한 믿을 때에 적용되어지는 것이다. 이 사역은 하나님 앞에서 의롭다 하심을 받은, 또는 "그 앞에 거룩하고 흠이 없게"(엡1:4) 된 순간에 이루어진 '신분적 성화'을 말한다. 우리는 그리스도 안에서 이미 본질적으로 거룩함을 받은 자가 된 것이다.

이제부터 그리스도 안에서 성령의 원리로 성취된 해방의 사건을 기초로 하여 4절 이후에서 설명하는 것처럼 성령을 따라 살아갈 때에 현재적인 자유와 거룩함의 열매가 맺어지게 될 것이다.

"오직 영으로 함이니 율법 조문은 죽이는 것이요 영은 살리는 것이니라" (고후3:6)

"주는 영이시니 주의 영이 계신 곳에는 자유가 있느니라"(고후3:17)

그리스도께서 우리에게 자유를 주셨으니 다시는 종의 멍에를 메서는 안 된다(갈5:1). 해방의 역사를 일으키는 성령의 역사를 힘입어 날마다 자유를 유지해 나아가야 한다. 그리하려면 율법 중심 신앙이 아닌 성령과 동행하는 신앙생활을 해야 한다.

㈐ 영을 따르는 자에게 율법의 요구를 성취할 수 있는 방법을 마련하셨다 (3-4절).

죄와 사망의 세력에서 벗어나 거룩한 열매를 맺을 수 있는 또 다른 이유를 밝히고 있다.

"율법이 육신으로 말미암아 연약하여 할 수 없는 그것을 하나님은 하시나니 곧 죄로 말미암아 자기 아들을 죄 있는 육신의 모양으로 보내어 육신에 죄를 정하사"(3절)

3-4절은 2절보다 더 관심 있게 주목해 보아야 할 구절이라고 보여 진다. 그것은 성령의 법이 죄와 사망의 법에서 해방되었다고 선언한 이유와 그 근거를 설명하기 때문이다.

① 율법은 인간의 육신의 연약함 때문에 역할에 무능력한 도구로 전락해 버리고 말았다.

과거 율법시대에는 율법의 행위를 통하여 율법이 요구하는 것을 성취하려고 노력하였지만 인간의 육신이 너무나 연약했었기 때문에 아무 것도 이룰 수 없는 '무능력한' 상태에 놓이게 되었다.

여기 '연약했었다'(ἠσθένει)는 말은 육신은 하나님의 목적과 율법의 요구를 이루기에는 너무나 연약하고 무능한 상태에 있었다는 말이다. 그것은 인간의 육신(σαρκός) 속에는 거룩한 요소는 없고 오히려 정욕적이고 세상 지향적인 성향이 강한 죄성이 있고 또한 육신의 욕망은 마음의 법과 싸워서 사로잡아 죄의 세력 아래로 끌고 가는 강한 힘을 가지고 있기 때문이다 (7:23).

그렇게 죄의 성향이 강한 육체의 욕망을 외적인 문자에 불과한 율법이 자제시키고 극복시키기에는 역부족이었던 것이다. 그래서 율법이 아무리 경계하고 잘못된 것을 지적하고 책망한다 할지라도 인간의 육신이 가진 죄를 향한 속성을 이길 능력은 없었던 것이다.

그래서 "전에 있던 계명은 연약하고 무익하다"(히7:18)고 단언했던 것이다. 또한 '할 수 없는'(ἀδύνατον)이라는 말은 히9:19의 "율법은 아무 것도 온전하게 못 한다"는 말씀처럼 타락한 육신의 죄성 때문에 그 본래의 살리는 기능(7:10, 레18:5, 겔20:11)을 제대로 수행할 수 없을 뿐 아니라 구속 사역에서 죄의 문제를 해결할 수도 없고, 성결함을 가져다주지도 못하는 무능한 것이 되어 버리고 만 것이다. 오히려 인간에게 정죄의 기능만 발휘하고, 또한 죄에게 기회를 제공하는 역기능적 역할만 하는 것으로 전락해 버리고 만 것이다.

② 하나님은 자기 아들을 죄 있는 육신의 모양으로 보내셔서 육신에 죄를 정하여 모든 구속 사역을 완성하셨다.

하나님은 홀로 놀라운 '거룩함을 얻는 전략'을 마련하셨다($ὁ$ $θεός$ $τὸν$ $ἑαυτοῦ$). 율법의 무능력 때문에 아무 결과를 낳지 못할 때에 하나님께서는 마침내 율법의 구속적 역할을 '폐하시고'(히7:18) 그 역할을 개혁(改革)하여(히7:12) 그리스도를 통한 새로운 구속 전략을 마련하신 것이다.

여기 '죄 있는 육신의 모양'이란 예수님의 성육신(Incarnation) 사건을 가리킨다. 그런데 '죄 있는 육신'이라고 단정하지 않은 것은 예수님께서 사람의 육신을 입으셨으나 죄는 없으신 분이라는 것을 강조하기 위한 것이며(히4:15, 요일3:5), 반면에 '육신의 모양'($ὁμοίωμα$)이라고 한 것은 빌2:7의 "사람의 모양이 되었다"는 말과 같은 뜻으로, 이는 신적 본질이 사람들과 같이 시공(時空)의 제한을 받는 육신을 가진 육체적 본질로 세상에 보내졌다는 의미이다.

그가 육신의 모양으로 보내진 이유는 죄를 인하여 육신에 죄를 정하기 위해서다. 여기 '정하사'($κατέκρινεν$)는 '선고하다', '정죄하다'는 뜻으로 하나님이 예수 그리스도의 육신에 죄를 선고하였다는 의미이다. 모든 인간에게 내려질 죄의 선고를 그리스도의 육체에 대신하여 내린 것이다.

이것은 유죄한 죄인으로 정죄했다는 의미뿐만 아니라 그 죄에 합당한 형벌을 내렸다는 의미도 가지고 있다. 예수 그리스도는 온 세상의 죄를 위한 화목제물이 되어(요일2:2) 자신의 몸을 단번에 영원한 제사로 드려(히10:10, 12) 구원 사역을 온전하게 완성하셨다(히2:10).

이 말씀은 "때가 차매 하나님이 그 아들을 보내사 여자에게 나게 하시고 율법 아래 나게 하신 것은 율법 아래에 있는 자들을 속량하시고"(갈4:4-5)라는 구절과 같은 내용인 것이다. 즉 예수님을 율법 아래 있게 하여 율법에 따라 죄를 정하여 십자가의 죽음을 당하게 하신 것이다. 그것은 본 절에는 나타나 있지 않지만 갈라디아서의 말씀처럼 "율법 아래에 있는 자들을 속량"($ἐξαγοράζω$)하시려는 것이었다(갈3:13).

③ 그 영을 따라 행하는 자들에게 율법의 요구를 이루어지게 하셨다.

"육신을 따르지 않고 그 영을 따라 행하는 우리에게 율법의 요구가 이루어지게 하려 하심이니라"(4절)

본 절은 3절의 '육신에 죄를 정하사'에 연결되어 그 목적을 나타내는 접속사 '히나'(ἵνα)를 통하여 성령의 법으로 죄와 사망의 법에서 해방한 이유, 율법에서 속량한 이유를 밝히고 있다. 그것은 우리들 안에서 율법의 요구가 이루어지게 할 목적 때문이다.

본 절은 지금까지 7장에서 길게 설명해 왔던 죄와 율법에서 해방되었던 신자가 죄의 법에 팔리게 된 이유, 율법 중심의 삶이 실패한 이유를 분명히 밝히는 결론과 같은 말씀이다. 그리고 5절부터는 본 절의 내용을 다시 구체적으로 설명해 가고 있다.

먼저 생각할 수 있는 것은, 지금까지 율법의 요구에 실패했던 것을 우리 안에서 이루어 갈 수 있다는 것이다.

여기 '율법의 요구'(τὸ δικαίωμα τοῦ νόμου)는 율법이 인간에게 제시하는 '의로운 요구 사항'(the righteous requirements)을 말한다(2:26). 율법이 인간에게 요구하는 것은 사실 거룩하고 의로우며 선한 것들이었다.

그러나 인간은 아무리 하나님의 율법을 즐거워한다 할지라도 죄의 정욕이 지체 속에서 역사하는 이상 그 요구 조건들을 이루어 줄 수가 없었던 것이다. 오히려 율법으로 인하여 역기능적 요소가 나타나서 죄의 세력아래 사로잡혀 포로 같이 전락했던 것이다.

그런데 타락한 죄의 본성이 역사하는 '우리 안에서'(ἐν ἡμῖν) 율법의 요구가 이루어질 수 있는 길이 열린 것이다. 그것이 새 언약을 주신 목적이다(렘 31:31-33). 예수 그리스도의 구속과 성령의 역사를 통하여 실현할 수 있게 만들어 주신 것이다. 특히 '이루어지다(πληρόω)라는 단어는 '내용으로 채우다'(to fill with a content), '하나님의 명령이나 요구를 이행하다'(to fulfil a demand or claim), '완성하다'(to complete)는 뜻으로 내적으로 충만한 상태 또는 이루어지는 것을 표현하는 용어다. 이는 죄의 본성이 역사하는 '우리 안에서'(ἐν ἡμῖν)부터 이루어지기 시작하여 외부에게까지 영향을 미치게 하는 것을 말한다.

사도 요한은 "다시 내가 너희에게 새 계명을 쓰노니 저에게와 너희에게도 참된 것이라"(요일2:8)고 말했다. 여기 '참된 것' ($\dot{\alpha}\lambda\eta\theta\acute{\epsilon}$s)이라는 단어는 '거 짓이 아닌 참'이라는 의미로 사용될 때도 있지만, 여기에서는 '실현' (realization, 행12:9)이라는 의미로 사용된 용어다. 이것은 예수님께서 그 의 삶을 통하여 율법의 요구를 실현한 것처럼 신자들도 그들의 삶속에서 새 계명을 실현할 가능성이 있다는 의미이며, 그리스도 안에 있는 자에게 주신 새로운 은총을 말한다.

다음은, 이것은 육신을 따르지 않고 성령을 따라 행하는 자에게 이루어지 도록 한 것이다. 이것은 이미 7:6에서 "우리가 영의 새로운 것으로 섬길 것 이요 율법 조문의 묵은 것으로 아니할지니라"는 말씀의 다른 각도로 하는 설명이다. 하나님께서는 구약의 율법적인 의식과 제도적인 것들은 폐지했 다 할지라도 율법의 핵심 개념과 의로운 요구들은 성취해 내시기를 원하고 계신다. 그것은 하나님이 임재하는 신앙 공동체를 건설하는 것이다.

예배 공동체, 거룩한 공동체, 사명 공동체를 건설하여 하나님을 아는 지식 이 온 세상에 가득하게 되기를 원하고 계시며, 이것을 신약 공동체에게 계 승하도록 하셨다. 그러나 예수를 믿어 구원을 받았음에도 불구하고 육신의 타락한 본성(sinful nature)을 가진 상태에서 이 요구사항들을 성취하지 못 하는 무능함에 빠져 있었다. 그것은 인간 육신의 연약성과 타락성, 그리고 율법의 한계성을 제대로 알지 못하고 '믿는 자에게 구원하는 하나님의 능 력'이 있는 복음 중심(福音 中心)으로 사는 것보다 세속적 성향이 강한 육신 중심으로, 또는 율법주의 중심으로 살아가려고 착각했기 때문이다.

그러나 하나님께서는 우리가 육신을 따라 행하지 않고 성령을 따라 행한 다면 율법의 선한 요구를 성취해 낼 수 있도록 새로운 전략을 마련하신 것 이다. 하나님은 말세에 모든 육체 위에($\dot{\epsilon}\pi\grave{\iota}$ $\pi\hat{\alpha}\sigma\alpha\nu$ $\sigma\acute{\alpha}\rho\kappa\alpha$) 성령을 부어주 시는 새 전략을 세우셨다(욜2:28, 행2:17). 성령은 여호와를 경외하는 영이 시며(사11:2), 하나님의 율례를 행하며 규례를 지켜 행하게 하며(겔36:27), 우리에게 씻어주고 거룩하게 하고 의롭다 하심을 가져다주는 능력이 있고 (고전6:11), 속사람을 능력으로 강건하게 하며(엡3:16), 새롭게 해 주는 영 이시다(딛3:5).

무엇보다 우리가 우리 마음의 힘으로 육체의 정욕의 힘을 이길 수 없었지 만, 성령은 우리 육체를 거슬려 싸워 이기시므로 우리가 성령을 따라 행하면 육체의 욕심을 이루지 않게 하시고(갈5:16), 율법 아래 얽매이지 않고(갈5:18) 성령의 열매를 맺는 삶을 살게 해 주시는 것이다(갈5:22-23).

그러므로 '성령으로 섬기고...육체를 신뢰하지 않으면'(빌3:3), 즉 자신의 육체를 신뢰하지 않고 매일 같이 성령을 따라 행한다면 그리스도의 계명을 실현할 수가 있는 것이다. 그것은 예수 그리스도의 십자가 구속 사역이 그 근거를 마련하였고, 성령의 역사하심이 성령을 따라 인도함을 받는 신자 안에서 하나님의 뜻을 완전하게 성취해 가기 때문이다.

둘째는, 거룩한 삶을 살 수 있는 것은 영을 따르면 완성할 수 있기 때문이다(5-8).

우리는 앞에서(1-4절) 거룩함을 이룰 수 있는 근거를 살펴왔다. 그것은 그리스도 예수 안에 있는 자들에게는 정죄함이 없다는 사실과 생명으로 인도하는 성령의 법이 죄와 사망으로 이끄는 율법의 법에서 해방했기 때문이라고 했다. 그리고 구체적인 방법으로 육신을 따라 행동하지 않고 성령을 따라 행하면 율법의 요구를 성취할 수 있다고 했다.

이제 5-8에서 '왜냐하면~이기 때문이다'($\gamma\alpha\rho$)를 통하여 육신을 따르지 않고 성령을 따라 행할 때에 성공할 수 있는 이유를 밝히고 있다.

㈎ 추구하는 것에 따라 생각의 차이를 부른다.

"육신을 따르는 자는 육신의 일을, 영을 따르는 자는 영의 일을 생각하나니"(5절)

4절에서 '행하는'($\pi\epsilon\rho\iota\pi\alpha\tauo\hat{\upsilon}\sigma\iota\nu$ - $\pi\epsilon\rho\iota\pi\alpha\tau\acute{\epsilon}\omega$의 현재 능동태 분사)이란 단어는 '걸어다니다'(to walk about)는 뜻으로 신자의 일반적인 생활, 즉 생활의 원리, 또는 내용과 방법을 말하는 것으로 생활의 목적과 푯대가 무엇인지를 밝히는 의미이다.

그러므로 본 절과 연결시키면 육신을 따라 생활하는 사람들은($o\acute{\iota}$) 육신의 생각을 하게 되고, 성령을 따라 생활하는 사람들은($o\acute{\iota}$) 영의 생각을 한다는 것이다. 여기 '생각하나니'($\phi\rho o\nuo\hat{\upsilon}\sigma\iota\nu$)는 '어떤 것에 마음과 정신을 둔다'(to set one's mind and heart upon something)는 뜻으로 어떤 의견을 갖든지, 또는 마음으로 추구하는 것을 의미한다.

그러므로 6절 이하에 나오는 명사 프로네마($\phi\rho\acute{o}\nu\eta\mu\alpha$)는 "정신적, 영적 활동의 자리"(the seat of intellectual and spiritual activity)로서 "마음, 총명, 생각, 이성"의 의미로, 그것이 육신적인 면을 따르든지 또는 영적인 면을 따르든지 그 사람의 마음, 생각, 견해, 가치관, 욕망, 목적을 의미한다.

그러므로 육신을 따르느냐 그렇지 않으면 영을 따르느냐에 따라서 삶의 방식, 목적, 가치관이 완전히 달라진다는 것이다. 이것은 사람의 마음에 있는 생각, 견해, 가치관, 목적에 따라서 행동까지도 완전히 달라진다는 의미를 가리킨다. 즉 '육신을 따르는 자들은 육신의 일을 생각하여' 모든 매사(每事)에서 육신적인 가치관과 견해, 세속적인 목적과 방식을 찾아서 행동하고 생활하게 되는 것이다.

사실은 이런 사고와 행동은 하나님께로부터 오는 것이 아니라 세상으로부터 오는 것들로서(요일2:16) 거듭난 신자의 삶에는 합당하지 않은 것이다.

'육신의 일' 이란 갈5:19-21에 나열된 항목들이다. 한 번 찾아서 적어보고 자신의 생활을 점검해 보자.

_____

_____

_____

반대로 성령을 따라서 생활하는 자는 매사에 영적인 일들을 생각하며 살아가는 것이다. 영적인 일이란 더 포괄적인 의미가 있겠으나 일차적으로 갈5:22-23의 성령의 열매를 생각할 수 있다. 이것도 한 번 적어보고 자신의 삶과 적용하면서 곰곰이 생각해 보라.

_____

_____

_____

우리는 여기서 로이드 존즈(Lloyd-Jones)의 말에 귀를 기울일 필요가 있다고 본다. 종교인, 즉 교회활동을 하는 사람이라 할지라도 영의 일을 생각하지 않을 수 있다. 또한 신학과 기독교 교리에 관심을 가지고 설파하면서도 성령의 일을 생각하지 않을 수 있다는 것이다. 뿐만 아니라 종교적 현상과 체험에 관심이 있다 할지라도 영의 일을 생각하는 사람이 아닐 수 있다는 것이다.

이에 대한 대답은 사역의 본질이 하나님에게서 출발했는지, 또는 성령의 생각인지, 그렇지 않으면 인간의 탐욕에서 출발한 것인지를. 또는 땅의 것에 속한 견해 또는 가치관이냐, 그렇지 않으면 하늘에 속한 견해와 가치관, 또는 목적이며 활동인가를 따져보아야 한다는 것이다.

여기에서 모든 신자들은 자기 자신을 냉철하게 판단하고 점검해 보아야 하며, 또한 어떤 삶의 가치관과 목적을 가지고 사는 것이 바른 신자의 삶인지를 평가하고 결단해야 할 것이다.

㈏ 생각의 차이는 엄청난 다른 결과를 초래한다.
"육신의 생각은 사망이요 영의 생각은 생명과 평안이니라"(6절)

사람에게 있어서 어떤 생각의 소유자인지는 대단히 중요하다. 그 사람이 가진 생각에 따라 그의 인격과 행동이 결정되기 때문이다. 잠23:7절에 "대저 그 마음의 생각이 어떠하면 그 위인도 그러한즉..."이라고 했다. 생각이 마음을 정복하고 행동을 지배하여 마침내 운명을 결정하는 것이다.

'육신의 생각'은 세속적이고, 정욕적인 생각과 견해, 또는 가치관과 목적으로, 그 결과는 사망이다. 사망이란 일차적으로는 생명이신 하나님과의 단절을 말하며 종말적으로는 영원한 멸망을 가리킨다. 뿐만 아니라 하나님과의 소원(疏遠)과 단절은 혼란, 불안, 정죄의 고통, 괴로움, 절망의 상태에서 사망을 맛보며 살아가게 되는 것이다.

더 구체적으로 말하면 '육신의 생각 그 자체는 사망이다'는 것이다. 이미 그 사상 속에는 생명적 요소는 없고 사망적 본질만 있을 뿐이다. 그러므로 거듭난 신자가 육신의 생각을 가지고 살아간다는 것은 심히 위태한 일인 것이다.

• 온갖 악한 생각이 나오기 때문이다.
"속에서 곧 사람의 마음에서 나오는 것은 악한 생각 곧 음란과 도적질과 살인과 간음과 탐욕과 악독과 속임과 음탕과 질투와 비방과 교만과 우매함이니"(막7:21-22)

• 하나님의 일보다 사람의 일을 먼저 생각하기 때문이다.

"사탄아 내 뒤로 물러가라 너는 나를 넘어지게 하는 자로다 네가 하나님의 일을 생각하지 아니하고 도리어 사람의 일을 생각하는도다"(마16:23)

• 십자가의 원수가 될 위험이 있기 때문이다.

"여러 사람들이 그리스도의 십자가의 원수로 행하느니라 그들의 마침은 멸망이요 그들의 신은 배요 그 영광은 그들의 부끄러움에 있고 땅에 일을 생각하는 자라"(빌3:18-19)

육신의 욕망적 사고를 가지고 그것의 지배를 받으며 살아가는 사람은 스스로를 파멸시키는 영적 자살 행위와 같다. 그에게는 영원한 파멸만 기다릴 뿐이다. 그러나 '영의 생각'은 생명과 평안이다. '영의 생각'이란 천상적이며 영적이고 신령하고 거룩한 견해, 가치관, 삶의 목적을 말한다. 즉 성령의 감동과 인도와 지시에 따라 살아가려는 삶의 모습이다. 뿐만 아니라 그가 가지고 있는 생각, 사상, 가치관, 목적이 하나님에게서 나온 것이다.

성령께서만이 하나님의 깊은 것까지도 통달하여 하나님의 계획과 목적을 계시해 주시기에(고전2:10-11) 성령을 통하여 '지혜와 계시의 영'을 받아 깨달아 알아야 하고 그 사상에 사로잡혀 살아야 하는 것이다.

① 성령의 생각의 결과는 생명이다.

생명($\zeta\omega\eta$)은 사망의 반대 개념이지만 그것은 그리스도를 통하여 주어지는 특수한 속성을 가진 생명을 말한다. 이 생명은 그리스도를 믿을 때 주어지는 것으로 그는 영원히 멸망치 않게 되며(요3:16, 36), 하나님을 알게 하며(요17:3), 현재적 삶속에서 연합과 친밀한 교제를 갖게 하며(요일5:12), 영적으로 목마르지 않게 하고(요6:35) 받는 자의 속에서 영생하도록 솟아나는 샘물이 되어(요4:14) 더 풍성하게 해 준다(요10:10).

미래적으로는 그리스도 나타나실 때에 영광의 상속자가 되게 하는 종말론적 축복이다(막10:30, 딤후1:10, 3:7). 성령의 생각으로 살아가는 자들은 이 생명에 참여하여 풍성함을 누리며 살아가게 된다.

② 또한 성령의 생각의 결과는 평안이다.

평안($\epsilon\iota\rho\eta\nu\eta$)은 구약적 개념으로 영적, 정신적, 육체적, 환경적으로 주어지는 하나님의 가장 큰 축복이다(사26:3, 48:18, 말2:5). 신약에서는 그리스도로 말미암아 하나님과의 원수 된 상태에서 화목되고 화해됨으로서 주어지는 영적 축복이다(5:1, 엡2:15-18). 이것은 단순한 불안이나 심리적 고통이 없는 상태를 말하는 것보다는 참된 영적 은총에 참여함을 통하여 심령에서 솟아나는 놀라운 기쁨을 말한다.

　그리스도 안에서 주어지는 평안은 세상의 것과 비교할 수 없는 놀라운 은총이다(요14:27). 육신과 율법을 따르는 자는 실패와 갈등, 정죄와 비통함과 절망에 빠지게 되지만 성령의 인도함을 받는 사람은 안식과 내적 평안을 누리며 살아가게 되는 것이다.

　㈐ 육신의 생각에 사로잡힌 자는 하나님의 목적을 완성할 수 없다.
　"육신의 생각은 하나님과 원수가 되나니 이는 하나님의 법에 굴복하지 아니할 뿐 아니라 할 수도 없음이라 육신에 있는 자들은 하나님을 기쁘시게 할 수 없느니라"(7-8절)
　한글성경에는 나타나 있지 않지만 문장 서두에 '왜냐하면'($\delta\iota\acute{o}\tau\iota$)는 접속사가 나오는 것은 5-6절에서 육신의 생각이 사망이라고 주장한 이유를 밝히고 있다. 육신에 속한 사람은 육신의 일만 생각하다가 결국에는 영원한 사망에 이르는 이유는 다음과 같다.

　① 육신의 생각은 하나님과 원수가 되기 때문이다.
　'원수'($\check{\epsilon}\chi\theta\rho\alpha$)는 '심한 혐오'(hatred), '적대'(hostility)의 뜻으로 육신의 생각은 삶의 모든 스타일이 세속적이기에 하나님과 원수가 된다는 의미이다(약4:4). 하나님의 주권을 인정하기보다 자기만족을 추구하는 것을 최고의 가치로 여기기에 하나님과 그의 뜻을 거부하게 되는 것이다. 이러한 삶의 스타일은 하나님의 법에도, 거룩하기를 바라시는 하나님의 계획도 거부하고(요일2:15) 육신의 정욕을 쫓아 성령의 역사를 거슬리고 대적하는 것이다(갈5:17).

　② 육신의 생각은 하나님의 법에 굴복하지 못하기 때문이다.
　여기 '굴복하지'($\acute{\upsilon}\pi o\tau\acute{\alpha}\sigma\sigma\epsilon\tau\alpha\iota$ - $\acute{\upsilon}\pi o\tau\acute{\alpha}\sigma\sigma\omega$의 현재 중간태 또는 수동태)는 '굴복하다'(to be in subjection), '자신을 아래 놓다'(to place one's self under)는 뜻으로 명령에 철저한 복종을 나타내는 군사 술어다. 여기서는 중간태보다 수동태로 보는 것이 좋을 뜻하다.

그것은 뒤에 나오는 '할 수 있다'(δυναται)가 현재 능동태이니, 육신적인 생각의 소유자는 '하나님의 법에 굴복 당하지 않을 뿐 아니라 진실로 그리할 수도 없기 때문이다.' 라고 보는 것이 문맥상 더 낫다고 보기 때문이다.

육신적 견해를 가진 사람은 매사에 세속적이고 정욕적이고 마귀적이기에 (약3:15) 하나님의 뜻을 거스릴뿐 아니라 육신적 욕망이 강하기에 하나님의 법에 굴복당하지도 않고 스스로 굴복하려고도 하지 않을 것은 뻔한 일이다. 이것은 인간의 전적 부패성(Whole depravity)을 말하기보다는 이스라엘 백성들처럼 주님의 음성을 들을 때 거역하여 완고한 태도를 보인 것을 가리키는 말이다(히3:7-9, 15).

③ 육신의 생각은 하나님을 기쁘시게 할 수 없기 때문이다.

'육신에 있는 사람'(οἱ ἐν σαρκὶ ὄντες)은 '육신 안에 계속 머물러 있는 자들' 이라는 뜻으로 육신을 좇아 사는 사람들 또는 육신의 생각에 지배되어 사는 사람들을 가리킨다. 이런 사람들은 육적 성향과 욕망을 따라서 세상을 살아가는 사람을 가리킨다. 그들은 하나님을 기쁘시게 할 수가 없다.

여기 '기쁘시게'(ἀρέσκω)는 원래 '긍정적인 관계를 맺다' 는 뜻으로 '기쁘게 하다'(to please)라는 의미이다. 신자는 항상 하나님과의 관계를 정상적으로 잘 맺어 하나님을 기쁘시게 해 드리는 삶을 추구하면서 살아가야만 한다(살전2:4, 4:1, 롬12:1-2, 14:18, 고후5:9, 엡5:10, 참조 딤후2:4). 그러나 계속해서 육신에 있기를 고집한다면 하나님을 기쁘시게 하는 상태에 들어갈 수 없는 것이다. 그것은 그가 신앙을 가졌다 할지라도 삶의 목적이 하나님을 기쁘시게 해 드리는 것보다 자기의 만족과 자기 기쁨을 추구하는데 두고 있기 때문이다.

셋째는, 거룩한 삶을 살 수 있는 것은 이미 성취할 수 있는 주의 영이 내주하기 때문이다(9-11절).

사도 바울은 지금까지 7장에서 거룩한 열매를 맺는 것에 실패했던 신자가 거룩한 열매를 맺을 수 있다는 사실을 8장에서 진술해 왔었다. 먼저는 그리스도의 십자가의 사역과 그 안에 있는 성령의 법이 해방했기 때문에 육신을 따르지 않고 성령을 따르면 성취할 수 있다고 했다. 그리고 다음으로는 육신을 따라 육신의 일을 생각하지 않고 성령을 따라 성령의 일을 생각한다면 성취할 수 있다고 밝혔었다. 이제 마지막으로 이미 우리에게는 그리스도의 영이 내주(內住)하고 있기 때문에 율법의 요구를 성취할 수 있는 여건이 이미 준비 되어 있다는 사실을 가정법을 사용하여 현재의 상태와 미래의 상태를 단계적으로 설명하면서 이해시키려 하고 있다. 특히 여기에서 성령을 하나님의 영 또는 그리스도의 영이라고 교차하여 사용하는 것을 볼 수 있다. 이는 삼위의 동등성(同等性), 동질성(同質性), 일체성(一體性)을 나타내는 표현으로 성령은 그 세 번째 인격이심을 나타내고 있다.

㈎ 우리 안에 그리스도의 영이 거하시면 우리는 영에 속한다.
"만일 너희 속에 하나님의 영이 거하시면 너희가 육신에 있지 아니하고 영에 있나니 누구든지 그리스도의 영이 없으면 그리스도의 사람이 아니라"(9절)
지금까지 7-8절을 통하여 육신에 있는 자의 부정적 요소를 설명하던 것을, 9-11절에 와서 '그러나 만일'($ei\ \delta e$)이라는 조건절이 있는 접두사를 통하여 영에 속한 자에 대한 긍정적인 면으로 전환시키고 있다.
여기 '만일'($ei\pi e\rho$)이라는 조건을 나타내는 불변화사는 '그렇다면 결국', '그것이 사실이라면'이라는 뜻으로 '만일 하나님의 영이 너희 안에 거하는 것이 사실이라면' 너희는 육신에 있지 않고 영에 있다는 사실이 분명하다고 확증시키고 있다.
이것은 성령의 내주(內住)를 일컫는 말이다. "예수께서 그리스도이심을 믿는 자는 하나님께로서 난 자"(요일5:1, 요1:13)가 되고, 거듭남은 성령으로 이루어지는 일이기에(요3:5) 우리 안에는 성령이 거하게 된다. "성령이 친히 우리 영과 더불어 우리가 하나님의 자녀인 것을 증언하시고"(8:16) 양자의 영을 받았다고 했다(8:15). 또한 예수님께서도 보혜사 성령에 대하여 증거하다가 "그는 너희와 함께 거하심이요 또 너희 속에 계시겠음이라"(for He dwells with you and will be in you-NKJV, 요14:17)고 했다.
만약에 성령께서 우리 안에 거하시는 것이 사실이라면 우리는 육신에 있지 않고 영에 있다는 것은 성령을 따라 살아갈 수 있는 영적 존재가 되었다는 말이다. 불신자는 '죄와 허물로 영적으로 죽은 상태'에 있어 성령이 함께 할 수 없다.
그는 타락과 죄의 본성의 지배를 받기에 성령의 역사를 전혀 받을 수 없는 사람이다. 그러나 성령에 의해 거듭난 신자는 죽은 영이 부활하므로 성령께서 내주한 상태에 있는 것이다. 그래서 성령께서 양자의 영으로 내 영으로 더불어 하나님을 '아바 아버지'라 부르게 된 것이다(15-16절).

그래서 "누구든지 그리스도의 영이 없으면 그리스도의 사람이 아니라"고 말하는 것이다. 거듭난 신자는 그리스도의 영이 있는 자, 즉 성령의 내주와 그 몸이 성령의 전이 된 자인 것이다(고전3:16). 다시 말해 그리스도인이라면, 성령이 필연적으로 그 안에 있다는 말이다(딤후1:14). 그러므로 육신에 있지 않다는 말은 이제 타락한 죄성의 지배를 받을 필요가 없는 존재가 되었다는 말이다.

그렇다고 신자는 이제부터 육신의 지배를 전혀 받지 않게 된 것인가? 그렇지는 않다. 12절에 "그러므로 형제들아 우리가 빚진 자로되 육신에게 져서 육신대로 살 것이 아니니라"와 13절에 "너희가 육신대로 살면 반드시 죽을 것이로되"라는 말씀을 볼 때에 신자도 육신적으로 살 수 있는 가능성이 있다고 했다. 거듭난 신자가 영을 따라 살지 않고 "육신에게 져서" 즉 죄의 본성의 성향을 제지하지 않고 육신을 따라 살아갈 수 있다는 말이다. 이미 신자는 그리스도의 영으로 '영을 따라' 살아갈 수 있는 존재가 되었지만 육신을 따라 살 것인지 그렇지 않으면 영을 따라 살 것인지는 개인의 선택의 몫인 것이다. 본질적으로 신자는 거듭남을 통하여 영에 속한 자가 되었다.

(나) 우리 안에 그리스도의 영이 거하시면 몸은 죽어도 영은 산 것이다.
"또 그리스도께서 너희 안에 계시면 몸은 죄로 말미암아 죽은 것이나 영은 의로 말미암아 살아 있는 것이니라"(10절)
앞 절에서는 신자와 불신자의 상태를 구분하였다면, 본 절에서는 신자의 상태, 즉 육신적 존재이면서 반면에 영적 존재라는 사실을 밝히고 있다. 또한 앞 절에서는 신자 안에 성령이 거하시는 것을 말했는데, 본 절에서는 그리스도가 거하시는 것에 대하여 말하고 있다.
이는 앞 절의 '그리스도의 영'과 같은 표현으로서 그리스도의 내주는 바로 성령의 내주와 같기 때문이다(요14:17, 20).
신자는 겉사람으로서 육체적 몸($\sigma\tilde{\omega}\mu\alpha$)과 속사람으로서의 영혼($\pi\nu\epsilon\tilde{\upsilon}\mu\alpha$)을 소유하고 있는 존재이다. 비록 성령이 내주하는 신자일지라도 육체의 죽음을 맞이할 수밖에 없는 존재다.

하나님께서 죄로 인한 죽음을 선언하셨기에(창2:17, 3:19) "한 번 죽는 것은 사람에게 정해진 것"(히9:27)이 되어 버렸다. 신자들도 몸을 입고 있는 존재이기에 범죄한 죄인의 후손으로서 신적 심판의 형벌로 주어지는 육체적 사망에 처할 수밖에 없는 존재인 것이다.

그러나 육체는 죽는다 할지라도 영은 의로 말미암아 살아있는 존재가 되었다. '의로 인하여'는 "한 의로운 행위로 말미암아 많은 사람이 의롭다 하심을 받아 생명에 이르렀느니라"(5:18)는 말씀처럼 그리스도의 십자가의 의를 통하여 생명을 얻게 되었다는 말이다.

신자의 영혼은 하나님의 생명을 받아 영원히 살아있는 존재가 된 것이다. 그래서 바울은 "우리의 겉사람은 낡아지나 우리의 속사람은 날로 새로워지도다"(고후4:16)라고 말했던 것이다. 현재 신자는 육체적으로는 죽을 몸을 입고 있지만 그 영은 살아서 하나님과 교제하며 그리스도와 성령의 내주하심 속에 살아가는 존재인 것이다.

㈐ 우리 안에 그리스도의 영이 거하시면 몸도 죽음에서 살리실 것이다.

"예수를 죽은 자 가운데서 살리신 이의 영이 너희 안에 거하시면 그리스도 예수를 죽은 자 가운데서 살리신 이가 너희 안에 거하시는 그의 영으로 말미암아 너희 죽을 몸도 살리시리라"(11절)

예수 그리스도를 죽은 자 가운데서 살리신 하나님의 영, 즉 부활의 영이신 성령이 우리 안에 거하신다면 인간의 영뿐 아니라 죽을 몸도 다시 살아나는 부활에 참여하게 될 것이다. 여기 '살리시리라'(ζωοποιήσει - ζωοποιέω의 미래형)는 '살리다', '생명을 주다'는 뜻으로 미래에 있게 될 신자의 몸의 부활을 가리키는 말이다.

'예수를 죽은 자 가운데서 살리신 이'를 두 번씩이나 강조한 것은 예수님을 부활하게 한 능력의 역사가 신자 안에서도 마찬가지로 역사한다는 말이며(엡1:19-20), 예수님을 살리신 동일한 하나님이 신자들도 살린다는 말이다. 즉 그리스도께서 부활의 첫 열매가 되었듯이 신자들도 같은 부활에 참여하게 된다는 것을 강조하기 위한 것이다(고전15:20).

신자의 종말적 부활은 이미 그리스도에게 주어진 권한이었다(요6:39). 본절에서는 '예수를 죽은 자 가운데서 살리신 이', 즉 성부께서 '그 영으로 말미암아', 성령으로 신자의 육체적 부활을 주신다고 했다. 이는 부활의 역사는 삼위 하나님의 동시적인 사역임을 보여주는 것이다. 신자의 육체의 부활은 그리스도의 형상으로 덧입는 것으로 "우리의 낮은 몸을 자기 영광의 몸의 형태와 같이 변하게 하시는" 성령의 역사인 것이다(고전15:49, 빌3:20-21, 롬8:29).

신자의 육체적 부활은 초대교회 사도들의 복음의 핵심이었고(행23:6), 믿는 자의 최대의 "복스러운 소망"으로 여겼었다(딛2:13, 요일3:3).

중요한 것은 죽을 몸의 부활에 대한 이야기를 왜 성화의 과정의 진술 가운데 넣었느냐는 것이다. 그것은 앞 절에서 영의 부활, 즉 영의 성화가 이루어진 것처럼 거룩한 삶을 이루는 것이 어려웠던 육체도 완전한 성화(Entire Sanctification)에 도달할 수 있다는 것을 말하려는 의도 때문이다. 육체의 부활은 '썩을 것이 썩지 아니할 것으로, 욕된 것이 영광스러운 것으로, 약한 것이 강한 것으로, 육의 몸이 신령한 몸으로' 변화되어 성화가 완성되기 때문이다(고전15:42-44).

그러므로 성화는 그리스도의 십자가의 완성된 사역으로 말미암아 순간적으로 이루어진 '신분적 성화'와 성령을 따라 살면서 점진적인 과정을 통하여 이루어지는 '실천적 성화', 그리고 종말의 때에 몸의 부활을 통하여 이루어지는 '완전 성화'의 단계로 이루어져 가는 것이다.

(2) 성령의 인도하심으로 하나님의 자녀답게 살아야 한다(8:12-17).

우리는 앞에서 거룩함에 이르는 열매, 즉 성화의 삶을 위한 근거로서 그리스도의 십자가 사역에 대하여(1-4절), 그리고 성화의 방법으로서 육신을 따르지 않고 성령을 따르는 삶을 살 때에 이루어지며(5-8절), 믿음으로 '영에 있는 자', 즉 성령의 내주하심을 통하여 신분의 변화와 함께 삶의 변화도 성취될 수 있다는 가능성에 대하여 살폈었다(9-11절).

이제 본 단락에서는 '그러므로'('Αρα οὖσιν)라는 결과를 강조하는 접두사를 통하여 지금까지 말해 왔던 것에 근거하여 성화의 구체적인 실천적인 방법으로 육신대로 살지 말고 오히려 성령으로 육체의 행실을 죽이면 가능하다는 사실을 밝히고 있다.

그리하면서 우리가 하나님의 자녀라고 한다면(신분의 변화) 당연히 우리 안에서 거룩함을 가능하게 하시는 하나님의 영의 인도를 받으면서 하나님의 자녀답게 살아야 한다는 것(삶의 변화)을 권면하고 있다. 이는 사도 바울이 갈라디아서에서 신자는 '성령을 따라 난 자'라는 사실을 밝힌 후에(갈 4:28-31) 이제부터는 율법을 따라 살지 말고(갈5:1-15) '성령을 따라 행하라'(갈5:16-23)고 권면한 것과 같은 내용인 것이다.

첫째, 하나님의 자녀는 육신을 따라 살아서는 안 된다.
"그러므로 형제들아 우리가 빚진 자로되 육신에게 져서 육신대로 살 것이 아니니라"(12절)

여기 '빚진 자'(ὀφειλέτης)는 '채무자', '어떤 일을 해야 할 의무가 있는 자'라는 뜻으로 고전 헬라어 문헌에서 이 단어는 금전적인 빚은 물론이고 개인이나 국가의 법에 대한 도덕적 의무를 비롯해 신적 규례와 그 은혜에 대한 댓가를 반드시 치러야 할 의무를 가리킬 때도 사용하였다. 바울은 이 단어를 유대인들이 율법을 지켜야 할 의무에(갈5:3), 또는 자신의 복음적 사명에 대한 책임에 대하여(1:14) 사용했다. 여기에서는 그리스도의 십자가를 통하여 주신 은혜, 성령으로 말미암아 주신 은총에 대한 것으로 값없이 하나님의 은혜를 받았으니 성령을 따라 거룩한 삶을 살아야 할 의무가 있다는 뜻으로 사용하고 있다.

그래서 본 절을 공동번역에서는 "그러나 육체에 빚을 진 것은 아닙니다. 그러니 우리가 육체를 따라 살 의무는 없습니다"라고 번역했고, 표준새번역은 "우리는 육신을 따라 살도록, 육신에 빚을 진 사람이 아닙니다"라고 번역을 했다.

우리 신자들은 하나님께서 "값으로 산 것"이 되었기 때문에(고전6:20) 하나님께 빚진 자일지언정 육신에게 빚을 진 자가 아니다. 그래서 육신의 죄의 본성(sinful nature)이 요구하는 데로 행할 의무와 책임은 없는 것이다. 오히려 하나님께 빚진 자이기에 하나님의 요구대로 성령을 따라 거룩한 삶을 살아야 할 의무와 책임만 있을 뿐이다(갈5:16).

'육신을 따라 산다는 것'은 앞에서 이미 설명한 대로 모든 매사가 육신의 일을 생각하게 되고, 하나님의 원수가 될 뿐 아니라 하나님의 법에 굴복하지도 못하고 하나님을 기쁘시게도 못하는 상태를 말하고 있다. 결국 이러한 삶은 사망에 이를 뿐이다. 그러므로 성령으로 난 자이며 성령의 내주하심이 있는 신자는 육신을 따라 살아서는 안되고 오직 성령을 따를 의무와 책임만 있다는 것을 명심해야 한다.

둘째는, 성령으로 몸의 행실을 죽여야 한다.

"너희가 육신대로 살면 반드시 죽을 것이로되 영으로써 몸의 행실을 죽이면 살리라"(13절)

본 절은 신자의 영적 투쟁을 그린 것이다. 신자가 성령으로 거듭남을 받아 영생을 얻었다 할지라도 생명을 가지고 지상에 살아있는 동안에는 육신($\sigma\alpha\rho\xi$)을 떠날 수가 없다. 그렇다고 영에 속한 자가 육체의 욕심을 따라가는 육신 중심의 삶을 살아 갈 수는 없는 노릇이다.

① 만약에 육신대로 살아간다면 반드시 죽을 것이기 때문이다.

여기 '반드시 죽을 것이로되'($\mu\acute{\epsilon}\lambda\lambda\epsilon\tau\epsilon$ $\acute{\alpha}\pi o\theta\nu\acute{\eta}\sigma\kappa\epsilon\iota\nu$)에서 '멜레테'($\mu\acute{\epsilon}\lambda\lambda\tau\epsilon$)는 '정해진'(be destined), '피할 수 없는'(inevitable) 것을 뜻하여 현재 부정사와 함께 쓰여 질 때에 '확실히~하다', '틀림없이~하다' 는 의미가 된다. 그러므로 틀림없이 죽는다는 신적 선언을 뜻하는 말이다(참조, 벧전2:7-8).

이것은 단순한 미래에 일어날 것을 가리키기보다는 일어날 사건의 확실성과 동시에 사건의 임박성(臨迫性) 또는 긴급성의 뜻을 가지고 있는 것이다. 또한 죽음이라는 것은 단순히 육체적 죽음을 의미하는 것보다는 영적 죽음과 영원한 죽음을 포함하고 있다(참조, 딤전5:6).

그리고 육신을 따라 살아가는 삶이란 육신의 일을 중심으로 한 가치관으로 살아가는 것으로(5절) 육신의 정욕과 안목의 정욕과 이생의 자랑을 따라 세상 중심으로 살아가는 삶을 가리킨다(요일2:16). 육신을 따르는 삶은 성령의 역사를 거스르고(갈5:17) 결국에는 죄 아래 팔리기 때문이다(7:14).

이런 자들은 비록 거듭난 자라 할지라도 하나님의 나라를 유업을 받을 수 없게 되는 것이다(갈5:21). 그것은 우리의 믿음과 구원이 흘러 떠내려 갈 위험이 노출되어 있고(히2:1) 약속에 이르지 못할 위험(히4:1)과 타락할 위험이 상존(常存)해 있기 때문이다(히6:6).

② 그러나 만일 성령으로 몸의 행실을 죽이면 살 것이다.

'성령으로 난 자'이며 '성령이 내주하는 자'는 육신에 속하지 않고 영에 속한 자이기에(9절) 성령으로 살아야 한다. 그는 날마다 성령으로 몸의 행실을 죽여야 한다. 여기 '몸의 행실'이란 육체적 삶의 행실, 활동을 뜻하는 것으로 여기에서는 악한 행동을 지칭하여 '나쁜 것'(misdeeds-NIV), 또는 '죄성의 행동'(sinful actions-TEV)을 의미한다(눅23:51, 골3:9). 또한 '죽이다'(θανατόω)라는 단어는 현재 능동태로 '계속해서 죽게 한다'는 뜻으로 죄의 몸인 지체의 죄악 된 행실들을 날마다 지속적으로 죽이라는 의미이다. 이는 죄성의 활동의 정지, 즉 완전히 중단을 하게 하라는 것이다. 이것은 단 한 번의 일로 끝나는 문제가 아니라 매일 같이 반복적으로 실행해야 할 의무 사항인 것이다.

여기서 6:6의 "우리 옛 사람이 예수와 함께 십자가에 못 박힌 것은 죄의 몸이 죽어"라는 말씀 가운데 '죄의 몸이 죽어'와 본 절의 말씀과 다시 한 번 비교해 볼 필요가 있다고 본다. '죄의 몸'이란 죄와 악에게 영향을 받고, 지배되고, 사용되어지는 몸을 말한다.

그러한 죄의 성향의 몸이 그리스도와 함께 십자가에서 죽었다는 것이다. '죽었다'(καταργηθῆ)는 단어는 원래 의미가 '일을 절대로 못하게 하다'(to do absolutely no work)는 뜻으로서 '무가치하고 무익하게 만들다'(to render null and void), '효력이 없게 되다'(to render inoperative), '활동하지 못하게 만들다'(to make inactive)라는 뜻들을 가지고 있다고 했다. 이는 '죽음'을 의미하는 것보다는 '죄의 몸'이 힘을 잃고 꼼짝 못하고 무능하게 되어 활동의 정지 상태에 놓이게 되었다는 말이다.

그런데 또 본 절에서 '몸의 행실을 죽이라'고 요구하는 이유는 무엇인가?

'죄의 몸이 죽었다'는 것은 죄성을 소유한 몸의 제거를 말하는 것이 아니라 몸이 죄의 영향을 받아 활동하는 것이 그리스도의 연합을 통하여 효력을 잃어버려 무능해졌다는 말이다.

그런데 만약에 신자가 계속해서 그리스도와 연합적 원리에서 살지 않고 육신을 따라 살게 되면 죄성의 몸에서 나오는 악한 행실들이 활성화 되어 죄 아래로 팔리게 되는 것이다.

그러므로 신자는 죄의 몸에 있는 기력이 다시 회생할 수 있도록 방치하거나 기회를 제공해서는 안된다. 그리하려면 육신을 따라 살지 말고 오히려 성령을 따라 살아가므로 죄성의 몸에서 나오는 행실들의 활동이 재개(再開)되지 못하도록 정지시켜야 하는 것이다. 이것이 육신을 따르지 않고 육신의 생각에 사로잡혀 살지 말아야 할 이유인 것이다.

여기에서 우리는 영적 승리의 중요한 원리를 깨달아야 한다. 몸의 행실

($\pi\rho\acute{\alpha}\xi\epsilon\iota\varsigma$)은 인간의 의지로 죽이거나 정지시킬 수 있는 것이 아니라 오직 성령의 역사만이 죄의 몸의 행실들이 다시 활동하지 못하도록 만들 수 있다는 것이다. 금욕(禁慾)을 하면서 온갖 방법을 동원한다 할지라도 인간적 의지와 노력으로는 안 되는 것이다.

육체의 소욕과 성령의 역사와의 투쟁에서 오직 성령께서만이 승리로 이끄실 수 있기에 우리가 성령을 따라 살아간다면 육체의 욕심을 이루지 못하게 할 수 있는 것이다.(갈5:16).

"그러므로 땅에 있는 지체를 죽이라 곧 음란과 부정과 사욕과 악한 정욕과 탐심이니 탐심은 우상숭배니라"(골3:5)

골3:3에서 "너희가 죽었고"라는 말씀에서 밝힌 것처럼 신자는 '이미'(already) 그리스도의 십자가의 죽음과 연합하여 옛 사람이 죽었다 할지라도 '아직'(yet not) 죄와의 영적 전투는 끝난 것이 아니다. 땅에 살아 있는 동안에는 땅의 지체를 죽여야 한다.

여기 '죽이라'($N\epsilon\kappa\rho\acute{\omega}\sigma\alpha\tau\epsilon$)는 것은 단호하게 일거(一擧)에 완전히 죽여 없애버려야 한다는 의미이다. 이는 마음과 육체 속에서 일어나는 죄에 대하여 마치 죽은 사람처럼 아무 반응을 하지 말라는 말이다. 즉 죄에 대하여 아예 생각조차 하지 말아야 한다는 명령이다.

골3:5-11을 계속해서 읽어보기 바란다.

_____

_____

_____

_____

③ 육신대로 살 것인지 성령으로 살 것인지를 결정해야 한다.

여기에서 사도 바울은 우리의 삶 속에서 하나님의 역사를 제한하는 모든 육신적 세력과 계속적인 투쟁을 할 것을 시사하고 있다. 또한 이러한 모든 영적 원리를 알았으면 계속해서 육신대로 살 것인지 그렇지 않으면 성령을 따라 살 것인지를 결단하라는 촉구이기도 하다.

신자의 이러한 영적투쟁은 사단과 악한 영적 세력에 대한 것뿐 아니라 (엡 6:12), 직접적으로는 육신(sinful nature)의 욕망에 대한 싸움인 것이다(갈 5:16-21, 약4:1, 벧전2:11). 신자는 날마다 죄의 욕망에 굴복할 것인지 그렇지 않으면 신의 성품에 참여하기 위하여 성령의 역사에 순종할 것인지를 결정해야 한다(갈5:16, 18, 벧후1:4).

　또한 그 결과에 대하여서도 깊이 명심해야 한다. 만약에 육신을 따라 살게 되면 영적 죽음을 당하게 될 것이지만 성령의 역사에 순종하여 살아가면서 육신의 욕망을 죽이면서 살아간다면 영적으로 풍성할 것이고 하나님의 아들의 형상을 닮고 그리스도의 장성한 분량까지 성장할 것이며 영원한 생명에 이르게 될 것이다.

셋째는, 하나님의 자녀이기 때문에 성령을 따라 살아야 한다(14-16절).

　한글 성경에 사용된 '무릇'이라는 단어는 '종합하여 살펴보건대', '대체로'라는 의미를 지닌 부사(副詞)이다. 그러나 이 단어에 해당하는 헬라어 '가르'(γαρ)는 '왜냐하면'이라는 의미의 접속사로 되어 있다. 이는 13절에서 "영으로써 몸의 행실을 죽이면 살리니"라고 말한 이유를 밝히려는 것이다. 왜 신자가 육신을 따라 살지 않고 성령을 따라 살아야 하는 지 14-17절에서 설명하는 것이다.

　한 마디로 신자는 '하나님의 아들들', 또는 '하나님의 자녀들'이기 때문이다. '하나님의 아들'(sons of God)이라는 개념은 이미 구약에서부터 언약 백성에게 주어진 호칭이었다. 하나님과 이스라엘 백성 사이에는 아버지와 아들(sonship)이라는 언약적 관계가 이루어졌었다(신32:6, 사63:16, 렘 31:9). 이스라엘은 하나님의 아들, 하나님의 백성이라는 여호와 하나님의 신앙 공동체로서 그들에게는 거룩한 공동체를 건설해야 하는 책임과 의무가 주어져 있었던 것이다(레19:2).

　마찬가지로 신자들도 예수 그리스도를 믿음으로 하나님의 자녀가 되었고 (요1:12), 아들의 자격을 부여 받아(갈3:26, 엡1:5) 하나님의 권속(엡2:19, 벧전2:9)이 되었다. 그러므로 신자들도 새 언약 백성으로서, 또는 하나님의 아들의 신분으로서 거룩한 삶을 살고 거룩한 공동체를 건설해야 할 책임과 의무가 있는 것이다(골1:22, 히12:14, 벧전1:15-16).

① 신자는 하나님의 영으로 인도함을 받는 하나님의 자녀이다.

"무릇 하나님의 영으로 인도함을 받는 사람은 곧 하나님의 아들이라"(14절)

서두에 나오는 관계대명사 '호소이'(ὅσοι)는 '누구든지'(whoever)라는 뜻으로 여기에서는 '~하는 사람은 다'(all who)라는 의미로 하나님의 영으로 인도함을 받는 사람은 모두 다 하나님의 아들이라는 말이다. 여기 '인도함을 받는'(ἄγονται- ἄγω의 현재 수동태)이라는 말은 하나님의 성령에게 '항상 이끌림을 받는다', 또는 '통제를 받는다', '안내를 받는다'는 뜻을 가지고 있다. 이는 하나님의 영인 성령에 이끌리어 산다는 것은 그 영의 영향과 통제를 받아 기꺼이 복종하며, 그 영이 이끄는 대로 어디든지 따라간다는 것을 의미한다.

이스라엘 백성들은 하나님의 이끄심과 인도하심, 그리고 항상 여호와의 성신으로 안위를 받으며 살았었다(사48:15, 17, 63:10-11, 13, 14). 그것이 이스라엘 백성이 하나님의 아들 된 증거였었다(호11:1-4). 마찬가지로 새 언약 공동체의 시대에도 하나님께서 그 백성, 그 아들들에게 '하나님의 영', 또는 '아들의 영'을 보내어 인도하시는 것이다(갈4:6, 5:18). 마치 예수님께서 "광야에서 사십 일 동안 성령에게 이끌리시며"(눅4:1) 인도 되고, 통제되고, 붙들어 주고, 도와주고, 내몰아(막1:12) 시험을 승리롭게 마칠 수 있도록 역사했듯이 오늘도 성령은 하나님의 자녀인 신자들에게 여러 가지로 역사해 주시는 것이다.

학자들은 이것을 성령의 '내적 충동'(inner compulsion)의 경험이라고 한다. 성령의 내적 충동은 신자로 하여금 삶의 구체적인 방향을 지시하여 ⓐ 하나님의 뜻을 행하거나 육체의 행실을 죽이도록 내적인 추진력이 되기도 하고(빌2:13, 딛2:11-12), ⓑ 성경과 친숙한 삶을 살아가도록 도와주고(고전2:12-13, 참조, 벧후1:20-21), ⓒ 삶의 영향을 주어서 실천하게 하고(눅4:1, 행10:19-20, 16:6-7), ⓓ 죄의 욕망을 제어하도록 해 주고(갈5:17-18, 벧전2:11), ⓔ 죄와 그리스도의 의와 심판에 대하여 책망하기도 하고(요16:8-11), ⓕ 믿음에 굳게 서서 유혹을 받지 않도록 격려하기도 하고(8:13, 히3:7-14), ⓖ 성령의 역사를 소멸치 않도록 도와주고(1:28, 엡4:17-19, 30-31, 살전5:19), ⓗ 몸의 사욕에 순종치 않고 의의 도구가 되도록 역사해 주고(6:13), ⓘ 순종하여 영적 삶과 평안을 누리도록 해 준다

(6:10-11, 갈5:22-23). 뿐만 아니라 성령께서는 ⓙ 하나님의 말씀을 읽고 설교에 감동을 받게 하고 기도할 수 있도록 도와주시며(딤후3:16-17, 행13:2-3, 롬8:26, 딤후4:1-2), ⓚ 성령의 나타나심의 사역을 실행하게 하시기도 한다(고전12:7-10, 14:6).

이와 같이 성령의 역사를 받는 사람은 오직 '성령으로 거듭난 신자', 하나님의 자녀들에게만 부여된 특권인 것이다(요14:17, 고전2:12). 옛 시대에는 율법이 일상생활의 규범과 안내자 역할을 제공하였지만(2:18), 이제 신약의 신자들은 성령의 인도함을 받는 새 언약의 백성이 되었으므로 다시는 율법주의로 가지 말아야 한다(갈3:1-5). 이제는 오히려 주의 성령을 따라 살며 그를 근심시키거나 소멸시키지 말아야 하며(사63:10, 엡4:30, 살전5:19) 성령의 역사하심에 순종하여 살므로 거룩하고 아름다운 열매를 맺으면서 살아야 한다(갈5:16,22-23).

② 신자는 종의 영을 받지 않고 양자의 영을 받은 자들이다.
"너희는 다시 무서워하는 종의 영을 받지 아니하고 양자의 영을 받았으므로 우리가 아빠 아버지라고 부르짖느니라"(15절)
'왜냐하면'(γαρ)이라는 접속사를 통하여 신자가 '하나님의 아들'이 된 그 이유를 밝히고 있다. 그것은 양자의 영을 받았기 때문이다. 여기 "너희는 다시 무서워하는 종의 영을 받지 아니하고"에서 '다시'(πάλιν)는 두려움의 노예로 살던 과거의 상태를 일컫는 말이다.
그리스도를 만나기 이전의 사람들은 죄와 사단의 노예상태에 살던 자들이다(엡2:2). 죽음의 세력을 잡은 자 곧 마귀에게 "죽기를 무서워하므로 한평생 매여 종노릇"(히2:15)하며 살았었다. 그러나 예수 그리스도를 만나므로 사단의 노예상태에서 해방을 받은 자가 되었다(요일3:8, 히2:14-15, 행26:18). 그리스도를 통하여 받은 것은 무서워하는 종의 영이 아니라 양자의 영이다. '무서워하는 종의 영'이란 '두려움으로 이끄는 종의 영'(the spirit of slavery leading to fear-NASB), 또는 '두려움에 굴복케 하는 종의 영'(the spirit of slavery to fall back into fear-RSV)이라는 뜻으로 사단의 영, 즉 무서워 일생 동안 종노릇하게 하는 마귀적 세력을 의미한다.
사단은 인간에게 정서적으로 불안과 두려움을 조장하여 어떤 것을 하지 않으면 화를 당할 것이라는 불안, 신의 노여움을 당할 것이라는 공포심, 저주를 받을 것 같은 마음에 노심초사(勞心焦思)하게 만드는 것이다. 그리하여 결국 자신에게 굴복하여 종노릇하게 만드는 것이다.

신자는 이러한 사단의 권세에서 해방되었기 때문에 다시 사단의 영을 받게 되는 것이 아니다. '성령으로 난 신자'는 양자의 영을 받은 것이다. '양자'(υἱοθεσία)는 '아들의 명분'(adoption)으로 어느 가정에 입양하므로 그 가족의 일원이 되어 친 자녀로서 누릴 수 있는 법률적 권한들을 그에게 수여하는 것을 가리킨다.

그리하여 그 가족과의 관계에서 아들(sonship)로서의 권리와 특권과 책임을 갖게 되는 것이다. 주석가 바클레이(William Barclay) 박사는 바울이 '입양'이라는 단어를 사용할 때에 생각하고 있던 입양의 결과를 다음과 같이 설명을 하고 있다.

첫째는 피입양자는 그의 옛 가족과의 관계에서 가지고 있던 모든 권리는 상실하고 새 가족의 합법적 아들로 새로운 권리를 모두 갖게 되었다는 것이다.

둘째는 그는 새 아버지의 재산 상속자가 되었다는 것이다.

셋째는 그는 법률적으로 옛 생활과 관련된 모든 것에서 완전히 청산 되었다는 것이다. 과거의 모든 부채와 문제는 사라졌으므로 새로운 인생을 살게 되는 것이다.

넷째는 입양된 사람은 법적 관점에서 완전하게 새 아버지의 아들이 되는 것이다. 바로 이러한 개념이 신자들에게 적용되어 하나님과의 새로운 부자(父子)의 관계가 이루어져서 하나님의 권속이 된 것이다(엡2:19).

성령을 '양자의 영'이라고 말하는 이유는 성령을 통하여 위로부터, 하나님께로부터 '거듭남'을 받기 때문이다(요3:5). "육으로 난 것은 육이요 영으로 난 것은 영"(요3:6)이라는 말씀처럼 육신적 출생으로는 영적 세계에 들어갈 수가 없다.

오직 '아들의 영'인 성령을 통한 영적 출생만이 하나님의 자녀가 되어 영적 세계에 들어갈 수 있는 것이다(갈4:6). 성령으로 말미암는 중생(παλιγγενεσία), 즉 '새로운 출생'을 통해서만이 하나님의 자녀가 될 수 있는 유일한 길이기 때문이다(딛3:5).

그러므로 신자는 '양자의 영으로 말미암아'(ἐν ᾧ) 이제는 하나님을 향하여 '아빠 아버지'라고 부르짖는 자격이 부여된 것이다(갈4:6). 이는 자녀가 아버지의 보호와 도움을 필요로 하여 간절히 부르짖는 것으로 하나님을 향하여 진한 부성애(父性愛)와 신뢰를 표현하는 말이다. 또한 하나님과 신자의 관계가 새로운 영적 부자(父子) 관계, 즉 새로운 언약 관계가 성립되었음을 강조하는 설명이다.

이제부터 신자는 하나님과 새로운 아버지와 아들의 관계, 하나님의 백성의 관계가 되었으므로 다시 두려움에 사로잡히게 하는 사단의 세력에 종노릇해서는 안 될 뿐 아니라 종의 신분($δουλεία$, servitude)으로 다시 팔려서는 안되는 것이다(7:14, 23). 이제는 절대로 약하고 천박한 초등학문인 율법주의로 다시 돌아가서 죄와 사단, 그리고 율법의 종노릇으로 전락해서는 안 되는 것이다(갈4:3, 8-11).

③ 신자는 성령께서 하나님의 자녀인 것을 증언해 주고 있다.

"성령이 친히 우리의 영과 더불어 우리가 하나님의 자녀인 것을 증언하시나니"(16절)

성령은 신자들로 하나님의 자녀가 되게 만들어 주실 뿐 아니라 그들이 하나님의 자녀라는 사실을 인식시켜주고 증거 해 주시는 영이신 것이다. 여기 '더불어 증언하다'($συμμαρτυρέω$)는 '어떤 사람과 함께 증인이 되다'(to bear witness with someone)는 뜻으로 성령께서 친히 우리의 영과 더불어 우리가 진정한 하나님의 자녀임을 증거하고 있다는 말이다.

로마의 입양의식에서는 일곱 명의 증인이 입회하여 진행되었는데, 만일 양부(養父)가 사망했다 할지라도 일곱 명의 증인 가운데 하나라도 그의 입양이 사실이라는 것을 증언해 주면 그의 권리는 보장이 되었던 것이다.

성령은 '증거의 영'이시다. 예수를 증거하시되 하나님의 아들이심을(요 15:26, 요일5:6), 십자가의 구속 사역에 대하여(히10:15-18), 구원의 진리에 대하여(히2:3-4), 신자들이 하나님의 자녀임을 증거 해 주고 있다. 그래서 성령의 역사를 '인치고 보증하는 사역'이라고 말하는 것이다(엡1:13-14). 성령이 증거하는 것은 신자들이 '하나님의 자녀'라는 것이다. 이스라엘 백성들이 하나님의 자녀가 되는 것은 혈통적 관계로 이루어지는 것이지만 신약의 신자들은 성령으로 거듭남을 통하여 하나님의 자녀로 인(印) 쳐 주시는 것이다.

하나님께서는 이스라엘 백성을 자녀 삼으시고 자녀다운 삶을 요구하였듯이(사1:2) 성령께서 하나님의 자녀로 증거 해 주는 신자들에게도 "사랑을 받는 자녀같이 너희는 하나님을 본받는 자가 되라"(엡5:1)고 요구하고 있다. 하나님의 자녀는 하나님 아버지께서 "깨끗하심과 같이 자기를 깨끗하게"(요일3:2-3) 하여 "거룩함을 온전히 이루어 육과 영의 온갖 더러운 것에서 자신을 깨끗하게"(고후6:18-7:1) 만들어야 하는 것이다.

넷째는, 자녀이면 그리스도와 함께한 상속자임을 알아야 한다(17절).
"자녀이면 또한 상속자 곧 하나님의 상속자요 그리스도와 함께 한 상속자니 우리가 그와 함께 영광을 받기 위하여 고난도 함께 받아야 할 것이니라"(17절)
이것은 하나님의 자녀 된 자들이 받을 당연한 권리와 특권, 그리고 의무를 말하는 것이다. 상속자(κληρονόμος)의 개념은 유업(遺業), 즉 이스라엘 자손이 가나안 땅을 기업으로 물려받는 구약적 개념에서 온 것이다(창28:4, 신4:38). 그래서 이스라엘 백성이 하나님의 자녀이기 때문에 하나님의 분깃이요 유업이라고 했던 것이다(신32:9, 왕상8:51, 53).
바울은 이러한 구약의 언약적 사상을 신약의 신자들에게 연결하여 믿음을 가진 사람들은 아브라함의 후손이라고 주장했던 것이다(4:13-15). 그리고 진정한 '아브라함의 자손은 그리스도'이며(갈3:16) 그리스도에게 속한 자는 아브라함의 자손이 되고 약속대로 유업을 이을 자라고 했다(갈3:29). 그런가 하면 이스라엘 자손들에게 약속된 유업은 주로 지상적인 것인 반면 그리스도에게 속한 자들에게 주어지는 유업은 하늘의 신령한 복과 아브라함의 복, 그리고 장래에 받게 될 하나님의 나라의 영광이다.
여기서 꼭 생각해 볼 것은 "만일 율법에 속한 자들이 상속자이면 믿음은 헛것이 되고 약속은 파기되었느니라"(4:14)는 말씀이다(갈3:18). 이 말씀은 구원에 관한 것 뿐 아니라 신앙생활 가운데서도 적용되는 것임을 기억해야 한다. 신앙 안에서 양자의 영인 성령의 증거와 성령 안에서 살아갈 때에 진정한 상속자가 될 수 있다는 사실이다.

① 우리는 그리스도와 함께한 상속자다.
'자녀이면 또한 상속자' 라는 말은 만일 자녀라고 한다면 당연히 부모의 재

산을 유업으로 이를 자라는 사회적 제도를 말한다. 우리가 양자의 영을 받아 하나님의 아들, 즉 하나님의 자녀가 되었다면 당연히 하나님의 상속자가 되는 것이다. 특히 '그리스도와 함께 한 상속자'라는 것은 구약적 언약사상을 뛰어넘어 그리스도 안에서 주어지는 새로운 언약의 약속과 유업을 가리키는 것이다. 그리스도께서 아브라함의 합법적인 유일한 '씨'로서(갈3:16) 그에게 속해 있는 신자들도 '그리스도와 함께' 또는 '그리스도 안에서' 주어지는 하나님의 약속에 대하여 상속자가 된 것이다. 그리스도와 함께 받을 유업은 그리스도 안에서 주어지는 은총들을 말한다(갈4:7).

먼저는 우리는 그리스도 안에서 하늘에 속한 모든 신령한 복을 받을 자격을 갖게 된 것이다(엡1:3). 그리고 아브라함의 자손이 되어 아브라함에게 주어진 약속을 유업으로 이를 상속자가 된 것이다(갈3:29, 롬4:13).

② 우리는 그리스도와 함께 영광에 참여하게 될 것이다.

하나님의 자녀에게 주어지는 유업 중에 또 하나가 미래적인 하나님의 나라의 영광에 참여하는 것이다(딤후2:10). 예수님께서는 미래에 일어날 종말적 사건에 대하여 "인자가 자기 영광으로 모든 천사와 함께 올 때에 자기 영광의 보좌에 앉으리니"(마25:31) "그때에…창세로부터 너희를 위하여 예비된 나라를 상속 받으라"(마25:34)고 말씀하셨었다.

또한 "이기는 그에게는 내가 내 보좌에 함께 앉게 하여 주기를 내가 이기고 아버지 보좌에 함께 앉은 것과 같이 하리라"(계3:21)고 분명히 약속하셨다. 이 약속을 위하여 그리스도께서 "많은 아들들을 이끌어 영광에 들어가게 하시는 일"(히2:10)을 하셨고 영원한 대제사장이 되어 우리를 위하여 앞서 하늘 성소에 들어가신 것이다(히6:20). 그러므로 신자는 그리스도와 함께 하나님의 나라의 영광에 참여할 자격을 받게 된 것이다(참조, 고전6:9-11, 갈5:21).

③ 우리는 영광을 받기 위해 고난도 함께 받아야 한다.

여기 '될 것이니라'($\epsilon i \pi \epsilon \rho$)에 해당하는 단어는 조건을 강조하는 접속사로서 '그렇다면 결국'(if after all), '그것이 사실이라면'(if indeed)이라는 뜻으로 '그렇다면 결국 우리가 그와 함께 영광을 받기 위하여 그와 함께 고난도 받아야 한다'는 말이다. 우리가 그리스도와 함께 한 상속자라면 그와 함께 하나님의 영광에 참여할 것이며 또한 필연적으로 그리스도의 고난에도 참여해야 한다는 말이다. 성경은 신자에게 그리스도의 고난에 동참할 것을 권고하고 있다. 그것은 그리스도의 몸인 교회를 위하여 남겨두신 '그리스도의 남은 고난'으로 신자가 걸머져야 하는 것이다(골1:24).

믿음으로 그리스도의 죽음과 부활에 동일화 시킨 것처럼(6:3) 실제적 삶에서도 그리스도의 고난을 우리 몸에 짊어짐으로 동일화시켜야 하는 것이다(고후1:5, 4:10, 빌3:10). 그러므로 신자는 그리스도의 제자로서 복음을 위하여 십자가를 걸머지고 주의 발자취를 따라가야 하는 것이다(빌1:21, 벧전2:21). 그래서 사도 바울은 자신이 그리스도와 복음을 위하여 당한 고난에 대하여 상세하게 증거 하면서 자신의 고난 때문에 '복음 전파에 진전'이 있게 되었고(빌1:12-13, 참조, 고후11:23-33), 하나님의 영원한 목적의 성취를 가져왔으며(엡3:11-13), 경건한 삶의 증거들을 얻게 되었다고 고백 했었다(딤후3:10-12).

그러므로 이제부터는 "우리가 잠시 받는 환난의 경한 것이 지극히 크고 영원한 영광의 중한 것을 우리에게 이루게 함이니"(고후4:17)라는 말씀을 기억하면서 고난을 부끄러워하지 말고 그리스도를 위하여 능욕 받는 일을 합당하게 여기고 기쁨으로 담당하면서(행5:41) 하나님께 영광을 돌리며 살아야 할 것이다(벧전4:16).

(3) 삶의 과정 속에서 성령의 사역을 깨달아야 한다(8:18-30).

우리는 지금까지(1-17절) 성령께서 신자의 삶 속에서 얼마나 중요한 사역을 하시는지에 대하여 살펴왔다. 성령께서는 십자가 구속을 통하여 정죄에서, 또한 죄와 사망의 법에서 해방해 주시고, 율법의 요구를 성취할 수 있는 능력을 공급해 주시고, 육신의 생각과 소욕을 극복할 수 있게 하여 승리로운 삶을 살게 하시고, 영뿐 아니라 죽을 몸까지도 살려내시고, 양자의 영으로 하나님의 자녀로 증거 해 주시고, 상속자가 되어 그리스도 안에서의 은총뿐 아니라 미래의 영광의 기업에도 참여하게 하시는 사역을 하신다는 것을 살펴왔다.

이제 18-30절에서는 종말적 영광의 소망으로 몸의 속량(贖良)에 대하여, 그리고 성령께서 신자의 연약함을 도우시는 사역에 대하여, 마지막으로 아들의 형상을 본받게 하는 하나님의 목적에 대하여 설명하고 있다. 그런데

이 세 가지 사역을 알렌(Leslie C. Allen)의 말대로 앞 단락에서 성령 사역을 설명했듯이 본 단락에서도 연이어 성령의 사역으로 설명하는 것이 가장 타당하다고 보여 진다. 그것은 '썩어짐의 종노릇에서 해방' 되는 것도, 하나님의 자녀들이 영광의 자유를 받는 것도, 첫 열매에서 양자 될 것 곧 몸의 속량이 이루어지는 것도 성령의 사역이고, 연약한 신자를 도와서 하나님의 뜻을 성취하는 것도 성령 사역이고, 아들의 형상을 본받기 위해 하나님의 목적을 이루어가는 것도 성령 사역이기 때문이다(고후3:18).

특히 본 단락에서는 구원의 전 과정 중에서 현재의 고난의 삶과 미래에 성취될 영화에 대하여 말하고 있다. 비록 현재 연약하고 고난의 걸음을 걷고 있다 할지라도 그리스도와 함께 영광을 받기 위하여 소망을 가지고 참고 기다리며, 도우시는 성령의 생각에 따라 살고, 하나님의 구속 계획의 목적과 과정을 깨닫고 살아가라는 것이다.

첫째는, 성령은 종말론적 영광의 소망을 가지게 하신다(18-25절).

이번 단락에서는 하나님의 최종 구속 계획의 목적이 무엇인지를 보여주고 있다. 한 마디로 "하나님의 영광에 참여하는 것"이다. 즉 피조물들은 "썩어짐의 종노릇에서 해방"되는 것이고, 하나님의 자녀들은 "영광의 자유"와 "몸의 속량"을 받는 것이다(21, 23, 30절). 이 목적에 이르기 위하여 현재 고난의 삶 속에서 어떻게 살아야 할지를 가르치고 있다.

⑺ 현재의 고난은 장차 나타날 영광과 비교할 수 없다는 사실을 확신하며 살아야 한다(18절).

"생각하건대 현재의 고난은 장차 우리에게 나타날 영광과 비교할 수 없도다"(18절)

여기 '생각하건대'(Λογίζομαι)는 '계산하다'(to calculate), '간주하다'(to presume), '생각하다'(to consider)는 뜻으로, 이는 단순한 생각이 아니라 모든 것을 따져보고 계산해서 확신하고 인정한다는 말이다. 17절에서 그리스도와 함께 영광에 참여하기 위하여 고난에도 함께 참여하라고 했는데, 그 이유는 내가 겪고 있는 현재의 고난과 장차 나타날 영광과는 비교할 수 없다는 확신 때문이라는 것이다.

'현재의 고난'은 계속적인 유대인의 핍박(행17:13, 18:5-6, 21:27-36)뿐만 아니라 점점 증가하고 있는 로마 정부의 박해를 가리키기도 하지만, 또한 신자들이 세상에 살면서 예수를 믿는다는 것 또는 복음을 전파하는 것 때문에 당하는 미움과 불이익, 그리고 온갖 시련을 겪게 되는 것들을 말한다(요15:18-19, 고후4:7-12, 딤후2:9-12).

사도 베드로는 그리스도의 고난에 참여하는 것을 즐거워하고, 그리스도인으로 고난을 받으면 부끄러워하지 말고 오히려 하나님께 영광을 돌리라고 했다. 그것은 그리스도의 이름으로 치욕을 당하면 하나님의 "영광의 영"이 그 위에 있고 영광의 날에 즐거움과 기뻐함을 받게 되기 때문이다(벧전4:13-16).

그리고 '장차 우리에게 나타날 영광'이란 '지극히 크고 영원한 영광'(고후4:17)으로 먼저는 우리를 위하여 하늘에 간직해 둔 '썩지 않고 더럽지 않고 쇠하지 아니하는 유업'(벧전1:4), 또는 '더 낫고 영구한 소유'(히10:34)를 가리키며, 다음으로는 그리스도께서 나타나실 때에 우리에게 임할 영광을 가리킨다(골3:4). 그것은 신자가 마지막 날 홀연히 변화 되어 공중으로 끌어올려지는 '복스러운 소망'(살전4:16-17, 딛2:13)과 우리의 낮은 몸이 그리스도의 영광의 몸의 형체로 변화하는 것까지 포함한다(빌3:21, 요일3:2, 고전15:42-44, 51-53).

지금은 나타나 있지 않고 보이지 않는 것이지만 장차 그리스도께서 강림하실 때에 신자에게 임할 은총과 영광은 세상의 어떤 것으로도 비교할 수 없고, 심지어 현재 당하는 고난과도 비교할 수 없는 영광스러운 것이다. 그러므로 현재 당하는 환난에 연약해지지 말고 담대하며(히10:32-39) 환난 중에 장차 나타날 영광을 바라보며 즐거워하며 살아야 한다(5:2-3).

뿐만 아니라 지금까지 논의해 왔던 대로 육신을 따라 살지 말고 성령을 따라 거룩한 열매를 맺으며 살아야 한다. 악한 친구들처럼 "내일 죽을 터이니 먹고 마시자"라고 말하며 선행 행실을 더럽혀서는 안 되는 것이다(고전15:32-33).

(나) 우리는 피조물이 모두 다 함께 탄식하며 고통을 겪고 있음을 알아야 한다(19-22절).

여기에서는 인간을 제외한 모든 피조물이 함께 고통을 겪고 있는 상황을 설명하면서 인간의 구원과 관련하여서 모든 피조물의 회복에 관한 것을 이야기 하고 있다. 특히 피조물의 고통을 다루는 말씀 중에서 22절이 가장 마지막 결론적 문장이지만 우리가 본문을 이해함에 있어서는 제일 먼저 살펴보는 것이 좋을 듯하다.

"피조물이 다 이제까지 함께 탄식하며 함께 고통을 겪고 있는 것을 우리가 아느니라"(22절)

여기 서두에 '우리가 아느니라'(οἴδαμεν)는 사도 바울 뿐 아니라 다른 사람들까지도 피조물이 고통을 겪고 있다는 사실은 보편적이며 잘 알려진 사실이라는 것을 강조하고 있다.

'피조물'(κτίσις)은 인간을 제외한 세상의 모든 피조물, 또는 살아있는 모든 존재를 가리킨다. 모든 피조물이 한 결 같이 이제까지 탄식하고 고통을 겪고 있다. '이제까지'란 아담의 타락 때부터 바울의 때를 가리키는 말이지만, 그것은 바울의 시대로 끝나는 것이 아니다. 피조물의 고통은 세상의 종말, 즉 그리스도께서 재림하여 피조 세계가 새롭게 회복 될 때까지 신음하며 고통 하고 있는 것이다. 그것은 인간의 타락으로 인하여 '땅이 가시덤불과 엉겅퀴'를 내는 저주에 빠지면서부터 전체 피조 세계에 탄식과 고통이 따르게 된 것이다(창3:18). 전체 피조물이 '함께 탄식하며 함께 고통을 겪고 있다는 것'은 우주와 자연계에 있는 모든 피조물들이 함께 어떤 슬픔과 괴로움에 빠져서 몸부림을 치고 있는 상태를 말한다.

오늘날 생태계(生態界)의 파괴와 죽음이 심각한 자연의 환경적 문제가 된 것처럼 모든 피조물들은 고통속에 몸부림치며 탄식하고 있는 것이다. 인간들의 무분별한 자원 계발로 인하여 지구 전체의 생태계는 급속도로 파괴되어 가고 있다. 그로 인하여 계속되는 온난화 현상과 각종 이상기후 현상, 숲의 파괴와 바다의 오염으로 인한 생태계의 파괴, 토지의 오염과 또한 사막화, 동식물계의 균형 파괴...등등으로 인하여 생태계는 몸살을 앓고 있다. 그래서 오늘도 모든 피조물들은 새로운 희망의 날을 고대하고 있다.

① 피조물의 고대함은 하나님의 아들들이 나타나는 것이다.
"피조물이 고대하는 바는 하나님의 아들들이 나타나는 것이니"(19절)

여기 '고대하는 바'(ἀποκαραδοκία)라는 단어는 목을 쭉 빼고 영광스러운 새벽의 첫 번 징조를 찾으려고 열심히 멀리 수평선을 내다보는 사람의 태도를 말한다. 그래서 '간절한 기대', 또는 '대망', 즉 학수고대(鶴首苦待)라는 의미이다(빌1:20). 모든 피조물의 간절한 바램은 하나님의 아들들이 나타나는 것이다. 이는 양자의 영을 받아 하나님의 아들들이 된 신자들이 그리스도와 함께 영광에 참여했다가 영광 가운데 그리스도와 함께 지상에 나타날 때를 가리키는 말이다(살전4:14).

그리고 우리 성경에는 '것이니' (ἀπεκδεχόμαι)라는 정도로 밖에 번역되지 않은 단어는 본 단락의 주제와 같은 단어로 '기대하며 기다리다'(to await expectantly)는 뜻으로 피조물들이 자신들의 해방의 날을 기다리고 있다는 사실을 강하게 표현해 주고 있다. 그 날이 자신들에게는 '썩어짐의 종노릇 하는 것에서 해방' 하는 날이며 안식의 날이기도 하기 때문이다(계21:5). 몸살을 앓고 있는 피조물들은 지금 자신들의 구원의 날을 갈망하고 있다.

② 피조물이 허무한 데 굴복해 있기 때문이다.

"피조물이 허무한 데 굴복하는 것은 자기 뜻이 아니요 오직 굴복하게 하시는 이로 말미암음이라"(20절)

'허무' (ματαιότης)라는 단어가 명사형으로는 이곳 이외에 엡4:17, 벧후 2:18에만 나오지만, 동사형(ματαιόω, 롬1:21), 형용사형(μάταιος, 고전 3:20, 15:17, 딛3:9) 등에 자주 나타나 그 사상은 성경에서 친숙하게 사용되는 낱말이다. '공허함' (vanity), '목적 없음' (aimlessness)이라는 뜻으로 결과를 이루거나 목표에 이르기에 무능하다는 의미와 무의미하고 무가치하다는 의미를 가지고 있다.

피조물이 ' 허무에 굴복한다' 는 것은 21절의 "썩어짐의 종노릇"과 같은 표현으로 하나님께서 피조물을 창조하신 본래의 창조 목적에 도달할 수 없음으로 인해서 생기는 '좌절'을 가리킨다고 볼 수 있다. 이는 인간이 타락하면서 피조물이 창조된 본래 목적에서 벗어나게 하여 신격화시키거나 또는 자신들의 탐심의 도구로 사용하여 파괴시키기 때문이다.

피조물이 허무한 것에 굴복하는 것은 자기 뜻이 아니고 굴복하게 하는 하나님으로 말미암았다는 말은 피조물이 '허무한 것' 또는 '썩어짐'에 굴복하는 것은 피조물 자체의 의지로 된 것이 아니라 하나님께서 인간의 범죄를 심판하시므로 인간의 삶의 환경으로서의 피조 세계도 자연히 저주를 받아 파괴되었다는 말이다(창3:17-18).

그러나 그것은 임시적인 것이다. 하나님께서 인간을 완전히 회복하고 구원을 완성할 때에는 모든 피조물도 새롭게 회복되어 구약의 메시아적 약속이 성취 될 것이기 때문이다(사11:6-9).

③ 피조물의 소망은 썩어짐의 종노릇에서 해방되는 것이다.
"그 바라는 것은 피조물도 썩어짐의 종노릇 한 데서 해방되어 하나님의 자녀들의 영광의 자유에 이르는 것이니라"(21절)

피조물이 '바라는 것', 즉 피조물이 허무한 것에 굴복했던 것은 '소망에 근거' 했었기 때문이었다. 그것은 '하나님의 아들들이 나타나는 것'을 소망했을 뿐 아니라 '썩어짐의 종노릇하는 것에서 해방' 받는 것을 바라보았기 때문이다. '썩어짐의 종노릇'이란 피조물이 인간의 타락으로 저주를 받은 이후 파괴되고, 쇠약해지고, 퇴폐해지고, 악해지고, 멸하여지는 상태에 묶여서 탄식하며 고통을 겪고 있다는 말이다.

또한 피조물은 '하나님의 자녀들의 영광의 자유'에 이르는 날이 오기를 기다리고 있다. 그런데 피조물의 '종노릇에서의 해방'과 하나님의 자녀들의 '영광의 자유'의 역사는 그리스도께서 구속을 완성하시기 위하여 다시 나타나실 때에 성취 되어지는 것이다(사35:1-2, 32:15, 65:25). 그래서 신자들뿐 아니라 피조물들까지도 그 날을 학수고대하고 있는 것이다.

이러한 구속의 역사는 하나님의 구원 계획 속에 있는 것이다. 인간을 구속하여 새 피조물 되게 하였듯이(고후5:17, 갈6:15) 모든 피조물들도 타락의 저주에서 회복하여 새롭게 만들어 놓는 것이 하나님의 구속 계획에 포함된 것이다(계21:5).

㈐ 우리 신자들도 탄식하며 몸의 속량을 바라고 고난을 참고 기다리며 살아야 한다(23-25절).

지금까지 피조물의 소망, 즉 하나님의 아들들이 나타나는 것, 썩어짐의 종노릇에서 해방되는 것, 하나님의 자녀들의 영광의 자유가 이루어지는 날을 고대하고 있었다는 것을 진술했었다. 그러나 그것은 피조물만의 소망이 아니다. 모든 신자들도 그 날을 고대하고 있다.

① 성령의 첫 열매를 받은 우리들도 탄식할 수밖에 없다.
"그뿐 아니라 또한 우리 곧 성령의 처음 익은 열매를 받은 우리까지도 속

으로 탄식하여 양자 될 것 곧 우리 몸의 속량을 기다리느니라"(23절)

'이뿐 아니라'(οὐ μόνον δε)는 '그것뿐만 아니라' 혹은 '피조물만 아니라'라는 말로 탄식하고 고통하면서 그리스도로 말미암는 회복의 날을 기다리는 것은 피조물에 국한 된 것이 아니라는 것이다.

'또한 우리 곧'(ἀλλὰ καὶ αὐτοὶ), 즉 '오히려 우리들까지도' 속으로부터 탄식하며 기다리고 있다는 것이다. '우리'라는 것은 바로 '성령의 처음 익은 열매를 받은' 자로서의 신자를 가리킨다. 이를 표준새번역에서는 "첫 열매로서 성령을 받은"이라고 번역을 했다.

여기에서 '첫 열매'라는 것은 그 해의 첫 수확으로 거둔 열매로서 앞으로 더 풍성히 거두게 될 것의 첫 번째 수확이자 그에 대한 약속물이기도 하다. 우리가 성령을 첫 열매로 받았다는 것은 우리가 그리스도를 믿을 때에 성령으로 거듭남을 받아 양자의 영을 받았다는 말이기도 하고, 또한 첫 수확을 거둔 것을 기념하는 오순절 날 성령을 받은 것을 생각할 수도 있다(출 23:16, 행2:1-4).

그것은 신자가 그리스도 안에서 참여하고 누리게 될 모든 영적 은사들은 성령으로 말미암아 주어지는 것이기 때문이며, 또한 장래 기업의 보증으로 첫 번째로 주어지는 약속의 은총이기 때문이기도 하다(엡1:14).

문제는 성령을 첫 열매로 받은 신자들까지도 '속으로 탄식한다'는 것이다. 이것은 성령을 받았다고 모든 문제가 해결되며, 육신 세계를 떠나 신령한 세계에 들어가는 것이 아님을 시사해 주고 있다. 성령을 받았다 할지라도 이 세상을 살아가는 동안에는 죄의 편향성이 있는 육신을 소유하고 있고, 탄식하며 고통하고 있는 피조물들과 더불어서 살아가고, 육체의 장막에 있는 동안 삶이란 짐을 진 것처럼 고달파서 탄식하는 것이다(고후5:4).

그래서 "참으로 우리가 여기 있어 탄식하며 하늘로부터 오는 우리 처소로 덧입기를 간절히 사모"(고후5:2)하며 몸의 구속의 날을 고대하는 것이다. 그러므로 성령의 첫 열매를 받았다고 모든 것이 완성된 것은 아니다.

아직까지 영적 투쟁을 해야 하는 육체적 삶과 영광의 자유를 누리는 종말적 삶 사이에 끼어 내적인 탄식과 좌절을 경험하고 있는 것이다(빌1:23). 그러므로 성령을 받으면 다 된 것처럼 자만심(自慢心)에 빠져 있어서는 안 되는 것이다.

사도 바울은 8장에서 세 가지 종류의 탄식을 말하고 있다. 먼저는 피조물의 탄식이요(22절), 그 다음은 신자의 탄식이며(23절), 그리고 신자를 위한 성령의 탄식을 말하고 있다(26절). 피조물의 세계는 이성적 표현을 할 수 있는 입이 없어서 구체적인 것을 보여주지는 못하고 있지만 지금 고통하며 몸부림치며 탄식하고 있다.

마찬가지로 그 안에 살고 있는 인생들도 삶의 곤비함 때문에 탄식을 발하고 있다. 그런데 성령을 받은 신자들까지도 죄악의 세상에 살면서 불완전함과 고통과 슬픔들을 겪으면서 고달파 괴로워하면서 육체의 장막을 짐 진 것처럼 걸머지고 탄식하며 살아가고 있는 것이다(고후5:2-4). 그러나 크리스천의 탄식은 피조물과 불신자들의 탄식과는 차원이 다르다는 것을 기억해야 한다. 신자들은 완전한 구속을 기대하는 탄식이며 영광의 자유를 주시는 성령을 갈망하면서 탄식하는 것이기 때문이다.

신자의 탄식은 "양자 될 것 곧 우리 몸의 속량을 기다리는" 것이라고 했다. 신자는 이미 양자의 영을 받아 하나님의 양자, 하나님의 아들들이 되는 자격을 부여 받았다(15절, 엡1:5). 그래서 하나님을 향하여 '아빠, 아버지'라고 부르짖는 것이다(갈4:6). 그리고 상속자로서 하나님의 유업들을 받고 있다. 그러나 최종적인 유업인 하나님의 나라의 영광은 아직 받지 못한 상태에 있어 종말의 날 몸의 완전한 입양, 즉 몸의 속량을 통하여 양자됨이 완성 되는 것이다.

그것은 "혈과 육은 하나님의 나라를 이어 받을 수 없고 또한 썩는 것은 썩지 아니하는 것을 유업으로 받지 못하기"(고전15:50) 때문이다. 썩을 것이 썩지 않을 것으로, 욕된 것이 영광스런 것으로, 약한 것이 강한 것으로, 육의 몸이 신령한 몸으로 변화되는 몸의 속량의 때에 구속이 완성 되어지는 것이다(고전15:42-44). 그래서 신자들은 속으로 탄식하며 속히 몸의 속량의 날, 영광의 자유가 주어지는 날, 죽을 몸이 죽지 아니함을 입을 때, 즉 말씀이 성취 되어지는 날을 고대하며 기다리는 것이다(고전15:51-54).

② 우리는 보이는 세상 것이 아닌 보이지 않는 참 소망을 바라며 기다리고 있다.

"우리가 소망으로 구원을 얻었으매 보이는 소망이 소망이 아니니 보는 것을 누가 바라리요"(24절)

여기서도 우리 한글성경은 원인과 이유를 나타내는 접속사 '왜냐하면'($\gamma\alpha$

ρ)을 전혀 반영하지 않았는데, 사실은 반영하는 것이 본문을 이해함에 있어 도움이 된다고 보여진다. 왜냐하면 피조물이 '소망 중에' 썩어짐에 종노릇 하는 것에서처럼(20절) 우리 신자들도 양자 될 것 곧 우리 몸의 속량을 소 망 중에 기다리기 때문이다.

여기 '우리가 소망으로 구원을 얻었으매'(τῇ ἐπίδι ἐσώθημεν)에서 '소망 으로'라는 표현은 마치 소망을 수단으로 구원 받았다는 표현이 되기 때문 에, '소망 중에서'(in hope, NASB)라고 해석하는 것이 더 좋다(갈5:5). 그 것은 신자가 믿음을 통하여 벌써 구원을 받았지만 완성이 된 것이 아니라 미래적 완성을 예시하기 때문이다.

이미 구원을 소유한 신자들은 또한 그리스도의 종말의 날에 우리의 구원 이 완성 될 것을 바라보며 소망 중에 살아가야 하는 것이다.

이 소망은 보이는 지상적인 것이 아니다. 그것은 보이는 소망은 진정한 소 망이 아니기 때문이다. "보이는 것은 잠깐이요 보이지 않는 것은 영원"(고 후4:18)하기에 신자들이 소망하는 구원은 잠간 있다가 사라지는 지상적인 것이 아니요 영원히 그리스도와 함께 영광을 누리게 될 소망이기 때문이다.

"만일 우리가 보지 못하는 것을 바라면 참음으로 기다릴지니라"(25절)

'그러나 만일'(εἰ δὲ) 우리가 보이는 것을 바라지 않고 '보지 못하는 것을 바란다면' 우리는 소망 가운데서 참음으로 기다려야 하는 것이다.

여기 '참음'(ὑπομονή)은 이미 5:3에서 설명한 것처럼 피동적으로 참는 것 보다는 능동적으로 이 세상의 시험과 시련을 이기고 정복하는 것이라고 했 다. 즉 '휘포모네'는 자신의 인생 앞에 놓여 있는 절망적 운명이나 시련 앞 에서 포기하고 좌절하는 것이 아니라 오히려 상황을 정면으로 대항하여 그 것을 이기는 정신인 것이다. 그러므로 신자는 비록 탄식하며 고달픈 인생을 살아가고 있다 할지라도 구속의 완성의 날, 영광의 자유에 참여하는 날을 소망하며 적극적으로 대처하며 성령을 따라 싸워 나아가야 한다.

또한 바라보는 소망을 가졌다면 '기다림' 속에서 살아가야 한다. 사도 바 울은 본 단락의 주제인 '기다림'(ἀπεκδέχομαι, 19, 23절)으로 마무리를 짓 고 있다. 이 '기다림'은 그리스도의 나타남을 바라는 종말적 신앙으로 단순 한 기다림이 아니라 '간절히 그러면서도 끈질기게 기대하며 기다리는 것' 을 가리킨다. 특히 이 단어가 현재형으로 사용된 것은 그리스도의 재림을 기다리는 것은 잠시라도 멈추어서는 안 되고 계속해서 끊임없이 그리스도

대망(大望) 신앙을 가지고 살아야 함을 강조하고 있다.

우리는 마치 열 처녀 비유에 나오는 지혜로운 처녀들처럼 다시 오실 신랑 되신 그리스도를 기다리듯이 깨어 있고(마25:1-10), "거룩한 행실과 경건함으로 하나님의 날이 임하기를 바라보고 간절히 사모"(벧후3:11-12)하며 기다려야 한다.

결론적으로 사도 바울이 본 단락에서 '몸의 속량'을 기다리는 종말론적인 소망에 대하여 진술한 것은 비록 신자들이 성령의 첫 열매를 소유하고 있고, 또한 성령을 따라 산다 할지라도 이 땅에서 고난과 싸워야 하고 삶의 무거움 짐을 지고 탄식하며 살아가는 존재라는 사실을 밝히려는데 있다. 그리하여 이 땅에 소망을 두지 말고 장래 우리에게 나타날 영광, 모든 것이 완전하게 회복 되는 영광의 자유의 날을 소망하며 살아가라는 것이다.

여기서 마지막으로 한 가지 기억해야 할 것은 서두에서 밝힌 것처럼 피조물의 회복도 성령으로 이루어지며(사32:15), 신자들의 완전한 성화, 즉 양자 될 것 곧 몸의 속량도 성령으로 이루어진다는 사실이다(고후5:5, 갈5:5). 신자는 성령의 도우심이 없이는 살아갈 수 없는 존재이다.

둘째는, 성령은 우리의 연약함을 돕는 사역을 하신다(26-27절).

성령은 신자를 돕기 위하여 세상에 오신 그리스도의 영이시다. 그래서 '다른 보혜사'라고 부르는 것이다. 그런데 성령이 오셔서 신자들의 삶 속에 역사하신다고 완전해지는 것은 아니다. 그것은 성령께서 완전하지 못하거나 완전을 이룰 수 없는 분이기 때문이 아니다. 그것은 신자들이 성령으로 거듭나 '성령의 첫 열매'를 받았음에도 불구하고 연약한 육신과 죄악이 가득한 세상에 살면서 하나님의 목적을 제대로 수행하지 못하기 때문이다.

율법주의에 빠져 성령으로 시작했다가 육체로 마치려는 자들 때문이며(갈3:1-5), 또한 성령을 따르는 삶보다는 육신의 생각에 사로잡혀 살기 때문이며(7-8, 12-14절), 하나님의 계획과 목적을 깨닫지 못하여 경륜을 이루는 삶을 살지 않기 때문이다(딤전1:4). 그럼에도 불구하고 신자의 신앙생활은 성령의 도우심이 없이는 신앙 자체가 이루어질 수 없다는 사실을 기억해야 한다.

"이와 같이 성령도 우리의 연약함을 도우시나니 우리는 마땅히 기도할 바

를 알지 못하나 오직 성령이 말할 수 없는 탄식으로 우리를 위하여 친히 간구하시느니라"(26절)

'이와 같이'('Ωσαύτως)는 '마찬가지로'(likewise), '유사하게'(similarly)라는 뜻으로 23절을 받아서 성령의 첫 열매를 받은 신자들도 탄식하며 몸의 속량을 기다리는 것과 마찬가지로 성령께서는 신자들을 위하여 탄식하며 연약함을 돕고 있다는 말이다.

여기 '연약함'(ἀσθένεια)은 인간이 지니고 있는 결점, 감당하기 어려운 것들, 즉 인간의 삶의 유한성(有限性) 및 유약성(柔弱性)을 뜻하기도 하지만 (고후12:5, 9, 10, 13:4), 여기에서는 인간의 육신의 연약함, 즉 인간의 부패하고 타락한 본성으로서의 육신의 연약함을 뜻한다(6:19, 히4:15, 5:2).

그래서 자신의 의지로 하나님의 뜻을 실천할 수도, 율법의 요구를 이룰 수도 없는 연약성에 놓여 몸부림치는 신자들의 형편을 말한다(7:15-23절). 자신의 노력과 몸부림으로 거룩한 삶을 이룰 수 없어서 탄식하며 괴로워 할 때에 성령께서는 신자의 연약한 본성을 극복하고 승리로운 신앙의 삶을 살 수 있도록 일으켜 세워주고 도와주고 진리 가운데로 인도하는 사역을 하신다. 여기 '도우시나니'(συναντιλαμβάνεται)라는 단어는 '함께 거들어 주다'(to lend a hand together with), '어떤 사람의 부족을 돕다'(to help the aid of someone)는 뜻으로 짐을 스스로 감당할 수 없어 버거워하는 사람의 곁에 찾아와서 지원해 주고 날라주는 사람의 행위를 가리킨다. 성령께서는 연약한 본질에 쌓여 있는 우리 곁에 찾아오셔서 부족을 돕고 지원해 주고 이끌어주는 사역을 지금도 계속하고 계신다.

① 성령께서는 우리가 마땅히 추구해야 할 것을 알지 못할 때에 친히 말할 수 없는 탄식으로 우리를 위해 간구해 주신다.

"우리는 마땅히 기도할 바를 알지 못하나 오직 성령이 말할 수 없는 탄식으로 우리를 위하여 간구하시나니"(26절하)

여기 한글성경에는 반영되지 않았지만 '가르'(γαρ)라는 접속사를 통하여 성령께서 신자들의 연약함을 돕는 사역의 이유를 밝히고 있다. 그것은 '마땅히 기도할 바를 알지 못하기' 때문이다.

먼저 '기도할 바'(προσευξώμεθα - προσεύχομαι)의 미래 직설법, 과거 가정법, 현재 가정법으로 볼 수 있는데, 현재 가정법이 가장 타당할 것 같다.)

는 하나님께 '기도하다'(to pray)로 사용되는 단어이지만, 여기에서는 어떤 것을 위하여 '간청하다'(to pray for someth)는 뜻으로 해석하는 것이 본문을 이해하는데 도움이 된다고 보여 진다(골1:3, 살전5:25). 그리고 '마땅히'(δεῖ)는 의무적인 일, 또는 어떤 결과에 도달해야 하는 필요성을 강조하여 '마땅하게'(καθὸ δεῖ, as it is necessary)라는 의미를 가지고 있다.

그러면 말씀을 정리해 보자.

신자들은 하나님의 자녀로서 마땅히 구해야 할 삶의 목표, 사역의 목적이 분명히 주어져 있다. 그러나 하나님의 백성으로서 '마땅히 구해야 할 것이 무엇인지를 모르고 있다'는 것이다. 즉 영적 이해력의 부족으로 인하여 하나님의 계획과 목적이 무엇인지를 모르고, 그 계획을 어떻게 성취해야 할지, 어떤 전략으로 무장해야 할지, 삶의 목표를 무엇으로 정해야 할지, 어떤 삶의 스타일을 갖추어야 할지…등을 전혀 알지 못한다는 것이다.

그것은 신앙인의 삶에 심각한 문제를 야기하게 만든다. 유대인들이 하나님의 계획을 모르자 "영광의 주를 십자가에 못 박는" 어리석은 행동을 했던 것처럼(고전2:8), 기독교 신자들도 마찬가지로 십자가 복음의 사신(使臣)이 되어야 할 자들이 오히려 "십자가의 원수"로 전락하게 되고(빌3:18), 서로 협력하여 공동체를 건설해야 할 사람들이 신앙 공동체를 무너뜨리는 오류를 범하고(엡2:21-22, 딤후2:18), 거룩함의 열매를 맺으며 살아야 할 자들이 구습을 쫓는 옛 습관에 빠져 사탄의 노리개 감이 되어 복음의 문을 닫는 일을 자행하기 때문이다(엡4:25-32).

이런 모습에 안타까워한 나머지 성령께서는 "말할 수 없는 탄식"으로 그들을 위해 간구해 주시므로 도와주시는 것이다. '말할 수 없는 탄식'이란 '말로 표현할 수 없는 탄식'이라는 뜻으로 인간 언어로 다 표현하기 어려울 정도로 답답하고 안타까워 애통해 하는 심정으로 탄식하는 것을 말한다.

왜 그렇게 성령께서 탄식하시는가?

여기 '친히'(αὐτὸ, the Spirit himself)라는 말씀처럼 성령 자신이 볼 때, '육신의 생각'에 사로잡혀 사는 신자들의 생각하는 수준, 행동하는 행동, 삶의 목표, 사명적 자세…등이 얼마나 답답하고 속 터지는 모습이겠는지 생각해 보라. 그래서 말로 형용할 수 없는 탄식을 발하면서 속히 영적 눈이 떠져서 바르게 이해하고 깨달아 바른 삶을 살게되기를 갈망하여 성도들을 위하여 간구하시는 것이다.

여기 '간구하다'(ὑπερεντυγχάνει)는 27절의 '간구하다'(ἐντυγχάνει)라는 단어와 다르게 '~을 위하여'(ὑπερ)라는 전치사가 더해져서 '탄원하다'(to plead), '중재하다'(to intercede)는 뜻으로 보편적으로 법정에서 변호인이 하는 것처럼 도움을 목적으로 어떤 사람을 위해 진술해 주는 것을 의미한다. 성령께서는 신자들이 하나님의 계획하심과 목적대로 살아가지 못하는 모습을 보면서 그들을 위하여 말할 수 없는 탄식으로 탄원하고 계시는 것이다.

사명적 삶을 살아야 할 이스라엘 민족이 "반역하여 주의 성령을 근심하게 하였으므로 그가 돌이켜 그들의 대적이 되사 친히 그들을 치셨던"(사63:10) 것을 생각해 보아야 한다(사63:7-14). 또한 '만물을 충만하게 하는' 우주적 비전을 가지고 달려가야 할 신자들이 하나님의 계획과 목적에는 무지하고 삶은 불신자들과 똑같은 수준의 옛 습관에 사로잡혀 살므로 "하나님의 성령을 근심하게"(엡4:30) 하는 것도 기억해 보아야 한다(엡4:25-30).

그러므로 우리는 속히 성령의 탄식소리를 듣고 진리의 무지, 영적 무지에서 벗어나고 잘못된 삶의 스타일과 삶의 걸음을 수정해야 한다. 그리고 성령을 따라 살아가므로 나에게 주어진 거룩한 목적을 달성해야 하다.

② 성령께서는 우리가 영의 생각을 추구해 갈 수 있도록 하나님의 뜻대로 간구해 주신다.

"마음을 살피시는 이가 성령의 생각을 아시나니 이는 성령이 하나님의 뜻대로 성도를 위하여 간구하심이니라"(27절)

원본에 있는 '그러나'(δε)라는 접속사는 26절의 내용과 대조되는 것으로 앞 절에서 신자의 삶의 부정적인 면을 성령께서 탄식하며 돕는 사역을 한다고 진술했다면, 본 절에서는 신자의 삶의 긍정적인 면을 성령께서 돕는 사역을 한다는 것을 진술하고 있다.

특히 '성령의 생각'(τὸ φρόνημα τοῦ πνεύματος)이라는 문구를 어떻게 이해해야 할지 고민이다. 보편적인 해석자들처럼 '성령의 생각'으로 하는 것이 좋을지, 그렇지 않으면 6절처럼 '영의 생각'(το φρόνημα τοῦ πνεύματος), 즉 '영적으로 생각하는 것'(to be spiritually minded, KJV), 또는 '성령에 의하여 지배된 생각'(the mind controlled by the Spirit, NIV)이라고 해석하는 것이 좋을지를 생각해 보아야 한다.

여기 '마음을 살피는 이'(he who searches our hearts, NIV)라는 말은 하나님께서는 인간의 마음들을 샅샅이 살피고 판단하시는 분이라는 말이다 (렘17:10, 행1:24, 계2:23). 그런데 인간의 '마음들'(hearts)을 살피시던 하나님이 갑자기 '성령의 생각이 무엇인지 아신다'고 말하는 것은 좀 어울리지 않는다고 보여 진다.

또한 "성령은 모든 것 곧 하나님의 깊은 것까지도 통달"(고전2:10) 하시는 분이신데, 삼위 하나님의 상호관계에서 볼 때에 굳이 성부께서 '성령의 생각을 아신다'고 말할 필요성은 없다고 보여 지기도 한다.

그러므로 여기에서는 6절처럼 인간의 마음들을 살피시는 하나님이 '성령에 의하여 지배된 생각을 아신다'(the mind controlled by the Spirit)라고 이해하는 것이 좋을 듯싶다. 그것이 앞에서 설명한 것처럼 26절에서 신자의 부정적인 삶의 모습을 보고 성령이 탄식하며 탄원 사역을 하는 것으로 본다면, 그 반면에 27절에서는 '영의 생각'에 따라 생활하는 신자의 긍정적 삶의 모습을 보면서 성령이 간구 사역으로 돕는다고 하는 것이 자연스럽기 때문이다.

여기 '간구하다'(ἐντυγχάνει)는 26절의 '간구하다'(ὑπερεντυγχάνει)라는 단어의 의미와 조금 다르게 '~안에'라는 전치사 '엔'(ἐν)과 '목표를 달성하다'는 뜻의 동사 '튕카노'(τυγχάνω)의 합성어로 목표를 정하고 이를 달성하기 위하여 영향을 끼치는 행위를 의미한다. 성령께서는 영적으로 생각하는 신자들에게는 하나님의 뜻에 따라 실천해 갈 수 있도록 영향을 미치고, 간구하여 주는 사역을 하시는 것이다.

성령께서는 계속해서 신자들과 함께 하면서 하나님의 뜻을 제대로 찾지 못하는 자들을 위해서는 말할 수 없는 탄식으로 탄원해 주는가 하면 하나님의 뜻에 따라 영적으로 정상적인 삶을 살아가는 성도들을 위해서는 더 잘 실천할 수 있게 하려고 격려하고 간구하면서 돕는 사역을 하시는 것이다.

그러므로 신자가 하나님의 목적을 제대로 깨달았든지, 또는 깨닫지 못했든지 간에 성령과 친밀하게 교제하고 인도하심과 도와주심을 받으며 살아가는 것이 대단히 중요하다. 늘 보혜사 성령과 동행하라.

셋째는, 성령은 하나님의 구속 목적대로 우리들을 이끄신다(28-30절).
구원 역사(役事)는 하나님이 마련하신 절대 주권적 사역이다. 성부 하나님께서 인류 구원을 위한 계획과 목적을 세우시고, 성자 예수님께서는 성육신과 십자가 구속 사건을 통하여 그 계획을 완성시키시고, 성령 하나님께서는 그 목적을 완성하기 위하여 신자들 가운데서 적용하고 이루어 가시는 사역을 하고 계신다.

오늘도 하나님께서는 구원의 계획과 목적이 성취되기 위하여 경륜(經綸, οἰκονομία)하고 계신다. 하나님의 경륜 역사의 중심에는 성령이 역사하시는 것이다. 성령께서는 구원의 시작부터 종말에 구속의 완성의 날까지 신자의 전 경험 속에서 능동적으로 역사하고 계신 것이다(엡4:30).

본 단락에서는 하나님의 구원 계획과 목적이 신자의 삶 속에서 어떻게 이루어가는 지 그 과정을 간략하게 설명하고 있다. 특히 28절에 대하여 학자들마다 여러 견해가 있지만, 26-27절에서는 성령께서 신자들 속에서 간구의 사역을 한다는 것을 말했다면, 28절에서는 신자들 속에서 성령께서 하나님의 구원 사역을 하고 계신다는 의미로 연결시켜 보는 것이다.

루터(M. Luther)는 "성령께서는 모든 것을 이루시나니 그들이 비록 악할지라도 선하게 협력하여 일하신다."라고 주석하였다. 그래서 최근의 많은 학자들은 '협력하여 일하신다' (συνεργεῖ)라는 동사의 주어를 '성령' 으로 이해하고 있다(참조 NEB). 하여간 하나님으로 보든, 성령으로 보든 전체 구원 역사는 삼위 하나님의 사역이라는 것이다.

㉮ 하나님은 모든 것을 합력하여 선을 이루신다.

우리가 알거니와 하나님을 사랑하는 자 곧 그의 뜻대로 부르심을 입은 자들에게는 모든 것이 합력하여 선을 이루느니라 "(28절)

'우리가 알거니와' (οἴδαμεν)라는 말은 어떤 지식을 공통으로 소유했다는 것을 알게 하려고 호소할 때에 바울이 자주 사용하는 관용구로서(2:2, 3:19, 고후5:1, 갈2:16, 4:13), 여기에서는 어느 정도의 영적 지각만 있다면 얼마든지 알 수 있는 분명한 사실은 하나님의 목적대로 부르심을 받은 사람들에게는 모든 것이 합력하여 선을 이루어 가신다는 사실이다. 이것을 조금 더 구체적으로 설명하면 다음과 같다.

① 구원의 대상자는 하나님의 목적대로 부르심을 입은 자들이다.

구원은 하나님의 역사인 반면, 또한 인간의 응답으로 이루어지는 것이다.

3:21-22에서 보여준 것처럼 "율법 외에 하나님의 한 의"를 마련한 것은 하나님의 구원 전략인가 하면, "믿음으로 말미암아"는 하나님의 은총에 대한 인간의 반응인 것이다.

'하나님을 사랑하는 자' 라는 개념은 이미 구약에서부터 사용되어졌던 것으로, 전심으로 하나님을 경외하겠다고 다짐하고 하나님의 목표를 자신의 것으로 삼은 자를 '사랑하는 자' 로 여겼던 것이다(예를 들어, 출20:6, 신7:9, 삿5:31, 단9:4). 바울은 이 개념을 신자들에게 적용하여 '하나님을 사랑하는 자' 라고 했다(고전2:9, 8:3, 엡6:24). 또 한편 하나님의 측면에서 신자를 '그의 뜻대로 부르심을 입은 자들' 이라고 칭하고 있다.

여기 '그의 뜻대로'($\kappa\alpha\tau\grave{\alpha}$ $\pi\rho\delta\theta\epsilon\sigma\iota\nu$)를 이해하는 것이 매우 중요하다. '뜻' 이라고 번역 된 '프로데시스'($\pi\rho\delta\theta\epsilon\sigma\iota\varsigma$)는 '계획'(plan), '목적' (purpose)의 뜻으로 '계획적인 결심'(deliberate resolution), 또는 '신적 목적'(divine purpose)을 의미한다. 아보트(T. K. Abbott)는 엡3:11에 있는 '영원한 목적' 을 '시대를 거듭해온 목적'(the purpose that runs through the ages)이라고 설명했다.

즉 하나님께서 세워놓으신 계획을 이루려는 목표(aim), 또는 설계 (design)라는 말이다. 그리고 '~에 따라'($\kappa\alpha\tau\alpha$)라는 전치사는 목적어를 가질 때에 시간적으로 '이유' 를 나타내어 '~ 때문에'(because of), '그 결과로서'(as a result of), '~에 근거하여'(on the basis of)라는 의미로 하나님께서 계획하신 목적에 따라 '부르심을 입은 자' 라는 말이다.

하나님의 목적은 영원 전부터 그리스도 안에서 마련된 하나님의 구원 전략이다. 그 하나님의 구원 전략에 따라서 부르심을 입었다는 것은 '구원을 받았다' 는 말과 같은 말인 것이다(딤후1:9). 여기서 또 한 가지 기억해야 할 것은 '부르심을 입은 자들', '택하심을 입은 자들', '거룩한 자들', '사랑하신 자들' 이 전부 동의어라는 사실이며, 이는 그리스도 안에서 현재적으로 이루어지는 신적 은총이라는 것이다(골3:12, 계17:14). 우리 신자들은 하나님의 영원한 계획과 목적에 따라서 부르심을 입은 하나님의 자녀들이다.

② 그들에게는 모든 것이 합력하여 선한 결과가 이루진다.

여기 '합력하여 이루느니라'($\sigma\nu\nu\epsilon\rho\gamma\epsilon\hat{\iota}$)는 '함께 일하다'(to work together), '협력하다'(to cooperate)는 뜻을 갖고 있지만, 헬라어 사전

(BAG)에서 설명한대로 '선을 위하여' (εἰς ἀγαθόν)라는 전치사구와 함께 연결되어 '어떤 것을 얻기 위하여 어떤 사람을 돕는다' (to help someone to obtain someth), 또는 '어떤 것을 산출하도록 돕다' (to help to bring someth about)는 뜻으로 해석할 수도 있다. 그리고 '모든' (πάντα)이란 자신에게 일어나는 모든 고난, 박해, 질병, 문제... 등 인간사에서 일어나는 모든 일들과 사회와 역사 속에서 일어나는 사건들, 또는 자연 현상 가운데 일어나는 천재지변 같은 모든 사건들을 말한다.

하나님께서 자기 백성들을 선한 목적으로 인도하기 위하여 돕고 역사한다는 것은 구약에서부터 이어져 오던 사상이다. "요셉을 양 떼 같이 인도하시는 이스라엘의 목자"(시80:1)이신 하나님께서는 요셉이 비록 노예로 팔리고 감옥에 갇히는 시련과 고난을 겪었다 할지라도 이 모든 시련들을 합력하여 선하게 만들어 승리하게 하시고, 주었던 꿈을 성취하게 하셨던 것이다(창 45:7-8). 요셉의 증거처럼 인간들의 해(害)를 선으로 바꾸어 만민의 생명을 구원하는 섭리를 베푸신 것이다(창50:20). 그러므로 고난은 그들을 죽이려는 것이 아니라 오히려 선한 결과로 인도하려는 하나님의 섭리의 역사였던 것이다(신8:2-3, 시119:67, 71, 행16:6-10, 히12:11).

이와 같은 하나님의 섭리 역사의 극치는 예수 그리스도의 삶에서 찾을 수 있다. 예수 그리스도께서는 영광의 존재로서 세상에 보냄을 받았지만, 배신을 당하여 팔리고, 고초를 겪고, 십자가의 죽음을 당하였다. 그러나 하나님께서는 이 모든 것을 합력하여 하나님의 영원한 계획과 목적을 성취하는 계기로 삼았던 것이다. 즉 실패를 통하여 구원 역사를 완성하게 하신 것이다 (히5:7-10, 벧전2:22-24). 특히 합력하여 선을 이루는 역사는 일반적인 삶에서 뿐만 아니라 종말적 구원의 목적을 달성하는 것에서도 선한 결과를 만들어 내도록 섭리하시는 것이다.

③ 선의 최종 목적은 몸의 구속이 이루어지는 '양자 되는 것' 이다.
'선' (εἰς ἀγαθόν)은 좋은 결과를 일컫는 말이다. '선하다' 의 히브리어 '토브' (בוט)는 '좋다' (창1:4, 욥13:9), '아름답다' (민24:5), '복되다' (신19:13)는 의미로 아름다운 환경, 또는 아름다운 상태를 만들어 주는 것을 말한다 (시19:7-11). 하나님은 신자들의 삶 속에서 일어나는 모든 일들을 합력하여서 결과적으로 아름다운 결과를 낳게 하시는 것이다.

그러나 여기에서의 '선'은 궁극적인 구원으로 하나님께서는 신자들 가운데서 역사하여 최종적인 구원의 완성의 자리까지 인도해 주시는 것을 말한다. 그것은 21절의 '하나님의 자녀들의 영광의 자유에 이르는 것', 또는 23절의 '양자 될 것 곧 우리 몸의 속량'의 상태에 이르는 것이다.

(나) 하나님의 구원의 목적은 아들의 형상을 본받는 것이다.
"하나님이 미리 아신 자들을 또한 그 아들의 형상을 본받게 하기 위하여 미리 정하셨으니 이는 그로 많은 형제 중에서 맏아들이 되게 하려 하심이니라"(29절)
여기 한글 성경에는 반영되지 않았지만, 서두에 나오는 접속사 '호티'(ὅτι)는 원인을 나타내는 접두어 역할을 하여 '왜냐하면'(because)이라는 뜻으로 합력하여 선을 이루는 이유를 밝히고 있다.
먼저 우리가 여기에서 주의해야 할 것은 신학자들 사이에 29-30절을 가지고 '예지예정'의 교리와 '예정'의 교리를 가지고 논쟁하는 경우가 많다는 것이다. 우리는 어느 교리가 옳고, 어느 교리가 틀리는지를 논쟁하면서 서로 식상(食傷)해하고 정죄하면서 허송세월할 필요가 없다고 본다. 본문이 말하는 중요한 것은 하나님의 구원의 목적, 또는 구원에 대한 하나님의 섭리를 말하고자 하는 것이지 교리의 옳고 그름을 밝히고 논증하려는 것이 아니라는 사실이다. 그러므로 우리는 성경 본문을 가지고 의미를 밝히는데 중점을 두고 설명해야 한다고 본다. 옹졸한 인간들처럼 내 견해와 틀리다고해서 짜증낼 필요도 없고, 다만 '그렇게 해석할 수도 있구나'라고 이해하면 되는 것이다.
미리 말씀드리면, 본인은 '예정'이라는 개념을 개인의 구원에 대한 절대적인 운명적 결정이라고 보지 않고, 하나님의 영원한 구원 계획에 대한 사건적 결정이라고 본다는 것이다. 그것은 '예정'이라는 단어가 사용되는 곳마다 그 의미는 '운명적인 요소'보다는 '사건적 요소'가 더 강하게 나타나기 때문이다(행2:23, 3:20, 4:28, 고전2:7).

① "하나님이 미리 아신 자들을"
'미리 아신 자들'(οὕς προέγνω)에서 '미리 안다'(προγινώσκω)라는 단어는 '사전에 알다'(to know beforehand)라는 뜻으로 미래의 사건들을 숙

지하는 것을 의미한다. 이 단어가 구원에 관련하여 몇 차례 사용하고 있는데, 하나님께서는 그리스도의 구속 활동의 과정을 아신다고 했고(행2:23, 벧전1:20), 이스라엘의 백성의 역사를 미리 아신다 했으며(롬11:2), 뿐만 아니라 구원 받은 신자들을 미리 아셨다고 했다(롬8:29, 벧전1:2).

우리는 이것을 신학적으로 '예지'(豫知, foreknowledge)라고 일컫는다. 이는 어떤 선발(selection)의 의미나, 또는 도덕적 행위의 예지의 의미보다는 통찰(prescience)의 의미로 미래의 사건과 역사, 즉 하나님이 계획하시고 결정한 사건들을 예지하신다는 의미로 사용하고 있다는 것이다.

하나님께서는 만세 전에 구속 계획을 세우셨다. 그리스도 안에서 인류를 구속하시고 하나님의 예비 된 은총을 제공하는 것이다. 하나님은 계획된 이 모든 사실, 또는 그 방식을 미리 아신 것이다. 그러므로 그리스도의 구속 사역에 관한 것을 미리 아셨으며, 구원 공동체와 그에 속한 신자들을 미리 아신 것이다. 그들이 아들의 형상을 본받는 것과 영생을 얻기로 계획되고 목적하신 것을 아신 것이다. 그래서 여기에서의 '미리 아신 자들'이란 바로 28절에서 말한 '하나님의 목적대로 부르심을 받은 자들', 또는 '하나님을 사랑하는 자들'과 같은 의미인 것이다.

다크(Finis J. Dake)의 설명이 예지라는 단어를 이해하는데 도움이 될 것이다. "하나님께서 태초부터 종말까지 자신의 계획을 아신다는 말이다. 성경에서 말하는 것은 오직 자신의 계획에 언급되어 있는 사건들과 관련하여 영원부터 예지하신다는 것이지, 선택으로 보여 지는 어떤 특별한 사람들의 도덕적 행위들을 예지한다는 말은 아니다"(사42:9, 45:11, 46:9, 48:6, 단 2:28-29, 행15:18, 마13:35, 24:36, 계21:22 등).

② "그 아들의 형상을 본받게 하기 위하여 미리 정하셨으니"

하나님의 구원 계획의 목적은 '하나님의 아들의 형상을 본받게 하려는 것'이다. 즉 아들의 모습을 닮는 것이다. 이것은 어떤 외형적 모습을 본받는 것을 뜻하는 것이 아니라 그리스도를 모형(prototype)으로 삼는 것을 나타낸다. 그리고 '본받는'(συμμόρφος)이란 말은 '같은 모형을 가지는' 것, 즉 같은 성질로 일치하는 것을 가리킨다.

바울이 자신이 "그리스도와 그의 부활의 권능과 그 고난에 참여함을 알고자 하여 그의 죽으심을 본받아"(빌3:10) 가는 삶을 추구했다고 고백한 것을 보면, 그리스도를 본받는다는 것은 단순한 외형을 닮으려는 것뿐만 아니라 그의 성품, 그의 삶, 그의 사역, 그의 정신을 본받기를 원하는 것을 가리키는 것임을 알 수 있다. 부르심의 목적은 하나님의 아들 예수 그리스도를 본받는 것이다.

여기 '미리 정하다'(προορίsω)라는 단어는 '미리 정하다'(predestine), '앞서 확실히 설계하다'(to design definitely beforehand)라는 뜻으로 어떤 일을 미리 정하고 확정한 것을 의미한다. 이것을 신학적으로 예정(豫定, predestination)이라고 부른다.

이 단어가 신약에 6회 나오는데(행4:28, 롬8:29, 30, 고전2:7, 엡1:5, 11), 그 사용되어지는 용도를 보면 어떤 외형적 특권, 즉 복음의 특권을 예정했다는 뜻보다는 구원의 사건, 또는 구원의 은총을 제공하는 하나님의 행위를 뜻하여 사용되어지고 있다는 것이다.

행4:28의 '예정된 계획'이라는 말은 하나님께서 역사 속에서 성취되기를 바라시며 '미리 결정해 놓으신 계획'이라는 뜻이다. 그리스도로 말미암아 성취되어지는 구속사에 관한 모든 것은 하나님이 '미리 정해 놓으신(예정하신) 계획'(행2:23, 3:20, 17:31, 엡2:10)대로 이루어져 왔던 것이다.

뿐만 아니라 예정(豫定)이라는 단어는 그리스도 안에서 주어지는 하나님의 은총에 대하여 하나님께서 미리 결정해 놓았다는 의미로 사용되어지고 있다. 그리스도 안에서 아들의 명분을 얻고(엡1:5), 기업이 되며(엡1:11), 신자의 영광을 위하여(고전2:7) 만세전에 미리 확정하신 것이다. 본 절에서는 신자들로 하나님의 아들의 형상을 본받게 하려는 목적으로 미리 정하셨다는 의미로 사용하고 있다.

스코필드(C. I. Scofield)가 예정에 대하여 '이미 이전에 하나님에 의해 결정되어진 사건들을 반드시 일어나게 만드는 하나님의 의지의 유효적 행사다'라고 정의한 것은 적절하다고 보여 진다. 다시 말해 '미리 정하다'라는 단어는 '운명적 결정'의 의미보다는 구원의 사건과 은총에 대한 '하나님의 목적의 결정'이라는 의미로 보는 것이 구원론을 풀어가는 데 훨씬 성경적이고 은혜롭다는 것이다.

신자는 하나님의 아들의 형상을 본받게 하려는 예정된 계획 속에 들어온 자들로 매일의 삶에서 뿐만 아니라 종말적 소망에서도 그리스도의 영광의 몸의 형체로 변할 것을 바라보며 살아야 한다(빌3:21, 요일3:2).

"세상에서 썩어질 것을 피하여 신성한 성품에 참여하는 자"(벧후1:4)가 되게 하려고 부르심을 받은 자들이기에 매일의 삶 속에서 그리스도의 성품뿐만 아니라 삶의 스타일까지도 본받기 위하여 달려가야 할 것이다(고전11:1, 엡5:1, 살전1:6).

③ "이는 그로 많은 형제 중에서 맏아들이 되게 하려 하심이니라"
신자들로 그리스도를 닮아가게 하려는 것은 '형제' 삼으려는 것이었다(히 2:11). 이로서 그리스도로 많은 형제들 가운데서 맏아들이 되게 하려는 것이다. 그리스도는 모든 피조물보다 '먼저 나신 자'이시며(골1:15) 만물의 '으뜸'이 되신 분이시다(골1:18).
이는 그리스도와 그리스도인 사이의 관계가 하나님의 가족으로서의 친밀한 형제 관계라는 것을 강조하는 것이다. 그리스도께서 맏형으로서 많은 형제들을 위하여 죄를 속량해 주고(히2:17) 영광에 들어가게 하시는 일에 구원의 창시자가 되어 주시고(히2:10), 앞서 가신 선구자가 되어 주신 것(히 6:20)을 뜻한다.

(다) 하나님은 구원의 목적을 신자의 삶 속에서 이루어 가신다.
"또 미리 정하신 그들을 또한 부르시고 부르신 그들을 또한 의롭다 하시고 의롭다 하신 그들을 또한 영화롭게 하셨느니라"(30절)
본 절은 하나님의 구원 계획과 목적을 예정하신 것과 구원의 성취 과정을 연결시켜서 설명하고 있다. 즉 '일어나기로 미리 정하신 계획'(행4:28)이 신자들의 삶 속에서도 성취되어져 가는 과정을 말하고 있는 것이다.

① "또 미리 정하신 그들을 또한 부르시고"
"미리 정하신 자들'(οὓς προώρισεν)은 29절의 설명대로 하나님의 계획 속에 있는 자들을 가리킨다. 예수 그리스도와 그의 십자가 구속사건이 '이미 정해진 하나님의 계획'인 것처럼(눅22:22, 행2:23, 3:20) 신자들의 구원의 은총도 '이미 정해진 계획'인 것이다(엡1:11).
하나님께서는 예수 그리스도를 통하여 구원 사역을 성취하시고, 믿음으로 구원을 얻을 수 있도록 그의 계획 속에서 미리 정해 놓으셨던 것이다. 하나님이 미리 정해 놓으신 구속 계획과 목적에 부합한 자들을 하나님은 부르신 것이다(딤후1:9).

28절에서 이미 설명한 것처럼 '부르심을 받은 자들'은 하나님의 목적하심에 따라, 그의 목적에 근거하여 부르심을 받은 것이다. 그러므로 '부르심'(Calling)은 하나님의 영원한 목적이 역사 속에서 현실화 된 것을 말한다. 이것은 단순한 복음으로의 외적인 초청을 말하는 것이 아니라 내적인 변화를 말하는 것이다. 그래서 '부르심'의 은총은 '구원하심'과 '택하심'의 동의어로 사용하고 있는 것이다(딤후1:9, 벧후1:10, 계17:14).

② "부르신 그들을 또한 의롭다 하시고"

'의롭다하심'은 하나님께서 죄인을 완전한 상태로 보는 것, 즉 옳게 되었다고 선언한 상태를 말한다. 그리스도를 믿는 자에게 그의 죄를 용서해 주고, 그리스도의 의를 전가시켜 의롭다고 선언해 주시는 하나님의 은혜로운 법적 판결을 가리킨다.

의롭다하심은 그리스도의 십자가의 공로가 근거이며 믿음을 수단으로 하여 주어지는 은총이다(3:22). 그에게는 정죄의 판결이 무효화 되고(8:1, 33, 34), 형벌이 면제되고(4:7, 8, 고후5:19), 하나님과의 관계가 회복되는 은총을 받게 되는 것이다(5:8, 엡2:14-17).

③ "의롭다 하신 그들을 또한 영화롭게 하셨느니라"

의롭다하심을 받은 자들의 최종 단계는 '영화'의 상태에 이르는 것이다. 영화롭게 되는 것(glorification)은 성령으로 말미암아 '우리의 낮은 몸이 그리스도의 영광의 몸의 형체와 같이 변하여' 영광에서 영광에 이르는 것을 가리킨다(고전15:49, 고후3:18, 빌3:21).

이는 그리스도의 강림하시는 '몸의 속량'의 때에 이루어지는 것으로 육의 몸이 신령한 몸으로 변화 되어 하나님의 영광에 참여하는 것을 말한다(고전15:42-44, 50-54). 이 모든 구원의 과정과 은총들이 하나님의 영원한 계획과 목적하심에 따라서 이루어진 것이다. 하나님은 신자들의 삶 속에서 모든 것이 합력하여 이와 같은 선한 결과를 이루어 가고 계신다.

우리는 본 단원(18-30절)에서 "성령의 사역을 깨달아야 한다"는 주제로 살펴왔다. 신자가 비록 성령의 처음 열매를 받았다 할지라도 탄식하며

'영광의 자유'의 날, 양자 될 것, 곧 몸의 속량의 날을 기다린다고 했다. 그것은 이 땅에서 고난과 투쟁의 삶을 살기 때문이었다.

그러나 성령께서는 고난 속에 살아가는 신자에게 영광의 소망을 가지고 살아갈 수 있도록 도와주신다. 또한 신자들 가운데는 마땅히 자신이 추구해야 할 바를 알지 못하는 삶을 사는 자들이 있는가 하면 또한 성령의 지배를 받는 영적인 생각을 가지고 살아가는 자들도 있다. 성령께서는 전자를 위해서는 말할 수 없는 탄식으로 간구해 주시고, 후자를 위해서는 하나님의 뜻에 따라 살아갈 수 있도록 간구 사역을 하신다고 했다.

끝으로 하나님의 목적대로 부르심을 받은 신자에게는 하나님의 구원 계획과 목적의 미리 아심과 미리 정하심에 따라서 아들의 형상을 본받기 위하여 부르심, 의롭다하심, 영화롭게 되는 과정을 향하여 가게 하셨다는 것이다.

이 과정에서 성령께서는 모든 일들이 합력하여 선한 결과, 즉 아들의 형상으로 변화하는 영광의 자리에 이를 때까지 합력하여 역사하시는 것이다.

우리가 기억할 것은 비록 기독교 신자가 하나님의 목적에 따라 부르심을 받아 아들의 형상을 본받는 것을 삶의 목표로 삼고 또한 몸의 속량, 장차 나타날 영광의 자유를 바라보면서 살아간다 할지라도 육체를 입고 있는 이상 육신의 연약함을 붙들고 몸부림을 쳐야하며 고난과 투쟁하면서 피조물들과 함께 탄식하며 살아가야 하는 존재라는 것이다. 즉 신자는 아직도 육신의 연약함과 영광 사이에 끼어 탄식하며 살아가야 하는 존재라는 사실이다.

그럼에도 만약에 기독 신자가 하나님의 구속 목적을 깨닫지 못하고 방황하거나, 또는 7장에서 설명했던 것처럼 율법주의적 노력으로 의를 이루려고 몸부림친다면 실패적 삶을 살 수밖에 없다는 것이다. 그러나 우리가 인간적 노력과 몸부림을 내려놓고 "우리 연약함을 도우시는" 성령의 사역을 따라 살아간다면, 비록 고난과 유혹이 많은 세상을 살아간다 할지라도 성령께서 도와주셔서 아들의 형상을 본받아 갈 수 있게 하고 영광의 자리에 이를 때까지 역사해 주실 것이다. 그러므로 우리 곁에 오셔서 연약함을 도우시는 성령을 따라 살아가도록 해야 한다.

(4) 우리는 구원 계획에 최후 승리자가 될 수 있다(8:31-39).
본 단락은 지금까지 진술해 오던 구원론의 결론 부분이다. 1:16-17에서 복음을 정의한 이후 죄 아래서 진노에 직면해 있는 인간의 형편에 대하여 (1:18-3:18), 율법 이외에 의롭다하심을 얻는 하나님의 새로운 구원 전략에 대하여(3:19-5:21), 그리고 거룩함에 이르는 열매를 맺기 위한 원리들을 설명했고(6:1-7:25), 8장에서 육신을 따르지 않고 성령을 따라 행하는 자에게 죄의 법에서 해방되어 하나님의 아들의 형상을 닮을 수 있음을 진술했다. 이제 그 결론으로서 이와 같은 하나님의 구원 계획과 목적이 성취 될 수밖에 없는 이유와 하나님의 사랑에 근거한 성도의 궁극적인 승리에 대한 환희의 찬가를 부르고 있다. 성도들이 궁극적 승리를 확신할 수밖에 없는 이유를 다음과 같이 밝히고 있다.

먼저는 아들과 함께 모든 것을 은사로 주신 하나님이 우리의 편이 되어 주신 이상 어느 누구도 대적할 수 없다는 것이다. 두 번째는 의롭다고 인정해 주신 분은 하나님이시기 때문에 어느 누구도 고발할 수 없다는 것이다. 세 번째는 우리를 위해서 하나님 우편에서 간구하시는 중보자 예수님이 있는 이상 어느 누구도 정죄할 수 없다는 것이다. 마지막으로 우리를 사랑하시는 하나님의 사랑이 있는 이상 세상의 어떤 것도 그리스도 안에 있는 하나님의 사랑에서 끊을 수 없다는 것이다.

이와 같은 바울의 진술을 통하여 우리는 구원의 승리에 대한 확신과 담대한 신앙생활을 영위해야 할 것이며 감사와 환희의 찬송을 부르며 세상을 승리롭게 살아야 할 것이다.

첫째는, 하나님께서 우리 편이 되어 주시기 때문이다(31-34절).
본 단락의 첫 마디가 "그런즉 이 일에 대하여 우리가 무슨 말 하리요"로 시작하고 있다. 여기 '그런즉'(οὖν)이라는 접속사는 지금까지 진술해 온 것에 대하여 결론적 진술을 하기 위한 것이다. 결론적으로 지금까지 진술해 오던 '이 일에 대하여'(πρὸς ταῦτα) 묻고 있다.

'이 일들' 이란 가깝게는 28-30절의 구원의 과정을 말한다고 할 수 있지만, 뒤에 나오는 내용으로 볼 때에 5-8장까지에서 진술해 오던 내용들을 가리키고 있음을 알 수 있다. 믿음으로 의롭다 여김을 받는 것, 예수 그리스도의 십자가의 죽음으로 인한 하나님과의 화평을 이루고 은혜의 자리에 들어감을 얻은 것, 그리스도로 말미암아 정죄에서 벗어나 생명에 이르게 된 것, 그리스도와 연합되어 죄에 대하여는 죽고 하나님에 대하여는 살아 새 생명 가운데서 살아가게 한 것, 죄와 율법의 종노릇에서 해방 된 것, 성령으로 양자가 되어 그리스도와 함께 상속자가 된 것, 장차 올 영광, 즉 몸의 속량을 기다리는 소망을 갖게 된 것, 하나님의 목적대로 부르심을 받아 구원의 은총에 참여하게 된 것 등을 가리킨다.

이와 같이 그리스도 안에서 허락하시는 하나님의 모든 은총들에 대하여 우리가 무슨 말을 더 할 수 있겠는가? 하나님이 마련하신 구원의 경륜하심은 어떤 것도 폐지할 수 없고, 어느 누구도 막을 수 없고, 빼앗을 수 없고, 끊을 수도 없다는 것이다.

(가) 하나님이 우리를 위하시면 어느 누구도 대적할 수 없다.
"만일 하나님이 우리를 위하시면 누가 우리를 대적하리요"(31절하)

여기 '우리를 위하시면'(ὑπερ ἡμῶν)은 '우리를 위하여'라는 말로 하나님께서 우리를 위하여 이 모든 구원의 역사와 은총들을 계획하시고 마련한 것을 의미한다(29-30절).

만일 우주의 창조요, 역사의 주관자이신 하나님께서 우리의 구원을 위하여 구속 계획을 세우시고 예수 그리스도를 대속의 죽음을 통하여 의롭다 하심과 함께 모든 것을 허락하게 되었다면 어느 누구도 대적할 수 없는 일이다. 구원의 설계자가 하나님이요, 구원의 은총의 제공자가 하나님이신데, 어느 누구가 방해할 수 있겠는가? 하나님이 우리를 위하여 마련하신 것인데 누가 우리를 대적하여 막을 수 있겠는가?

죄인들, 사악한 권력자들, 영적 세력까지도 하나님의 계획을 막을 수는 없는 것이다. 아무리 사탄이 인간의 타락을 주도하고 지금도 공중 권세를 잡고 세상의 임금 노릇을 한다 할지라도 하나님의 계획과 목적을 무너뜨릴 수도 없고, 신자들을 대적하여 구원의 은총을 받지 못하도록 막을 수도 없는 노릇인 것이다.

또한 "하나님이 우리를 위하시면"에는 하나님께서 우리의 편이 되어 주신다는 의미도 있는 것이다. 하나님이 우리 편이 되어 싸워주신다면 어느 누구도 대적할 수 없는 것이다(시23:4, 56:11, 118:6-7).

그 이유를 다음과 같이 밝히고 있다.
"자기 아들을 아끼지 아니하시고 우리 모든 사람을 위하여 내주신 이가 어찌 그 아들과 함께 모든 것을 우리에게 주시지 아니하겠느냐"(32절)

① "자기 아들을 아끼지 아니하시고"

여기 '자기 아들'($τοῦ\ ἰδίου\ υἰοῦ$)은 '자기 자신의 아들', 즉 '친아들' 을 가리킨다. 입양으로 양자가 된 그리스도인들과는 완전히 구별되는 친아들 인 것이다.

한글성경에는 반영되지 않은 전접 접속사 '게'($γε$)는 내용을 강조하는 역 할을 하여 '~까지도', '~조차도'라는 의미로 하나님께서는 인류 구원을 위 하여 자기의 가장 소중한 친아들까지도 아끼지 않고 내어주셨다는 말이다.

여기 '아끼지 아니하다'는 말은 뒤에 나오는 '내어주다'와 '은사로 주다' 라는 단어와 함께 인간을 향한 하나님의 무한한 사랑의 행동을 보여준다. '아끼다'($φείδομαι$)라는 단어는 '인정을 베풀다'(to spare), '절약하다'(to be thrifty of)는 뜻이며 부정문에서 사용할 때는 보편적으로 '아끼다'라는 의미로 사용한다(행20:29). 하나님께서 인류를 구원하시는 일을 위해서 자 신의 친아들, 즉 독생자까지도 아끼지 아니하시고 화목제물로 내어놓으신 것이다(요3:16, 요일2:2). 하나님께서는 우리의 구원을 위하여 엄청난 사랑 을 쏟아 부으셨고, 형용할 수 없는 희생을 지불하신 것이다(5:8-9).

② "우리 모든 사람을 위하여 내주신 이가"

여기 '내어주다'($παραδίδωμι$)라는 단어는 '넘겨주다'는 뜻이지만 법률적 으로 사용할 때에는 '법정으로 데려오다', '죄수를 인도하다'라는 뜻으로 심판이나 죽음에 넘겨준다는 의미로 사용되어진다. 하나님께서는 타락한 인류의 행실에 대하여 공의로운 심판에 따라 진노에 내어주게 되었다(1:18, 엡2:3). 그러나 반면에 긍휼히 풍성하신 하나님께서는 그 큰 사랑으로 인류 를 구원하기 위하여 자신의 독생자를 대속물로 진노하심에 내어주셨다(막 10:45, 요일2:2). 이는 한 사람 예수 그리스도로 말미암아 모든 사람을 살 리려는 하나님의 계획이었다(5:18, 행2:23, 고후5:14-15).

또한 여기에서 관심 있게 살펴보아야 할 것은 "우리 모든 사람을 위하여" 라는 말이다. '모든 사람'($πάντων$)의 범위가 어디까지이냐는 것이다. 한 마 디로 하나님께서 예수 그리스도를 십자가의 희생의 제물로 내어주신 것은 '전 인류'를 위한 것이다.

이사야 선지자가 53:6의 고난의 종 예언을 통하여 "우리가 다(We All) 양 같아서 그릇 행하여"라고 하여 전 인류가 죄인임을 시사(示唆)한 것과 마찬가지로 "우리 모두의(of us all) 죄악을 그에게 담당시키셨도다."라는 말을 통하여 메시아의 희생도 전 인류의 죄악을 담당한 것임을 분명히 하였던 것에서 확실히 알 수 있다.

사도 요한이 요3:16의 "하나님이 세상을 이처럼 사랑하사 독생자를 주셨으니"에서 '세상'($\tau\grave{o}\nu\ \kappa\acute{o}\sigma\mu o\nu$)이라는 단어를 어떤 한정된 사람들의 의미보다는 '타락한 전 인류'의 의미로 사용한 것처럼 예수 그리스도의 십자가의 희생도 전 인류를 위한 것이 분명하다.

캘빈(John Calvin)도 요1:29를 해석하면서 '세상 죄'를 어린양인 그리스도가 지고 갔다고 표현한 것은 "유대인들이 이 구속주는 자기들에게만 보내심을 받았다고 생각하지 못하도록 이 은혜를 차별 없이 전 인류에게 베풀고 있다"라고 했다. 또한 갈5:12를 해석하면서도 "그리스도는 온 세상의 죄를 위해 고난 받으셨기 때문에 우리가 한 사람도 예외 없이 모든 사람의 구원을 추구하는 것은 하나님의 뜻이다"라고 말했던 것이다.

그렇다. 예수님께서 "모세가 광야에서 뱀을 든 것 같이 인자도 들려야 하리니"(요3:14)라고 말씀하신 것에서 광야에 세워진 놋 뱀이 전 이스라엘 백성을 위한 것처럼 그리스도의 십자가의 희생도 전 인류를 위한 것임이 분명하다. 문제는 적용에 있다. 이스라엘 백성들이 복음의 소식을 들었다 할지라도 믿고 순종한 자들에게 적용되었듯이 그리스도의 구속의 은총도 그리스도를 믿는 자에게만 그 효력이 나타나는 것이다.

하나님께서 친아들조차도 아끼지 아니하시고 인류를 구원하기 위한 화목제물로 내어주신 것은 엄청난 사랑이요 값없는 은총인 것이다.

③ "어찌 그 아들과 함께 모든 것을 우리에게 주시지 아니하겠느냐"
마지막으로 하나님의 사랑의 행위를 나타내는 단어 '주시다'($\chi\alpha\rho\acute{\iota}\zeta o\mu\alpha$)는 '값을 받지 않고 거저주다'(to grant as a free favour), '은혜로 지급하다'(to give out of grace)는 뜻으로 그리스도 예수 안에서 예비하신 모든 은총의 선물들을 값없이 허락해 주신다는 말이다.

'그 아들과 함께'($\sigma\grave{v}\nu\ \alpha\grave{v}\tau\tilde{\omega}$)란 예수 그리스도를 내어주신 것과 함께 그 안에서 예비한 것을 선물로 주신다는 것이다. 그것은 이미 "그리스도 안에서 하늘에 속한 모든 신령한 복"을 주시기로 한 하나님의 영원한 계획인 것이다(엡1:3).

그리스도 안에서 거저주시는 그의 은혜는(엡1:6) 하나님 앞에서 거룩하고 흠 없이 설 수 있는 자격(엡1:4), 아들의 명분(엡1:5), 구속 곧 죄사함(엡 1:7)...등 모든 은총을 가리킨다. 이것은 이미 하나님의 계획 속에서 '우리를 위하여' 미리 정하신 것, 즉 예정, 확정된 것이기에 어느 누구도 폐지할 수도 없고 반대할 수도 없는 것이다.

(나) 의롭다 하신 이는 하나님이시기에 누구도 우리를 고발할 수 없다.
"누가 능히 하나님께서 택하신 자들을 고발하리요 의롭다 하신 이는 하나님이시니"(33절)

① "하나님께서 택하신 자들"
본문을 원문대로 직역하면 '하나님의 택하신 자들을 대항하여'(κατὰ ἐκλεκτῶν θεοῦ)이다. '택하신 자들'(ἐκλεκτῶν)이란 28절의 '부르심을 입은 자들'과 같은 의미이다. 신약성경에서는 이미 구원받은 성도, 또는 하나님의 백성을 '택하신 자'라고 호칭하였다(막13:20, 눅18:7, 롬16:13, 딛1:1, 벧전1:2, 2:9). 택하심은 그리스도 안에서 주어지는 그리스도 중심 (Christocetric)의 현재적 구원의 은총을 가리킨다.

사도 베드로는 각처에 흩어져 있는 성도들을 가리켜 '하나님 아버지의 미리 아심을 따라', '성령의 거룩하심을 통하여', '예수 그리스도의 순종과 피 뿌림으로 인하여' "선택된 자들"이라고 불렀다(벧전1:1-2). 즉 선택된 자들은 만세 전의 성부 하나님의 '미리 아심'이 원인이 되고, 성자 예수님의 십자가의 피 뿌림이 근거가 되어, 성령 하나님의 거룩하게 하시는 작용 (수단)을 통하여 이루어졌다는 말이다. 그러므로 선택은 "영원부터 운명적 결정"(a fteful decree from eternity)이 아니라 예수 그리스도의 복음을 듣고 "인간이 스스로 결정하는 때"(in time by the self-determination of men)에 그리스도 안에서 성취되어지는 은총인 것이다(살전1:4-5).

그리고 '택하신 자들'(ἐκλεκτῶν)이란 하나님의 특별한 목적을 위하여 부르심을 받은 사람들의 공동체인 '에클레시아'(ἐκκλησία)의 의미와 같은 것이다. '에클레시아'(ἐκκλησία)가 집단적이고 사명적 요소를 지닌 것처럼 '에크렉톤'(ἐκλεκτῶν)도 집단적이며 사명적 요소를 가졌다는 것이다.

그래서 구원에 관련하여 '선택된 자'를 말할 때는 항상 개인적인 단수보다는 항상 집단적인 공동체를 뜻하는 복수를 사용한다(골2:12, 딤후2:10, 딛 1:1). 그리고 구약에서 이스라엘 민족을 하나의 집단적 공동체로서의 '택한 백성'이라고 하였듯이(사43:20) 신약에서도 성도들을 집단적 공동체인 "택하신 족속"이라고 부르는 것이다(벧전2:10).

또한 '택하신 자들'이란 '부르심을 입은 자들' '거룩한 자들' '사랑하신 자들'과 같은 의미의 동의어로 사용한다는 것이다(골3:12, 벧후1:10, 계 17:14). 그러므로 '하나님의 택하신 자들'이란 그리스도 안에서 구원받고 부르심을 받은 성도들, 그리스도의 몸으로서의 교회(ἐκκλησία)를 말하는 것이다.

이들은 하나님께서 자기 피를 주고 사신 자들이다(행20:28, 고전6:19-20). 하나님께서 택하신 이스라엘 공동체를 "내가 너를 보배롭고 존귀하게 여기고 너를 사랑하였은즉"(사43:4)이라고 말한 것처럼 신약 공동체를 향하여서도 같이 사랑하시고 존귀하게 여기시는 것이다(엡2:6, 5:25-27, 벧전1:7).

② '누가 능히 고발하리요"

하나님께서 자신의 피를 주고 구속하시고 사신 택하신 자들을 누가 대항하여 고발할 수 있겠는가? 여기 '고발하다'(ἐγκαλέω)는 법적 소송 절차에서 소송을 제기 할 때에 사용되는 말로 '고소하다', '비난하다'는 뜻이다. 세상에는 신자를 고발하고 참소하는 자들은 많다. 먼저는 자기 자신이 스스로를 책망할 수 있다(요일3:21). 또는 하나님의 백성들을 모해(謀害)하려는 세력들이 있고, 율법도 있고(7:7), 가장 큰 참소자(讒訴者)는 사탄일 것이다(계12:10).

그러나 이러한 것들로 인한 모든 고발과 참소는 기각 될 것이다. 재판장이신 하나님께서(약4:12) 하늘의 법정에서 그리스도로 말미암아 이미 죄를 용서 하였고, 무죄 판결을 내리셨으며, 의롭다 여겨 주셨기 때문이다(3:24, 5:1). 그리고 하나님의 택하신 백성 삼아 주셨기 때문이다.

그럼에도 불구하고 이와 같은 은총을 받은 신자들을 고소하며 비난할 수 있단 말인가? 어쩌면 거듭남을 통하여 새 생명을 받고 성령의 첫 열매를 받았음에도 불구하고 육신의 연약성 때문에 자신의 지체들을 의의 도구로 사용하지 못하고 불의의 도구로 사용한 것으로 인하여서 비난을 받을 수 있는 경우가 있다. 그러나 하나님의 법정에서 정죄를 당하지는 않을 것이다. 그 것은 그리스도 예수 안에 있는 자에게는 결코 정죄함이 없기 때문이다(8:1).

③ "의롭다 하신 이는 하나님이시니"
가장 중요한 것은 의롭다고 인정해 주시는 분이 재판장이신 하나님이시기 때문이다. '의롭다 하신 이'(ὁ δικαιῶν)라는 단어는 문법적으로 현재형이 다. 이는 과거에 의롭다고 한 번 선언하고 끝났다는 말이 아니고, 또한 미래 의 심판대 앞에서 의롭다고 인정해 주시겠다는 약속만이 아니라 지금 현재 도 계속해서 그리스도 안에서 우리를 의롭다고 인정하시고 여기시고 선언 하신 것을 유효하게 적용하신다는 것이다. 우리가 그리스도 안에 있는 이상 부족함이 많다 할지라도 하나님께서 의롭다고 인정해 주시는 것이다.
그러므로 가장 존귀하시고 마지막 재판관이신 하나님이 의롭다고 하시는 데 누가 감히 고발하고 참소할 수 있단 말인가? 어느 누구도 고발할 수 없 는 것이다. 그러므로 신자들은 언제든지 그리스도를 힘입어 때를 따라 돕는 은혜를 얻기 위하여 하나님의 은혜의 보좌에 담대히 나아갈 수 있는 것이다 (히4:16).

㈐ 그리스도께서 중보(仲保)하는 이상 누구도 우리를 정죄할 수 없다.
"누가 정죄하리요 죽으실 뿐 아니라 다시 살아나신 이는 그리스도 예수시 니 그는 하나님 우편에 계신 자요 우리를 위하여 간구하시는 자시니라"(34 절)
이것은 구원의 확실성의 보증으로서 예수 그리스도의 중보 사역을 근거로 제시하고 있다. 우리의 구원은 그리스도께서 이미 이루신 십자가의 죽음과 부활에 근거한 것이고, 현재도 우리를 위하여 최고의 법정에서 탄원하며 중 보 사역을 하고 계시기 때문에 어느 누구도 유죄 판결을 내릴 수 없다는 것 이다.

① "누가 정죄하리요"
원문대로 직역하면 '정죄하는 자 누구냐'(τίς ὁ κατακρινῶν)이다. 여기 '정죄하다'(κατακρινω)라는 단어는 적대적 의미를 가진 '~에 대항하여'라 는 의미를 지닌 전치사 '카타'(κατα)와 '판단하다'(to judge), '판결하다'

(to decree), '비난하다'(to condemn)라는 의미로 사용되어지는 '크리노' ($\kappa\rho\iota\nu\omega$)의 합성어로 송사(訟事)보다 한 걸음 더 강한 의미를 가진 '유죄판결을 내리다'(to condemn), '~에 대하여 판결을 내리다'(to give judgement against)는 뜻이다.

이것은 판단 그 자체를 말하기보다는 판단의 결과로 인하여 주어지는 단죄, 즉 유죄판결과 형벌을 가리킨다(5:16, 18). 즉 송사(訟事)보다 한 걸음 더 나아가 유죄판결로서 확정짓는 의미로 '의롭다 하심'의 반대 개념이다. '의롭다 하심'이 무죄 판결과 하나님과의 관계 회복, 그리고 종말적 형벌 면제를 포함한 내용이었다면 '정죄'는 송사(訟事)로 인한 죄책감과 유죄로서의 판결, 그리고 종말적 형벌을 포함한 판단을 말하는 것이다.

하나님의 택하신 자들을 의롭다 하신 분은 하나님이시기에 어느 누구도 송사할 수 없다고 했는데, 그것도 하나님만이 할 수 있는 정죄, 유죄판결을 어느 누구가 내릴 수 있단 말인가? 하나님께서 그리스도 안에서 정죄함이 없게 만들어 놓았는데, 누가 그리스도께서 만들어 놓으신 칭의의 사역을 뒤집을 수 있으며, 어느 누구가 하나님께서 확정한 판결의 권한을 월권하여 부정할 수 있단 말인가? 있을 수 없는 일이다. 어느 누구도 하나님께서 하신 일을 부정할 수는 없다.

② "죽으실 뿐 아니라 다시 살아나신 이는 그리스도 예수시니"

구원받은 신자를 누가 정죄할 수 있는가? 죄인 된 자를 의롭다함을 받을 수 있도록 사역을 하신 분은 예수 그리스도이시다. 예수 그리스도의 구속의 사역은 분명한 역사적 사실이다.

예수 그리스도, 그는 '죽으신 자'($\acute{o}$ $\acute{\alpha}\pi o\theta\alpha\nu\acute{\omega}\nu$)이시다.

예수 그리스도는 '세상 죄를 지고 가는 하나님의 어린양'(요1:29)으로 '온 세상의 죄를 위한 화목제물'(요일2:2, 롬3:25)이 되어 '그 육신에 죄를 정죄하여'(He condemned sin in the flesh-NKJV, 롬8:3) 십자가에서 죽으셨다. 그의 십자가의 죽으심을 통하여 '단번에' '영원히' '완전하게' 죄의 문제를 해결한 것이다(히10:10, 12, 14). 그리하여 그의 죽으심을 통하여 우리로 의롭다 하심을 받아 진노의 형벌이 면제 받은 것이다(5:9, 18, 고후5:21). 그리스도 예수 안에 있는 자에게 정죄함이 없게 만들어 주신 것이다.

또한 예수 그리스도, 그는 '다시 살아나신 자'($\acute{\epsilon}\gamma\epsilon\rho\theta\epsilon\acute{\iota}s$)이시다.

여기에는 '뿐만 아니라 역시' ($\mu\hat{\alpha}\lambda\lambda o\nu$ $\delta\dot{\epsilon}$), 즉 '더 정확히 말하면'(more properly speaking)이라는 말을 더하여 그리스도의 부활을 강조하고 있다. 예수 그리스도께서 죽은 자 가운데서 다시 살아나셨다는 것은, 그의 죽으심만으로는 불충분하다는 말이 아니라 그의 다시 살아나심을 통하여 속죄 사역이 증거가 되었고 보증이 되었다는 말이다.

만일 그리스도 예수의 부활이 없었다면 구속 사역은 미완성으로 끝났을 것이다(고전15:17). 그러나 그의 부활을 통하여 '여호와의 뜻을 성취'하여 완성하신 것이다(사53:10). "예수는 우리가 범죄한 것 때문에 내줌이 되고 또한 우리를 의롭다 하시기 위하여 살아나셨느니라"(4:25)는 말씀처럼 그의 부활은 이신칭의의 진리를 완성하고 확증하신 것이다. 또한 그리스도와의 연합을 통하여 신자들로 부활에 참여시켜 죄의 권세와 율법의 세력에서 해방을 받아 새 생명 가운데서 살아가게 만든 것이다(6:4, 7, 7:4-6, 고전15:20-22).

그러므로 예수 그리스도의 부활을 통하여 신자들로 하여금 그의 완성된 구속 사역의 축복에 참여하게 했으므로 다시 정죄를 한다는 것은 있을 수 없는 노릇이다. 그것은 성취하여 완성 된 것을 되돌릴 수 없기 때문이다. 즉 이미 무죄 판결된 것을 부활을 통하여 선언하여 끝낸 일을, 다시 뒤집어 유죄판결을 한다는 것은 있을 수 없는 일이기 때문이다.

③ "그는 하나님 우편에 계신 자요 우리를 위하여 간구하시는 자시니라"

'의롭다하심'은 이미 그리스도로 말미암아 끝난 일이 되었다. 그럼에도 불구하고 성도들의 대적자들은 아직까지도 '정죄'를 계속한다는 사실이다. 여기 '정죄하는 자'($\dot{o}$ $\kappa\alpha\tau\alpha\kappa\rho\iota\nu\hat{\omega}\nu$)라는 단어가 현재형으로 되어 있어 계속해서 지금도 정죄하며 판단한다는 뜻이다. 사실은 정죄를 당할 수 없는 자임에도 악한 자들이 계속해서 판단하고 비난하고 정죄하는 일을 행하니, 신자들은 착각에 빠져 죄책감과 갈등, 심판의 두려움에 사로잡혀 정상적인 신앙생활을 하지 못하게 될 때가 많다(슥3:1, 계12:10). 이러한 잘못된 사실을 깨우치기 위하여 사도 바울은 그리스도께서 신자들을 위하여 현재하고 있는 사역을 나타내려고 '우편에 계시다'($\dot{\epsilon}\sigma\tau\iota\nu$ $\dot{\epsilon}\nu$ $\delta\epsilon\xi\iota\hat{\alpha}$)와 '간구하다'($\dot{\epsilon}\nu\tau\upsilon\gamma\chi\acute{\alpha}\nu\epsilon\iota$)라는 단어를 전부 현재형으로 사용하고 있다.

예수 그리스도, 그는 "역시 하나님의 우편에 계신 자"($\ddot{o}s$ $\kappa\alpha\dot{\iota}$ $\dot{\epsilon}\sigma\tau\iota\nu$ $\dot{\epsilon}\nu$

$\delta\epsilon\xi\iota\tilde{\alpha}$ $\tau o\tilde{v}$ $\theta\epsilon o\tilde{v}$)이시다. '하나님의 우편'이라는 표현은 능력과 권능, 위엄과 권위의 자리, 즉 하나님의 보좌의 오른편을 말한다(마26:64, 막16:19, 행7:55-56, 히1:3, 8:1). 예수 그리스도께서 하나님의 보좌 우편에 계시다는 것은 그의 부활과 승천을 통하여 "하나님이 그를 지극히 높여 모든 이름 위에 뛰어난 이름을 주셔" 우주의 통치자를 삼으셨다는 뜻이다(엡1:21, 빌2:9-11). 그것은 만물로 그의 발아래 두어 천사들과 권세들과 능력들이 그에게 복종하게 한 것이다(엡1:22, 벧전3:22).

그러므로 그리스도께서 하나님의 보좌 우편에 계시다는 것은 우리들로 "그리스도 예수 안에서 함께 하늘에 앉혀서"(엡2:6) 만유의 통치권을 함께 누리게 하신다는 말이다(엡1:22-23). 그리스도와 함께 통치권을 가진 자를 누가 감히 정죄한단 말인가? 또한 그 분이 우리의 '맏형'이 되시고(8:29, 히2:11), 배경이 되시며(히4:14, 8:1), 하나님의 집을 맡은 아들로서 우리를 돌보고 관리하고 계시는데(히3:6) 누가 감히 정죄할 수 있단 말인가? 신자는 이제부터 정죄를 받아 두려워할 필요가 없는 사람들이 된 것이다.

또한 예수 그리스도, 그는 '역시 우리를 위하여 간구하시는 자'($\ddot{o}s$ $\kappa\alpha\grave{\iota}$ $\dot{\epsilon}\nu\tau\nu\gamma\chi\acute{\alpha}\nu\epsilon\iota$)이시다.

'간구하다'($\dot{\epsilon}\nu\tau\nu\gamma\chi\acute{\alpha}\nu\omega$)라는 단어는 이미 26-27절에서 설명하였듯이 법정에서 변호인이 되어 변호해 준다는 의미와 목적을 달성하기 위하여 곁에서 돕는다는 의미를 가지고 있다. 예수님은 오늘도 우리를 위하여 후원하고 계시며 우리가 실수하고 연약하여 쓰러질 때에는 탄원하고 변호해 주어 승리할 수 있도록 돕고 계시는 것이다.

히브리서 기자는 예수님께서 영원한 멜기세덱 반차를 따르는 제사장의 직분을 받아 하늘의 참 성소에 들어가서 온전한 속죄제를 드리시고 "자기를 힘입어 하나님께 나아가는 자들을 온전히 구원하실 수 있기" 위하여 "항상 살아계셔서 그들을 위하여 간구하신다"고 했다(히7:25). 여기서 '온전히'($\epsilon\dot{\iota}s$ $\tau\grave{o}$ $\pi\alpha\nu\tau\epsilon\lambda\dot{\epsilon}s$)라는 구(句)는 '완전해질 때까지'(unto completeness)라는 모든 시간을 뜻하는 시간적인 면을 가지고 있는가 하면, 또는 '충분히 완전해지는'(full completeness)이라는 질적인 면을 뜻하기도 한다.

여기서 이 두 가지 개념을 전부 포함하여 예수 그리스도께서는 자기를 힘입어 나오는 자들에게 '완전한 구원' 뿐만 아니라 '영원한 구원'을 주시기 위하여 간구하고 계시다는 것이다. 예수님께서는 오늘도 하늘 보좌 우편에서 성도들의 완전한 구원을 위하여, 또는 완전한 구원이 이루어질 때까지 우리를 위하여 간구하고 계신다.

그것 뿐만이 아니다. 예수님께서는 '만일 누가 죄를 범하여도 아버지 앞에서 우리에게 대언자'의 역할을 하고 계신다(요일2:1). '대언자' ($\pi\alpha\rho\acute{a}\kappa\lambda\eta\tau o\varsigma$)는 '위로자', '보호자', '중재자'라는 뜻으로 법률적인 구조를 위해 진술해 주는 사람, 어떤 사람을 대신해서 탄원하는 사람을 의미한다. 혹시 신자가 죄를 범했을지라도 예수님께서는 하나님 아버지 곁에서 그의 문제점을 변호해 주어서 그로 하여금 문제 속에서 벗어날 수 있도록 대안을 마련해 주고 협력해 주시는 일을 하고 계시는 것이다.

우리에게 최고의 권위의 자리에 있는 변호자, 중재자가 있는데, 감히 누구 정죄하여 유죄판결을 받도록 만들 수 있단 말인가? 혹시 우리가 실수한다 할지라도 하나님의 구속(拘束)적 법령 속에 빠지지 않을 것이다. 예수님께서 탄원하여 벗어나게 해 주실 것이며 갱신(更新)의 길로 인도해 주실 것이기 때문이다. 우리는 우리 안에서 탄원해 주는 성령 보혜사가 계실뿐 아니라 하늘 보좌에서 탄원해 주시는 성자 예수님 보혜사도 모신 복된 자들인 것이다.

둘째는, 하나님께서 우리를 사랑해 주시기 때문이다(35-39절).

이제 네 번째이며 마지막 질문인 "누가 우리를 그리스도의 사랑에서 끊으리요"를 통하여 세상의 어떠한 고난도 하나님과 신자 사이를 갈라놓을 수 없을 뿐만 아니라 반드시 승리한다는 사실을 밝히고 있다.

구약에서 하나님께서 그 백성을 사랑하는 사랑을 두 가지로 표현하고 있는 것을 발견할 수 있다. 먼저는 구원론적 사랑, 또는 선택적 사랑을 뜻하는 '아하브'(אהב)다. 다음은 언약관계를 표현하는 언약적 사랑 '헤세드'(חמד)이다.

"옛적에 여호와께서 나에게 나타나사 내가 영원한 사랑으로 너를 사랑하기(אהב)에 인자함(חמד)으로 너를 이끌었다 하였노라"(렘31:3)

여기 하나님께서 이스라엘 백성을 사랑한 사랑을 '사랑'과 '인자'로 표현하고 있다. '아하브 사랑'이란 그 백성을 위한 하나님의 무궁한 애정을 말한다(신4:37, 사43:4, 말1:2). 즉 구원하여 그 백성 삼아주신 선택적인 사랑인 것이다.

반면에 '헤세드 사랑'은 하나님과의 언약적 관계에 있는 그 백성을 변함없이, 지속적으로, 신실하게 사랑하시는 것을 말한다. 그 백성이 허물이 많이 있고, 실수하고, 거역할 때도 많았음에도 불구하고 계속적으로 사랑하셨던 사랑이다(사54:10, 55:3, 렘애3:22). 그래서 진노 중에서도 버리지 않으시고 다시 회복해 주셨던 것이다(욜2:18, 미7:18, 합3:2).

신약에서 사도 바울은 하나님이 우리를 사랑하신 그 큰 사랑이 나타났는데, 우리가 죄인 되었을 때에 우리를 위해 그리스도께서 죽으심으로 나타났다고 했다(5:8, 엡2:4). 또한 예수 그리스도께서 자신을 희생제물로 드린 행위를 가리켜 그리스도의 사랑이라고도 했다(갈2:20, 엡5:2). 그리스도의 사랑은 자신을 주어 교회를 말씀으로 깨끗하게 하고 거룩하게 하여 자기 앞에 영광스러운 교회로 세워 거룩하고 흠이 없게 만들었을 뿐 아니라(엡525-27) 사랑받는 자녀가 되어(엡5:1) 예비하신 은총에 참여하게 한 것이다.

이렇게 그리스도 안에 나타난 하나님의 사랑에서 누가 우리를 끊어 버릴 수 있겠는가?

(가) 우리는 매일 도살할 양 같이 취급을 받으며 산다.

"누가 우리를 그리스도의 사랑에서 끊으리요 환난이나 곤고나 박해나 기근이나 적신이나 위험이나 칼이랴"(35절)

여기 나열된 불행한 일들에 대한 목록들은 마지막에 언급된 '칼'의 위험을 제외하고는 전부 바울 자신이 경험했다고 말한 것들의 목록에 등장한 것들이다(고후11:26-27, 12:10). 이것들은 자신이 선교 사역을 하면서 경험했던 것들로 어느 때는 위협적이고 감당하기 힘든 것들이었지만, 그렇다고 해서 그것들이 자신과 그리스도 사이에 맺어진 사랑의 관계를 끊을 수는 없었던 것이다.

① '환난'($\theta\lambda\tilde{\iota}\psi\iota s$)은 외부적인 환경과 외적 요인으로 인하여 신체에 가해지는 압박과 고난을 말한다(신28:53, 사8:22). ② '곤고'($\sigma\tau\epsilon\nu o\chi\omega\rho\iota a$)는 '장소의 협착', 즉 밖으로 빠져나갈 출구도 없이 꼼짝없이 붙들려 있는 상태에 있다는(고후6:4, 12:10) 뜻에서 파생하여 '곤궁', '근심', '불안', '마음의 억압'의 뜻으로 주로 내적인 곤경을 의미한다. 초대교인들은 사방으로 환난을 당하여 육체가 편치 않고 안팎으로 다툼과 두려움을 많이 겪었었다(고후7:5). ③ '박해'는 항상 종교적 이유로 가해지는 핍박을 의미한다(마

5:11, 살후1:4). ④ 그리고 '기근'($\lambda\iota\mu o\varsigma$)은 '굶주림'(hunger)과 '기근' (famine)의 뜻으로 집에서 쫓겨나서 겪게 되는 배고픔이나 생소하거나 황폐한 지역에서 방황하며 당하게 되는 굶주림을 말한다(욥30:3, 렘11:22, 18:21). ⑤ '적신'($\gamma\upsilon\mu\nu\acute{o}\tau\eta\varsigma$)은 '헐벗음'(nakedness), 단순히 의복이 없이 살아간다는 뜻으로 가난한 생활뿐 아니라 벌거벗김을 당하여 수치를 겪는 것을 말한다(나3:5, 히4:13, 계3:18). ⑥ '위험'($\kappa\acute{\iota}\nu\delta\upsilon\nu o\varsigma$)은 말 그대로 '위험'(danger), '위기'(risk)의 뜻으로 고후11:26에서 강의 위험, 강도의 위험, 바다의 위험 등 여덟 가지 위험을 말하고 있다. ⑦ '칼'($\mu\acute{\alpha}\chi\alpha\iota\rho\alpha$)이란 급작스러운 죽음이나 전쟁을 뜻하지만(사1:20, 3:25), 여기에서는 핍박의 칼, 또는 순교자들이 당하는 목베임(행12:2)과 같은 극한 상황을 일컫는 말이다.

이와 같은 여러 종류의 역경들은 현실 생활 가운데서 일어나는 것으로 사도 바울은 주의 성도들이 이 세상을 살아가면서 겪는 상황을 시44:22를 인용하여 다음과 같이 설명하고 있다.

"기록된 바 우리가 종일 주를 위하여 죽임을 당하게 되며 도살당할 양 같이 여김을 받았나이다 함과 같으니라"(36절)

간혹 신자들 가운데는 하나님의 사랑이 크시기 때문에 나에게는 환난이 있을 수 없다고 착각하는 경우가 있다. 그러나 신자가 이 세상에서 경건하게 살고자 하면 핍박을 받게 되고(딤후3:12), 또한 '주를 위하여'($\acute{E}\nu\epsilon\kappa\epsilon\nu$ $\sigma o\tilde{\upsilon}$) 여러 종류의 고난을 겪게 될 수 있다(요15:20, 16:33, 17:14). 그래서 '우리가 그와 함께 영광을 받기 위하여 고난도 함께 받아야 할 것"이라고 했던 것이다(8:17).

'매일 죽임을 당하고 있다'는 말은 순교와 동일한 의미로 계속적으로 끊임없이 죽음의 위기 속에 살아가고 있다는 말이다(고전15:31, 고후11:23). 이것은 초대교회 시대에 매일같이 죽음과 사형의 협박 속에서 '비방과 환난으로써 사람에게 구경거리가 되고' '소유를 빼앗기는' 어려움 속에 직면해 있는 신자의 삶을 표현한 것이다(히10:33-34).

또한 '도살당할 양 같이 여김을 받았다'는 말은 신자들이 세상에서 당했던 환난의 상황들이 마치 도살장으로 끌려가는 양과 같이 취급받았다는 말이다. 스가랴 선지자는 사람들의 모습을 '잡혀 죽을 양떼'라고 표현하면서 '참으로 가련한 양들'이라고 했다(슥11:7).

신자들이 이 세상에서 폭력자들에 의하여 죽음의 현장으로 끌려가는 모습이 마치 도살당할 가련한 양처럼 취급당하였던 것이다. 그리하여 잔인하게 살해를 당하고 고문을 겪고 고난을 겪었던 것이다.

이런 것들은 신앙인들이 이 세상에서 겪을 수 있는 것들로서, 아무리 이런 역경들이 힘들고 어렵다 할지라도 구원을 주신 그리스도의 사랑에서 우리를 떼어놓을 수 없을 뿐만 아니라 미래의 영화에서도 제외시킬 수 없는 것이다. 예수님께서 마지막 예루살렘으로 올라가면서 보여주신 대로 "세상에 있는 자기 사람들을 사랑하시되 끝까지 사랑"(요13:1)하였듯이 오늘도 주님의 사랑은 변치 않는 사랑이기에 그의 사랑에게 어떤 것도 우리를 끊어 놓을 수 없을 것이다.

(나) 우리는 이 모든 환난에서 넉넉히 이길 수 있다.

"그러나 이 모든 일에 우리를 사랑하시는 이로 말미암아 우리가 넉넉히 이기느니라"(37절)

여기 '그러나'(ἀλλα)는 비록 신자가 세상에서 매일같이 죽음의 위협 속에 살아가고 도살장으로 끌려가는 양처럼 취급을 받는다 할지라도, 우리는 넉넉히 이길 수 있다는 사실을 밝히려는 것이다. 또한 35절에서 밝힌 대로 신자를 그리스도의 사랑에서 끊을 수 없을 뿐 아니라 도리어 신자는 그 위험들을 능히 정복할 수 있다는 것이다.

'이 모든 일'이란 35-36절에서 열거했던 환난의 종류들을 말한다. 그리고 '사랑하시는 이'(τοῦ ἀγαπήσαντος)라는 단어가 부정과거 시제로 되어 있는 것은 신자가 지금 경험하는 하나님의 사랑, 또한 그리스도의 사랑은 현재적인 것보다는 십자가 사건에 초점이 맞추어진, 즉 그리스도의 십자가 희생에 나타난 하나님의 사랑에 초점을 맞추었기 때문이다. 십자가의 사랑은 모든 역경과 위협을 극복하고 승리할 수 있는 근거가 되기 때문이다.

여기 '넉넉히 이기느니라'(ὑπερνικῶμεν - ὑπερνικάω의 현재 능동태)는 '~이상의'(above), '~대표하여'(in behalf of)라는 뜻의 전치사 '휘페르'(ὑπερ)와 '이기다'(to conquer), '승리를 쟁취하다'(to win a victory)는 뜻을 가진 동사 '니카노'(νικανω)의 합성어로 '가장 영광스러운 승리를 거두다'(to be winning a most glorious victory), '압도적인 승리를 얻고 있다'(to be winning an overwhelmingly conquer, NASB)는 뜻이다.

이것은 우리 자신의 지혜와 능력으로 환난을 극복하고 이긴다는 것이 아니라 우리를 사랑하시는 십자가의 사랑, 그리스도의 사랑에 근거하여 얼마든지 승리할 수 있다는 것이다. 예수님께서 이기셨으니(요16:33, 고후13:4, 히12:2) 우리도 매일의 삶 속에서 넉넉히 이길 수 있는 것이다.

고후4:10-11에는 예수의 죽음이 우리 신자에게는 위대한 승리의 원천임을 시사해 주는 말이 두 번이나 반복하여 설명되고 있다. 우리가 우리 몸에 '예수의 죽음을 항상 짊어지는 것'(고후4:10)은, 또한 우리가 '예수로 말미암아 항상 죽음에 넘겨주는 것'(고후4:11)은 우리 몸에 예수의 생명(ἡ ζωή τοῦ Ἰησοῦ)이 나타나게 하려는 목적 때문이라고 했다.

'예수의 생명'이란 구원의 생명을 말하는 것이겠지만, 여기서는 죽음의 반대 개념으로서의 생명, 즉 부활의 생명, 부활의 능력, 부활의 승리를 말한다 (엡1:21-22). 이런 부활의 생명과 능력을 가지고 있는 사람은 아무리 죽음을 걸머지고 죽음에 넘겨지는 일이 발생하여 "사방으로 욱여쌈을 당하여도 싸이지 아니하며 답답한 일을 당하여도 낙심하지 아니하며 박해를 받아도 버린바 되지 아니하며 거꾸러뜨림을 당하여도 망하지 아니하고"(고후4:8-9) 위대한 승리, 넉넉한 승리를 거둘 수 있는 것이다.

(다) 우리는 세상의 어떤 것도 하나님의 사랑에서 끊을 수 없음을 확신한다. "내가 확신하노니 사망이나 생명이나 천사들이나 권세자들이나 현재 일이나 장래 일이나 능력이나 높음이나 깊음이나 다른 어떤 피조물이라도 우리를 우리 주 그리스도 예수 안에 있는 하나님의 사랑에서 끊을 수 없으리라" (38-39절)

앞에서는 현재적 삶 속에서 고난을 넉넉히 이길 수 있음을 확신했다면 본절에서는 미래적인 삶에까지도 연결하여 우주적 승리에 대한 확신을 증거하고 있다. 여러 가지 고난 가운데서도 압도적인 승리를 믿는 이유(γαρ)는 그리스도 안에 나타난 하나님의 사랑에 대한 확신 때문이다.

여기 "내가 확신하노니"(πέπεισμαι)는 완료 시제로서 '내가 확신하는 바에 이미 굳게 서 있다'는 뜻으로 하나님의 사랑과 그리스도를 통하여 주어진 구원의 은총에 대하여 의심할 수 없이 확실하다는 것을 지금까지 굳게 믿고 왔다는 것이다.

사도 바울은 여기에서 그리스도와 성도 간에 맺어진 사랑의 관계를 우주 안에 있는 어떤 피조물도 끊어 놓을 수 없다는 사실을 증거하면서 그 적대적 세력에 대하여 서로 대조적인 것들끼리 짝을 이루어서 설명하고 있다. 그러면서 단어 사이마다 접속사 '이나'에 해당하는 '우테'($o\acute{v}\tau\epsilon$)를 넣고 있다. 그러므로 연속적으로 '우테~우테'($o\acute{v}\tau\epsilon\sim o\acute{v}\tau\epsilon$)가 나오는 것은 'A도 아니고 B도 아니다'는 사실을 거듭 밝히는 것이다.

① "사망이나 생명이나"

사망은 죽음의 위험으로 대적자들은 항상 신자들에게 죽음으로 위협을 했던 것이다. 그러나 신자들은 장래 죽음을 이기고 부활을 믿기에 '살든지 죽든지 자신의 몸에서 그리스도만이 존귀하게 되기를 원하여 기꺼이 순교의 제물이 되었던 것이다(빌1:20). 여기 '생명'($\zeta\omega\eta$)은 하나님이 주시는 영원한 생명을 뜻하기도 하지만(요3:16, 6:53), 이 세상의 삶을 의미하기도 한다(눅16:25, 고전15:19).

'생명'이 이 세상의 삶을 의미한다면 우리가 이 세상에서 삶을 부지하기 위하여 수없는 고초와 위협을 당하며 살아가는 것을 뜻할 수 있으나, 반즈(Albert Barnes)의 해석대로 박해자들에 의하여 우리의 믿음이 회유(懷柔)를 받는 것으로 볼 수 있다.

박해자들은 신앙을 버리면 생명을 살려주겠다고 제안하지만, 그러나 성도들이 가지고 있는 생명에 대한 소망은 '악형을 받되 구차히 면하지 아니하여' 그리스도의 사랑에서 떼어낼 수 없었던 것이다(히11:35).

② "천사들이나 권세자들이나"

이것은 영적 세계의 존재들로서 하늘의 천사들뿐만 아니라 '권세자들', 즉 공중 권세를 잡고 있는 악한 영들을 말한다(엡2:2, 6:12, 골1:16).

③ "현재 일이나 장래 일이나"

이것은 이 세상에서 겪게 되는 모든 환난의 일들을 말한다. '현재 일'이란 현재 이 땅에서 살아가는 동안에 겪는 각종 환난과 죽음의 일들을 말하고, '장래 일'이란 아직 다가오지는 않았으나 장래 우리들에게 다가올 모든 역경과 재난의 일들을 가리킨다.

그러나 이 땅에 살아가는 동안에 다가오는 어떠한 고난과 문제들이라 할지라도 우리를 그리스도의 사랑에서 끊어 놓을 수는 없는 것이다.

④ "능력이나"
여기 '능력'($\delta\nu\nu\acute{\alpha}\mu\epsilon\iota\varsigma$)은 '두나미스' ($\delta\acute{\nu}\nu\alpha\mu\iota\varsigma$)의 복수형으로 헬레니즘 세계에서는 '우주적인 세력'으로 개인의 운명에 영향을 준다고 보았다. 또 한편 적대적인 세력으로 하늘의 악령들을 가리키기도 했다. 그래서 자연의 놀라운 역사(mighty works)로서 폭풍과 지진 같은 천재지변을 뜻한다고 보기도 한다. 하여간 어떠한 능력적 힘이나 세력이라 할지라도 신자를 하나님의 사랑에서 갈라놓을 수 없는 것이다.

⑤ "높음이나 깊음이나"
이는 학자들마다 여러 견해가 있으나, '높음' ($\H{\nu}\psi\omega\mu\alpha$)은 별이 가장 높은 지점에 있어 그 영향이 가장 클 때를 가리킴으로 '하늘의 세력'이라는 의미로 생각할 수 있고, '깊음' ($\beta\acute{\alpha}\theta\omega\varsigma$)은 깊이를 알 수 없는 하계(下界)를 가리키므로 '지옥의 세력', 즉 음부의 세력'이라 할 수 있다.

⑥ "다른 어떤 피조물이라도"
마지막 적대적 세력으로 지금까지 열거하던 것들을 제외한 우주 안에 있는 다른 어떤 피조물들을 말한다. 이는 지상 세계에 있는 어떤 존재라 할지라도, 또한 우주 공간 어디엔가 있을 미지의 세계나 생명체라 할지라도 하나님의 계획하심과 목적하심을 바꾸거나 파괴할 수는 없는 것이다. 성도의 구원하심은 하나님의 영원한 계획과 목적하심과 그 큰 사랑에서 출발한 것인데, 누가 감히 하나님의 사랑의 줄을 끊어 버릴 수 있단 말인가?
그렇다. 인간을 향한 하나님의 사랑을 우주 안에 있는 어떤 피조물이라도 방해할 수도 없고 그 관계를 끊어 놓을 수도 없는 것이다. 여기 "우리를... 끊을 수 없으리라"($o\H{\upsilon}\tau\epsilon... \delta\nu\nu\acute{\eta}\sigma\epsilon\tau\alpha\iota \H{\eta}\mu\tilde{\alpha}\varsigma \chi\omega\rho\acute{\iota}\sigma\alpha\iota$)에서 '할 수 있다'(to be able)는 단어는 미래 중간태($\delta\nu\nu\eta\sigma\epsilon\tau\alpha\iota$)로 되어 있어 '그는 그를 위해 할 수 있다'는 뜻이다. 이것은 앞에 있는 부정을 뜻하는 '우테' ($o\H{\upsilon}\tau\epsilon$)와 함께 어떤 피조물이라도 그 스스로의 목적을 위하여 하나님의 사랑에서 우리를 끊어 놓을 수 없다는 말이다. 38절에서 밝힌 것처럼 현재의 삶에서 뿐만 아니라 장래 미래의 모든 상황에서도 우리를 향한 하나님의 사랑을 방해할 그 어떤 것도 있을 수 없는 것이다.

"누가 우리를 그리스도의 사랑에서 끊으리요?" "다른 어떤 피조물이라도...끊을 수 없으리라"

이제 8장의 "생명의 성령의 원리로 승리하라"는 주제를 정리하도록 하자.

우리는 7장 전체가 하나님의 율법의 여러 역할들, 목적들, 그리고 그 한계점을 다룬 것을 살폈었다. 특히 율법의 순기능과 역기능에 대하여 살펴보았는데, 율법은 죄가 무엇인지 정확하게 밝혀주는 순기능이 있지만(7:7), 그 기능은 오히려 인간의 육체 속에 있는 욕망과 죄에게 기회를 제공하여 죄를 더하는 역기능적 요소가 있다고 했다(5:20, 7:8).

그래서 신자가 율법 중심으로 살려고 하면 율법은 의를 이루거나 거룩함으로 인도하기 보다는 오히려 사망에 이르게 하여 형벌에 대한 두려움과 죄의식으로 인한 괴로움에 빠지게 하고 죄 아래 팔리게 만든다는 것이었다(7:14). 마음에 선을 행하고 하나님의 법을 즐거워하며 살고 싶으나 영적 투쟁에서 패배하여 죄의 노예로 전락한다는 것이었다.

이러한 상태를 갈라디아서에서는 율법 아래서 살아가는 사람은 '종노릇하는'($\delta\epsilon\delta o\nu\lambda\omega\mu\acute{e}\nu o\iota$) 상태, 또는 '어린아이'($\nu\acute{\eta}\pi\iota o\iota$)의 상태에 있는 자라고 했다(갈4:3). 마치 "율법 아래에 있는 자들을 속량하시려고"(갈4:5) 하나님의 아들이 세상에 오시기 전에 있던 율법주의 유대인들처럼 '율법 아래', 또는 '초등학문 아래' 있는 자들인 것이다. 결과적으로 '율법 아래' 있는 자는 '죄 아래' 있는 자가 되어 실패적 불행한 신앙생활을 살아가게 되는 것이다(7:24-25).

그러므로 신자는 반드시 율법 아래에서, 또한 율법주의에서 벗어나야만 한다. 그것은 그리스도의 구속 사역과 성령의 역사로 이루어지는 것이며 그 진리를 깨닫고 적용해야 하는 것이다.

8장에서 바로 율법의 세력 아래서 벗어나는 방법을 제시하고 있다. '그리스도 예수 안에 있는 사람은 결코 정죄함이 없다'(1절). 그 이유는 이미 그리스도께서 율법의 속박에서 해방과 자유를 주셨기 때문에 율법의 정죄를 받을 필요가 없게 된 것이다(7:4, 6).

뿐만 아니라 예수 안에 있는 생명의 성령의 원리가 율법으로 말미암는 죄와 사망의 법에서 해방을 주었기 때문이다. 그러므로 우리가 율법을 신봉하지 않고 성령을 따라 살아간다면 '종노릇의 상태' '어린아이 상태'에서 벗어나 성숙한 하나님의 아들로서 승리로운 신앙생활을 할 수 있는 것이다.

이미 그 조건도 다 갖추고 있다. 예수 그리스도를 믿을 때에 '양자의 영'을 받아 아들, 즉 하나님의 자녀의 명분을 받아 하나님이 예비하신 모든 은사를 상속받을 수 있는 상속자가 된 것이다. 성령의 내주하심은 이미 승리의 원천을 소유하고 있다는 말이다.

이제 할 일은 육신을 따르지 않고, 또는 육신의 생각에 따라 살지 않고 성령을 따라 살아간다면 성령의 열매를 맺으며 거룩함에 이르게 될 것이다. 이 모든 것은 성령의 역사로 이루어지는 것이다. 성령은 우리 연약함을 돕는 사역을 위하여 우리 안에 또한 우리 곁에 오신 보혜사이신 것이다.

성령께서만이 지상에서의 승리뿐 아니라 '양자 될 것 곧 우리 몸의 속량'까지도 성취하시는 분이시다. 그리고 아들의 형상을 본받게 하는 하나님의 구원의 목적의 전 과정을 성취해 가시는 분이신 것이다. 그러므로 이미 승리의 조건을 받은 그리스도의 사람이 계속해서 육신의 생각에 사로잡혀 살거나 율법의 준수를 통하여 하나님의 요구를 달성하려고 한다면 그것은 착각인 것이다. 그리스도의 십자가의 사랑과 성령의 인도하심을 통해서만이 이 세상의 모든 환난을 극복하고 최후 승자가 될 수 있는 것이다.

V. 하나님의 인류 구원 계획과 주권(9:1-11:36)

사도 바울은 지금까지 율법의 행위가 아닌 믿음의 법칙으로 인한 의롭다 하심을 얻는 이신득의 원리를, 또한 율법주의적 실천이 아닌 성령을 따라서 살아갈 때에 성화의 삶을 이룰 수 있다는 진리를 증거 해 왔다. 자동적으로 율법 준수와 할례의식을 종교적 삶의 중심으로 삼고 살아오던 유대인의 구원의 문제가 대두 될 수밖에 없게 되었다.

그래서 사도 바울은 9-11장에서 유대인의 구원 문제를 중심으로 하여 인류 구원에 대한 구속사(救贖史)의 범위가 세계 만민에게까지 전개 되었다는 사실과 그 구원에 대한 하나님의 주권적 역사에 대하여 설명하고 있다.

어떤 사람들은 여기서 하나님의 절대 주권적인 '예정과 선택'의 문제를 다루는 것이라고 해석을 한다. 그러나 9-11장에서는 '만세 전에 예정과 선택'에 관한 문제는 전혀 없다는 것이다. 오직 이스라엘 민족의 구원 문제와 이방인에 대한 구원 계획을 이야기하고 있을 뿐이다.

즉 1-8장에서는 유대인과 이방인의 개인의 구원 문제를 다루었다면, 9-11장에서는 이스라엘과 이방인이라는 두 집단의 구원 문제를 다루고 있는 것이다.

특히 9장에서는 이스라엘 민족은 하나님께로부터 엄청난 특권과 사명을 받은 민족으로서 하나님의 부르심과 택하심 받은 민족이지만 남은 자만이 구원에 참여할 수 있었다는 과거적 사실을 밝히고, 9:30-10장에서는 하나님의 구원 계획을 오해하고 거절하고 있는 이스라엘 민족의 현재의 모습을, 11장에서는 현재는 이스라엘이 거절하고 있지만 전체가 아니고(11:1-10), 또한 마지막까지 계속 되는 것도 아니라는 것이다(11:12-32). 장차 이방인의 수가 차면 '온 이스라엘'을 구원해 주실 것이라는 미래적 전망을 이야기하고 있다. 그것은 사도 바울이 이스라엘 민족에 대한 자신의 견해를 밝히는 것에서 더욱 분명히 알 수 있다.

9:2에서 이스라엘 민족을 생각할 때에 "나에게 큰 근심이 있는 것과 마음에 그치지 않는 고통"이 있다는 사실을 밝히면서 이스라엘 민족의 부르심의

목적의 과정을 진술하고, 10:1에서 "내 마음에 원하는 바와 하나님께 구하는 바는 이스라엘을 위함이니 곧 그들로 구원을 받게 함이라"는 자신의 소원을 통하여 이스라엘 백성들이 거역하고 있는 슬픔 사실을 밝히며, 11:1에서는 "내가 말하노니 하나님이 자기 백성을 버리셨느냐 그럴 수 없느니라"는 확신을 통하여 장차 이스라엘의 구원에 대한 계획을 전망하고 있다.

다시 한 번 설명한다면 로마서에 나타난 하나님의 구원 계획은 1-11장의 최종 결론의 말씀인 "하나님이 모든 사람을 순종하지 아니하는 가운데 가두어 두심은 모든 사람에게 긍휼을 베풀려 하심이로라"(11:32)에서 찾아야 한다. 즉 모든 인간(all human)은 '예외 없이'(without exception) 불순종에 처해있다는 것과 유사한 형태로 모든 인간은 '예외 없이'(without exception) 하나님의 긍휼을 받기로 예정되어 있다는 것이다.

이 결론의 말씀에 입각하여 1-11장까지를 다시 설명해 보면 다음과 같다.

먼저 1-3장에서는 '모든 사람'(all)의 불순종, 즉 이방인의 불순종(1:18-32)과 유대인의 불순종(2:1-3:8)으로 인하여 "유대인이나 헬라인이 다(all) 죄 아래"(3:9-20) 있어, 그들은 불의로 하나님의 진노를 받게 되었다는 것이다.

두 번째는 3:21-5장에서 아담의 혈통을 따라 불순종하며 살던 죄인들이 "그리스도 안에 있는 구속으로 말미암아 하나님의 은혜로 값없이 의롭다 하심을 얻은 자 되는"(3:24) 길이 생겼는데, 그것은 '믿음으로 말미암아' 의롭다 하심을 얻는 것이다.

세 번째는 6-8장에서 믿음으로 말미암아 의를 완성하는 원리를 체험하라는 것이다. 그것은 그리스도와 연합을 통한 해방(6장)과 성령을 통한 해방(7-8장)을 통하여 하나님의 자녀로 확증되었다는 것이다.

그리고 마지막으로 9-11장에서 이스라엘 백성이 비록 택한 백성이라 할지라도 믿음과 순종을 통하여 의롭게 된 자들만이(남은 자) 이방인과 함께 계약 공동체를 이룰 수 있다는 사도 바울 자신의 복음적 견해를 설명하고 있는 것이다.

원래 하나님의 구원 계획은 전 인류를 위한 것이다. 그래서 이스라엘 민족을 먼저 부르셔서 "땅의 모든 족속이 너로 말미암아 복을 얻는"(창12:3) 복의 통로의 사명을 주었지만 "하나님의 택하신 목적"(9:11)을 깨닫지 못하고 불순종과 율법의 의만 내세웠던 것이다(10:3). 그래서 하나님은 유대인을 제쳐두고 그리스도를 통하여 "믿음으로 말미암는 의"(10:6)를 통하여 누구든지 주를 믿어 입으로 시인만 하면, 또는 주의 이름을 부르기만 하면 구원을 얻을 수 있도록 하셨으니, "유대인이나 헬라인이나 차별이 없이"(10:12) 만들어 놓으신 것이다.

그러나 지금은 유대인들인 "그들이 다 복음에 순종하지 아니하여"(10:16) 잠시 제쳐두었지만 결코 그들을 버리지는 않을 것이다. 그들 중에서 "지금도 은혜로 택하심을 따라 남은 자"(11:5)를 구원하시지만, 그 나머지는 "혼미한 심령과 보지 못하는 눈과 듣지 못하는 귀를 주셔"(11:8) 불순종과 불신앙에 빠지게 하셨고, 그 대신에 이방인들로 구원의 충만한 수가 찰 때까지 기다리시는 것이다. 그리고 마지막에는 "온 이스라엘이 구원"(11:26)을 얻어 이방인과 함께 거룩한 구원 공동체를 이루게 하실 것이다. 이와 같이 하는 것이 하나님의 구원 계획이요 주권적 역사인 것이다.

1. 이스라엘의 특권과 위치(9:1-5)

사도 바울은 지금까지 복음이 무엇인지, 구원을 주시는 복음의 내용이 무엇인지를 진술해 왔었다. 한 마디로 모세의 율법을 성취하려는 율법주의적 방법으로는 의롭다 하심을 얻을수 없고, 오직 믿음의 밥을 통한 새로운 구원 전략과 성령의 도우심으로만이 승리로운 삶과 율법의 요구를 이루어갈 수 있다고 진술했었다(8장).

그러다 보니, 자연히 율법의 무용론과 율법주의의 폐해에 대하여 증거하게 되었는데, 복음적 관점으로 볼 때에 아직도 복음적 구원 방법을 거절하고 율법만이 유일한 방법인줄 착각하여 그것을 고수(固守)하려고 고집하고 있는 자기 동족의 상황이 안타깝게 느껴질 수밖에 없게 된 것이다.

만약에 그들이 계속해서 복음에 불순종하고 불신앙한다면 멸망 받을 운명에 처해지는 것은 기정사실이기에 너무나 안타까워 자신의 고통스러운 마음과 고민을 피력하게 되었다. 그러면서 이스라엘 민족은 하나님께로부터 특권과 은총을 받은 민족이라는 사실을 상기시키고 있다.

(1) 바울은 자기 민족을 향한 자신의 마음을 고백하고 있다(1-3절).
"내가 그리스도 안에서 참말을 하고 거짓말을 아니 하노라 나에게 큰 근심이 있는 것과 마음에 그치지 않는 고통이 있는 것을 내 양심이 성령 안에서 나와 더불어 증언하노니"(1-2절)

사도 바울은 8장 마지막 부분에서 구원의 확신과 승리의 찬가를 불렀었다. 그런데 갑자기 9장에 들어오자 자신의 근심과 고통의 이야기를 펼치고 있다. 바울은 자신이 이방인의 사도로 부르심을 받아 복음을 전파하게 되자 가는 곳마다 유대인의 반발과 반대에 부딪쳤었다. 그것은 구원은 율법이나 할례와 같은 종교의식이 아니라 복음을 받아들이면 된다고 주장했기 때문이었다. 그리고 복음적 관점에서 보면, 복음을 받아들이지 않는 동족 이스라엘은 하나님의 진노 아래 있다는 사실이 그의 마음을 안타깝게 만들었기 때문이었다. 그래서 자기 동족을 향한 자신의 솔직한 심정을 피력하고 있는 것이다.

첫째로, 자기는 참말을 하고 거짓말을 하지 않는다는 것이다.

여기 자신의 말의 진실성을 높이기 위해서 '그리스도 안에서' 참말을 한다는 것을 강조하고 있다. '그리스도 안에'(ἐν χριστῷ)라는 표현은 몇 가지 의미 중에서, 여기서는 신자들이 처해 있는 상태를 뜻하는 말로(롬6:11, 고전1:30, 고후3:28), 지금 자기 자신은 그리스도와 연합과 교제를 계속하고 있는 상황에 있다는 사실을 강조하기 위하여 사용하고 있다. 그리스도 안에 있는 자가 어떻게 거짓말을 할 수 있겠느냐는 것이다. 그러므로 자기는 지금 참말을 하고 있다는 것이다.

둘째는, 자기에게는 큰 근심과 그치지 않는 고통이 있다는 것이다.

그가 참말을 한다고 말하는 것은 자신에게는 불신앙 가운데 있는 자기 동족 이스라엘에 대해 생각할 때에 "큰 근심이 있는 것과 마음에 그치지 않는 고통이 있는 것"이라고 했다. 이는 마치 구약의 선지자들이 여호와를 배반하고 타락하여 하나님의 진노 아래 있는 이스라엘 백성을 위해 탄식하며 "슬프고 아프다 내 마음 속이 아프고 내 마음이 답답하여 잠잠할 수 없으니 이는 나의 심령이 나팔 소리와 전재의 경보를 들음이로다"(렘4:19)고 외친 것과 유사한 것을 볼 수 있다(느1:4, 렘14:17).

이러한 자신의 큰 슬픔과 계속되는 고통이 진실이라는 것을 밝히기 위해서 '나로'(μοι), '내'(μου), '내게'(μοι), '나의'(μου)라는 일인칭 대명사를 거듭 사용하면서 불신앙 가운데 있는 동족 이스라엘 민족에 대한 자신의 안타까운 심정이 얼마나 큰지를 표현하고 있다. 이러한 자신의 심정은 '성령 안에서' 자기 양심이 증언하는 것이라고 한다.

여기 '더불어 증언하노니'(συμμαρτυρούσης)는 동족을 위한 큰 슬픔과 그치지 않는 고통은 단순히 자신의 감정적인 요소에서만 출발한 것이 아니라는 것이다. 인간의 양심과 함께 우리 안에서 '말할 수 없는 탄식'으로 역사하시는 성령의 역사와 더불어 갖는 감정이라는 것이다. 성령이 역사하는 양심이니 당연히 '선한 양심'이 발동한 것이 사실일 것이다.

셋째는, 자기는 동족의 구원을 위해서라면 자신이 저주를 받아도 좋다는 것이다.

"나의 형제 곧 골육의 친척을 위하여 내 자신이 저주를 받아 그리스도에게서 끊어질지라도 원하는 바로라"(3절)

한글 성경에 반영되지 않은 접속사 '가르'(γαρ)는 사도 바울이 자신이 고통을 겪고 근심하는 이유를 밝히고 있는 것이다. 그것은 자기의 형제, 곧 골육에 속한 친척들을 위한 것이었다. 그들이 구원에 참여할 수만 있다면 자기 자신이 저주를 받아 그리스도께로부터 끊어진다 할지라도 원하는 바라는 것이다. 여기 '저주받은'(ἀνάθεμα)이라는 단어를 바르게 이해하는 것이 본문의 의미를 이해하는데 도움이 될 것이다. 이 단어는 문자적으로 '위에 놓다'(ἀνατίθημι)는 말에서 유래하여 '봉헌된 것'(a devoted thing), '멸하여 봉헌된 물건이나 사람'(a thing or person devoted to destruction)을 뜻하여 '제단에 바쳐진 봉헌 제물'(눅21:5)이라는 의미를 나타낸다.

즉 봉헌 제물은 하나님께 바치기 위하여 반드시 죽여서 드린다는 면에서 '저주받은'(accursed)이라는 뜻도 되지만(민21:3, 신20:17), 여기서는 '죽여서 바쳐지는 봉헌예물'로 해석하는 것이 더 나을 듯하다(레27:29, 신13:17). 그것은 봉헌예물을 드림으로 인하여 하나님의 진노가 그치고 긍휼과 자비를 베풀어 주신다는 약속이 있기 때문이다.

그리고 "끊어질지라도"라는 뜻으로 번역한 전치사 '아포'(ἀπο)를 보편적으로 많이 사용하는 분리의 의미(from)로 해석했지만, 여기에서는 부사적 의미로 '동등하게'(alike)로 번역하는 것이 좋을듯 하다(눅14:18)

그것은 예수님께서 온 인류를 위한 화목제물로 저주를 받은바 되어 사람들을 저주에서 속량하였듯이(갈3:13, 요일2:2) 바울은 자기 동족을 구원할 수만 있다면 자기 자신이 봉헌예물이 되어 하나님께 드려지기를 원한다는 말이기 때문이다. 사도 바울은 자기 자신 하나의 희생을 통하여 자기 형제들이 구원에 참여할 수만 있다면 기꺼이 드리기를 바라는 마음을 가지고 있었던 것이다. 이것이 바로 복음을 위해 하나의 밀알이 되는 정신인 것이다.

(2) 이스라엘 민족에게는 종교적 특권과 사명이 주어져 있다(4-5절).

사도 바울은 자기 동족에 대하여 지금까지 '유대인'이라는 칭호를 사용하던 것에서 본 절에서 처음으로 '이스라엘'이라는 칭호를 사용하고 있다. 이는 '유대'라는 칭호가 정치적 개념을 가지고 있다면, '이스라엘'은 하나님께로부터 부름 받은 언약의 백성이라는 민족의 자긍심을 부각시키는 칭호이기 때문이다. 즉 언약의 핵심인 "나는 저희의 하나님이 되고 저희는 내 백성이 되리라"는 말씀대로 이스라엘 백성은 하나님께 부으심 받고 택하심을 받은 특별한 민족이라는 것이다. 그리하여 그들이 언약 백성으로서 하나님께로부터 받은 특권이 무엇인지 8가지를 제시하고 있다.

"그들은 이스라엘 사람이라 그들에게는 양자됨과 영광과 언약들과 율법을 세우신 것과 예배와 약속들이 있고"(4절)

① "양자됨"

여기 '양자됨'(ἡ υἱοθεσία)은 그리스도인들이 믿어 양자의 영을 받아 하나님의 자녀가 되었다는 개념과는 다른 의미이다(8:15, 엡1:5). 이는 이 단어가 어떤 아이를 자신의 아이로 입양하는 것을 나타내는 법률용어로서 이스라엘 민족은 열국(列國) 중에서 부르시고 선택하여 '하나님의 백성', '하나님의 자녀' 삼으셨다(출4:22, 신14:1)는 의미에서 '양자'라는 용어를 사용한 것이다.

이스라엘 민족은 '하나님의 자녀'라는 특별한 은총을 받아 하나님의 인도하심과 보호하심을 받았던 민족이다(사63:16, 64:8, 호11:1). 하나님은 이스라엘 백성 전체를 아들처럼, 자녀처럼 여겨주셨는데, 그들의 불신앙과 불순종이 천국에서 이방인들은 족장들과 함께 앉게 되었지만 "나라의 본 자손들은 바깥 어두운 데 쫓겨나 거기서 울며 이를 갊이 있게" 될 운명에 처하게 된 것이다(마8:11-12).

② "영광"

여기 '영광'(ἡ δόξα)이라는 개념도 사실은 그리스도인들에게 적용되었던 것이다(8:17, 18). 신자는 그리스도의 구속으로 말미암아 하나님의 영광의 자리에 나아가게 되었다(5:2, 8:21).

그러나 사도 바울이 이스라엘 민족에게 '영광'이라는 단어를 적용시킨 것은 종말적 하나님의 영광의 의미보다는 '신적 임재의 광채'를 경험했던 특권(출24:16, 33:22, 40:34, 민14:10)과 이스라엘을 통하여 나타날 종말론적 영광을 염두에 둔 것이 분명하다(사40:5, 60:1, 66:18-19). 그들은 이렇게 놀라운 은총을 받은 민족임에도 불구하고 불신앙과 불순종으로 하나님의 영광을 잃어버린 것이다(렘2:11, 겔9:3, 11:23, 호10:5).

③ "언약들"

여기 '언약들'(αἱ διαθῆκαι)이라고 복수 형태로 되어 있다. 보편적으로 신구약 성경에서는 단수 명사를 사용하는데, 엡2:12과 함께 복수를 사용한 것은 이스라엘 역사 속에서 여러 시점에서 체결된 언약들을 지칭하기 때문이다. 언약은 하나님께서 이스라엘 민족에게 구원과 은총을 주시기 위하여 특별히 제시한 약속들을 말한다. 그러나 그들은 하나님이 제공한 언약을 저버렸던 것이다(왕상19:10, 렘22:9, 31:32).

④ "율법을 세우신 것"

'율법을 세우신 것'(ἡ νομοθεσία)은 '율법의 수여'를 의미한다. 이스라엘은 출애굽 사건을 통하여 하나님의 아들이라 불리게 되었고 언약과 함께 율법을 수여받게 되었다. 이는 하나님의 백성으로서 이 세상을 어떻게 살아가야 할지 그 삶의 규범을 주신 것이다.

그래서 유대인들은 율법을 받았다는 것에 대한 자부심이 대단했었다(2:17, 18). 그러나 그들은 율법을 자랑하면서도 율법을 범했고(2:23), 율법의 핵심 사상을 깨닫지 못하고 죽음에 이르게 하는 계명의 문자에 메달리어 율법주의로 전락했던 것이다(고후3:6-7, 갈4:9-10, 5:4).

⑤ "예배"

'예배'(ἡ λατρεία)는 성전에서 드려지는 제의적 예배를 의미한다. 이스라엘 백성에게 있어서 성전에서의 제의적 예배는 바로 '하나님의 임재'와 만남의 약속으로(출29:42-46) 하나님의 백성의 특별한 증표였었다. 그러나 그들의 제의적 예배는 형식으로 전락하게 되었고(사1:12-13) 결국 하나님께서는 "나는…제사를 원치 아니하며 번제보다 하나님을 아는 것을 원하노라"(호6:6)고 말씀하셨던 것이다.

그리고 그리스도의 피를 힘입어 새로운 예배로 하나님께 나아가는 길을 열어주신 것이다(히9:14, 10:22). 그러나 그들은 그리스도의 피를 힘입어 성령으로 드리는 예배를 알지 못하였고(히10:29) 하나님께 나아가는 길은 묘연(杳然)하게 되고 말았다.

⑥ "약속들"

'약속들'($\alpha i\ \acute{\epsilon}\pi\alpha\gamma\gamma\epsilon\lambda\acute{\iota}\alpha\iota$)이란 4:13에서 이미 언급한 대로 아브라함과 그 후손에게 '세상의 상속자가 되리라'는 약속으로(15:8) 땅을 기업으로 얻는 것뿐만 아니라 열방이 얻게 될 축복까지 포함하고 있는 것이다(창12:2-3, 행3:25). 그들을 통하여 여호와의 종교가 세계적인 종교가 되는 것(사2:2-3)과 메시아가 그들을 통하여 오신다는 약속까지 다 포함되는 것이다(사7:14, 9:6-7).

그러나 그들은 약속의 최종 목적이며 핵심인 그리스도를 거절하므로 약속의 참여에서 제외될 위기에 놓이게 된 것이다(행3:25-26, 엡1:3, 3:6).

⑦ "조상들"

"조상들도 그들의 것이요 육신으로 하면 그리스도가 그들에게서 나셨으니 그는 만물 위에 계셔서 세세에 찬양을 받으실 하나님이시니라 아멘"(5절)

마지막으로 이스라엘 백성들이 소유한 특권은 '조상들'과 '그리스도'다. 이스라엘 백성에게 '조상들'($oi\ \pi\alpha\tau\acute{\epsilon}\rho\epsilon\varsigma$), 즉 족장들이 그들의 것이라는 말은 "아브라함이나 그 후손에게 세상의 상속자가 되리라고 하신 언약"의 약속이 주어졌기 때문에 중요한 특권이 된다(4:13, 16).

조상들은 하나님의 언약의 약속을 기업으로 물려받는 상속자들이기에 자신들에게도 그 약속은 계속해서 계승되는 것이다. 심지어 그 자손인 그리스도에게까지 축복의 약속이 계승되는 것이다(갈3:16). 이스라엘 백성은 그 계승의 선상 위에 있는 자들이다. 그러나 그들은 그리스도에게 속한 자에게 아브라함의 자손이요 유업을 이를 자의 자격을 주시는(갈3:29) 약속을 저버리고 자신들은 "영생을 얻기에 합당하지 않은 자로 자처"했던 것이다(행13:46).

⑧ "그리스도"

무엇보다 그리스도가 그들에게서 나셨다는 것은 엄청난 은총을 받은 것이다. 율법과 하나님의 말씀이 그들에게서 나온 것도 특권이지만(사2:3) 구원이 시온에서(사59:20, 요4:22), 즉 메시아가 이스라엘 민족에게서 나신 것은 엄청난 축복이요 특권인 것이다(1:3, 마1:1, 갈3:16). 그러나 그들은 '아브라함의 씨', '다윗의 후손'으로 오신 그리스도를 거절했고 십자가에 못 박는 우(愚)를 범하고 말았다(고전2:8).

이로 보건대 이스라엘 백성은 하나님의 특별한 은총을 받은 선택받은 민족임에도 불구하고 영원한 하나님의 계획과 목적을 깨닫지 못하여 그리스도와 복음을 거절하므로 불행한 위치에 처하게 된 것이다.

5절 마지막 부분은 개역성경처럼 "그는 만물 위에 계셔서 세세에 찬양을 받으실 하나님이시니라 아멘"라고 해석할 수도 있고, 공동번역 성경처럼 "만물을 다스리시는 하나님을 영원토록 찬양합시다. 아멘"으로 해석할 수도 있다.

초대교회 교부들은 첫 번째 해석을 선호해 그리스도의 신성을 강조하고 찬양하는 것으로 보고 있다. 그리스도가 육신적으로는 유대인의 혈통으로 출생했지만 성령으로 잉태한 '하나님의 아들'이시기에(눅1:35) '하나님'이라 호칭하고 찬양하는 것은 마땅하다고 본다(골1:15-16). 예수 그리스도는 영원히 찬양 받으실 하나님이시다.

2. 하나님의 주권적 구원 계획(9:6-29)

> ### (1) 참 이스라엘이 누구냐?(6-13절)
>
> 첫째는, 약속의 자녀가 참 아브라함의 자손으로 여기심을 받는다
> (6-9절).
>
> 둘째는, 참 아브라함의 자손은 하나님의 주권적 부르심의 원리를
> 따른다(10-13절).
>
> ### (2) 하나님의 부르심이 불의하냐?(14-18절)
>
> 첫째는, 구원은 하나님의 긍휼에서 나오는 것이다.
>
> 둘째는, 바로 왕을 세운 것은 하나님의 목적을 위해서이다.
>
> 셋째는, 하나님은 원하는 자에 따라 긍휼하심과 완악함을 주신다.
>
> ### (3) 누가 하나님의 주권적 계획을 대적할 수 있는가?(19-23절)
>
> 첫째는, 지음 받은 물건이 지은 자를 힐문할 수 없다.
>
> 둘째는, 토기장이에게는 자신이 원하는 것을 만들 권한이 있다.
>
> 셋째는, 진노의 그릇을 관용하시든 긍휼의 그릇에게 그 부요하심을
> 알리든 그 모두 하나님의 주권적 권한이며 목적이다(22-23절)
>
> ### (4) 부르심의 은총은 유대인이나 이방인에게 차별이 없다(24-29절).
>
> 첫째는, 긍휼의 대상자는 유대인과 이방인 중에 부르신 자들이다.
>
> 둘째는, 하나님은 자격 없는 이방인에게 부르심의 은총을 주셨다.
>
> 셋째는, 이스라엘 백성이라도 남은 자에게만 구원을 부여하실 것이다.

로마서 9장에서 하나님의 계획(βουλήμα, 19절)과 목적(πρόθεσις, 11절)이라는 단어가 각각 한 차례씩 밖에 등장하고 있지 않지만, 9장 전체는 하나님의 영원한 구속 계획과 목적을 설명하고 있다. 하나님의 구속 계획과 목적은 만세전에 세워진 것이고 이미 작정된 것이다(행2:23, 딤후1:9).

그것은 그리스도 예수를 세상에 보내셔서 구속 사역을 완성하시고(행 3:20, 엡1:9, 히10:14) 그리스도 안에서 구원하시고 부르시고 양자 삼으시고 하늘에 속한 신령한 복을 주시려는 것이며(엡1:3), 그리고 복음을 통하여 성령으로 적용시켜 주시려는 것이다(엡1:13, 3:6).

로마서 9장은 이러한 하나님의 계획과 목적을 성취하는 경륜의 과정 속에서 옛 언약 하에 있는 이스라엘의 부르심과 택하심의 과정을 설명하면서 전체적으로 하나님의 계획과 목적하심은 폐(廢)하여지지 않았을 뿐 아니라 그 안에는 전혀 불의(不義)함이나 편협(偏狹)함이 없다는 사실을 밝히고 있다.

(1) 참 이스라엘이 누구냐?(6-13절)

"그러나 하나님의 말씀이 폐하여진 것 같지 않도다"(6절상)

여기 '하나님의 말씀'은 신약에서 보편적으로 복음을 지칭하는 경우가 있지만(고전14:36, 고후3:17, 빌1:14), 본 절에서는 4-5절에서 말한 이스라엘에게 준 특권들을 지칭한다고 보는 것이 더 좋을 듯하다.

그것은 넓게는 하나님의 구속 계획과 목적을 가리키는 것으로 이스라엘 백성들에게 적용하기로 한 언약들과 약속들, 메시아로 말미암는 복음의 역사가 어떠한 경우에서라도 그것을 방해하거나 좌절시킬 수 없다는 사실을 역설한 것이다. 그리고 '폐하여지다'($\dot{\epsilon}\kappa\pi\dot{\epsilon}\pi\tau\omega\kappa\epsilon\nu$ - $\dot{\epsilon}\kappa\pi\dot{\iota}\pi\tau\omega$의 완료 분사)라는 단어는 '떨어져 나가다'(to fall out), '효력이 없게 되다'(to become of no effect), '중지하다'(to cease)는 뜻의 완료형으로 부정어 '우크'($o\dot{\upsilon}\chi$)와 함께 사용되어 과거에서부터 지금까지 폐지되어 아무런 효력이 없는 것 같이 된 적이 없고 여전히 하나님의 말씀은 계속해서 효력을 유지하고 있다는 의미이다.

이것은 이미 3:1-4에서 설명했던 것처럼 하나님의 말씀을 맡은 이스라엘 민족이 "그 믿지 아니함이 하나님의 미쁘심을 폐하겠느냐"라고 질문한 후에 "그럴 수 없느니라"는 답했던 것과 같은 의미의 진술인 것이다. 여러 가지 특권과 책임을 맡은 이스라엘이 불신앙과 불순종으로 그리스도와 복음을 거절했다고 하나님의 신실하심이 폐 될 수 없었던 것과 같이 '하나님의 말씀'인 구원 계획과 목적도 폐지될 수는 없는 것이다.

하나님의 구원 계획과 목적은 이스라엘의 불신앙적 어떤 상태나 조건이 있다 할지라도 폐지되거나 실패로 끝날 수는 없는 일이다. 오히려 하나님께서는 이스라엘의 남은 자를 통하여(사10:20-22), 또는 새로운 공동체를 통하여 그 목적을 계속 펼쳐 가시는 것이다.

첫째는, 약속의 자녀가 참 아브라함의 자손으로 여기심을 받는다(6-9절).

"이스라엘에게서 난 그들이 다 이스라엘이 아니요"(6절하)

유대인들의 현재의 상태만 보고 하나님의 목적이 실패했다고 단정하지 말아야 한다. 그 이유($\gamma\alpha\rho$)는 이스라엘 백성으로 난 모든 사람들이 전부 참 이스라엘 사람이 되는 것은 아니기 때문이다. 그것은 "이스라엘 자손들의 수가 비록 바다의 모래 같을 지라도 남은 자만 구원을 받으리니"(27절)라는 원리가 적용되기 때문이다.

참 이스라엘 사람이 누구냐? 그것은 이미 2:28-29에서 설명한 바 있었다. "무릇 표면적 유대인이 유대인이 아니요 표면적 육신의 할례가 할례가 아니니라 오직 이면적 유대인이 유대인이며 할례는 마음에 할지니 영에 있고 율법 조문에 있지 아니한 것이라."

참된 이스라엘 사람은 육체적 혈통을 가졌다고 이스라엘 사람이 되는 것이 아니며 종교적 의식을 따라 육체적 할례를 받았다고 유대인으로 인증되는 것도 아니다. 하나님께서는 혈통적이고 육체적 종교의식보다는 영적 또는 신앙적 유대인을 진정한 유대인으로 인증하시는 것이다.

그래서 이스라엘 역사를 통하여 영적인 신앙의 사람만이 '남은 자'로 남겨 두시고 전부 멸하였던 것이다(사4:3, 11:16). 그럼에도 불구하고 이스라엘 사람들은 참된 이스라엘을 찾는 하나님의 관점과 의도를 깨닫지 못하고 계속적으로 육체적 혈통에 매달리고 종교의식에만 빠져 불신앙과 불순종의 길을 반복해서 걸어갔던 것이다.

① 아브라함의 자손은 육적 원리가 아니라 영적 원리를 따른다.

"또한 아브라함의 씨가 다 그의 자녀가 아니라 오직 이삭으로부터 난 자라야 네 씨라 불리리라 하셨으니"(7절)

조금 더 구체적으로 설명한다면, 그들이 아브라함의 자손이라는 이유 때문에 전부 그 자녀가 되는 것은 아니기 때문이다. 아브라함에게는 본처인 사라를 통하여 이삭을 낳았고, 하녀 하갈을 통하여 이스마엘을 낳았고, 후처 그두라를 통하여 여섯 아들을 낳았었다(창25:2). 그러나 하나님께서는 육체적 혈통의 원리를 따라 난 일곱 아들들을 하나님의 언약을 이어갈 자손으로 생각지 않고 오직 영적인 원리에 입각하여 태어난 이삭만이 "세상의 상속자가 되리라"(4:13)는 언약의 진정한 자녀로 여기신 것이다. 그것은 이스마엘은 "육체를 따라 난 자"이지만 이삭은 "성령을 따라 난 자"였기 때문이었다(갈4:29).

이삭은 생리적으로나 의학적으로 출생 불가능한 상태에서 오직 하나님의 능력과 성령의 역사에 따라 영적 원리로 태어난 자이다(참조 마1:20, 눅1:36). 분명히 이스마엘과 다른 아들들도 아브라함의 씨였지만 하나님께서는 구원 목적을 적용함에 있어서 그들은 제외시키고 영적 원리를 따라 출생한 이삭만이 참 이스라엘의 조상이 되게 하신 것이다.

여기 '네 씨라 칭하리라'에서 '칭하리라'($\kappa\lambda\eta\theta\acute{\eta}\sigma\epsilon\tau\alpha\iota$ - $\kappa\alpha\lambda\acute{\epsilon}\omega$의 미래 수동태)는 단어는 '어떤 사람 앞으로 부르다'(to call into one's presence), '이름으로 불리다'(to name)는 뜻을 가지고 있다. 로이드 존스(Lloyd Jones)는 이름을 붙여준다는 의미보다는 '생산 되리라', '존재하도록 부르심을 받으리라'고 해석하기를 주장하고 있다. 그것은 이삭에게서 난 자만이 그 자녀로 존재하게 되고 그 씨라 칭함을 받게 되며 이름이 붙여질 것이기 때문이라는 것이다. 다시 말해 영적 원리로 태어난 자만이 진정한 그 자손이요 참 이스라엘의 자손으로 존재할 수 있다는 것이다.

이것의 이해를 돕기 위해 요한복음 8장에서 예수님께서 유대인들과 논쟁한 것을 잠시 살펴볼 필요가 있다. 유대인들이 자신들에 대하여 "우리가 아브라함의 자손이라"고 주장하자 예수님께서 "나도 너희가 아브라함의 자손인 줄 아노라"고 인정하신 후에 "너희가 아브라함의 자손이면 아브라함이 행한 일들을 할 것이거늘"이라고 말씀하시면서 아브라함의 행실을 따르지 않았다고 책망하셨다. 그리고 "만일 하나님이 너희 아버지였으면" 하나님의 구속 계획과 목적을 알았을 것인데, "너희는 너희 아비 마귀에게서 났으니" 깨닫지도 못하고 들으려는 자세도 없다고 책망하셨다(요8:31-44).

유대인들이 육체적인 혈통으로는 분명히 아브라함의 자손인 것은 분명한 사실이다. 그러나 영적인 원리로 보면 그들은 하나님의 자녀가 아니라 마귀에게서 난 자들이었던 것이다.

그러므로 본문을 해석함에 있어서 이스마엘은 만세전부터 버리시기로 작정(遺棄)했고 이삭은 선택했기 때문에 아브라함의 자손이 되었다는 해석보다는 육체적 원리를 따르지 않고 영적 원리를 따르는 그 자손이 참 이스라엘, 참 아브라함의 자손이 된다고 해석하는 것이 전체 문맥에 맞는다는 것을 기억해야 한다. 뿐만 아니라 "믿음의 자취를 따르는 자들에게" 아브라함의 자손이라 여기고(4:12) "너희가 그리스도의 것이면 곧 아브라함의 자손이요 약속대로 유업을 이를 자니라"(갈3:29)는 말씀과도 맞는 것이다.

② 아브라함의 자손은 약속의 원리를 따른다.
"곧 육신의 자녀가 하나님의 자녀가 아니요 오직 약속의 자녀가 씨로 여기심을 받느니라 약속의 말씀은 이것이니 명년 이 때에 내가 이르리니 사라에게 아들이 있으리라 하심이라"(8-9절)
6절에서는 '누가 참 이스라엘인가'를 설명했고, 7절에서는 '누가 참 아브라함의 씨인가'를 논했다면, 본 절에서는 보다 더 구체적으로 '누가 참 하나님의 자녀인가'를 논하고 있다.
8절 서두에 '곧'($\tau o \hat{v} \tau \ \acute{\epsilon} \sigma \tau \iota \nu$)이라는 말은 '이것이 뜻하는 바는'(that means)이라는 말로 '이 진술, 즉 이삭으로부터 난 자라야 네 씨라 칭하리라는 진술이 뜻하는 바는 이것이다'라는 뜻이다. 그것은 영적 원리로 태어난 자만이 하나님의 자녀로 여김을 받을 수 있다는 말이다.
여기 '하나님의 자녀'($\tau \acute{\epsilon} \kappa \nu \alpha \ \tau o \hat{v} \ \theta \epsilon o \hat{v}$)라는 개념은 구약에서 언약 관계를 맺은 이스라엘 민족을 가리킬 때에 주로 사용되었다(신14:1, 사63:16, 호1:10). 하나님께서는 "이스라엘은 내 아들 내 장자"(출4:22)라고 호칭하면서 각별하신 은총으로 돌보아 주셨던 것이다(호11:1-4).
신약에서는 하나님의 자녀라는 개념이 특별히 거듭남을 통하여 주어진 은총을 받은 신자를 지칭한다(요1:11-12, 3:3, 벧전1:3). 양자의 영인 성령을 통하여 하나님의 자녀가 되어 그리스도 안에서 주어지는 약속에 참여하는 자들을 말한다(8:15-17, 21).
육신적으로 아브라함에게서 난 자라고 전부 아브라함의 자녀가 아니며 하나님과의 언약관계를 맺은 하나님의 자녀로 부르지 않는다. 오직 '약속의 자녀'만이 하나님의 자녀들로 여김을 받는 것이다. '약속의 자녀'란 일차적으로는 "여종에게서는 육체를 따라 났고 자유 있는 여자에게서는 약속으로 말미암았느니라"(갈4:23)는 말씀처럼 하나님의 약속에 의하여 태어난 이삭을 가리킨다(창17:19, 롬9:9). 이차적으로는 "약속을 기업으로 받는 자들"

(히6:12, 17)인 이스라엘 민족을 가리키며, 마지막으로는 "형제들아 너희는 이삭과 같이 약속의 자녀라"(갈4:28)는 말씀처럼 약속을 유업으로 이를 그리스도인들을 가리킨다(갈3:29).

어떤 사람이 진정으로 참 이스라엘이며 참 아브라함의 자손인가? 그것은 이삭처럼 약속을 받은 자녀들이며, 그들만이 '하나님의 자녀'라는 칭호를 들을 수 있고 여김을 받을 수 있는 것이다. 즉 하나님의 약속을 받고 언약적 관계를 맺은 사람들만이 하나님의 자녀가 될 수 있는 것이다(고후6:16, 17, 참조 렘31:1). 믿음과 순종으로 언약관계를 유지하는 사람들만이 참 아브라함의 유업을 이를 씨요, 참 하나님의 자녀인 것이다.

둘째는, 참 아브라함의 자손은 하나님의 주권적 부르심의 원리를 따른다 (10-13절).

"그뿐 아니라 또한 리브가가 우리 조상 이삭 한 사람으로 말미암아 임신하였는데"(10절)

'그뿐 아니라' (οὐ μόνον δε)는 '그러나 그것뿐만이 아니다'라는 뜻이다. 앞서 진술한 이삭이 영적 원리를 따라 약속의 자녀가 되었다는 것은 어쩌면 당연한 이치일 것이다. 그것은 아버지는 한 사람 아브라함이지만 어머니는 완전히 다른 두 사람이기 때문이다. 즉 이스마엘은 본처가 아닌 여종에게서 낳은 육신의 자녀이지만 이삭은 본처인 사라에게서 하나님의 약속에 입각해서 출생한 자녀이기에 그만이 참 아브라함의 자녀라고 말할 수 있다.

그래서 사도 바울은 더 구체적인 다른 예를 또 들고 있다. 이번에 든 예는 한 사람 아버지와 한 사람 어머니에게서 잉태하여 낳았음에도 불구하고 하나님께서 구별시키셨다는 것이다. 그것은 리브가에 대한 이야기다.

창세기 25장을 보면 리브가의 잉태도 사라처럼 아이를 낳을 수 없는 불임의 상태에서 하나님의 특별한 은총으로 이루어졌음 이야기하고 있다. "이삭이 그의 아내가 임신하지 못하므로 그를 위하여 여호와께 간구하매 여호와께서 그의 간구를 들으셨으므로 그의 아내 리브가가 임신하였더니"(창 25:21). 이삭의 아내 리브가는 사라와 마찬가지로 임신할 수 없는 절망적 상황에 있었다.

그리하여 하나님께 간구하매 하나님께서 기도 응답으로 능력적 역사를 베풀어 주셔서 임신하고 출산을 할 수 있었던 것이다.

사도 바울은 여기에서 "한 사람으로 말미암아"(ἐξ ἑνός)를 강조하고 있다. 이는 한 사람 리브가에게서 둘이 함께 출생했음에도 불구하고 하나는 참 이스라엘 자손이 되었고, 하나는 이스라엘 자손이 되지 않았다는 것을 말하려는 것이다. 에서와 야곱은 육신적으로 같은 어머니에게서 출생하였지만 하나님의 은총면에서는 구별시킨 것이다.

　"리브가에게 이르시되 큰 자가 어린 자를 섬기리라 하셨나니 기록된 바 내가 야곱은 사랑하고 에서는 미워하였다 하심과 같으니라"(12-13절)

　11절의 해석을 뒤로 미룬 것은 10-14절까지의 문단에서 11절이 결론적 역할을 하는 문장이기 때문이다. 그러므로 12-13절을 10절과 연결시켜 하나의 이야기로 연속적으로 설명하는 것이 본문의 뜻을 바르게 이해할 수 있는 것이다. 여기에서 두 개의 인용구를 통하여 하나님의 자녀가 되는 것은 혈통적 문제가 아니라는 것, 즉 언약을 계승할 자손은 혈통적 계승이 아닌 하나님의 부르심의 은총에 의한다는 것이며, 또한 왜 하나님께서 에서가 아닌 야곱을 선택하여 부르셨는지를 보여주고 있다.

　① 먼저는 큰 자인 형 에서가 작은 자인 동생 야곱을 섬기게 될 것이라는 것이다.

　여기 인용구는 창25장에서 리브가가 태중에서 쌍둥이가 서로 싸우는 것을 보면서 걱정이 되어 "내가 어찌할꼬"라며 하나님께 물었을 때에 응답으로 준 예언의 말씀 중에 한 구절이었다.

　"두 국민이 네 태중에 있구나 두 민족이 네 복중에서부터 나누이리라 이 민족이 저 민족보다 강하겠고 큰 자가 어린 자를 섬기리라"(창25:23)

　이것은 복중(腹中)에 두 나라, 두 민족이 있을 것에 대한 예언으로, 한 민족이 다른 민족보다 강하여 이길 것인데, 큰 자인 에서의 후손(에돔 족속)이 작은 자인 야곱의 후손(이스라엘 민족)을 섬기게 될 것을 말씀한 것이다.

　이것은 실제적으로 다윗시대에 성취 되었고(삼하8:14, 왕상11:16, 대상18:13), 다시 아마샤를 통하여 정복하였었다(왕하14:7, 대하25:11-12). 오바댜 선지자는 '야곱의 족속은 불이 되고 에서 족속은 지푸라기가 되어 그들을 전부 불살라 남은 자가 없게 할 것'을 예언하기도 했다(옵1:18).

　사도 바울은 이 예언을 가지고 인간의 구속과 은총에 대하여 설명하고 있다. 하나님의 구속 계획과 목적은 인간의 어떤 행위와 신분에 의하여 결정되는 것이 아니라는 것이다. 즉 먼저 된 자라고 해서 하나님의 자녀의 자격이 보장되는 것도 아니다. 오직 "먼저 된 자로서 나중 되고 나중 된 자로서 먼저 될 자도 많고"(마19:30, 20:16)라는 말씀처럼 장자(長子)라고 아브라함의 약속의 자녀가 되는 것은 아니다.

그러므로 혈통적으로 아브라함의 자손이라고 구원이 보장 되는 것이 아니라 오직 부르시는 하나님의 주권적 은혜에 의한다는 것이다. 이삭이 하나님의 언약의 약속의 자녀인 것처럼 한 사람의 태중에서 출생했다 할지라도 야곱의 후손만이 언약을 상속할 자손이 되게 하셨다는 것이다. 이것이 하나님의 주권적 은총인 것이다.

② 그 예언이 적용된 것은 하나님께서 야곱은 사랑하시고 에서는 미워하셨기 때문이다.

두 번째 인용구는 말1:2-3에서 인용한 것으로 말라기의 말씀을 보면, 야곱은 그 후손인 이스라엘 민족을 가리키며, 에서는 그 후손인 에돔 족속을 가리키는 것임을 알 수 있다. 많은 경우 여기의 '사랑했다'는 말은 선택(選擇)으로, '미워했다'는 유기(遺棄)로 해석하는 것을 보게 된다. 그것도 만세 전에 하나님께서 야곱은 선택하셨고, 에서는 버리셨다는 말이다. 그리고 그 원리를 기본으로 하여 구원 사역이 전 역사에서 계속해서 적용된다고 본다.

그러나 여기 '미워하다'(μισέω)는 말은 절대적(絕對的)인 의미에서의 미워했다는 말이 아니다. 눅14:26에서 예수님께서 자기를 따르는 제자들에게 "무릇 내게 오는 자가 자기 부모와 처자와 형제와 자매와 더욱이 자기 목숨까지 미워하지 아니하면 능히 내 제자가 되지 못하고"라고 말씀하신 것에서 사용한 '미워하다'(μισέω)라는 어휘를 문자 그대로 절대적인 의미로 사용해서는 안 되는 것과 같은 이치이다.

이것은 상대적(相對的)인 의미로 '너희가 내 앞에 다른 누구를 둔다면 나의 제자가 될 수 없다'는 의미로 사용한 것이다. 히브리인들은 보편적으로 '사랑한다'와 '미워한다'는 용어를 절대적인 의미보다는 상대적으로 서로 비교하는 것에 사용할 때가 많았다(창29:30-31, 신32:19, 잠13:24, 마6:24).

그래서 찰스 핫지(Charles Hodge)는 "미워한다는 것은 덜 사랑한다는 말이고, 덜 존중히 여기며, 사랑을 덜 베풀어 대접한다는 말이다."라고 아주

적절하게 해석을 한 것이다. 그러므로 본 절에서 하나님께서 야곱을 사랑하셨다는 것은 야곱 개인뿐만 아니라 그의 후손인 이스라엘을 사랑하신 반면 (신7:7-8)에서 개인과 그 후손인 에돔 족속은 덜 사랑하셨고 덜 은혜를 베풀어 주셨다는 말이다.

이것은 야곱의 후손들에게 주시기로 약속한 특권과 축복에 대하여 에서의 자손에게는 보류한다는 말이기도 하다. 하나님께서 에서를 미워하여 그 환경을 황폐하게 심판하셨다고(말1:3, 렘49:17, 겔35:1-15) 해서 그들을 영원히 버리신 것은 절대로 아니다. 하나님은 심판 중에서도 그들이 "여호와를 알기"를 원하셨던 것이다(겔35:9, 11, 12, 15).

어쩌면 하나님께서 야곱을 사랑하시고 에서를 미워하셨다는 것은 '우리의 체질을 아시기에'(시103:14)에서의 망령된 기질을 미리 보셨기에 언약의 자녀로 삼기에는 합당하지 않다고 여기셨기 때문일 것이다(히12:16, 창25:32-34).

하나님에게 있어서 영원히 버리시기로 작정한 개인이나 민족이란 있을 수 없다. 하나님께서 그렇게 심판하시고 진노를 쏟으셨던 애굽과 앗수르를 향하여 "내 백성 애굽이여" "내 손으로 지은 앗수르여"라고 부르시고, 하나님의 심판으로 패망한 이스라엘을 향하여 "나의 기업 이스라엘이여"라고 부르시며 복을 빌어주셨던 것을 보면 알 수 있다(사19:25).

③ 택하시는 하나님의 목적은 역사 속에서 계속되어지고 있다(11절).
"그 자식들이 아직 나지도 아니하고 무슨 선이나 악을 행하지 아니한 때에 택하심을 따라 되는 하나님의 뜻이 행위로 말미암지 않고 오직 부르시는 이로 말미암아 서게 하려 하사"(11절)

11절은 본 단락의 결론 역할을 하는 구절이며 또 한편 교리와 신학적 의미를 보여주는 말씀이기도 하다. "이스라엘에게서 난 그들이 다 이스라엘이 아니다"는 논지를 증명하기 위하여 앞 단락(7-9절)에서는 영적 원리와 약속의 원리에 따라서 참 이스라엘 자손이 된다는 사실을 밝혔다면, 본 단락에서는 어떤 행위나 조건에 의하여 이루어지는 것이 아니라 '하나님의 부르심의 은총'으로 참 이스라엘 자손이 된다는 것을 밝히고 있다.

여기 "그 자식들이 아직 나지도 아니하고 무슨 선이나 악을 행하지 아니한 때"라는 말은 12절의 "큰 자가 어린 자를 섬기리라"는 말씀과 13절의 "내가 야곱은 사랑하고 에서는 미워하였다"는 말씀과 연결된 것이다. 그들이 아직 태어나지 않고 어떤 선과 악을 행하지도 않았음에도 불구하고 야곱을 사랑하시고 에서를 덜 사랑하신 것은 '미리 아심'의 하나님의 속성에 따라 비록 그들이 세상에 태어나지 않은 태 안에 있었다 할지라도 어떤 사람이 하나님의 택하시는 원리인 영적 원리, 약속의 원리에 맞는지를 아셨던 것이다.

기질 또는 속성(屬性)적으로 야곱이 에서보다 훨씬 더 하나님의 택하심의 원리에 합당했던 것이다. 그리하여 그들이 어떤 선과 악을 행하지 않았음에도 불구하고 야곱을 사랑하시고, 야곱을 참 아브라함의 자손으로 여기신 것이다. 이것이 하나님의 주권 역사인 것이다.

바울도 자기 자신에 대하여서 "내 어머니의 태로부터 나를 택정하시고 그의 은혜로 나를 부르신 이"(갈1:15)라고 진술했었다. 이는 자신이 알지 못하는 때, 심지어 자신이 태어나기 전부터 하나님의 구원의 섭리가 있었다는 표현으로 구약 시대의 선지자들도 자신의 소명의식을 나타낼 때에 사용했던 표현들이다(사49:1, 렘1:5).

하나님의 부르심과 참 이스라엘이 되는 것은 어떤 인간의 조건과 행위에 근거한 것이 아니다. 야곱처럼 전혀 인간의 선악이 개입되지 않은 출생 전이라 할지라도 '미리 아심'의 하나님의 주권적 은총에 의하여 주어질 수 있는 것이다. 그렇다고 그것이 '만세 전에' 결정되고 선택되어지는 것은 아니다. 구원은 만세 전에 하나님의 계획 속에서 결정되어진 것이지만 현재적으로 경륜하심 가운데서 또는 그리스도 안에서 이루어지는 것이다.

여기 "택하심을 따라 되는 하나님의 뜻이...서게 하려 하사"라는 말씀은 '택하시는 하나님의 목적이 계속 유지하기 위하여'(in order that God's selective purpose might stand.–NEB)라는 말씀이다. 그리고 "하나님의 택하신 목적"이란 영원한 구원에 관한 것을 말하려는 것이 아니라, 이스라엘 민족을 선택하신 하나님의 목적을 가리키며, 그것은 이스라엘 민족에게 주어진 위치와 특권, 그리고 역사적 과제를 위하여 선택하신 하나님의 주권을 강조하는 말이다.[2]

즉 하나님께서 이스라엘을 선택하신 목적은 이미 4-5절에 제시했던 것처럼 이스라엘에게 주어진 일곱 가지 역사적 특권, 또는 영적 축복과 역할을 가리키는 것이다. 뿐만 아니라 가장 중요한 것은 아브라함과 이스라엘 민족

---

2) Leon Morris, "Romans", 356

을 부르시고 택하신 것은 '땅의 모든 족속이 그로 말미암아 복을 얻고'(창 12:3) 열국을 향한 하나님의 제사장 나라가 되게 하려는 것에 있었다(출 19:5-6). 또한 여기 '서다'(μένη)라는 단어는 현재 가정법으로 '히나'(ἵνα) 접속사와 함께 '계속 존재하기 위하여', '계속하여 유지되기 위해서'라는 뜻이다.

즉 택하시는 하나님의 목적이 계속해서 존속하는 것은 인간적인 행위와 공로, 또는 그것을 얻으려는 인간적 노력에 의하여 결정되는 것이 아니다. 택하시는 하나님의 영적 원리, 또는 약속의 원리에 따라 '부르시는 이에게로 말미암아' 이루어지는 것이다. 하나님의 계획과 목적은 인간에 의하여 변경되는 것이 아니다. 참 이스라엘이 되는 것은 계속해서 부르시는 하나님의 은총에 의하여 유지되는 것이다.

다시 정리한다면, 본 단락의 말씀은 하나님께서 영원 전의 무조건적 선택에 근거하여 야곱을 사랑하고 에서를 미워하셨다는 말씀을 하려는 것이 아니라는 것이다. 이는 어느 개인적인 영원한 운명을 말하는 것이 아니라 역사 속에서 이스라엘 민족이 얻게 될 은총과 그들을 하나님이 택하신 목적을 말하는 것이다. 하나님의 은총과 택하신 목적에 계속해서 머무는 것은 민족적 혈통이나 율법적 행위에 근거하여 주어지거나 유지되는 것이 아니다. 오직 지금도 부르시는 하나님으로 말미암아 주어지는 것으로, 영적 관계(spiritual kinship)는 '믿음이라는 조건'만 갖추어진다면 하나님의 자녀라는 언약은 계속해서 유효한 것이다.

(2) 하나님의 부르심의 은총이 불의하냐?(14-18절)

앞 단락(6-13절)에서 누가 참 이스라엘이며, 누가 참 아브라함의 자손인가를 물었을 때에 영적 원리와 약속의 원리를 따르는 사람이며, 또한 인간의 선악의 행위가 아니라 하나님의 부르심에 의한다고 했다. 그러면서 하나님의 선택하시는 목적이 계속 유지 되려면 이스라엘의 계보를 가졌다는 것만으로, 또는 아브라함의 자손이라는 것만으로 약속의 자녀가 되는 것은 아니라고 했다.

그것은 인간의 행위에 있지 않고 오직 하나님의 주권적 부르심의 은총에 있다는 것을 강조하며 하나님께서 "야곱은 사랑하고 에서는 미워하였다"고 했다. 사도 바울은 이러한 하나님의 주권적 행위에 대하여 혹시라도 오해의 소지가 있을까하여 그 해소책으로 본 단락(14-18절)에서 더 구체적인 설명을 하고 있다.

"그런즉 우리가 무슨 말을 하리요 하나님께 불의가 있느냐 그럴 수 없느니라"(14절)

하나님께서 영적 원리, 약속의 원리, 또는 부르심의 원리를 적용한다고 하나님의 택하시는 목적이 불의하느냐는 것이다. "그럴 수는 없느니라"(Not at all!) 하나님의 행위에는 전혀 불의함이 있을 수 없다. 여호사밧이 재판관들에게 말한 것처럼 "우리의 하나님 여호와께서는 불의함도 없으시고 치우침(partiality)도 없으시고 뇌물을 받는 일도 없으시다"(대하19:7)는 사실이다. 사도 바울은 지금까지 참 이스라엘과 참 아브라함의 자손에 대하여 설명하다가 본 단락에서부터는 개인의 구원 문제에 대하여서도 함께 설명하는 것을 발견할 수 있다.

첫째는, 구원은 하나님의 긍휼에서 나오는 것이다.

"모세에게 이르시되 내가 긍휼히 여길 자를 긍휼히 여기고 불쌍히 여길 자를 불쌍히 여기리라 하셨으니"(15절)

이 말씀은 출33:19의 인용으로 같은 의미를 지닌 말을 두 번 반복하여 사용하고 있다. 여기 '긍휼히 여기다'('Ελεήσω - ἐλεέω 미래형)는 '관대한 은총을 나타내다'(to show gracious favour)는 뜻으로 타인의 비참함에 동정심을 느끼고 그러한 동정심을 행동으로 나타내어 도와주고 구원해 주는 것을 의미한다(유23).

'불쌍히 여기다'(οἰκτίρω)는 '가엽게 여기다'(to compassionate)는 뜻으로 타인의 처지를 비탄과 슬픔을 느끼며 호의를 베풀어 주는 것을 의미한다. 그리고 '내가 긍휼히 여길 자'(ὅν ἀν ἐλεῶ)는 '내가 긍휼히 여기는 어느 누구라도' 라는 의미이며 마찬가지로 '불쌍히 여길 자'(ὅν ἀν οἰκτίρω)도 '내가 불쌍히 여기는 어느 누구라도' 라는 의미이다.

인간의 구원과 은총은 하나님의 긍휼하심에서 출발했다. 긍휼이 풍성하신 하나님이 죄인 된 인간을 사랑하여서 그리스도를 통하여 구원을 마련하셨고(엡2:4-5), 그리고 긍휼히 여길 자를 긍휼히 여길 것이고 불쌍히 여길 자는 누구라도 불쌍히 여겨서 구원의 은총의 자리에 나오게 하실 것이다. 그런데 하나님은 그리스도 안에서 이방인도 긍휼히 여기셨고 유대인에게도 긍휼히 여기시기를 원하고 계시며(11:30-31) 결국에는 "모든 사람에게 긍휼을 베풀려 하시는"(11:32) 계획과 목적을 가지고 계신다.

"그런즉 원하는 자로 말미암음도 아니요 달음박질하는 자로 말미암음도 아니요 오직 긍휼히 여기시는 하나님으로 말미암음이니라"(16절)

여기 '그런즉'(ἄρα οὖν)이라는 접속사는 '이러한 인용 구절로 볼 때'라는 의미로 앞 절의 내용에 대하여 결론적 설명을 하고 있다.

여기서 로버트슨(A. T. Robertson)의 설명대로 관사가 붙은 분사인 '원하는 자'(τοῦ θέλοντος), '달음박질 하는 자'(τοῦ τρέχοντος), '긍휼히 여기는 자'(τοῦ ἐλεῶντος)에는 '긍휼은 ~이다'(ἐστιν ἔλεος)라는 말이 생략된 것으로 보아서 '긍휼은 ...에 있지 않다', '긍휼은 ...한 성질이 아니다'라는 의미로 보는 것이 옳다고 보여진다. 그러므로 하나님께서 긍휼히 여길 자를 긍휼히 여기실 것이기 때문에 긍휼은 인간이 원한다고 되는 것도 아니고 그렇다고 달음박질하여 노력한다고 되는 것도 아니라 오직 긍휼히 여기시는 하나님으로 말미암아 이루어진다는 말이다.

그렇다. 기독교의 구원은 인간의 간절한 소원이나 열정적인 노력의 결과로 이루어지는 것이 아니다. 인간이 행한 공적과 선행은 은혜와 상반되기 때문이다. 그러므로 구원하심과 하나님의 은총은 사람들의 어떤 소원이나 자격, 또는 수양과 도덕적인 노력으로 이루어지는 것이 아니다. 오직 하나님의 주권적 은총에 의하여 이루어지는 것이다.

여기서 한 가지 염두에 둘 것은 15절에 있는 '긍휼히 여기다'(Ἐλεήσω), '불쌍히 여기다'(οἰκτιρήσω)가 미래형으로, 그리고 16절에 있는 '긍휼히 여기는 자'(τοῦ ἐλεῶντος)... 등이 현재형으로 되어 있는 것을 볼 때에 하나님의 구원하심과 긍휼히 여기심이 만세 전에 이미 확정 된 것으로 해석하는 것은 무리한 해석이라고 보여진다는 것이다. 그러므로 하나님의 구원 계획은 만세 전에 확정(예정)된 것이지만 긍휼하심과 구원하심은 그리스도 안에서 성취되고 적용된다는 사실을 기억해야 한다.

둘째는, 바로 왕을 세운 것은 하나님의 목적을 위해서이다.

"성경이 바로에게 이르시되 내가 이 일을 위하여 너를 세웠으니 곧 너로 말미암아 내 능력을 보이고 내 이름이 온 땅에 전파 되게 하려 함이라 하셨으니"(17절)

본 구절에 대하여 핑크(Arthur W. Pink)는 "바로의 경우는 버림받음의 교리에 대한 기준과 예시를 잘 보여준다. 만일 하나님에 의해 실제로 바로가 버림받았다면 우리는 그의 아들의 형상과 일치하게 하시려고 예정되지 않은 다른 모든 사람들도 버림받은 것으로 알아야 한다"[3]라고 하여 바로 왕도 에서(Esau)처럼 영원 전부터 주권적으로 버림(遺棄)받았다고 주장하고 있다. 출애굽기 기사를 자세히 보면, 하나님께서 "내가 그의 마음을 강퍅케 한다"(출4:21, 7:3)고 모세에게 미리 예고하셨을 뿐만 아니라, 또한 매번 재앙이 임한 사건을 기록할 때마다 하나님께서 바로의 마음을 강퍅하게 만드셨다고 기록하고 있다(출9:12, 10:1, 20, 27, 11:10, 14:8).

그리고 바로의 강퍅하게 된 것이 "여호와의 말씀과 같더라"(출7:13, 22, 8:15, 19, 9:35)는 결론적 문장을 통하여 더 강조하고 있는 것도 사실이다. 그러나 이러한 말씀들은 출3:19의 "내가 아노니"라는 구문에 입각하여 해석해야만 한다. 즉 하나님의 '미리 아심'에 의하여 바로 왕을 보았을 때에 하나님의 강한 손이 나타나지 않고는 이스라엘 백성의 출애굽을 허락하지 않는 강퍅한 마음을 미리 아셨다는 것이다. 그래서 하나님께서 강퍅하게 하셨다는 표현을 사용하기도 하고, 또한 바로 왕이 스스로 마음을 강퍅하게 했다는 표현도 쓴 것이다(출7:14, 8:32, 9:7, 34).

이것은 모세가 바로 왕을 찾아갔을 때에 "나는 여호와를 알지 못하니 이스라엘도 보내지 아니하리라"(출5:2)는 바로 왕의 말에서 그의 강퍅한 마음을 분명히 보여주고 있음을 확인할 수 있다. 그러므로 하나님의 강퍅하게 하심은 무조건적인 것이 아니라 바로 왕이 스스로가 행한 것에 대한 조건에 따른 것이었다는 사실이다. 바로 왕이 하나님의 뜻을 거절했을 때에 하나님께서는 그의 강퍅한 태도대로 허락하신 것이다.

하나님의 강퍅하게 하심은 절대로 일방적이지 않으시고 그의 뜻을 거절하는 모든 인간들을 완악하게 하시는 그의 의로운 원리에 따라 행동하신 것일 뿐이다. 여기에서 하나님의 주권은 인간의 책임을 배제하지 않는다는 사실을 깨달아야 한다.

우리가 여기서 분명히 집고 넘어가야 할 것은 바로 왕을 세우고 완악하게 된 것에는 바로 왕의 영원한 운명과 전혀 상관이 없다는 사실이다. 여기 "이

---

3) Arthur W. Pink, The Sovereignty of God, 4th ed. (Grand Rapids: Baker Book House, 1930), p.90

일을 위하여"(Εἰς αὐτο τοῦτο)는 '이것을 위하여', 또는 '바로 이 목적을 위하여'(for this very purpose-NASB)라는 뜻이다. 이는 하나님께서 바로 왕을 세우신 목적은 영원한 판결로 버림받게 하려는 것이 아니라 두 가지 목적 때문이었다.

먼저는 "너로 말미암아 내 능력을 보이려는 것"이고, 다음은 "내 이름이 온 땅에 전파되게 하려는 것"(17절)에 있었던 것이다. 하나님의 목적을 위하여 바로 왕을 역사의 무대에 불러 세우신 것이다. 즉 바로 왕의 강퍅함을 통하여 하나님의 능력이 얼마나 위대하신지 그 능력을 바로 왕 스스로 보여주게 하려는 목적이었다(ὅπως ἐνδείξωμαι ‐ ἐνδείκνυμι의 중간태 부정사).

또 한편 바로왕의 완악한 행동을 통하여 하나님의 능력이 나타나고 그로 인하여 만군의 여호와이신 하나님의 이름이 온 세상에 전파되어지기를 목적하신 것이었다(ὅπως διαγγελῇ). 사실 출애굽 사건을 통하여 하나님께서는 바로 왕뿐만이 아니라 이집트 사람들과 온 세상에 오직 여호와만이 참 하나님이심을 알게 하고(출7:5, 8:10, 22, 9:14, 16, 10:2), 하나님의 영광을 드러내기 위한 목적을 분명히 하고 있는 것을 발견할 수 있다(출14:4, 17, 18).

벌쿠워(G. C. Berkouwer)는 여기에서 "바울은 바로(Pharaoh)의 개인적 운명에 우리가 관심을 갖기를 원한 것이 아니라 구원의 역사에서 그의 위치를 보여 주고자 그를 언급한 것이다"[4]라고 해석하면서 이는 하나님의 영원한 결정의 완고한 '예'를 든 것이 아니라 악한 자의 거절을 이야기하고 있다고 보았다.

셋째는, 하나님은 원하는 자에 따라 긍휼하심과 완악함을 주신다.
"그런즉 하나님께서 하고자 하시는 자를 긍휼히 여기시고 하고자 하시는 자를 완악하게 하시느니라"(18절)

우리 한글 개역 성경에는 "하고자 하시는 자를 완악하게 하시느니라"(9:18)고 번역되어 마치 하나님이 바로 왕과 같이 버리기로 작정 되어진 사람에게는 그 마음을 완악하게 만드신다는 것을 강조하는 것처럼 되어 있다. 그러나 원래의 의미는 "강퍅하기를 원하는 자를 강퍅케 하신다"(he

---

4) G. C. Berkouwer, Divine Election, trans. Hugo Bekker (Grand Rapids: Wm.B. Eerdmans publishing Co., 1960), pp.212-213

hardens whom he wants to harden-NIV)는 뜻이다.

여기 '원하는 자'(ὅν θέλει)를 어떻게 해석하느냐의 문제가 있다. 하나님의 행위로 볼 것이냐 그렇지 않으면 인간의 행위로 볼 것이냐의 문제이다. 만약에 하나님의 행위로 해석한다면 인간이 회개하지 못하도록 하나님께서 고의적으로 강퍅하게 만든다는 말이 되어 버릴 수도 있다.

그렇다면 14절에서 "하나님께 불의가 있느냐?"고 물었는데, 하나님께서 불의함을 조장한 것이 분명해 지는 것이 되어버리고 만다. 분명한 사실은 긍휼을 원하든 강퍅함을 원하든 소원하는 것은 인간의 태도와 행위이지 하나님의 행위가 아니라는 것이다. 하나님은 그들의 원함에 따라 그들을 긍휼히 여기기도 하시고 완악하게도 만드시는 것이다.

여기 '완악하게 하다'(σκληρύνω)는 마르고 단단해 지는 상태의 의학 용어에서 온 것으로 '굳어지게 하다', '완악하게 하다', 또는 '강퍅해지도록 내버려두다'는 뜻으로 생각이 좁아지고 완고해지는 것을 의미한다. 이것은 어떤 사람이 자신을 강퍅하게 하지 않았는데 하나님이 먼저 강퍅하게 만들었다는 말이 아니다.

모리스(Leon Morris)가 지적한 대로 "본문뿐만 아니라 성경 어디에도 하나님께서는 먼저 스스로 강퍅하게 하지 않은 사람을 강퍅하게 한다고 말씀하고 있지 않다"[5]는 사실을 기억해야 한다. 하나님은 절대로 악을 창조하거나 악한 사람의 심령 속에 완악함을 넣어주는 분이 아니다. 다만 이미 존재하는 완악한 심령 상태에 하나님의 목적을 위하여 그의 완악한 마음을 심화시키는 것뿐이다.

마치 롬1:24, 26, 28에서 하나님께서 종교적으로 타락한 자들을 '그 마음의 정욕대로', '부끄러운 욕심에', '상실한 마음대로' 내어 버려두어 합당치 못한 일을 행하게 하는 것과 같은 이치인 것이다. 다시 말하지만, 14절에서 하나님의 선택하시는 목적이 불의할 수 없다고 단언했었는데, 만약에 바로 왕에 대하여 하나님께서 영원 전에 버리고 작정했기 때문에 강퍅하게 만들었다고 말한다면 하나님이 불의하지 않다고 항변할 수 없을 것이다.

또 하나 깊이 생각해야 할 것은 본 절에 나오는 단어들, '원하다'(θέλει), '긍휼히 여기다'(ἐλεεῖ), '강퍅하게 하다'(σκληρύνει)가 전부 현재형으로 되어 있다는 것이다. 만약에 만세전에 하나님께서 원하는 자를 긍휼히 여기고

---

5) Leon Morris, "Romans", p.361

또는 강퍅하게 만들었다면 과거형을 사용해야 옳다고 보여 진다. 단어들이 현재형인 것은 현재에도 일어나는 상황 또는 하나님의 역사를 말하려는 것 뿐인 것이다.

아담 클라크(Adam Clarke)는 "이 가르침에는 하나님께서 이스라엘 전체를 구원하기 위하여 선택했다거나 에서를 영원히 버리시기로 작정했다는 것이 아니다. 그 뜻은 하나님께서 모든 사람들 가운데서 유대 백성을 선택하신 것은 그들 가운데서 하나님 자신을 드러내려는 것이다"[6]라고 했다.

그렇다. 하나님은 어떤 누구도 영원 전부터 구원하기로 선택하거나 버리기로 예정하지 않으셨다. 오직 하나님이 인생들 앞에 제시하는 복과 저주, 긍휼과 심판을 선택하는 자에 따라서 긍휼을 원하는 자에게 긍휼을 베푸시고 강퍅함을 선택하는 자를 강퍅하게 하시는 것이다.

그리고 바벨론 포로생활에서 유대인을 회복하기 위하여 이방인 고레스에게 기름을 부어 사용하였듯이(사44:28, 45:1-3) 이스라엘 민족의 출애굽을 통하여 '하나님의 이름'이 온 천하에 전파되기 위하여 바로 왕을 강퍅한 대로 사용하신 것이다. 그러므로 하나님의 선택하시는 목적은 결코 불의함이 없는 영원한 진리인 것이다.

(3) 누가 하나님의 주권적 계획을 대적할 수 있는가?(19-23절)

하나님은 우주와 역사의 주권자이시다. 그래서 "온 세계를 향하여 정한 경영"(사14:26)을 가지고 홀로(I alone) 우주와 역사 속에서 역사(役事)하고 계신다(참조, 사44:24-28). 그는 사람들을 "내리기도 하시고…높이기도 하시며…낮추기도 하시고 높이기도…가난한 자를 진토에서 일으키시며… 올리사…귀족들과 함께 앉게 하시며 영광의 자리를 차지하게"(삼상2:6-8) 하시는 분이시다. 그가 야곱을 사랑하시고 바로 왕을 완악하게 하여 사용하신 것은 그분만이 홀로 행하실 수 있는 주권이었던 것이다.

본 단락(19-23절)은 바로 이러한 하나님의 주권적 역사를 설명하고 있다.

"혹 네가 내게 말하기를 그러면 하나님이 어찌하여 허물하시느냐 누가 그 뜻을 대적하느냐 하리니"(19절)

사도 바울은 여기서 가상의 어떤 반대자의 질문을 제시하고 있다. 그의 질문은 하나님께서 야곱은 사랑하시고 에서는 미워하셨으며 또한 바로 왕을

---

6) Ernest S. Williams, Systematic Theology, Ⅰ, p.254

강퍅하게 하여 그 목적에 따라 사용하셨다면 인간에게는 책임이 없지 않겠느냐는 것이다.

'그렇다면 하나님께서는 어찌하여 아직도 허물을 찾고 계시는가?' '그의 의도하신 바($\beta o\nu\lambda\eta\mu\alpha$)를 누가 대적할 수 있겠는가?'

이 말은 인간으로서는 하나님이 계획하신 것을 감히 대적하거나 변경시킬 수 없는 노릇인데, 하나님께서 하고 싶은 '독단적인 계획'($\beta o\nu\lambda\eta\mu\alpha$)대로 어떤 사람은 긍휼히 여기시고, 또 어떤 사람에게는 강퍅하게 하셨으니, 인간에게 그 허물의 책임을 찾는 것은 옳지 않다는 항변이다.

그러나 인간이 하나님의 구원과 은총에 참여하지 못하는 것은 하나님의 독단적인 의지 때문이 아니다. 오히려 그들이 어리석어 하나님을 바르게 발견하지 못하고 하나님의 목적을 거절하여 복음에 순종하지 못하기 때문에 하나님께서 그들을 멸망에 처하시는 것이다.

첫째는, 지음 받은 물건이 지은 자를 힐문할 수는 없는 노릇이다.

"이 사람아 네가 누구이기에 감히 하나님을 반문하느냐 지음을 받은 물건이 지은 자에게 어찌 나를 이같이 만들었느냐 말하겠느냐"(20절)

바울은 가상의 질문자의 불평과 항변에 대하여 이치에 맞지 않다고 논박하고 있다. 여기 '이 사람아'($\hat{\omega}$ $\check{\alpha}\nu\theta\rho\omega\pi\epsilon$)의 헬라어 '오'($\hat{\omega}$)는 답답한 마음을 언어로 표현할 때 나오는 감탄사로 '아니, 이 사람아!' 라는 뜻이다.

그리고 '사람아' 라고 호칭한 것은 곧 이어 나오는 '하나님'($\tau\hat{\omega}$ $\theta\epsilon\hat{\omega}$)과 대응하여 한낱 피조물에 불과한 인간인 주제에 어찌하여 창조주 하나님이시며 우주의 주권자께서 하시는 일에 대하여 왈가왈부하며 주제 넘는 행동을 하느냐는 책망조로 부른 것이다.

① "네가 누구이기에 감히 하나님을 반문하느냐"

여기에서 '감히'에 해당하는 말로 번역해 놓은 접두사 헬라어 '메눈게'($\mu\epsilon\nu o\hat{\upsilon}\nu\gamma\epsilon$)는 앞에서 언급한 것을 부정하는 말로 '이와 반대로'(on the contrary), 또는 '아니 그뿐만 아니라'(nay but), '오히려'(yea)라는 뜻으로 하나님의 독단적 계획에 항의하는 반대자의 말에 반박하는 것을 의미하는 말이다.

그리고 '반문하다'($\dot{\alpha}\nu\tau\alpha\pi o\kappa\rho\iota\nu\acute{o}\mu\epsilon\nu os$ - $\dot{\alpha}\nu\tau\alpha\pi o\kappa\rho\acute{\iota}\nu o\mu\alpha\iota$ 현재 중간태 분사)는 '반대하여 대답하다'(to talk against), '말대꾸하다'(to answer back)는 뜻으로 피조물에 지나지 않는 인간이 조물주이신 하나님께 말대꾸를 한다든지 또는 그분의 면전에서 논쟁하려는 주제 넘는 태도를 의미한다.

피조물인 인간으로서 감히 조물주이신 하나님의 면전 앞에서 그의 계획에 대하여 건방지게 계속해서 말대꾸하고 의문을 제기한다는 것은 언어도단이며 주제를 파악하지 못한 행동인 것이다.

'아니, 이 인간아! 네가 누구이기에 하나님께 말대꾸하며 이러쿵저러쿵 말을 한단 말인가?'

② "지음을 받은 물건이 지은 자에게 어찌 나를 이같이 만들었느냐 말하겠느냐"

이것은 사29:16, 45:9의 뜻을 반영한 것이라 할 수 있다. 지음을 받은 피조물이 자기를 지은 조물주에게 '나를 왜 이렇게 만들었소'라고 항변할 수는 없는 노릇이다. 그래서 이사야서에서는 질그릇의 한 조각 같은 인간이 자기를 지으신 이와 더불어 다투면서 '너는 무엇을 만들었느냐'고 묻는 자에게 화가 있다고 한 것이다(사45:9).

이는 주제 넘는 짓이며 배은망덕한 행위인 것이다. 마치 자기를 낳아준 아버지에게 '무엇을 낳았소'라고 묻는 것과 같으며, 어머니에게는 '무엇을 낳으려고 해산의 수고를 하였소'라고 묻는 것과 같은 것이기 때문이다(사 45:10).

'나를 어찌 이같이(οὕτως) 만들었느냐'고 항변하는 것은 오늘도 인간들이 조물주에게 자주 하는 말들이다. 그리하여 하나님을 궁지에 몰아넣고 피고석에 앉히려는 태도를 가질 때가 많다. 그러나 그것은 어리석은 피조물의 불평일 뿐이다. 조물주께서 피조물을 자신이 목적한대로 만들고 행하시는 것은 그의 절대 주권적 자유의지인 것이다. 그러므로 신의 영역을 침해하는 어리석은 피조물이 되어서는 안 될 것이다. 오직 모든 피조물은 언제, 어느 자리에서든 자기를 향한 조물주의 계획과 목적을 깨닫고 그대로 실천하면 되는 것이다.

"땅의 모든 사람들을 없는 것 같이 여기시며 하늘의 군대에게든지 땅의 사람에게든지 그는 자기 뜻대로 행하시나니 그의 손을 금하든지 혹시 이르기를 네가 무엇을 하느냐고 할 자가 아무도 없도다"(단4:35)

둘째는, 토기장이에게는 자신이 원하는 것을 만들 권한이 있다.

"토기장이가 진흙 한 덩이로 하나는 귀히 쓸 그릇을, 하나는 천히 쓸 그릇을 만들 권한이 없느냐"(21절)

이 토기장이와 진흙의 비유는 이미 하나님께서 예레미야 선지자를 통하여 주었던 교훈에서 빌려온 것이라 할 수 있다(렘18:1-10). 이스라엘 백성들이 "여호와여...우리는 진흙이요 주는 토기장이시니 우리는 다 주의 손으로 지으신 것이니이다"(사64:8)라고 고백한 것처럼 우리 인생은 하나님의 손에 들려진 진흙 같은 존재인 것이다.

토기장이가 진흙을 손에 들고 "자기 의견에 좋은 대로" 만들고 또는 만들었던 그릇을 부셔서 다른 그릇으로 만들 수 있듯이 조물주이신 하나님께서도 우리 인생들을 자신의 뜻대로 천히 쓸 그릇으로, 또는 귀히 쓸 그릇으로도 만들 권한이 있을 뿐 아니라 자기 의견에 따라 용도를 다른 그릇으로 만들 수 있으신 분이시기 때문이다.

여기 '권한'(ἐξουσία)이란 고전 헬라어 문헌에서 법률, 사회, 정치 혹은 도덕적인 사건들의 영역 안에서 발휘될 수 있는 힘을 의미하여 쓰여졌고, '직권'이나 '권력'을 행사할 수 있는 지위를 나타내어 사용되었던 단어로 육체적인 힘을 말하는 것이 아니라 '권위'(authority), 또는 '권리'(right)를 의미하고 있다(마21:23, 살후3:9).

이것은 하나님에게는 주권적 권한(freedom of God's sovereignty)이 있다는 말이다. 이 말씀의 의미는 하나님께서 어떤 사람은 귀히 쓰려고 창조했고, 어떤 사람은 천하게 쓰려고 창조했다는 말이나, 또는 어떤 사람은 영생을 얻을 귀한 그릇으로 선택하셨고 어떤 사람은 멸망 받을 천한 그릇으로 예정하셨다는 말이 아니다. 단순히 토기장이는 진흙으로 귀한 그릇과 천한 그릇을 만들 권한과 주권이 있다는 것을 비유한 것뿐이다.

셋째는, 진노의 그릇을 관용하시든 긍휼의 그릇에게 그 부요하심을 알리든 그 모두 하나님의 주권적 권한이며 목적이다(22-23절).

지금까지 비유를 통하여 설명하던 것을 22-23절에서 구체적으로 사람에게 적용하여 긍휼과 진노에 대한 하나님의 권한을 설명하고 있다. 여기에서 중요하게 깨달아야 할 것은 22절 서두에 있는 접속사 '그러나'(δε)이다. 토기장이는 자신의 권한에 따라 어떤 것은 귀한 그릇으로, 어떤 것은 천한 것으로 만들 권한이 있다 할지라도 하나님은 토기장의 행동보다 더 놀라운 주권적 행동을 행하실 수 있다. 즉 멸하기로 준비된 진노의 그릇이었다 할지라도 관용하시어 긍휼의 그릇을 삼을 수 있다는 것이다. 이것은 긍휼의 하나님이 행하실 수 있는 절대 권한인 것이다. 또한 영광받기로 예비 되어 있는 긍휼의 그릇에게 그의 영광의 부요하심을 알게 하는 것도 하나님의 권한이라는 것이다.

앞 절에서는 '존귀'와 '천함'으로 대조하던 것을 22-23절에서는 '긍휼'과 '진노', 또는 '영광'과 '멸망'이라는 용어로 대조하여 조금 더 구체적으로 구원과 하나님의 권한 문제를 다루고 있다. 그러나 문장 전체에 귀결절은 없고 조건절만 있어서 해석상 어려운 점이 있기도 하다.

"만일 하나님이 그의 진노를 보이시고 그의 능력을 알게 하고자 하사 멸하기로 준비된 진노의 그릇을 오래 참으심으로 관용하시고 또한 영광 받기로 예비하신 바 긍휼의 그릇에 대하여 그 영광의 풍성함을 알게 하고자 하셨을지라도 무슨 말을 하리요"(22-23절)

여기에서 귀결절이 없는 조건절(ϵi, if)일 경우에는 흔히 한글 개역성경처럼 "만일...무슨 말을 하리요"라는 뜻도 있지만, 영어 성경들처럼 "그러면 어찌하려는가"(what if...?)[7]라는 뜻으로 표현하기도 한다.

본문 해석에서 가장 중요한 것은 '하고자 하사'로 번역 되어 있는 현재 분사 '델론'($\theta\acute{\epsilon}\lambda\omega\nu$)을 양보를 나타내는 분사로 해석할 것인가, 그렇지 않으면 원인을 나타내는 분사로 해석할 것인가에 따라 그 의미가 완전히 달라진다.

만약에 한글 개역성경처럼 '~하기를 원하기 때문에'(because it is His will)를 취한다면 바로 왕의 경우처럼 하나님께서 멸망할 자를 오래 참으신 것은 최후에 그의 진노를 보이시고 그 능력을 알게 하고자 하신 것이라는 예정론적 의미가 된다. 그러나 원인을 나타내는 분사로 보고 '~하기를 원하실지라도'(although it is His will)라는 말로 해석을 하면 '하나님께서 영광 받기로 예비하신 긍휼의 그릇들에게 그의 영광의 부요함을 알게 하기 위하여, 멸하기로 준비된 진노의 그릇들에게 그의 진노를 보이시고 그의 능력을 알게 하기를 원하셨을지라도, 그가 오래 참음으로 그들을 관용하셨다면 어찌하려는가?'라는 뜻이 된다.

---

7) KJV, NKJV, NIV, RSV, NRSV, NASB, NEB 등이다.

본문은 후자의 해석 방법을 따르는 것이 가장 자연스럽다. 그것은 정관사 없이 사용된 '진노의 그릇'($\sigma\kappa\epsilon\acute{\upsilon}\eta$ $\acute{o}\rho\gamma\hat{\eta}s$)은 하나님께서 멸하시기로 예정한 고정된 수의 사람들을 가리키지 않기 때문이다. 즉 하나님의 목적은 한때 진노의 그릇이었던 자들이었다 할지라도 관용하셔서 그의 긍휼의 부요하심을 베푸시기를 원하기 때문이다(11:32). 또한 이방 기독교인들도 전에는 "진노의 자녀들"이었지만 지금은 하나님의 긍휼을 입은 자가 되었기 때문이다(엡2:3-4). 뿐만 아니라 하나님의 진노는 과거가 아닌 현재 진리를 막고 있는 사람들의 모든 경건하지 않음과 불의에 대하여 하늘로부터 나타난다고 말하고 있기 때문이다(1:18).

㉮ 진노의 그릇에게 관용을 베푸는 것도 하나님의 주권적 목적이다.
"만일 하나님이 그의 진노를 보이시고 그의 능력을 알게 하고자 하사 멸하기로 준비된 진노의 그릇을 오래 참으심으로 관용하시고"(22절)
앞에서 설명한 대로 본문을 바르게 이해하려면 23절과 합하여 세 개의 목적어의 관계를 이해해야 한다. 먼저는 '보이시고'($\acute{\epsilon}\nu\delta\epsilon\acute{\iota}\xi a\sigma\theta a\iota$)와 '알게'($\gamma\nu\omega\rho\acute{\iota}\sigma a\iota$)는 전부 목적을 나타내는 부정사로서 하나님께서는 이미 그의 진노를 보이고 그의 능력을 알게 하기를 목적하셨다는 말이다.
또한 23절 초반에 나오는 접속사 '카이'($\kappa a\iota$)는 22절에 있는 목적어와 연결시키고 있다. 그리고 23절의 '알게'($\gamma\nu\omega\rho\acute{\iota}\sigma\eta$)는 부정과거 가정법으로 접속사 '히나'($\acute{\iota}\nu a$)와 함께 사용하여 목적을 나타내고 있다. 이는 하나님께서는 이미 긍휼의 그릇에 대하여는 그의 긍휼의 풍성함을 알게 할 목적을 가지셨다는 말이다. 이것은 하나님의 구원 계획과 목적을 설명하는 것이다.

① "만일 하나님이 그의 진노를 보이시고 그의 능력을 알게 하고자 하사"
하나님의 진노는 종말의 때에만 나타나는 것이 아니라 역사 속에서도 수없이 나타내 보이셨다. 하나님은 진노를 통하여 죄를 얼마나 싫어하시는지를 보이시기를 원하셨으며 죄를 벌하는 그의 위대하심과 권능을 알리시기를 원하셨던 것이다. 그러므로 하나님의 사역 가운데 한 가지는 불의한 세상과 죄인을 역사 가운데에서도 심판하신다는 사실을 잊지 말아야 한다.
이사야 선지자는 이스라엘 백성들이 교만과 완악한 마음으로 하나님을 거역하고 하나님을 찾지 않는 행동을 향하여 "그럴지라도 여호와의 진노가 돌아서지 아니하며 그 손이 여전히 펴져 있으리라"(사9:12, 17, 21)는 말씀으로 거듭 강조하여 심판의 메시지를 전하였었다.

그러므로 우리는 역사 속에서 하나님의 진노를 목도할 때마다 하나님이 역사의 주권자이심을, 천지의 주관자이심을, 인간의 생사의 주권을 가지신 분이심을 깨달아야 한다(사14:24-27). 그리고 장차 나타날 영원한 멸망의 형벌과 그리스도의 심판을 대비해야 한다(살후1:7-9, 고후5:10).

② "멸하기로 준비된 진노의 그릇을"

여기 '준비된'(κατηρτισμένα - καταρτίζω 완료 수동태 분사)은 '만들어진' 또는 '준비된'이라는 뜻으로 진노의 그릇들이 '멸하기에 합당하게 된 어떤 조건에' 이르렀다는 말이다. 이것은 하나님께서 일찍이 멸망시키기로 준비해 놓은 진노의 그릇이라는 말이 아니다. 이는 아담의 타락 이후 죄인 된 인간들이 불신앙과 불순종 아래 있기에 멸하기로 준비했다는 말이다.

사도 바울은 일찍이 "네 고집과 회개하지 아니한 마음을 따라 진노의 날 곧 하나님의 의로우신 심판이 나타나는 그 날에 임할 진노를 네게 쌓는도다"(2:5)라고 진술했었다. 또한 "하나님을 모르는 자들과 우리 주 예수의 복음에 복종하지 않는 자들에게...영원한 멸망의 형벌"(살후1:8-9)을 내리실 것이라고 했다.

뿐만 아니라 주 예수와 선지자들을 죽인 유대인들처럼 복음을 방해하는 자들에게 "노하심이 끝까지 그들에게 임한다"(살전2:15-16)고 했다. 그러므로 진노의 그릇이란 만세 전에 멸망시키기로 작정되고 준비된 사람을 일컫는 말이 아니고 역사 이래로 하나님의 목적을 거역하고 구원 계획을 거절하는 강퍅한 심령들을 가리키는 말이다(롬1:18, 엡2:3). 그러나 그들도 예수 그리스도의 복음에 순종만 한다면 긍휼의 그릇으로 삼아주시는 것이 하나님의 목적이다(24-33절).

③ "오래 참으심으로 관용하시고"

먼저 문장 앞에 나오는 "하고자 하사"는 앞에서 이미 설명한 대로 현재 분사 '델론'(θέλων)으로 두 개의 목적어와 함께 연결하여 양보를 나타내는 '~하기를 원하실지라도'라는 뜻으로 해석한 상태에서 내용을 살펴보아야 한다. 여기 '오래 참으심'(μακροθυμία)은 한글성경에 번역되지 않은 단어 '폴

레' ($\pi o\lambda\lambda\hat{\eta}$), 즉 '더욱' (much), 또는 규모와 분량에서 '큰' (great)이라는 말이 더해져서 '무척 오래 참으신다' 는 의미를 가지고 있다.

하나님께서는 죄인을 향하여, 멸하기로 준비된 진노의 그릇이라 할지라도 길이 참으심으로 관용하시기를 원하고 계신다. 그 이유는 "아무도 멸망하지 아니하고 다 회개하기에 이르기를 원하시며"(벧후3:9, 롬2:4), 긍휼을 입어 믿음으로 영생을 얻게 하시기를 원하기 때문이다(딤전1:16).

하나님께서 멸망시키기로 준비된 진노의 그릇이었다 할지라도 풍부한 오래 참으심으로 관용하셔서 긍휼의 그릇을 삼으신다면 그것은 전적으로 하나님의 은총이요 주권적 권한인 것이다. 이 또한 그의 구원의 목적이기도 하다.

(ㄴ) 긍휼의 그릇에게 그 영광의 풍성함을 알게 하는 것도 하나님의 주권적 목적이다.

"또한 영광 받기로 예비하신바 긍휼의 그릇에 대하여 그 영광의 풍성함을 알게 하고자 하셨을지라도 무슨 말을 하리요"(23절)

본 절은 하나님의 세 번째 목적을 말하고 있다. 하나님의 목적은 인생들이 그리스도 안에서 예비하신 그 은혜의 풍성함을 알기를 원하는 것이다(엡1:18, 골1:27).

① "영광 받기로 예비하신바 긍휼의 그릇에 대하여"

여기 '영광' ($\delta o\xi a$)이라는 단어의 의미는 이미 앞에서 설명했듯이 '신적 임재의 광채' 를 뜻하기도 하고(출24:16, 33:22, 40:34, 민14:10), 종말의 때에 얻게 될 신자의 영광을 뜻하기도 한다(5:2, 8:18, 살전2:12, 벧전5:1). 그러나 여기에서의 '영광' 은 그리스도 안에서 주어지는 하나님의 은총, 즉 특권들을 가리키는 말이다(3:23, 엡1:18, 3:16, 골1:27).

죄인 된 인간들은 하나님의 영광에 이를 수 없었으나(롬3:23) 그리스도께서는 "많은 아들들을 이끌어 영광에 들어가게 하시는 일에 그들의 구원의 창시자"(히2:10)가 되어 주시므로 영광에 참여하는 길이 활짝 열리게 된 것이다. 그러므로 하나님께서는 그리스도 안에서 구원의 영광에 참여할 수 있는 긍휼의 그릇들을 예비하신 것이다.

간혹 여기에서 '예비하신' ($\pi\rho o\eta\tau o\acute{\iota}\mu a\sigma\epsilon\nu$)이란 단어가 시간적으로 '앞에'

있는 것을 강조하는 전치사 '프로'($\pi\rho o$)가 결합된 과거 시제라는 것 때문에 긍휼의 그릇은 만세전에 영광을 받기로 예정된 사람을 가리킨다고 해석하는 사람들이 있다. 그러나 꼭 그렇게 해석하여 교리화 시킬 필요는 없다고 본다. 그들은 22절에 나오는 '준비된'($\kappa\alpha\tau\eta\rho\tau\iota\sigma\mu\acute{\epsilon}\nu\alpha$ - $\kappa\alpha\tau\alpha\rho\tau\acute{\iota}\zeta\omega$ 완료 수동태 분사)이라는 단어도 하나님께서 일찍이 멸망시키기로 준비해 놓은 진노의 그릇이라는 뜻으로 해석하지만, 사실은 완료형이라는 것은 완전한 상태, 또는 조건을 뜻하는 것이다.

그러므로 진노의 그릇들이 '멸하기에 합당하게 된 어떤 조건에' 이르렀다는 말이다. 이 단어가 완료형으로 되어 있는 성경구절들을 살펴보면 잘 알 수 있다. 눅6:40에서 보면 "제자가...온전하게 된 자($\kappa\alpha\tau\eta\rho\tau\iota\sigma\mu\acute{\epsilon}\nu o\varsigma$)는 그 선생과 같으리라"고 되어 있다. 이는 제자가 선생으로부터 온전히 준비함(complete preparation)을 받은 사람은 선생과 동등하게 될 수 있다는 의미로 사용되었다. 고전1:10의 "같은 뜻으로 온전히 합하라($\kappa\alpha\tau\eta\rho\tau\iota\sigma\mu\acute{\epsilon}\nu o\iota$)"는 말씀에서는 '이전의 조건으로 회복되다'(to restore to its former condition)는 뜻으로 분쟁으로 갈라진 상태에서 다시 과거의 온전한 상태로 준비하라는 의미로 사용되어졌다.

또한 히11:3의 "믿음으로 모든 세계가 하나님의 말씀으로 지어진 줄($\kappa\alpha\tau\eta\rho\tau\acute{\iota}\sigma\theta\alpha\iota$)을 우리가 아노니"에서는 '채비하다'(to outfit)라는 뜻으로 하나님의 말씀으로 온 세상이 적합한 균형으로 아름답게 설비 되었다(fitted up)는 의미로 사용하였다. 이러한 용례들을 살펴 볼 때에 22절의 '준비된'($\kappa\alpha\tau\eta\rho\tau\acute{\iota}\sigma\mu\acute{\epsilon}\nu\alpha$)이라는 단어에는 멸망시키기로 그들을 이미 작정했다는 의미는 전혀 없고, 단순히 온전한 상태로 채비하였다는 사실만을 밝힌 것을 알 수 있다.

마찬가지로 23절의 '예비하신'($\pi\rho o\eta\tau o\iota\mu\acute{\alpha}\sigma\epsilon\nu$)이라는 단어도 만세 전에 영광을 위하여 미리 준비했다는 단정적 의미보다는, 단순히 영광을 위하여 먼저 준비했다는 의미만 있을 뿐이다(엡2:10, 참조, 마25:34, 41).

그리고 '긍휼의 그릇' 이란 24절에서 밝힌 것처럼 유대인뿐 아니라 이방인 중에서 하나님의 부르심을 받은 신자들을 일컫는 말이다. 그러므로 진노의 그릇들과 긍휼의 그릇들은 고정된 숫자의 두 그룹의 사람들을 뜻하는 것이 아니라 전에는 진노의 자녀들이었다(엡2:3, 롬2:4) 할지라도 긍휼의 그릇이 되는 것이 하나님의 자비로우신 영원한 목적이라는 것이다(25-26절).

② "그 영광의 풍성함을 알게 하고자"

하나님은 그리스도 예수 안에서 주시는 "영광의 풍성함이 무엇인지"(엡
1:18), 또한 얼마나 풍성한지(골1:27) 알기를 원하고 계신다. 그래서 "측량
할 수 없는 그리스도의 풍성함을 이방인에게 전하게"(엡3:8) 하려고 일군을
세우시며 또한 모든 신자들을 통하여 "그 은혜의 지극히 풍성함을 오는 여
러 세대에 나타내려"(엡2:7)고 명품 일군으로 만들기를 원하고 계신다(엡
2:10).

하나님께서 멸하기로 되어 있는 진노의 그릇을 오래 참으심으로 관용하는
것도 하나님의 주권적 자유요, 진노의 그릇이었던 자들을 긍휼의 그릇으로
삼으시는 것도, 긍휼의 그릇에게 그리스도 안에서 주어지는 영광의 풍성함
을 알리시고 이방인에게까지도 알려서 참여하게 하려는 것도 하나님의 절
대적이며 자유적 주권인 것이다.

(4) 부르심의 은총은 유대인이나 이방인에게 구별이 없다(24-29절).

본 단락에서는 하나님의 구원 계획, 하나님의 구원하시는 경륜에 대한 결
론적인 말씀을 하고 있다. 이삭, 야곱을 통한 자손만이 참 이스라엘이며, 아
브라함의 자손으로 귀히 쓸 그릇처럼, 또는 긍휼의 그릇처럼 여겨 주었지만
그들이 전부 긍휼의 은총을 받는 대상은 아니라는 것이다.

오직 남은 자만이 긍휼의 그릇이 될 수 있다는 것이다. 반면 이방인의 대
표격인 이스마엘, 에서는 하나님의 은총에서 제외된 사람들로 천히 쓸 그릇
처럼, 또는 진노의 그릇처럼 취급을 받았으나 오래 참으시고 관용하시는 하
나님의 주권적 은총 계획에 따라 긍휼의 그릇이 되었다는 것이다.

그래서 앞에서 밝혔던 것처럼 외적 조건으로 판단하지 아니하시는 하나님
께서는 긍휼의 은총에 대하여 유대인이나 이방인에게 차별이 없게 하셨다
는 사실을 밝히고 있다(2:10, 3:30, 4:23-24, 10:12).

첫째는, 긍휼의 대상자는 유대인과 이방인 중에 부르신 자들이다(24절).

"이 그릇은 우리니 곧 유대인 중에서 뿐 아니라 이방인 중에서도 부르신
자니라"(24절)

'이 그릇' (*oüs*)에 해당되는 관계 대명사는 긍휼의 그릇, 즉 긍휼하심의 은
총을 받아 구원받은 자를 가리킨다. 그들은 하나님의 부르심을 받은 '우리'

이다. '우리'(ήμᾶς)는 유대인들 중에서 뿐만 아니라 이방인들 중에서도 하나님의 부르심을 받은 자들을 말한다.

하나님의 부르심(καλεω)에는 몇 가지 종류가 있다. 먼저는 사역을 위한 소명적 부르심이 있고(막3:13, 롬1:1, 행13:2, 고전7:17, 20, 24). 다음은 죄인들을 향하여 구원의 초청으로서의 부르심이고(마9:13, 22:14, 눅5:32, 요7:37), 마지막으로 복음의 특권에 참여하게 하는 부르심이다(8:30, 고전1:9, 7:20, 엡4:1, 4). 그래서 본 절의 '부르신 자'는 구원의 은총에 참여한 신자를 가리키는 말이다.

이는 성령께서 하나님의 구원의 목적을 신자의 심령 속에서 성취하시기 위하여 부르신 것으로 하나님의 구원의 은총에 참여하는 자격을 부여받은 것을 의미한다(고전1:9). 하나님의 부르심을 통하여 '그리스도에게 속하고'(롬1:6), '자유를 얻고'(갈5:13), 영생을 얻고(딤전6:12), 영원한 영광에 들어가게 된 것이다(벧전5:10).

그래서 부르심은 '구원하심'과 '택하심'과 같은 의미로 사용하여(딤후1:9, 고전1:26-28) "예수 그리스도의 영광을 얻게" 하려고 택하시고 성령으로 거룩하게 하시고 구원받게 하시고 부르셨다고 했다(살후2:13-14).

그러므로 멸하기로 준비된 진노의 그릇이라 할지라도 하나님의 구원의 부르심에 응답하여 복음을 믿게 되면 긍휼의 그릇이 되어 구원의 은총에 참여하는 부르신 자가 되는 것이다.

둘째는, 하나님은 자격 없는 이방인에게 부르심의 은총을 주셨다(25-26절).

"호세아의 글에도 이르기를 내가 내 백성 아닌 자를 내 백성이라 사랑하지 아니한 자를 사랑한 자라 부르리라"(25절)

사도 바울은 호세아의 글을 인용하여 긍휼히 여기시는 하나님의 목적이 무엇인지 분명히 밝히고 있다. 여기 서두에 있는 '역시 ~처럼'(ὡς καί)이 이미 호세아의 글에도 언급한 것과 같은 것이라는 사실을 강조하는 것이다.

이는 호2:23의 인용의 말씀으로 원래는 '내 백성이 아니다'라는 말은 하나님을 떠난 이스라엘을 지칭하는 말이었다. 범죄로 하나님과의 언약 관계가 깨어져서 하나님의 백성의 자격을 상실했었는데, 큰 긍휼로 관계를 회복하여 '내 백성이라' 부르게 하겠다는 약속의 말씀이었다.

사도 바울은 이것을 이방인에게 적용하고 있다. 이방인은 하나님의 은총에 참여할 자격이 박탈된 진노의 그릇들이었다(엡2:11-12). 그러나 그리스도의 십자가 사역을 통하여 '중간에 막힌 담을 허시고'(엡2:14), '원수 된 것을 십자가로 소멸하시고'(엡2:16), 화평이 되어주시므로 "성도들과 동일한 시민이요 하나님의 권속 '이 되게 만들어 주신 것이다(엡2:19). 그래서 하나님의 친 백성 삼아주신 것(딛2:14, 벧전2:9)을 밝히고 있는 것이다.

또한 "사랑하지 아니한 자를 사랑한 자라"라는 말은 호2:23의 "긍휼히 여김을 받지 못하였던 자를 긍휼히 여기며"의 헬라어 사본(Veronensis, Venetus)을 인용한 듯하다. 이 말씀도 범죄한 이스라엘 백성을 향하여 '긍휼히 여기지 않겠다'(호1:6)고 선언했던 것을 용서와 회복을 통하여 긍휼히 여길 것이라는 약속이었다.

하나님은 모세에게 이방인은 불쌍히 여기지 말고 진멸하라고 명령하였었다(신7:2). 그러나 진멸(殄滅)의 대상이었던 이방인이라 할지라도 하나님의 구원의 조건에 맞으면 하나님의 집에서 기쁘게 받아주시는 것이 하나님의 구원 계획이다(사56:6-7).

이방인들은 전에는 사랑의 대상이 아니었지만 이제는 그리스도 안에서 사랑하는 자요 긍휼히 여기시는 자가 된 것이다(벧전2:10). 이것이야 말로 하나님의 절대 주권적 권한인 것이다.

"너희는 내 백성이 아니라 한 그 곳에서 그들이 살아 계신 하나님의 아들이라 일컬음을 받으리라 함과 같으니라"(26절)

이 구절은 호1:10에서 인용한 것으로 "그곳에서"($\acute{\epsilon}\nu$ $\tau\hat{\omega}$ $\tau\acute{o}\pi\omega$)라는 표현은 호세아가 이스라엘 백성들에게 예언했던 팔레스틴을 지칭한 말이었지만, 바울은 이것을 흩어진 유대인들이 살던 이방 지역과 이방인들이 사는 전 지역으로 확대하고 있다.

"너희는 내 백성이 아니다"라고 말하던 장소, 바로 그곳, "거기서"($\acute{\epsilon}\kappa\hat{\epsilon}\hat{\iota}$) "살아계신 하나님의 아들들이라 부를 것이다"라고 약속하고 있다. 하나님의 백성이 아니라고 말하던 바로 그곳, 이방인의 땅에서 불신앙으로 자녀의 자격을 박탈당한 유대인에게도, 또한 본래 하나님의 백성이 아니었던 이방인에게도 하나님의 아들들이 되는 구원의 은총을 베풀어주고, 양자의 영을 주어서 하나님을 '아바 아버지'라 부르는 참 하나님의 자녀의 자격을 부여해 주시는 것이다(8:14-19, 갈4:6-7). 이것이 바로 값없이 베풀어주시는 하나님의 주권적 은총이다.

셋째는, 이스라엘 백성이라 할지라도 남은 자에게만 구원을 부여하실 것이다(27-29절).

긍휼의 그릇이 누구인지 설명하는 가운데 25-26절은 "이방인 중에서"라는 말씀에 연결되어 이방인의 상황을 설명하고 있다면, 27-29절은 "유대인 중에서"라는 말씀에 연결되어 현재의 유대인의 상황을 설명하고 있는 것이다. 그리고 이사야의 예언을 인용하여 불신앙 가운데 있는 유대인들이 수없이 많이 있다 할지라도 하나님의 구원 계획을 수용하는 소수의 무리만이 구원을 얻을 것이라고 강조하고 있다.

① 이스라엘은 남은 자만 구원하실 것이다.
"또 이사야가 이스라엘에 관하여 외치되 이스라엘 자손들의 수가 비록 바다의 모래 같을지라도 남은 자만 구원을 받으리니"(27절)

이는 사10:22을 인용한 것으로, 여기에서 '이스라엘'이란 하나님의 언약 백성으로서의 유대인 전체를 일컫고 있다. 그런데 이사야 선지자가 이스라엘에 대하여 '외치되'(κράζει)라고 한 단어는 '외쳐 말하다'(to utter a cry)는 뜻으로 공개적으로 크게 말한다는 의미와 더불어 안타까운 심정으로 외친다는 의미를 담고 있다.

이는 이스라엘 백성들이 멸망하는 처지에 있음에도 불신앙과 불순종의 길을 걷고 있기에 소수의 남은 자만 구원을 얻게 되는 상황을 안타까운 심정으로 외친 것이다. 그런데 이 단어가 현재형으로 되어 있는 것은 선지자의 외침은 지금도 많은 유대인들을 향하여 계속하여 외쳐지고 있다는 사실을 암시하고 있다.

여기 인용구에서 접속사 '에안'('Εἀν)이 가정법(ᾖ - εἰμι의 현재 가정법)과 함께 나올 때에는 미래의 어떤 상황이 실현될 가능성을 강하게 가정하는 것을 나타낸다. 그래서 이를 다시 번역하면 '만일 바다의 모래처럼 이스라엘 자손의 수가 있다 할지라도 남은 자만 구원을 얻을 것이다.'라는 뜻이다. 아무리 많은 숫자의 유대인이 있다 할지라도 하나님께서 구원의 은총을 베푸시는 숫자는 '남은 자', 즉 소수에 불과하다는 말이다(호1:10).

'남은 자'($\tau\grave{o}$ $\acute{v}\pi\acute{o}\lambda\epsilon\iota\mu\mu\alpha$) 사상은 예언서에 나오는 개념으로 고난 가운데서도 끝까지 믿음을 지키고 살아남아서 하나님께 회개하고 돌아온 자를 '남은 자', 또는 '그루터기'라고 불렀다(사4:2-3, 6:13, 10:20-21). '남은 자'는 원래 포로생활에서 돌아온 자를 가리키지만 바울은 여기에서 그리스도를 영접한 유대 기독교인들에게 적용하고 있다.

이는 현재 불신앙과 불순종으로 거역하는 유대인들에 대하여 그 이유를 변명하기에 충분하다고 볼 수 있다.

② 주님께서는 그 계획을 이 땅에서 이루시고 완성하실 것이다(28절).
"주께서 땅 위에서 그 말씀을 이루고 속히 시행하시리라 하셨느니라"

이 구절은 사10:22와 28:22의 칠십인경(LXX)을 자유롭게 혼합시킨 인용문인 것 같다.[8] 이사야10:22-23에서의 '남은 자의 구원'은 반역하는 이스라엘 백성을 심판하시겠다고 예고하는 말씀 가운데서 나온 것이다.

"이스라엘이여 네 백성이 바다의 모래 같을지라도 남은 자만 돌아오리니 넘치는 공의로 파멸이 작정되었음이라 이미 작정된 파멸을 주 만군의 여호와께서 온 세계 중에 끝까지 행하시리라"

이사야의 예언은 유다 백성이 바벨론의 포로로 끌려가는 파멸을 당하게 되지만 소수의 사람만이 돌아오게 된다는 말씀이다. 사도 바울은 이 예언의 말씀을 현재 불신앙과 불순종 가운데 있는 유대인들에게 적용하고 있다. 그래서 '그 말씀'($\lambda\acute{o}\gamma o\nu$)은 27절에서 말한 바다의 모래 같이 많은 수의 이스라엘 백성 가운데 남은 자만 구원하실 일을 지칭하고 있다.

'이루고 속히'에 해당하는 두 개의 현재 분사는 '수행하고 속히 끝내는'($\sigma\upsilon\nu\tau\epsilon\lambda\hat{\omega}\nu$ $\kappa\alpha\grave{\iota}$ $\sigma\upsilon\nu\tau\acute{\epsilon}\mu\nu\omega\nu$)것을 뜻하여 하나님께서 목적하신 그 말씀, 또는 그 일을 이스라엘 땅에서 수행하고 끝내심으로 반드시 성취해 내실 것이라는 의미이다.

하나님은 자신의 계획과 말씀을 흐지부지 끝내시는 분이 아니시다. 반드시 역사 속에서 성취해 내실 것이다. 유대인들이 아무리 목적을 위해 택하신 민족이라 할지라도 그들이 불순종의 죄악 상태에 있게 된다면 역사 가운데서, 그들의 땅에서 멸하실 것이며 하나님의 자녀들에게 주어지는 특별한

---

8) 표준 원문(Textus Receptus)에서는 LXX를 따라서 "$\acute{\epsilon}\nu$ $\delta\iota\kappa\alpha\iota o\sigma\acute{\upsilon}\nu\eta$ $\ddot{o}\tau\iota$ $\lambda\acute{o}\gamma o\nu$ $\sigma\upsilon\nu\tau\epsilon\tau\mu\eta\mu\acute{\epsilon}\nu o\nu$"가 첨부되어 있다. 이를 따라 해석한다면 "그가 그 말씀을 완수하시고 의 가운데서 속히 이루시리니 이는 주께서 땅 위에서 그 말씀을 속히 행하실 것임이라 하였느니라"가 된다.

특권에 참여하지 못하도록 배제하실 것이다. 그리고 복음적 요구에 따르는 소수의 남은 자만이 구원에 참여하게 하실 것이다.

③ 하나님께서 씨를 남겨 두지 않았다면 이스라엘은 벌써 망하였을 것이다.

"또한 이사야가 미리 말한바 만일 만군의 주께서 우리에게 씨를 남겨 두지 아니하셨더라면 우리가 소돔과 같이 되고 고모라와 같았으리로다 함과 같으니라"(29절)

이는 사1:9의 칠십인경(LXX)에 따른 인용으로, 이사야서에서는 앗수르의 공격으로 아름답고 기름졌던 이스라엘의 성읍과 토지들이 파괴되어 황무하게 됨으로 그 모습이 포도원의 망대처럼, 참외밭의 원두막같이 초라하게 남았다는 심판의 말씀 중에서 나온 것이다. 비록 전부 파괴되었다 할지라도 미래의 회복을 위하여 생존자를 조금 남겨두셨다는 말씀이다.

여기 '씨'(σπέρμα)란 '종자'를 가리키는 말로 '후손', '자손' 등을 나타내는 비유적 의미로 이스라엘 자손을 가리킨다. 이스라엘 민족은 역사 가운데서 몇 차례 민족적 도륙(屠戮)을 당하였었다.

만약에 그때마다 하나님께서 소수의 경건한 자손을 남겨두지 않았었다면 그들은 벌써 소돔과 같이 멸망했을 것이며 고모라처럼 역사의 현장에서 사라지고 없어졌을 것이다. 이것은 이스라엘 민족을 보존하고자 하는 하나님의 특별한 은총이었던 것이다.

또 한편 바울이 갈3:16에서 그리스도를 '자손'(σπέρμα)라고 해석하였듯이 이스라엘 민족에게서 그리스도께서 나오심이 그들을 보존하는 이유가 되었다고 볼 수도 있다. 하여간 사도 바울은 이사야의 인용구를 통하여 하나님의 심판으로 소수의 남은 자만 보존될 것을 내다본 예언이었지만, 이를 예언의 성취로 보고 유대인 중에서 소수만이 교회에 포함될 것을 내다보고 말한 것이다.

우리는 지금까지 살펴본 9장에서 사도 바울이 자기 동족 유대인들이 불신앙으로 인하여 복음적 위기상황에 놓여 있는 것을 바라보면서 큰 근심과 계속적으로 짓누르는 고통을 겪으면서 참 이스라엘에 대하여 변명과 변증하는 것을 발견할 수 있었다. 다수의 유대인들이 불신앙과 불순종 가운데 있는 것은 참 이스라엘에, 또는 참 아브라함의 자손에 속하지 않았기 때문이라고 했다.

그것은 혈통적 관계가 참 이스라엘, 참 아브라함의 자손, 또는 하나님의 자녀로 칭해지는 것이 아니라는 것이다. 그러면서 참 이스라엘은 영적 원리, 약속의 원리, 주권적 부르심의 원리, 또한 긍휼하심의 원리를 따라 이루어진다고 했다. 그리고 멸하기로 준비된 진노의 그릇이라 할지라도 긍휼의 그릇을 삼는 것은 하나님의 주권적 권한이라고 했다.

그에 따라 하나님께서는 진노의 그릇이었던 이방인을 긍휼히 여겨 구원에 참여하게 하셨던 것이다. 그러나 긍휼의 그릇이었던 유대인들은 택하신 목적에 머물러 있지도 않았고 또한 하나님의 구원하시는 원리를 따르지 않으므로 전부 멸하고 '남은 자'만 구원에 참여할 것이라는 말로 결론을 내렸다. 그러므로 하나님의 구원의 은총은 유대인이 생각하는 것처럼 혈통적 원리, 또는 율법적 행위를 따르지 않고 복음적 원리에 따른다는 것을 이야기한 것이다.

3. 구원 계획을 오해한 이스라엘(9:30-10:21)

(1) 믿음으로 의로워지는 구원의 원리를 오해했다(9:30-10:4)
 첫째는, 이방인은 믿음으로 의로워지는 원리를 따랐다(30절).
 둘째는, 이스라엘은 율법으로 의로워지는 원리를 따랐다(31-33절).
 셋째는, 이스라엘은 종교적 열심은 있었으나 올바른 지식을 따른
       것은 아니었다(10:1-3).
 넷째는, 그리스도는 모든 믿는 자를 위하여 율법의 마침이 되셨다(4절).

(2) 율법의 의와 복음의 의를 이해하지 못했다(10:5-12).
 첫째는, 율법의 의를 따르는 자는 율법의 의로 살게 하였다(5절).
 둘째는, 유대인들은 믿음으로 얻는 의를 오해하고 있다(6-7절).
 셋째는, 복음의 의는 예수를 마음으로 믿고 입으로 시인하면
       구원을 얻는다(8-10절).
 넷째는, 예수를 믿는 자는 부끄러움을 당하지 않을 것이다(11-12절).

(3) 복음의 문은 활짝 열려 핑계치 못한다(10:13-21).
 첫째는, 유대인들에게도 복음 전파는 필요하다(13-15절).
 둘째는, 복음은 전파 되었지만 유대인들은 믿지 아니하였다(16-17절).
 셋째는, 복음은 땅 끝까지 전파 되었지만 유대인들은 듣지 않았다(18절).
 넷째는, 복음을 미련한 이방인도 이해했지만 유대인들은 이해하려고
       하지 않았다(19-20절).
 다섯째는, 그럼에도 하나님은 종일 이스라엘을 향하여 손을 벌리고
       계신다(21절).

간혹 어떤 사람들은 주제 전환의 시발점을 "형제들아"라고 부른 10:1로 잡을 때가 있다. 그러나 문맥과 주제를 자세히 살펴 볼 때에 앞의 주제와 연결하여 새로운 주제로 전환하는 시점이 9:30인 것을 발견할 수 있다.

먼저는 30절에 있는 대화체 질문("그런즉 우리가 무슨 말 하리요")은 로마서에서 보편적으로 새로운 시작을 알리는 형식으로 사용할 때가 있기 때문이다(4:1, 6:1, 8:31, 9:14). 다음은 9:30-10:21까지의 중심 주제는 9:6-29에서는 한 번도 발견되지 않았던 '의'와 '믿음', 그리고 '율법과 복음'으로 되어 있는 것을 알 수 있다. 마지막으로 9:30에서부터 10:21까지 한 단락처럼 '믿음으로 얻는 의'를 오해하고 거절하고 있는 이스라엘의 상황을 설명하고 있기 때문이다.

하나님께서는 이스라엘 백성에게 특별한 특권의 은총들을 주셨지만 그들이 전부 그 은총에 참여한 것은 아니었다. 그것은 그들이 전부 참 이스라엘이 아니었기 때문이었다. 참 이스라엘의 자격은 혈통적 아브라함의 자손이라고 부여된 것은 아니었다. 선택하시는 하나님의 목적에 따라 부르심을 받은 사람들만이 참여할 수 있었다. 그래서 이스라엘 자손이 바다의 모래처럼 많다 할지라도 '남은 자'만 구원받을 것이라고 했었다.

이제 본 단락에서는 '남은 자'만이 특권과 구원에 참여한다고 말한 이유를 밝히고 있다. 그것은 유대인들이 하나님의 구원 전략인 '예수 그리스도를 믿음으로 말미암아 얻게 되는 하나님의 의'(3:22)의 원리를 깨닫지 못하고 '율법으로 얻는 의'의 원리만 따랐기 때문이었다.

그들은 종교적 열심은 있었지만 오직 자신들의 의만 내세우려는 열심이었지 전혀 하나님이 제시한 '의의 원리'에 복종하려고 하지 않았다(10:3). 그러면 그들이 믿지 아니하고 복음에 순종하지 못하는 이유가 복음을 들을 수 없는 어려운 환경에 있기 때문이었느냐는 것이다. 결코 그렇지는 않다고 반론을 전개하고 있다.

먼저는 "말씀이 네게 가까워 네 입에 있으며 네 마음에 있기에"(10:8) 핑계할 수 없다는 것이다.

두 번째는 "누구든지 주의 이름을 부르는 자는 구원을 받을"(10:13)수 있도록 너무 쉽게 마련해 주셨는데 그들은 부르지 않는 불신앙과 불순종하고 있다는 것이다.

세 번째로 그들이 구원의 진리를 깨닫지 못하고 실패한 것은 말씀이 없어서 그런 것이 아니냐는 것이다. 그러나 이미 구약에서부터 선지자들을 통하여 말씀하셨기 때문에 그들이 알지 못했다고 변명할 수 없다는 것이다(10:11-21).

네 번째는 그러면 복음을 듣지 못해서 그렇지 않느냐는 질문에 결코 그렇지 않다는 것이다. "그 소리가 온 땅에 퍼졌고 그 말씀이 땅 끝까지 이르러서"(10:18) 이방인들도 이미 믿고 있다는 것이다.

다섯 번째로 비록 이스라엘이 복음에 순종하지 않고 거역하고 있다 할지라도 하나님은 "내가 종일 내 손을 벌렸노라"(10:21)고 말씀하고 계신다는 것이다.

이 모든 것은, 즉 이스라엘 백성들이 불신앙과 불순종 가운데 있게 된 것은 한 마디로 '율법으로 얻는 의의 원리'와 '믿음으로 얻는 의의 원리'의 차이점을 이해하지 못하고 오해하였기 때문이다. 다시 말하면 하나님의 구원의 계획과 목적을 제대로 이해하지 못했기 때문이었다.

(1) 믿음으로 의로워지는 구원의 원리를 오해했다(9:30-10:4).

사도 바울의 간절한 소원과 기도의 제목은 이스라엘이 구원에 이르는 것이었다(10:1). 그러나 정작 이스라엘 백성들은 복음적인 구원에 이르지 못하고 있었다. 그것은 하나님이 마련하시고 제시하시는 구원의 전략을 따르지 않고 수용하지 않았기 때문이었다. 그래서 앞 단락에서는 주로 하나님의 주권적 권한을 중심으로 구원하심이 부르시는 하나님의 긍휼에 있다는 사실을 논의 했다면, 본 단락에서는 하나님이 마련하신 구원의 은총에 대한 인간의 책임의 실재를 초점으로 논의하고 있다.

본 단락에서 논의하는 핵심 단어가 '의'($\delta\iota\kappa\alpha\iota\sigma\acute{\nu}\nu\eta$)이다. '의'란 이미 3장에서 살펴 본대로 '하나님과의 바른 관계'를 뜻하는 것이지만 또한 '구원의 은총' 내지 '구원의 새로운 계획'의 의미도 가지고 있는 단어다.

여기에서 사도 바울은 '의'를 '구원의 전략'이라는 개념으로 보고 과거에 하나님의 백성이 아니었던 이방인이 어떻게 구원의 은총을 얻게 되었고 하나님의 백성이라고 자칭하던 유대인들은 왜 구원의 은총에 이르지 못했는지를 설명하고 있다. 그것은 이방인은 '믿음에서 난 의'를 따랐고, 유대인은 '율법에서 나는 의'를 추구했다는 것이다.

첫째는, 이방인은 믿음으로 의로워지는 원리를 따랐다(30절).

"그런즉 우리가 무슨 말 하리요 의를 따르지 아니한 이방인들이 의를 얻었으니 곧 믿음에서 난 의요"(30절)

여기 새로운 단락을 시작하면서 접속사 '그런즉'($o\hat{v}v$)을 사용한 것은 앞으로의 내용이 이스라엘이 남은 자만이 구원을 받게 된 것에 대한 결론적 내용을 담고 있기 때문이다. 원래 이방인들은 '의를 따르지 아니한' 자들이었다. 여기 '의'($\delta\iota\kappa\alpha\iota o\sigma\acute{v}v\eta$)란 도덕적 옳음을 가리키는 말이 아니고 앞에서 설명했듯이 '하나님과의 바른 관계'로서 구원의 은총을 가리킨다. 그리고 '따르다'($\delta\iota\acute{\omega}\kappa\omega$)라는 말은 '쫓다'(to hunt), '추적하다'(to pursue)는 뜻으로 사냥개가 목표물을 쫓아가서 따라잡는 행동으로 어떤 목표를 추구하는 행위를 가리킨다.

이방인들은 유일하신 참 하나님과의 바른 관계를 맺으려는 어떤 시도도 하지 않았고 구원의 은총을 추구하려는 어떠한 노력도 하지 않던 사람들이었다. 그들은 그리스도 밖에 있었고 약속의 언약들에 대하여는 외인들이었으며(엡2:12) 멸하기로 준비된 진노의 그릇들이었다(9:22).

그런데 그런 자들이 어떤 율법적 행위를 추구하지도 않았음에도 불구하고 '의'를 얻게 된 것이다. 그것은 하나님이 마련한 '믿음에서 난 의'($\delta\iota\kappa\alpha\iota o\sigma\acute{v}v\eta v$ $\tau\grave{\eta}v$ $\acute{\epsilon}\kappa$ $\pi\acute{\iota}\sigma\tau\epsilon\omega s$)을 통해서 얻게 된 것이다. 이는 "율법의 행위로 그의 앞에 의롭다 하심을 얻을 육체가 없기에"(3:20) 하나님께서 율법 외에 그리스도 안에서 새롭게 마련하신 구원의 전략이었다(3:21). "곧 예수 그리스도를 믿음으로 말미암아 모든 믿는 자에게 미치는 하나님의 의"였다(3:22).

지금까지 의(義)를 추구하지도 않았고 전혀 관심도 없었고 흥미도 없었던 이방인들이 복음 전도자들이 전하는 새로운 구원 전략인 '믿음에서 나는 의'라는 메시지를 "듣고 기뻐하여 하나님의 말씀을 찬송하며 영생을 얻기로 작정하는 자들(여기에서 '작정되다'($\tau\epsilon\tau\alpha\gamma\mu\acute{\epsilon}v o\iota$)를 수동태가 아니라 중간태('스스로 작정하다')로 번역을 한 것이다. 참조 행28:23)은 다 믿게 되는"(행13:48) 일들이 일어난 것이다.

둘째는, 이스라엘은 율법으로 의로워지는 원리를 따랐다(31-33절).

"의의 법을 따라간 이스라엘은 율법에 이르지 못하였으니"(31절)

'그러나'(δε) 이방인들과는 다르게 이스라엘은 하나님이 마련하신 구원의 전략을 따르지 않았다.

① 이스라엘은 추구하는 목표가 이방인과 달랐던 것이다.

이스라엘은 이방인들이 추구했던 '믿음에서 난 의'를 추구하기보다는 '의의 법'을 따라갔다. 여기 '의의 법'(νόμον δικαιοσύνης)이란 모세의 율법을 지킴으로 말미암아 의의 목적에 도달하는 의를 말한다. 유대인들은 모세의 법을 지키는 것만이 의로 통하는 지름길일 뿐만 아니라 의를 얻는 오직 유일한 길이라고 믿었던 것이다.

이방인들이 받아들인 '믿음에서 난 의'는 하나님이 마련하신 의요(3:21), 예수 그리스도로 말미암아 값없이 주어지는 은총으로서의 의(5:18)라고 한다면 유대인들이 추구한 '율법으로 말미암는 의'(10:5)는 오직 인간 자신의 선행과 노력으로 성취하는 것일 뿐이다.

② 이스라엘은 추구하는 방법이 이방인과 달랐던 것이다.

"어찌 그러하냐? 이는 그들이 믿음을 의지하지 않고 행위를 의지함이라 부딪칠 돌에 부딪쳤느니라"(32절)

의의 표준에 도달하는 목표가 다르게 된 것은 그들이 추구하는 방법이 달랐기 때문이었다. '믿음으로 난 의'를 이룬 사람들은 하나님이 마련하신 새로운 구원 전략에 따라 '믿음의 법'만 따랐던 것이다(3:27). 그래서 자신의 행위가 아니고 오직 은혜로 주시는 것이기에 자랑할 것이 없었던 것이다 (3:27, 엡2:9-10).

그러나 유대인들이 추구한 '율법으로 말미암는 의'는 믿음보다는 율법적 행위를 우선으로 삼는 것이었다. 그것은 율법의 행위는 '사람이 행하는 것' (what human do)이지만 믿음의 의는 성령으로 말미암아 '하나님이 행하는 것'(what God does)임을 알지 못한 것이다.

다시 말해 이것은 7:8에서 밝힌 것처럼 율법의 역기능을 알지 못한 처신인 것이었다. 율법은 선하고 의롭고 신령한 것이지만 육신의 연약함을 지니고 있는 인간으로서는 율법의 행위를 통하여 의의 목표에 이를 수 없다는 사실이다(3:20). 그럼에도 불구하고 이스라엘 백성들은 율법의 행위만 고집했던 것이다. 그것이 결국 그들에게 장애물이 되어 걸려 넘어지게 만든 것이다.

③ 이스라엘은 결과 면에서 이방인과 달리 실패하게 되었다.

"기록된 바 보라 내가 걸림돌과 거치는 바위를 시온에 두노니 그를 믿는 자는 부끄러움을 당하지 아니하리라 함과 같으니라"(33절)

의를 어떤 방법으로 추구하느냐가 중요한 이유는 그 결과 때문이다. 이방인들은 '믿음에서 난 의'로 말미암아 의를 얻게 되었지만 이스라엘은 의의 법에 이르지 못하였다. 31절의 "율법에 이르지 못하였으니"($\epsilon \grave{\iota}s \ \nu \acute{o} \mu o \nu \ o \dot{\upsilon} \kappa \ \check{\epsilon} \phi \theta a \sigma \epsilon \nu$)라는 말씀에 표준 본문(Textus Receptus)에서는 '의'라는 단어를 첨가하여 '의의 법'($\nu \acute{o} \mu o \nu \ \delta \iota \kappa a \iota o \sigma \acute{\upsilon} \nu \eta s$)이라고 했다.

이는 율법의 의를 목표로 설정하고 율법적 행위로 노력을 한 유대인들은 그 의로운 목표에 이르는데 실패했다는 말이다. 율법은 행하여야 의롭다 하심을 얻을 수 있는데(2:13) 행함으로는 율법이 요구하는 것에 이를 수 없는 한계점이 있기 때문에 실패하게 된 것이다.

"어찌 그러하냐? 그들이 믿음을 의지하지 않고 행위를 의지함이라"

이것은 하나님께서 마련하신 새로운 구원의 전략인 "율법 외에 하나님의 한 의...곧 예수 그리스도를 믿음으로 말미암아 모든 믿는 자에게 미치는 하나님의 의"(3:21-22)를 몰랐던지 그렇지 않으면 자신들의 종교적 아집 때문에 거절했기 때문이다. 또한 그들은 율법의 행위의 한계점을 이해하지 못했기 때문이기도 하다.

또 하나 이스라엘은 구원사의 결정적 전환점이 예수 그리스도와 함께 도래한다는 사실을 깨닫지 못하였기 때문에 실패하였다. 예언자 시므온은 예수님을 바라보고 "이는 이스라엘 중에 많은 사람을 패하거나 흥하게 하며 비방을 받는 표적이 되기 위하여 세움을 받았다"(눅2:34)고 했었다.

베드로도 예수 그리스도는 시온에 세워둔 "보배로운 모퉁잇돌"이라고 했다(벧전2:6-8). 그래서 믿는 자들에게는 예수 그리스도가 '보배'가 되지만 믿지 아니하는 자에게는 부딪치는 돌과 걸려 넘어지게 하는 바위가 된다고 했다. 즉 그리스도가 구원과 실패로 갈라지는 시금석(試金石) 역할을 한다는 것이다.

사도 바울도 베드로처럼 직접적으로 예수 그리스도를 '모퉁잇돌'로 표현은 하지 않았지만 같은 의미로 사용하고 있다. 그리하여 "그를 믿는 자는 부끄러움을 당하지 아니하리라"고 말하여 이방인들은 믿음으로 의에 이르렀고, 구원을 받았으며, 부끄러움을 당하지 않게 되었다고 했다.

그러나 이스라엘은 "부딪치는 돌에 부딪쳤다"는 표현을 통하여 율법 뿐 아니라 예수 그리스도까지도 그들에게는 "부딪치는 돌과 걸려 넘어지게 하는 바위"가 되어 실패하는 근거가 되었다고 말하고 있다.

여기 '부딪치다'($\pi\rho\sigma\sigma\kappa\acute{o}\pi\tau\omega$)라는 단어는 '채어 넘어지다'(to stumble at), '실족하다'(to take offence at)는 뜻으로 예수 그리스도가 그들에게 걸림돌과 거치는 바위가 되어 실족하게 만들었다는 의미이다. 어떤 사람에게는 "택한 보배로운 모퉁잇돌"이 되고 어떤 사람들에게는 "걸림돌과 거치는 바위"가 되시는 모퉁잇돌을 시온에 두는 것은 하나님의 주권적 행위였다.

또한 "모세가 광야에서 뱀을 든 것 같이 인자도 들려야 하리니"(요3:14)라는 말씀처럼 예수 그리스도께서 속죄를 위해 십자가에 달려 어떤 사람에게는 구원이 되고 어떤 사람에게는 미련한 것이 되는 것도 하나님의 주권적 권한이었다. 이제는 바라보고 영생을 얻을 것인지 그렇지 않으면 불신앙과 순종하지 않음으로 멸망에 이를 것인지는 인간의 책임인 것이다.

즉 사느냐 혹은 죽느냐, 또는 구원을 받을 것이냐 그렇지 않으면 멸망을 받을 것이냐는 예수 그리스도를 향한 우리 인간의 태도와 책임에 달린 것이다. 하나님이 제시하시는 '믿음의 법'을 따를 것인지 그렇지 않으면 자신의 의를 드러내는 '율법의 행위'를 추구할 것인지는 자신의 결단에 있는 것이다.

이스라엘이 실패한 가장 중요한 태도는 교만과 고집과 거절 때문이었다. 이것은 복음적인 관점에서 볼 때에 심히 불행스러운 일이다. 유대인들이 하나님의 구원 계획, 즉 '믿음에서 나는 하나님의 의'라는 새로운 구원 전략을 몰라서 크게 오해한 것에서 비롯된 것이기 때문이다.

셋째는, 이스라엘은 종교적 열정은 있었으나 올바른 지식을 따른 것은 아니었다(10:1-3).

결국 사도 바울은 복음적 입장에서 볼 때에 영원한 멸망의 형벌에 처해 있는 이스라엘 민족을 향한 다시 한 번 자신의 마음의 소원과 기도의 제목이 무엇인지 밝히고 있다. 그것은 그들이 구원을 받는 것이었다.

"형제들아 내 마음에 원하는 바와 하나님께 구하는 바는 이스라엘을 위함이니 곧 그들로 구원을 받게 함이라"(10:1)

사도 바울은 9:2에서 자신에게는 이스라엘 형제들 때문에 큰 근심과 그치지 않는 고통이 있다고 고백했었는데, 본 절에서는 그들을 위한 소원과 간구가 있다고 고백하고 있다.

여기 '원하는 바'(εὐδοκία)는 '기쁘심', '좋은 뜻', '목적'이라는 뜻으로 성취되기를 바라는 소원을 의미한다. 또한 '구하는 바'(δέησις)는 '기도', '간구', '탄원'이라는 뜻으로 간절한 기도를 의미한다. 사도 바울은 자신의 동족 이스라엘을 향한 마음의 소원과 간절한 기도의 제목은 그들의 구원이었다. 자기 동족의 '구원을 위한'(εἰς σωτηρίαν) 소원과 기도의 제목을 가진다는 것은 필연적인 전도자적인 자세인 것이다.

그가 이스라엘 백성들을 향하여 전도자적인 자세를 갖는 이유는 그들의 복음에 대한 무지와 잘못된 열정으로 하나님의 구원 전략을 거절하고 있었기 때문이었다.

"내가 증언하노니 그들이 하나님께 열심이 있으나 올바른 지식을 따른 것이 아니니라"(2절)

여기 자신이 이스라엘의 구원을 위하여 기도하게 된 이유(γαρ)를 밝히고 있다. 그리고 '내가 증언하노니'(μαρτυρῶ αὐτοῖς)라는 말을 통하여 '호티'(ὅτι) 이하에 담겨있는 내용을 저희들에게 분명히 공개적으로 증거한다는 것을 강조하고 있다.

① 이스라엘 백성들은 하나님께 대단한 열정을 가지고 있었다.

유대인들은 중간사(中間史) 시대부터 자신들의 종교적 전통을 고수하기 위한 '하나님의 열심'(ζῆλον θεοῦ)을 가지고 있는 것을 자랑스럽게 생각했었다. 그래서 유대인들 전체가 하나님과 율법 준수에 열심 하였던 것이다.

바울도 자신에 대하여 "오늘 너희 모든 사람처럼 하나님께 대하여 열심히 있는 자"(행22:3, 갈1:14)라고 소개할 정도로 바울을 포함하여 유대인 전체가 대단한 종교적 열정을 소유한 민족이었다. 즉 그들의 열정은 "하나님께 열심", "율법에 열성"(행21:20), "전통에 열심"(갈1:14)이었다.

문제는 이들의 종교적 열정이 극단적으로 흘러서 자신들의 유대적 전통과 교리만이 절대적이라고 생각하고 자신들의 잣대에 의하여 모든 것을 판단하는 것에 있었다. 자신들의 종교 전통에 따라 메시아 예수를 죽이고(요16:2), 교회를 핍박하고, 사람들을 출교하고, 바울을 죽이는 결사대를 결성하기도 했던 것이다(행23:12-14). 어느 종교이든 그 종교의 극단적이고 근본주의적 종교 추종자들은 자신들의 종교적 전통에 얽매어 어떤 것도 용납하지 않고 정도(程度)에 지나친 행동들도 서슴없이 행하는 경우가 많다. 유대인들이 바로 그러한 종교적 근본주의자들이었다.

② 그러나 올바른 지식을 따른 것은 아니었다.

종교적 열정을 가진 유대인들의 문제점이 바로 여기에 있다. 여기 "올바른 지식"($\epsilon\pi\iota\gamma\nu\omega\sigma\iota\varsigma$)이란 '정확히 아는 지식', '철저한 지식'이라는 의미로 신약성경에서는 주로 하나님이나 그리스도와 관련된 고상한 지식(골1:9, 2:2, 엡1:17, 4:13, 벧후1:8), 진리를 아는 지식(딤후2:25, 3:7), 영적 지식(골3:10, 몬1:6, 롬3:20)을 가리키는데 사용하였다. 이는 세상의 일반적인 지식이 아니라 구원과 관련된 고상한 영적 지식을 말한다.

유대인들은 성경의 문자적 지식과 종교적 전통에 대하여는 풍부한 지식을 가지고 있었지만 하나님의 구원 계획과 목적에 대한 진리에는 무지했던 것이다. 사실 이것이 그들에게 가장 큰 문제였었다.

신약을 잠시 뒤로하고 구약적 관점에서만 보아도 유대인들은 하나님의 구원 계획에 대하여 대단한 무지, 또는 올바른 진리를 따르지 않았던 것이다. 모세오경에 나타난 율법의 핵심 사상은 하나님이 임재하는 신앙 공동체를 건설하는 것이었다. 그러나 그들은 언약적 율법의 본질의 뜻을 잃어버리고 율법의 문자와 의식에만 매달렸던 것이다.

또한 예언자들을 통하여 계시해 주었던 '여호와 종교의 세계화'에 대해서도(사2:1-3), 자신들에게 주어진 '이방의 빛'으로서의 과제에 대해서도(사42:6, 43:10, 49:6), 메시아와 성령을 보내주시고(사48:16) 고난의 종을 통한 구속 사역을 완성하신다는 사실도(사53장), 세계 만민에 대한 구원 계획에 대해서도(사49:22-26), 여호와 종교의 '세계적 종교로의 개편'에 대하여도(사66:18-23) 전혀 이해하지 못했고 깨닫지를 못했던 것이다. 결과적으로 하나님의 구원 계획을 깨닫지 못한 유대인들은 "영광의 주를 십자가에 못 박는" 어리석음을 범했던 것이다(고전2:8).

③ 하나님의 의를 모르고 자기 의를 세우려고 열심이었다.

"하나님의 의를 모르고 자기 의를 세우려고 힘써 하나님의 의에 복종하지

아니하였느니라"(3절)

이스라엘의 종교적 열심이 잘못된 지식에 따른다는 그 이유(γαρ)가 무엇인지 설명하고 있다. 먼저는 하나님의 의를 모른다는 것이다. 여기 '모르다'(ἀγνοοῦντες)라는 단어는 '이해하지 못하다'(not to understand), '무식하다'(to be ignorant)라는 뜻도 있지만 때로는 '등한시하다'(to disregard)는 뜻도 있는데, 본 절에서는 하나님의 의를 무시하는 행위가 더 강하게 나타나고 있다(행13:27).

그들은 "예수 그리스도를 믿음으로 말미암아 모든 믿는 자에게 미치는 하나님의 의"(3:22), 즉 의를 제공하는 하나님의 구원 계획에 대하여 무지할 뿐 아니라 무시하는 자세도 취했던 것이다.

그리고 오히려 자기 자신의 의(τὴν ἰδίαν δικαιοσύνην)를 세우는 일에 열심이었다. 여기 '세우려고'(ἱστημι)라는 단어는 '위로 세우다'(to cause to stand), '수립하다'(to establish)는 뜻으로 하나님께 영광을 돌리기보다는 자신들의 의를 드러내기 위한 기념물(monument)을 세우려는 것을 의미한다. 그리고 '힘써'(ζητοῦντες‒ζητέω의 현재형)는 '찾다'(to look for), '애쓰다'(to strive for)는 뜻으로 자신의 의를 내세우는 과정이 집요하고 계속적으로 추구하고 있다는 것을 표현하고 있다. 이것은 율법적 의를 통하여 자기 자신의 선행과 공로, 의로움을 세우려고 무단히 노력하는 행위를 가리킨다(빌3:6).

대표적인 사람들이 서기관과 바리새인들이었다(마5:20). 특히 그들은 구제, 기도, 금식... 등 여러 가지 종교적 의식을 통하여 의로운 행실을 보이려고 했으나 사실은 사람들에게 보이려고 힘썼고(마6:1), 종교적 예복을 입고(마23:5) 십일조를 드리고(마23:23) 외모를 번지르르하게 꾸미고(마23:25) 사람들에게 옳게 보이려고 노력했던 것이다(마23:28).

결과적으로 그들의 종교적 행실은 전부 외식과 형식으로 전락해 버리고 말았던 것이다. 이것은 인간의 의란 전부 더러운 옷과 같고 걸레조각에 불과하다는 것(사64:6)과 그리고 전혀 하나님이 요구하는 기준과는 맞지 않는 것을 보여줄 뿐이었다.

그들의 실수는 여호와의 종교가 행위의 종교가 아니라 하나님의 은혜에 기초한 종교라는 것을 깨닫지 못한데 있었던 것이다(출6:6-8, 사55:1-3, 롬9:16).

④ 결국 하나님의 의에 복종하지 아니했다.

여기 '복종하다'($\acute{\upsilon}\pi\epsilon\tau\acute{\alpha}\gamma\eta\sigma\alpha\nu$ - $\acute{\upsilon}\pi\sigma\tau\acute{\alpha}\sigma\sigma\omega$의 수동태)는 '명령 아래 자신을 놓다'(to put one's self under orders)는 뜻이지만, 수동태일 때는 '지배하에 있다'(to be in subjection)는 뜻으로 하나님의 의가 능동적으로 지배하는 행위를 의미하고 있다. 이는 사람들은 하나님의 의에 자기 자신을 겸허하게 복종시켜야 한다는 뜻이다.

그러나 유대인들은 하나님의 구원의 계획 또는 '믿음에서 난 의'에 굴복당하지 않았던 것이다. 마치 8:7에서 육신의 생각은 하나님의 법에 굴복하지도 않고 굴복 당하지도 않는다는 말씀처럼 강한 거절과 반항적 태도를 보여주었던 것이다.

자신들이 세운 의를 절대화시켰기 때문에 하나님의 뜻에 복종하지도 않았고 굴복을 당하지도 않으려고 고집과 항거로 맞섰던 것이다. 이것이 바로 인간 속에 있는 "진리를 막는" 반항적 행동으로 하나님의 진노의 대상이 될 뿐인 것이다(1:18, 2:5). 한 마디로 이것은 모두 진리에 대한 무지에서 온 어리석은 소치(所致)였던 것이다(참조, 눅24:25-27).

넷째는, 그리스도는 모든 믿는 자를 위하여 율법의 마침이 되셨다(4절).

"그리스도는 모든 믿는 자에게 의를 이루기 위하여 율법의 마침이 되시니라"(4절)

한글 성경에는 반영되지 않은 접속사 '가르'($\gamma\alpha\rho$)는 3절에서 유대인들이 율법에 기초해서 자신들의 의를 추구한 일이 잘못된 이유를 밝히고 있는 것이다. 그것은 그리스도께서 율법의 마침, 즉 종지부를 찍으셨기 때문이다.

① "그리스도는...율법의 마침이 되시니라"

여기 '마침'($\tau\acute{\epsilon}\lambda os$)이라는 단어는 '끝마침'(end) 또는 '종결'(termination)의 의미로도 쓰이고(고전15:24, 히6:8), 또는 '목표'(goal) 또는 '완성'(consummation)이라는 의미로도 쓰이며(고후1:13, 딤전1:5, 벧전1:9), 또 한편 '결과'(result)를 의미하기도 한다(롬6:21, 22). '끝마침'이라는 의미로 본문에 적용하면 율법이 갖는 역할과 효력은 그리스도로 말미암아 끝나게 되었다는 말이고, '완성'이라는 의미를 적용한다면 그리스도께서는 율법이 지향하는 목표를 완전하게 완성하였다는 뜻이 된다. 여기에서는 이 두 가지 의미를 전부 적용하는 것이 좋을 듯하다.

히브리서 저자는 옛 언약 하에 있는 율법의 기능과 효력의 문제점과 한계점에 대하여 설명하면서 "전에 있던 계명은 연약하고 무익하므로 폐하고"(히7:18)라고 했으며, 언약에 대하여서도 "첫 것은 낡아지게 하신 것이니 낡아지고 쇠하는 것은 없어져 가는 것"(히8:13)이라고 했다.

뿐만 아니라 율법의 가장 핵심인 희생제사 제도에 대하여서도 그림자에 불과한 것이기에 참 것이 오면 사라지게 했다면서 "그 첫째 것을 폐하심은 둘째 것을 세우려 하심이라"(히10:9)고 했다. 그리고 율법의 제도는 예법에 불과한 것이기 "개혁할 때까지 맡겨 둔 것"(히9:10)이라고 했다.

그러면서 "율법은 아무 것도 온전하게 못"(히7:19)하기에 예수 그리스도께서 십자가의 고난을 통하여 율법의 요구를 완성하므로 폐하시고 또는 끝내셨을 뿐 아니라 속죄 사역에 대한 모든 것을 영원히 온전하게 완성하시므로 "율법 아래에 있는 자들을 속량하여"(갈4:5) "구원의 창시자"가 되셨다고 강조하고 있다(히2:10, 10:14). 그리고 "온전하게 되셨은즉 자기에게 순종하는 모든 자에게 영원한 구원의 근원이 되셨다"(히5:9)고 했다.

그러므로 예수 그리스도는 율법의 마침이 되셨을 뿐 아니라 완전한 것으로 완성하신 분이 되신 것이다.

② "모든 믿는 자에게 의를 이루기 위하여"

그리스도께서 율법의 마침이 되고 완성이 되신 이유는 모든 믿는 자들로 하여금 의에 이르게 하려는 것이었다. 여기에서의 의는 하나님 앞에 설 수 있는 자격으로서 의롭다 하심을 얻는 것을 말한다. "율법의 행위로 그의 앞에 의롭다 하심을 육체가 없지만"(3:20) "그리스도 예수 안에 있는 속량으로 말미암아 하나님의 은혜로 값없이 의롭다 하심을 얻은 자"가 된 것이다(3:24). 특히 '모든'(παντι)이라는 말을 통하여 믿음으로 나오는 사람이라면 누구든지, 한 사람도 예외 없이 모두 다 의롭다 하심을 주기 위하여 그리스도께서 율법의 마침이 되신 것이다. 이것이 바로 값없이 주시는 하나님의 은혜인 것이다.

결론적으로 유대인들의 다수가 복음을 수용하는 것에 실패한 이유는 그리스도 안에서 구원 사역의 전환과 개혁하게 된 이유와 목적을 제대로 이해하지 못한 것에서 온 것이었다. 자신들이 오래토록 소유해 왔던 율법 언약의 권위와 전통만 주장해왔을 뿐 그것의 문제점과 한계점, 그리고 하나님께서 새로운 시대에 어떻게 개혁하고 개편하실 지에 대하여서는 전혀 관심을 갖지 않았기 때문이다.

이는 유대인들이 예언자들이 전하는 메시지에 눈과 귀가 가려지고 마음이 둔해져 깨닫지 못했기 때문이기도 하지만 그것보다 더 그들을 무지하고 완고하게 만든 것은 하나님의 뜻을 용납하고 순종하려는 자세가 전혀 없었기 때문이었다.

(2) 율법의 의와 복음의 의를 이해하지 못했다(10:5-12).

앞 단락(9:30-10:4)에서는 이스라엘이 '믿음에서 난 의'를 따르지 않고 '율법의 의'를 따라 행위로 자기 의를 세우려 했던 오해와 잘못된 사실을 지적했었다. 그러나 본 단락(10:5-12)에서는 '믿음에서 난 의'를 어떻게 이룰 수 있는지 그 방법을 설명하고 있다.

그렇다고 앞 단락과 단절된 주제를 이야기 하는 것이 아니다. 5절 서두에서 이유를 나타내는 접속사 '가르'(γαρ)로 시작하는 것은 논지의 연속성을 나타내는 것으로 유대인들이 율법을 따라 살므로 믿음으로 얻는 복음의 의를 이해하지 못한 것을 설명하고 있다.

특히 모세의 글을 인용하여 '율법으로 말미암는 의'와 '믿음으로 말미암는 의'를 대조하여 설명하고 있다. 즉 율법과 복음을 대조하면서 믿음을 통해서만이 의와 구원함에 이를 수 있다고 교훈하고 있다.

첫째는, 율법의 의를 따르는 자는 율법의 의로 살게 하였다(5절).
"모세가 기록하되 율법으로 말미암는 의를 행하는 사람은 그 의로 살리라 하였거니와"(5절)

사도 바울은 레18:5를 인용하면서 그 본문은 "율법으로 말미암는 의 '에 대하여 기록한 것이라고 해석하면서 규례와 법도를 철저히 지키며 사는 사람은 율법의 의로 살게 된다고 말하고 있다.

여기 '기록하다'(γράφει)를 현재형 동사로 사용한 것은 비록 모세가 1400년 전 과거에 기록한 것이지만 율법의 의를 추구하는 사람에게는 지금도 동일한 진리로 적용된다는 것을 보여주기 위한 것이다. 여기 '살리라' (ζήσεται)는 말은 율법 언약 안에서의 생활 또는 언약 안에 머물러야 하는 의무를 내포하고 있다.

다시 말해 율법으로 말미암는 의를 추구하는 사람은 율법에 기록되어 있는 무수한 내용과 요구사항들을 전부 지키면서 살아야 한다는 말씀과 그 안에서 주어지는 언약의 약속을 누리며 살아야 한다는 것이다.

그러나 문제점은 언약의 약속이 아무리 좋은 것이라 할지라도 인간은 어느 누구도 율법과 계명에 있는 내용들을 철저하게 지키면서 살아갈 수 없다는 것이다. 그리하여 율법의 행위로 하나님 앞에서 의에 이룰 육체는 아무도 없다는 사실이다(3:20).

이는 앞에서 누누이 설명하였듯이 죄성의 육신($\sigma\alpha\rho\xi$)을 지니고 있는 인간은 자신의 의지로 율법의 요구를 완전히 행하고 의로운 수준에 도달할 사람은 아무도 없기 때문이다. 그래서 이스라엘 백성들이 옛 언약 하에서 율법의 성취보다는 늘 실패를 경험해왔던 것이다. 이것을 구원론적으로 적용한다면 율법의 행위로서 구원을 얻는다는 것은 불가능한 일인 것이다.

그래서 사도 바울은 여기서 유대인들이 아직까지도 율법의 행위의 한계점을 깨닫지 못하고 '율법으로 말미암는 의'를 이루려고 노력하고 있는 잘못을 지적하고 있을 뿐 아니라 또 한 편 '율법으로 말미암는 의'의 제도는 이미 그리스도 안에서 마침이 되었다는 사실을 지적하고 있다.

둘째는, 유대인들은 믿음으로 얻는 의를 오해하고 있다(6-7절).

사도 바울은 5절에서 유대인들이 '율법으로 말미암는 의'에 대하여 깨닫지 못한 것을 지적한데 이어 6-7절에서는 반대 개념을 표시하는 접속사 '데'($\delta\epsilon$)를 통하여 유대인들이 '믿음으로 말미암는 의'에 대하여서도 오해하고 있는 것을 지적하고 있다.

① 믿음의 의는 하늘까지 올라가는 수고가 필요치 않다.

"믿음으로 말미암는 의는 이같이 말하되 네 마음에 누가 하늘에 올라가겠느냐 하지 말라 하니 올라가겠느냐 함은 그리스도를 모셔 내리려는 것이요"(6절)

5절에서 모세를 율법의 대표자로 등장시켜 말한 것처럼 했었는데, 본 절에서는 '믿음으로 말미암는 의'를 의인화시켜 말하는 것처럼 "이같이 말하되"라고 표현하고 있다. 이는 '성경이 믿음의 의에 관하여 말씀하시되'라는 의미와 같은 표현이다.

여기 인용한 성경은 신30:12-14과 신9:4를 본문 그대로 인용하지 않고 한 부분들을 서로 결합시킨 형태로 인용하고 있다. "네 마음에 말하지 말라"($Mὴ \ εἴπῃς \ τῇ \ ἐν \ καρδίᾳ \ σου$)는 신9:4의 인용으로 구약 본문에서는 가나안 땅을 정복한 후에 마음속으로 생각하기를 "내 공의로움으로"(my righteousness) 성공을 거두었다고 말하지 말라는 것이었다.

그것은 하나님이 하신 것이지 자신의 의가 성취한 것이 아니라는 것이다. 또한 "누가 하늘에 올라가겠느냐"($Tίς \ ἀναβήσεται \ εἰς \ τον \ οὐρανόν$)는 신30:12의 인용으로 구약 본문에서는 이스라엘 백성들에게 주어진 말씀은 어려운 것도, 또한 멀리 있는 것도 아니라는 것이다. 계명의 말씀은 하늘에 있는 것이 아니기에 말씀의 뜻을 찾기 위하여 하늘까지 올라가서 가져와야 할 정도로 그렇게 어렵고 불가능한 일이 아니라는 것이다.

이것은 하나님의 뜻을 찾기 위하여 하늘까지 올라가야 할 정도로 불가능한 일이라고 말하면서 그것을 실천할 책임을 회피하려는 핑계를 미리 방지하기 위하여 주어진 말씀이었다.

그런데 사도 바울은 이러한 내용을 그리스도 안에서 나타나는 '믿음으로 말미암는 의'에 관한 말씀으로 변형시켜 적용하고 있다. 예수 그리스도를 '믿음으로 얻는 의의 도리'는 하늘까지 올라가는 불가능한 수고와 노력을 해야만 하는 것이 아니다.

이미 예수 그리스도께서는 하늘에서 이 땅에 내려오셔서 십자가에서 '단번에' '영원히' '온전하게' 속죄와 구원 사역을 완성하시고 하늘에 올라 영광의 보좌에 앉으신 분이시다. 그러므로 이제 우리는 이 땅에서 '구원의 도리'를 믿기만 하면 의롭다 하심과 구원의 은총을 받을 수 있게 된 것이다.

기독교의 '구원의 도리'는 유대인들이 생각하듯이 하늘에 올라가는 수고와 불가능한 일을 하려는 노력이 아니다.

이미 그리스도께서 율법의 마침이 되셨고 구원의 완성이 되셨기에 더 이상의 율법적 수고와 행위가 필요 없게 된 것이다. 오직 믿기만 하면 되는 것이다. 만약에 구원을 찾아 하늘까지 올라가겠다고 말한다면 그것은 그리스도를 다시 세상에 끌어내려 십자가에 욕보이게 하는 행위와 마찬가지가 되는 것이다(히6:6). 절대로 그렇게 될 수 없는 일이다.

그래서 '말하지 말라'($Mὴ \ εἴπῃς$)는 말을 단순히 '하지 말라'는 뜻으로 사

용하지 않고 부정어 '메(Mη)와 함께 가정법을 사용하여 강한 부정을 나타
내어 '절대로 말하지 말라'고 명령한 것이다. 이는 바울이 '믿음으로 말미
암는 의'의 도리를 오해하여 불가능한 것을 추구하는 것처럼 말하는 유대인
들의 무지를 강한 어조를 경계하고 있는 것이다.

② 믿음의 의는 무저갱까지 내려가는 노력이 아니다.
"혹은 누가 무저갱에 내려가겠느냐 하지 말라 하니 내려가겠느냐 함은 그
리스도를 죽은 자 가운데서 모셔 올리려는 것이라"(7절)
본 절은 6절의 '누가 하늘에 올라가겠느냐'는 말의 대구적 구조로 '누가
무저갱에 내려가겠느냐 말하지 말라'는 것이다. 여기 '무저갱'(ἄβυσσον)은
'밑이 없는'(bottomless), 또는 '한없이 깊은 곳'(abyss)이라는 뜻으로 신
약성경에서는 악한 존재들이 가는 곳을 묘사하고 있다(눅8:31, 계9:2,
11:7, 20:1, 3). 그러나 여기에서 바울은 6절의 '하늘'과 대조하는 개념으로
'깊은 곳'으로서 죽은 자들의 세계라는 의미로 사용하고 있다.
이것은 그리스도를 찾아 만나기 위해서 지하의 세계까지 찾아가야 하지
않겠느냐는 억지의 말로 그리스도를 죽은 자 가운데서 끌어올리려는 것과
마찬가지 행동인 것이다. 이는 있을 수 없는 일이다. 이미 그리스도는 죽은
자 가운데서 부활하여 하늘에 승천하셨는데 죽음의 세계로 찾아가겠다는
것은 억지일 뿐이다.
사람이 믿음에서 난 하나님의 의를 경험하기 위하여 하늘까지 올라가는
수고도, 그렇다고 죽음의 세계에까지 내려가는 노력도 할 필요가 없는 것이
다. 그리스도께서는 이미 우리의 범죄를 위하여 십자가에서 죽으심을 통하
여 구원을 완성하셨고 우리의 의롭다 하심을 위하여 살아나셨기 때문이다
(4:25). 그러므로 율법의 행위적 관점에서 기독교의 구원의 도리를 오해하
거나 억지로 곡해해서는 안 되는 것이다.

셋째는, 복음의 의는 예수를 마음으로 믿고 입으로 시인하면 구원을 얻는
다(8-10절).
이제부터 기독교의 구원의 도리가 얼마나 가까이에 있고, 얼마나 받아들
이기에 쉬운지를 설명하고 있다.
"그러면 무엇을 말하느냐 말씀이 네게 가까워 네 입에 있으며 네 마음에

있다 하였으니 곧 우리가 전파하는 믿음의 말씀이라"(8절)

본 절을 시작하는 접속사 '그러나'($\dot{\alpha}\lambda\lambda\alpha$)는 6, 7절에 이어 상황의 반전을 나타내는 말이다. 즉 '믿음으로 말미암는 의'를 얻기 위하여 하늘까지 올라가고 지하의 세계까지 내려가야 하는 먼 곳에 있는 것이 아니라고 말했던 것에 대한 답변으로 아주 가까운 곳에 있다는 사실을 밝히려는 것이다.

그리고 "그것이 무엇을 말하느냐"($\tau\acute{\iota}\ \lambda\acute{\epsilon}\gamma\epsilon\iota$)는 6절부터 시작하였던 신명기 30장의 인용을 다시 소개하는 역할을 할 뿐 아니라 지금까지 논의해 오던 것의 결론적 도입을 말하는 것이다(3:5, 6:1, 7:7, 8:31, 9:14, 30).

그렇다면 여기에 있는 동사($\lambda\acute{\epsilon}\gamma\epsilon\iota$)의 주어는 6절에서 말한 '믿음으로 말미암는 의'라 할 수 있다. 즉 믿음의 의가 긍정적이고 적극적으로 말하는 것이 무엇이냐는 것이다.

① 그것은 믿음의 의를 이루는 말씀이 너에게 가까이 있다는 것이다.

"말씀이 네게 가까워 네 입에 있으며 네 마음에 있다 하였으니 곧 우리가 전파하는 믿음의 말씀이라"(8절)

본 절은 신30:14의 인용으로 하나님의 말씀은 하늘에 있는 것도 아니고 바다 건너편에 있는 것도 아니어서 이해하기도 어렵고 실천하기도 어려운 것이 아니라 아주 가까이 있어 이해하기도 실행하기도 쉬운 것이라는 말씀에서 온 곳이다. 이것을 '믿음으로 말미암는 의'라는 진리에 적용하여 믿음으로 얻는 의의 말씀은 가까이 있다는 것을 강조하고 있다.

여기 '그 말씀 네게 가까이 있다'에서 '말씀'($\dot{\rho}\tilde{\eta}\mu\alpha$)을 사도 바울이 자주 사용하는 '로고스'($\lambda o\gamma os$)를 사용하지 않고 여덟 차례 밖에 사용하지 않았던 '레마'($\dot{\rho}\tilde{\eta}\mu\alpha$)를 사용한 것은 우리들 가까이에 있는 말씀은 '기록된 말씀'이 아니라 '선포된 것으로서의 말씀'을 강조하려는 것이다. 즉 하나님이 인간에게 주신 믿음의 말씀, 또는 전파된 복음의 메시지를 말하는 것이다 (17, 18).

또 한편 '우리가 전파하는'($\ddot{o}\ \kappa\eta\rho\acute{\upsilon}\sigma\sigma o\mu\epsilon\nu$)에서의 '케룻소'($\kappa\eta\rho\acute{\upsilon}\sigma\sigma\omega$)는 역동적인 선포에 강조점을 두어 선포의 행위뿐 아니라 선포하는 내용도 포함하고 있다. 기본적으로 '케루소'에는 어떤 사건을 선포하는 것을 의미하지만 신약성경에서는 예수 그리스도의 십자가의 구속적 죽음과 그의 부활 사건을 선포하며 하나님의 나라와 예수의 주($\kappa\acute{\upsilon}\rho\iota os$)되심을 선포하는 것을 의미한다(고전1:22, 고후4:5, 빌1:15). 복음의 선포는 인간의 신조나 사상을 전파하는 것이 아니고 하나님의 복음의 메시지를 전파하는 것이기에 그 안에는 하나님의 능력이 있고(고전1:24) 구원의 역사가 일어나며 기사와 이적이 따르는 것이다(눅4:18-19, 히2:3-4).

사도들뿐만 아니라 오늘 우리들이 전파하는 '믿음에 관한 복음의 메시지'(τὸ ῥῆμα τῆς πίστεως)는 멀리 있는 것이 아니다. 아주 가까이 사람들의 입과 마음에 있다. 여기 모세가 말한 율법의 말씀과 바울이 말한 '믿음의 말씀'이 인간들에게 가까이 있다는 면에서 같은 공통점이 있으나 예레미야가 선언한 것처럼 옛 언약 하에서 율법은 귓가에 들려지는 말씀이지만 새 언약 하에서 주어지는 복음은 성령을 통하여 심령에 새겨지는 완전히 차원이 다른 것이다(렘31:31-33, 참조 겔36:26-28).

그러므로 믿음의 말씀을 선포하는 새 언약의 일군은 죽이는 율법의 문자로 하지 않고 오직 살리는 영으로 선포하는 것이다(고후3:6).

② 그것은 예수를 주로 시인하고 죽은 자 가운데서 살아나심을 믿기만 하면 구원을 얻는다는 것이다.

"네가 만일 네 입으로 예수를 주로 시인하며 또 하나님께서 그를 죽은 자 가운데서 살리신 것을 네 마음에 믿으면 구원을 받으리라"(9절)

본 절 서두에 나오는 이유를 묻는 접속사 '호티'(ὅτι)는 '왜냐하면'(because)이라는 의미로 앞 절에 있는 것을 받아 말씀이 가까이 있다는 이유가 무엇을 말하는지, 또는 선포하고 있는 믿음의 말씀이 무엇을 말하는 것인지를 설명하는 것이 된다. 여기서 전파하는 믿음의 말씀은 두 가지 내용을 가지고 있다고 진술하고 있다. 이것은 구원의 조건이기도 하다.

첫 번째 조건은 "네 입으로 예수를 주로 시인하는" 것이다.

여기 '주'(κυριος)라는 단어는 일반적으로 '주인'이나 '황제'에게 사용하던 용어이지만 성경에서는 구약의 히브리어로 하나님의 이름인 '야웨'(יהוה)를 헬라어 성경(LXX)으로 번역하면서 '퀴리오스'(κύριος)라고 번역한 것에서 왔다. 그러므로 '주'라는 말은 신적 존재, 혹은 야웨와 동일하신 하나님이라는 말이다. 예수님께서는 십자가의 죽으심과 부활, 그리고 승천하심을 통하여 존귀하게 되시므로 하나님께서 "예수를 주와 그리스도"가 되게 하셨다(행2:36). 그리고 우주 안에 있는 모든 존재들로 예수의 이름 앞에 무릎을 꿇고 모든 입으로 주(主)라 시인하게 만드셨다(빌2:9-11). 즉 "만왕의 왕 만주의 주"가 되게 하신 것이다(계17:14, 19:16).

그러므로 예수를 주로 시인한다는 것은 그분의 신성과 존귀하심을 인정한다는 말이며 자신의 하나님으로 모시겠다는 고백인 것이다. 여기 '시인하다'(ὁμολογέω)는 말은 '동의하다'(to agree), '고백하다'(to confess), '선언하다'(to proclaim)라는 뜻으로 법적인 세력과의 관계를 확정하려고 공개적으로 하는 선언을 의미한다.

예수를 자기의 주(主)로 고백하고 공개적으로 시인한다는 것은 예수 그리스도에게 속한 자로서 복종하고 헌신할 뿐 아니라 나의 하나님으로 섬기겠다는 다짐인 것이다. 예수를 '주'로 인정하는 고백은 초대교회에서부터 공통적으로 고백해오던 관행이었다(행2:36, 5:14, 8:16, 9:17, 10:36). 이는 비록 입술로 하는 고백이지만 이미 마음속에 지닌 믿음의 확신이 입술을 통하여 구체적으로 고백하는 것이기에 구원의 조건으로 여기는 것이다.

두 번째 조건은 **"하나님께서 그를 죽은 자 가운데서 살리신 것을 네 마음에 믿는"** 것이다.

예수를 주로 시인하고 믿는 것이 구원의 필수적인 조건이지만 굳이 논리적 순서를 따진다면 '믿음'이 '고백'보다 우선적이라 할 수 있다.

여기 '마음으로 믿으면'(πιστεύσῃς ἐν τῇ καρδίᾳ)이라는 말은 사람의 인격의 중심지인 마음에서 예수 그리스도에 관한 진리를 수용하고 신뢰하는 것을 가리킨다.

이는 구원은 어떤 율법적인 행위나 혈통적 조건 등과는 상관이 없이 개인적으로 마음의 중심에서 믿을 때만이 얻을 수 있다는 것이다. 믿음은 먼저는 그리스도의 인격과 구속사역에 대해 이해하고 깨닫는 지적인 요소(intellectual element)가 있어야 하고, 다음으로는 그 진리를 마음에서 동의한다는 감정적 승인(emotional element)이 있어야 하며, 그리고 그리스도에 대한 온 마음을 다한 신뢰와 위임의 의지적 요소(volitional element)가 있어야 성립이 되는 것이다. 본문에서 제시한 믿음의 내용은 하나님께서 예수를 죽은 자 가운데서 살리신 사실을 믿고 인정하는 것이라고 했다. 부활을 믿는다는 것은 십자가의 구속 사역을 포함하고 있다. 예수께서 십자가의 죽음을 통하여 구속을 완성하셨고 부활을 통하여 승리와 새 생명을 허락하게 된 것이다(6:8-11). 예수 그리스도의 부활은 인간의 이성으로 이해할 수 있는 것이 아니고 믿음으로만이 받아들일 수 있는 것이다.

예수님께서 죽은 자 가운데서 살아나심을 믿는다는 것은 몇 가지 의미를 담고 있다.

첫째는, 부활은 그가 구속 사역을 완성하셨다는 것을 인정하는 것이다. 예수께서 '단번에' '영원히' '온전하게' 하나님의 뜻을 성취하신 것을 확증한 것이 부활 사건이다(사53:10, 고전15:17).

둘째는, 부활은 그가 무죄하다는 것을 인정하는 것이다. 하나님께서는 예수께서 죄 없이 죽었음을 증명하기 위하여(히4:15, 7:26) 죽은 자 가운데서 살리신 것이다(행2:23-24).

셋째는, 부활은 그가 그리스도로 인정받게 한 것이다. 하나님께서 예수를 살리시어 높이시매 주와 그리스도가 되게 하시고(행2:36, 5:31) "죽은 자 가운데서 부활하여... 하나님의 아들로 선포되게"하셨다(1:4).

넷째는, 부활은 그가 지금도 영원히 살아계시다는 증거이다. 무덤에 묻혀 있지 않고 살아나심으로 살아있는 존재로서 믿음의 표상이 된 것이다(8:34, 계1:18, 4:10).

다섯째는, 부활은 그가 살아남과 같이 그를 따르는 신자들도 살리심을 받아 새 생명을 얻게 하고 마지막 날 부활에 참여하게 하신 것이다(고전6:14, 골3:1, 살전4:13-18).

그러므로 신자들은 부활의 첫 열매가 되신 그리스도를 따라 부활할 것을 소망하며 믿는 것이다. 그래서 우리는 예수 그리스도의 죽으심과 부활을 기독교 진리의 핵심으로 여기고 그것을 믿는 것을 구원의 필수 조건으로 여기는 것이다. 여기 '구원을 얻으리니'($\sigma\omega\theta\acute{\eta}\sigma\eta$)라는 단어가 미래시제로 되어 있다고 해서 종말론적인 선물로만 한정시킬 필요는 없다고 본다. 이미 1:16에서 설명했듯이 사도 바울에게 있어서 '구원'이라는 단어를 사용하는 것을 보면 과거형으로도(8:24, 엡2:5, 8, 살전16), 또한 현재형으로도(고전1:18, 15:2, 고후2:15) 사용하는가 하면 미래형으로도(5:9, 13:11, 고전3:15, 5:5, 빌1:19) 사용하는 것을 보면 구원은 과거와 현재와 미래에 일어나는 과정이라고 볼 수 있다. 즉 예수 그리스도를 영접하고 입으로 시인한 사람에게는 이미 구원을 받은 것이며, 또한 구원을 받은 상태 속에서 현재도 구원의 과정을 밟아 경험하고 있으며, 최종적으로 마지막 날 구원을 완성하게 되기 때문이다.

여기 조건절에 있는 '시인하며'(ὁμολογήσης)와 '믿으면'(πιστεύσης)이 현재 시제인 반면 결과절인 '구원을 얻으리니'(σωθήση)가 미래 시제인 것은 신자가 지금 현재 예수를 주로 고백하고 진리를 믿으면 영생을 얻고 의롭다 하심을 얻으며 새로운 피조물로 변화되어 구원을 얻게 된다는 사실을 표현하려는 것이다.

구원은 막연한 미래에만 약속되어지는 것이 아니라 믿으면 지금, 현재의 날에 주어지는 것이다. 그래서 "보라 지금은 은혜 받을 만한 때요 보라 지금은 구원의 날이로다"(고후6:2)라고 선포하는 것이다.

③ 그것은 마음으로 믿으면 의에 이르고 입으로 시인하면 구원에 이른다는 것이다.

"사람이 마음으로 믿어 의에 이르고 입으로 시인하여 구원에 이르느니라"(10절)

본 절이 9절의 내용을 반복하는 것 같이 보이지만 사실은 9절에서는 구원의 내용이 무엇인지를 설명한 것이라면, 본 절은 구원을 얻는 방법이 무엇인지를 보여주고 있다. 하나님께서 그리스도 안에서 마련해 놓은 구원의 은총을 값없이 얻으려면 인간은 두 가지 반응만 정확히 하면 된다.

먼저는 마음으로 믿는 것이다.

'믿는 것'은 1:16-17에서 설명한 복음의 필수적 조건이었고 로마서 전체에서 진술해 왔던 이신득의 원리의 핵심적 요소였다. '마음'(καρδία)은 인간의 사고와 감정, 그리고 의지의 중심지로서 종교적 행위와 도덕적 행위의 원천지로서 자신의 행동을 결정하고 그 행동에 대하여 책임을 지는 곳이다. 그곳은 하나님께 순종할 것인지 거역할 것인지를 결정하는 인간의 중심이다. 그러므로 마음에서 시작되지 않는 감정적 충동이나 추상적인 사상에서 시작한 믿음은 뿌리 없는 빈약한 믿음이 되기 쉬운 것이다. 믿음은 사람의 심령 깊은 곳에서 그리스도를 믿을 때에 그의 전 인격적 신앙이 될 수 있는 것이다. 결국 마음으로 믿을 때에 '의에 이르게'(εἰς δικαιοσύνην)된다고 했다. 이것이 하나님께서 인간에게 제공해 주신 새로운 하나님의 구원 전략이었다(3:22, 27).

'의'란 이미 앞에서 설명한 것처럼 하나님께서 믿는 자에게 값없이 주시는 법정적으로는 '무죄의 선언'이며, 종말적으로는 '진노하심의 형벌의 면제'

이며, 관계적으로는 '하나님과의 올바른 관계 회복'을 주시는 구원의 은총이다.

두 번째는 입으로 시인하는 것이다.

사람이 마음으로 믿었다면 입으로 시인하고 선언하는 것은 당연한 절차라고 보여진다. 입으로 시인하는 행위는 자기의 믿는 바에 대하여 사람들 앞에서 공개적인 선언으로서 예수님께서도 그 제자들에게 요구한 것이었다(마10:32, 눅12:8).

그러므로 예수님을 자신의 '주'와 '구원자'로 고백한다는 것은 이제부터 추종하겠다고 다짐하는 것을 선언하는 것과 같은 것이다. 그래서 모든 종교단체에서도 입문을 할 때에 필수적으로 '신앙고백'을 종교적 의무로 요구하고 있다.

우리 기독교에서는 보편적으로 침례를 받을 때에 신앙고백의 절차를 밟는 경우가 많다. 그러나 기독교의 복음적 원리로 볼 때에 마음으로 믿는 즉시 입으로 시인하고 고백하는 절차를 따르는 것이 더욱 바람직한 일이라고 본다. 여기 '믿어'(πιστεύεται)와 '시인하여'(ὁμολογεῖται)라는 단어가 모두 현재 수동태(중간태) 단수형으로 되어 있는 것을 주목해 볼 필요가 있다.

단수형이란 신앙과 고백은 그 행위를 하는 사람의 개인적인 것이 되어야 한다는 말이며, 현재형이란 이러한 신앙과 고백의 행위는 한 번으로 끝나는 것이 아니라 계속적으로 반복하여 자신의 현재의 신앙의 상태를 표현해야 한다는 것을 보여주고 있다.

문제는 이 단어를 수동태로 볼 것인가 또는 중간태로 볼 것인가에 있다. 수동태로 보는 사람들은 신앙과 고백은 자신의 의지보다는 신적 의지에 따라야 한다는 의미로 해석을 한다. 그러나 보편적인 학자들은 여기에서 '비인칭적 수동태'(impersonal passives)로 보고 있다. 그래서 세드(Shedd) 같은 사람은 이 단어는 '추상적인 보편성의 목적'(for the sake of abstract universality)의 의미를 가지고 사용되어 유대인이나 이방인에게 동일하게 적용되는 원리라는 의미로 설명하기도 한다.

그러나 본인의 생각은 이 단어를 수동태로 보고 해석에 어려움을 겪는 것보다는 '중간태'로 보면 간단할 것 같이 보여진다. 헬라어에서 중간태는 주어가 행동의 결과에 참여하는 일종의 재귀(再歸)동사적인 형태라고 할 수 있다. 능동태는 동작 자체를 강조하지만, 중간태는 동작의 주인공을 강조하여 동작과 주격을 보다 밀접한 관계를 지어 준다.

그래서 우리 말로 해석하기가 좀 애매한 점이 있지만 '자신을 위해'(for oneself), 또는 '자신이'(oneself)라고 해석하면 무난하다고 본다. 12절의 '부르는 자들'(τοὺς ἐπικαλουμένους)을 중간태로 보는 것과 같은 이치이다. 그렇다면 여기에서는 믿는 그 사람 자신이 믿음을 보여주어야 하며, 입으로 고백하는 그 사람 자신이 친히 입으로 시인해야 한다는 의미로 보면 복음이 요구하는 것이 무엇인지 더욱 분명해 진다고 볼 수 있다. 결론적으로 구원의 조건은 반드시 그 스스로 믿음의 결단과 신앙고백을 하는 사람이어야 하며 그 사람에게 하나님께서 의롭다하심과 구원의 은총을 주신다는 말이 된다.

넷째는, 예수를 믿는 자는 부끄러움을 당하지 않을 것이다(11–12절).

우리는 지금까지 '믿음으로 말미암는 의' 라는 구원의 도리(道理) 또는 복음에 대하여 살펴 왔었다. 구원의 복음인 '믿음의 말씀' 은 멀리 있는 것이 아니라 매우 가까이 있으며, 그 내용은 예수를 주로 시인하는 것과 부활의 사실을 믿는 것이며, 그 방법으로는 마음으로 믿고 입으로 시인하면 구원에 이른다고 했다. 이제 11–12절에서는 이 진리는 누구나 믿을 수 있는 보편적인 것이며 믿는 자에게는 구원의 은총이 있다는 사실을 밝히고 있다.

본문을 이해함에 있어 도움을 주기 위하여 내용을 썩어서 논리적 순서로 다음과 같이 배열하여 살펴보려고 한다.

① 예수 그리스도는 모든 사람의 주가 되셨다.

"한 분이신 주께서 모든 사람의 주가 되사"(12절)

본 구문의 서두에 이유를 나타내는 접속사 '가르'(γαρ)가 나오는 것은 앞 구문에서 유대인과 헬라인이 차별이 없다고 말하는 이유를 밝히고 있다. 그 것은 주 예수께서 모든 사람의 주가 되시기 때문이다.

여기 '한 분이신 주께서'(ὁ αὐτος κύριος)는 '바로 그 주께서', 또는 '같은 주께서' 라는 뜻이다. 여기서 '주' 란 9절에서 설명한 것처럼 예수 그리스도를 가리킨다. 예수님께서 '모든 사람'(παντων)의 주가 되신다는 말은 우주 안에 한 하나님만 있듯이 모든 인간들의 '주' 도 한 분밖에 없다는 말이다 (딤전2:5).

이는 하나님께서는 예수님의 부활과 승천을 통하여 "모든 이름 위에 뛰어난 이름을 주사 하늘에 있는 자들과 땅에 있는 자들과 땅 아래에 있는 자들로 모든 무릎을 예수의 이름에 꿇게 하시고 모든 입으로 예수 그리스도를 주(κύριος)라 시인하게"(빌2:9-11) 하셨기에 예수 그리스도는 모든 사람의 주가 되시는 것이다.

② 주를 믿으면 부끄럼을 당하지 않고 부요함을 얻을 것이다.
"성경에 이르되 누구든지 그를 믿는 자는 부끄러움을 당하지 아니하리라 하니"(11절)

이미 10:33에서 나왔던 말씀으로 본 절에서는 "누구든지"가 첨부 되었을 뿐이다. 예수를 '주' 로 시인하고 믿는 사람은 누구를 막론하고 부끄러움을 당하지 않을 것이다. 여기 '부끄러움을 당하다'(καταισχύνω)라는 단어는 '모욕을 주다', '부끄럽게 만들다', '실망하게 하다' 라는 뜻의 수동태로 부정어(οὐ)와 함께 사용되어 예수 그리스도를 믿기만 하면 하나님께서 절대로 그를 부끄러움을 당하지 않게 하실 것이고 실망시키지 않을 것이라는 의미이다.

이는 예수님께서 하나님 앞에서와 천사들 앞에서 그를 안다고 시인해 줄 것이며(마10:32, 눅12:8) 자신의 '형제 '라 부르기를 부끄러워하지도 않을 것이다(히2:11). 혹시 죄를 범하는 일이 있다 할지라도 하나님 앞에서 그를 위해 대언해 줄 것이기 때문이다(8:34, 요일2:1).

또한 12절에는 "그를 부르는 모든 사람에게 부요하시도다"고 했다. 여기 주를 '부르는 자들' 은 '믿는 자' 와 같은 의미이다. 그것은 '믿는 자' 에게 구원을 약속하였듯이 13절에서 '부르는 자' 에게도 구원을 약속하고 있기 때문이다. 여기 '부요하다'(πλουτῶν)는 현재 분사로 예수 그리스도는 그를 부르는 모든 사람을 위하여 항상 부요하다는 말이다.

하나님께서는 "그 아들과 함께 모든 것을" 주시려는 계획(8:32), 즉 "하늘에 속한 모든 신령한 복을 우리에게 주시기"(엡1:3)를 계획하셨기에 "모든 충만으로 예수 안에 거하게"(골1:19) 하시고 "측량할 수 없는 그리스도의 풍성함"(엡3:8)을 그를 믿는 자와 그 이름을 부르며 그리스도 안에 들어오는 자들에게 공급해 주고 계시는 것이다(엡1:18, 2:7, 빌4:19).

그리하여 그리스도를 통하여 받으면 은혜 위에 은혜가 넘치도록 만들어

주셨다(요1:16). 뿐만 아니라 그리스도의 몸인 교회를 통하여 만물에 충만하게 하려는 계획까지 세우신 것이다(엡1:23).

③ 구원의 은총은 누구에게든지 차별이 없이 보편적인 것이 되었다.
"유대인이나 헬라인이나 차별이 없음이라"(12절)
11절에 "믿는 자는 누구든지"(πας ὁ πιστεύων)는 그리스도를 믿는 사람이라면 '어느 누구를 불문하고' 라는 뜻이며, 12절의 '부르는 모든 사람들' (πάνταν τοὺς ἐπικαλουμένους)은 그리스도를 '부르는 사람들이라면 모두 다' 라는 뜻이다. 이는 구원의 은총은 구원의 조건에만 맞는다면 어느 누구를 불문하고 참여하고 받을 수 있다는 말이다.

그것은 유대인이나 이방인의 대표인 헬라인이라 할지라도 차별이 없이 받을 수 있다. 이는 지금까지 사도 바울이 거듭하여 진술해 오던 진리의 보편성을 강조하는 말이다. 모든 사람이 죄 아래 있음도 유대인이나 헬라인에게 차별이었고(3:9), 심판과 은총에도 차별이 없고(2:9-10), 믿음으로 말미암는 하나님의 의에도 차별이 없고(3:22), 하나님 되심도 차별이 없고(3:29), 복음에도 차별이 없다고 했다.

그러므로 로마서의 결론의 말씀인 "하나님이 모든 사람을 순종하지 아니하는 가운데 가두어 두심은 모든 사람에게 긍휼을 베풀려 하심이로다" (11:32)는 보편성에 대한 진술을 이해해야 한다. 다시 말해 모든 사람이 죄인 되었듯이 모든 사람은 구원의 은총의 대상이 되는 것이다.

결론적으로 우리는 본 단락(10:5-12)에서 사도 바울이 유대인들은 '믿음으로 말미암는 의', 즉 복음의 원리를 이해하지 못하여 그리스도를 찾아 하늘까지 올라가겠다고, 또는 무저갱까지 내려가겠다고 억지를 부린 잘못을 지적하는 것을 살펴보았다.

특히 그들은 10:4에서 설명한 것처럼 그리스도가 구원사의 정점인 것을 이해하지 못했기 때문이었다. 예수 그리스도는 율법의 마침이 되었고 복음의 시대를 열어 구원을 완성한 것을 깨닫지 못했던 것이다. 그래서 전파된 복음이 가까이 있다는 근접성(近接性)에 대하여, 복음은 마음으로 믿고 입으로 시인하면 된다는 용이성(容易性)에 대하여, 복음은 주를 믿고 부르기만 하면 누구에게든지 적용된다는 보편성(普遍性)에 대하여 구약성경을 인용해 가면서 자세히 설명했던 것이다.

그렇다. 그리스도의 복음은 '율법의 의'를 추구하는 사람들처럼 자기 의를 세우기 위해 수고와 노력을 하지 않아도 된다. 오직 예수를 자신의 '주' (κυριος)로 시인만 하면 되고, 그리스도의 십자가의 구속과 부활의 사실을 마음으로 믿기만 하면 구원의 은총은 값없이 허락해 주시는 것이다.

(3) 복음의 문은 활짝 열려 핑계치 못한다(10:13-21).

10장의 본문을 구분하는 방식에 있어서 학자들 사이에 이견이 있는 것을 알 수 있다. 어떤 학자들은 13-15절을 앞선 단락에 속한 것으로 보고 18절 부터 새로운 단락이 시작된다고 주장하기도 한다.

그런가 하면 어떤 학자들은 14절부터 새로운 단락의 시작으로 보기도 한다. 그러나 본인은 13절을 단순히 12절의 반복이라고 보기보다는 복음의 용이성과 보편성을 전제로 하면서 새로운 주제를 전개해 가고 있다고 보는 것이 더 자연스럽다고 본다. 본인은 다음과 같은 이유들 때문에 13절에서부터 새로운 단락의 시작이라고 생각한다.

① 헬라어 성경에서 대문자가 사용되는 용례를 보면, 보편적으로 인칭 및 명칭이나, 인용구의 시작, 또는 문단의 새로운 시작을 알릴 때 사용하는 경우가 많다. 13절에서 '파스'(Πᾶs)를 대문자로 사용한 것을 보면, 비록 '가르'(γαρ)를 통하여 12절과 연관된 내용이라는 것을 보여주고 있지만 인용구를 통한 새로운 문단의 시작을 알리기 위하여 사용하는 것이라고 보는 것이 좋을 것 같다.

② 13절은 11-12의 내용을 반영하고 있지만 반복하려는 의도보다는 14-15절에서 유대인을 위한 복음전파의 필요성의 조건은 이미 충족 되어 있다는 것을 강조하기 위하여 복음의 일반적 원칙을 제시하는 전제문구(前提文句)라고 보여진다.

③ 또한 14절부터 나타나는 동사마다 복수 3인칭 주어 '저희'를 사용하여 복음이 널리 전파 되었고 쉽게 받아들일 수 있음에도 불구하고 복음에 대한 유대인들의 불순종과 불신앙을 부각시키므로 실패의 책임에 대해 핑계할

수 없다는 사실을 밝히는 새로운 주제로 전환하고 있기 때문이다.

본 단락은 "누구든지 주의 이름을 부르는 자는 구원을 받는다"는 복음의 필요한 조건은 이미 다 충족되어 있다는 것을 강조한다. 특히 구약의 인용 구를 통하여 그 사실을 밝히고 있다. 이미 전도자들이 복음을 전파했지만 (16절), 그러나 유대인들은 순종하지 않고 믿지 않았다는 것이다. 또한 복음 의 소식은 이미 온 땅에 퍼졌고 세상 끝까지 이르렀지만(18절), 그러나 유대 인들은 듣지 아니했다는 것이다.

뿐만 아니라 복음이 이해할 수 없을 정도로 어려운 것이 아니라 미련한 이 방인들도 듣고 이해할 정도가 되었지만(19-20절), 그러나 유대인들은 이해 하려고 하지 않았다는 것이다. 그러므로 그들이 복음의 실패에 대하여 핑계 할 수 없다는 사실을 밝히고 있다. 마지막으로 복음에 대한 실패에도 불구 하고 하나님은 오늘도 그 백성을 향하여 종일 손을 벌리고 있다는 사실을 부각시켜 하나님의 애절한 마음을 보여주고 있다.

첫째는, 유대인들에게도 복음 전파는 필요하다(13-15절).

사도 바울은 전 단락에서(10:5-12) 유대인들이 '믿음으로 말미암는 의, 즉 복음의 의를 이해하지 못한 것을 지적하면서 복음의 내용과 구원 받는 방법을 설명했었다. 이제 본 단락에서는 복음전파의 문제로 주제를 전환시 켜서 구원을 받기 위한 복음전파의 필요성을 이야기하고 이미 복음전파는 이루어졌다는 사실을 밝히고 있다.

㈎ 구원의 복음은 누구에게든지 용이(容易)하다.

"누구든지 주의 이름을 부르는 자는 구원을 받으리라"(13절)

① "누구든지"

본문이 인용된 곳으로 보는 욜2:32에서는 '누구든지'를 "시온 산과 예루 살렘에서 피할 자"와 "남은 자"로 국한 시키고 있지만, 사도 바울은 그 범위 를 넓혀 '주의 이름을 부르는 사람은 누구든지' 라는 의미로 우주적이고 역 사적인 모든 인간에게 적용하고 있다. 이는 복음의 보편성을 말하는 것이 다.

② "주의 이름을"

여기 '주의 이름'($\tau o\ \check{o}vo\mu\alpha\ \kappa v\rho\acute{\iota}ov$)에 해당하는 히브리어 성경에는 "여호와의 이름"으로 되어 있으나 사도 바울은 예수 그리스도를 지칭하는 말로 사용하고 있다. 이는 여호와 하나님의 역할과 주($\kappa\acute{v}\rho\iota o\varsigma$) 되신 예수의 역할을 의도적으로 결합시키고 있을 뿐 아니라 예수 그리스도만이 승천을 통하여 "모든 사람의 주"(12절)가 되셔서 유대인과 이방인 모두에 대해 보편적이고 우주적 주권을 가지신 분이라는 것을 천명하고 있는 것이다.

만주의 주가 되신 예수 그리스도의 이름에는 권위와 권세, 능력이 있기에 그 이름을 믿고, 그 이름을 부르기만 해도 구원을 받아 죄 사함을 받으며(행10:43), 치료를 받고(행3:16, 4:10), 귀신을 쫓아내며(막16:17), 기도의 응답을 받게 되는 것이다(요14:13-14, 16:23-24).

③ "부르는 자는 구원을 받으리라"

여기 '부르는'($\acute{e}\pi\iota\kappa\alpha\lambda\acute{e}\sigma\eta\tau\alpha\iota$ - $\acute{e}\pi\iota\kappa\alpha\lambda\acute{e}\omega$의 부정과거 중간태 가정법)에 해당하는 단어는 일반적으로 '이름을 부르다'는 의미이지만, 중간태일 때는 흔히 법률적 용법으로 사용되어 어떤 요구와 이권을 내포하여 마음을 다하여 '호소하다'(to appeal)는 의미를 나타낸다(행25:11-12).

칠십인역(LXX)에서는 이 단어가 하나님께 기도하여 '호소하다'는 의미(시50:15, 86:5)와 함께 '예배드리다'는 의미로 사용한 가장 중요한 용어이다(창4:26, 12:8, 13:4). 뿐만 아니라 공개적인 선언이나 고백이라는 의미도 가지고 있다(창33:20, 민21:3, 사43:7).

따라서 본 절에서 '주의 이름을 부른다'는 것은 9, 10절에 나오는 '시인하다'와 동일하게 예수 그리스도에 대한 신앙을 공개적으로 고백하는 것이 되고, 뿐만 아니라 그를 신앙의 대상으로 삼고 예배하고 섬기겠다는 의미를 나타내는 것이 된다(행22:16).

그래서 초대교회는 "우리 주 예수 그리스도의 이름을 부르는" 사람들(고전1:2)의 행위를 예수를 주님으로 믿는다는 것을 보여주는 믿음의 표시로 삼았던 것이다.그러므로 '믿음으로 얻는 의', 즉 구원의 복음은 전혀 어려운 것이 없다. 유대인이든지 헬라인이든지 어느 누구를 막론하고 주의 이름을 부르기만 하면 죄 사함과 구원의 은총을 허락하시는 것이다(행22:16).

㈁ 복음을 믿기 위한 전제 조건들이 필요하다(14~15).

"그런즉 그들이 믿지 아니하는 이를 어찌 부르리요 듣지도 못한 이를 어찌 믿으리요 전파하는 자가 없이 어찌 들으리요 보내심을 받지 아니하였으면 어찌 전파하리요"(14절)

여기 13-15절 사이에는 한 사람이 구원을 받는데 거치는 전 과정을 논리적 순서에 따라 진술해 놓았다. 그 과정은 ㉮ 전도자가 보내심을 받고, ㉯ 가서 전파하고, ㉰ 전파 된 것을 듣고, ㉱ 들은 것을 믿고, ㉲ 믿는 대상자를 부름으로 구원을 받게 되는 것이다.

'그런즉'(οὖν)이란 말로 시작하는 것은 앞에서 진술했던 대로 구원의 은총을 받는 것이 아무리 쉽고 보편적이라 할지라도 다음과 같은 과정을 거치지 않으면 안 된다는 것을 강조하는 것이다. 그리고 네 개의 질문들에 들어 있는 '어찌'(πῶς)라는 의문사는 어떤 가정을 의문시하고 부정함으로서 절대로 불가능하다는 사실을 나타내고 있다(참조, 3:6, 6:2, 8:32).

① "그들이 믿지 아니하는 이를 어찌 부르리요"

구원의 복음이 아무리 쉽고 누구에게든지 적용된다 할지라도 믿지 않는 자를 부를 수는 없는 것이다. 여기 '부르다'는 말은 13절에서 설명한 것처럼 예수를 자신의 '주'로 고백하고 섬기겠다는 공개적인 선언과 고백으로, 이는 예수 그리스도를 믿는 믿음이 있어야 할 수 있는 것이다.

그리스도에 대한 신뢰가 마음에서부터 우러나오지 않으면 결코 입으로 시인하고 고백할 수 없는 일이다.

② "듣지도 못한 이를 어찌 믿으리요"

여기 '믿으리요'(πιστεύσωσιν)는 '믿음의 상태에 들어가다'라는 의미를 가지고 있다. 또한 '듣는다'(ἀκούω)라는 단어에는 단순히 '듣다'는 의미만 있는 것이 아니라 '깨닫다'(to understand), 지적으로 가납(加納)하여 '승인하다'(to admit)는 의미를 가지고 있다.

그러므로 내가 믿고 고백해야 할 대상에 대하여, 또는 진리의 내용에 대하여 이해하고 수용하는 상태에 있지 않고는 믿음의 상태에 이를 수는 없다는 것이다. 이는 믿으려면 복음의 내용을 이해하도록 들려주고 설명하는 것이 필요하다는 말이다.

③ "전파하는 자가 없이 어찌 들으리요"

여기 '전파하는 자'($\kappa\eta\rho\acute{\upsilon}\sigma\sigma\omicron\nu\tau\omicron\varsigma$)라는 단어는 관사가 없는 현재 분사로서 '계속해서 전도하는' 모든 사람들을 의미하고 있다. 복음 전파는 바울만이 아니라 초대교회 모든 신자들은 자신들이 있는 현장에서, 또는 여행을 하면서 실천했던 사역이다(행8:4, 40, 11:19-20). 고전 헬라문헌에서는 원형 동사 '케륏소'($\kappa\eta\rho\acute{\upsilon}\sigma\sigma\omega$)는 어떤 사건을 선포하는 것으로 전령(傳令)의 행동을 가리켰다.

그런데 전령에게는 몇 가지 기본적인 자질이 필요했었는데, 먼저는 자신이 받은 메시지의 내용을 정확히 숙지하고 있어야 했고, 다음으로는 메시지를 전달해 줄 대상자들을 정확히 알아야 했으며, 마지막으로 내용을 뚜렷하게 큰 소리로 전달해 줄 수 있어야만 했다.

전파하는 자가 없다면 복음을 듣는다는 것은 불가능한 일이기에 모든 신자들은 반드시 땅 끝까지 복음을 전파하는 일에 헌신해야만 하는 것이다.

④ "보내심을 받지 아니하였으면 어찌 전파하리요"

이제 마지막으로 복음을 위하여 하나님의 보내심, 즉 전령으로서의 사명의 중요성을 말하고 있다. 여기 '보내심을 받다'($\dot{\alpha}\pi\omicron\sigma\tau\alpha\lambda\tilde{\omega}\sigma\iota\nu$)라는 단어는 일반적으로 '보내다'($\pi\acute{\epsilon}\mu\pi\omega$)는 말과는 달리 특별한 임무를 위임받아 성취하기 위하여 보내진 사신의 활동이나 역할을 나타내고 있다. 그래서 보내심을 받은 사람에게는 사도적 임무(apostolic mission)를 수행하게 하기 위하여 특별한 능력과 권위를 부여해 주었었다(눅4:18-19).

예수님께서는 제자들에게 "아버지께서 나를 보내신 것 같이 나도 너희를 보내노라"(요20:21)고 말씀하시면서 "온 천하에 다니며 만민에게 복음을 전파하라"(막16:15)고 명령하셨다. 이렇게 임무(mission)를 부여받고 보내심을 받지 않았다면 선포의 사역을 할 수가 없는 것이다. 모든 신자들이 선포사역을 감당하는 것은 주님의 보내심을 받았기 때문이다.

(다) 복음은 이미 유대인들에게 전파 되었다.

"기록된 바 아름답도다 좋은 소식을 전하는 자들의 발이여 함과 같으니라" (15절하)

이 말씀은 사52:7의 인용구로, 원래 이사야서 본문에서의 배경은 바벨론 제국에 의하여 함락 당한 예루살렘과 유다 땅은 황폐함 그 자체였었다. 그리고 백성들은 바벨론의 포로로 끌려가서 고난의 세월을 보내고 있었다. 그때 하나님께서 그들에게 회복의 날을 선포하게 되었는데, 이 소식을 전파하는 전령들이 평화와 구원을 선포하면서 "네 하나님이 통치하신다"고 외치며 산을 넘어 달려오는 발걸음이 얼마나 아름다웠던지, 시온에 있던 백성들이 일제히 소리를 높여 노래하는 내용이다.

여기 '아름답다'($\acute{\omega}\rho\alpha\hat{\iota}os$)는 말은 '알맞은'(seasonable), '아름다운'(beautiful), '사랑스런'(lovely)이라는 뜻으로 '얼마나'('Ωs)라는 감탄사가 함께하여 '얼마나 아름다운가!' 라는 의미이다. 그리고 '전하는'($\epsilon\grave{\upsilon}\alpha\gamma\gamma\epsilon\lambda\iota\zeta o\mu\acute{\epsilon}\nu\omega\nu$)이라는 단어는 '좋은 소식을 선포하다'(to proclaim good news), '복음의 좋은 소식을 알리다'(to announce the good tidings of the Gospel)는 뜻으로 현재 중간태 분사이기에 지금도 계속해서 복음을 전파하고 있는 사람을 의미한다.

이는 복음의 소식이 중단 되거나 소극적으로 전파되고 있는 것이 아니라 모든 유대인들이 들을 수 있을 정도로 오늘도 복음 전도자들이 열심히 구원의 기쁜 소식을 전파하며 돌아다니고 있다는 것을 시사하고 있다.

특히 교통수단이 좋지 않은 그 시대에 복음의 소식을 들고 직접 발로 뛰어다니며 산을 넘고 강을 건너 소식을 전하는 그 발이 아름답게 보였던 것이다. 그러므로 이제는 복음을 듣지 못해 믿지 못했다고 핑계를 댈 수가 없게 되었다. 이미 복음은 유대 각 고을에, 가는 곳마다 유대인들의 시기를 받을 정도로 온 천하에 전파 되었던 것이다.

둘째는, 복음은 전파 되었지만 유대인들은 믿지 아니하였다(16-17절).
여기 16, 18, 19절에서 세 번에 걸쳐서 반대 개념을 전개하려는 접속사 '그러나'($\grave{\alpha}\lambda\lambda\alpha$)를 통하여 앞에서 설명했던 것처럼 주의 이름만 부르면 될 수 있는 복음의 용이성과 누구든지 믿을 수 있는 복음의 보편성, 그리고 믿기 위한 복음전파의 과정도 정상적으로 이루어지고 있음에도 불구하고 유대인들은 순종하지 않고 거절했다는 사실을 고발하고 있다.

"그러나 그들이 다 복음을 순종하지 아니 하였도다 이사야가 이르되 주여 우리가 전한 것을 누가 믿었나이까 하였으니"(16절)
'그들이...순종하지 아니 하였도다'($o\grave{\upsilon}$ $\acute{\upsilon}\pi\acute{\eta}\kappa o\upsilon\sigma\alpha\nu$)에서 '휘파쿠오'($\grave{\upsilon}\pi\alpha\kappa o\acute{\upsilon}\omega$)는 권위를 가진 사람의 명령을 겸손히, 또는 주의 깊게 청종하는 자

세를 가리킨다. 유대인들은 복음을 들을 때에 정중하게 듣는 자세가 전혀 없었다. 그 실례로 사도 바울은 소아시아와 마게도냐 지방으로 선교여행을 하며 항상 먼저 유대인들에게 복음을 전했었다. 그러나 그들은 매번 거절했을 뿐 아니라 시기와 질투로 복음을 방해하였고 전도자들에게 핍박까지 자행하였었다(행13:45-46, 14:2, 19).

여기서 '다' (πάντες)라는 말은 유대인 전체가 복음에 순종하지 않았다는 말보다는 대다수의 유대인들이 믿기를 거부하고 '오직 소수만' 이 믿었다는 것을 강조하기 위한 표현이라고 본다.

"주여, 우리가 전한 것을 누가 믿었나이까?"는 사53:1의 인용으로 고난의 종에 관한 이야기를 했을 때에 사람들은 들으려고 하지도 않고 믿으려고도 하지 않았던 것을 가리킨다. 그것은 고난의 종의 모습이 마른 땅에서 나온 뿌리 같고 고운 모양도 없고 보기에 흠모할 만한 것도 없는 몰골이었기에 사람들은 무시하고 믿지 않았던 것이다.

사도 바울은 자신과 복음전도자들이 전한 메시지를 믿지 않았던 당시 유대인들의 불신앙의 상태가 마치 이사야 선지자 시대의 사람들과 전혀 다를 바 없다는 사실을 고발하고 있다.

여기서 사도 바울은 계속해서 복음의 전파의 필요성과 들음의 중요성을 강조하고 있고 또한 불순종은 불신앙과 같은 내용이라는 것을 말하고 있다. 즉 전하는 메시지를 믿지 않았기 때문에 순종하지 않았다는 것이다. 그들의 불신앙과 불순종은 하나님의 구원사적 계획을 전혀 이해하지 못하고 오직 자신들의 종교적 전통과 교리에만 매달려 복음을 거절했기 때문이었다.

"그러므로 믿음은 들음에서 나며 들음은 그리스도의 말씀으로 말미암았느니라"(17절)

여기 '그러므로' 로 번역된 '아라' (ἄρα)는 16절로 인한 결과를 말하는 것이 아니라 지금까지 진술해 오던 것에 따른 종합적인 진술을 하려는 것이기에 '그러므로' 로 해석하기보다는 NIV처럼 '결과적으로' (consequently)로 번역하는 것이 좋을 듯하다.

유대인들이 복음에 순종하지 못한 것은 '전한 것' (τῇ ἀκοῇ, 16절)을 듣지 않았기 때문이었다. 여기 '전한 것' 이란 바로 '들은 내용' (ἐξ ἀκοῆς)으로서, '메시지' 를 의미한다. 믿음은 전해지는 메시지를 열린 마음을 가지고 귀담아 듣기만 하면 생기는 것이다. 말씀을 경청(傾聽)하는 자세가 절대로 필요하다. 말씀을 귀를 기우려 듣기만 하면 '마음이 뜨거워지고'(눅24:32) 날선 예리한 칼처럼 마음을 찔러 파고 들어와서 깨닫게 하는 것이다(행 2:37). 그리고 들을 때에 무엇을 어떻게 믿어야 할지를 알게 하여 믿음이 생성될 수 있도록 만들어 주는 것이다(ἐξ ἀκοῆς).

또한 '들음은 그리스도의 말씀으로 말미암는다'고 했다. '그리스도의 말씀'(ῥήματος Χριστοῦ)이란 '그리스도에 관한 말씀', 곧 '그리스도에 관한 복음'(the Good News about Christ)을 들어야 한다. 마치 엠마오로 내려가는 제자들이 예수님께로부터 '성경에 쓴 바 자기에 관한 것을 자세히 설명'했던 것처럼(눅24:27), 또한 베드로가 고넬료의 집에서 예수 그리스도에 대한 메시지를 전할 때에 듣고 깨달아 믿게 되었던 것처럼(행10:38-43) 그리스도에 대한 말씀을 들으면 믿음은 생기는 것이다.

그러므로 '그리스도의 말씀'은 믿음을 가능하게 하는 복음의 도구(διὰ)가 되는 것이다. 구원 받는 믿음을 얻으려면 그리스도로 말미암는 말씀을 귀를 기우려 경청하면 되고, 깨닫고 이해된 진리를 인정하고 시인하면 구원의 은총은 주어지는 것이다.

유대인들은 복음을 들으려는 자세가 전혀 없었던 것이다. 그래서 믿지 못한 것이다.

셋째는, 복음은 땅 끝까지 전파 되었지만 유대인들은 듣지 않았다(18절).
"그러나 내가 말하노니 그들이 듣지 아니하였느냐 그렇지 아니하니 그 소리가 온 땅에 퍼졌고 그 말씀이 땅 끝까지 이르렀도다 하였느니라"(18절)

유대인들이 복음을 거절한 두 번째 이유를 밝히고 있다. 보통 '메'(μη)로 시작하는 질문은 부정적 답변을 기대하고 하는 질문이지만(참조, 9:14) 주동사가 이미 부정어를 가지고 있어서 긍정적인 답변을 예상하게 하고 있다. 다시 쉽게 풀이한다면, '그들이 듣지 못한 것이 아니지 않느냐?'라는 의미로 듣지 못한 사실을 질문하면서 그들은 이미 복음을 들었다는 사실을 강하게 주장하고 있는 것이다.

그 대답은 "그렇지 아니하니"(μενοῦνγε)로, 이는 '실로 사실이다'(yea indeed), 또는 '물론 그들은 들었다'(Of course they did–NIV)라는 뜻이다. 믿음은 '들음에서 난다'(ἐξ ἀκοῆς)는 말씀처럼 전파된 복음의 말씀을 경청만 하면 믿음이 생기는데, 그들이 믿음에 실패한 것은 듣지 못했기 때문이 아니라 불순종으로 거역했기 때문이라는 사실을 밝히는 것이다.

그들이 복음을 듣지 못했다고 핑계할 수 없는 이유를 시편19:4를 인용하여 설명하고 있다. "그 소리가 온 땅에 펴졌고 그 말씀이 땅 끝까지 이르렀도다." 시편의 말씀은 우주만물을 창조하신 하나님께서는 모든 피조물에게 역사하고 섭리하고 말씀하고 계시기에 비록 "언어도 없고 말씀도 없고 들리는 소리도 없으나"(시19:3) 모든 피조물들은 그대로 순종하여 활동하고 있다는 뜻이다. 즉 하나님의 역사하심과 말씀하심은 온 땅에, 온 우주까지 펴져 있기에 누구든지 눈을 들고 보고 귀를 기우려 들으면 깨달을 수 있다는 것이다.

이 말씀을 사도 바울은 복음에 적용하고 있다. 여기 첫 번째 나오는 '땅' ($\gamma\tilde{\eta}$)은 하늘의 반대 개념으로서 경작하는 대지를 일컫는다면, 두 번째 '땅' ($oikou\mu\acute{e}v\eta$)은 인간이 거주하는 모든 세상을 가리킨다. 복음의 소리와 말씀은 전도자들을 통하여 온 땅에 펴졌고 세상 끝까지 전파 되었다는 말이다.

그러므로 복음을 듣지 못했다고 핑계를 할 수가 없는 것이다. 그들이 복음을 듣지 않으려고 귀를 막고 마음을 닫았기 때문이지 결코 복음이 전파되지 않았거나 그 소식을 듣지 못했기 때문은 아닌 것이다.

여기서 복음이 세상 끝까지 전파 되었다고 해서 복음전파 사역이 완성 되었다는 말은 아니다. 이 말씀은 당대의 유대인들이 들을 수 있도록 복음이 전파 되었다는 사실을 강조하는 것일 뿐이다. 복음은 세대를 따라 계속해서 땅 끝까지, 모든 족속에게 전파해야 하는 것이 자신의 시대를 살아가는 신자들의 책임이요 의무인 것이다(엡2:7, 참조 행13:36).

넷째는, 복음은 미련한 이방인도 이해했지만 유대인들은 이해하려고 하지 않았다(19-20절).

"그러나 내가 말하노니 이스라엘이 알지 못하였느냐 먼저 모세가 이르되 내가 백성 아닌 자로써 너희를 시기하게 하며 미련한 백성으로써 너희를 노엽게 하리라 하였고"(19절)

유대인들이 복음을 거절한 세 번째 이유를 밝히고 있다.

① "이스라엘이 알지 못하였느냐"

18절과 같은 질문 형식을 갖추되, 19절에서는 복음을 알지 못했기 때문이 아니냐는 질문이다. 여기 '알다'($\gamma\iota\nu\acute{\omega}\sigma\kappa\omega$)는 일반적으로 '알아차리다'는 뜻이지만 더 나아가 '이해하다'(to understand)는 뜻으로 대상의 본질과 실재를 완전히 파악했다는 의미를 함축하고 있다.

그러므로 이 말은 이스라엘이 복음의 뜻이 너무 어려워 이해하지 못한 것이 아니냐는 질문인 것이다. 바클레이(W. Barclay)박사는 이에 대하여 "그 메시지가 극히 이해하기 힘들고, 불명료하고, 어둡고, 무식하여 이스라엘이 들었더라도 그들이 그 의미와 뜻을 이해하지 못한다면 어찌될 것인가?"라는 말로 해석을 했다.

그러나 그 말은 그들에게 타당하지가 않다. 그들은 일찍부터 모세의 율법책을 가지고 있었고 항상 그 가르침을 경청하는 삶을 살아왔으며 예언자들의 메시지도 수없이 들으며 살았던 족속이 아니던가? 그들은 어느 민족보다 하나님의 메시지를 이해함에 있어서 유리한 위치에 있던 민족이 아니던가? 그러므로 그들이 복음의 내용을 이해하지 못한다는 것은 말도 안 되며 알지 못했다고 절대로 핑계할 수 없는 일이었다.

그들은 분명히 복음을 듣지 못한 것도 아니고 이해하지 못한 것도 아니었다. 그래서 바울은 이스라엘이 하나님의 뜻과 복음을 '알았다'($\acute{\epsilon}\gamma\nu\omega$)는 사실을 두 개의 구약 구절, 즉 토라(tora)의 모세의 글과 이사야의 예언서에서 인용하여 설명하고 있다.

② "내가 백성 아닌 자로써 너희를 시기하게 하며"
첫 번째 인용구를 모세가 말한 것처럼 되어 있지만 실제로 신32:20-35의 내용은 하나님이 직접 말씀하신 것을 모세가 대언한 형식으로 되어 있다. 그러므로 여기 '내가'($E\gamma\omega$)는 바로 하나님 자신을 일컫는 말로 하나님께서 이스라엘 백성들에게 말씀하신 것이 된다.

구약의 본문 내용은 이스라엘 백성들이 여호와 하나님을 잊어버리고 우상숭배에 빠져서 '신이 아닌 것'(אל-לא)을 섬기므로 하나님의 질투심을 유발시켰기 때문에 하나님께서도 그들을 미워하여 '내 백성 아닌 자'(עם-לא)로 백성을 삼으므로 그들을 시기 나게 만들고 분노가 일어나게 만들겠다는 말씀이었다.

그런데 본 절은 구약 본문에서 이스라엘이 하나님에게 질투를 일으켰다는 부분은 생략하고 하나님이 이스라엘을 시기가 나게 만들겠다는 부분만 강조적으로 인용하고 있다. 여기 '백성이 아닌 자'($o\dot{v}\kappa$ $\check{\epsilon}\theta\nu\epsilon\iota$)는 선민 이스라엘 민족에 속하지 않은 모든 이방 족속을 가리킨다(마28:18-20, 엡2:11).

이들 이방인들은 하나님도 없고, 그리스도도 없고, 약속의 언약도 없는 소망 없던 자들이었다. 그러나 하나님께서는 그들에게도 하나님의 성산(聖山)으로 인도하여 기쁘게 해 줄 것이라고 약속하였다(사56:7). 즉 "내가 내 집에서, 내 성 안에서 아들이나 딸보다 나은 기념물과 이름을 그들에게 주며 영원한 이름을 주어 끊어지지 아니하게 할 것"이라고 약속했었다(사56:5).

초대교회의 유대인 신자들은 하나님께서 이방인들에게 예수 그리스도를 믿을 때에 자신들과 "같은 선물"을 주신 것을 보면서 놀라기도 했었다(행11:17-18). 그래서 복음을 받아들이지 않은 유대인들은 이방인들에게 자신들과 동일한 은혜를 주시는 복음이 전파되는 것을 시기하여 온갖 방해를 자행했던 것이다(행13:44-45).

③ "미련한 백성으로써 너희를 노엽게 하리라"

'미련한 백성'($\check{\epsilon}\theta\nu\epsilon\iota$ $\dot{\alpha}\sigma\upsilon\nu\acute{\epsilon}\tau\omega$)이란 '이해력이 없는 족속'을 가리켜 악하여 하나님을 부정하거나 우상을 숭배하는 자들을 의미한다(시14:1, 잠1:7). 이방인들은 종교성은 있었지만 참 신의 뜻을 찾는데 어리석어서 어떻게 또는 어디에서 찾아야 할 줄을 알지 못하는 영적으로 무지한 자들이었다.

그런데 그런 자들이 복음의 말씀을 듣고 이해하고 기뻐하여 믿고 주께 돌아오는 역사가 일어났던 것이다(행13:48). 이것을 본 유대인들은 시기와 분노가 가득하여 사람들을 선동하여 복음 전도자들을 박해하게 만들고 자신들의 지역에서 쫓아냈던 것이다(행13:50).

여기 '노엽게 하리라'($\pi\alpha\rho o\rho\gamma\iota\hat{\omega}$)는 단어는 '화나게 하다'(to provoke to anger), '짜증나게 하다'(to irritate), '분개시키다'(to exasperate)는 뜻으로 '시기나게 하다'($\pi\alpha\rho\alpha\zeta\eta\lambda\acute{\omega}\sigma\omega$)와 함께 일인칭 단수 미래형으로 되어 있는 것을 보면, 하나님께서 이방인들이 복음을 수용한 일로 인하여 유대인들을 시기가 가득하게 만들고 화나게 만들겠다는 예언의 의미를 가지고 있다. 이것은 하나님이 역사의 주권자(sovereign)이심을 보여주는 말이다.

하나님은 아브라함과 이스라엘 민족을 특별히 사랑하여 부르시고 택하여 주셔서 은총을 약속하시고 사명과 과제를 부여해 주셨다. 그러나 그들이 하나님의 자비하심을 모욕하고 냉담하고 거절하여 그 역할을 감당하지 않을 때에는 언제라도 그 은총과 사명을 다른 사람에게 옮기시겠다고 말씀하셨었다(신28:30-31, 계2:5).

하나님께서는 이스라엘에게 땅의 모든 족속을 향하여 복의 통로의 사명, 열국 앞에서 제사장 나라의 역할, 이방의 빛의 사명을 주었지만 그들은 선민(選民)이라는 특권의식에 빠져서 이방인을 외면하였고, 율법주의와 의례적 종교형식에 빠져서 하나님의 새로운 구원 전략까지도 거절하는 형편에까지 전락하게 되었던 것이다. 그래서 하나님께서는 구원의 은총과 복음적 사명을 이방인에게로 옮기시게 된 것이다(11:11-12).

사실 하나님께서는 이스라엘 백성들의 완악함을 아셨다(사48:4, 8). 즉 "너는 완고하며 네 목은 쇠의 힘줄이요 네 이마는 놋이라"(사48:4)는 사실을 아셨기에 그들이 알지 못하는 새 일 곧 은비한 일을 내놓게 되었던 것이다(사48:6). 그것은 '메시아를 통한 전 인류의 구원'이며 '새 언약 공동체를 통한 증인의 사역'을 감당하게 하는 일이었다.

결국 하나님께서는 여호와의 종교를 세계 만민을 포용하는 세계적인 종교로 개편하실 계획까지 세우신 것이다(사66:18-23). 그리고 멸하기로 준비된 진노의 그릇에게 관용을 베푸시고 백성이 아닌 자들을 부르시는 것은 하나님의 계획이요 목적이었다(9:25).

이것은 유대인의 입장에서 보면 속이 뒤집어질 일이었다. 자신들만이 여호와께 택함 받은 민족이요, 자신들만의 하나님이라고 생각했는데, 자격 없는 이방인, 미련한 족속들에게 구원이 선포되고 복음이 전파 된다는 것이 자존심이 상하고 분노를 폭발할 일이였던 것이다.

그렇다. 역사이래로 언제든지 교만과 고집이 강한 인간들은 주의 은총이 다른 사람들에게 베풀어지는 것을 보면 화를 내고, 심지어 방해 공작까지 했던 것이다. 하나님의 뜻을 제대로 깨닫지 못한 인간들의 행포인 것이다.

그러나 그것은 역사를 '미리 아시는' 하나님께서 촛대를 옮기시려는 주권적 역사 때문이기도 하다.

사도 바울이 두 번째 인용한 성경은 이사야의 말씀이다.

"이사야는 매우 담대하여 내가 나를 찾지 아니한 자들에게 찾은바 되고 내게 묻지 아니한 자들에게 나타났노라 말하였고"(20절)

여기 '매우 담대하여'(ἀποτολμᾷ)는 이사야 선지자가 위험을 무릅쓰고 담대하게 말씀을 전하는 태도를 나타낸다. 그는 이스라엘의 범죄에 대하여 "내 앞에서 항상 내 노를 일으키는 백성"(사65:3)이라고 단죄하며 보응의 메시지를 전했었다. 어쩌면 배타적 선민의식에 사로잡혀 있는 백성들을 향하여 하나님께서 돌이켜 이방인에 구원의 은총을 베풀어 주실 것이라는 메시지를 전한다는 것은 목숨을 건 모험과 같았지만 이사야 선지자는 담대하게 하나님의 말씀을 대언(代言)했던 것이다.

① "내가 나를 찾지 아니한 자들에게 찾은 바 되고"
여기 '내가 찾은바 되었고'(Εὑρέθην)와 '내가 나타난바 되었노라' (ἐμφανὴs ἐγενόμην)는 과거형으로 되어 있으나, '찾지 아니한'(μὴ ζητοῦσιν)과 '묻지 아니한'(μὴ ἐπερωτῶσιν)은 현재형으로 되어 있다.

이는 사도 바울 당시 이방인의 상태는 아직까지도 하나님을 찾지 아니하고 있었으며 하나님의 뜻을 구하려는 어떠한 노력도 하지 않고 있었다는 것을 말한다. 그리고 이미 하나님을 찾았던 사람들에게는 발견되어졌고 하나님께서도 그들에게 자신을 나타내 보이셨다는 말이다.

하나님께서는 언제까지 자신의 "얼굴을 숨기시는" 분이 아니시다(사64:7). 하나님께서는 "온 마음으로 나를 구하면 나를 찾을 것이요 나를 만나리라"(렘29:13)고 약속하셨기에 찾는 자들에게는 언제라도 발견되어지며 찾은바 되어지는 분이시다. 그래서 하나님을 찾지 아니하던 이방인이라 할지라도 그들이 하나님을 찾기 시작하면 만나주시는 것이다.

② "내게 묻지 아니한 자들에게 나타났노라"
여기 '나타난'(ἐμφανὴs)이라는 단어는 '눈에 보이는'(visible), '분명히 나타난'(manifest)이라는 뜻으로 하나님의 자기 계시 또는 출현(出現)을 나타내는 의미로 사용되어지고 있다(창35:7, 출33:13, 행10:40).

이방인들은 하나님을 찾아가서 그 뜻을 묻거나 구하려는 노력은 전혀 하지 않던 자들이었다. 그럼에도 불구하고 하나님은 그들에게 자신을 알리고 나타내시려 할 때가 많았다. 이스라엘 백성의 출애굽 과정에서 하나님께서는 이적 재앙들을 통하여 바로왕과 애굽 사람, 또한 온 세상으로 하나님을 알게 하려고 했었다(출8:10, 9:14).

하나님께서는 하나님을 찾지도 않았고 그 앞에 나아와서 기도하지도 않았던 이방인이라 할지라도 찾아 나오기만 하면 만나주시고 나타나 주신다고 했다. 그리하여 그들의 하나님이 되어 주신 것이다. 이러한 복음의 계획과 전략을 이해하지 못한 이 모든 것은 유대인들이 자신들의 사명과 역할을 알지 못하고 완악해졌기 때문이었다.

다섯째는, 그럼에도 하나님은 종일 이스라엘을 향하여 손을 벌리고 계신다(21절).
"이스라엘에 대하여 이르되 순종하지 아니하고 거슬러 말하는 백성에게 내가 종일 내 손을 벌렸노라 하였느니라"(21절)
본 절은 사65:2의 칠십인역(LXX)을 순서만 조금 바꾸었을 뿐 거의 문자 그대로 인용하고 있다. 그런데 바울은 이것을 이사야가 "이스라엘에 대하여" 말한 것이라고 확정하여 사용하고 있다.
이는 칠십인역의 이사야 본문 2절에 나와 있는 "참된 길을 걷지 않고 오히려 자기 자신의 죄를 따라가던 자들"(οἵ οὐκ ἐπορεύθησαν ὁδῷ ἀληθινῇ, ἀλλ᾽ ὀπίσω τῶν ἁμαρτιῶν αὐτῶν)의 행위는 이스라엘 백성들의 행위로 보고, 1절에 나온 "나의 이름을 부르지 않던 백성들"(τῷ ἔθνει οἵ οὐκ ἐκάλωσαν μου τὸ ὄνομα)은 이방인들로 보았기 때문이라고 보여 진다.
사도 바울은 모세와 이사야의 예언을 인용하면서 하나님께서는 이방인들에게 구원의 복음이 전파 되어질 것을 일찍부터 계획하셨다는 사실과 불순종과 거역의 길을 걷는 이스라엘 백성을 향하여서는 회심하여 돌아오기를 오래토록 기다리고 계신다는 사실을 지적하고 있다.

① "순종하지 아니하고 거슬러 말하는 백성에게"
여기 '순종하지 아니하고'(ἀπειθοῦντα – ἀπειθέω의 현재분사)라는 단어는 '고분고분하지 않다'(to be uncompliant), '믿고 순종하는 것을 거절하다'(to refuse belief and obedience), '반항적이다'(to be contumacious)라는 뜻으로 설득 당하지 않아서 믿지도 순종하지도 않는 곧은 목을 가진 고집이 센 반항적 태도를 일컫는 말이다.
하나님은 이스라엘 민족을 선택한 이후 그들에게 한없는 사랑과 큰 은총을 베풀어 주었고 구원해 주었고 안아 주었었다(사63:7-9). 그럼에도 불구하고 그들은 늘 "반역하여 주의 성령을 근심하게"(사63:10) 만들었던 것이다. 스데반의 지적대로 역사 이래로 조상 때부터 계속하여 "목이 곧고 마음과 귀에 할례를 받지 못한 사람들"(행7:51)로 항상 성령을 거슬렸던 것이다(사30:9, 겔2:3).

또한 '거슬러 말하는'($\dot{\alpha}\nu\tau\iota\lambda\acute{\epsilon}\gamma o\nu\tau\alpha$ - $\dot{\alpha}\nu\tau\iota\lambda\acute{\epsilon}\gamma\omega$의 현재분사)이라는 말은 '대항해서 말하다'(to speak against), '반박하다'(to contradict), '부정하다'(to deny)는 뜻으로 순종하기를 거절하겠다고 공공연하게 선언하는 행동으로 하나님께 대하여 적대적으로 반항하고 그가 하는 일에 계속하여 반대하는 말을 하는 것을 의미한다.

이것은 하나님을 향하여 불평과 원망을 쏟아내면서 명령을 거역하는 반항적인 태도를 보이는 것을 말한다(민20:13, 27:14). 이스라엘은 역사 속에서 하나님을 향하여 수없는 패역(悖逆)과 완고(頑固)한 모습을 보이므로 하나님의 분노를 자극시킬 때가 너무나 많았었다. 성경학자 바클레이(W. Barclay)는 이스라엘의 불신앙과 불순종의 바탕에는 핑계할 수 없는 무지가 깔려 있다고 했다. 그것은 '지적 태만으로 인한 무지', '의식적 회피로 인한 무지', '본질적으로 허위인 무지'가 있다고 했다.

② "내가 종일 내 손을 벌렸노라"

끝없이 하나님의 말씀을 거역하여 자기 길을 걸어감에도 불구하고 하나님께서는 이스라엘 백성을 향하여 항상 손을 벌리고 돌아오기를 애원(哀願)하였었다.

"여호와의 말씀에 너희는 이제라도 금식하고 울며 애통하고 마음을 다하여 내게로 돌아오라 하셨나니"(욜2:12).

하나님께서는 그의 종들을 통하여 수없이 돌아오라고 부르셨었다. 여기 '종일'($'O\lambda\eta\nu$ $\tau\acute{\eta}\nu$ $\dot{\eta}\mu\acute{\epsilon}\rho\alpha\nu$)은 '온 종일', '모든 날'이라는 뜻으로 하나님의 기다림이 거의 끊임없이 지속되어지고 있음을 의미하고 있다.

복음 전도자들을 통하여 전 지역, 전 인종들에게 복음을 전파하고 있는 가운데 유대인들에게는 먼저 전파했었음에도 불구하고 그들은 계속적으로 불순종하고 완악한 상태에 있었다.

그러함에도 하나님께서는 유대인을 향하여 손을 펼치고 돌아오기를 기다리고 계신 것이다. 여기에서 언약 관계에 있는 자기 백성에 대한 하나님의 사랑과 성실하심을 보여주심과 동시에 종일 손을 벌리고 돌아오기를 기다리는 하나님의 부르심에 불순종하는 그들의 책임을 부각시키는 것을 볼 수 있다. 이 말씀은 11장에서 하나님께서는 자기 백성을 버리지 않으셨다는 사실에 연결되어 있다.

우리는 지금까지 10장에서 복음의 시대에 하나님께서 마련하신 '믿음으로 말미암는 의'의 원리를 이해하지 못한 유대인들이 자신들의 전통적인 종교적 열정으로 '율법의 의'만 고집하고 있는 상황을 고발하는 것을 살펴왔다. 사도 바울은 이스라엘의 구원을 위한 마음의 소원과 하나님께 간구함이 있었지만 그들은 계속해서 복음의 의미를 이해하지 못하고 거절하고 있었다.

사실 유대인들은 종교적 열정은 대단했었지만 올바른 지식을 따른 것은 아니었다. 그들은 하나님께서 예수 그리스도를 통하여 율법의 마침이 되게 하셨고 구원사의 새로운 전환점을 마련하셨다는 사실도, 또한 율법의 한계점과 문제점도 깨닫지 못하였던 것이다.

즉 하나님께서 '믿음으로 말미암는 의'라는 새로운 구원의 전략을 마련하였지만 그들은 계속해서 '율법의 의'만 추구하면서 자신들의 의만 세우려고 힘써 노력했던 것이다. 하나님께서는 십자가의 구속과 부활의 진리를 마음으로 믿고 입으로 예수를 주로 고백만하면 구원을 얻을 수 있도록 복음을 쉽게 또한 누구에게든지 적용될 수 있도록 마련해 놓으셨지만 그들은 믿지도 않았고 순종하지도 않는 완악함을 보였던 것이다.

오히려 이방인들이 복음을 받아들이는 모습을 보고 시기가 가득해지면서도 거절했던 것이다. 그것은 그들이 하나님의 계획에 대한 무지와 자신들의 종교적 아집으로 복음을 수용하지 않았기 때문이었다. 그럼에도 불구하고 하나님께서는 오늘도 종일 그들을 향하여 손을 벌리고 기다리며 애정과 관심을 가지고 계신다는 사실을 진술해 왔다.

그러면서 11장에 넘어가서 "하나님이 자기 백성을 버리셨느냐"는 질문을 통하여 이스라엘의 민족의 미래를 전망하면서 복음이 유대인과 이방인 모두에게 보편적으로 적용된다는 사실을 진술하고 있다.

4. 최종적인 하나님의 구원 계획의 비밀(11:1-36)

(1) 이스라엘이 완악하다 할지라도 택하신 남은 자가 있다(11:1-10).
첫째는, 하나님은 이스라엘 백성 자체를 버리신 것은 아니다(1-2상절).
둘째는, 지금도 은혜로 택하심을 따라 남은 자가 있다(2-6절).
셋째는, 택하신 자 이외의 이스라엘 백성은 완악해졌다(7-10절).

(2) 이스라엘의 실패를 통한 이방인의 풍성함은 세상을 향한 하나님의
　　전략이다(11:11-24).
첫째는, 이스라엘의 실족은 이방인의 구원의 계기가 되었다(11-12절).
둘째는, 이스라엘의 버리심은 최종적인 것이 아니다(13-16절).
셋째는, 이방인은 돌 감람나무로서 참 감람나무에 접붙임 받았을
　　　　뿐이다(17-19절).
넷째는, 이방인은 교만하지 말고 항상 하나님의 인자하심에 머물러
　　　　있어야 한다(20-22절).
다섯째는, 이스라엘이 돌이킨다면 하나님께서 다시 원가지에 접붙이실
　　　　것이다(23-24절).

(3) 우리는 하나님의 구원 계획과 경륜하심을 알아야 한다(11:25-32).
첫째는, 최종적인 하나님의 경륜은 '온 이스라엘'의 구원이다
　　　　(25-27절).
둘째는, 이스라엘을 향한 하나님의 은사와 부르심에는 후회하심이
　　　　없다(28-29절).
셋째는, 이제 하나님께서 이스라엘에게도 이방인처럼 긍휼히 여기실
　　　　것이다(30-32절).

(4) 우주에 대한 하나님의 경영을 찬양하라(11:33-36).
첫째는, 하나님의 구속 경륜은 심히 오묘하다(33절).
둘째는, 인간은 하나님의 섭리를 이해하기에는 무능력하다(33절).
셋째는, 하나님은 경륜의 도구로서 동역자를 찾고 계신다(34-35절).
넷째는, 결국 만물은 하나님의 주권 아래 있어 그에게로 돌아간다
　　　　(36절).

사도 바울이 9-11장에서 이스라엘 민족의 구원의 문제를 다룸에 있어서, 9장에서는 주로 하나님께서 이스라엘을 택하신 목적이 있어서 부르셨지만 그들이 전부 참 이스라엘은 아니라는 사실을 밝혔었다.

　참 이스라엘은 혈통적 관계가 아니라 영적 원리, 약속의 원리, 부르심의 원리, 긍휼의 원리에 따라 이루어졌었다는 것을 과거적 사실을 들어서 설명하면서 비록 이스라엘 민족의 숫자가 바닷가의 모래처럼 많다 할지라도 남은 자만 구원에 참여할 것을 밝혔었다. 그리고 멸하기로 준비된 진노의 그릇이었던 이방인, 즉 백성이 아니었던 자들이 백성이 되고 긍휼의 그릇이 되었다고 했다.

　10장에서는 이스라엘의 현재적 상황에 대하여 설명하면서 하나님께서는 '믿음으로 말미암는 의'를 얻는 구원의 원리를 새롭게 제정해 주었지만 이스라엘이 이해하지 못했고 또한 오해까지 했다는 사실을 밝혔다.

　그들은 계속해서 '율법의 의'를 통하여 의로운 자리에 이르려고 자신의 행위적 의에 열심이었고, 또한 누구든지 입으로 예수를 주로 시인만 하면 구원을 받는 복음의 용이성과 보편성을 이해하지 못하여 그리스도를 찾아 하늘까지 올라가고 무저갱까지 내려가겠다고 억지를 부렸던 사실을 지적했다. 뿐만 아니라 복음은 이미 땅 끝까지 전파 되었음에도 불구하고 믿지 않고 순종치 않았다는 것을 진술했었다.

　이제는 마지막으로 11장에서 이스라엘의 구원에 대한 미래의 전망을 진술하고 있다. 비록 이스라엘 백성들이 순종하지 않고 거역하고 있다 할지라도 그 민족 자체를 버리지는 않으신다는 것이다.

　그래서 먼저는 백성들이 전부 완악한 상태에 있다할지라도 하나님께서는 은혜로 택하신 남은 자을 남겨 두셨다는 것이다(2-10절). 두 번째는 이스라엘의 완악함과 실패는 하나님의 구원 계획 속에서 이방인들이 부요함에 참여하고 구원의 은총을 받게 하기 위한 경륜적 역사라는 것이다.

　이방인들이 비록 돌 감람나무 같은 존재였지만 믿음으로 나오기만 하면 참 감람나무에 접붙여 주어 뿌리로부터 진액을 받을 수 있게 하셨다는 것이다. 반면에 원 가지인 이스라엘이 꺾이었다고 영원히 버리시는 것이 아니라 회개하여 돌이키기만 하면 원 가지에 다시 접붙여주신다고 했다(11-24절).

　그리고 세 번째로 하나님의 구원사적 경륜의 비밀을 알라고 권면하고 있다. 그것은 이방인의 충만한 수가 들어오기까지 이스라엘은 완악해지지만 이방인의 수가 차고나면 그들을 대다수 구원받을 수 있도록 역사하시는 것이 하나님의 계획이라는 것이다. 결국 하나님께서는 유대인이나 이방인을 긍휼히 여겨서 거룩한 공동체에 참여시키는 계획을 세우신 것이다(25-32절).

그러므로 우리는 하나님의 구원 계획과 목적이라는 비밀을 깨달아야 한다. 이스라엘의 완악함을 통하여 복음이 이방인에게 전해지게 하고(12절), 이스라엘 중에서 남은 자를 보존하게 하시고(5절), 이방인의 수가 충만해지면 다시 '온 이스라엘'을 구원하시는 것이 하나님의 계획인 것이다.

이 사실을 깨닫고 우리 이방인으로서 구원에 참여한 신자들은 이스라엘 백성을 향하여 교만하지 말아야 한다. 원가지도 아끼지 않고 꺾으신 하나님은 접붙인 가지인 우리들도 불신앙과 불순종의 삶으로 치닫는다면 얼마든지 아끼지 않고 꺾으신다는 사실을 명심해야 한다. 우리는 성경에서 요구하는 하나님의 목적이 무엇인지 깨닫고 그 목적에 따라 하나님의 임재 공동체를 건설하고 세계를 향한 복음적 사명에 충실한 공동체와 신자들이 되어야 하는 것이다.

(1) 이스라엘이 완악하다 할지라도 택하신 남은 자가 있다(11:1-10)

사도 바울은 본 단락을 시작함에 있어 먼저 10:21에서 이스라엘이 "순종하지 아니하고 거슬러 말하는 백성"이라는 사실 때문에 "하나님이 자기 백성을 버리셨느냐?"는 수사적 질문을 하고 있다.

그 답변은 하나님께서 그의 백성을 버리지 않으셨다는 사실을 밝히면서 엘리야 선지자 때에 칠천 명을 남겨두신 것처럼 지금도 은혜로 택하심을 따라 남은 자가 있다는 '남은 자 사상'을 밝히고, 마지막으로 다수의 유대인들은 오늘까지도 완악하여 혼미한 심령을 가지고 있는 현재 상황을 고발하고 있다.

첫째는, 하나님은 이스라엘 백성 자체를 버리신 것은 아니다(1-2상절).

"그러므로 내가 말하노니 하나님이 자기 백성을 버리셨느냐 그럴 수 없느니라 나도 이스라엘인이요 아브라함의 씨에서 난 자요 베냐민 지파라"(1절)

사도 바울은 어떤 논리를 펴다가 혹시 오해하거나 잘못된 결론으로 나아갈 경향이 보일 때마다 쐐기를 박기 위한 문답형 방법을 사용해 왔었는데

(3:4, 6:1, 7:7, 9:14), 여기서도 또 사용하고 있다. 그것은 복음이 땅 끝까지 전파 되었음에도 불구하고 이스라엘 백성들이 "순종하지 아니하고 거슬러 말하는 것" 때문에 혹시 "하나님이 자기 백성을 버리신 것은 아니냐?"는 것이다. 대답은 "그럴 수 없느니라"고 강하게 부정하고 있다. 여기 이스라엘을 '하나님의 백성($\tau\grave{o}\nu$ $\lambda\alpha o\nu$ $\alpha\grave{\upsilon}\tau\grave{o}\hat{\upsilon}$)이라고 한 것은 다른 이방 나라들과는 구분되는 하나님과 언약 관계를 맺은 백성을 지칭하는 말이다(출6:7, 대상17:21, 롬9:25-26, 10:21, 15:10-11). 이는 하나님께서 언약 관계를 맺은 자기 백성을 버릴 수 있느냐는 하나님의 성실성을 묻는 말이다.

구약적 입장에서 답변한다면 '버릴 수 있다'고 말할 수 있다(렘6:30, 호4:6, 9:17). "내가 이스라엘 자손이 행한 모든 일로 말미암아 그들을 다 버리리라"(렘31:37) 또한 복음적 입장에서 볼 때도 이스라엘은 복음에 순종하지 않아 구원받지 못한 상태에 있었기에 버림받아야 마땅한 처지에 있었던 것이다(9:1-3, 10:1, 21). 그럼에도 불구하고 하나님께서는 이스라엘 백성 자체를 버릴 수는 없다는 것이다. 그 이유로($\gamma\alpha\rho$) 바울은 자기 자신과 엘리야 시대의 남은 자 칠천 명에 대한 이야기를 예로 들고 있다.

① "나도 이스라엘인이요 아브라함의 씨에서 난 자요 베냐민 지파라"
바울은 자신에 대하여 소개하면서 자기를 강조하기 위하여 '역시 나도'($\kappa\alpha\grave{\iota}$ $\grave{\epsilon}\gamma\acute{\omega}$)를 사용하고 있다. 또한 자신을 이스라엘 백성의 언약적 명칭인 '이스라엘인'($I\sigma\rho\alpha\eta\lambda\iota\tau\eta ss$)이라고 한 것은 하나님께서 이스라엘 사람인 자기를 버리지 않으신 것처럼 다른 이스라엘 사람도 버리지 않을 것이라는 의미를 담고 있다.

그것은 자신도 철저한 바리새파에 속하여 "내가 전에는 비방자요 박해자요 폭행자였으나 도리어 긍휼을 입은 것은 내가 믿지 아니할 때에 알지 못하고 행하였기"(딤전1:13) 때문이다. 자신이 비록 죄인 중에 괴수와 같은 존재였지만 하나님의 긍휼을 입었던 것처럼 알지 못하여 완악해져 있는 이스라엘도 긍휼을 입을 것을 기대하는 것이다.

"그러나 내가 긍휼을 입은 까닭은 예수 그리스도께서 내게 먼저 일체 오래 참으심을 보이사 후에 주를 믿어 영생 얻는 자들에게 본이 되게 하려 하심이라"(딤전1:16)

이는 자신이 바로 강퍅해 있는 이스라엘 사람이 긍휼하심을 얻는 '표본'(a

pattern)이 되기 때문이라 것이다. 이러한 사실을 믿기 때문에 절대로 하나님께서 이스라엘 백성을 그냥 버리지는 않으실 것이라는 확신을 갖는 것이다.

② "하나님이 그 미리 아신 자기 백성을 버리지 아니하셨나니"
여기 '미리 아신' (ὅν προέγνω)이란 하나님께서 이스라엘을 일찍부터 알고 있었다는 말이다. 이스라엘 백성들이 애굽 땅에서 종살이 하다가 괴로워 부르짖을 때에 "하나님이 이스라엘 자손을 돌아보셨고 하나님이 그들을 기억하셨다"(출2:25). 여기 '기억하다'(יָדַע, 야다)는 '알다'(to know), '알아차리다'(to perceive)는 뜻으로 하나님께서 주목하게 되었고 친밀하게 대하게 되었다는 의미를 나타낸다. 하나님께서는 그때부터 그들을 계속해서 알아왔고(신9:24) 광야 길에서도 알았다고 했다(호13:5).
우리는 '미리 아심'(προέγνω)이라는 단어를 꼭 '창세 전'으로, 또한 '운명적 선택'의 의미로 해석하여 논쟁거리를 만들고 억지로 해석하려고 애쓸 필요도 없다고 보여진다. 단순히 '사전에 알다'(to know beforehand)는 뜻으로 해석하여 이스라엘은 하나님께서 일찍이 아신 백성이라는 의미로 보면 되는 것이다.
이는 하나님께서 이스라엘을 자기 백성 삼으려고 계획하시고 목적하셨다는 의미이기도 하다. 하나님께서 일찍이 자기 백성으로 아셨고, 언약을 맺은 백성으로 삼으셨는데 그렇게 쉽게 버리시지는 않으실 것이다. 그것은 2절 하반절부터 나오는 '남은 자'의 사상처럼 하나님께서는 이스라엘을 심판하여 멸하는 중에서라도 그루터기를 남기시고 소수를 구별하여 남겨 구원하시기 때문이다. 이것은 하나님의 우주적 통치, 또는 구속 경륜의 한 원리이기도 한 것이다.

둘째는, 지금도 은혜로 택하심을 따라 남은 자가 있다(2하-6절).
하나님께서 이스라엘을 결코 버리지 않았다는 두 번째 예증으로 엘리야 시대의 남겨둔 자에 대한 이야기를 하고 있다.

① 엘리야는 이스라엘이 전부 거역하고 자신만 홀로 남았다고 호소했다.
"너희가 성경이 엘리야를 가리켜 말한 것을 알지 못하느냐 그가 이스라엘을 하나님께 고발하되"(2하절)

사도 바울은 현재의 이스라엘 백성의 상황을 엘리야 시대의 상황과 비교하고 있다. 엘리야는 하나님께 이스라엘에 대하여 고발하였다. '고발하다'(ἐντυγχάνω)는 단어는 '탄원하다'(to intercede), '주장하다'(to plead), '고발하다'(to accuse)는 뜻으로 법정에서 변호인이 탄원하고 호소하고 고발하는 행위를 가리킨다. 8:34에서는 전치사 '위하여'(ὑπερ)가 함께하여 탄원하고 간구하는 면을 가리켰다면, 본 절에서는 '~에 대항하여'(κατα, against)라는 적대적 의미를 담고 있는 전치사로 인하여 고발하는 의미를 나타내고 있다. 엘리야가 이스라엘을 고발한 것은 그들 모두가 하나님을 배반하고 자기 혼자만 남았다는 것이었다.

"주여 그들이 주의 선지자들을 죽였으며 주의 제단들을 헐어 버렸고 나만 남았는데 내 목숨도 찾나이다 하니"(3절)

이 내용은 여호와의 선지자들을 핍박한 아합 왕과 그 왕후 이세벨에 대한 것이 기록된 열왕기상19장의 이야기이다. 특히 바울은 엘리야가 왕상 19:10, 14에서 두 번씩이나 불평한 내용을 인용하고 있다. 엘리야는 호렙산 동굴에서 이스라엘 민족의 절망적 현실을 비탄(悲嘆)하는 말을 하였다.

이스라엘 백성들은 거의 전부 바알 숭배자 아합과 이세벨의 세력과 야합(野合)하여 하나님의 선지자들을 죽이고 각처에 있는 주의 제단들도 모두 헐어버려 여호와 하나님을 예배하는 것 자체를 차단해버리는 만행을 저질렀던 것이다. 그리고 선지자 엘리야 혼자만 남아 있는 형국이 된 것이다.

여기 '나만 남았다'(κἀγὼ ὑπελείφην μόνος)는 문장은 매우 강조적 문장으로 되어 있다. 여기 '남겨두다'(ὑπολείπω)는 일반적인 의미로서 '남겨두다'(λείπω)에다가 '~아래', '~뒤에'라는 의미의 전치사 '휘포'(ὑπο)를 합성하여 물건을 전부 팔아버리고 조금 남은 상태, 또는 음식을 다 먹고 남은 찌꺼기라는 아주 극히 작은 것을 강조하는 단어를 사용하고 있다.

또한 '나'라는 인칭 대명사 '에고'(ἐγω)는 생략해도 의미 전달에 전혀 지장이 없음에도 불구하고 자신을 강조하기 위하여 앞에 두고, 또한 '홀로'(alone), '오직~만'(only)이라는 의미의 부사를 사용하여 자기 자신만이 홀로 남겨져 있다는 것을 강조하고 있다. 그러나 그러한 생각은 엘리야 혼자만의 주관적인 생각일 뿐 아니라 과장된 생각이다. 엘리야는 미처 생각하지 못했지만 하나님께서 예비하여 숨겨둔 사람들이 있었던 것이다.

② 하나님은 바알에게 무릎 꿇지 않은 칠천 명을 남겨두셨다고 하셨다.

"그에게 하신 대답이 무엇이냐 내가 나를 위하여 바알에게 무릎 꿇지 아니한 사람 칠천 명을 남겨 두었다 하셨으니"(4절)

엘리야의 생각과 다르게 하나님께서는 '나를 위하여' 바알에게 무릎 꿇지 않은 사람을 별도로 남겨두었다고 대답하셨다.

'나를 위하여'(ἐμαυτῷ, to myself)라는 것은 하나님께서는 자신을 예배하고 영광 돌리는 일을 위하여 별도로 사람들을 마련하신 것이다. 이스라엘 모든 사람들이 바알에게 무릎을 꿇은 것 같이 보였다 할지라도 하나님께서는 무릎 꿇지 않은 신실한 신앙인들을 별도로 남겨 두신 것이다(왕상18:3-4). 바알에게 무릎을 꿇지 않은 것은 신실한 신앙인의 의지적 행동이지만 하나님께서는 그들을 준비하고 구별하시는 섭리를 하신 것이다. 인간의 의지적 행동 속에 하나님의 섭리의 손길이 역사한 것이다.

③ 지금도 하나님이 마련하신 은혜로 택하신 남은 자가 있다.

"그런즉 이와 같이 지금도 은혜로 택하심을 따라 남은 자가 있느니라"(5절)

사도 바울은 과거의 사실에 비추어 보아서 지금 현재의 상황을 설명함에 있어서 매우 여러 단어들을 사용하여 강조하고 있다.

'이와 같이'로 번역된 '후토스'(οὕτως)는 앞의 내용의 원리가 그대로 적용된다는 것을 나타내는 부사로서 '그런즉'(οὖν)이라는 접속사가 있으므로 굳이 없어도 되는데, 부사와 접속사를 함께 사용한 것은 지금까지 언급한 내용이 지금도 그대로 이어지고 적용된다는 것을 강조하려는 것이다.

또한 '이제도'(καὶ ἐν τῷ νῦν καιρῷ)에서도 '지금'(this present)이라는 뜻을 갖는 '뉜'(νῦν)이라는 단어만 가지고도 시간을 나타냄에 있어서 충분함에도 하나님이 역사하시는 특별한 시간을 나타내는 '카이로스'(καιρος)를 함께 사용한 것은 이 시기도 하나님이 엘리야 시대와 같이 역사하신다는 것을 강조하기 위한 것이다. 엘리야 시대에 하나님께서 바알에게 무릎 꿇지 않은 사람 칠천 명을 별도로 남겨 두셨듯이 지금 이 시대에도 모든 이스라엘 백성들이 복음에 복종하지 않는 것 같이 보이지만 사실은 하나님의 '은혜로운 택하심에 따라 남은 자가 있다'는 것이다.

여기 '택하심'(ἐκλογή)이라는 단어는 '구별'(selection), '선택'(election)

의 뜻으로 구약 칠십인역(LXX)에는 전혀 나타나지 않고 신약에서 7회에 걸쳐 사용되어지고 있다(행9:15, 롬9:11, 11:5, 7., 28, 살전1:4, 벧후1:10). 이 단어는 보편적으로 구원적인 의미의 선택보다는 어떤 선교적 목적을 위하여 구별하는 의미로 사용되어지고 있다.

이 택하심은 역사 속에서 하나님께서 특별한 목적을 위하여 부르시고 선택하여 세우시는 것을 말한다. 또한 '남은 자'($\lambda\epsilon\hat{\iota}\mu\mu\alpha$)는 별도로 구별하여 '남겨 두었다'($\kappa\alpha\tau\acute{\epsilon}\lambda\iota\pi o\nu$, 4절)는 단어와 연관 되어 지금도 하나님께서는 복음을 거역하는 무리들 속에서 복음에 순종하는 신앙인들을 남겨두셨다는 말이다. 그러므로 하나님의 택하심에 따라 구별해 주신 남은 자들은 하나님께서 값없이 주시는 은총에 따라 주어진 것이다. 이것은 인간의 어떠한 공로나 행위로 이루어지는 것이 아니라 은혜로우신 하나님의 은총으로 주어지는 것이다.

여기 '남은 자'의 사상은 성경 전반에 걸쳐서 계속 나타나는 성경의 중심 주제 중에 하나로서 하나님의 구원 역사(歷史) 속에서 발전해 나아가는 핵심 사상이다. 홍수 심판에서 노아의 가족을 구별하여 구원하시고(창6:1-8), 소돔성의 심판 가운데서 롯을 구출해 내시고(창19:29), 이스라엘의 심판 가운데서 초라하지만 남은 자를 남겨두셨듯이(사6:13, 10:22) 하나님께서는 그 시대 속에서 구원받을 자를 구별하여 남겨두셨던 것이다.

마찬가지로 하나님께서는 지금도 유대인 전부가 복음에 불순종하고 불신앙하고 있지만 '남은 자'처럼 복음에 복종하는 사람들을 남겨두신 것이다. 그렇다고 이것이 만세 전에 작정된 자들을 남은 자로 남겨두신다는 것을 의미하는 것은 아니다.

④ 남은 자의 은총은 행위가 아닌 은혜로 되는 것이다.
"만일 은혜로 된 것이면 행위로 말미암지 않음이니 그렇지 않으면 은혜가 은혜 되지 못하느니라"(6절)

지금까지 로마서에서 그리스도로 말미암아 주어지는 모든 것이 인간의 행위가 아니라 하나님의 은혜로 주어졌다는 사실을 거듭 강조해왔었다. 본문에는 '우케티'($o\dot{\upsilon}\kappa\acute{\epsilon}\tau\iota$)라는 단어가 두 차례 나오는데, 그것은 부정어 '우'($o\dot{\upsilon}$)와 '아직', '더 이상'이라는 뜻을 갖는 '에티'($\acute{\epsilon}\tau\iota$)의 합성어로 '더 이상 ~이 아닌'(then is it no more)이라는 강조적 의미를 담고 있다.

이는 하나님의 구원 역사가 은혜로 된 것이라면 더 이상 인간의 행위로 말미암아 이루어진 것이 아니며, 혹시 과거에는 행위에 기초하여 사람을 선택하였다 할지라도 이제는 더 이상 그렇게 하지 않는다는 것이다. 그렇지 않는다면 은혜는 더 이상 은혜가 되지 않기 때문이다.

그러므로 그리스도 안에서의 택하심은 인간의 어떠한 율법적 행위가 아니라 전폭적으로 하나님의 은혜에 기인한다는 것을 강조하는 것이다. 이것은 이미 앞에서 설명했었듯이 택하심으로 말미암는 남은 자의 은총은 '택한 자'라는 말이 '구원받은 자', '부르심 받은 자'라는 말과 같은 동의어라는 사실을 기억한다면 쉽게 이해할 수 있는 것이다(딤후1:9, 골3:12, 계17:14).

하나님의 구원 사역에서 일어나는 모든 것이 하나님의 은혜로 말미암기 때문이다. 구원의 계획도 은혜로 된 것이며, 그리스도가 세상에 오심도, 십자가의 죽음을 통한 속죄도, 구원의 은총을 베풀어 주심도, 의롭게 여기심도, 성령을 보내주심도 은혜로 된 것이기 때문이다.

"너희는 그 은혜에 의하여 믿음으로 말미암아 구원을 받았으니 이것은 너희에게서 난 것이 아니요 하나님의 선물이라"(엡2:8)

믿음은 행위가 아니다. 믿음은 단순히 값없이 베풀어주시는 하나님의 은총과 선물에 대한 인간의 반응일 뿐이다. 그래서 믿음으로 말미암았다는 것은 행위가 아니라 은혜로 된 것이라고 말하는 것이다(엡2:9).

셋째는, 택하신 자 이외의 이스라엘 백성은 완악해졌다(7-10절).

사도 바울은 1-6절에서 대다수 이스라엘 백성들이 복음에 복종하지 않는다고 하나님께서 그들을 버리신 것은 아니라는 사실을 밝혔었다. 그것은 대수의 불신앙 속에서 유대 기독교인들을 남은 자로 택하셨기 때문이라고 했다. 이제 7-10절에서는 그 반대로 불신앙 상태에 있는 이스라엘에 대하여 설명하고 있다.

① 이스라엘이 구원의 의를 얻지 못한 것은 완악하여졌기 때문이다.

"그런즉 어떠하냐 이스라엘이 구하는 그것을 얻지 못하고 오직 택하심을 입은 자가 얻었고 그 남은 자들은 우둔하여졌느니라"(7절)

'그런즉 어떠하냐'(τί οὖν)는 본 단락에서 두 번째 논지로 넘어가는 이전 표시 역할을 하고 있다. 앞부분에서 이스라엘 중에서 은혜로 택하신 남은 자만이 구원에 참여하였다는 사실을 밝혔다면, 여기서는 반대로 남은 자를 제외한 나머지 사람들에 대하여 설명하려는 것이다.

이스라엘이 '구하는'($\epsilon\pi\iota\zeta\eta\tau\epsilon\hat{\iota}$, 현재형) 것은 율법의 행위로 말미암는 의로서(9:31), 그들이 열심히 계속적이고 반복적으로 추구했다는 것을 강조하고 있다. 이는 이스라엘 백성들이 비록 구원의 방법을 제대로 알지 못하여 잘못된 방법으로 추구하였지만 그 열심만큼은 대단하다는 것을 보여준다. 그들은 대단한 열심으로 율법을 지켜서 의에 이르려고 노력을 했었다.

그러나 그것을 성취하지는 못하였고 그 경지에 도달하지도 못했던 것이다. 오히려 믿음의 법칙으로 나온 '택하심을 받은 자'가 의롭다 하심을 얻었던 것이다.

그러면 그 나머지 사람은 어떻게 되었는가? 왜 그 나머지 사람들은 구원의 의를 얻지 못한 것인가? 여기 '그 남은 자들'($o\acute{\iota}$ $\lambda o\iota\pi o\acute{\iota}$)이라는 단어는 5절의 '남은 자'($\lambda\epsilon\hat{\iota}\mu\mu\alpha$)와는 다른 말로서 선택받은 자를 제외한 '나머지' 모든 이스라엘 백성들을 지칭하고 있다.

그들은 완악하여진 사람들이다. 여기 '완악하여졌다'($\epsilon\pi\omega\rho\acute{\omega}\theta\eta\sigma\alpha\nu\,\pi\omega\rho\acute{o}\omega$ 의 수동태)라는 단어는 돌에서 유래하여 '돌같이 단단해지다'(to harden), '두꺼운 피부로 덮이다'(to cover with a thick skin), '둔해지다'(to make dull or obtuse or blind)는 뜻을 지녀 그들의 심령 상태가 돌 같이 굳어지고 어두워진 것을 가리킨다.

이는 하나님의 비밀과 말씀을 깨닫지 못하고(막6:52, 8:17, 요12:40), 복음을 이해하지 못하고 받아들이지 못하는 상태를 말하고 있다(고후3:14). 이스라엘 백성들이 완악한 상태에 빠지게 된 것은 하나님이 행하시는 수없는 표적과 역사를 보고, 그리고 말씀을 들을 수 있는 기회를 가졌음에도 불구하고 영적 진리를 이해하는 이해력이 없었고 받아들일만한 마음의 아량도 없었기 때문에 완악해졌던 것이다(행7:54, 13:45, 17:5). 그것은 자신들의 종교, 자신들의 교리와 가르침만이 절대적이라는 아집 때문이었다.

② 하나님께서 그들에게 영적 무지를 주었기 때문이다.
"기록된 바 하나님이 오늘까지 그들에게 혼미한 심령과 보지 못할 눈과 듣지 못할 귀를 주셨다 함과 같으니라"(8절)
사도 바울은 이스라엘 백성들의 완악한 상태가 과거뿐만 아니라 현재도 마찬가지라는 사실과 그 이유를 밝히기 위해 구약의 말씀을 인용하여 설명하고 있다. 본 절은 신29:4과 사29:10이 복합적으로 인용되었고 사6:9-10의 사상도 반영하고 있다. 이스라엘 백성들은 하나님의 부르심을 받아 언약관계를 맺은 이후 하나님의 놀라운 구원 역사와 이적들을 경험했었다.

그리고 그의 종들과 선지자들을 통하여 무수한 말씀들을 받았었다. 그럼에도 불구하고 그들은 하나님의 계획과 중심의 뜻을 깨닫지 못하고 불순종과 범죄로 점철된 삶을 살았던 것이다.

심지어 선지자들을 통하여 그렇게 강조해 왔던 메시아를 알아보지 못하고 십자가에 못 박아 죽이는 실수까지 범하였던 것이다. 이러한 상태를 선지자들의 메시지와 예수님, 그리고 신약의 저자들과 같이 바울도 그들을 향하여 '혼미한 심령', '보지 못할 눈', '듣지 못할 귀'를 가졌기 때문이라며 그들의 완악한 상태를 표현하고 있다(마13:14-15, 행28:26-27).

'혼미한 심령'($\pi\nu\epsilon\hat{\upsilon}\mu\alpha\ \kappa\alpha\tau\alpha\nu\acute{\upsilon}\xi\epsilon\omega s$)이란 마취가 되어 전혀 감각이 없는 것처럼 된 심령상태를 말한다. 그들은 하나님의 역사와 말씀을 통하여 영적 자극을 받았지만 그에 맞는 적절한 반응이나 행동을 취할만한 영적 감수성과 판단력이 전혀 없었던 것이다(행7:54).

'보지 못할 눈과 보지 못할 귀'라는 말은 보기는 보았지만 알지 못하고 듣기는 들었지만 깨닫지 못하는 상태를 말하는 것이다. 사람이 들었음에도 불구하고 깨닫지 못하고 보았음에도 알지 못한다는 것은 불행이다(요9:41). 인간으로서 귀가 있고 눈이 있다면 역사와 시대 상황을 정확하게 파악하고 그에 맞는 대책을 세워야 하는 것이다.

그렇지 못할 때 "존귀하나 깨닫지 못하는 사람은 멸망하는 짐승 같도다"(시49:20)고 말하는 것이다. 이스라엘 백성들에게는 눈과 귀가 있었지만 눈귀에 콩깍지가 씌워져서 하나님의 역사하심을 보았고 진리를 들었음에도 불구하고 하나님의 계획을 알아보는 안목(眼目)이 열리지 않아 깨달을 수 없었던 것이다. 사도 요한은 영원한 생명을 체험한 것에 대하여 '듣고 보고 자세히 보았다'(요일1:1-2)고 표현했다.

이는 일반적인 눈으로 보는 것($\beta\lambda\acute{\epsilon}\pi\omega$)만 말하는 것이 아니라 깨닫고($\acute{o}\rho\acute{\alpha}\omega$) 영적 지각으로 이해하는 것($\theta\epsilon\acute{\alpha}o\mu\alpha\iota$, 요1:14)을 말하고 있다. 우리에게는 이러한 영적 지각이 열려야 한다. 그러나 하나님께서는 이스라엘 백성에게는 영적 무지, 영적 소경, 영적 귀머거리가 되게 하신 것이다. 여기에서 행위의 주체가 본 절의 주어인 '하나님'으로 되어 있다고 해서 하나님이 의도적으로 그들을 버리시려고 영적 무지를 주셨다는 말이 아니다. 완악하게 된 자들은 마음에 하나님 두기를 싫어한 자들로서 하나님께서 그들을 그 상실한 마음에 버려두셨다는 원리와 같이 그들의 완악한 상태에 방치했다는 말씀에서 기인된 것이다. 즉 긍휼을 원하는 자에게 긍휼을 베풀어주시고 완악을 원하는 자에게 완악함을 주신다는 의미에서 온 표현이다(9:18).

그것은 일차적으로 그들이 잘못된 종교적 열정만 추구하였을 뿐 하나님의 본질적인 구속 계획을 깨닫지 못한데 있었고(눅7:30, 고전2:8), 이차적으로는 그들이 물질적 탐욕과 세속적 방탕, 종교적 냉소주의와 사상의 왜곡, 교만과 거만함, 아집과 옹졸함에 빠져있었기 때문이었다(마11:7, 롬2:5).

특히 "오늘까지...같으니라"($\kappa\alpha\theta\grave{\omega}s...\check{\epsilon}\omega s\ \tau\eta s\ \sigma\acute{\eta}\mu\epsilon\rho o\nu\ \acute{\eta}\mu\acute{\epsilon}\rho\alpha s$)는 말을 통하여 이스라엘 백성들의 모습은 모세시대와 이사야 선지자시대뿐만 아니라 사도 바울의 초대교회시대까지 동일하게 완악하고 혼미한 심령을 가졌다는 사실을 강조하고 있다. 마치 스데반이 대항하는 유대인들을 향하여 "목이 곧고 마음과 귀에 할례를 받지 못한 사람들아 너희도 너희 조상과 같이 항상 성령을 거스르는도다"(행7:51)라고 지적한 것처럼 그들은 항상 하나님의 역사를 거역하고 있었던 것이다.

③ 영적 무지는 그들에게 불행과 저주가 되는 것이다.

"또 다윗이 이르되 그들의 밥상이 올무와 덫과 거치는 것과 보응이 되게 하시옵고 그들의 눈은 흐려 보지 못하고 그들의 등은 항상 굽게 하옵소서 하였느니라"(9-10절)

이는 사도 바울이 시69:22-23을 인용하여 영적 무지와 냉담에 빠져있는 이스라엘 백성을 향한 하나님의 심판을 간접적으로 알리는데 있다. 본문의 시편 인용문은 다윗이 자신을 핍박하는 자들에게 재앙을 내려줄 것을 주님께 간구하는 기도문 속에 들어 있다.

여기 '되게 하시옵고'($\Gamma\epsilon\nu\eta\theta\acute{\eta}\tau\omega$)와 '흐려'($\sigma\kappa o\tau\iota\sigma\theta\acute{\eta}\tau\omega\sigma\alpha\nu$), 그리고 '굽게 하옵소서'($\sigma\acute{\nu}\gamma\kappa\alpha\mu\psi o\nu$)라는 단어는 요청의 의미를 담고 있는 명령형으로 되어 있다. 그것은 자신의 원수들로 하여금 재앙을 받게 해 달라는 간청의 기도임을 보여준다. '밥상'($\acute{\eta}\ \tau\rho\acute{\alpha}\pi\epsilon\zeta\alpha$)은 원래 '식탁'을 의미하는 말이나 여기서는 '음식' 혹은 '식사'라는 의미를 포함하고 있다. 밥상 위에 차려져 있

는 진수성찬은 가족과 함께 둘러앉아 식사를 함으로 즐거움과 교제를 나타내고, 더 나아가 계속적인 양식의 공급을 뜻하는 것이다. 이러한 복된 자리가 저희들에게 오히려 올무와 덫과 거치는 것과 보응이 되게 해달라는 간청인 것이다. 즉 식사를 하다가 갑자기 재앙과 불행이 닥치고 걸려 넘어져 파멸을 당하는 자리가 되게 해달라는 것이다.

한 걸음 더 나아가 그들의 눈이 보지 못하도록 어두워지게 하고 등은 항상 굽어져서 일어나지 못하게 해 달라고 간청하고 있다. 여기 '흐려지다' (σκοτίζω)는 '희미하게 되다'(to be darkened), '보이지 않게 되다'(to be obscured)는 뜻으로 형벌과 재앙으로 인하여 심령이 침울해지고 어두워진 상태를 가리킨다(마8:12, 벧후2:17).

마치 마음을 혼미하게 만들고 모든 이론과 교만과 모든 생각으로 견고한 진이 쳐져있는 사람들처럼 참된 진리와 영적 세계, 즉 복음의 광채가 비칠 수 없도록 어둡게 해달라는 것이다(고후4:4, 10:4-5). 또한 '굽게 하다' (συγκάμπτω)라는 단어는 '구부리다'(to bend down), '고부라뜨리다'(to bow together)는 뜻으로 무거운 고역으로 인하여 등이 굽어진 포로민의 상태와 같이 만들어 달라는 말이다.

다윗은 그의 대적들에게 재앙을 내려달라는 의미로 사용했지만, 사도 바울은 믿음에 실패한 이스라엘 백성들에게 적용하고 있다. 율법을 지킨다는 미명 아래 하나님의 뜻도, 메시아도, 복음의 은총도 거절하는 대부분의 이스라엘 백성들에게 재앙과 불행과 파멸을 줄뿐 아니라 계속해서 영적 진리를 볼 수 없는 영적 소경의 상태에 있게 하라는 것이다.

사실 마땅히 하나님의 목적을 깨닫고 실천해야 할 신앙공동체가 영적 무지, 영적 소경에 빠져있다는 것은 비극인 것이다. 그것은 하나님의 버리심과 사명의 촛대를 옮기는 결과를 가져오는 것이다.

사도 바울은 11장에 들어가면서 10장에서 진술해왔던 이스라엘이 복음에 실패한 것에 대하여 "하나님이 자기 백성을 버리셨느냐"고 질문한 후에 "그럴 수 없느니라"고 답했었다. 그 예로 자기 자신과 엘리야 시대의 칠천 명의 남은 자로 설명했었다. 하나님께서는 엘리야 시대처럼 지금도 은혜로 택하심을 따라 남은 자가 있기에 이스라엘이 버림받은 것은 아니라고 했다.

여기서 우리는 몇 가지 점을 다시 한 번 정리하기를 바란다.

첫째는 택하심은 역사 속에서 이루어진다는 사실이다.

'택하심'(ἐκλογή)은 창세전에 이루어지는 것이 아니라 역사(歷史) 속에서 이루어지는 하나님의 역사(役事)라는 것이다. 하나님께서는 역사 속에서 자신의 목적을 위하여 사람을 선택하시는 것을 볼 수 있다.

아브라함을 부르시고 택하신 것은 '땅의 모든 족속이 그를 통하여 복을 얻게 하려는 목적' 때문이었다(창12:3). 이스라엘 민족을 택하신 것도 제사장 나라가 되며 이방인의 빛이 되게 하려는 것이었다(출19:6, 사42:6). 그러므로 이스라엘은 하나님의 택하신 목적을 바르게 깨닫고 그 사명을 감당하고 그 역할을 다해야만 했었다(롬9:11).

이러한 목적을 위하여 하나님께서는 역사 가운데서 시대시대 마다 합당한 자를 선택하여 '남은 자'로 사용하셨던 것이다. 홍수의 심판 가운데서 노아를, 소돔과 고모라의 심판 가운데서는 롯을, 바알 앞에 무릎 꿇는 시대에서는 칠천 명을 구별하여 선택하여 주셨던 것이다.

오늘도 마찬가지로 '그리스도 안에' 있는 자에게 선택의 은총을 베풀어 주시는 것이다. 그러므로 민족적 선택(11:28)과 개인적 선택(11:5)을 구분 지어 해석하려는 것은 '택하심'의 의미와 목적을 정확히 이해하지 못한 것에서 온 것이라고 보여 진다.

둘째는 남은 자의 은총은 행위가 아니라 은혜로 되어 진다는 것이다.

사도 바울은 '의롭다하심'의 은총을 말할 때에 예수 그리스도의 속량하심에 기초하여 "은혜로 값없이" 주어지는 것임을 강조했다(3:24). 율법적 행위가 아니라 오직 하나님께서 마련하신 새로운 구원의 원리인 '믿음의 법'으로 값없이 주어지는 은총이었던 것이다(3:27-28).

마찬가지로 '택하심'도 행위에 기초하지 않고 은혜로 된 것이라고 진술하고 있다(11:5-6). 그리스도와 함께 그 안에서 주어지는 모든 신적 은총은 하나님께서 값없이 베풀어주신 은혜의 선물인 것이다(엡2:8).

셋째는 택하심에는 하나님의 주권과 인간의 책임의 관계가 있다는 것이다.

우리는 9장에서 하나님의 주권적 권한에 대하여 살펴보았었다. 멸하기로 준비된 진노의 그릇이라 할지라도 오래 참으심으로 관용하여 긍휼의 그릇을 삼으시는 것은 전적으로 하나님의 주권적 역사라고 했다.

즉 "내 백성 아닌 자를 내 백성이라 사랑하지 아니한 자를 사랑한 자라 부르리라"(9:25)는 것은 하나님의 주권적 은총으로 이루어지는 것이었다. 그러나 그곳에는 인간의 책임도 있다는 것을 기억해야 한다. 하나님께서 자신을 위해 남겨 두셨지만 또 한편 인간에게는 '바알에게 무릎 꿇지 아니한 사람'이었다는 것이다.

온 세상이 여호와의 신앙을 버리고 바알에게 무릎 꿇는 세상에서 신앙의 지조를 지키며 끝까지 바알에게 무릎 꿇지 않는 사람을 하나님께서는 남은 자로 구별시키신 것이다. 하나님의 주권적 은총과 인간의 믿음의 반응은 불가분리의 관계인 것이다.

(2) 이스라엘의 실패를 통한 이방인의 풍성함은 세상을 향한 하나님의 전략이다(11:11-24)

본 단락은 앞 단락(11:1-10)에서 이스라엘의 실패가 영원한 버리심으로 연결되지 않고 '남은 자'를 통하여 보존되었다는 사실을 밝혔다면, 이어서 두 번째로 이스라엘의 실패가 오히려 이방인의 구원으로 연결되는 계기를 마련했다는 사실을 밝히려는데 있다.

원래 하나님의 구속사의 계획은 이스라엘을 중심으로 하여 이방 세계를 구원하는 것이었다. 그러나 이스라엘의 불신앙으로 인하여 하나님께서는 구원 사역을 이스라엘에게서 세계 만민에게로 옮기게 된 것이다(11-12절). 그렇다고 하나님께서 이스라엘을 영원히 버리시는 것은 아니다. 세계 만민을 구원하기 위한 하나님의 구속 경륜(經綸)에 따라 잠시 버려두셨을 뿐이지 다시 부활시켜 회복하는 것이 하나님의 계획인 것이다(15절).

그것을 감람나무 비유를 통하여 설명하고 있다. 신앙 공동체를 뜻하는 참 감람나무 한 그루가 있는데 이스라엘 민족인 원 가지가 믿지 아니하는 불신앙으로 인하여 꺾기우고 그 자리에 이방인인 돌 감람나무 가지를 접붙여 참 감람나무의 진액을 받게 하셨다. 그러나 버리셨던 원 가지가 신앙으로 들어오게 된다면 하나님께서는 언제라도 그들을 다시 자기의 감람나무에 접붙이실 것이다.

그것은 이스라엘의 회복을 전망하는 것이며 이방인은 돌 감람나무로서 참 감람나무의 진액을 받는 은총을 입고 있으니 교만하지 말고 오히려 감사하며 겸손하라고 권면하고 있다. 또한 그것은 하나님의 최종적인 구원 경륜은 유대인과 이방인이 함께 구원에 참여하여 우주적 신앙 공동체인 참 감람나무를 형성하는 것을 예시하고 있다.

첫째는, 이스라엘의 실족은 이방인의 구원의 계기가 되었다(11-12절).

사도 바울은 1절에서처럼 어떤 오해나 잘못된 결론에 도달할 것 같을 때마다 분명한 쐐기를 박기 위하여 문답형 질문을 하고 있다. 앞선 7-10절에서 이스라엘 백성 가운데서 남은 자 이외는 모두 완악하여져서 그 결과 심판이 불가피하다는 사실을 암시한 바 있다. 그러나 그것은 비록 그들이 완악한 것이 사실이지만 그들 모두를 영원히 버리시는 것은 아니라는 것이다. 오히려 하나님은 모든 것이 합력하여 선을 이루시는 것이다.

① 이스라엘이 실족하였지만 회복 불가능할 정도까지 된 것은 아니다.

"그러므로 내가 말하노니 그들이 넘어지기까지 실족하였느냐 그럴 수 없느니라 그들이 넘어짐으로 구원이 이방인에게 이르러 이스라엘로 시기나게 함이니라"(11절)

여기 '넘어지다'와 '실족하다'라는 비슷한 단어가 나오는데 사실은 의미가 서로 다르다. '넘어지다'($\pi\acute{\iota}\pi\tau\omega$)는 사람이 땅에 자빠져 엎드러진 상태로서 여기서는 돌이킬 수 없는 결정적인 타락(complete irrevocable fall)을 의미한다. 반면에 '실족하다'($\pi\tau\alpha\acute{\iota}\omega$)는 '비틀거리다'(to stumble), '실패하다'(to fail), '죄를 범하다'(to offend)는 뜻으로 발이 돌에 심하게 부딪쳐 넘어진 것을 의미한다.

칠십인역(LXX)에서는 주로 '패배를 겪다'는 의미로 사용되었고(삼상4:2, 7:10), 신약에서는 '죄를 범하다'(약2:10), 또는 '실족하다'는 의미로 사용하고 있다(벧후1:10).

그러므로 "그들이 넘어지기까지 실족하였느냐"는 말은 이스라엘 백성들이 다시는 재기할 수 없을 정도로 완전한 타락으로 실패했느냐는 물음이다. 그 대답은 "그럴 수 없느니라"는 것이다. 비록 그들이 메시아로 보내신 예수 그리스도를 거부하여 죽이고 복음을 수용하지 않아 구원에 실패하고 있지만 하나님께서 그들을 영원히 버릴 정도로 영적 파멸을 당한 것은 아니라는 것이다.

② 오히려 이스라엘의 범죄는 이방인의 구원의 계기가 되었다.

한글 성경에는 나타나 있지 않은 반의접속사 '그러나'($\dot{a}\lambda\lambda\dot{a}$)는 이스라엘이 그리스도를 거부하므로 파멸에 이르렀다는 추론에 반대하여 '오히려' 하나님께서는 그들의 범죄를 통하여 세계를 구원하는 계기를 마련했다는 것을 밝히고 있다.

하나님께서는 자신의 계획과 목적을 중단하는 법이 없으시다. 그러므로 이스라엘이 완악하여 자기 역할을 감당하지 못하게 되자 그 촛대를 이방세계로 옮겨 계속 이어지게 하신 것이다. 여기 '넘어짐'($\pi\alpha\rho\dot{a}\pi\tau\omega\mu\alpha$)은 앞으로 '넘어지다'($\pi\dot{e}\sigma\omega\sigma\iota\nu$)는 말과는 완전히 다르게 치명적인 결과를 가져오는 고의적인 행동을 가리키는 '범죄'(transgression), '바보짓'(false step)을 뜻한다.

이는 이스라엘에게서 먼저 그리스도가 태어나게 하시고 그리스도를 알고 복음을 받아들일 수 있는 기회까지 주어졌지만 그들은 의도적으로 예수 그리스도를 배척하고 복음을 거부했다는 것을 가리킨다(행13:46).

여기에서 중요한 것은 이스라엘의 고의적인 복음의 거부는 오히려 '구원이 이방인에게 이르는'($\dot{\eta}$ $\sigma\omega\tau\eta\rho\dot{\iota}\alpha$ $\tau o\iota\varsigma$ $\dot{e}\theta\nu\epsilon\sigma\iota\nu$) 기회로 전환 되었다는 것이다. 그것은 사도행전을 보면, 초대교회 사도들이 선교를 할 때에 복음을 대적하는 유대인들의 불신앙과 방해로 인하여 발에 먼지를 떨고 돌아서서 이방인에게로 향하므로 이방 선교의 문이 열렸던 것에서 잘 알수 있다(행 11:19-21, 13:45-48, 18:6, 28:24-28).

사실 여호와 종교의 세계화와 만민의 구원은 하나님의 구속 계획 속에 있었던 것이기에 유대인들이 복음을 거절하지 않고 대적하지 않았다 할지라도 성취될 일이었다. 그러나 하나님께서는 유대인의 거부를 통하여 자연스럽게 구원의 복음이 이방인에게 넘어가도록 역사하신 것이다.

그것은 '이스라엘로 시기나게'($\epsilon\dot{\iota}\varsigma$ $\tau\dot{o}$ $\pi\alpha\rho\alpha\zeta\eta\lambda\tilde{\omega}\sigma\alpha\iota$)하려는 목적 때문이었다(10:19). 이스라엘로 하여금 질투심이 유발되게 하신 것은 "저희 중에서 얼마를 구원하려"는 목적 때문이기도 했다. 그것은 하나님의 구원 경륜으로서, 먼저는 이스라엘의 거부를 통하여 이방인을 구원하시고, 다음으로 이방인이 복음의 은총을 누리는 것을 보면서 유대인으로 질투가 나게 하여 다시 그들을 구원하려는 하나님의 우주적 계획이었던 것이다.

③ 이방인의 부요함을 통하여 이스라엘이 구원에 이르게 될 것이다.

"그들의 넘어짐이 세상의 풍성함이 되며 그들의 실패가 이방인의 풍성함이 되거든 하물며 그들의 충만함이리요"(12절)

본 절은 11절에 나타난 구원의 과정을 한층 더 분명하게 발전시켜 설명하고 있다. 특히 본 절은 5:15, 17에서 이미 설명했던 것처럼 '만일~라면, 더욱 더'($\epsilon i...\pi o\lambda\lambda\tilde{\omega}$ $\mu\tilde{a}\lambda\lambda o\nu$), 즉 '만일 A이면, 더욱 더 B이다.'(If A, how much more B.)라는 형태의 비교 강조용법을 변형시켜서 사용하고 있다.

이를 다시 번역하면 '만일 그들의 넘어짐이 세상의 부요함이 되고 그들의 실패가 이방인의 부요함이라면 그들의 충만함은 얼마나 더 넘치겠는가?' 라는 뜻이다.

또한 동의적 평행 대구법(synonymous parallelism)을 사용하여 '저희의 넘어짐'과 '저희의 실패'가 대응을 이루고, '세상의 풍성함'과 '이방인의 풍성함'을 대응하여 이스라엘의 실족이 이방인의 구원에 큰 기여를 했다는 사실을 밝히고 있다.

이스라엘이 그리스도를 배척하는 범죄와 복음을 거부함으로 인한 실패는 결국 이방인 세계에 구원의 풍성함을 가져오는 결과를 가져오게 만들었다. '풍성함'($\pi\lambda o\tilde{v}\tau o s$)은 이방인 세계의 수적 풍성함과 함께 복음 안에서 누리게 되는 측량할 수 없는 그리스도의 풍성이 넘치게 되었다는 말이다.

그리고 하반절에 나오는 '그들의 충만'은 지금까지 완악해져 있던 이스라엘 백성을 지칭하고 있다. 그러면 '충만'($\tau\grave{o}$ $\pi\lambda\acute{\eta}\rho\omega\mu a$)이란 무슨 뜻인가? 이는 그릇에 '가득 찬 상태'를 뜻하며(막6:43, 요1:16, 고전10:26), 또한편 이 단어의 동사형($\pi\lambda\eta\rho\acute{o}\omega$)에는 시간적으로 '끝마치다'와 함께 '완성하다'는 의미를 가지고 있어(고후10:6, 갈5:14, 살후1:11) 이스라엘에 대한 하나님의 계획과 목적이 성취되어질 때의 세상은 얼마나 더 풍성하게 될 것인가를 묻는 말이 된다.

이는 이스라엘의 타락으로 인하여 축소되었던 은총들이 그들이 회개하여 하나님께 돌아올 때에 은총이 완전한 상태로 회복될 것을 의미하고 있다. 뿐만 아니라 그들의 회복으로 인하여 복음이 놀랍게 확산될 것을 내포하기도 한다. 그 이유에 대하여 반즈(Albert Barnes)는 유대인들이 모든 민족들 가운데 흩어져 있기 때문에 그들이 회심하게 되면 모든 민족들에게 놀라운 영향력을 미칠 것이라고 했다. 그로 인하여 기독교의 복음이 온 세계에

확산되어 수많은 사람들이 그리스도에게로 돌아오는 기적을 볼 것이라고
해석했다.

둘째는, 이스라엘의 버리심은 최종적인 것이 아니다(13-16절).
사도 바울은 자신이 비록 이방인의 사도였지만 자신의 동족 이스라엘의
구원에 대한 확신을 가지고 있었다. 그래서 자신의 이방인 선교를 통하여
반작용으로 이스라엘이 구원받기를 원하였을 뿐만 아니라 궁극적으로는
에스겔의 환상처럼 다시 회복될 것을 확신했다.

① 바울은 이방인의 사도직분을 영광스럽게 생각했다.
"내가 이방인인 너희에게 말하노라 내가 이방인의 사도인 만큼 내 직분을
영광스럽게 여기노니"(13절)
지금까지 이스라엘의 문제를 다루던 사도 바울이 갑자기 자신이 이방인의
사도됨에 대하여 말하는 것은 종말론적 하나님의 구속 경륜을 내다보았기
때문이다. 비록 이스라엘이 지금은 복음에 실패하여 구원의 은총이 이방인
에게로 넘어갔지만 이방인의 충만한 수가 차고나면 그 파급 효과로 인하여
이스라엘이 다시 회복될 것을 전망했기 때문이다.
여기 한글성경에 반영되어 있지 않은 '멘 운($\mu\grave{\epsilon}\nu$ $o\hat{\upsilon}\nu$)은 '그러므로'
(therefore)라는 뜻도 있지만 본문에서는 '참으로'(indeed)라는 뜻으로
'참으로 내가 이방인의 사도인 만큼'이라는 의미이다. 바울은 자신이 '이방
인의 사도'라는 사실을 그의 소명과 사역 과정에서 분명히 드러내었었다(행
9:15, 롬1:5, 갈2:2, 엡3:1).
그럼에도 불구하고 사실 바울은 기회가 있을 때마다 유대인에게 복음을
전파했었다. 그러나 매번 유대인들의 반대와 거절에 부딪쳤고 그로 인하여
이방인에게로 향해야 할 때가 많았었다(행13:45-46). 그래서 유대인 교회
는 주로 베드로가 사역하게 하고 자신은 이방인 선교와 교회를 맡았었다(갈
2:7-8).
그는 자신이 맡은 이방인 사도직에 대하여 강한 자부심을 가지고 있었다.
'영광스럽게 여기다'($\delta o\xi\acute{\alpha}\zeta\omega$)라는 말은 '크게 보이게 하다'(to magnify)는
뜻으로 여러 의미를 매우 중요하게 여긴다는 말이다. 이는 사역자로서 자기
자신을 중요하게 생각한다는 말이 아니라 비천한 자기에게 이방인의 사역

을 맡겨주신 '직분'(his office)을 영광스럽게 생각한다는 것이다. 그는 복음 앞에서 자기는 모든 성도들보다도 더 작은 자요, 만삭되지 못하여 난 자와 같았으나 이방인의 사도의 직분을 주신 것에 감격했었다(고전15:8-10, 엡3:8).

② 이방인 선교로 이스라엘의 시기를 유발시켜 구원하기를 원하였다.
"이는 혹 내 골육을 아무쪼록 시기하게 하여 그들 중에서 얼마를 구원하려함이라"(14절)
사도 바울은 자기가 이방인 사도로서 열심히 사역하는 것 속에는 하나님의 경륜 속에서 이스라엘의 미래의 구원과도 연결되어 있다고 확신했다. 한글성경에는 "이는 혹...아무쪼록"(εἰ πως)을 13절 내용의 목적의 의미만 드러내었으나, 원문에는 목적과 목표의 의미와 함께 가정의 의미도 포함되어 있다.
그래서 하나님의 계획에 대한 간절한 소원을 가지고 '어떻게 해서라도~할 수 있다면'(if by all manner of means)이라고, 또는 불확실하지만 소망의 뜻을 담아서 '혹시라도 만일~한다면'(if perhaps)이라고 해석할 수 있다. 여기에서는 막연한 희망 사항보다는 이방인 선교를 통한 이스라엘 민족의 구원이라는 측면에서 적극적인 선교적 행동과 소원을 말하고 있다고 보는 것이 훨씬 좋다.
여기 '시기하게 하여'(παραζηλώσω - παραζηλόω의 미래형)는 '시기나게 만들다'(to make jealous), '질투하도록 자극하다'(to provoke to jealously)는 뜻으로 이방인들에게 복음을 열심히 증거하여 그것을 보는 이스라엘로 하여금 질투와 시기가 유발되도록 만들기를 바라는 것이다. 그로 인하여 그들 중에 얼마를 구원하기를 소원했던 것이다.
여기에서 사도 바울이 자신의 이방인의 사도 직분에 대하여 영광스럽게 생각한 이유와 목적을 분명히 밝히고 있는 것이다. 비록 자기 혈육인 이스라엘이 완악하여 복음을 거절하였지만 하나님의 구속 경륜 속에서 하나님께서는 그 백성을 절대로 버리지 않을 것이라는 확신이 있었다.
그래서 자신이 비록 이방인 선교 중심으로 사역을 하고 있지만 이방인들이 구원을 받고 하나님의 은총 속에 살아가는 모습을 보면 분명히 이스라엘 사람들이 질투와 시기가 유발될 것으로 믿었던 것이다. 그리고 궁극적으로는 '전 이스라엘'(all Israel)의 구원을 기대하지만(26절) 현재는 자신의 사역을 통하여 얼마라도(some) 구원의 자리로 돌아올 것을 기대한 것이다. 그러한 기대와 소망 때문에 그는 더욱 자신의 이방인 사역을 소중히 여겼고 열심히 감당했던 것이다.

그렇다. 오늘도 복음에 헌신하는 사역자들에게는 자신의 사역과 헌신을 통하여 완악하고 복음을 거절하는 사람들에게 어떤 영적 자극을 주어야겠다는 강한 신념이 있어야만 한다.

③ 이스라엘을 버리심 같이 다시 회복시키실 것이다.

"그들을 버리는 것이 세상의 화목이 되거든 그 받아들이는 것이 죽은 자 가운데서 살아나는 것이 아니면 무엇이리요"(15절)

15절은 12절과 서로 평행을 이루고 있다. 12절이 비교 강조용법을 사용하여 '만일~, 하물며'라고 했고, 15절은 조금 다르게 '만일~, 무엇이리요'라는 문장구조를 사용하고 있다. 또한 12절에서는 이스라엘의 범죄와 실패와 같은 인간적 측면을 부각했다면, 15절에서는 구원의 경륜 속에서 역사하시는 하나님의 주권을 강조하고 있다.

여기 '버리는 것'(ἡ ἀποβολή)은 12절의 '실패'와 같은 의미로서 이스라엘이 복음을 거절하는 불신앙으로 인하여 하나님의 특별한 백성으로서의 국가적 특권이 배제되었다는 것을 말한다.

하나님께서는 그 백성을 버리지 않으시지만 하나님의 영원한 목적을 알지 못하고 거역하는 완악한 백성은 버리시는 것이다. 또한 '화목이 되다'로 번역된 '카탈라게'(καταλλαγή)는 동사 '카탈랏소'(καταλλάσσω)에서 온 것으로 '카탈랏소'는 이미 5:10에서 설명했듯이 문자적으로는 '완전히 변하다'는 뜻이며, 고전 헬라어에서는 "사람들이 서로 적대감 또는 반감을 품은 뒤에 다시 원래 가졌던 이해심을 회복하다"는 의미로 쓰여 '친목관계를 위하여 증오심을 바꾸다'(to exchange enmity for friendship)는 의미를 가지고 있다.

그래서 화목이란 원수 되었던 관계가 잘 풀리어 화해되므로 명예가 회복되고, 다시 친구의 관계를 만드는 것을 의미한다. 원래 죄인 된 인간은 하나님과 원수의 관계에 있었지만(롬5:10), 하나님께서 그리스도를 화목제물로 드려 세상과 화해하셨다(고후5:18-19).

여기에서 이스라엘의 버리시는 것이 세상으로 화목하게 되었다는 것은 '화목의 복음'이 먼저 이스라엘에게 전파되었지만 그들이 거절하므로 '화목의 복음'이 이방 세계에 전파되어 그들이 하나님과 화목하게 되었다는 말이다. 그러므로 이스라엘의 실패와 일시적인 버리심은 세상에 화목의 복음이 널리 전파되는 계기를 마련하게 된 것이다(행13:46).

만약에 이스라엘이 잠시 버림을 받지 않고 복음을 붙들고 있었다면 배타적 선민의식이 강한 유대인들이 이방인들을 꺼려 복음전파에 많은 장애가 있었을 것이고, 또한 복음을 율법적 종교로 잠식시키거나 변질시키는 결과를 가져왔을 것이다.

다음으로 하반절의 말씀이 이스라엘을 버리신 것은 최종적인 것이 아니라는 사실을 강하게 대변하고 있다. 만약에 이스라엘을 버리시는 것이 세상의 화목을 가져왔다면 그 반대로 그들을 받아들이는 것은 죽은 자 가운데서 살리는 것이 아니고 무엇이겠느냐는 말이다.

여기 '그 받아들이는 것'(ἡ πρόσλημψις)은 하나님께서 이스라엘 백성을 용납하시고 영접하는 행위를 가리킨다. '저들의 버리는 것'이 하나님의 역사였다면, '저들의 받아들이는 것'도 하나님의 은총의 역사인 것이다. 24절의 감람나무 비유에서 설명한 것처럼 원 가지인 이스라엘이 찍히어 버림을 받았다 할지라도 다시 원 가지를 원 감람나무에 접붙이듯이 이스라엘 백성들을 회복하여 영접할 것이다. 그리고 그들의 회복을 '죽은 자 가운데서 살아나는 것'(ζωὴ ἐκ νεκρῶν)이라고 표현한 것은 에스겔 선지자의 예언(겔37:1-14)을 염두에 둔 것이라고 볼 수 있다. 에스겔은 이스라엘 백성들이 범죄하여 패망하므로 바벨론 포로로 끌려간 생활을 죽음으로 표현했다.

반면에 그들이 회복될 때, 즉 바벨론 포로에서 돌아와 그 영광을 회복할 때를 '무덤을 열고 거기에서 나오는 것'으로 보았던 것이다. 마찬가지로 복음에 실패하여 하나님께 버림받았던 이스라엘이 종말의 때에 회복되는 것을 '죽은 자 가운데서 살아나는 것'으로 보는 것은 당연하다고 보여 진다. 하나님께서 이스라엘 민족을 다시 받아들이실 때에 그들에게는 영적 부활의 기적이 일어날 것이다.

④ 이스라엘은 언젠가는 거룩하게 되는 날이 올 것이다.

"제사하는 처음 익은 곡식 가루가 거룩한 즉 떡덩이도 그러하고 뿌리가 거

룩한즉 가지도 그러하니라"(16절)

'제사하는 처음 익은 곡식 가루'(ή ἀπαρχή)는 '첫 열매'(first-fruit)라는 뜻으로 그 첫 열매를 가루 내어 하나님께 드리는 첫 제물을 의미한다. 그리고 '떡 덩이'는 제사하고 남은 가루로 만든 떡을 말한다. 이는 민15:17-21을 배경으로 삼은 듯하다. 이스라엘 백성들이 가나안 땅에 들어가면 자신들의 수확 중에서 첫 열매를 하나님께 바치라는 말씀이다. 바울이 말하려는 것은 첫 번째 열매를 거룩하게 구별하여 하나님께 제물로 드렸다면 그 나머지도 거룩하게 여김을 받는다는 의미로 사용하고 있다.

여기에서의 첫 열매란 하나님께 부르심을 받은 아브라함과 족장들을 지칭한다고 보고, 떡덩이는 그들의 후손인 이스라엘 백성으로 보는 것이다. 그것이 후반절에 나오는 '뿌리'와 '가지'의 비유에서도 같은 의미로 적용된다고 볼 수 있다. 족장들이 거룩하게 구별되었다고 반드시 그 후 전체후손들이 거룩하게 구별된 것은 아니었다.

하나님께서는 이스라엘 자손들의 타락 행위를 보면서 마치 더러운 물건 버리듯이 버리셨던 것이다(사2:6, 렘31:37). 그러나 미래에는 하나님께서 그들을 맑은 물로 씻고 거룩한 영으로 새롭게 만드실 것을 약속하셨다(겔36:25, 37:23). 마찬가지로 이와 같은 회복의 역사가 종말의 때에도 거룩한 뿌리를 가진 이스라엘 민족들에게 일어나게 될 것이다.

셋째는, 이방인은 돌 감람나무로서 참 감람나무에 접붙임 받았을 뿐이다 (17-19절).

17-24절까지에서 감람나무 비유를 통하여 이스라엘과 이방인의 관계와 상황, 또는 전망을 논하고 있다. 특히 돌 감람나무인 이방인 신자들에게 자랑(17-18절)과 교만(19-21절), 그리고 주제넘게 행동하지 말라(22-24절)고 경계하고 있다. 감람나무는 구약 성경 속에서 보편적으로 이스라엘을 상징했다(렘11:16, 호14:6).

그래서 참 감람나무는 유대인, 뿌리는 그 조상들, 꺾인 가지는 불신앙의 유대인으로 해석을 하는 경향이 많다. 그러나 본인은 참 감람나무를 여호와의 종교(후에는 기독교를 포함한 참 신앙이라는 나무)로 보고 돌 감람나무는 이방 종교로 보았으면 어떨까 생각해 본다. 참 감람나무를 유대인으로 해석을 하면 유대인이 유대인의 나무에서 꺾이어 나갔다는 것이 이치(理致)

에 맞지 않게 되지만, '여호와의 참 신앙'으로 본다면 복음을 거절한 불신앙의 유대인이 꺾이었다고 보는 것은 자연스럽게 이해될 수 있기 때문이다.

그래서 참 감람나무의 뿌리는 일찍이 여호와의 종교에 들어온 조상들을, 참 감람나무 가지는 이스라엘 백성을, 꺾인 가지는 새 언약의 여호와의 신앙을 불신앙하는 유대인을, 접붙인 돌 감람나무 가지는 이방인으로 해석하는 것이 훨씬 자연스럽게 보여 진다.

① 돌 감람나무로서 참 감람나무에 참여한 것을 감사하라.

"또한 가지 얼마가 꺾이었는데 돌 감람나무인 네가 그들 중에 접붙임이 되어 참 감람나무 뿌리의 진액을 함께 받는 자가 되었은즉"(17절)

오래 전부터 여호와를 신앙하는 참 종교로서의 참 감람나무가 있었다. 아브라함을 시작으로 이스라엘 민족이 여호와의 종교에서 성장하여 큰 신앙의 나무가 되었다. 하나님은 마치 포도나무처럼 "움이 돋고 꽃이 피어…그 결실로 지면을 채우는"(사27:6), 즉 참 종교의 우주적 확장을 원하셨다.

그러나 이스라엘 백성인 나무 가지들이 우주적 확장을 염두에 두지 않고 '이스라엘의 하나님'으로 국한시키며 하나님의 뜻을 배반하고 거역하였다. 그들은 참 여호와의 종교에 붙어 연결되어 있기는 했지만 농부이신 하나님의 목적에서 벗어나 열매는 없었고 병들고 말라져서 도저히 그냥 둘 수가 없어서 결국 찍어버리게 되었다(요15:2).

여기 '꺾어냈다'($\dot{\epsilon}\xi\epsilon\kappa\lambda\dot{\alpha}\sigma\theta\eta\sigma\alpha\nu$ - $\dot{\epsilon}\kappa\kappa\lambda\dot{\alpha}\omega$의 부정과거 수동태)는 단어는 '꺾다'(to break off), '잘라내다'(to cut off)는 뜻으로 '가지의 얼마'에 속하는 불신앙의 유대인들을 하나님께서는 그리스도 안에서 베풀어주시는 은총과 신앙에서 잘라내셨다는 말이다.

이는 15절의 '버리신 것'과 같은 의미로서 '순종하지 아니하고 거슬러 말하는 백성'에게 계속해서 예비하신 은총을 베풀어 줄 수가 없어서 마침내 영적인 은총에서 배제시킨 것을 가리킨다. 그 대신에 야생 감람나무에 불과한 이방인을 참 감람나무 가지들 가운데 접붙이신 것이다.

"거룩하게 된 무리 가운데서 기업을 얻게 하리라"(행26:18, 엡1:18)는 말씀처럼 그리스도를 믿은 이방인 신자를 유대인 신자의 신앙 가운데 함께 접붙여 자녀보다 더 나은 기념물을 주시게 된 것이다(사56:5). 이로 볼 때에 유대인을 원 감람나무에서 잘라내시는 것도 하나님이시고 이방인을 원 가지 사이에 접붙이시는 분도 하나님이신 것이다.

뿐만 아니라 접붙임 받은 이방인 신자는 "참 감람나무 뿌리의 진액을 함께 받는 자"가 되었다. '뿌리의 진액'이란 아브라함에게서부터 이스라엘에게 주시기로 약속된 모든 특권과 은총을 가리킨다. 그리고 '함께 받는 자'(συγκοινωνος)는 '함께 나누는 사람'(one who shares something with someone), '참가자'(participant)의 뜻으로 그리스도 안에서 주어지는 은총에 함께 참여하는 사람을 가리킨다(빌1:7).

이방인이라 할지라도 "그리스도의 것이면 곧 아브라함의 자손이요 약속대로 유업을 이을 자"(갈3:29)가 되는 것이다. 즉 그리스도를 믿는 사람은 구원의 은총에 "함께 상속자가 되고 함께 지체가 되고 함께 약속에 참여하는 자"(엡3:6)가 되는 것이다.

그러므로 이방인 신자는 이와 같은 은혜에 참여하게 하신 하나님의 은총에 감사하고 절대로 자만하지 말아야 한다.

② 참 감람나무 가지에 대하여 자랑하지 말라.

"그 가지들을 향하여 자랑하지 말라 자랑할지라도 네가 뿌리를 보전하는 것이 아니라 뿌리가 너를 보전하는 것이니라"(18절)

여기 '자랑하다'(κατακαυχῶ, 현재 명령형)는 '뽐내다'(to boast against), '자랑하다'(to brag)는 뜻으로 다른 사람을 은근히 얕보고 무례하게 행동하면서 자신을 자랑하는 것을 의미한다. 당시 로마교회 교인들은 정치적, 문화적 환경에서도, 또한 영적인 면에서도 대단한 긍지를 가졌을 법하다. 자신들은 지배국 국민에다가 그리스도의 복음까지도 받아 하나님의 은총에 참여한 자가 되었는데, 유대인들은 피지배국민에다가 복음의 은총에 참여하지 못하고 제외된 초라한 상태에 있는 것을 보면서 자신들을 뽐내고 으스대는 태도를 취했을 법하다.

그러나 만약에 그렇게 행동했다면 큰 오산이다. 그것은 하나님의 구원 경륜 과정을 이해하지 못한 어리석음의 발로(發露)일 뿐이다. 이방인인 자신들이 측량할 수 없는 그리스도의 풍성에 참여하게 된 것은 자기 스스로의 공로와 신분 때문이 아니라 이방인들에게도 그리스도의 은총에 참여하게 하신 하나님의 경륜하심 때문이었다.

무엇보다 유대인들이 오랜 세월동안 여호와의 종교를 계승해 온 역할이 있었고, 메시아의 출생의 근원지가 되어 주었으며, 직간접적으로 유대인들이 역할을 해 주었기 때문이었다. 그러므로 이방인 신자들은 유대인 앞에서 자랑하거나 으스대는 태도를 가져서는 안 되는 것이다.

이것은 선교 현장에서도 마찬가지다. 자신들보다 모든 면에서 부족하고 모자란 선교지 원주민들 앞에서 자신들이 대단히 잘 나서 선교국이 되었고 선교사로 파송된 줄 착각하고 함부로 우쭐대면서 행동해서는 안 되는 것이다. 모든 것은 하나님의 은혜로 된 것이기에 "내가 나 된 것은 하나님의 은혜로 된 것이니"(고전15:10)라는 자세를 가지고 그리스도의 십자가만 자랑해야 하는 것이다(갈6:14).

또 한편 사도 바울은 이방인 신자들에게 유대인을 향하여 자랑하지 말라고 권면했음에도 불구하고 자랑하는 자들에게 "네가 뿌리를 보전하는 것이 아니라 뿌리가 너를 보전하는 것이니라"고 경고하고 있다.

여기 '보존하다'($\beta\alpha\sigma\tau\acute{\alpha}\zeta\omega$)라는 동사는 '짊어지다'(to bear), '유지하다'(to sustain)는 뜻과 함께 열매를 맺는다는 의미도 지니고 있다(눅11:27). 이방인 신자들이 유대인을 향하여 잘못된 우월감을 가지는 것은 자신들이 하나님의 백성이 되고 "성도들과 동일한 시민이요 하나님의 권속"(엡2:19)이 된 것은 전부 여호와 종교를 수용하여 보존해 왔던 믿음의 족장들의 믿음과 헌신에 의존한다는 사실을 망각했기 때문이기도 하다.

또한 그것은 족장과 이스라엘이 받았던 언약을 새언약 공동체인 교회가 계승하고 있다는 사실을 깨닫지 못한 어리석은 교만이기도 하다. 비록 구약의 율법의 제도적인 것이 그리스도로 말미암아 마침이 되고 폐지되었다 할지라도 그 근본정신과 개념은 계속해서 신약교회와 복음에 계승되어 가고 있다는 사실을 이해하지 못한 무지 때문이기도 하다.

분명한 사실은 가지가 뿌리를 보존하는 것이 아니라 뿌리가 가지를 보존한다는 것이다. 이방 교회는 이스라엘을 대체한 독립된 하나님의 백성이 아니라 이스라엘의 영적 유산에 뿌리를 두고 거기서 영적 자양분을 나누는 접붙임 받은 하나님의 백성일 뿐이다.

③ 가지를 꺾는 것도 접붙이시는 것도 하나님께 있음을 기억하라.

"그러면 네 말이 가지들이 꺾인 것은 나로 접붙임을 받게 하려 함이라 하리니"(19절)

본 절은 부정적인 측면으로 볼 수도 있고 긍정적인 측면으로 해석할 수도 있다. '나'(ἐγω)를 강조하여 '나를 접붙이려고 가지들을 꺾어버렸다'고 말하는 이방인 신자들의 자기중심적인 태도로 볼 수도 있으나, 20절에서 '옳도다'라고 그들이 말한 것을 인정하는 것을 볼 때에 확실하지는 않지만 어느 정도 이방인 신자들이 유대인과 자신들의 관계를 깨닫고 제대로 말하는 것으로 보는 것도 괜찮을 듯하다.

'아하! 유대인 가지가 꺾인 것은 나 같은 이방인을 접붙이려는 것이구나!'

그렇다. 유대인들이 불신앙에 빠져 실패한 것은 이방인을 구원하려는 하나님의 우주적 계획과 목적 때문이다. 그래서 사도 바울은 자신의 이방인 선교를 통하여 유대인들을 시기(猜忌)나게 만들고 그로 인하여 얼마를 구원하기를 바라는 기대를 가졌을 뿐 아니라, 하나님의 목적은 유대인들을 꺾어버리고 이방인을 접붙이는데 목적을 둔 것이 아니라 이방인의 충만한 수가 차고 나면 다시 유대인을 구원하신다는 전망을 가지고 있었던 것이다.

그러므로 우리는 하나님의 구속 경륜 역사에서 자기중심적인 역사의식이나 성경 해석을 가진 소아적(小我的) 신앙인이 될 것이 아니라 폭 넓게 전체 기독교 상황과 유대인들까지 염두에 두는 우주적 안목을 가져야 하는 것이다. 자기와 견해가 다르고 성경해석 방법이 차이가 난다고 상대방을 정죄하고 죽이고 단절을 할 것이 아니라 무엇이 잘못된 것인지를 깨닫게 하고 수정하게 하여 서로 협력하여 거대한 하나님의 우주적 비전을 성취하기 위하여 노력해야 할 것이다.

여기에서 중요한 것은 꺾어내시는 것도 하나님이시고 접붙여 주시는 것도 하나님이시라는 것이다. 아무리 하나님의 특별한 소유의 백성으로 삼아 언약을 맺었다 할지라도 하나님의 목적을 깨닫지 못하고 거역하면 하나님은 언제라도 잘라내신다는 것이다.

그러므로 유대인의 실패를 거울삼아 우리는 겸손히 자신을 낮추어 하나님의 뜻이 무엇인지 정확하게 알아 다윗처럼 자기 시대에 하나님의 뜻을 따라 섬겨야 하는 것이다(행13:36).

넷째는, 이방인은 교만하지 말고 항상 하나님의 인자하심에 머물러 있어야 한다(20-22절).

연이어 감람나무 비유를 통하여 이방인 신자들에게 교만을 경계하고 있다. 원 가지도 아끼지 않고 잘라내신 하나님은 접붙여진 가지도 하나님의 목적에 안 맞으면 아끼지 않고 찍어 버리신다는 경계인 것이다.

① 영적 신분은 믿음에 의하여 결정된다는 것을 명심해야 한다.
"옳도다 그들은 믿지 아니하므로 꺾이고 너는 믿으므로 섰느니라 높은 마음을 품지 말고 도리어 두려워하라"(20절)
'옳도다'($\kappa\alpha\lambda\tilde{\omega}s$)는 '과연 그러하도다' 는 뜻으로 앞에서 이방인 신자들이 말했던 것을 일부 긍정하는 말이다. 하나님께서 유대인을 꺾어 버리시고 이방인 신자를 구원의 복음에 접붙이신 것은 어떤 사람들이 생각하듯이 유대인 시대를 끝내고 이방인의 시대를 열기 위한 것이 아니었다.
오직 '믿음' 의 여부에 의하여 갈렸을 뿐이다. 유대인들이 복음에 의한 구원에서 제외 된 것은 '믿지 아니했기'($\tau\tilde{\eta}$ $\dot{\alpha}\pi\iota\sigma\tau\acute{\iota}a$) 때문이었다. 반대로 이방인 신자가 접붙여진 것은 '믿음'($\tau\tilde{\eta}$ $\pi\iota\sigma\tau\acute{\iota}a$) 때문이었다. 여기 '섰느니라'($\check{\epsilon}\sigma\tau\eta\kappa as$ ‐ $\check{\iota}\sigma\tau\eta\mu\iota$의 완료형)가 완료시제인 것은 이방인들의 믿음의 상태가 지속적인 상태에 있다는 것을 함축하고 있다. 이것은 '꺾이고' '굳게 서 있는 것' 은 믿음의 유무에 의하여 결정되는 것으로 그 결과는 완전히 다르다는 것을 보여 주고 있다.
'믿음' 은 하나님께서 마련하신 새로운 구원 전략, 즉 율법 외에 하나님이 마련하신 새로운 하나님의 한 의였던 것이다(3:21). 하나님은 율법적 행위가 아니라 예수 그리스도를 믿는 '믿음의 법' 으로 나오는 자를 용납하시고 의롭다 여겨주시는 것이다. 그러므로 믿음의 법칙을 버리고 불신앙으로 나오는 것은 히브리서 저자의 말대로 '악한 마음'($\kappa a\rho\delta\acute{\iota}a$ $\pi o\nu\eta\rho\acute{a}$), 즉 타락한 심령으로 실패 공동체가 되는 중요한 요소인 것이다(히3:12). 그러므로 우리는 하나님의 구원 목적 앞에서 불신앙의 죄에 빠지지 않도록 해야 한다.
그러기 위해 먼저는 높은 마음을 품지 말아야 하고, 다음으로는 두려워하라고 했다. '높은 마음'($\dot{\upsilon}\psi\eta\lambda\grave{a}$)은 '높은'(high), '교만한'(proud), '거만한'(haughty)이라는 뜻으로 인간이 자기 자신을 하나님의 자리에까지 올려놓는 태도를 가리킨다.
인간은 항상 자신의 위상(位相)을 현 상태보다 훨씬 높이 올려놓으려는 유혹에 빠지는 경향이 있다(딤전6:17). 인간을 높이시는 것도 낮추시는 것도 하나님의 주권에 있음을 알지 못하고 조금만 잘난 것 같으면 높은 마음을 품고 생각과 말과 행동이 달라지기 시작하는 것이다.

마치 아침의 아들 계명성처럼 하나님의 보좌에까지 올라가려고 하는 것이다(사14:12-14). 높은 마음을 품는 것은 벌써 하나님의 심판의 도끼가 그 위에 있기 시작하는 징조이다.

'두려워하라'(φοβοῦ)는 것은 공포에 떨라는 것이 아니라 하나님을 경외하는 마음을 가지라는 말이다. "두렵고 떨림으로 구원을 이루라"(빌2:12)는 말씀처럼 항상 자신의 구원과 신앙의 위치를 지키며 하나님의 요구하는 목적대로 살아가라는 것이다. 혹시라도 자신이 하나님의 목적에서 벗어나서 잘못되어질까 항상 경계하라는 것이다(히4:1).

② 접붙인 가지는 언제라도 꺾어버릴 수 있다는 것을 명심해야 한다.

"하나님이 원 가지들도 아끼지 아니하셨은즉 너도 아끼지 아니하시리라"(21절)

본 절 서두에는 한글 성경에 번역되지 않은 '왜냐하면'(γαρ)이라는 접속사가 있어 앞 절에서 높은 마음을 품지 말고 두려워하라고 말한 이유를 밝히고 있다. 그것은 하나님께서 유대인을 아끼지 않고 꺾으신 것처럼 이방인 신자도 아끼지 않으실 것이기 때문이다.

하나님은 사람을 외모로 취하지 않으시기에 유대인에게나 헬라인에게 동일하고 공평하게 악을 행한 사람에게는 환난과 곤고를 주시고, 선을 행한 사람에게는 영광과 존귀와 평강을 동일하게 적용하신다고 했다(2:9-11).

유대인이 비록 원 가지라 할지라도 하나님이 보시기에 합당치 않을 때에 아끼지 않고 꺾어내신 것처럼 이방인 신자들에게도 비록 접붙여 주는 은총을 주었다 할지라도 하나님의 목적에 어긋날 때에는 아끼지 않고 잘라내실 것이다.

사실 이것은 사도 바울이 앞에서 하나님께서 자기 백성을 버리지 않으신다고 말했던 논조(8:33-39, 11:2)와 모순되는 것처럼 보인다. 그러나 전혀 그렇지 않다. 하나님은 베풀어주신 은총에 대하여, 또한 그 백성의 안전(eternal security)에 대하여 보장을 약속하고 있다(요6:37, 10:28, 히10:14). 그러나 다른 한편 인간의 책임도 강조하고 있는 것이다. 인간이 믿음과 순종을 유지하지 않을 때에 안전은 잃을 수 있다는 것이 성경의 가르침인 것이다(히2:1-3, 6:4-20).

우리는 여기서 이스라엘 백성들이 원 가지로서 선택을 받았음에도 불구하고 왜 아끼심을 받지 못하고 꺾임을 당했는지를 생각해 보아야 한다. 그들은 율법의 문자는 가지고 있었으나 율법의 정신인 신앙 공동체를 건설해야 하는 목적을 몰랐기 때문이었다.

또한 그들은 조상들의 유전(遺傳)은 준수하려고 노력했으나 하나님의 말씀은 저버렸기 때문이었다(마15:6). 무엇보다 선지자들을 통하여 주셨던 하나님의 새로운 구원 전략을 이해하지 못했기 때문이었다(사48:6, 16). 우리는 이것들을 경계로 삼아야 할 것이다.

③ 하나님의 인자하심과 준엄하심은 항상 준비되어 있음을 명심해야 한다.

"그러므로 하나님의 인자하심과 준엄하심을 보라 넘어지는 자들에게는 준엄하심이 있으니 너희가 만일 하나님의 인자하심에 머물러 있으면 그 인자가 너희에게 있으리라 그렇지 않으면 너도 찍히는바 되리라"(22절)

본 절에서는 하나님에게는 자비로우신 속성만 있는 것이 아니라 가혹하게 처벌하시는 공의의 속성도 있음을 말하고 있다. 우리의 선택에 따라서 하나님의 인자하심이 베풀어지기도 하고 찍혀 버림을 당할 수 있다는 것이다. 그러므로 하나님의 인자하심에 머물러 있으라고 권고하고 있다.

여기 세 번이나 나와 있는 '인자하심'(χρηστότης)은 그리스도 안에서 죄인들을 향하신 하나님의 은혜로운 태도를 나타낸다. '인자하심'은 구약 히브리어에서는 '헤세드'(חסד)라는 단어로 사용할 때가 많다. '헤세드'는 그 백성을 향한 끝없는 하나님의 사랑을 말한다(민14:18-19).

또한 히브리어 '토브'(טוב)라는 단어를 의미할 때도 있다. 이는 하나님이 그 백성의 삶을 아름답고 선하게 만들어 주시는 친절한 태도를 가리킨다(시68:11, 136:1(LXX135:1). 하나님의 인자하심은 인생을 사랑하고 긍휼히 여겨 구원의 전 과정에서 성령으로 새롭게 하시고 구원하시고 성령을 풍성히 부어주시고 의롭게 하시고 영생의 상속자가 되도록 역사해 주시는 것이다(딛3:4-6).

반면에 '준엄하심'(ἀποτομία)이란 '잘라내다'(to cut right off), '중단시키다'(to cut short)는 뜻에서 나온 것으로 어떤 물건을 잘라낸 상태에서 만들어지는 예리한 각을 의미한다.

이는 불신앙과 불순종에 대하여 하나님께서 조금도 에누리 없는 가혹함, 또는 사법적으로 엄정(嚴正)하게 처벌하시는 것을 나타낸다. 하나님은 아무리 택하신 자라 할지라도 불순종과 거역의 길을 간다면 가차 없이 징계하시고 심판하시는 것이다.

특히 하나님께서는 '넘어진 자들'(τοὺς πεσόντας)에게는 가차 없이 준엄하게 징벌하신다. 이미 하나님의 은총에서 떠나 범죄한 패역한 이스라엘에게는 하나님께서는 잘라내시고 징벌하셨던 것이다. 그러나 반대로 하나님의 새로운 구원 전략을 수용하고 믿음 안에 들어온 사람들, 즉 '너'(σὲ) 이방 기독교인들에게는 하나님의 인자하심으로 역사해 주시는 것이다.

결론적으로 '만약에 너희가 인자하심에 계속 머물러 있다면' 하나님의 인자하심은 항상 있을 것이고 종말의 날까지 지속될 것이다. 여기 '거하다'(ἐπιμένῃς현재 가정법)라는 단어는 하나님의 인자하심에서 떠나지 않고 지속적으로 머물러 있는 것을 나타낸다.

그리스도 안에, 하나님의 구원의 원리 안에, 하나님의 우주적 목적 안에, 하나님의 요구하시는 뜻을 실천하면서 계속해서 믿음으로 살아간다면 하나님의 인자하심은 영원히 그와 함께 하실 것이다. 그러나 만약에 '그렇지 않다면'(ἐπεὶ) '너도 역시'(καὶ σὺ) 찍어버리실 것이다. 여기 '너도 역시'를 강조한 것은 21절에서 "하나님이 원 가지들도 아끼지 아니하셨은즉 너도 아끼지 아니하시리라"는 말씀을 상기시키려는 목적이다.

'찍히다'(ἐκκόπτω)는 나무를 찍어 베어버리는 것을 뜻하여 17, 20절에서 쓰인 '꺾어내다'(ἐξεκλάσθησαν)는 단어와 마찬가지로 하나님의 백성의 자리에서 배제되어 영원한 정죄를 받는 것을 나타낸다.

여기에서 중요한 것은 인간의 책임 문제이다. 하나님은 그리스도 안에서 "우리에게 거저 주시는 바 그의 은혜"(엡1:6)를 준비해 주셨고, 제공하셨고, 적용시켜 주셨다. 이제 그 안에 뿌리를 내리고 성장하여 열매를 맺을 것인지 불순종으로 열매를 맺지 않을 것인지는 인간의 책임에 있는 것이다.

마치 이사야5장에 나오는 '포도원의 노래'의 비유처럼 하나님께서는 기름진 산에 극상품 포도나무를 심고 정성을 쏟으셨다. 그러면서 하나님은 좋은 포도 맺기를 바라셨던 것이다. 만약에 좋은 포도를 맺으면 하나님께서는 더 많은 열매를 맺기 위하여 더 많은 은총을 베풀어 주셨을 것이다.

그러나 이스라엘은 좋은 포도 맺기를 바라시는 하나님의 기대를 저버리고 포학과 불법들로 들포도를 맺었던 것이다. 어찌 이러한 인간들을 꺾어버리고 찍어버리고 베어버리지 않겠는가?

우리는 유대인들처럼 착각과 함께 하나님의 경륜하심을 저버리는 행동을 하면서도 언제까지 하나님의 인자하심이 유지될 것으로 오해해서는 안 되는 것이다. 하나님은 언제라도 그의 목적에 벗어나면 준엄한 심판을 하실 수 있으며 은혜의 나무에서 찍어낼 수 있다는 것을 명심해야 한다.

다섯째는, 이스라엘이 돌이킨다면 하나님께서 다시 원가지에 접붙이실 것이다(23-24절).

이제 감람나무 비유의 마지막 부분으로 유대인 가지들이 다시 접붙여 질 수 있는 가능성에 대하여 이야기하고 있다.

① 만일 유대인도 믿음에 거한다면 다시 접붙여 질 수 있다.

"그들도 믿지 아니하는 데 머무르지 아니하면 접붙임을 받으리니 이는 그들을 접붙이실 능력이 하나님께 있음이라"(23절)

여기 '그들도'(κἀκεῖνοι)는 '저희 역시'라는 말로 불신앙의 유대인들을 가리킨다. 그리고 '믿지 아니하는데 머무르지 아니하면'(ἐὰν μὴ ἐπιμένωσιν τῇ ἀπιστίᾳ)에서 이중 부정문을 사용한 것은 믿음만이 구원의 유일한 조건임을 강조하기 위한 것이다.

유대인들이 불신앙 때문에 원줄기에서 찍히어 잘려나갔었는데, 만약에 그들이 믿음을 의지하게 된다면 다시 회복되어 접붙여 질 수 있다는 가능성을 말하고 있다. 이는 구원을 얻음에 있어서 그리스도를 믿는 믿음 이외에 또 다른 방법이 있다는 말을 완전히 배제하는 말이다. 오직 이방인뿐 아니라 유대인들까지도 믿음을 통해서만이 구원을 받을 수 있고 하나님의 공동체의 한 일원이 될 수 있음을 보여주고 있다.

다시 접붙이는 가능성은 하나님께 있는 것이다. 잘린 가지들을 다시 접붙인다는 것은 바울 당대의 원예 관습으로 볼 때에 이치에 맞지 않는 것이다. 농부들은 잘라낸 가지들은 다시 접붙이는데 사용하지 않고 보통 불살라버렸던 것이다(요15:6). 그러므로 잘린 가지들을 다시 접붙인다는 것은 자연적 논리가 아니라 신학적 논리인 것이다.

하나님은 불신앙으로 잘려나간 유대인들을 다시 구원의 은총으로 접붙이는 기회를 주시는 분이시며 또한 다시 접붙여서 회복해 줄 수 있는 능력(δυνατὸs)을 가지고 계신 분이신 것이다. 이는 미래에 이스라엘의 회복을 전망하는 사도 바울의 간절한 소원이기도 하다.

또한 하나님에게 영원히 저버리는 사람은 없다는 사실이다. 타락해 있다할지라도 언제라도 회개하여 믿음으로 나아오기만 한다면 하나님은 다시회복시켜주신다는 사실을 기억해야 한다.

② 하나님은 돌감람나무가 본성에 맞지 않음에도 좋은 감람나무에 접붙여주셨었다.

"네가 원 돌감람나무에서 찍힘을 받고 본성을 거슬러 좋은 감람나무에 접붙임을 받았으니"(24절상)

이스라엘의 다시 접붙일 수 있는 가능성에 대하여 성질이 완전히 다른 돌감람나무였던 이방인 신자들의 접붙임의 예를 들어 설명하고 있다. 이방인 신자들은 원래 야생 감람나무였었다. 그런데 야생 감람나무였던 이방인을 불신앙의 상태에서 꺾어서 원래부터 잘 맞지 않는, 즉 '본성에 거슬리는' 좋은 감람나무에 접붙여 주었던 것이다.

여기 '접붙임을 얻었다'(ἐνεκεντρίσθης)는 단어는 현재형으로 이방인은 지금도 구원에 동참하고 있다는 것을 잘 보여주고 있다. 이는 본래 마귀의 종이요 진노의 자녀였던 이방인을 예수 그리스도의 생명에 접붙여서 약속의 상속자가 되게 하셨으니 이 얼마나 놀라운 은총인가? 이 놀라운 은총은 지금도 계속해서 이방인들 가운데서 일어나고 있는 일이다. 그렇다면 원래부터 원 감람나무 가지였던 유대인을 접붙이는 것은 너무나 쉽고 당연한 일이라는 것을 말하는 것이다.

③ 원 가지는 얼마든지 자기들의 나무에 접붙여 질 수 있다.

"원 가지인 이 사람들이야 얼마나 더 자기 감람나무에 접붙이심을 받으랴"(24절하)

여기에서 중요한 말은 "얼마나 더"라는 말이다. 이미 12절에서 설명한 것처럼 '만일~더욱 더'(εἰ...πόσῳ μᾶλλον)라는 뜻으로 만약에 이방인을 좋은 감람나무에 접붙였었다면 '더욱 더' 원 가지인 유대인은 얼마든지 접붙일 것이라는 의미이다.

'원 가지인 이 사람들'(οὗτοι)은 불신앙으로 인하여 여호와의 은총에서 잘 리어 배제되었던 유대인들로서 그들이 깨닫고 믿음의 법칙대로 복음을 수 용하기만 한다면 하나님은 기꺼이 그들을 받아주실 것이다.

그렇다. 원 가지에서 떨어져 나왔던 유대인은 '자기 감람나무에'(τῇ ἰδίᾳ ἐλαίᾳ) 다시 접붙인다는 것은 이방인이 본성이 다른 감람나무에 접붙였던 것보다 훨씬 쉬울 수도 있다는 것이다.

여기 '접붙이심을 얻으랴'(ἐγκεντρισθήσονται)를 미래형으로 사용한 것을 보면 이방인은 지금도 좋은 감람나무에 접붙이고 계신다면 유대인은 장래 에 언제인가는 정확하게 알 수는 없지만 접붙여 주실 것을 기대하고 전망하 고 있는 것이다. 여기서 분명히 기억해 두어야 할 것은 미래에 이스라엘을 다시 접붙이신다는 것은 23절에서 밝힌 것처럼 불신앙과 불순종을 버리고 '믿음'에 거하면 이루어진다는 것이다. 이 원칙은 영원히 변하지 않는 구원 의 방편인 것이다.

사도 바울은 11절에서 이스라엘의 완악함과 실패가 최종적인 것이냐는 질 문에 '그럴 수 없느니라'고 답변했었다. 그리고는 이스라엘의 실패는 오히 려 하나님의 구속 경륜 속에서 이방인을 구원하기 위한 방편으로 사용하셨 다고 했으며, 또 한편 하나님께서 이스라엘을 다시 받아들이실 때에는 죽은 자 가운데서 부활하는 것과 같은 기적적인 역사가 일어날 것을 전망했었다.

그리고 감람나무 비유를 통하여 원 가지도 찍혀 버림받은 것을 경계로 삼 아 자랑하거나 교만하지 말고 또한 주제넘게 행동하지 말라고 경고했다.

우리는 이 경계의 말씀을 주의 깊이 의미하고 자신들을 항상 진단해 보아 야 한다. 특히 구약 성경을 연구하면서 왜 이스라엘이 실패를 했는지를 발 견하여 새 언약 공동체인 교회는 다시는 그 전철을 밟지 않으려고 노력해야 한다.

(3) 우리는 하나님의 구원 계획과 경륜하심을 알아야 한다(11:25-32).

본 단락은 지금까지 논의해 오던 9-11장의 최종 결론과 같은 역할을 하는 부분이다. 그리고 32절은 1-8장까지의 내용을 한 마디로 요약하여 모든 사 람(all human)을 '예외 없이'(without exception) 순종하지 아니함에 가두어 두신 것(1:18-3:18)은 모든 사람(all human)에게 '예외 없이' (without exception) 긍휼을 베풀려는 것(3:19-5:21)이라는 사실을 밝히고 있다.

본 단락에서 가장 중요한 단어, 또는 핵심 개념은 '비밀'이라는 것이다. 특히 "이 비밀"이라고 하여 구원에 관련한 비밀을 우리들이 알아야 한다고 강조하고 있다. 사도 바울의 신학에서 비밀(μυστήριον)이라는 단어는 대단히 중요한 의미를 담고 있다. '무스테리온'(μυστήριον)은 일반적으로 '숨기고 공개되지 않은 일'을 의미하고 있다.

그러나 사도 바울에게 있어서 비밀은 하나님의 계시에 의하지 않고서는 알려지지 않는 일로서, 하나님의 구원 계획과 그의 경륜을 가리키는 말이다 (16:25, 고전2:1, 7, 엡3:3, 9, 골1:26, 27). 본 단락에서는 하나님의 경륜에 관하여 일부분만 이야기 하고 있을 뿐이다. 그것은 이스라엘과 이방인의 구원의 상관관계와 최종적으로 '온 이스라엘'이 구원을 받고 이방인과 함께 그리스도 안에서 하나의 신앙공동체가 되는 것을 전망하는 것이다.

구원의 전 경륜 과정은 하나님이 주관하시는 역사이다. 하나님은 이스라엘을 자기 백성으로 택하시고 율법 언약을 통하여 구원의 은총을 베풀어 주셨으나 이스라엘의 범죄와 실패로 율법의 한계점을 드러나게 하셨다. 그리하여 새로운 구원 전략에 따라 그리스도를 통하여 율법의 마침과 함께 새 언약을 통하여 믿음으로 의롭다함을 얻는 복음의 은총을 베풀어 주게 된 것이다. 그리고 구원의 경륜 역사를 이스라엘 공동체에서 새 언약공동체인 교회로 옮기셨다. 그것은 유대인들이 하나님의 구원 계획과 경륜의 비밀을 이해하지 못하여 거절하고 배척하므로 하나님께서는 경륜의 주도권을 이방인에게로 넘어가게 하신 것이다.

그렇다고 이스라엘을 영원히 버리신 것은 아니었다. 종말의 때에 이방인의 수가 차게 되면 다시 온 이스라엘을 구원에 참여하게 하여 우주적 공동체를 건설하는 계획을 세우신 것이다. 우리는 이 깊은 하나님의 지혜와 비밀을 계시를 통해 이해해야만 하는 것이다. 이것이 우리 교회가 이스라엘의 실패의 전철을 밟지 않고 하나님의 목적을 성취해 드리는 길이다.

첫째는, 최종적인 하나님의 경륜은 '온 이스라엘'의 구원이다(25-27절).
지금까지 "그들의 충만함"(12절), "그 받아들이는 것"(15절), 믿으면 "접붙임을 받으리니"(23절), "원 가지인 이 사람들이야 얼마나 더 자기 감람나무에 접붙이심을 받으랴"(24절) 등으로 간접적으로 이스라엘을 구원하시기를 바라시는 하나님의 계획에 대하여 말해 오던 것을 여기에서 구체적으로 밝히고 있다.

여기 한글성경에는 반영되지 않은 접속사 '왜냐하면'($\gamma\alpha\rho$)은 24절에서 잘려져 나갔던 유대인 가지들을 하나님께서 다시 원 감람나무에 접붙이실 것이라는 전망을 했었는데, 그 이유는 하나님께로부터 비밀을 알았기 때문임을 밝히고 있다.

(가) 우리는 하나님의 구원 경륜의 비밀을 이해해야 한다.

"형제들아 너희가 스스로 지혜 있다 하면서 이 신비를 너희가 모르기를 내가 원하지 아니하노니 이 신비는 이방인의 충만한 수가 들어오기까지 이스라엘의 더러는 우둔하게 된 것이라"(25절)

① 하나님의 비밀이란 무엇인가?

'비밀'($\mu\upsilon\sigma\tau\acute{\eta}\rho\iota o\nu$)이란 술어는 구약의 묵시문헌에서 나오는 것으로 주로 "후일에 될 일"에 대한 역사적 사건을 선지자를 통하여 계시되어 알게 되는 신적 비밀을 말하였다(단2:27-30, 47, 4:6). 그러나 이사야는 "새 일 곧 알지 못하던 은비한 일"(48:6)로서 메시아와 그의 영이신 성령을 보내시는 하나님의 구원 계획에 대한 것으로 사용하였다(사48:16).

사도 바울에게서는 만세 전에 하나님이 마련하신 구원의 진리를 가리키는데, 구체적으로 하나님의 구원의 계획(엡1:9, 골1:26), 그리스도에 관한 것(고전2:7, 엡3:4, 골1:27, 2:2, 4:3), 복음과 그 전파에 대한 것(롬16:25), 그리스도 안에서 주어지는 은총(골1:27), 또는 경륜($o\grave{\iota}\kappa o\nu o\mu\acute{\iota}\alpha$)의 역사(엡3:3, 9)에 대한 것들을 가리킨다.

다시 말해 바울 서신에 나타난 하나님의 비밀은 인류를 구원하기 위한 구원사의 계획으로서 그리스도를 통하여 완성되어지고 그 안에서 주어지는 영적 은총들과 그로 말미암아 이방세계까지 전파되어지는 복음과 그 경륜 역사를 말한다. 그리고 종말의 때에 최종적으로 성취되어지는 구원의 사건까지를 포함하고 있다(고전15:51).

② 이 비밀은 인간의 지혜로 알 수 없다.

여기 '비밀'을 '이 비밀'(μνστήριον τοῦτο)이라고 말한 것은 앞에서 설명한 하나님의 구원 비밀에 대한 전반적인 것으로 바울 자신이 이해한 것을 의미하고 있다. 이 구원의 비밀은 하나님의 계시가 아니면 인간의 지혜로는 이해할 수 없는 것이다. 만세전부터 하나님 속에 감추어졌던 것이기에 인간이 자기 지혜를 총동원한다 할지라도 알 수 없는 것이다(고전2:7, 엡3:9).

유대인들은 이 비밀을 알지 못하여 영광의 주를 십자가에 못 박는 어리석음을 범했던 것이다(고전2:8). 그런데 사도 바울은 "계시로 내게 비밀을 알게 하신 것은 내가 먼저 간단히 기록함과 같다"(엡3:3)고 했다.

그렇다. 하나님의 구속사의 비밀은 하나님의 계시를 통하지 않고는 도저히 알 수 없는 것이다. 다니엘처럼 하나님의 신과 지혜가 충만한 사람, 즉 "지혜와 계시의 영"이 임하면 깨달을 수 있는 것이다(엡1:17). 감사하게도 사도 바울은 계시로 알게 된 구원의 비밀을 기록해 두었다는 것이다.

우리가 그것을 읽으면 이해하고 깨달을 수 있는 것이다. 바울은 믿음의 형제들 가운데 "이 비밀"을 알지 못하여 어리석은 인생, 멍청한 신앙생활을 사는 사람이 하나도 없기를 간절히 소원했다. 그래서 성도들을 향하여 '알기를 원한다', '모르기를 원치 않는다'는 말을 거듭하여 말했던 것이다(고전10:1, 12:3, 15:1, 고후1:13, 살전4:13, 딤전2:4). 신자들이 하나님의 '뜻의 비밀을 아는 것'이 특별한 은총 중에 하나이기 때문이다(엡1:8-9). 그러므로 모든 신자들은 성경을 펴놓고 하나님의 구원 계획과 그 경륜하심이 무엇인지 정확하게 알고 행동하기 위하여 열심히 탐구하여야 한다.

③ 이방인의 충만한 수가 찰 때까지 이스라엘은 완악하게 될 것이다.

여기에서는 구원 경륜에 대한 간단한 개요를 기록하고 있다. 그 비밀의 경륜하심은 이미 앞에서 설명했듯이 이방인의 구원의 숫자가 찰 때까지 이스라엘이 우둔하게 되는 것이다.

하나님의 구원사에서 구원의 역사(役事)는 이스라엘에게서 먼저 출발하였지만 새 언약의 복음에서는 이방인의 구원이 이스라엘의 구원보다 선행하도록 하셨다. 그것은 이스라엘의 거절과 실패 때문이었다. 이방인의 충만한 수가 차고나면 그 후에 이스라엘이 구원을 받게 하신 것이다.

하나님의 경륜은 복음이 땅 끝까지 전파되어 이방인의 충만한 수가 들어

오기까지 계속되는 것이다. 여기 '충만한'(πλήρωμα)은 12절의 유대인의 충만함과 같은 의미로서 이방인의 충만한 숫자가 들어올 때까지는 복음이 열방의 땅 끝까지 전파되어 수많은 사람이 회심하고 주께 돌아오는 것을 가리킨다. 충만한 숫자가 어느 정도까지인지는 정확하게 알 수 없으나 무수한 심령들이 복음을 받아들일 것을 예견하고 있다.

그때까지 이스라엘의 얼마는 우둔해질 것이다. 우둔해지는 것은 7-8절에서 밝혔듯이 '혼미한 심령' '보지 못할 눈' '듣지 못할 귀'를 가지고 복음을 거절하는 완악해지는 상태를 가리킨다. 여기 '더러는'(ἀπὸ μέρους)이라는 말은 '부분적으로'를 뜻하여 전체 이스라엘이 완악해지는 것이 아니라 일부의 숫자가 복음의 의미를 깨닫지 못하고 영적 무지와 완악함에 빠져 있을 것을 말한다.

이는 하나님께서 이스라엘 백성을 아주 버리지 않으신다는 사실을 다시 한 번 주지(主旨)시켜 주는 말이다. 그러므로 이와 같은 구원의 경륜 과정을 알고 그에 합당하게 교회는 복음 전파, 세계 복음화 정책을 수립해서 실행해야 할 것이다.

㈏ 구원자가 시온에서 오시기에 이스라엘은 구원받을 것이다.
"그리하여 온 이스라엘이 구원을 받으리라 기록된 바 구원자가 시온에서 오사 야곱에게서 경건하지 않은 것을 돌이키시겠고 내가 그들의 죄를 없이 할 때에 그들에게 이루어질 내 언약이 이것이라 함과 같으니라"(26-27절)
여기 '그리하여'(οὕτως)는 자주 결과절로 사용하는 부사이지만, 여기에서는 '이와 같은 방식으로'(in this manner), '앞서 말한 바와 같이'(thus)라는 뜻으로 25절에서 이방인의 충만한 수가 들어온 것처럼 이스라엘도 많은 사람이 구원받을 것이라는 의미를 나타낸다.

'온 이스라엘'의 구원을 전망하는 이유는 구원자가 시온에서 오실 것이기 때문이다. 여기 인용문은 사59:20-21의 자유로운 인용으로 구속자가 시온에 임하여 이스라엘을 구원하실 것을 예언한 말씀이다.

사실 사59:20의 칠십인역(LXX)에서는 '시온에서'(ἐκ Σιών)가 아니라 '시온을 위하여'(ἕνεκεν Σιών)라고 되어 있다. 이는 이사야는 메시아의 초림에 맞추어 시온을 위하여 오실 것을 예언하였으나(사14:7, 53:7), 사도 바울은 예수님의 재림에 초점을 맞추어 장차 하늘의 시온에서 이 땅에 오실 것을 말하고 있다(히12:22, 계14:1). '구원자'(ὁ ῥυόμενος)는 재림하실 때에 오실 그리스도를 지칭한다. 예수 그리스도는 재림의 때에 모든 이방인 신자들을 구원하시러 오실 뿐 아니라 유대인의 남은 자들도 구원하러 오실 것이다.

① 야곱에게서 경건하지 않은 자를 돌이킬 것이다.

여기 '경건하지 않은'(ἀσεβείας)이라는 단어는 로마서에서 본 절과 1:18에만 나오는 단어로서 하나님을 경외하는 태도가 전혀 없는 것을 가리켜 유대인들이 복음을 수용하지 않고 예수 그리스도를 통하여 하나님을 경외하는 자세가 전혀 없는 것을 의미한다. 그러나 종말의 날에 예수 그리스도의 재림을 통하여 그리스도에게로 돌아오는 역사가 일어날 것이다.

'돌이키다'(ἀποστρέψει, 미래 직설법 능동태)는 자신의 잘못을 뉘우치고 돌아서는 행위를 가리킨다. 또한 이 단어가 미래 직설법 능동태라는 것은 미래에 확실하고도 필연적으로 발생한다는 것을 묘사하여 야곱의 백성인 이스라엘 민족이 자신들의 불경건함을 회개하고 주께 돌아오는 역사가 일어날 것을 말하고 있다. 즉 거대한 회개운동이 벌어질 것이다.

② 저들의 죄를 사하실 것이다.

여기 '없이하다'(ἀφέλωμαι)는 '가져가다'(to take away), '제거하다'(to remove)는 뜻으로 구약에서는 보편적으로 '진멸하다'(출33:5), '면제하다'(출34:7), '사하다'(출34:9. 민14:18, 사6:7), '제거하다'(레1:16, 슥3:4)라는 의미로 사용하여 죄를 용서하는 것에 가장 많이 사용되고 있다.

하나님께서는 다시 한번 이스라엘 백성의 죄를 사하실 계획을 세우신 것이다. 구원자 그리스도가 오실 때에 야곱 족속의 모든 죄악들을 제거하고 사하여 주실 것이다. 그리하여 구원의 은총에 참여하게 하실 것이다.

③ 그때 온 이스라엘이 구원 받는 언약이 이루어질 것이다.

그때, 즉 이스라엘 족속이 돌이키고 죄 용서함을 받을 때에 먼저는 '온 이스라엘'(all Israel)이 구원받게 될 것이다. '온 이스라엘'을 굳이 '국가적 이스라엘'이라든지 '영적 이스라엘'로 해석할 필요가 없다고 본다. 분명히 종말의 때에 이스라엘 백성들에게 거국적(擧國的) 회개운동이 일어나겠지만 그것이 '국가적 이스라엘'(national Israel)의 구원을 말하는 것은 아닌 것이다.

분명히 9:27에서 "이스라엘 자손의 수가 비록 바다의 모래 같을지라도 남은 자만 구원을 받으리니"라고 말씀한 것처럼 복음을 받아들이고 믿음으로 나아오는 많은 숫자의 이스라엘 백성이 구원을 받을 것으로 보는 것이 가장 타당하다고 보여 진다.

마지막으로 이 모든 일이 이루어지는 것은 하나님께서 유대인에게 주었던 언약에 의한 것이다. '내 언약'($\acute{\eta}$ $\pi\alpha\rho$' $\acute{\epsilon}\mu o\hat{\upsilon}$ $\delta\iota\alpha\theta\acute{\eta}\kappa\eta$)이란 '나로부터 나온 계약', 또는 '내가 그들과 체결한 내편의 계약'이라는 뜻으로 이스라엘 족속 가운데 경건하지 않는 자들이 돌아오고 그들의 죄가 용서되어 구원을 받는 것은 일찍이 그들에게 주었던 하나님의 언약 때문이다.

이러한 비전은 하나님께서 예레미야에게 주었던 '새 언약'에서 말씀하시던 것으로 그들의 악행이 사함 받고 작은 자로부터 큰 자까지 모든 사람이 하나님을 아는 날이 올 것이라는 언약의 성취를 말하는 것이다(렘31:34, 겔 36:24-28).

하나님의 계획과 언약은 절대로 변하지 않는다. 비록 지금은 이스라엘이 복음을 거절하고 실패하여 버림받은 것 같지만 이방인을 구원하시려는 하나님의 목적이 달성된 후에는 반드시 '온 이스라엘'이 주께 돌아와서 구원 받는 역사가 일어날 것이다. 그러므로 우리는 하나님의 우주적 계획, 구원의 경륜하심을 깨닫고 그것을 성취하기 위하여 성실하게 헌신해야 한다.

둘째는, 이스라엘을 향한 하나님의 은사와 부르심에는 후회하심이 없다 (28-29절).

28-29절에서는 유대인의 현재 상황을 설명하면서 하나님께서는 그들의 부르심에 대하여 절대로 후회하심이 없다는 사실을 밝히면서, 30-31절에서 최종적으로 이방인을 긍휼히 여기듯이 이스라엘도 긍휼히 여겨 전 인류를 구원하게 될 하나님의 경륜에 대하여 말하고 있다.

"복음으로 하면 그들이 너희로 말미암아 원수 된 자요 택하심으로 하면 조상들로 말미암아 사랑을 입은 자라"(28절)

여기서는 대조 관계기법($\mu\epsilon\nu...\delta\epsilon$, one~another)을 통하여 이스라엘이 복음과 택하심에 의하여 현재 어떤 상황에 있는지를 비교하고 있다. 그래서 복음과 택하심을, 원수된 것과 사랑을 입은 것을, 유대인을 가리키는 '저들'과 이방인 신자를 가리키는 '너희'를 대조시켜 이스라엘의 이중적인 신분과 입장을 언급하고 있다.

① 복음에 의하면 이스라엘은 하나님께 원수 된 자이다.

'복음에 따르면'($\kappa \alpha \tau \grave{\alpha}$ $\tau \grave{o}$ $\epsilon \mathring{v} \alpha \gamma \gamma \acute{\epsilon} \lambda \iota o \nu$) 이스라엘은 하나님 앞에서 원수 된 자들이 되었다. 하나님께서는 율법적 행위가 아니라 믿음으로 의로워지는 새로운 '하나님의 의'를 주었지만 이스라엘은 그것을 거부하여 아직도 구원받지 못한 상태에 놓여 있었던 것이다. 구원받지 못한 아담의 후손은 본성적으로 하나님의 원수이다(5:10, 빌3:18, 골1:21). 그래서 하나님께서는 '복음에 복종하지 않는 자들'을 원수같이 취급하여 영원한 멸망의 형벌을 내리시는 것이다(살후1:8-9). 복음을 거부한 이스라엘은 여전히 죄악 된 본성에 머물러 있기에 하나님의 미움의 대상인 원수로 보는 것이다.

또한 이스라엘이 하나님과 원수가 된 것이 "너희로 말미암아"($\delta \iota'$ $\mathring{v} \mu \hat{\alpha} s$)되었다고 했다. 이것은 이스라엘이 완악하게 되고 복음에 실패한 것은 이방인에게 부요함을 얻게 하고 세상의 화목을 가져다주려는 구원 경륜 과정에 따랐다는 면에서 이방인 때문에 원수 되었다고 표현하는 것이다.

② 택하심에 의하면 이스라엘은 하나님의 사랑받는 자이다.

반면에 '택하심에 따르면'($\kappa \alpha \tau \grave{\alpha}$ $\tau \grave{\eta} \nu$ $\acute{\epsilon} \kappa \lambda o \gamma \grave{\eta} \nu$) 이스라엘 사람들은 조상들의 덕에 의하여 사랑을 입은 자가 되었다. '택하심'이란 택하심을 받은 자를 뜻하는 것이 아니라 '선택의 원리'를 가리키는 말로 이스라엘이 하나님의 사랑을 입은 자가 된 것은 조상들을 부르시고 그들과 맺은 하나님의 언약에 기초한 것을 말한다. 이는 유대인들이 여전히 하나님의 관심과 사랑의 초점이 되어 종말의 때에라도 구원을 전망하는 것은 조상들에게 주신 언약의 약속들 때문이다.

③ 이스라엘에 대하여 하나님은 절대로 후회하지 않으신다.

"하나님의 은사와 부르심에는 후회하심이 없느니라"(29절)

서두에 이유를 묻는 접속사 '왜냐하면'($\gamma \alpha \rho$)이 나오는 것은 28절에서 유대인들이 복음에 의하여 하나님과 원수 된 관계에 있다 할지라도 택하심의 원리에 따라 여전히 하나님의 사랑을 입는 자라고 말한 이유를 밝히고 있다. 그것은 이스라엘에게 약속하여 주신 하나님의 은사와 부르심에는 후회함이 없기 때문이다.

여기 '후회하심이 없다'($\dot{\alpha}\mu\epsilon\tau\alpha\mu\dot{\epsilon}\lambda\eta\tau\alpha$)는 단어는 '후회할 것이 없는'(not to be sorry afterward), '폐기할 수 없는'(irrevocable)이라는 뜻의 형용사로 '취소할 수 없어서 물릴 수 없는 것'(irrevocable of something one does not take back)을 의미한다. 그리고 '은사'는 이미 9:4-5에서 제시하였던 '부여된 은총들', 즉 이스라엘 백성들에게 주었던 특권들을 말하고, '부르심'은 9:11에서 말했던 것으로 아브라함을 '복의 근원'으로, 이스라엘을 '제사장 나라'로 부르시고 택하신 것을 말한다.

하나님은 이스라엘 민족을 통하여 여호와 하나님의 신앙을 온 땅에 확산시키고 모든 열방의 민족들에게 하나님의 은총에 참여할 수 있게 하는 사명을 감당하기 위하여 부르셨던 것이다. 그러나 그들은 잘못된 선민의식과 특권의식에 붙들려 그 역할과 사명을 저버렸고 하나님의 새로운 구원 경륜을 깨닫지 못하여 복음을 거부했던 것이다.

그렇다고 하나님께서 그들을 영원히 버리신 것도, 그들에게 주었던 특권과 자격에 대하여 후회하시지도 않으셨다. 그것은 하나님의 목적이 달성되고 나면, 즉 이방인의 충만한 수가 차고 나면 꺾였던 이스라엘을 원 감람나무에 다시 접붙여 회복하시고 구원하시려는 계획을 세우셨기 때문이다.

셋째는, 이제 하나님께서 이스라엘에게도 이방인처럼 긍휼히 여기실 것이다(30-32절).

사도 바울은 9-11장을 결론짓는 마지막 부분에서 긍휼의 주제를 가지고 마무리를 지으려 한다. 특히 이방인 신자의 상황과 유대인들의 상황을 대조시키기 위하여 '~인 것 같이, 마찬가지로 역시'($\ddot{\omega}\sigma\pi\epsilon\rho\sim$, $o\ddot{\upsilon}\tau\omega s$ $\kappa\alpha\grave{\iota}$)라는 친숙한 대조법을 사용하고 있다.

전에 불순종하던 이방인이 유대인의 불순종 때문에 긍휼을 입은 것 같이(30절) 마찬가지로 이제는 이방인에게 베풀어 주었던 긍휼로 유대인도 긍휼을 얻게 했다는 것이다(31절). 즉 이방인의 이전과 이제의 상황, 그리고 유대인의 이제와 미래의 상황을 대조하고 있는 것이다. 한 마디로 불순종으로 하나님의 진노 아래 있던 인류에게(이방인과 유대인) 하나님께서는 긍휼을 베풀기를 원하시는 것이다. 이것이 하나님의 계획이며 최종 목적인 것이다.

① 불순종하던 이방인이 불순종하는 유대인 때문에 긍휼을 얻게 되었다.
"너희가 전에는 하나님께 순종하지 아니하더니 이스라엘이 순종하지 아니함으로 이제 긍휼을 입었는지라"(30절)
먼저 본 절에서는 이방인이 긍휼을 얻게 된 상황을 설명하고 있다. 여기서는 '전에'(ποτε)와 '이제'(νῦν)를 통하여 과거에 불신앙의 상태에 있던 이방인이 이제는 그리스도 안에서 긍휼을 얻게 되었다는 것이다.
이방인인 "너희"(ὑμεῖς)가 과거에 하나님께 불순종했다는 것은 에베소서 2장에서 설명한 것처럼 죄와 허물로 죽어 "본질상 진노의 자녀"의 상태에 있었다는 말이며(엡2:1-3), 또한 이스라엘 백성이 받았던 특권에서 제외되었던 존재였다는 말이다(엡2:11-12).
그러나 이스라엘 사람들인 '저들의 불순종'(τῇ τούτων ἀπειθείᾳ)이 계기가 되어 지금은 긍휼하심을 얻게 된 것이다. '이제'(νῦν)는 예수 그리스도를 믿어 그리스도 안에 들어왔을 때를 말한다.
'긍휼을 입다'(ἠλεήθητε - ἐλεέω의 수동태)는 말은 도저히 은총을 받을 자격이 없는 자가 동정심을 받아 한없는 은총을 받게 된 것을 가리킨다. 이것은 긍휼하심을 따라 '중생의 씻음'과 '성령의 새롭게 하심' 등 각종 영적 은총을 받게 된 것으로(딛3:5-7) 이방인에게는 감당할 수 없는 은혜인 것이다.

② 이방인에게 베푸신 긍휼을 이제는 유대인도 얻게 하실 것이다.
"이와 같이 이 사람들이 순종하지 아니하니 이는 너희에게 베푸시는 긍휼로 이제 그들도 긍휼을 얻게 하려 하심이라"(31절)
두 번째로 이방인들과 '마찬가지로 역시'(οὕτως καί) 유대인들도 하나님의 긍휼하심을 얻게 되었다는 것이다. "이와 같이 이 사람들이 순종하지 아니하니"에서 한글성경에서는 '역시'(καί)와 '이제'(νῦν)가 생략 되었지만 그 단어들을 넣어서 다시 번역해 본다면 '이와 같이 지금 순종하지 않고 있는 이 사람들도'라고 보는 것이 좋을 듯하다.
그리고 "너희에게 베푸시는 긍휼로"(τῷ ὑμετέρῳ ἐλέει)라는 여격 문구는 목적의 의미로 해석하여 이방인인 '너희가 받은 긍휼 때문에'(because of

the mercy that you have received-TEV) 유대인인 저희들도 이제 긍휼을 얻게 하려는 것이라는 의미로 보면 된다.

여기 유대인들이 얻을 긍휼을 설명하면서 '이제'라는 부사 '뉜'(νῦν)을 사용한 것은 앞에서 이미 그리스도 안에 들어와 있는 이방인들에게는 '지금'이 긍휼의 때요 유대인들에게는 불순종의 때라고 말했었지만, 그런데 사도 바울은 다시 '이제'라는 단어를 사용하여 유대인들의 구원은 미래의 종말적 사건으로만 보지 않고 현재에도 이루어지고 있다는 사실을 말하고 있는 것이다. 즉 유대인의 구원은 미래에만 이루어지는 사건이 아니라 현재에도 이미 시작되었다는 말이다(고후6:2).

하나님께서 유대인을 긍휼히 여기시는 것은 '지금, 어느 때든지' 일어날 수 있는 것이며 최종적으로는 종말의 날에는 전체 이스라엘이 긍휼하심을 얻어 구원에 참여하게 될 것이다. 유대인들의 불순종이 이방인들로 긍휼을 얻는 계기를 만들었듯이, 이제는 이방인들이 긍휼하심을 얻은 것을 통하여 유대인들도 긍휼을 얻는 기회가 생겨 결국에는 전체 이스라엘이 구원에 참여하는 것이 하나님의 경륜의 역사인 것이다. 이러한 하나님의 구원 경륜 역사는 이미 벌써 시작되고 있는 것이다.

③ 모든 사람에게 긍휼을 베푸시려고 모든 사람을 불순종에 가두어 두셨다.

"하나님이 모든 사람을 순종하지 아니하는 가운데 가두어 두심은 모든 사람에게 긍휼을 베풀려 하심이로다"(32절)

본 절은 이유를 묻는 접속사 '왜냐하면'(γαρ)을 통하여 30-31절에서 하나님께서 이방인과 유대인에게 긍휼을 베푸는 섭리를 하신 이유를 밝히려는 동시에, 로마서에서 지금까지 논의해 왔던 것을 결론짓는 역할을 하고 있다. 또한 이것은 기독교 신학의 구원론의 중심을 이야기하는 것이다.

우리는 30-31절에서 '불순종'이라는 말과 '긍휼'이라는 말이 세 번씩이나 나와 있으면서 이방인에게도, 또한 유대인에게도 동일하게 적용한 것을 보았다. 이제 본 절에서 이것을 요약하여 설명하고 있다.

여기 '가두어 두다'(συνέκλεισεν)는 '감금하다'(to confine), '가두다'(to imprison)는 뜻으로 마치 그물처럼 철저하게 둘러싸는 곳에 '모두 함께 감금시키다'(to shut all up together)는 의미이다. 바울은 이 단어로 성경은 모든 인류를 "죄 아래 가두었다"(갈3:22), 또는 "율법 아래에 갇혔다"(갈 3:23)는 의미로 사용하였다.

'순종하지 아니하는 가운데' 가두었다는 것은 아담 "한 사람이 순종하지 아니함으로 많은 사람이 죄인 된 것"(5:19)을 반영한 말이다. 즉 '진리를 막는' 사람들의 행동으로 경건하지 않고 불의한 것에 빠져있는 상태를 가리킨다. 그 속에는 자연적 계시도(1:19-21), 특별 계시로 주어진 복음도(3:22) 거절하는 불순종이 들어있다.

여기 '하나님'(ὁ θεὸs)이 주격으로 되어 있는 것은 모든 사람들을 불순종의 상태에 머물도록 만드신 것은 하나님의 주권적 결정이라는 것을 함축하고 있다. 그러나 동시에 '불순종'이라는 단어에는 인간의 책임에 대한 것도 담겨 있는 것이다(11:30-31). 하나님의 편에서 보면 그들을 불순종 가운데 가두어두시는 것은 하나님의 주도적 결정의 결과인 것은 분명한 사실이지만 인간 편에서 보면 그것은 그들 스스로가 선택한 행위인 것이다. 즉 불순종한 행위의 입장에서는 인간의 책임이지만 하나님의 심판적 입장에서 보면 하나님의 결정인 것이다.

하나님께서 그들을 불순종에 가두어두신 것에는 그들 모두에게 "긍휼을 베풀기 위한"(ἵνα τοὺς πάντας ἐλεήσῃ) 목적을 지니고 있다. 긍휼히 풍성하신 하나님께서는 '멸하기로 준비된 진노의 그릇'이라 할지라도 오래 참으심으로 관용하시고 긍휼히 여기시기를 원하고 계신다(9:22).

하나님께서는 아무도 멸망하지 않기를 원하시기에 모든 사람을 긍휼히 여기시는 것이다. 긍휼은 모든 구원의 은총의 출발점이다. 그러기에 그 안에는 구속에 관계된 모든 역사와 은총이 함께 포함되어 있는 것이다(딛3:5, 벧전1:3).

특히 여기 주절과 목적절에 "모든 사람들"(πάντας)이란 말이 각각 나와서 그 의미를 강조하고 있다. 이는 하나님께서 인류 모든 사람들을 불순종 가운데 가두어두신 것은, 다른 한편 인류 모든 사람들에게 구원의 긍휼을 베풀어 주시려는 하나님의 목적을 말하는 것이다. 이것은 유대인이나 이방인을 하나님의 구속 계획에 포함시킨 하나님의 주권적 역사로 인종과 성, 시대, 인간적 조건을 불문한 '모든 인류'를 가리킨다. 그러므로 사람들을 죄 아래 가두어 두심도, 긍휼히 여기심도, 그리스도의 십자가 구속도, 구원의 은총도 차별을 두지 않고 전 인류에게 동일하게 포함시키시는 것이다.

그러나 구원에 있어서 한 가지 조건은 복음을 받아들이고 예수 그리스도를 믿는 믿음의 법칙을 따르는 자에게 구원의 은총과 특권은 적용되는 것이다. 이에 대하여 윌리엄 에반스(William Evans)가 아주 잘 요약하여 설명을 했다고 본다.

"구속은 모든 인간들을 위하여 충분한 것이지만(sufficient), 그리스도를 믿는 자들에게만 그 효력이 나타난다(efficient). 하나님께서 모든 인간을 구속하려는 행동의 기초를 놓은 이상 속죄 그 자체는 모든 사람에게 제한이 없지만(unlimited), 그 속죄의 적용은 그리스도를 실제적으로 믿는 사람에게만 제한되어 있다(limited). 그는 모든 사람의 잠재적인(potentially) 구주이신 반면(딤전1:15), 실제적으로는(effectually) 오직 신자들의 구주이시다(딤전4:10). 속죄는 오직 사람들의 불신앙 때문에 제한될 뿐이다."

사도 바울은 유대인과 이방인의 관계와 그들의 구원의 미래적 전망에 대하여 11:17-24에서 감람나무 비유를 통하여 어느 정도 설명했음에도 불구하고 본 단락(25-32절)에서 다시 한 번 이스라엘의 구원에 대한 미래적 전망을 구체적으로 밝혔다. 특히 하나님의 구원 계획과 그 경륜하심을 가리키는 '비밀'이라는 단어를 통하여 모든 신자들이 이 비밀을 이해하기를 바란다는 자신의 소원을 피력했었다.

하나님의 구원 경륜(經綸)은 복음에 대한 이스라엘의 불순종은 이방인의 구원으로 인도하였고, 이방인의 구원은 이스라엘을 시기나게 하여 그들 중 얼마를 구원하게 하고, 이방인의 충만한 숫자가 들어올 때까지 이스라엘은 완악한 상태에 있다가, 이방인의 숫자가 차게 되면 이스라엘의 완악함이 제거되어 최종적으로 '온 이스라엘'이 구원을 얻는다는 순서로 진행될 것이다.

다른 말로 설명한다면 불순종 가운데 있던 이방인이 이스라엘의 불순종의 기회로 인하여 하나님의 긍휼하심을 얻게 되었고, 불순종 가운데 있던 이스라엘은 이방인의 긍휼하심을 얻은 것을 통하여 마지막에는 그들 자신도 긍휼하심을 얻게 하려는 것이 하나님의 구원계획의 경륜하심이라는 것이다.

그리고 결론적으로 32절을 통하여 모든 사람(all human)을 '예외 없이'(without exception) 순종하지 아니함에 가두어 두신 것은 모든 사람(all human)에게 '예외 없이'(without exception) 긍휼을 베풀려는 것이라는 말씀을 통하여 지금까지 로마서에서 진술해 오던 진리를 요약하고, 기독교 구원론에서 이 두 가지 개념은 필연적인 핵심 진리임을 밝혔다.

그러므로 우리는 이제 하나님의 구원 계획과 그 경륜하심에 대한 큰 그림을 볼 줄 아는 안목이 열려야 한다. 그렇지 못하고 어느 한 부분만 보는 편협적이고 소아적 안목을 갖게 된다면 사도 바울이 경계했듯이 어리석은 교만에 빠지게 되든지, 헛된 다툼에 허송세월하게 되든지, 또는 하나님의 우주적 계획을 외면하고 지엽적인 문제에 빠지기 쉬운 것이다.

또는 유대인들처럼 종교적 열심이 있다 할지라도 하나님의 의도와는 완전히 다르게 헛된 교리적 논쟁이나 아집에 붙들리게 될 것이다. 그러므로 계시로 알려준 영원 전부터 하나님 속에서 감추어져 있던 비밀이 무엇인지 정확히 이해하도록 해야 한다. 그리고 그에 따른 사역을 전개해야 한다.

5. 우주에 대한 하나님의 경영하심을 찬양하라(11:33-36).

우리가 앞에서 살펴 본대로, 9-11장에서 사도 바울은 태초부터 종말에 이르기까지 하나님의 구속 경륜사(經綸史)의 전개 과정을 선민이었던 이스라엘을 중심으로 설명했었다.

참 이스라엘이 되는 과정, 구속에 대한 하나님의 의도, 이스라엘 백성들의 복음에 대한 실패의 원인, 이스라엘의 실패를 통한 이방인의 구원 전환, 종말의 때에 이스라엘의 회복과 구원, 그리고 마지막에는 구속 경륜을 가리키는 '비밀'에 대하여 설명하면서 유대인과 이방인의 최종적인 구원에 대하여 설명했었다.

이제 9-11장의 종결부분인 33-36절에서 비록 짧은 구절로 되어 있지만 원대한 구속사의 전개 과정에 나타난 하나님의 깊은 섭리에 대하여 찬양하면서 그에 대한 인간의 한계와 역할에 대하여 이야기하고, 그리고 우주 만물의 주권자가 하나님이심을 강조하면서 찬양으로 마무리를 하고 있다.

첫째는, 하나님의 구속 경륜은 심히 오묘하다(33절).
36절에서 "만물이 주에게서 나오고 주로 말미암고 주에게로 돌아감이라"고 했다. 이는 우주 전체가 하나님에게서 기원했고, 하나님에 의하여 경영되며, 마지막에는 하나님께서 마무리하여 귀착(歸着) 시키신다는 의미이다.

우주 만물은 하나님이 창조하셨고 하나님이 경영하시기에 그 안에는 항상 하나님의 섭리와 경륜하심이 있는 것이다. 성경에 나타난 하나님의 경륜하심에는 우주 경영과 역사 경영, 그리고 구속 경륜에 대한 것이 있다.

그 중에서도 가장 핵심적이며 중요하게 다룬 것이 구속 경영으로 일차적으로는 이스라엘을 선택하여 경영하신 것에 대한 것이 있고, 이차적으로는 새 언약 공동체인 교회를 통하여 어떻게 경륜하실 것인지 그 전략에 대한 것이 기록되어 있다.

하나님께서는 우주와 약정을 맺으시고 천지에 규례를 정하여 경영하고 계시며(렘33:20, 25), 또한 온 세계를 향한 '정한 경영'을 세워놓고 운영하고 계신다(사14:24, 26). 특히 하나님의 가장 큰 관심을 가지고 경영하시는 것은 메시아를 통한 구속 경영이다(행2:23, 엡1:9).

"깊도다 하나님의 지혜와 지식의 풍성함이여"(33절상)

여기서는 감탄사를 포함하여 '오! 깊도다'(ˀΩ βάθos)라는 뜻으로 그 깊이를 헤아릴 수 없는 하나님의 무한한 지혜와 심오한 섭리를 감탄하는 표현이다. 인류를 구원하기 위한 하나님의 계획과 그 경륜하심이 인간이 측량할수 없을 정도로 심오(深奧)하다는 것이다.

사도 바울은 이스라엘의 실패로 심히 마음이 아팠는데, 오히려 실패를통하여 이방인을 구원할 계획을 세우시고 또한 그로 인하여 이스라엘까지구원하시려는 하나님의 경륜하심을 깨닫는 순간 하나님의 지혜와 섭리가정말 깊다는 사실을 새삼 깨닫게 된 것이다.

① 지혜(σοφίαs)

사도 바울에게 있어서 지혜는 은밀하게 감추어진 하나님의 비밀로서 만세전에 정하신 '하나님의 계획'을 가리킨다(고전2:7, 골2:2). 이 지혜는 세상사람들이 알지 못한 '십자가에 못 박힌 그리스도', 또는 '십자가의 도'에 관한 것이다(고전1:18, 2:8).

이 지혜는 인간의 지혜로는 알 수 없는 놀라운 하나님의 구원 전략의 핵심으로 '그리스도'에 관한 것이다. 특히 그리스도 안에는 상상할 수 없는 놀라운 하나님의 지혜가 들어 있다(골2:2-3). 메시아 예수를 통한 인류 구원의 계획은 정말 놀라운 하나님의 지혜 중에 지혜이다.

② 지식(γνώσεωs)

하나님의 지식은 '하나님의 뜻을 아는 것'(골1:9)과 밀접한 관계가 있는것으로 지혜가 영원한 일에 대한 것을 말한다면, 지식은 성취할 일에 대한것을 말한다. 세드(Shedd)의 말대로 "지혜는 하나님의 마음에 있는 목적이고, 지식은 그 목적을 달성하기 위해 사용되는 방법이다."

이것이 바로 하나님이 역사 가운데서 그의 계획과 목적을 성취해 가는 경륜하심(οἰκονομία)을 가리킨다(엡1:10, 3:2, 9). 앞에서 설명한 것처럼 하나님의 경륜하심은 인간의 생각을 초월한 놀라운 방법으로 성취해 가시는 하나님의 구속 경영 원리이다. "때가 차매" 그 아들을 세상에 보내셔서 구속자로 세우시고 성령을 보내시고 그의 몸인 교회를 세워 구속 목적을 성취해가시는 경륜 역사는 정말 심오하기만 하다.

③ 풍성함($\pi\lambda o\hat{v}\tau os$)

하나님의 '풍성함'은 그리스도 안에서 주어지는 은총들을 가리켜 보편적으로 '은혜의 풍성함'(엡1:7, 2:7), 또는 '영광의 풍성함'(롬9:23, 엡1:18, 3:16, 빌4:19, 골1:27), '그리스도의 풍성함'(엡3:8)으로 표현하고 있다. 이는 그리스도 안에서 "우리에게 거저 주시는 그의 은혜"(엡1:6)로서 측량할 수 없는 풍성함인 것이다. 이 은혜의 풍성함이 얼마나 큰지 인간으로는 상상할 수 없을 정도로 놀라운 것이다.

둘째는, 인간은 하나님의 섭리를 이해하기에는 무능력하다.

"그의 판단은 헤아리지 못할 것이며 그의 길은 찾지 못할 것이로다"(33절하)

하나님께서 그리스도 안에서 우리를 위하여 마련하신 구원의 계획과 그것을 성취해 가는 경륜하심, 그리고 적용해주시는 은혜들은 정말 깊고 오묘하게 느껴지는 것들이다. 그래서 인간의 지혜와 지식으로는 충분히 알기에 한계가 있는 것이다. 하나님의 계시가 아니면 도저히 알 수 없을 뿐 아니라 계시의 영으로 마음눈을 밝혀주지 않는다면 깨달을 수 없는 것이다.

① "그의 판단은 헤아리지 못할 것이며"

여기 '판단'($\kappa\rho\acute{\iota}\mu\alpha\tau\alpha$)은 보통 하나님의 법률적 결정(determination of God)을 지칭하지만 본문에서는 구원에 대한 하나님의 계획, 또는 구원사에서 하나님의 경륜하심과 섭리적인 결정 행위(decision as an action)를 가리킨다.

하나님께서 구원의 경륜 과정에서 결정하는 일들은 인간의 두뇌로는 측량할 수 없는 것들이다. 즉 유대인의 실패를 통하여 이방인을 구원하시고, 이방인의 풍성함을 통하여 유대인을 질투 나게 만들어 결국에는 구원으로 인도하시려는 하나님의 계획과 결정, 그리고 실현해 가는 것은 정말 측량할 수 없는 깊고 놀라운 섭리인 것이다.

② "그의 길은 찾지 못할 것이로다"

여기 '길들'($\acute{o}\delta o\iota$)은 '길' 뿐만이 아니라 '생활방식', '하나님의 섭리적 행위'를 가리킨다. 하나님께서 인간을 구원하는 방식, 섭리적 행위는 인간이 감히 찾을 수 없다. 그것은 하나님의 길은 인간의 길보다 훨씬 차원이 높기 때문이다(사55:8-9). '찾지 못하는'(ἀνεξιχνίαστοι)이라는 말은 '이해할 수 없는'(incomprehensible), '헤아릴 수 없는'(inscrutable)이라는 뜻으로 인간이 도저히 발견할 수 없다는 말이다(욥5:9, 9:10).

하나님의 구속 계획과 그 경륜하심은 정말 오묘하기에 인간이 측량하기도 이해하기도 어려운 일이다. 오직 하나님의 깊은 것을 통달하시는 성령이 도와주고 계시해 주지 않으면 알 수 없다(고전2:10). 이것이 오늘 우리에게 가장 중요한 과제이다. 그러므로 우리는 날마다 지혜와 계시의 영을 주셔서 마음을 밝혀 하나님의 계획을 알게 해 달라고 기도해야 한다(엡1:17-18).

셋째는, 하나님은 경륜의 도구로서 동역자를 찾고 계신다(34-35절).

"누가 주의 마음을 알았느냐 누가 그의 모사가 되었느냐"(34절)

본 구절이 사40:13의 인용이라고 본다면, 이사야서에서는 그 내용이 어느 누구도 비교할 수 없는 위대하신 하나님을 가르칠 수도 없고 모사가 되어 줄 수도 없다는 의미로 사용되어지기도 한다.

그러나 사도 바울에게서는 고전2:16에서 "우리가 그리스도의 마음을 가졌다"고 해석한 것처럼 본 절에서는 하나님의 계획을 성취할 경륜의 도구가 누가 될 수 있는지를 찾고 있다는 의미를 담고 있다. 즉 하나님은 오늘도 자신의 경륜을 성취할 동역자를 찾고 계신다는 말씀이다.

① "누가 주의 마음을 알았느냐"

'주의 마음'(νοῦν κυρίου)은 하나님의 '깊은 심중'을 의미한다. 사실 무한하신 하나님의 지혜와 지식은 너무나 깊고 심오하여서 유한한 인간으로서는 측량할 수 없는 노릇이다. 그렇다고 손 놓고 그냥 주저앉아 있어서는 안 되는 일이다. 특히 하나님에게 부르심을 받은 그의 백성들은 반드시 하나님의 중심이 무엇인지 이해하고 알아내야 한다.

"하나님의 선하시고 기뻐하시고 온전하신 뜻이 무엇인지 분별하는"(롬12:2) 노력과 수고를 해야 한다. 하나님의 의중(意中)인 우주적 계획을 알지 못한다면 우리 인간은 평생 엉뚱한 길을 걸을 수밖에 없다.

② "누가 그의 모사가 되었느냐"

여기 '모사'($\sigma\acute{v}\mu\beta ov\lambda os$)는 '함께'($\sigma v\mu$)라는 전치사와 '상의'(행27:12), '계획'(행2:23)이라는 명사 '불레'($\beta ov\lambda\acute{\eta}$)의 합성어로 '함께 상의하는 자', 즉 '의논 상대'(one who shares one's council)라는 뜻이다. 이는 전지전능하신 하나님께 무슨 조언이나 충고를 하는 자를 말하는 것이 아니라 하나님의 계획과 의도하심이 무엇인지 알아서 어떻게 실행할 것인지 상의하는 자를 말한다. 하나님은 자신의 계획과 목적을 실행할 '경륜의 도구'를 필요로 하고 있다.

하나님은 이스라엘을 자신의 동역자로 부르시고 택하셨다(사44:1, 21). 특히 그 중에서도 왕들은 가장 중요한 임무를 주어 여호와 하나님에 대한 신앙 공동체를 건설해야 하는 사명을 부여받았던 동역자였다. 그러나 그들은 세속적 권력에 빠져 하나님의 나라를 건설하는 것에 불충하여 실패하고 말았던 것이다. 하나님은 다윗처럼 자기 시대에 자기에게 맡겨준 하나님의 뜻을 따라 섬기는 사람을 원하시는 것이다(행13:36). 누가 하나님의 우주적 비전을 성취할 하나님의 동역자가 될 수 있는가?(고전3:9)

③ "누가 주께 먼저 드려서 갚으심을 받겠느냐"(35절)

여기 '먼저 드리다'($\pi\rho o\delta\acute{\iota}\delta\omega\mu\iota$)는 신약에서 본 절에서만 나오는 단어로 '보관에 맡기다'(to hand over), '운명을 맡기다'(to abandon), '누설하다'(to betray)는 뜻으로 하나님의 계획과 그 경륜하심을 위하여 자신을 하나님께 맡겨 드리는 것을 의미한다.

그것은 바로 다음에 나오는 "너희 몸을 하나님이 기뻐하시는 거룩한 산 제물로 드리라"는 권면을 볼 때에 더욱 확실해진다. 하나님은 우리가 하나님의 우주적 비전을 성취하기 위하여(엡1:23), "화목하게 하는 직분"(고후5:18)을 감당하기 위하여 헌신하기를 원하고 계신다.

'갚으심을 받다'($\dot{a}\nu\tau a\pi o\delta o\theta\acute{\eta}\sigma\varepsilon\tau a\iota$-$\dot{a}\nu\tau a\pi o\sigma\tau\delta\omega\mu\iota$의 미래 수동태)라는 단어는 '상환하다'(to repay), '은혜를 갚다'(to requite), '보답하다'(to recompense)라는 뜻으로 하나님을 위하여 수고한 대가를 갚아주신다는 의미이다. 우리가 주님을 위하여 수고한 것은 절대로 헛되지 않는다(고전15:58). 하나님은 우리가 충성한 대로 반드시 갚아주시는 분이시다(계22:12, 막10:29-30).

여기에서 강조되는 것이 '누가'(τίς)라는 말이다. 누가 하나님의 마음을 알고, 그의 모사가 되어서 주의 일에 헌신할 수 있느냐는 질문이다. 솔직히 하나님의 의도를 깨닫지 못한다면 어느 누구도 자발적으로 헌신할 수는 없는 노릇이다.

비밀을 계시로 기록해 놓은 성경을 바르게 해석하고 이해한 사람만이 하나님의 모사(σύμβουλος)가 될 수 있고, 하나님의 목적을 성취하는 경륜의 도구로 하나님께 드릴 수 있는 것이다. 우리는 '다른 시대'까지 신경을 쓰지 않아도 된다. 오직 다윗처럼 우리 자신의 시대에 하나님의 동역자가 되어 우리의 과업만 성취해내면 되는 것이다.

'누가'(τίς), 이 일을 해 낼 수 있겠는가?

넷째는, 결국 만물은 하나님의 주권 아래 있어 그에게로 돌아간다.

"이는 만물이 주에게서 나오고 주로 말미암고 주에게로 돌아감이라 그에게 영광이 세세에 있을지어다 아멘"(36절)

이것은 지금까지 논의해 오던 모든 것의 최종적이며 종합적인 결론의 말씀으로 우주 경영, 역사 경영, 구속사 경영, 이 모든 것이 주님께 있다는 것이다. 주님이 출발점이며 과정이고 결론인 것이다. 모든 것이 하나님의 장중에, 그의 주권에 있는 것이다.

① "만물이 주에게서 나오고"

'주에게서 나오고'(ἐξ αὐτοῦ)에서 전치사 '에크'(ἐκ)가 소유격을 지배하면 기원, 동기, 이유를 나타낸다. 이는 우주 만물의 기원이 하나님께 있다는 말이다. 하나님이 우주 만물을 창조했다는 것은 "하늘과 땅에서 보이는 것들과 보이지 않는 것들과 혹은 왕권들이나 주권들이나 통치자들이나 권세들이나 만물이 다"(골1:16) 창조 되었다는 말이다. 그러므로 만물과 인간 역사와 구속 역사까지도 그 기원이 하나님께 있는 것이다.

② "주께로 말미암고"

'주로 말미암고'(δι᾽ αὐτοῦ)에서 전치사 '디아'(διa)가 소유격을 지배하면 수단, 방편, 매개의 뜻을 가져 우주 만물을 경영하는 모든 동인(動因)이 하나님께로 말미암는다는 것을 나타낸다. 우주 만물이 주님으로 말미암아 보존되고, 운행되고 있다(히1:3). 이는 우주 만물뿐만 아니라 인간 역사와 구속 역사의 모든 사건이 전부 하나님이 섭리하심으로 이루어져 가는 것을 뜻한다.

③ "주에게로 돌아감이라"

'주에게로 돌아감이라'($\epsilon$is $\alpha$$\upsilon$$\tau$o$\nu$)에서 전치사 '에이스'($\epsilon$is)가 목적격을 지배할 때는 어떤 장소로 향하는 동작, 또는 행동의 결과를 뜻하여 '~에게로'(into)라는 의미이다. 존재했던 우주 만물은 결국에는 하나님께 돌아가고 하나님에 의하여 최종적인 종말의 결론을 맺게 되는 것이다.

그렇다. 우주 만물의 주인은 하나님이시다. 하나님이 창조하시되 '지은 것이 하나도 그가 없이는 된 것이 없는'(요1:3) 것이 불변의 진리이다. 그래서 천하에 있는 것이 다 하나님의 것이라고 했다(욥41:11, 대상29:11). 하나님만이 우주의 기원이며 과정이고 최종 목표인 것이다.

그러므로 우리는 위대하시고 광대하신 하나님을 찬양하는 것이 마땅하다. 무엇보다 만물의 영장으로 창조하신 인간에 대한 하나님의 지극한 사랑과 그 계획하심, 경륜하심을 생각할 때에 세세 무궁토록 영광과 찬양을 돌리는 것이 합당하다.

"우리 주 하나님이여 영광과 존귀와 권능을 받으시는 것이 합당하오니 주께서 만물을 지으신지라 만물이 주의 뜻대로 있었고 또 지으심을 받았나이다"(계4:11)

"보좌에 앉으신 이와 어린 양에게 찬송과 존귀와 영광과 권능을 세세토록 돌릴지어다"(계5:13)

VI. 복음에 합당한 신자의 생활(12:1-15:13)

로마서는 크게 세 부분으로 나눌 수 있다. 1-8장에서는 믿음으로 의롭다 여김을 받는다는 구원론을 진술했고, 9-11장에서는 이스라엘의 실패로 인하여 이방인이 구원을 얻는 계기가 되었지만 종말에는 이스라엘이 구원을 받게 된다는 구원의 경륜 과정을 진술하였다. 12-15장에서는 구원 받은 자의 삶의 실천적인 문제를 다루고 있다. 즉 1-11장이 교리의 문제를 다루었다면, 12-15장은 생활의 실천적 문제를 다루고 있다.

사도 바울은 그의 서신에서 이러한 패턴을 자주 다루고 있다. 에베소서는 1-3장은 교리, 4-6장은 실천, 골로새서도 1-2장은 교리, 3-5장은 실천 형식으로 기술하고 있다.

로마서의 실천 부분은 먼저 하나님과의 관계에 대한 것이다(12:1-2). 신자가 비록 세상에 살고 있지만 세속적인 것을 본받으며 살지 말고 자신의 전인격과 생활을 하나님께 드려 변화된 자의 삶과 하나님의 뜻을 실천하는 삶을 살라는 권면이다. 이것이 바로 기독교 윤리의 출발점이다.

일반 세상의 윤리는 사람들의 사회적 양식(良識)이 그 기준이 되지만, 기독교 윤리는 하나님과의 관계가 그 기초가 되는 것이다. 이것을 기본으로 하여 두 번째는 교회 안에서 공동체 의식, 즉 모든 성도들은 한 몸이라는 '지체의식'(肢體意識)을 가지고 자기 역할을 감당하고 서로 협력하고 사랑하는 관계를 맺으라는 것이다(12:3-13).

그리고 사회 속에서 세상 사람들과의 관계를 단절하지 말고 여러 종류의 사람들을 만나게 되어도 '선으로 악을 이기라'는 것이다(12:14-21). 13장에서는 먼저 국가 권력에 대한 성도의 자세로서 국가 지도자에게 복종하고 국민으로서의 의무를 다하라는 것이다(13:1-7). 그리고 이웃을 향하여서는 사랑을 실천하므로 율법을 완성시키라는 것이다(13:8-10). 마지막으로 종말의 시대를 살아가는 신자는 '밤이 깊고 아침이 가까웠다'는 인식을 가지고 어둠의 일들은 벗고 빛의 갑옷을 입고 살라는 것이다(13:11-14).

14장에서는 로마교회 안에 당면하고 있는 실제적인 문제를 다루고 있다.

먼저 음식 문제와 절기 문제로 상호간에 비판하지 말라는 것이다(14:1-12). 서로 의견이 상충되고 생활 방식이 달라도 모든 것을 주를 위해서 하고, 하나님의 심판대 앞에서 내가 행한 것에 대한 심문 받을 것을 생각하고 행동하라는 것이다.

두 번째는 교회 안에서 부딪치는 문제들로 형제를 망하게 하지 말고 화평의 일을 도모하고 서로 세워주는 일과 하나님의 사업을 먼저 생각하라는 것이다(14:13-23). 연이어 15장에서는 '믿음이 강한 자'는 '믿음이 약한 자'를 향하여 자기중심적으로 행동하지 말고 형제의 약점을 담당하고 그리스도의 정신과 자세로 살라는 것이다. 그리하여 약한 자들을 용납하고 뜻을 같이하여 하나님께 영광 돌리는 삶을 추구하라는 것이다(15:1-7).

마지막으로 그리스도께서 유대인을 위하여 할례의 수종자(隨從者)가 되시고, 이방인을 위하여 긍휼의 사역을 통하여 구원의 문을 활짝 열었으니 열방을 받아들이고 환영하라는 것이다(15:8-13).

하나님의 구원의 은혜에 감격한 신자는 반드시 윤리적 삶을 실천해야만 한다. 그러나 오늘날 우리는 기독교 윤리 부재 앞에서 고민하고 있다. 우리는 복음화를 효과적으로 달성하는 경륜의 도구가 되기 위해서라도 반드시 성도들의 삶이 착한 행실로 빛과 소금의 역할을 감당하도록 해야만 한다. 복음을 받은 성도의 생활의 실천편을 살피면서 좋은 교훈과 길잡이가 되기 바란다.

1. 하나님이 기뻐하는 삶을 찾으라(12:1-2).

은혜로 값없이 의롭다 하심을 받고 그리스도 안에서 새 존재가 되어 생명의 영역 안에 살게 된 성도는 마땅히 구속의 은총에 합당한 삶을 살아야만 한다. 이는 '율법의 행위'를 계속하라는 말이 아니라 새 생명 가운데 살게 된 새로운 하나님의 백성의 삶은 '믿음에 의한 순종'의 생활을 살아야 한다는 것을 말한다(1:5, 16:26).

빛이신 하나님과 사귐을 갖는 사람은 필연적으로 빛 가운데 행하여야 하며(요일1:7), 새 계명인 그리스도의 말씀을 지키며 살아야 하기 때문이다(요일2:3-6).

삶의 실천에서 가장 먼저 하나님과의 관계가 돈독해야 하며, 하나님께서 자신을 구속해 주신 목적이 무엇인지를 깨닫고 실천하는 것이 중요하다. 그것은 모든 기독교의 윤리는 하나님과의 관계가 기초이며 출발점이기 때문이다.

(1) 자신의 몸을 하나님이 기뻐하는 산 제물로 드려라

"그러므로 형제들아 내가 하나님의 모든 자비하심으로 너희를 권하노니 너희 몸을 하나님이 기뻐하시는 거룩한 산 제물로 드리라 이는 너희가 드릴 영적 예배니라"(1절)

여기 '그러므로'(οὖν)라는 접속사는 지금까지 논의해 왔던 1-11장의 교리적 강론의 결과를 말하는 것으로 뒤에 나오는 윤리적 권면들과 밀접한 관계가 있다는 것을 보여주고 있다. 하나님의 은혜에 따라 믿음으로 의롭다하심을 받은 신자는 이제 마땅히 의로운 삶을 실천해야 한다는 것을 보여준다.

특히 지금까지 한 번도 등장하지 않았던 '권하다'(Παρακαλῶ)라는 단어를 통하여 명령적 어조가 아니라 권유(勸諭)적 어조로 신자들을 권면하고 있다. 권면을 '하나님의 자비하심'에 근거를 두고 하는 이유는 지금까지 하나님께서 베풀어 주시는 긍휼하심과 자비하심을 경험한 사람이라면 당연히 그에 합당한 삶을 살아야 한다는 것을 강조하기 위한 것이다. 하나님의 자비하신 은혜를 받은 성도는 하나님 앞에서 어떤 자세로 살아야 하는지를 권면하고 있다.

첫 번째로 제시한 것이 자신의 몸을 하나님께 산제사로 드리라는 것이다.

① "너희 몸을"

'몸'(σῶμα)은 보편적으로 '육체적인 몸'(physical body)을 지칭하지만, 이는 팔 다리를 하나님께 드리라는 것이 아니라 인격체로서의 '자기 자신'을 말한다. 이것은 "너희 지체를 드리라"(6:13, 19), "너희 자신을 드리라"(6:13, 16)는 표현과 본질적으로 같은 의미이다.

신자의 몸은 이미 값으로 산 것으로 자신의 것이 아닌 하나님의 것이 되었으며 하나님의 성령의 전인 것이다(고전6:19-20). 그러므로 그 몸으로 하나님께 영광을 돌려야 할 전 인격체인 것이다. 예배는 마음과 뜻과 힘을 다 바친 전 인격적인 것이 되어야 한다.

② "하나님이 기뻐하시는 거룩한 산 제물로 드리라"

여기 '드리다'($\pi\alpha\rho\iota\sigma\tau\eta\mu\iota$)는 문자적으로는 어떤 목적을 위해 '곁에 두다'(to place beside)는 뜻으로 '맡기다'(to commend), '바치다'(to present)는 의미를 가지고 있다. 이는 희생 제사를 지칭하는 술어로 몸을 산 제물로 드린다는 것은 구약 시대처럼 어떤 동물의 생명을 드린다는 의미가 아니라 자신의 온 인격을 하나님께 헌신하라는 의미이다(히13:15, 16, 벧전2:5). 여기 신자가 드려야 할 제사를 수식하는 세 가지 형용사가 있다.

첫째는 '산'($\zeta\tilde{\omega}\sigma\alpha\nu$) 제사를 드리라는 것이다. 옛 시대처럼 동물을 죽여 드리는 것이 아니라 영구히 '살아있는' 헌신의 제사를 드리라는 것이다. 그리스도 안에서 받은 새 생명을 가지고 영원히 하나님 앞에 헌신의 예배를 드리라는 말이다.

둘째는 '거룩한'($\dot{\alpha}\gamma\iota\alpha\nu$) 제사를 드리라는 것이다. 신자는 이미 그리스도 안에서 거룩함을 받은 존재이니 거룩함을 받은 자로서 구별하여 하나님께 헌신하여 드려야 한다.

셋째는 하나님이 '기뻐하는'($\epsilon\upsilon\dot{\alpha}\rho\epsilon\sigma\tau o\nu$) 제사를 드리라는 것이다. 이는 하나님께서 기뻐 받으시고 열납하시고 용납하시는 향기로운 제물처럼 헌신하라는 것이다(고전5:9, 빌4:18). 베드로는 모든 신자들은 "예수 그리스도로 말미암아 하나님이 기쁘게 받으실 신령한 제사를 드릴 거룩한 제사장이 될 지니라"(벧전2:5)고 했다. 우리는 매일 같이 영적 예배를 드리는 제사장처럼 몸뿐만이 아니라 마음과 의지, 소유물...등을 총동원하여 드리는 헌신의 삶을 살아야 한다. 죽은 신앙이 아니라 살아있는 신앙의 삶을, 세속적 삶이 아니라 하나님께 거룩하게 구별된 삶을, 자신을 기쁘게 하는 삶이 아니라 하나님을 기쁘시게 하는 삶을 위하여 자신을 드려야 하는 것이다.

③ "이는 너희가 드릴 영적 예배니라"

'영적 예배'($\tau\grave{\eta}\nu\ \lambda o\gamma\iota\kappa\grave{\eta}\nu\ \lambda\alpha\tau\rho\epsilon\iota\alpha\nu$)란 동물 제사와는 다르게 인간의 마음과 정신을 포함하는 내면적인 신령한 예배를 가리킨다. 문자적으로는 '합리적인'(rational) 예배로서 죄에 붙들린 불합리한 미신적 예배와는 달리 하나님의 뜻에 합당한 예배를 말한다.

사도 바울이 말하는 그리스도인이 드려야 할 참된 예배라는 것은 의식적이거나 내면적인 진실한 태도만이 말하는 것이 아니라 살아가는 일상생활에서 자신의 '온 몸'으로 드려지는 구체적인 순종 행위와 실천적 삶을 통하여 표현 되어지는 예배인 것이다. 이는 전통적인 유대교의 제의적 특징들과 또는 장엄한 종교적 의식을 행하는 것과는 구별되는 것으로 매일같이 자신의 삶을 하나님께 드리는 것이다.

구원받은 자의 복음적 삶은 매일 같이 자신을 제물 삼아서 하나님이 기쁘게 받으시는 전 인격적인 예배, 즉 영적 예배를 드려야 한다. 그리고 이를 통하여 항상 하나님의 임재 가운데 깊은 사귐의 삶을 살아야 한다.

(2) 이 세대를 본받지 말고 변화를 받으라.

"너희는 이 세대를 본받지 말고 오직 마음을 새롭게 함으로 변화를 받아" (2절상)

① "너희는 이 세대를 본받지 말고"

'이 세대'($\tau\tilde{\omega}$ $ai\tilde{\omega}\nu\iota$ $\tau o\acute{\upsilon}\tau\omega$)는 '세상'(요6:14, 8:23), 또는 '세계'(고전 4:9, 히11:2)라는 말과 유사한 것으로 바울에게서는 특히 장차 올 시대와는 구분된 현세를 의미하는 종말론적 뉘앙스가 함축되어 있다(고전1:20, 고후 4:4, 갈1:4). 여기에서는 자신이 살아가고 있는 현 시대에서 겪게 되는 시대 상황, 즉 비신앙적 사상과 견해들, 세속적 유혹 등을 가리키는 말이다. 예수 님께서는 세상을 "악하고 음란한 세대"(마12:39)라고 했고, 요한은 "세상에 있는 모든 것이 육신의 정욕과 안목의 정욕과 이생의 자랑이니 다 아버지께로부터 온 것이 아니요 세상으로부터 온 것이라"(요일2:16)고 했다.

여기 '본받다'($\sigma\upsilon\sigma\chi\eta\mu\alpha\tau\acute{\iota}\zeta\epsilon\sigma\theta\epsilon$ - $\sigma\upsilon\sigma\chi\eta\mu\alpha\tau\acute{\iota}\zeta\omega$의 현재 수동태 명령형)라는 단어는 '어떤 것으로부터 형성하다'(to form after something), '일치하게 만들다'(to fashion in accordance with)는 뜻으로 어떤 행위의 양상을 모방하는 것을 의미한다. 이 세상에 형성된 여러 가지 관습들과 제도들은 그 자체가 악한 것은 아니지만 그 배후에는 '이 세상의 영'(고전2:12), 또는 '어두움의 영'(엡2:2)이 역사하고 지배하기 때문에 무분별하게 모방해서는 안 되는 것이다.

신자는 그리스도로 말미암아 새 피조물이 되었고(고후5:17), '이 악한 세대에서 건짐'받아 하나님의 나라로 옮겨진 존재이다(갈1:4, 골1:13). 즉 이 세상에 속하지 아니한 자들이다(요17:14, 16). 그럼에도 불구하고 여전히 육체 가운데 살면서 세상에 속한 사람들과 더불어 살아가야 하는 존재이기도 하다(갈2:20, 고전5:10). 그래서 예수님께서는 제자들을 염려하여 "그들을 세상에서 데려가시기를 위함이 아니요 다만 악에 빠지지 않게 보존하기 위하여"(요17:15) 중보기도를 하셨던 것이다.

신자는 '세상과 벗된 것이 하나님의 원수'(약4:4)가 된다는 말씀을 기억하면서 비록 악한 시대 속에 살아가고 있지만 세상의 풍조, 시대의 조류(潮流)를 모방하거나 휩쓸려서 이 세대의 악한 관습과 문화, 또는 편협적 이론들과 투쟁, 그리고 세속적 가치관을 무분별하게 따라가거나 연연(連延)해 살아서는 안 되는 것이다.

② "오직 마음을 새롭게 함으로 변화를 받아"

'마음'(νοῦς)은 이성적 기능으로서 도덕적 태도와 행동을 결정짓는 이해력, 또는 선과 악을 구별하는 내적 인간의 인격적 요소를 말한다. 그래서 마음에서 도덕적인 바른 판단을 내리는 기능을 하는 것이다. 그리고 '새롭게 하다'(ἀνακαινώσει)는 '다시 새롭게 함'(renewing)이라는 뜻으로 형용사 '카이노스'(καινός)에서 파생된 단어다.

'카이노스'와 유사한 단어로 '네오스'(νέος)가 있다. '네오스'는 지금까지 없었던 것, 시간적으로 새로운 것을 뜻하지만, '카이노스'는 질적으로 새로운 것, 곧 과거의 것보다 더 훌륭한 어떤 것을 나타낸다.

그러므로 '마음을 새롭게 한다'는 말은 과거의 타락했던 생각과 헛된 마음을 버리고 전혀 질적으로 새로운 생활로 변화되는 것을 가리킨다. 이러한 생활의 질적인 변화는 스스로의 결심이나 의지로 이루어지는 것은 아니다. 그래서 접두어 '아나'(ἀνά)는 '다시'라는 뜻도 있지만, 원래 '위로'라는 뜻을 가지고 있어 어떤 인위적인 노력이 아닌 위로부터 오는 하나님의 능력, 즉 성령의 역사로 새로워질 수 있다는 것을 보여주고 있다(고후4:16, 골3:10). 마음을 새롭게 하는 변화는 회심의 때에 이루어지는 "중생의 씻음과 성령의 새롭게 하심"의 경험이다(딛3:5).

이렇게 하나님의 성령으로 새로워진 신자는 이제 변화되어 가야 한다. 여기 '변화를 받으라'(μεταμορφοῦσθε - μεταμορφόω의 현재 수동태(중간태) 명령법)는 우리의 존재의 본질적 요소가 변화되는 것을 체험하라는 것이다. 이는 '내적 본성(inmost nature)의 변화'를 매일 같이 체험하여 아들의 형상을 닮아가는 점진적 과정을 밟아가라는 것이다. 생각과 행동의 본질적 변화는 '양심을 죽은 행실에서 깨끗하게 하는 그리스도의 피'(히9:14, 요일 1:7)와 변화의 원동력이 되어주는 성령의 역사(고후3:18, 엡4:22-24), 그리고 하나님의 말씀으로 이루어진다(요15:2-3).

그러므로 매일같이 그리스도의 구속의 은총과 성령의 역사, 하나님의 말씀 안에서 살아야 한다. 또한 이 단어는 변화되기를 기다리는 삶이 아니라 중간태적 의미처럼 보다 적극적으로 자기 스스로 세상을 변화시키는 삶을 살아가라는 말씀이기도 하다.

신자의 삶은 매일 같이 그리스도의 형상을 본받아 변화 되어가야만 한다. 세속의 물결에 휩쓸려가는 것이 아니라 살아있는 물고기처럼 물결을 헤치고 거룩한 삶을 향하여 힘차게 도약해 가야 한다. 만약에 그리스도의 장성한 분량까지 성장하는 계속적인 변화가 일어나지 않는다면 어디엔가 병들고 고장 났다는 것을 기억해야 한다.

(3) 하나님의 뜻을 분별하라

"하나님의 선하시고 기뻐하시고 온전하신 뜻이 무엇인지 분별하도록 하라"(2절하)

'하나님의 뜻'($\tau\grave{o}\ \theta\acute{\epsilon}\lambda\eta\mu\alpha\ \tau o\tilde{u}\ \theta\epsilon ou$)은 11:25의 '비밀'과 같은 맥락의 말로 '하나님의 비밀'이 그의 구원의 계획과 경륜하심에 대한 것이라면 여기에서의 '하나님의 뜻'은 윤리적인 측면에서의 하나님의 계획을 말한다.

인류를 구원하시려는 하나님의 뜻을 깨달아 경험한 신자는 이제 자신의 삶을 통하여 실천적인 측면에서 하나님의 뜻을 찾아야 한다. 여기 '분별 하도록'($\epsilon\grave{\iota}s\ \tau\grave{o}\ \delta o\kappa\iota\mu\acute{\alpha}\zeta\epsilon\iota\nu$)이라는 말은 '시험하여 입증하다'(to prove by testing), '시험 후에 결정하다'(to decide upon after examination)는 뜻으로 전치사 '에이스'($\epsilon\iota s$)+관사($\tau\grave{o}$)+가정법은 흔히 목적 또는 결과를 표현하므로 하나님의 뜻이 무엇인지 자세히 살펴 결정하기 위하여 변화를 받으라는 의미이다.

신자는 매일의 삶에서 자신을 향한 하나님의 뜻이 무엇인지 찾아 자기의 것으로 삼아야 한다. 그리고 자신의 삶과 행동이 하나님의 뜻과 부합하는지 항상 시험해 보아서 합당치 않은 것은 고치고 변화시키어야 하며, 합당한 것은 이 땅에서 자기를 통하여 실현하고 실천하도록 해야 한다.

만약에 하나님의 뜻이 무엇인지 분별하지 못하고 불순종하여 역행적 행동을 계속 벌이게 된다면 그는 분명히 하나님의 백성이 아니든지 또는 위장된 사탄의 종일지도 모르는 일이다. 여기 하나님의 뜻을 수식하는 세 단어가 있다.

첫째는 '선하신'($\dot{\alpha}\gamma\alpha\theta\grave{o}\nu$) 뜻이다. 선한 목적을 가진 하나님의 뜻을 가리킨다. '선하다'의 히브리어 '토브'(בוֹט)는 '좋다'(창1:4, 욥13:9), '아름답다'(민24:5), '복되다'(신19:13)는 의미로 아름다운 환경을 만드는 것을 의미한다(시19:7-11). 악과 흑암과 혼돈이 아니라 선하고 아름답게 만드시기를 원하시는 하나님의 뜻을 발견해야 한다.

둘째는 '기뻐하는'($\epsilon\dot{v}\dot{\alpha}\rho\epsilon\sigma\tau o\nu$) 뜻이다. 이 단어는 하나님께서 '만족스럽게' 생각하는 것을 말한다. 이는 항상 모든 그리스도인들이 지향해 나아가야만 할 삶의 목표(롬12:1-2, 14:18, 골3:20)를 가리킨다. 따라서 우리는 하나님을 기쁘시게 할 것이 무엇인지를 계속적으로 숙고해 보아야 한다(엡5:10).

셋째는 '온전한'($\tau\acute{\epsilon}\lambda\epsilon\iota o\nu$) 뜻이다. 이 단어에는 '성숙'과 '성취'의 의미가 포함되어 있다(엡4:13, 빌3:15). 동사 '텔레이오오'($\tau\epsilon\lambda\epsilon\iota o\omega$)는 히브리서에서 '완전케 하다', '완성하다'라는 뜻으로 자주 나오는 단어다. 이는 '의도된 바 계획과 목적을 완전하게 이루는 것'을 말한다. 즉 하나님의 구원 계획의 완성을 의미한다(2:10, 5:9, 7:28, 10:14, 11:40). 신자는 하나님이 성취하시기를 원하시는 계획과 목적이 무엇인지 항상 찾아서 실천하는 삶을 살아야 한다.

복음을 듣고 구원의 은총을 받은 성도들은 새로운 하나님의 백성답게 살아야 한다. 유대인들은 '율법적 행위'를 중심으로 살았지만 새 언약 공동체의 일원이 된 신자들은 '믿음에 순종'하는 삶을 살아야 한다. 먼저 하나님과의 관계에서 새로운 삶을 정립해야만 한다.

옛 시대의 희생 제사를 통한 예배가 아닌 자신의 몸을 하나님이 기뻐하시는 '산제사'로 예배드리는 삶을 살아야 한다. 그리고 세속 중심으로 살지 말고 그리스도 안에서 새롭게 거듭난 신자답게 매일의 삶에서 변화를 받고 변화시키면서 살아가야 한다. 또한 우주적인 하나님의 선하시고 기뻐하시고 온전하신 뜻이 무엇인지 발견하여서 그것을 실천하고 실현하면서 살아가야만 한다. 그리하여 만물을 충만하게 하는 우주적 비전을 성취하는 삶을 살아야 한다.

2. 신앙 공동체의 삶을 구현하라(12:3-13)

이스라엘은 하나님의 특별한 목적을 위하여 부르심을 받고 선택받은 민족이었다. '이방의 빛'이 되어 여호와 하나님을 증거하는 하나님의 제사장 나라가 되는 것이다. 즉 신앙 공동체가 되어 참 신이신 하나님을 예배하는 모습을 보이고 여호와를 '아는 지식'이 온 세계에 가득하게 만드는 역할을 하기 위한 것이었다.

그러나 그들은 여호와 하나님이 임재하는 신앙 공동체를 건설하는 것에 실패하고 말았다. 왕들은 하나님이 세우신 지도자로서의 역할보다는 제왕(帝王)으로 군림하기에 급급했고, 종교 지도자인 제사장과 선지자들은 정치의 하수인이 되어 눈먼 소경이요, 벙어리 개에 불과했으며, 백성들은 세속적 가치관으로 타락한 사회를 만들어 붕괴되어버리고 말았던 것이다.

결국 하나님께서는 옛 시대를 정리하시고 그리스도 안에서 '새로운 하나님의 백성'을 부르셔서 새 언약 신앙 공동체를 건설하기를 계획하셨다. 교회는 옛 시대의 율법적, 제도적, 의식적 계율은 벗어버리고 그 신학적 사상과 개념을 계승하여 새로운 백성의 '새 언약 공동체'를 건설해야만 하는 과제를 받게 된 것이다.

'우주 만물을 충만하게 하는' 과제를 성취하기 위하여 전 성도들은 "서로 연결하여 주 안에서 성전이 되어가고…성령 안에서 하나님이 거하실 처소가 되기 위하여 그리스도 예수 안에서 함께 지어져 가는"(엡2:21-22) 사명을 감당해야만 하는 것이다. 그러므로 우리는 이스라엘 실패 공동체의 전철을 밟지 않기 위하여 하나님이 계획하시고 요구하시는 신앙 공동체를 반드시 건설해야만 한다.

본 단락은 그 과제를 성취하기 위하여 각 성도들이 새 언약 공동체인 교회 안에서 어떤 역할 또는 어떻게 처신할 것인지를 권면하고 있다. 먼저 는 분수에 지나친 교만한 생각을 품어 성도들이 연합해야 할 공동체의 관계를 깨뜨리지 말고 자신에게 주신 믿음의 분량대로 생각하여 공동체의 화합 의식을 가지라는 것이다(3-5절). 다음으로는 공동체 내에서 자신에게 주어진 은사로 봉사하여 공동체를 세워가고(6-8절), 마지막으로 공동체의 지체들과 함께 서로 간에 사랑함으로 공동체적 삶을 실천하라는 것이다(9-13절).

(1) 분수 넘치는 행동으로 공동체 본질을 깨뜨리지 말라(3절)

"내게 주신 은혜로 말미암아 너희 각 사람에게 말하노니 마땅히 생각할 그이상의 생각을 품지 말고 오직 하나님께서 각 사람에게 나누어 주신 믿음의 분량대로 지혜롭게 생각하라"(3절)

'공동체'(community)는 '운명과 생활을 함께 하는 조직체'를 말한다. 교회는 비록 출신 배경, 신분, 피부 색깔, 언어, 빈부귀천이 다르다 할지라도 그리스도의 구속의 은혜로 '한 가족'이 된 사람들이 모인 운명 공동체다. 그러므로 각 성도들은 공동체 정신으로 무장해야 한다.

사도 바울은 제일 먼저 교회의 공동체 정신을 깨뜨리는 분수에 지나친 행동을 하는 사람들을 경계하고 있다.

'내게 주신 은혜로 말미암아'(διὰ τῆς χάριτος τῆς δοθείσης μοι)라는 문구는 바울의 사도직의 소명을 받았다는 것을 일컫는 술어이다(15:15, 고전3:10, 갈2:9). 그는 자신이 사도의 직분을 받은 것은 은혜로 된 것이라고 주장을 했다(1:5, 고전15:9-10, 엡3:8-9). 자신에게 주신 사도직의 권위를 가지고 교회 공동체 안에 있는 각 성도들에게 권면하고자 하는 것이다.

첫째는, 자신을 과대평가하지 말라는 것이다.

여기 '생각하다'(φρονεῖν - φρονέω의 현재 부정사)는 '생각을 갖다'(to take thought), '의견이나 생각을 품다'(to entertain sentiments or inclinations of a specific kind), '자부심을 갖다'(to entertain conceit)는 뜻으로 마음에 어떤 생각이나 긍지, 또는 견해를 품은 것을 의미한다.

또한 '마땅히'로 번역이 된 '데이'(δεῖ)라는 단어는 불변화 동사로 대개 부정사를 수반하여 나오게 되면 '반드시 ~해야 한다'(ought to, it is necessary)는 뜻으로 의무적인 일, 또는 어떤 결과에 도달해야 하는 필연성을 강조한다. 그러므로 여기서는 '반드시 가져야 할 생각'이라는 뜻으로 신앙인으로서 가져야 할 적정 수준의 생각과 견해를 지녀야 하는데 '그 이상'을 품어 우쭐대지 말라는 것이다.

또한 같은 어원에서 파생된 '이상의 생각을 품다'(ὑπερφρονεῖν)는 본 절에서만 나오는 단어로 '자만심이 강하다'(to overween), '아주 높은 생각을 가지다'(to have lofty thoughts), '우쭐해지다'(to be elated)는 뜻으로 주제넘게 자기 자신을 너무 높게 평가하는 태도를 가리킨다.

교회의 공동체 의식이 유지되기 위해서는 다른 지체들에 대하여 우월의식을 갖고 대하는 태도를 버려야 한다. 항상 공동체 의식이 깨지고 갈등과 분쟁이 일어나는 것은 마땅히 지녀야 할 신자의 자세와 생각이 아니라 주제넘게 자기를 높이고 남을 무시하는 것에서 생기는 경우가 많다.

사도 바울은 성령으로 행하는 사람은 "헛된 영광을 구하여 서로 노엽게 하거나 서로 투기하지 말라"(갈5:26)고 했다. 거룩한 하나님의 목적을 성취하기 위해 부르심을 받은 신자는 '마땅히 가져야 할 생각', 그 이상의 생각을 품어서는 안 된다. 그리하기 위해 공동체의 지체들끼리 "모든 겸손과 온유로 하고 오래 참음으로 사랑 가운데서 서로 용납"해야 한다(엡4:4).

둘째는, 자신에게 주신 믿음의 분량대로 생각하라는 것이다.

신자가 공동체 안에서 분수를 모르고 날뛰지 않기 위하여 자신을 바르게 평가하는 평가 기준은 하나님이 주신 믿음의 분량대로 생각하라는 것이다. 여기 "하나님께서 나눠주신 믿음의 분량"이란 6절에서 "받은 은사"라고 설명한 것과 "각 사람에게 그리스도의 선물의 분량대로 은혜를 주셨나니"(엡4:7)라는 말씀에 입각해 볼 때에 공동체 내에서 자신의 역할을 감당하기 위하여 지체들 각자에게 주신 하나님의 은사를 가리키는 것이 분명하다(고전12:11).

믿음의 분량을 따라 각자에게 나눠주었다는 것은 믿음은 모든 신자들이 공유하는 기본적인 요소이지만, 그것은 신자 개인의 은혜를 체험한 수준, 또는 성령의 은사를 받은 것, 믿음의 성숙도에 따라서 각각 다르게 나타나는 것이기 때문이다(14:1, 고전3:1, 히5:12).

달란트 비유에서 주인이 종들에게 "각각 그 재능대로" 달란트를 다르게 나눠 준 것처럼(마25:15) 하나님께서는 공동체를 섬기기 위해 신자 각자에게 그에게 맞는 은사와 은혜를 주시는 것이다.

여기 '지혜롭게'($\epsilon\iota\varsigma$ $\tau\grave{o}$ $\sigma\omega\phi\rho ov\epsilon\hat{\iota}v$)는 '지혜롭다'는 의미보다는 '온전한 마음으로'(to be of a sound mind), 또는 '이성적으로'(to be soberminded) 판단하고 생각하라는 의미이다. 생각도 없고 품위도 없이 천박하게 생각하고 행동하지 말고 자제력을 가지고 품위를 지키면서 침착한 마음을 가지고 올바르게 생각하라는 것이다.

우리는 반드시 하나님께서 우리에게 맡겨주신 '만물을 충만하게 하는' 우
주적 비전(Vision)을 성취하기 위하여 건강하고 생명력이 넘치는 공동체를
만들어야만 한다. 하나님의 위대한 과업은 혼자의 힘으로 이루어 낼 수 없
기에 세상을 변화시키는 영향력을 만들어내기 위해서는 반드시 공동체의
역할이 필요한 것이다(엡4:16).

공동체 정신을 깨뜨리는 분수에 지나친 행동들은 서로에게 상처와 다툼만
일으키게 되어 결국 목적을 달성하지도 못하고 실패 공동체로 전락해 버리
게 된다. 그러므로 하나님께서 각자에게 주신 자신의 '은사'와 '직분'을 정
확하게 알고 서로 조화를 이루며 협력해야 한다(고전12:12-17).

(2) 공동체 의식을 가지라(4-5절)

여기에서는 우리가 분수에 지나쳐 우쭐거리지 말고 겸손하게 협력해야 할
이유(γὰρ)를 밝히고 있다.

"우리가 한 몸에 많은 지체를 가졌으나 모든 지체가 같은 기능을 가진 것
이 아니니"(4절)

신앙 공동체인 교회를 사람의 몸과 그 지체로 비유하는 것은 사도 바울에
게 있어서 통상적으로 흔히 있는 일이었다(고전12:12-31, 엡1:22-23,
4:15-16, 골1:18). 우리 몸에는 많은 지체들이 있지만 그 지체들이 모두 다
같은 기능, 같은 역할을 하는 것은 아니다. 눈과 귀의 역할이 다르고, 코와
입의 역할이 다르며, 손과 발의 역할이 다른 것이다.

바울은 고린도서에서 이 모든 지체들은 '하나님께서 그 원하시는 대로 지
체를 각각 몸에 두셨다'(고전12:18)고 했다. '만일 다 한 지체뿐이면 몸은
어떻겠느냐'(고전12:19)고 물었다. 그것은 사람이 아니라 괴물일 것이다.

그러므로 각 지체들은 다른 지체들의 존재와 역할을 존중히 여겨야 한다.
나와 같지 않다고 무시하거나 비판해서는 안 되며, 오히려 서로 협력할 것
을 모색해야 한다.

"이와 같이 우리 많은 사람이 그리스도 안에서 한 몸이 되어 서로 지체가
되었느니라"(5절)

'이와 같이'(οὕτως)는 앞 절의 사람의 몸의 비유를 교회론적으로 해석하려
는 의도에서 사용한 부사이다. 그리스도는 교회의 머리이고 교회는 그리스
도의 몸이라고 했다(엡1:22-23, 골1:18, 24). 사람의 몸에 여러 지체가 있

듯이 그리스도의 몸인 교회에도 여러 성도들이 그리스도 안에서 지체로서한 몸이 되었고 또한 개별적으로는 '서로의 지체들'이 된 것이다. 우리 한글 성경에는 번역 되지 않은 '토 카드 헤이스'($\tau\grave{o}$ $\kappa\alpha\theta$ ' $\hat{\epsilon}\hat{\iota}s$)는 '각 사람에대하여'(to each one), '한 사람씩은'(one by one)이라는 뜻으로 교회 구성원 한 사람 한 사람씩은 서로가 지체가 된다는 말이다.

여기서 우리는 두 가지를 생각해야 한다. 먼저는 모든 지체들은 '그리스도안에서' 한 몸이라는 것이다. 모든 성도들은 각각 그리스도를 믿는 신앙 안에 연결되어 있다. 그리고 그리스도는 그들 모두의 머리가 되시어 구세주가되시고 주(Lord)가 되신다. 그리스도는 몸인 교회의 생명의 원천이시다. 그리스도 안에서만이 모든 신자가 연합될 수 있는 것이다.

다음으로는 모든 지체들은 서로 서로가 지체가 되어 협력하고 보완해야한다는 것이다. 하나님께서 "몸 가운데서 분쟁이 없고 오직 여러 지체가 서로 같이 돌보게 하셨느니라"(고전12:25)는 말씀처럼 교회의 지체들인 성도들은 서로 분쟁하고 다투는 것이 아니라 서로 돕고, 보완해 주고, 감싸주고,붙들어 주어서 함께 해야 하는 것이다.

그래서 "한 지체가 고통을 받으면 모든 지체가 함께 고통을 받고 한 지체가 영광을 얻으면 모든 지체가 함께 즐거워하는"(고전12:26) 공동체 의식으로 무장해야 하는 것이다. 교회를 몸으로 비유하여 지체인 성도들이 서로연합하여 한 몸을 이루라는 것은 교회는 운명을 함께 하는 공동체가 되어야하기 때문이다. 그러므로 모든 성도들은 공동체 의식으로 무장하여 그리스도의 몸을 성장시켜야 하는 것이다.

(3) 자신에게 주신 은사대로 충성하라(6-8절)

앞 절에서 교회 공동체 구성원이 '서로의 지체들'이 된다는 사실을 밝혔었다. 본 절은 그들이 각자가 받은 은사를 활용함으로 서로를 보필하고 결국에는 그리스도의 몸을 세우는 일을 다 해야 한다는 사실을 설명하고 있다.그래서 각자에게 주어진 은사를 활용하여 맡겨진 역할에 충성하라는 것이다.

"우리에게 주신 은혜대로 받은 은사가 각각 다르니"(6절상)

'은사'($X\acute{\alpha}\rho\iota\sigma\mu\alpha$)는 '거저 받은 선물'(free gift), '부여된 은총'(endowed favour)으로 바울은 이를 '성령의 나타남'이라고 표현했다(고전2:7, 12:7).

은사는 하나님께서 주시는 천부적인 재능과 성령의 은총을 말한다. 이것은 하나님께서 은혜로 각 사람에게 주신 특별한 은총 또는 능력으로, 이것을 이용하여 자신에게 주어진 직분과 역할을 효과적으로 감당할 수 있게 하려고 주신 것이다.

은사가 '각각 다르다'($\delta\iota\acute{a}\phi o\rho a$)는 것은 한 몸에 많은 지체가 있듯이 그리스도의 몸인 교회에도 지체로 구성되어진 여러 성도들이 있고 그들이 받은 은사도 각각 다르고 다양하다는 말이다.

하나님이 주시는 성령의 은사는 '다양하다'. 또한 지체들인 성도들이 받은 은사도 동일한 것이 없고 각자 역할에 따라 다양하게 주어지는 것이다. 그러므로 천편일률적으로 동일한 신앙 형태, 동일한 행동, 동일한 은사를 가져야 하는 것처럼 몰아붙여서는 안 되는 것이다.

각자 하나님이 주신 은사에 따라 자기 위치에서 충성하면 되는 것이다. 이 모든 것이 합하여졌을 때에 선한 열매와 함께 하나님의 목적을 성취해 낼 수 있는 것이다. 사도 바울은 고린도전서 12장에서는 주로 성령의 은사로 아홉 가지 은사(고전12:8-10)와 직분적 은사로 여덟 가지를 제시했었지만 (고전12:28-29), 본 단락에서는 사역적 은사로 일곱 가지를 제시하고 있다. 하나님께서 각자에게 은사를 주시는 목적은 서로를 "유익하게"하려는 것(고전12:7)이며, 또한 "교회의 덕을 세우기" 위한 것에 있다(고전14:12).

① "혹 예언이면 믿음의 분수대로"

'예언'($\pi\rho o\phi\eta\tau\epsilon\acute{i}a$)에는 말씀의 선포의 성격도 있고 미래에 대한 예고(豫告)의 성격이 있는 것도 사실이다(행11:28, 21:10-12). 그러나 예언은 기본적으로 '하나님께로부터 주어진 특별한 계시'를 말하는 것이다. 이는 예언자 자신의 직관이나 생각, 또는 학습으로 이루어지는 것이 아니다.

기독교 예언의 특징은 어떤 순간 성령의 계시적 영감을 통하여 주어지는 것으로 단순히 미래적인 일을 예고하는 것에 한정되는 것이 아니라 위로와 권면, 판단과 교훈 등을 통하여 교회의 덕을 세우는데 목적이 있는 것이다 (고전14:3, 24-25). 그래서 예언은 무분별하게 해서는 안 되고 사도적 교훈과 교회의 덕에 부합되는지를 구성원들과 다른 예언자들은 분별해야 하고 제재할 수 있어야 한다(고전14:29-32).

예언의 은사를 가진 사람은 "믿음의 분수대로" 사용해야 한다. 여기 '분수'(ἀναλογία)라는 단어는 '바른 관계' 혹은 '정확한 비율'이라는 뜻으로 이것과 저것을 비교하여 일치하고 적합한지를 따져보라는 의미이다.

이는 예언이 사도적 교훈과 교회의 덕, 그리고 자신의 믿음의 분량에 입각하여 일치하고 균형 있게 어울리는지를 따져보아서 예언의 은사를 활용하라는 것이다. 또한 이 말 속에서 교회 구성원들의 믿음의 분량과 예언의 내용을 따져보아 그들에게 적합하게 하라는 의미도 있다.

예언은 자신이 알지도 못한 것이나 하나님께 받지도 않은 것을 말해서는 안 된다(렘14:14-15, 23:16, 21, 25-28). 예언이라는 명목에서 과장하거나 자기 생각과 의도를 집어넣거나 각색(脚色)하는 것은 하나님을 기만하는 것이며 다른 지체들을 속이는 거짓임을 명심해야 한다. 특히 예언이라는 명목으로 더러운 사심(私心)이 들어가서는 안 된다.

② "혹 섬기는 일이면 섬기는 일로"

여기 '섬기는 일'을 뜻하는 헬라어 '디아코니아'(διακονία)는 '다른 사람을 섬기기 위해서 행하는 개인적 사역'(personal ministry)을 가리킨다.

신약성경에서는 음식을 준비하는 일(눅10:40), 말씀을 전하는 일(행6:4), 화목하게 하는 일(고후5:18), 말씀의 선포와 선교(행20:24, 딤후4:11) 등에 다양하게 사용하였는데, 이는 기독교 사역에서 하나님의 나라를 세우는 일에 있어서 없어서는 안 되는 중요한 사역 중에 하나다.

하나님의 나라는 큰 자가 작은 자를 섬기고 강한 자가 약한 자를 섬기는 나라이기 때문이다. 예수님은 친히 '섬김의 종'으로 세상에 오셔서(막10:45) '섬김의 본'을 보여주셨다(요13:4-5).

사도 바울은 '디아코니아'를 화목하게 하는 일에 적용하여 하나님께서는 "우리에게 화목하게 하는 직분(διάκονος)을 주셨다"(고후5:18)고 했다. 우리는 그리스도의 사랑을 가지고 그리스도의 정신으로 형제와 세상을 섬겨야 한다. 섬기는 일을 맡은 자(διάκονος, 16:1, 딤전3:8)는 예수님께서 "가서 너도 이와 같이 하라"(눅10:37)는 말씀처럼 선한 사마리아인의 정신으로 섬겨야 한다(눅10:25-37, 참조 요13:1-15).

은사는 본래 자신의 어떤 특정한 능력이나 재능이 아니라 하나님께서 은혜로 주신 선물이기에 자신을 나타내거나 자랑하는 태도로 할 것이 아니라 은사를 주신 하나님의 뜻에 합당하게 섬겨야 하는 것이다.

③ "혹 가르치는 자면 가르치는 일로"

'가르치는 자'(ὁ διδάσκων)는 교회 안에서 가르치는 교사를 말한다. 초대교회 때부터 교회 안에서는 가르치는 직책이 있어서(행13:1, 엡4:11) 예수님의 교훈, 사도들의 복음적 가르침, 기독교의 교리들을 가르쳐왔었다.

가르치는 사역의 본을 보여주신 분은 예수님이시다. 유대인들조차도 예수님을 "참되시고 진리로 하나님의 도(道)를 가르치시는"(마22:18) 선생이라고 칭송할 정도로 위대한 교사이셨다. 예수님은 율법사들과는 다르게 권세 있는 가르침을 하셨고(마7:29, 막1:27), 제자 교육을 위하여 함께 생활하면서 전인적 교육을 실시하셨다.

예수님의 사역을 계승하는 교회는 '가르치는 사역'에 전무해야 하며(골1:28-29), 주의 종들은 가르치기를 잘 해야 하며(딤후2:24), 가르치는 사역이 세대를 걸쳐 계승되어지도록 해야만 한다(딤후2:2). 가르치는 자는 가르치는 일로 신앙 공동체를 섬기되 지식적 교육, 또는 율법적 교육이 아니라 예수님과 사도 바울처럼 제자를 삼고 추종하고 본받고 실천할 수 있도록 가르치고 훈련해야 한다(고전4:16, 11:1, 빌3:17, 살전1:6).

④ "혹 위로하는 자면 위로하는 일로"

'위로하는 자'(ὁ παρακαλῶν)는 '곁으로 부름 받은 자'라는 뜻으로 신앙이 약한 자를 위로와 격려로 힘을 돋워주는 은사를 가진 자를 의미한다. '위로하는 자'는 권면한다고 해서 약한 자들을 판단하고 정죄하고 심판하는 자세를 취해서는 안 된다. 오히려 "마음이 약한 자들을 격려하고 힘이 없는 자들을 붙들어 주며 모든 사람에게 오래 참으며"(살전5:14) 일으켜 세워주어야 한다.

솔직히 세상은 두말할 것 없고 교회 안에서조차도 위로자보다 심판자가 더 많은 경우가 허다하다(14:1, 13). 우리는 정말 위로의 은사를 받은 자가 절실히 필요한 시대를 살고 있다. 위로의 목적은 '덕을 세우는 것', 즉 세워주고 붙들어 주는 것(οἰκοδομέω)에 있다(고전14:4, 살전5:11).

바클레이((William Barclay)는 "참 권고하는 일은 사람을 지옥 불길 위에 나뒹굴게 하지 않고 그를 그리스도 안에서의 생의 기쁨으로 이끌고 몰아가는데 그 목적이 있다"고 했다. 세상뿐만 아니라 교회 안에서도 믿음이 약한 자, 상처받은 자, 절망에 우는 자, 기쁨과 평안을 잃어버린 자...등 위로를 필요로 하는 자들이 너무나 많다. 그들에게는 위로의 말과 손길이 절실히 필요하다.

⑤ "구제하는 자는 성실함으로"

'구제하는 자'(ὁ μεταδιδοὺς)는 '한 부분을 주다'(to give a part), '나누어주다'(to impart)라는 뜻을 가진 동사의 현재 분사로 자신이 가진 것 중에서 한 부분을 주는 것, 또는 자신이 가진 것을 필요한 사람에게 조건 없이 나눠 주는 것을 의미한다. 자신의 소유를 나누어 주는 것은 은사를 받은 특정한 사람에게만 국한 된 것은 아니었다.

초대교회는 구성원 전체가 가진 것을 서로 나누며 공동체 정신을 실현했으며(행2:44-45, 4:34-35), 타 지역에 있는 환난과 경제적 어려움을 겪는 교우들에게까지도 구제의 헌금을 했었다(행11:29-30, 24:17).

그리고 구제를 열심히 하는 주의 제자들의 행동을 아름답게 묘사했었다(행9:36, 10:2-4).

가난한 자들은 어느 사회에서든 존재했기에 율법에서는 가난한 자와 고아, 과부, 나그네를 배려하는 규정들을 주었고(레19:10, 23:22), 잠언에서는 구제의 행위를 칭찬하고 권장했던 것이다(잠11:25). 그러므로 교회 공동체에서도 구제 사역은 계속되어야만 했던 것이다. 특히 구제하려는 자는 '성실함'의 자세로 해야만 한다. '성실함'(ἐν ἁπλότητι)이라는 단어는 '순수성'의 의미로도 사용되고(고후11:3, 엡6:5, 골3:22), '관용'의 의미로도 번역하였다(고후8:2, 9:11, 13). 구제하는 사람은 그 동기가 순수해야 하며, 또한 아까워하거나 인색한 마음이 없이 형제를 사랑하는 넓게 열린 마음과 너그럽게 열린 손으로 실천해야만 하는 것이다.

⑥ "다스리는 자는 부지런함으로"

'다스리는 자'(ὁ προϊστάμενος)는 '앞에 서다'(to stand on the first), '관리하다'(to preside)는 뜻의 현재 분사로 계속해서 앞에 서서 지휘하고 관리하는 사람을 가리킨다. 이는 다른 사람들 앞에 서서 바르게 이끄는 역할을 하는 지도자를 일컫는 말이다. 교회는 지도력이 있는 지도자가 정말 많이 필요하다. 그러나 실상 교회 안을 들여다보면 지도자라고 자처하면서도 지도적 은사가 없는 사람들이 너무나 많아 교인들을 바른 길로 이끌지 못하고 그들 때문에 오히려 교회 성장이 정체되고 병들 때가 많이 있다. 성경은 "잘 다스리는 장로들은 배나 존경할 자로 알라"(딤전5:17)고 했다.

존경받는 지도자는 먼저 "진리의 말씀을 옳게 분별하며 부끄러울 것이 없는 일꾼으로 인정된 자"(딤후2:15)가 되어야 한다. 배우고 훈련받을 때에 좋은 지도자가 될 수 있다. 본문에서는 지도자는 "부지런함"이 있어야 한다고 했다. '부지런함'($\sigma\pi\sigma\upsilon\delta\acute{\eta}$)은 '성실'(earnestness), '부단한 노력'(diligence), '열정'(zeal)의 뜻을 가지고 있다.

이는 지도자는 교우들을 지도하고 관리하는 일에 성실함을 가지고, 지체하지 않고 빨리, 핑계대지 않고 열정적인 간절한 마음으로, 꾸물거리지 않고 부지런히 달려가서 충성해야 한다. 다른 사람을 이끄는 사람은 어떤 이유와 핑계를 대지 않고 누구보다도 부지런하고 열심이 있어야만 한다.

⑦ "긍휼을 베푸는 자는 즐거움으로 할 것이니라"

'긍휼을 베푸는 자'($\acute{o}$ $\acute{\epsilon}\lambda\epsilon\acute{\omega}\nu$)는 사람들을 불쌍히 여기고 자비를 베푸는 사람을 가리킨다. 이는 금전적인 구제보다는 환난과 어려움을 겪는 사람들을 마음에서 우러나오는 긍휼로 보살피고 위로해 주는 것을 말한다. 세상에는 긍휼의 손길을 필요로 하는 사람들이 너무나 많다.

예수님께서도 자신에게 찾아오는 사람들을 볼 때마다 그들의 처지와 상황을 보고 '불쌍히 여기며'(마20:34, 막1:41), '측은히 여기고', '민망히 여기며' 만져주고 도와주고 치료해주고 그들의 문제를 해결해 주셨던 것이다. 교회에도 긍휼의 은사를 가지고 섬기고 봉사해야 할 사람들이 많이 필요하다. 주님께서는 그를 복 있다 일컬으셨다(마5:7).

긍휼을 베푸는 사람은 먼저 아비의 심정(눅15:20)과 선한 사마리아인의 심정(눅10:33)이 있어야 한다. 그리고 사역을 할 때는 '즐거움'으로 해야 한다. '즐거움'($\acute{\iota}\lambda\alpha\rho\acute{o}\tau\eta\tau\iota$)이란 우울함이나 억지가 없이 기쁨과 상냥함으로 상처받고 고통 중에 있는 사람들을 어루만져주고 위로해 주는 태도를 말한다. 긍휼의 손길을 펼칠 때에 어떤 마음과 태도로 하느냐에 따라 상대방이 느끼는 감정은 판이하게 다를 수 있다. 억지로 또는 건성으로 하면 상대방은 금방 자존심이 상하고 모욕감을 느끼는 것이다. 긍휼은 마음 중심에서 우러나올 때에 진심이 전달되어 상대방의 마음을 열 수 있고, 구원과 바른 길로 인도할 수 있는 것이다.

건강한 공동체, 세상에 영향력을 미치는 교회, 하나님의 뜻에 합당하게 성장하는 교회는 각양 은사를 가지고 자기 역할을 하며 섬기고 봉사하는 일꾼들이 많이 있어야만 한다. 그들이 각자의 위치에서 열심히 사역을 할 때에 교회는 우주적 비전을 성취하는 공동체가 될 것이다(엡4:16).

(4) 사랑 공동체의 삶을 실천하라(9-13절)

사도 바울은 본 단락에서 새 언약 공동체인 교회에서 구성원인 성도들이 어떤 삶의 자세를 가져야 할 것인지 설명해 왔다.

먼저 3절에서 자신을 과대평가하지 말고 각 사람은 자신의 믿음의 분량, 즉 자신에게 주신 은사와 직분의 수준에서 서로 조화를 맞추어 생각하라고 했고, 4-5절에서는 공동체의 한 일원으로서 지체의식을 가져 운명을 함께하는 '한 몸'을 이룰 것을, 6-8절에서는 공동체를 세우기 위해 자신에게 주어진 은사를 가지고 최선을 다해 섬길 것을 권면했었다.

이제 마지막 부분에서 공동체 내에 있는 지체들과의 관계에서 사랑을 실천하고 다른 지체들에게 본이 되는 모습을 보여줄 것 권면하고 있다. 이는 공동체는 "사랑 안에서 스스로 세워져 가기"(엡4:16) 때문이다. 즉 은혜롭고 사랑이 넘치는 분위기를 만드는 것이 건강한 공동체를 건설하는 길이기 때문이다.

첫째는, 거짓 없는 참사랑을 실천하라는 것이다.

"사랑에는 거짓이 없나니 악을 미워하고 선에 속하라"(9절)

여기 '사랑'이라는 단어 '아가페'(ἀγάπη)는 보편적으로 신적 사랑을 나타내지만(5:5, 8, 8:35, 15:30), 또 한편 신자들이 다른 사람들에게 실천해야 할 이타적(利他的)인 사랑을 가리키는데 사용하고 있다(마5:43, 요일3:11, 34). 예수님께서는 이웃 사랑이 구약 율법의 근본정신이며(마22:37-40, 막12:29-31, 갈5:14), 새 언약 아래서 주어지는 새 계명이라고 가르치셨다(요13:34-35).

그래서 형제를 사랑하는 것은 옛 계명인가하면 또한 새 계명이기도 하며(요일2:7-10), 하나님을 아는 그리스도의 제자의 필연적 과제이고(요일2:3-6, 3:23-24), 율법을 완성하는 것과 같은 것이다(롬13:8). 그리고 새 계명으로 주신 형제 사랑은 얼마든지 실현할 수 있는 것이다(요일2:8).

이러한 사랑에는 거짓이 있을 수 없다. 여기 '거짓이 없다'(ἀνυπόκριτος) 는 말은 '위선이 없는'(without hypocrisy)이라는 뜻으로 참되고 신실하 다는 의미이다. 위선이라는 술어는 고대 연극 무대에서 배우가 자신의 정체 를 숨기고 다른 인물의 연기를 하는 것에서 왔다.

그리스도인이 실천해야 할 사랑은 하나님의 사랑과 그리스도의 사랑에서 출발하는 것이기에 위선의 가면을 쓰거나 거짓되고 자기 기만적인 위장술 을 써서는 안 된다(엡5:2, 요일4:10-11). 고린도전서13장에서 밝힌 것처럼 진실한 사랑에서 출발하지 않는 것은 전부 헛된 것이다. 아무리 방언을 하 고 천사의 말을 하고 산을 옮길만한 모든 믿음이 있다 할지라도 헛될 뿐인 것이다. 특히 중심에서 우러나오는 하나님의 사랑을 실천하기 위해서는 악 을 미워하고 선에 속해야 한다.

여기 '미워하다'(ἀποστυγοῦντες)는 '심히 미워하다'(to hate bitterly), '경멸하다'(to despise)는 강한 의미를 지녀 노골적으로 몹시 미워하고 싫 어하는 행위를 가리킨다. 신자가 경멸해야 할 것은 '악'(πονηρός)이다. 이는 '나쁜'(bad)것을 뜻하는 '카코스'(κακός)보다 훨씬 강한 의미를 가진 단어 로서 하나님의 뜻과 말씀에 반대되는 '사악한' 것을 가리킨다.

악은 어두움을 좋아하는 성질이 있어 사탄적인 것으로(요3:19, 엡6:16) 마 귀의 자녀들에게서 나타나는 것들이다(요일3:8, 10). 하나님의 자녀는 어떤 일이 있어도 그의 의도, 생각, 행동이 사악해서는 안 된다. 오히려 선(τῷ ἀγαθῷ)에 속하여야 한다. 여기 '속하다'(κολλώμενοι)라는 단어는 마치 아교 로 붙인 것처럼 '굳게 결합하다'(to join firmly), '같이 꼭 붙여 떨어지지 않게 하다'(to glue together)는 뜻으로 두 몸이 하나 되는 인격적 결합을 의미하는 결혼을 나타내는 데 사용되어지는 단어로서(마19:5, 고전6:16-17), 이것은 전인적인 동조를 의미한다.

그리스도인은 '선한 일'을 위하여 지음 받은 존재이기에(엡2:10) 선의 원 천이신 그리스도에게 속하여 선함에 일체된 삶을 살면서 사랑을 실천해야 한다. 사랑은 '선함'(ἀγαθος)에서 나오지 않으면 거짓이요 위선일 뿐인 것 이다. 그러므로 신자는 의도(意圖)도 선하고 목적도 선함을 추구하는 참 사 랑을 실천해야 한다.

둘째는, 먼저 존경하므로 형제 사랑을 실천하라는 것이다.

"형제를 사랑하여 서로 우애하고 존경하기를 서로 먼저하며"(10절)

'형제 사랑'($\tau\hat{\eta}$ $\phi\iota\lambda\alpha\delta\epsilon\phi\acute{\iota}\alpha$)은 그리스도 안에서 믿음의 형제가 된 지체들을 향한 사랑을 말한다. 예수님은 제자의 도리로서 형제간에 서로 사랑하라고 말씀하셨다(요13:34-35, 15:12, 17). 이는 기독교 공동체의 필연적 과제이기도 하다(엡5:2, 살전4:9, 벧전1:22, 요일3:11, 23, 4:20-21).

① "서로 우애하고"

'우애하고'($\phi\iota\lambda\acute{o}\sigma\tau\rho\rho\gamma o\iota$)는 친족, 가족, 종족간의 자연스러운 사랑으로 '다정한 애정'(tender affection)을 가리킨다. 그리스도의 형제들을 혈육적 사랑으로 사랑하라는 것은 그리스도를 머리로 하여 전 지체가 '하나님의 권속'이 되었기 때문이다(엡2:19). 하나님의 새로운 가족은 혈통이나 인종적 관계로 이루어진 관계가 아니다.

그리스도의 십자가의 피로 맺어진 관계이기에 비록 인종적, 문화적, 성적 차이를 지녔다 할지라도 한 가족처럼 서로 아끼고 헌신하며 사랑해야 한다. 그래서 사도 요한은 "그가 우리를 위하여 목숨을 버리셨으니 우리가 이로써 사랑을 알고 우리도 형제들을 위하여 목숨을 버리는 것이 마땅하니라"(요일 3:16)고 말했던 것이다. 여기에서 공동체 삶을 구현하는데 중요한 요소가 '서로에게'($\epsilon\iota s$ $\alpha\lambda\lambda\acute{\eta}\lambda ous$)있다. 사랑하는 것도, 존경하는 것도, 비판하지 않는 것도 일방적이어서는 안 된다. 신앙과 삶이 같은 수준으로 함께 성숙하여 피자 간에 상대방에게 사랑을 실천할 때에 공동체는 은혜롭게 목적을 향하여 나아갈 수 있게 되는 것이다.

② "존경하기를 서로 먼저 하며"

공동체 안에서 형제를 사랑하려면 남을 나보다 낮게 여기는 마음으로 상대방을 존경할 때에 이루어질 수 있다(빌2:3). '존경하다'($\pi\rho o\eta\gamma\acute{e}o\mu\alpha\iota$)는 동사는 '보다 더 존경하다'(to esteem more highly)는 뜻도 있지만, '먼저 존경하다'(to esteem precedence)는 뜻도 있다.

인간은 누구나 본능적으로 자기는 다른 사람보다 우월하다는 것을 실증하려는 경쟁의식을 가지고 있다. 그래서 상대편이 먼저 자신에게 존경을 표시하기를 기대하는 것이다. 그러나 신앙 공동체 안에서는 서로 먼저 존경하는 자세를 취해야만 한다. 어떤 경우에서도 그리스도의 공동체 안에서 자신의 재산이나 사회적 지위를 내세워 다른 사람을 무시하는 행동을 해서는 안 되며, 상대방을 깔보고 자존심을 상하게 만드는 '무례한 행동'을 해서도 안 된다. 그것은 공동체 정신. 지체의식을 깨뜨리는 행동인 것이다(고전13:5). 또한 상대방에게서 존경의 답례가 돌아올 것을 기대해서 존경의 자세를 취하려고 해서도 안 된다. 지체들 각자 각자가 '서로 존경하기를 먼저 하는' 자세를 갖고 지체 하나 하나를 귀하게 여기는 정신이 있을 때에 사랑을 실천할 수 있다.

우리는 형제를 볼 때마다 그는 하나님의 형상으로 지음 받은 존재, 인격적인 존재, 그리스도의 피 값 주고 산 존재라는 인식이 있을 때에 존경하는 마음이 생기게 될 것이고, 그것을 잘 실현하는 성도들이 많을 때에 정말 사랑 공동체를 건설할 수 있을 것이다.

셋째는, 성도는 매사에 최선을 다하라는 것이다.
"부지런하여 게으르지 말고 열심을 품고 주를 섬기라"(11절)
공동체 삶에서 중요한 것은 성도들의 열정이다. 마가 다락방의 초대교회가 폭발적으로 성장하고 사회 속에서 강력한 영향력을 미칠 수 있었던 것은 성령의 강력한 역사가 있었기 때문이지만 또 한편 성령을 받은 성도들의 뜨거운 열정($\pi\rho\sigma\kappa\alpha\rho\tau\epsilon\rho\acute{\epsilon}\omega$) 때문이었다(행1:14, 2:42, 46). 전 지체들이 열정적으로 주를 섬긴다면 활력이 넘치는 공동체가 될 것은 분명하다.

① "부지런하여 게으르지 말고"
공동체 사역에서 지체들의 게으름은 영적 동맥경화증을 일으키는 것이다. '게으른'($\acute{o}\kappa\nu\eta\rho\acute{o}s$)이란 일하기 싫고 귀찮고 성가시어서 마땅히 해야 할 일을 아무 것도 안하고 늑장 부리고 지연시키는 태도를 가리킨다. 이는 한 달란트 받은 종처럼 주인을 곡해하고 자기 역할과 은사를 땅에 파묻어두는 "악하고 게으른 종"과 같은 것이다(마25:26).
게으른 사람의 특징은 사역에는 게으르면서 합당하지 않은 일에는 잘 발달하여 "집집에 돌아다니고...쓸데없는 말을 하며 일을 만들며 마땅히 아니할 말을 하고"(딤전5:13) 다니는 경향이 있다. 또한 모이기를 폐하는 나쁜 습관을 공동체 안에 만연하게 만들어(히10:25) 냉냉한 교회를 만들어 놓게 된다. 그러므로 나 하나의 게으름은 다른 지체들까지도 물들게 한다는 사실을 기억하면서 게으름을 버리고 부지런해야 한다.

여기 '부지런함'($\sigma\pi o v \delta \acute{\eta}$)은 이미 8절에서 설명한 것이다. 그런데 사도 바울은 유대인들의 종교적 열심에 대하여서는 '제로스'($\zeta \hat{\eta} \lambda o s$)를 사용하였는데(10:2, 행13:45, 21:20, 22:3), 반면에 기독 신자들의 열심에 대하여서는 '스프데'($\sigma\pi o v \delta \acute{\eta}$)를 사용한 이유를 곰곰이 생각해 보아야 할 것이다(12:11, 고후7:11-12, 8:7-8).

우리는 유대인들처럼 시기가 가득한 종교적 열정이 아니라 하나님의 뜻을 깨닫고 그것을 실현하고자 하는 간절함과 열정이 있어야 한다.

② "열심을 품고"

여기 '열심을 품고'($\tau \tilde{\omega} \quad \pi \nu \epsilon \acute{v} \mu a \tau \iota \quad \zeta \acute{\epsilon} o \nu \tau \epsilon s$)는 ' 성령으로 불타는 '(be aglow with the Spirit-RSV)이라는 뜻으로 해석할 수 있고, 또한 '심령으로 열심히' 라고 할 수도 있다. 여기서는 '성령으로 인하여 불타는 열렬한 마음을 가지고 공동체를 섬기라' 는 뜻으로 보아도 괜찮을 것 같다.

그것은 앞에서 게으르지 않고 부지런한 열정이라는 인간적 측면을 이야기했으니, 여기서는 반복적으로 다시 말하는 인상보다는 성령에 의한 열정으로 보는 것이 좋을 듯하기 때문이다. 우리들에게는 예레미야처럼 "마음이 불붙는 것 같아서 골수에 사무치는"(렘20:9) 마음과 열정이 있어야만 한다.

③ "주를 섬기라"

열정이 누구를 위하고 어디를 향한 것이냐가 대단히 중요하다. 유대인들은 종교적 열정이 율법적 행위에 있었고(행21:20, 롬10:2), 장로들의 유전을 지키는데 있었다(갈1:14). 초대교회의 어떤 사람들은 이간질하는 나쁜 뜻에 열심을 내기도 했다(갈4:17). 신자는 오직 주님을 섬기는 일에 열심이어야 한다. 주님을 향한 뜨거운 열정으로 섬기고 충성을 바쳐야 한다. 공동체의 전 지체들이 머리 되시는 주님을 섬기는 일에 열정을 받치면 자동적으로 건강한 공동체로 성장하게 될 것이다.

넷째는, 경건한 신앙인의 모습을 보여주라는 것이다.
"소망 중에 즐거워하며 환난 중에 참으며 기도에 항상 힘쓰며"(12절)

신자는 스스로를 위해서도, 또한 공동체 구성원들을 위해서도 은혜로운 신앙생활의 모습을 보여주어야 한다. 늘 즐거움이 가득하고 환난 속에서도 인내로 견디어 낼 줄 알고 항상 기도하는 삶의 모습은 그 스스로 뿐만 아니라 보는 사람들도 은혜롭게 느껴지는 것이다.

① "소망 중에 즐거워하며"

'즐거워하다'($\chi\alpha\acute{\iota}\rho\omega$)는 '기뻐하다'(to rejoice), '즐거워하다'(to be delighted)는 뜻으로 평상시에 기쁘고 즐거운 마음으로 살아가는 것을 의미한다. 사도 바울은 성도들에게 평상시에 기뻐하는 삶을 살 것을 촉구했다(빌2:18, 3:1, 4:4, 살전5:16).

그는 자신이 감옥에 갇힌 상태에서도 기뻐하는 삶을 살았고 근심할 수밖에 없는 환경 속에서도 항상 즐거운 삶의 자세를 가지고 살았기 때문이었다(고후6:10). 그리스도인이 항상 기쁘고 즐겁게 살아갈 수 있는 것은 외부적 조건 때문이 아니다. 주께서 우리 안에 하늘의 신령한 기쁨을 주셨기 때문이며(요15:11, 16:24, 17:13), 하박국 선지자처럼 궁핍 가운데서도 하나님 때문에 기뻐하고 즐거워하며(합3:17-18), 환난 가운데서 성령의 기쁨으로 즐거워하기 때문이다(살전1:6). 특히 신자는 '소망 중에'($\tau\hat{\eta}\ \dot{\epsilon}\lambda\pi\acute{\iota}\delta\iota$)즐거워해야 한다.

'하나님의 영광'을 바라보고 즐거워하여야 하며(롬5:2, 히10:34), 환난 중에서도 환난은 인내를, 연단을, 소망을 만들어 내는 줄 알고 즐거워하며(롬5:3-4, 약1:2-4), 상 주실 것을 바라보며 기뻐하고 즐거워해야 한다(마5:12). 환경이 우리의 심령 상태를 좌우하는 것이 아니라 마음의 태도가 좌우하는 것이다. 신자는 항상 긍정적인 신앙 자세로 기쁘고 즐겁게 살아야 한다.

② "환난 중에 참으며"

미래의 하나님의 언약과 약속을 붙들고 있는 사람은 소망 중에 즐거워 할 뿐 아니라 성취되어지는 과정에서 겪게 되는 환난 중에도 인내로 참고 견디어 내는 것이다. 그것은 소망이 '영혼의 닻'과 같기 때문이다(히6:19).

'환난'($\theta\lambda\acute{\iota}\psi\iota\varsigma$)은 '짓누르다'(to press upon), '짜내다'(to squeeze), '괴롭히다'(to afflict)는 뜻으로 무거운 억압으로 인하여 부서지는 것 같은 극

심한 고난을 겪는 것을 가리킨다.

신자가 세상에서 겪는 환난은 박해(살전1:6), 결박(행20:23), 조롱(히 10:33), 재산 몰수(히10:34), 가난(고후11:27) 등 여러 가지가 있다. 신자는 악한 세대 속에 살아가기에 고난을 겪을 수밖에 없는 실정이다(갈1:4).

그러나 현재의 고난은 장차 올 영광과 족히 비교할 수 없다는 신앙과 소망 가운데서 인내로 극복하고 견디어내야 한다(롬8:18). 이런 신앙의 모습이 함께 하는 지체들에게 큰 위로와 힘이 되는 것이다.

③ "기도에 항상 힘쓰며"

'항상 힘쓰며'($\pi\rho\sigma\kappa\alpha\rho\tau\epsilon\rho\sigma\hat{\nu}\nu\tau\epsilon s$)는 '버티어내다'(to persevere), '집착하여 계속하다'(to persist in adherence to a thing), '열심히 종사하다' (to be intently engaged in)는 뜻의 현재 분사로서 계속적으로 전념하는 것을 의미한다. 초대교회 성도들은 전혀 기도에 힘쓰는 생활을 했다(행 1:14, 2:42). 기도는 어떤 특정한 시간만 하는 것이 아니다. 환난을 잘 극복하기 위해서 기도는 절대 필요하며 경건한 삶을 위해서도 줄기찬 기도생활이 필요한 것이다(살전5:17). 끊임없이 기도하는 신자, 기도의 불이 꺼지지 않는 공동체에 항상 하나님의 임재는 있을 것이며, 하나님의 위대한 능력은 나타날 것이다.

다섯째는, 성도들의 필요를 공급하고 섬기라는 것이다.

"성도들의 쓸 것을 공급하며 손 대접하기를 힘쓰라"(13절)

신자는 베푸는 일에 손이 크고 넓어야 한다. 너무 인색하고 남을 대접할 줄 모르면 은혜로운 관계가 잘 이루어지지 않고 다른 사람에게 존경받지 못하는 원인이 되기도 한다. 사랑 공동체는 물질적 도움과 봉사를 통하여 더욱 성숙하게 이루어진다는 것을 기억해야 한다.

① "성도들의 쓸 것을 공급하며"

'쓸 것'($\tau\alpha\iota s$ $\chi\rho\epsilon\iota\alpha s$)은 '결여되고 따라서 필요로 하는 것들'(necessity)을 말한다. 세상에는 마땅히 있어야 함에도 없어서 어렵고 힘들어 하는 사람들이 많이 있다. 일용할 양식의 핍절로 굶주린 사람들, 기본적인 걸칠 의복조차 없어 추위에 떠는 사람들, 병고에 시달리면서도 치료받지 못하는 사람들, 거처할 곳이 없어 노숙하는 사람들, 교육을 받지 못하는 아이들...등 우리 주변에는 너무나 연약한 사람들이 많이 있다.

특히 공동체 안에서 함께하는 형제들이 부족으로 어려움을 겪고 있다면 마땅히 그들을 보살펴 필요를 공급해야 한다. 초대교회에서는 있는 자들은 재산과 소유를 팔아 가난한 사람들의 필요를 나누어 주었었다(행2:45, 4:34-35).

그리고 구제 헌금으로 성도들을 섬기는 사역을 열심히 했었다(고후8:4, 롬 15:26). 사랑 실천은 말과 혀로만 할 것이 아니라 실제적으로 도움을 주면 서 짐을 져 줄 때에 성취되는 것이다(요일3:17-18, 갈6:2). 특히 필요를 공 급하는 중에 복음의 사역자의 필요를 공급하는 것이 하나님 앞에 '받으실 만한 향기로운 제물' 이라는 것을 기억해야 한다(빌4:15, 18-19).

② "손 대접하기를 힘쓰라"

'손 대접' (τὴν φιλοξενίαν은 '따뜻하게 접대하는 마음' (hospitality), '낯 선 사람들에 대한 애정 또는 환대' (fond of strangers)를 뜻한다. 또한 '힘 쓰라' (διώκοντες)는 '좇아가다' (to pursue)라는 뜻이지만, 여기서는 '얻고 자 하여 열심히 노력하다' (to endeavour earnestly to acquire)는 뜻으로 손 대접하는 사역을 열심히 추구하라는 의미이다.

나그네는 원주민이 누리는 권리나 법적 보호에서 소외된 사람들로서 불이 익을 당하기가 쉽고, 또한 나그네의 삶 때문에 힘들고 지친 사람들이다. 그 래서 구약의 이스라엘 백성들에게도(신10:18-19), 기독교 신자들에게도 요 구된 필수적 미덕이었던 것이다(딤전 3:2, 5:10, 히13:2).

낯선 나그네라 할지라도 따뜻하게 영접하고 사랑하는 마음이 있어야 실행 할 수 있는 것이다. 특히 손님을 접대하는 사역을 하면서 원망 없이 즐거운 마음으로 행해야 한다(벧전4:9).

우리 주변에는 나그네와 행인들, 보호 장치 없는 외국인들, 실직자들의 문 제가 있다. 교회가 어떻게 그들의 문제에 참여하여 지속적인 도움을 줄 수 있을지를 찾아서 실행하는 모습을 보여야 할 것이다.

3. 인간관계에서 그리스도인의 삶을 실천하라(12:14-21)

하나님의 백성이 된 성도는 교회 공동체 안에서만 살 수 있는 존재가 아니다. 자신이 살아가고 있는 사회의 이웃과 더불어 살아갈 수밖에 없는 존재이기도 하다. 주변에 아무리 까다롭고 악하고 괴롭히고 적대적 관계에 있는 사람이 있다 할지라도 담을 쌓고 살아서는 안 된다. 또한 꼴 보기 싫은 인간들을 피하여 홀로 산 속에 들어가서 살아서도 안 된다.

그들을 향한 우리의 사명과 과제가 있기에 그것을 완수하기까지는 세상을 떠날 수 없는 것이다. 사도 바울의 고백처럼 "차라리 세상을 떠나서 그리스도와 함께 있는 것이 훨씬 더 좋은 일이라 그렇게 하고 싶으나"(빌1:23) 세상에 존재하는 것은 세상 사람들에게 복음 증거의 사명을 다하기 위한 것이다. 그러므로 우리는 우리 이웃과 더불어 살아가는 방법을 배워야 한다.

(1) 마음을 같이하여 더불어 살아가라(14-16절)

사회 속에서 여러 종류의 사람들과 더불어 살아가려면 그들과 보조를 맞추어 살아가야 한다. 그것은 그들의 사상과 삶의 스타일에 물들라는 말이 아니라 그들과 조화롭게 살아가는 방법을 찾으라는 것이다.

별 세계에서 온 별난 존재처럼 동떨어진 삶을 살아서는 세상을 변화시킬 수가 없다. 또한 세상 사람들과 격리감(隔離感)을 주는 특별나고 괴기(怪奇)한 행동으로는 세상 사람들의 마음을 열 수가 없다. 사도 바울처럼 '예수의 전염병'(Jesus Virus)과 같이 강력한 사람이 되어(행24:5) 자연스럽게 세상을 변화시켜가라는 것이다.

첫째는, 괴롭히는 자들을 저주하지 말고 축복하라.
"너희를 박해하는 자를 축복하라 축복하고 저주하지 말라"(14절)
여기 '박해하는 자'(τοὺς διώκοντας)는 '괴롭히다'(to pursue), '악의로 따라다니다'(to pursue with malignity)는 뜻으로 따라다니며 계속해서 괴롭히고 성가시게 하고 욕하고 거슬러 악한 말을 하는 사람을 가리킨다(마5:11). 주변에 이런 인간들을 만나면 정말 피곤하고 힘들어 살 수 없어 입에서 저절로 욕과 저주가 나오게 되어 있다.

그러나 그들을 저주하지 말고, 오히려 축복을 빌어주라는 것이다. 예수님께서도 애매히 고난을 겪고 매를 맞아도 죄를 짓지 않으시고 "욕을 당하시되 맞대어 욕하지 아니하시고 고난을 당하시되 위협하지 아니하셨다"(벧전2:23). 그것은 우리로 그 자취를 따라오게 하려는 것이었다(벧전2:21).

또한 적극적으로 "악을 악으로, 욕을 욕으로 갚지 말고 도리어 복을 빌라"고 하며, "이를 위하여 너희가 부르심을 받았으니"(벧전3:9)라고 권면하고 있다. 괴롭히는 자와 함께 한다는 것이 힘든 일이지만 우리는 넓은 아량과 성숙한 인격의 모습을 보여주어야 한다. 우리가 세상에 존재하는 이유는 세상을 저주하기 위한 것이 아니라 오히려 복된 세상, 즉 그리스도의 충만한 축복으로 세상을 충만하게 만드는 사명을 감당하기 위하여 부르심을 받았기 때문이다.

둘째는, 희노애락(喜怒哀樂)을 함께 하라.

"즐거워하는 자들과 함께 즐거워하고 우는 자들과 함께 울라"(15절)

본 절의 권면이 고전12:26의 몸의 비유와 연관성이 있다 해서 교회 지체들과의 관계에 대한 교훈이라고 단정할 필요는 없다고 보여 진다. 바울은 믿음의 가정뿐만 아니라 "모든 이에게 착한 일을 하라"(갈6:10)고 권면하고 있기에 내가 사는 이웃과 더불어 희노애락을 함께 하라는 말씀으로 보는 것이 더 타당하다고 보여 진다.

즐거워하는 사람과 함께 즐거워하는 것이 진정한 이웃의 모습이다. 이웃이 잘되고 성공하는 것을 못 보아주고 배 아파서 시기하고 질투하는 것은 세상의 이기적이고 탐욕적인 인간들의 모습일 뿐이다. 기독 신자가 남이 잘되는 꼴을 못 보아주고 인상을 찡그리고 시기와 질투심을 보이는 행동을 하는 것은 정말 눈 뜨고 못 볼 꼴불견인 것이다. 그리스도의 사랑을 실천해야 할 신자는 이웃을 축복하는 심정으로 그들의 기쁨에 동참하여 함께 기뻐해 주고 축하해 주어야 한다.

특히 우는 자들과 함께 울어주어야 한다. 이웃이 환난과 시련으로 슬퍼하며 통곡하고 있는데 혼자서 희희낙락(喜喜樂樂)거리는 것은 있을 수 없는 몰인정한 행위이다. 예수님께서도 슬픔을 당한 가정에 가셔서 심령에 비통함을 느끼시고 함께 우셨던 것처럼(요11:33, 35) 우리도 긍휼의 심정을 가져야 한다. 이웃과 더불어 희노애락을 함께 하는 사람이 진정한 그리스도의 사랑을 실천하는 신자인 것이다.

셋째는, 우월의식을 갖지 말고 겸손하라.

"서로 마음을 같이하여 높은 데 마음을 두지 말고 도리어 낮은 데 처하여 스스로 지혜 있는 체 하지 말라"(16절)

사회의 분열은 의견의 불일치, 사상의 불일치 때문에 발생할 때가 많다. 통합된 건강한 사회를 건설하려면 먼저 생각의 일치가 중요하다. 그리하기 위해서는 자신의 견해만이 가장 고상하다고 주장해서는 안 된다. 서로 의견을 조율할 줄 아는 자세와 아량이 필요한 것이다.

① "서로 마음을 같이하여"

여기 '마음을 같이하여'를 영어 성경에서는 '서로 조화를 맞추어 살아라' (Live in harmony with one another-NIV)고 해석하여 서로 잘 어울려 살아가라는 의미로 보았다. 그러나 그 내용 속에는 더 깊은 의미가 담겨있다고 본다. '마음'이란 단어 '프로눈테스'($\phi\rho o\nu o\tilde{\upsilon}\nu\tau\epsilon s$)는 '생각'(막8:33, 롬8:5), 또는 '사상'(행28:22)으로 번역되기도 하여 '어떤 의견', '마음으로 추구하는 것'을 의미하고 있다. 그러므로 여기에서는 서로 생각, 견해, 사상을 같이하여 조화를 이루라는 의미인 것이다. 그러나 사실 세상 사람들과 마음을 같이 한다는 것이 결코 쉬운 일은 아니다.

세속적 사고, 인간적 생각이 앞서 있는 사람들과 '하나님의 생각'을 가져야 할 사람들이 서로 같은 마음을 갖는다는 것이 정말 어려운 일일 것이다. 그럼에도 불구하고 사회 가운데 분쟁과 불협화음을 없애기 위해 서로 견해를 같이하여 조화 있는 사회를 건설하라는 권면이다.

그리스도인은 분열되어 있는 공동체 속에서 생각과 견해, 사상을 통일시키는데 중요한 역할을 감당하는 사람들이 되어야 한다. 뿐만 아니라 여기에는 서로가 어떤 위치, 어떤 신분에 있든지 서로 존중히 여기고 사랑하는 태도를 가지라는 말이기도 하다.

② "높은 데 마음을 두지 말고 도리어 낮은 데 처하여"

서로를 향하여 생각을 같이 하는데 장애가 되는 것은 '높은 데 마음을 두는' 자만(自慢)의 태도이다. 여기 '높은 데'($\tau\grave{\alpha}\ \acute{\upsilon}\psi\eta\lambda\grave{\alpha}$)라는 단어는 '높은 자리'라는 뜻으로 명예와 지위를 높은 것을 추구하는 마음을 갖지 말라는 것이다.

자신의 생각과 견해를 높이 생각하는 사람은 항상 자신만이 옳고 다른 사람들은 전부 틀렸다는 착각에 빠지기 쉬운 것이다. 이런 자만심은 다툼과 분쟁만 일으켜 그 사회를 혼란에 빠뜨리게 되는 것이다.

이런 분쟁을 막는 길은 '낮은 데 처하는' 것이다. 여기 '낮은 데'($\tau o \hat{\iota} \varsigma$ $\tau \alpha \pi \epsilon \iota \nu o \hat{\iota} \varsigma$)는 '낮은 일', 또는 노예처럼 신분이 '천한 사람들'을 의미한다(눅1:52, 고후7:6, 약1:9). 또한 '처하며'($\sigma \nu \nu \alpha \pi \alpha \gamma \acute{o} \mu \epsilon \nu o \iota$)는 모든 것을 싹 쓸어가는 홍수처럼 강력하게 '이끌다'(to lead along with one), 또는 낮은 위치의 사람들과 함께 '사귀다'(to associate with)는 뜻으로 낮은 위치에 있는 사람들과 어울리고 다른 사람들이 거들떠보지 않는 비천하고 초라하고 보잘 것 없는 일이라 할지라도 그곳까지 찾아가서 함께 하라는 의미이다.

기독교의 윤리는 높은 이상적인 것을 추구하는데 신경 쓰기보다는 예수님처럼 낮은 자들의 친구가 되어 그들을 보살펴야 한다(마11:19). 역사 이래로 기독교 세력이 개입하여 분쟁이 일어나는 곳에는 항상 높은 것을 추구하려고 성직자들과 지도자들이 서로 피터지게 싸웠기 때문이었다. 사실 종교적 분쟁으로 사회를 혼란에 빠뜨리는 사람은 종교의 탈을 쓴 사탄의 도구일 뿐임을 기억해야 한다.

③ "스스로 지혜 있는 체 하지 말라"

신약성경에서 '지혜'를 뜻하는 단어로 먼저 '소포스'($\sigma o \phi \acute{o} \varsigma$)가 있다. 이는 타고난 능력으로서의 지혜로서 보편적으로 숙련된 명철을 의미한다. 다음으로 본 절에 나와 있는 '프로니모스'($\phi \rho \acute{o} \nu \iota \mu o \varsigma$)로 실천적인 지혜를 가리킨다. 이 술어는 예수님의 비유에서 지혜롭고 현명하게 일을 처리하는 종이나 사람에게 적용하고 있다(마24:45, 25:2, 4, 8, 9).

이는 지적이고 실천적 윤리 면에서 정확한 것으로 '현명하고'(sensible), '분별력 있고'(prudent), '빈틈없이'(cleverness) 완벽한 모습을 가리킨다. 그러므로 '자기 스스로'($\pi \alpha \rho' \ \acute{\epsilon} \alpha \nu \tau o \hat{\iota} \varsigma$), 즉 '자신의 관점에서'(in one's own eyes) 스스로 똑똑하고 완벽하여 도덕적으로도 흠이 없다고 자랑하지 말라는 것이다(롬11:25, 고후11:19). 이는 자기 자신만이 완벽하다고 절대화(絕代化) 시키지 말라는 권고이다.

사실 우리 주변에는 자신이 가장 똑똑하다고, 가장 완벽하다고 우쭐거리면서 잘난 채 하는 인간들이 참 많이 있다. 그래서 다른 사람의 위신과 체면, 수고와 결과는 무시해 버리고, 또한 다른 사람의 의견과 사상은 들어보려는 자세는 전혀 없이 오직 자신만이 옳다는 독선주의에 빠지는 것이다. 그러나 그들의 속을 들여다보면 가장 어리석은 짓을 하는 것을 발견할 때가 많이 있다.

스스로 옳다, 스스로 잘났다, 스스로 완벽하다 하는 사람을 하나님은 미워하신다는 것을 명심해야 한다(사5:21, 눅16:15, 고후10:19). 또한 이런 인간들 때문에 사회 공동체의 분위기가 깨지고 분열될 뿐 아니라 기독교의 중요성과 역할이 사회로부터 낮게 평가 받게 된다는 것도 기억해야 한다.

(2) 선을 도모하여 화평을 유지하라(17-18절)

14절에서는 괴롭히는 자, 핍박하는 자를 저주하지 말라고 권면했다면, 여기서는 한 걸음 더 나아가 '악을 행하는 자에게 악으로 갚지 말라'는 권면이다. 세상에는 기질이 악한 사람, 또한 악한 일을 도모하는 자들이 많이 있다. 이들과 어떻게 더불어 살아가느냐가 또한 그리스도인의 과제이기도 하다.

첫째는, 악에 대하여 악으로 대하지 말고 선으로 대처하라는 것이다.

"아무에게도 악을 악으로 갚지 말고 모든 사람 앞에서 선한 일을 도모하라"(17절)

세상에는 항상 선과 악이 함께 하여 선한 사람과 악한 사람, 선한 일과 악한 일이 어우러져 있다. 심지어 우리 안에 선과 악이 공존하기도 한다(7:21). 솔직히 세상에는 '악을 도모하는 자'가 많이 있다(1:30). 그러나 그리스도의 사람은 악이 아니라 선을 도모하는 자가 되어야 한다.

신자는 악을 대항하여 악으로 갚아서는 안 된다. 여기 '갚다'($\dot{\alpha}\pi o\delta i\delta\omega\mu\iota$)는 '보답하다'(to recompense), '돌려주다'(to render)는 뜻으로 보상과 징벌이라는 개념이 들어 있어 나에게 악을 행한 사람에게 악으로 앙갚음하여 돌려주지 말라는 말이다.

'악을 악으로 갚는 것'은 유대교의 보복법이지만(출21:22-25, 신19:21), 예수님께서는 악한 자에게 대적하지 말고 선으로 갚을 것을 말씀하셨다(마5:39-42). 예수님의 이런 교훈을 본받아 초대교회에서도 악을 선으로 갚으라고 권면했다(살전5:15, 벧전3:9).

인류의 역사는 악을 악으로 갚고, 폭력을 폭력으로 갚는 보복의 악순환이 무수히 벌어져 피 흘림과 불행으로 점철(點綴)되어 왔다. 하나님의 백성이 된 신자는 보복하는 삶을 살아서는 안 된다. 보복과 징벌은 하나님의 권한에 있는 것이지 인간이 하는 일이 아니다. 신자는 '선한 일을 위해 지음받은'(엡2:10) 새로운 존재가 되었기에 세상을 선하게 만들어가야 한다.

'도모하라'(προνοούμενοι ‐ προνοέω의 현재 중간태 분사)는 '미리 생각하다'(to think before), '~을 선취하다'(to be preoccupied)는 뜻으로 선한 일이 무엇인지 앞서서 생각하여 심사숙고(深思熟考) 하라는 말이다. 악을 악으로 '아무에게도'(μηδενὶ) 앙갚음 하지 말아야 하듯이 선한 일도 '모든 사람 앞에서'(ἐνώπιον παντων ἀνθρώπων) 도모해야만 하는 것이다.

선(καλός)은 대체로 '옳은 행위', '올바른 가르침', '세상에 대한 합당한 태도'와 같은 것으로 신자가 세상에서 선을 창조하고 추구하는 것이 과제라는 것을 명심해야 한다(시37:3, 딤후3:17). 그러므로 세상 모든 사람들이 보는 앞에서 밝고 아름답고 선한 일을 행하여 우리의 착한 행실을 보고 하나님께 영광을 돌리게 만들어야 한다.

둘째는, 할 수 있으면 모든 사람과 화평을 도모하라는 것이다.
"할 수 있거든 너희로서는 모든 사람과 더불어 화목하라"(18절)

세상 모든 사람에게 선을 행하려고 한다면 그들과의 관계에서도 당연히 더불어 화목을 추구해야 한다. '화목하다'(εἰρηνεύω)는 '평화 가운데 살다'(to live in peace), '평화를 지키다'(to practice peace)는 뜻으로 모든 사람으로 더불어 평화로운 관계를 조성하고 유지하라는 것이다.

여기 '할 수 있거든'(εἰ δυνατόν)이라는 전제가 붙는다. 이는 '할 수 있는' 상황과 반대로 '할 수 없는' 상황도 벌어질 수 있다는 것을 암시하고 있다. 기독교 신자는 모든 사람들과 평화의 관계를 맺는 것이 우선이다. 그러나 기독교 진리와 배치되는 상황에서는 타협하거나 수용할 수는 없는 일이다.

평화를 위한다고 신앙의 본질까지 타협할 수는 없는 것이다. 그렇다고 그들과 평화의 관계를 맺을 수 없고 배치된 상황에 놓였다고 해서 악을 악으로 갚는 보복 행위, 또는 대치관계에 있으라는 말은 아니다. 그리스도인들은 '화목하게 하는 직책'을 받은 사람들이니(고후5:19), 21절의 말씀처럼 '선으로 악을 이기는' 전략을 세워야 하는 것이다.

"모든 사람과 더불어 화평함과 거룩함을 따르라 이것이 없이는 아무도 주를 보지 못하리라"(히12:14)

(3) 보복하지 말고 선으로 악을 이기라(19-21절)

14절에서 '괴롭히는 자', 17절에서 '악을 행하는 자'와의 관계를 권면하고, 이제 마지막으로 마침내 '원수' 관계까지 간 사람과의 관계에서 어떻게 처신할 것인지를 권면을 하고 있다.

첫째는, 원수를 친히 갚지 말고 하나님께 맡기라는 것이다.

"내 사랑하는 자들아 너희가 친히 원수를 갚지 말고 하나님의 진노하심에 맡기라 기록되었으되 원수 갚는 것이 내게 있으니 내가 갚으리라고 주께서 말씀하시니라"(19절)

로마 교인들을 호칭할 때마다 '형제들아'라고 불렀던 것을, 본 절에서는 지금까지 한 번도 사용하지 않았던 "내 사랑하는 자들아"(ἀγαπητοί)라고 부르고 있다. 이는 교인들을 향한 자신의 애정과 우정관계를 통하여 더욱 힘들고 어려운 문제를 권면하기 위한 것이다.

여기 '원수를 갚다'(ἐκδικέω)는 '보복하다'(to avenge), '원수를 갚다'(to revenge), '징벌하다'(to punish)는 뜻으로 단순히 악행보다 더 심각한 상해(傷害)를 입히는 보복을 의미한다. 이 단어가 구약에서는 하나님의 형벌을 받는 것을 뜻하기도 하고(출21:20, 신18:19, 렘5:9, 9:9, 호4:9), 또한 원수를 갚는 보복의 뜻으로 사용하였다(민31:2, 삼상14:24, 대하22:8).

본 절에서는 신자의 보복행위로 사용되어 자기 자신이 직접 보복하여 원수를 갚지 말라는 것이다. 그리스도인이라 할지라도 인간이기에 악을 행하며 억울하게 만든 원수를 용서할 수 없고 동일한 악으로 앙갚음 하고 싶은 충동이 일어날 수가 있다. 그러나 성경은 도처에 원수 갚는 것을 자신이 직접 하지 말라고 권고하고 있다(레19:18, 잠24:17, 살전5:15, 벧전3:9). 오히려 하나님의 진노하심에 맡기라는 것이다.

여기 한글성경에 번역되지 않은 '토폰'(τόπον)은 '장소'(locality), '여지'(room), '기회'(opportunity)라는 뜻으로 하나님의 진노하실 수 있는 여지(餘地)를 남겨두라는 의미이다. 그것은 "원수 갚는 것이 내게 있으니 내가 갚으리라"(신32:35)는 말씀처럼 진정한 심판자는 하나님밖에 없으니 하나님의 심판에 맡겨버리고 자기 자신이 월권하지 말라는 경계이기도 하다(약 4:12). 우리는 억울함에 대하여 조급해서는 안 된다. 또한 분노의 감정을 자제하지 못하고 폭발해서도 안 된다.

무엇보다 자신이 하나님의 심판의 자리를 빼앗아 심판자가 되어서는 더더욱 안 되는 것이다. 원수 갚는 권한은 하나님의 손에 있는 것이다. 하나님이 원수를 갚아주실 때까지 우리는 기도하며 기다릴 뿐이다.

둘째는, 원수에게 오히려 자비를 베풀라는 것이다.

"네 원수가 주리거든 먹이고 목마르거든 마시게 하라 그리함으로 네가 숯불을 그 머리에 쌓아 놓으리라"(20절)

기독교의 사랑은 사회의 보편적인 통념(通念)을 초월한 사랑을 요구하고 있다. 원수에 대하여 앙갚음을 하지 않는 것에서 끝나는 것이 아니라 한 걸음 더 나아가 적극적으로 그들을 사랑하고 선을 베풀라는 것이다.

너의 원수가 굶주리거든 먹이고 목마르거든 그에게 마실 것을 주라는 권면이다. 나에게 손해를 끼치고, 상처를 입히고, 억울하게 만든 인간에게 보복하지 말라는 것도 오래토록 고심한 후에 내려야 할 결단인데, 한 걸음 더 나아가서 원수 같은 인간이 곤경에 처했다고 도와주라는 것은 정말 큰 결단이 요구되는 것이다. 이는 마음속에 용솟음치는 복수심을 짓누르고 실천하라는 것이 아니다. 신자의 사랑 실천은 하나님의 사랑과 은혜를 받은 것에 보답하기 위한 것이며(요15:12, 요일3:16, 참조 마18:33), 그리스도의 발자취를 따라가기 위한 것이다(벧전2:20-21, 히12:2-3).

예수님께서는 "원수를 사랑하며…기도하라"(마5:41) "선대하며 아무것도 바라지 말고 꾸어 주라"(눅6:35)고 말씀하셨다. 또한 오른편 뺨을 때리면 왼편도 돌려대고 속옷을 갖고자 하면 겉옷까지도 주고 억지로 오(五) 리를 가게 하면 그 사람과 십(十) 리를 동행하라고 교훈하셨다(마5:39-42).

본 절에서 사랑을 실천해야 할 이유($\gamma\grave{\alpha}\rho$)를 밝히고 있다. 그렇게 행하므로 그의 머리에 숯불을 쌓아놓게 된다는 것이다. 이는 잠25:22의 인용으로 두 가지 의미로 생각할 수 있다. 먼저는 '숯불'을 하나님의 심판 언어로 보고 신자가 계속해서 선을 행함에도 불구하고 그가 돌이키기를 거부하여 악행을 계속한다면 '마지막 날 임할 진노를 쌓는 것'과 같다는 것이다(롬2:5, 참조 삼하22:13, 욥41:20-21, 겔24:11, 4 Ezra16:53). 이는 신자의 보복행위가 아니라 신자가 베푼 선행을 거절한 결과라는 것이다.

다음으로 원수가 어려움을 겪을 때에 사랑과 선행을 베풀어 주면 그가 자신의 악행에 대하여 '불타는 수치심과 가책'(=숯불)을 느껴 강퍅하고 완악한 마음이 녹아져서 변화 될 것이라는 것이다. 하여간 신자가 사랑을 실천하면 원수라 할지라도 화해 될 수 있는 기회가 생기고, 좋은 친구로 변할 수 있으며, 무엇보다 그 영혼을 구원할 수 있는 계기를 마련할 수 있을 것이다. 예수님께서는 원수에게 사랑과 선의(善意)를 베풀면 상이 크고 하늘에 계신 아버지의 아들이 될 것이라고 했다(마5:45, 눅6:35).

셋째는, 선으로 악을 반드시 이기라는 것이다.
"악에게 지지 말고 선으로 악을 이기라"(21절)

본 절은 앞에서 설명해 오던 '박해하는 자', '악을 행하는 자', '원수'에 대하여 어떻게 대처할 것인지 그 방법을 권면했는데, 이제 그 결론으로 마무리를 하고 있다.

① "악에게 지지 말고"

여기 '지지 말고'($\mu\grave{\eta}$ $\nu\iota\kappa\hat{\omega}$)에 나온 동사 '니카오'($\nu\iota\kappa\acute{\alpha}\omega$)는 '정복하다'(to conquer), '극복하다'(to overcome), '이겨내다'(to vanquish)는 뜻의 현재 수동태 명령법으로 고전 헬라어에서 군사적 전투와 법적인 분쟁에서 '승리하다'는 뜻으로 사용하였다.

신자는 악이 아무리 거칠고 강력한 힘을 가지고 밀려온다 할지라도 그 세력에 정복당하지 말아야 한다. 악을 행하는 사람의 행동에 함께 불의한 방법으로 대응하거나 혹은 악한 행동에 패배하여 좌절하는 것은 악에게 정복당하는 것이다. 그리스도에게 속한 사람은 얼마든지 악과 악의 세력을 이길 수 있다(롬8:1, 37, 고전15:57, 요일5:4-5).

그것은 악을 이기라는 것이지 악인, 즉 사람을 정복하라는 말이 아니다. 신자의 싸움은 혈과 육에 대한 것이 절대로 아니다. 오직 영적 세력과의 영적 싸움인 것이다. 악한 것에 타협하지 말고 악한 방법을 추구하지 말아야 한다. 오직 악에게 승리하기 위해서는 영적으로 강건하게 무장하고, 또한 빛 가운데 거닐면 승리할 수 있다(엡4:8-9, 5:13, 요1:5).

② "선으로 악을 이기라"

신자의 최선의 승리의 비법은 선으로 악을 이기는 것이다. 이것은 단순히 악을 행하지 않는 것만 가지고는 부족하다. 적극적으로 선과 선행으로 악을 물리치고 극복해 가야한다. 여기에서 사용되어진 '선'이라는 단어는 내적인 본질을 나타내고 실행하는 외적인 면을 가리키는 '칼로스'(καλός)가 아니라 근본적으로 하나님께 속한 내적인 완전함으로서의 선을 가리키는 '아가도스'(ἀγαθος)로 되어 있다.

이는 단순히 외적으로 나타난 선행과 자비를 베풀어 주는 것으로 악을 이기라는 것이 아니라 하나님이 주신 선함, 즉 중심에서부터 나오는 선한 본질과 함께 외적으로 표현되어진 것들로 악을 이기고 정복하라는 것이다. "선한 사람은 그 쌓은 선에서 선한 것을 내고"(마12:35, 눅6:45)라는 예수님의 말씀처럼 중심에 있는 선에서부터 선한 행실들이 나오는 것이다.

신자는 반드시 악과 싸워야 한다. 그러나 절대로 악으로 악을 이기려고 해서는 안 된다. 오히려 선으로 악을 이겨 나아가야 한다. 이것만이 불의한 세상을 정복하고 하나님의 나라를 세우는 길이다.

세상 속에서 실천해야 할 기독교의 윤리는 세상적인 이론이나 방법과는 차이가 있다. 세상에서는 자신이 당한만큼 보복하고 응징하려고 하여 더 큰 분쟁을 일으키고 피비린내 나는 보복의 악순환이 계속되게 만드는 것이지만 기독교의 윤리는 응징과 보복의 사슬을 끊고 하나님이 기뻐하시는 아름다운 세상을 만드는 것에 있는 것이다. 기독교의 윤리는 구성원 한 사람 한 사람이 자신의 삶의 현장에서 그리스도의 사랑으로, 또한 성경의 가르침을 실천해 갈 때에 실현될 수 있는 것이다.

이웃과 더불어 살아가기 위해서 선을 행해야 할 이유는 먼저는 우리의 '착한 행실'로 인하여 하나님께 영광을 돌리는 데 목적이 있다(마5:16). 또한 하나님의 기뻐하시고 온전하신 뜻을 이 땅 위에 실현하기 위한 것이다(마5:48, 6:10). 더 나아가 우리의 적극적인 선행을 통하여 그리스도의 복음을 확장시키려는 선교적 목적이 있다(벧전3:1-2).

4. 국가 시민으로서의 의무를 다하라(13:1-7)

12장에서는 그리스도인으로서 교회 공동체 안에서의 역할과 사회 공동체 안에서 대인관계에 대한 자세를 교훈했다면, 본 단락에서는 국가와 정부 당국자들에 대한 그리스도인으로서의 자세에 대하여 교훈하고 있다. 한 마디로 국가적인 모든 권력에 복종하라는 것이다.

그것은 역사의 주권자가 하나님이시라는 전제하에서 모든 권력은 하나님이 정하신 것이기 때문에 복종하라는 것이다. 그 내용은 정치, 법과 질서, 그리고 조세에 대한 규례를 지킬 것을 권하고 있다.

그러나 성경은 불의한 권력에 대하여서는 저항할 것을 암시하는 구절들도 있다(삼상15:26, 단6:10). 우주와 역사를 주관하시는 하나님 앞에서 세상의 나라들은 '통의 한 방울 물'과 같고 '저울의 적은 티끌'과 '떠오르는 먼지'에 불과한 존재들이다(사40:15). 하나님은 자신의 선하신 뜻을 위하여 나라를 세우시고 지도자에게 권력을 맡겨주시는 것이다.

그러므로 정권자(政權者)들은 하나님의 동역자라는 의식이 있어야 한다. 만약 하나님의 경영 원리에 합당하게 행하는 권력이라면 그 백성이 복종하는 것은 당연한 것이다. 그러나 불의한 권력에는 저항할 수가 있다(왕상17:1, 대하26:16-18). 거기에는 권력을 올바로 사용하여 하나님의 뜻을 실현하는 국가와 정부를 세우려는 분명한 목적이 있어야 한다. 또한 그 판단 기준은 신중해야 하며, 보편타당성이 있어야 하며, 성경적 정신에 부합되어야 한다. 여기에서 우리에게는 선지자적 정신과 자세, 그리고 그 소명을 가지고 세상을 개혁시켜 나아가야 한다.

(1) 국가 권력은 하나님이 주신 것이니 복종하라(1-2절)
"각 사람은 위에 있는 권세들에게 복종하라"(1절상)

신자는 그리스도 안에서 하늘에 속한 하나님의 백성이 되었다. 신자의 최고의 왕은 그리스도이시기에 그에게 복종하며 살아야 한다. 그러나 또 한편 신자는 이 세상에서 삶을 영위해야 하는 육신을 가진 존재이기도 하다.

두 가지 신분을 가진 성도가 세상의 권력자, 세상의 권세 앞에서 어떻게 처신해야 하는지를 가르쳐 주고 있다.

먼저는 그 권세에 복종하라는 것이다. 여기 '각 사람'(Πᾶσα ψυχή)은 '모든 사람', 혹은 '사람마다' 라는 뜻으로 국민 한 사람, 한 사람을 말한다. 그리고 '위에 있는 권세'란 계속 지배하고 권세를 가지고 있는 세력으로 위정자(爲政者) 자체보다는 통치 영역, 즉 권세를 가진 통치 기구 혹은 정부를 일컫는 말이다.

베드로는 '모든 제도', '위에 있는 왕', '보낸 총독'을 위에 있는 권세로 보기도 했다(벧전2:13-14). 그리고 '복종하라'(ὑποτασσέσθω - ὑποτάσσω의 현재 수동태 명령형)는 '자신을 복종시키다'(to submit one's self), '밑에 놓다'(to place under)는 뜻으로 원래 군사 용어로 지휘관에게 병사들이 철저히 복종하는 자세를 가리킨다.

이는 단순한 순종보다는 자신의 의사와는 전혀 상관없이 상관의 의도에 따르는 보다 포괄적이고 엄격한 의미의 복종(subjection)을 의미한다. 신자는 자신이 속한 국가의 통치 기구 또는 통치자에게 복종해야 한다. 뿐만 아니라 '존대하고'(벧전2:17) '기도하라'고 했다(딤전2:1-2).

여기서 사도 바울이 가장 염려하는 것은 정부 자체를 부정하거나 정부의 권위를 폄하하는 태도이다. 신자는 정부의 존재와 그 권위를 인정하고 존중히 여기는 자세를 가져야 한다. 이에 대해 데이톤(W. Dayton)은 "형편없는 정부보다 더 나쁜 것이 한 가지 있는데 그것은 무정부(無政府) 상태이다. 그리고 정부의 권위에 순종하기를 거부하는 것은 곧 무정부 상태를 지지하는 것이다."라고 했다. 바울은 신자가 통치하는 권세에게 복종해야 하는 이유(γάρ)를 다음과 같이 밝히고 있다.

첫째로, 권력은 하나님께로부터 났다는 것이다.
"권세는 하나님으로부터 나지 않음이 없나니 모든 권세는 다 하나님께서 정하신 바라"(1절하)

권세가 하나님께로부터 났다는 것은 "지극히 높으신 이가 사람의 나라를 다스리시며 자기의 뜻대로 그것을 누구에게든지 주시는 줄을 아시리이다"(단4:25)는 말씀처럼 권력의 기원이 하나님에게서 기인한다는 사실을 밝히는 것이다(참조, 단5:21, 삼하12:8, 잠8:15-16, 사42:2-4).

여기 '정하신 바'(τεταγμέναι- τάσσω의 완료 수동태 분사)는 장소를 '정하다'(to arrange in place), 어떤 임무를 '임명하다'(to appoint)는 뜻으

로 '하나님의 의하여 제정되어 세운 것'이라는 의미로서 세상에 상존하는 모든 권세 들은 전부 하나님에 의해 정해지고 배치되진 것을 의미한다.

이것은 통치자의 어떤 신적 권리나 또는 정부의 어떤 특별한 형태를 주장하는 것이 아니다. 그것은 단순히 정부나 질서 유지를 위한 권세를 위임해 주었다는 말이다.

국가라는 기구의 모든 권세는 모든 불법과 무질서를 방지하고 이 땅 위에 하나님께서 의도하신 '선한 일'의 목적을 행하기 위해서 신적 권위로 위임된 것이다. 그러므로 국가 기구에서 권력을 행사하는 사람들은 항상 선한 목적으로 그 권세를 사용해야 하며 백성들이 평안한 삶을 영위할 수 있도록 봉사해야 한다.

권력자는 그 권력을 이용하여 교만하게 행동해서도 또한 잘못 악용하거나 하나님의 뜻에 거슬리는 일에 남용해서는 안 된다. 또한 백성들은 국가 권위 자체를 거부하거나 무시하는 행동을 해서는 안 되는 것이다. 그것은 국가적, 사회적 혼란을 야기(惹起)하여 하나님의 심판으로 패망하는 원인이 되기 때문이다(사19:2-4, 11-15).

둘째는, 권력을 거역하는 것은 하나님의 규례를 거역하는 것이다.

"그러므로 권세를 거스르는 자는 하나님의 명을 거스름이니 거스르는 자들은 심판을 자취하리라"(2절)

만약에 국가의 권위가 하나님이 위임해 주고 세워주신 것이라면, 그 결과 ($\omega\sigma\tau\epsilon$) 당연히 순종해야 한다는 사실을 밝히고 있다. 만약에 그 권세를 거스린다면 그것은 하나님의 명을 거역하는 것과 같은 것이다. 여기 상반절에 있는 '거스르는 자' ($\delta\ \dot{\alpha}\nu\tau\iota\tau\alpha\sigma\sigma\acute{o}\mu\epsilon\nu o s$)는 '계속해서 자신을 위해 저항하는 자'라는 뜻으로 사회 질서를 유지하고 정의를 구현하기 위해 존재하는 국가 권위에 대해 계속해서 불복종하고 반대 입장에 서 있는 사람을 가리킨다.

이런 사람의 첫 번째 문제점은 그 행동이 하나님의 의도를 저버리는 격이 된다는 것이다. 여기 '명' ($\delta\iota\alpha\tau\alpha\gamma\hat{\eta}$)이라는 단어는 '배치'(disposition), '배열'(ordinance), '취지'(purport)라는 뜻으로 하나님께서 세계를 경영하시는 계획과 목적이 있어서 경계를 정하시고 국가를 세워 권위를 위임해 주신 것인데, 그것을 반대한다는 것은 하나님께서 명하신 목적, 또는 권세를 위임해 준 취지를 반대하고 저항하는 꼴이 되어 버린다는 말이다.

그러므로 국가 권위에 저항하거나 탄핵, 퇴진운동을 전개하는 것은 통치자가 자신에게 위임된 권위를 이용하여 사적 이권을 꾀하거나 악을 도모하거나 인권(人權)을 유린하거나 하나님이 위임해 준 목적에서 벗어났을 때에 취할 수 있는 행동이다.

그러나 합법적이고 공의와 정의를 실현하려고 노력하는 권력에 대하여 자신의 사상과 이익에 부합되지 않는다고 저항하는 것은 옳지 않은 것이다. 신자는 항상 역사의 주권은 하나님께 있다는 것과 하나님의 목적이 사회 속에 구현되고 있는가를 판단한 후에 행동해야지 오직 자신의 이념(理念)이나 더러운 이권(利權)에 따라 투쟁하여 사회를 혼란에 빠뜨리고 무질서, 무정부 상태를 만들어 놓아서는 안 되는 것이다. 신자는 국가를 향한 어떤 행동을 취할 때에 나의 행동이 국가를 세우신 하나님의 목적과 의도에 합당한지 그렇지 않으면 반(反)한 것인지를 먼저 판단해야 할 것이다.

두 번째 문제점은 저항의 행동을 통하여 스스로 심판을 자처하는 꼴이 된다는 것이다. 여기 하반절의 '거스르는 자들'(οἱ ἀνθεστηκότες)은 '반대편에 서 있는 자들'로서 '저항하기로 이미 뜻을 세운 자들'을 가리킨다. 성경에서 이 단어는 하나님을 대적하거나(욥9:19, 사50:8, 렘14:7, 말3:15, 롬9:19), 이길 수 없는 세력 앞에서 헛되고 무익하게 저항하는 것을 의미하고 있다(신7:24, 수1:5, 대하13:8, 미2:8, 행13:8).

모든 권세가 하나님에게서 기인(起因)한다는 것을 무시하거나 거역하려는 자세에서 출발된 그들의 저항은 결국 어리석은 행동일 뿐이라는 것이다. 특히 그들 중에는 어떠한 문제점을 가지고 항거하기보다는 무정부 상태를 획책하기 위하여 항거하는 부류에 속할 수도 있기 때문이다.

여기 '심판'(κρίμα)이란 하나님의 심판을 가리키지만 또한 인간적 권세를 통한 형벌을 의미하기도 한다. '자취하리라'(ἑαυτοῖς λήμψονται)는 '스스로 취하다'는 뜻으로 형벌의 책임이 자기에게 있다는 사실을 강조하고 있다. 하나님이 세우신 권세를 저항하는 것은 결국 권세를 정하신 하나님의 목적을 거역하는 것이 되고 그 결과로 하나님이 직접 심판하시든지 또는 권력 기관을 통하여 형벌을 하든지 스스로 형벌을 자취하는 꼴이 되어버리고 만다. 그러므로 신자는 하나님의 우주적 통치 이념을 이해하여 그의 목적을 이 땅 위에 실현하려는 자세로 세상을 살아야 하며 또한 그 국가의 한 시민으로서의 바른 처신을 해야 할 것이다.

(2) 관원은 선한 일을 위한 하나님의 사역자임을 기억하라(3-5절)

사도 바울은 1-2절에서는 국가 권력 자체에 대한 성도들의 자세를 다루었다면, 3-5절에서는 국가 권력을 집행하는 위정자 또는 관원들의 정체성과 그들과의 관계에서 성도들의 처신 방법을 다루고 있다.

하나님께서는 위정자와 그 관리들에게 사회 질서를 위하여 중요한 임무를 맡기셨고 또한 하나님의 대리자로서 선을 행하는 사람에게는 칭찬하여 상을 베풀고 악을 행한 사람에게는 진노의 보응을 할 수 있는 권한을 위임해 주셨다.

첫째는, 관원은 선을 장려하고 악을 징벌하기 위해 존재한다.

"다스리는 자들은 선한 일에 대하여 두려움이 되지 않고 악한 일에 대하여 되나니"(3절상)

'다스리는 자들'(οἱ ἄρχοντες)은 '통치자'(統治者)의 개념보다는 복수형으로 모든 벼슬아치들로서 개역성경처럼 '관원들'(官員)이라고 해석하는 것이 훨씬 좋다고 보여 진다. 하나님께로부터 권세를 위임받은 위정자와 그 관리들은 하나님이 목적하시는 선을 추구하도록 해야 하며 악은 억제시키고 악을 행하는 자들에게는 징벌해야 할 임무를 부여받은 자들이다. 그러므로 그들은 자신들이 먼저 악한 일을 멀리하고 선한 일들을 추구하여 국가를 번영시키고 사회를 안정시키며 백성들을 행복하게 만들어야 한다.

그리고 선한 일들을 행하도록 백성들을 독려하고 선한 일을 행한 사람들에게는 칭찬과 상을 베풀어 주어야 한다. 반면에 악을 억제시키는 정책을 펼치고 악을 행한 사람들에게는 엄벌을 처해야 한다. 그러므로 관리들은 이를 위하여 자신이 세워졌을 뿐 아니라 권위까지도 주어졌다는 것을 명심해야 한다. 그리고 신자는 선한 일을 위하여 지음 받고 부르심을 받은 존재들이기에(엡2:10, 딛2:14) 국가 속에서 선한 열매를 많이 맺는 일에 앞장 서야 한다(골1:10, 살전5:15).

둘째는, 관원을 두려워하지 않으려면 선을 행하면 된다.

"네가 권세를 두려워하지 아니 하려느냐 선을 행하라 그리하면 그에게 칭찬을 받으리라"(3절하)

백성들의 입장에서는 관원들은 징벌의 집행자들이기에 두려움의 대상이 될 수 있다. 어떤 국가적 권세 앞에서 자신이 두려움의 대상이 되지 않기를 원한다면, 스스로 선을 행하면 된다. 여기 '행하라'($\pi o \acute{\iota} \epsilon \iota$)는 '수행하다'(to accomplish), '목적을 성취하다'(to put in execution a purpose), '실천하다'(to practise)는 뜻의 현재 명령형이다.

이는 좋은 것, 옳은 것, 유익한 것을 계속해서 실천하라는 말이다. '선'($\tau \grave{o}$ $\dot{a}\gamma a\theta\grave{o}\nu$)은 히브리어 '토브'(בוט)의 역어로 천지 창조 사역에서 '좋았더라'는 표현에 사용된 술어이다(창1:4, 10). 하나님께서 공허와 혼돈과 흑암의 우주를 질서정연하고 밝고 아름답고 풍부한 세상으로 창조한 것처럼 신자는 하나님의 대리자로서 자기가 사는 세상을 '보기에 심히 좋은 세상'을 만들어내야만 한다(창1:31).

이것이 인간과 하나님의 백성에게 주어진 과제임을 잊지 말아야 한다(시 37:3, 전3:12, 살전5:15). 만약에 선한 일에 많은 열매를 맺게 된다면 권력자에 대하여 두려움은 사라지고 오히려 그 통치자들로부터 칭찬과 상급을 받게 될 것이다.

셋째는, 관원은 하나님의 사역자로 선을 베푸는 자다.
"그는 하나님의 사역자가 되어 네게 선을 베푸는 자니라"(4절상)
이 말씀은 통치자와 그 관원들의 정체성과 사명이 무엇인지 보여준다.

① 그들은 '하나님의 사역자'라는 것이다.
'사역자'($\delta\iota\acute{a}\kappa o\nu o s$)는 '식사의 시중을 드는 자'를 가리키나(마22:13, 요 2:5, 9), 본 절에서는 '일꾼', '보조자', '심부름꾼'이라는 의미를 가리킨다. 이것은 하나님이 우주와 역사를 다스리는 '왕'이라는 사상에서 출발한 것이다(삿8:22-23, 사6:1, 5, 33:17-22).

우주의 왕이신 '만군의 여호와'께서 세상의 통치자들에게 직임을 맡겨주셨기에 그들은 하나님의 사역자로 충성을 바쳐야 하는 것이다. 하나님께서는 바벨론의 느부갓네살 왕에게 '내 종'이라 불렀고(렘25:9, 27:6), 페르샤의 고레스 왕에게도 '내 목자', 또는 '기름부은 자'라고 불렀던 것이다(사 44:28, 45:1). 그러므로 통치자들은 자신은 '하나님의 사역자'라는 인식이 있어야 한다.

자신이 권좌에 앉았다고 권력을 함부로 휘두를 것이 아니라 하나님의 목적을 자기를 통하여 국민들에게 실현시키기 위하여 헌신해야 하는 것이다. 그래서 자기를 도와서 선한 일을 행하는 사람에게는 칭찬을 하고 악을 자행하는 자에게는 징벌을 내려서 아름다운 세상을 만드는 일에 충성해야 하는 것이다.

② 그들은 백성들에게 '선을 베푸는 자'라는 것이다.

하나님께서 통치자와 그 관원들에게 직임을 맡겨주시고 권한을 위임해 주신 것은 백성들에게 '선'(τὸ ἀγαθόν)을 행사하기 위한 목적에 있다. 즉 백성의 안녕과 행복과 번영의 삶을 살아갈 수 있도록 선한 정치, 선한 사업을 전개해야만 한다. 마치 예수님의 가르침처럼 주인께로부터 맡겨준 사람들에게 때를 따라 양식을 나눠주는 '충성되고 지혜 있는 종'이 되어 하나님께 인정받고 역사에 빛나는 사람이 되어야 한다(마24:45).

그러나 역사 이래로 수없는 통치자들은 자신들의 정체성과 그 사명을 바르게 깨닫지 못하고 권력을 잘못 사용하거나 남용하여 자신의 이익의 도구로 사용하든지, 백성을 억압하는 도구로, 또는 인권을 유린(蹂躪)하고 불법을 자행하는 도구로 이용했던 것이다. 그래서 구약의 선지자들의 외침과 울부짖었던 메시지들은 전부 선을 행하지 않고 불의와 불법을 자행하는 불충한 사역자들을 책망하는 것들이었다.

예를 든다면, 이스라엘의 통치자들, 즉 "자기 궁궐에서 포학과 겁탈을 쌓는 자들이 바른 일행할 줄을 몰라" 사치와 불법을 자행하는 모습을 보면서 하나님께서는 그들의 사면에 대적이 있게 하고 힘을 쇠약하게 만들고 궁궐로 약탈을 당하도록 심판하셨던 것이다(암3:10-11, 참조, 사28:7-13).

또한 유다 왕국의 궁내대신과 서기관이라는 고위 관직을 맡았던 엘리아김과 셉나는 하나님께서 자신들에게 관직을 맡겨주셨는데, 그들은 그 권력을 이용하여 분수에 지나쳐서 오만방자하게 행동하고, 권력을 사사로이 남용하고, 권력을 사욕화의 도구로 이용했던 것이다.

결국 하나님께서는 그들의 불충을 도저히 볼 수 없어서 마침내 단단한 못이 삭아 떨어지듯이 그들을 파멸시켜버리고 말았던 것이다(사22:15-25). 그러므로 모든 관원들은 자기 분수를 알아야 한다. 오직 국가 권력 안에서 자기에게 주어진 자기 역할, 자기 사명에 충실해야만 한다.

넷째는, 관원은 하나님의 사역자로 악을 행하는 자에게 보응한다.

"그러나 네가 악을 행하거든 두려워하라 그가 공연히 칼을 가지지 아니하였으니 곧 하나님의 사역자가 되어 악을 행하는 자에게 진노하심을 따라 보응하는 자니라"(4절하)

관원들은 하나님께서 위임해 준 일들을 수행하는 자로서 선악의 신적 표준에 따라서 공의를 집행해야 한다. 특히 '악을 행하는 자에게' 반드시 보응(報應)해야 한다.

① 관원은 이유 없이 행정적이고 사법적인 권력을 행사하는 것이 아니다.

여기 '칼'($\mu\acute{\alpha}\chi\alpha\iota\rho\alpha$)이란 법을 집행하는 행정관의 행정적이고 사법적인 권력을 상징하는 것이다. 그리고 '공연히'($\epsilon\acute{\iota}\kappa\eta$)는 '명분도 없이'(without a cause), '아무런 목적 없이'(purposeless), '헛되이'(in vain)라는 뜻으로, 이 말 속에는 형벌을 집행하는 정부 권력의 근거를 지적해 줄 뿐만 아니라 반드시 정부 권력이 취해야 할 권력 시행의 제약조건(restriction)이 있다는 것을 의미하기도 한다.

즉 권력을 이유와 근거도 없이 함부로 행사해서는 아니 될 뿐만 아니라 형벌을 부과하고 집행할 때에는 반드시 정당하고 합법적인 법률과 정의에 근거해야 한다는 것이다. 법을 집행하는 자는 자기 사상이나 자기 이념에 따라, 또는 사사로운 정치적 목적에 따라, 그렇지 않으면 뇌물이나 다른 사적 이권에 따라 칼을 뽑거나 법을 집행해서는 안 된다. 하나님께서 위임해 준 역할, 즉 선을 장려하고 악을 징벌하는 신적 목적을 위해서 권력을 행사해야 한다. 그러므로 정의로운 집행관 앞에서 악을 행한 사람은 그를 두려워해야 한다. 그들은 하나님의 대리자로 형벌을 집행하기 때문이다.

② 관원은 하나님의 사역자로 악을 행하는 자에게 정의를 집행해야 한다.

정부의 관리는 하나님의 사역자로서의 사명을 다 해야 한다. 하나님의 심판의 대리자로서 악을 행하는 자를 반드시 그 죄의 중량에 따라 보응해야 한다. 여기 '진노'($\acute{o}\rho\gamma\grave{\eta}\nu$)는 하나님의 진노를 가리킨다. 그리고 '보응하는 자'($\acute{\epsilon}\kappa\delta\iota\kappa o\varsigma$)는 '처벌하는 자'(the one who punishes)라는 뜻으로 보복자의 대리인을 가리킨다. 사실 성경에서는 세상의 통치자들이 하나님의 진노를 집행하는 대리자라는 개념이 많이 있다(사7:18-20, 8:5-8, 10:5-6,

13:5). 법을 집행하는 자는 하나님의 대리인으로 악행을 하는 자에게 공정한 형벌을 내려야 한다. 어떤 이유, 어떠한 압력, 또는 범죄자의 신분이나 권력에 의하여 편파적인 징벌을 내려서는 안 된다. 즉 유전무죄(有錢無罪) 무전유죄(無錢有罪)라는 말이 나올 정도로 가난하고 힘없는 자에게는 중형을 내리고 부요하고 힘 있는 자에게는 경량의 형벌을 내리는 편파적 판단을 해서는 안 되는 것이다. 하나님은 이런 집행자들을 가장 싫어하시고 그들의 죄를 중하게 여기시는 것이다(신24:17, 암5:12, 애3:36).

다섯째는, 관원에게 복종하는 것은 두려움이 아니라 양심을 따라 해야 한다. "그러므로 복종하지 아니할 수 없으니 진노 때문에 할 것이 아니라 양심을 따라 할 것이라"(5절)

지금까지 국가의 공권력에 복종해야 할 이유로서 그 권세가 하나님에게서 유래했기 때문이며, 관리들은 하나님의 대리자로서 권세를 사용하고 있기 때문이라고 했다. 본 절에서 또 다른 이유를 제시하고 있는데, 그것은 진노에 대한 두려움 때문이 아니라 양심을 따라 순종할 것을 권유하고 있다.

인간에게는 '양심'($\sigma\upsilon\nu\epsilon\acute{\iota}\delta\eta\sigma\iota\varsigma$)이라는 자정(自淨) 기관이 있다. 인간의 양심이란 인간의 도덕성(morality)의 중요한 판단 기능으로 자기 행동에 대하여 자기 혼자만의 독단적인 판단을 내리는 것이 아니라 '무엇이 옳고 그른지를 누구나 알 수 있는' 보편적인 인식을 의미한다. 즉 양심은 누구나 공감할 수 있는 보편적인 규범의 선악을 구별할 수 있게 하는 객관성을 지닌 의식(意識)을 말한다. 그러므로 다른 사람의 판단, 다른 기준 때문에 스스로를 관리하는 것이 아니라 자기 스스로 선악을 분별하여 악하고 그릇된 것은 배격하고 선하고 바른 것을 선택하는 것이다.

그리스도인은 국가적 법이나 사회적 규범의 기준 때문에, 또는 공권력의 공포심 때문에 행동하는 사람들이 아니다. 그 보다 앞서 하나님의 뜻과 자신의 양심에 따라 행동해야만 한다. 어떤 법적 기준에 저촉이 되지 않는다 할지라도 양심의 거리낌이 없이 판단하고 행동해야 한다. 그리하기 위해 먼저 "양심의 죽은 행실에서 깨끗하게" 될 필요성이 있다(히9:14). 그리고 선한 양심, 착한 양심을 가지고 성령 안에서 판단해야 한다. 하나님 앞에서 내 행동이 양심의 가책을 느낀다면 즉각적으로 중단하고 양심에 한 점 부끄럼이 없는 행동을 하도록 노력해야 한다.

(3) 세금에 대한 국민으로서의 의무를 다하라(6-7절)

지금까지 국가의 국민으로서 위정자와 그 관리들에 대한 신자의 처신과 자세를 교훈하던 것에서, 이제는 마지막으로 세금에 관한 문제를 다루고 있다. 납세의 의무는 "가이사의 것은 가이사에게, 하나님의 것은 하나님께"(마22:21)라는 예수님의 가르침대로, 여기서 정당화 시키고 있음을 볼 수 있다.

첫째는, 세금도 권세에 복종하는 차원에서 바쳐야 한다.

"너희가 조세를 바치는 것도 이로 말미암음이라 그들이 하나님의 일꾼이 되어 바로 이 일에 항상 힘쓰느니라"(6절)

여기 '이로 말미암음이라'($\delta\iota\grave{\alpha}$ $\tauο\hat{\upsilon}\tauο$)는 바로 앞에서 설명한 '양심'을 가리키는 말이지만, 또한 양심은 앞서 설명했던 권세에 굴복하는 것이 당연하다는 것과 관련이 있기에 세금을 납부하는 것은 국가의 권위에 복종함에도, 신자의 양심에도 옳다는 말이 된다.

여기 '바치는'에 해당하는 헬라어 '텔레이테'($\tau\epsilon\lambda\epsilon\hat{\iota}\tau\epsilon$)는 본래 '성취하다'(to fulfill), '끝내다'(to finish)라는 뜻이지만 세금과 관련이 될 때에는 '납세하다'(to pay)라는 뜻으로 해석을 한다. 이는 세금을 국가에 바치는 것은 국민으로서 '의무의 완수'라는 의미를 담고 있는 것이다.

그러므로 세금은 국민으로서 당연히 납부해야 할 의무이기에 신자들도 한 사람의 국민으로서 그 의무를 이행해야 하는 것이다. 또한 중요한 이유 중에 하나는 관리들은 하나님의 일꾼으로서 세금을 거두어 드리는 일을 열심히 하고 있기 때문이다.

여기 '일꾼'($\lambda\epsilon\iota\tauο\upsilon\rho\gamma\acuteος$)은 4절에 나오는 '사역자'($\delta\iota\acute{\alpha}\kappaο\nuος$)와는 구분되는 뜻으로 '종교적 봉사자'를 의미한다(눅1:23, 행13:2, 빌2:17, 히1:7, 8:2). 바울이 여기서 국가를 위해 일하는 관리들을 종교적인 의미를 담고 있는 '하나님의 일꾼'으로 부른 것은 통치자들의 권세는 하나님으로부터 부여받았다는 의미에서 사용한 것 같다.

그리고 '이 일에'($\epsilon\acute{\iota}s$ $\alpha\grave{\upsilon}\tau\grave{ο}$ $\tauο\hat{\upsilon}\tauο$)는 '바로 이 일을 위하여'라는 뜻으로, 이것은 선을 장려하고 악을 징벌하는 통치자들의 역할이든지, 또는 세금을 수집하는 일이든지, 또는 하나님의 일꾼으로서 그들이 담당하는 사역 자체를 가리킬 수 있다. '항상 힘쓰느니라'($\pi\rhoοσ\kappa\alpha\rho\tau\epsilonρο\hat{\upsilon}\nu\tau\epsilons$)는 12:12에서 설

명한 것처럼 계속해서 항상 종사한다는 말이다. 관리들은 하나님의 심부름꾼이 되어 국가를 관리함에 필요한 재원(財源)을 마련하기 위하여 열심히 수금(收金)하는 일에 항상 종사하는 자들이다.

국정 관리자들에 의하여 책정되고 수납되는 세금에 대하여 거부감도 들고 경제적으로 부담되는 것이 사실이다. 그럴지라도 성도들은 국가의 한 국민으로서 국가의 존속과 관리를 위하여 또한 사회 질서를 유지하며 백성들의 편의를 위하여 재원이 필요하다는 사실을 인식하고 세금을 납부하는 것을 정당하게 생각해야 한다.

국가가 없다면 사람은 최소한의 생명 보호조차 받을 수 없으며 그 안전한 생활을 보장받을 수 없다는 사실을 명심해야 한다. 그리고 자신이 세상에서 한 국가 기구에 소속되어졌다는 사실에 감사해야 한다.

둘째는, 국민의 의무는 반드시 실행해야 한다.

"모든 자에게 줄 것을 주되 조세를 받을 자에게 조세를 바치고 관세를 받을 자에게 관세를 받치고"(7절상)

여기 '줄 것'(ὀφειλή)이라는 단어는 '갚아야 할 것'(payment), '의무'(obligation), '빚'(debt)이란 뜻으로 여기에서는 갚아야 할 재정적 의무를 가리킨다. 자신이 갚아야 할 채무나 세금은 당연히 지불해야 하는 의무 사항인 것이다. 그러므로 국민의 한 사람으로서 세금이 부과된다면 그것이 자신이 감당해야 할 의무라는 인식으로 갚아야 한다.

여기 '조세'(φόρος)와 '관세'(τέλος)의 차이는 보편적으로 조세는 피지배국이 바치는 조공(눅20:22)을, 관세는 일반적인 세금(마17:25)으로 사용되지만, 여기에서는 조세는 사람과 재산에 부과되는 직접세이고, 관세는 물건의 입출(入出)에 부과된 간접세로 볼 수도 있다. 성도는 그 세금이 어떤 종류이든 국민으로서 마땅히 납부해야 할 의무라는 것을 기억하여 탈세(脫稅)하지 말아야 하며 그 의무를 소홀히 하는 것은 국가를 세워주신 하나님의 의도를 무시하는 것이라는 사실도 기억해야 한다.

셋째는, 두려워 할 자는 두려워하고 존경할 자는 존경해야 한다.

"두려워할 자를 두려워하며 존경할 자를 존경하라"(7절하)

국민은 자신이 속한 국가에 납세의 의무를 다해야 할 뿐 아니라 관리들에 대하여서 두려움과 존경의 자세를 가져야 한다. 두려워한다는 것은 공포심을 느끼고 쩔쩔매고 굽실거리라는 의미가 아니다. 그들이 법을 집행하는 직무를 위임받았기에 그것에 대하여 두려워하는 자세를 가질 때에 자신에게 부과된 의무를 신속히 이행할 수 있고, 질서 유지를 위해 순복하게 되고, 악행을 멀리할 수 있는 긍정적인 면이 있기 때문이다.

뿐만 아니라 그들을 존경의 대상으로도 여겨야 한다. 그들의 인격과 인품이 존경스럽기 때문이 아니라 하나님의 직무를 위임받아 수행하는 '하나님의 사역자'라는 차원에서 존경해야 한다(행24:3, 벧전2:17).

사도 바울은 지금까지 국가의 권위와 통치자, 그리고 그 관리들에게 복종할 것을 가르쳤다. 우리는 여기서 그리스도인이 왜 국가 권력 앞에 순복해야 하는 지 그 몇 가지 이유를 생각해 볼 수 있다. 먼저는 권력자들의 공권력이 두려워서 순복하는 것이 아니라 신앙인의 양심과 모든 권세는 하나님이 제정하신 것이며 관리들은 하나님의 사역자라는 차원에서 순종하라는 것이었다.

다음은 주를 위해서 인간의 모든 제도에 순종하라는 것이다(벧전2:13). 그것은 주님의 영광과 복음 전파의 진작(振作)을 위해서 이다. 마지막으로 우리가 경건한 신앙생활과 평안한 생활을 살기 위한 것이다(딤전2:2). "이것이 우리 구주 하나님 앞에 선하고 받으실 만한 것이라"고 했다(딤전2:3).

그러나 그것은 불의하고 악한 정권에게 무조건 동조하고 순복하라는 말은 아니다. 우리는 국가와 정권(政權)을 구분할 수 있어야 한다. 정치권력을 잡은 통치자와 그 세력은 불의하고 악한 정치를 펼칠 수 있다.

하나님의 사역자로서의 사명을 망각하고 폭력적 정치를 펼친다면 당연히 그 뜻에 순복할 수는 없는 것이다. 사도들이 초대교회 당시의 정권자들에게 "하나님 앞에서 너희 말을 듣는 것이 하나님의 말씀을 듣는 것보다 옳은가 판단하라"(행4:19)고 외친 것처럼 하나님의 뜻에 부합되지 않는 정권에 대해서는 저항할 수 있는 것이다. 그러나 자기가 소속된 국가를 부정하고 반대한다면 그는 당연히 그 국가 영역에서 떠나야 할 것이다.

그래서 그리스도인은 자신이 몸담고 있는 국가의 정부가 어그러지고 빗나가지 않도록 항상 기도해야 한다(딤전2:1-4).

5. 율법의 완성인 사랑을 실천하라(13:8-10)

사도 바울은 앞에서 신자의 삶의 실천 문제를 다루면서 먼저 교회 공동체 안에서의 처신(12:3-13)에 대하여, 두 번째로 사회 공동체에서의 이웃과의 관계(12:14-21)에 대하여, 그리고 국가 권력에 대한 처신(13:1-7)에 대하여 다룬 후에, 이제 그 결론으로 기독교 윤리의 완성인 사랑을 실천할 것을 권면하고 있다.

특히 "사랑은 율법의 완성"이라고 주장하고 있다. 이는 지금까지 율법에 대하여 부정적으로만 말하는 것에서 벗어난 파격적인 선언이기도 하다. 여기에서 우리는 율법에 대하여 다시 한 번 정리해 볼 필요가 있다고 본다.

옛 언약 아래에서 주어진 율법은 분명히 그 백성을 유익하게 하려는 선한 목적에서 주어졌었다(신6:24, 4:5). 그러나 율법적 규례와 문자적 실천을 추구하던 이스라엘 민족은 인간의 연약성 때문에 도저히 실천할 수도 없었고 율법의 요구를 이루어드릴 수가 없었다.

결국 구원의 의와 거룩한 삶을 이룸에 있어서 옛 언약의 율법은 "아무 것도 온전하게 못하는" 연약하고 무익한 그 한계점을 드러내고 말았었다(롬3:20, 히7:18-19, 8:7). 마침내 하나님께서는 그리스도로 말미암아 율법의 마침이 되게 하시고(롬10:4) 폐하게 되었다(히7:18, 8:13).

그리고 "더 좋은 약속으로 세우신 더 좋은 언약"(히8:6)인 새 언약을 주셨다. 새 언약은 인간이 율법적 행위로 의를 이루는 것이 아니라 성령의 역사로 성취할 수 있게 만드신 것이다(롬8:4). 그러므로 새 언약 시대에는 율법의 문자에 매달리거나 문자적 실천을 통한 율법주의로 이루려는 것이 아니다(고후3:6). 오직 성령을 따라 살므로 율법의 정신을 실천하도록 하신 것이다.

그것은 율법의 문자적 규례는 폐지하였지만 율법의 정신은 계승하도록 하셨기 때문이다. 율법의 정신은 한 마디로 '사랑'이다. 하나님을 사랑하고 이웃을 사랑하는 것이 율법의 핵심이며 또한 완성인 것이다(마22:37-40, 막12:29-31). 그래서 다른 사람을 사랑하는 것이 율법을 성취하는 길이며 기독교 윤리의 완성이라고 말하고 있는 것이다.

첫째는, 피차 사랑의 빚 이외에 어느 누구에게든지 아무 빚도 지지 말아야 한다.

"피차 사랑의 빚 외에는 아무에게든지 아무 빚도 지지 말라 남을 사랑하는 자는 율법을 다 이루었느니라"(8절)

7절의 "모든 자에게 줄 것을 주되"라는 말을 정확하게 번역하면 '모든 사람에게 진 빚은 갚으라'는 뜻이다. 그런데 8절은 앞 절의 '빚'의 주제를 그대로 연결하여 "아무에게든지 아무 빚도 지지 말라"고 다시 한 번 강조하여 설명하고 난 후에, '사랑'의 문제, 즉 모든 사람에게 사랑의 빚이라는 무거운 채무를 가지고 살아가라는 뜻으로 주제를 넘기고 있다.

① "아무에게든지 아무 빚도 지지 말라"

여기 '빚도 지지'(ὀφείλετε ‑ ὀφείλω의 현재 명령형)라는 단어는 '빚지다'(to owe), '신세를 지다'(to be indebted to someone)는 뜻으로 계속해서 아무에게든지 아무런 빚도 지지 말라는 의미이다.

이것은 경제적 채무든지, 국가적 의무 사항이든지, 또는 도덕적으로 손상을 입힌 것이든지 어떠한 종류의 빚이라 할지라도 누구에게든지 지지 말라는 권고이다.

만약에 우리가 선한 국민이라면 자신의 의무 사항은 반드시 이행해야 할 것이며, 또한 이웃을 해(害)하지 않고 사랑을 실천하려고 한다면 당연히 실천해야 할 의무사항이라는 말이다. 만약에 어떤 빚이라 할지라도 빨리 갚지 않게 된다면 서로 간에 불화와 긴장은 계속 될 것이며, 또한 모든 악(惡)을 유발시키는 원인이 될 것이기 때문이다.

만약에 빚지지 않으려는 정신으로 무장한다면 분명히 그는 근검하고 부지런하고 책임성 있는 사람이 될 것이고, 또한 이웃과의 관계에서도 양심적이고 신용이 있고 믿을 수 있는 사람이 되려고 노력할 것이다. 이런 사람은 이웃으로부터 좋은 친구라는 평판을 얻게 될 것이다.

② "피차 사랑의 빚 외에는"

여기 '사랑의 빚'(τὸ ἀγαπᾶν)은 현재 부정사로 '사랑하는 것'이란 뜻이다. 신자는 어떤 사람에게라도 사랑의 빚 이외에는 어떤 빚도 지지 말아야한다. 이는 다른 사람을 사랑해야 한다는 의무와 책임은 언제라도 다 갚을 수 없는 빚처럼 생각하라는 의미이다. 교부 오리겐(Origen)이 말한 것처럼 "사랑의 빚은 영구히 우리와 함께 남아 있고 절대로 우리를 떠나지 아니하며 이것은 우리가 매일 주고 영원히 받는 것"으로 생각해야 한다.

사도 요한은 "사랑하는 자마다 하나님으로부터 나서 하나님을 알고"(요일 4:7)라는 말을 통하여 우리가 사랑을 실천해야할 이유는 거듭난 하나님의 자녀라는 사실에 근거를 두었고, 또한 "우리가 하나님을 사랑한 것이 아니요 하나님이 우리를 사랑하사 우리 죄를 속하기 위하여 화목 제물로 그 아들을 보냈다"(요일4:10)는 말을 통하여 하나님의 사랑과 그리스도의 십자가의 희생, 그리고 죄에서 구속의 은혜가 사랑 실천의 근거임을 제시하고 있다.

그러면서 "하나님이 이같이 우리를 사랑하셨은즉 우리도 서로 사랑하는 것이 마땅하도다"(요일4:11)라는 결론을 내리고 있다. 여기 '마땅하다' (ὀφείλομεν)는 단어는 바로 본 절에 있는 '오페이로'(ὀφείλω)와 같은 것으로 서로 사랑하는 것은 믿는 자의 책임이요, 의무요, 반드시 갚아야 할 평생의 빚이라는 것이다. 또한 이것은 신자가 반드시 실천해야 할 예수님께로부터 받은 새 계명이기도 하다(요13:34-35).

여기서 한 가지 명심해야 할 것은 사랑은 '피차간에'(ἀλλήλους) 이루어져야 한다는 것이다. 사랑이 일방적일 때 그 관계는 언젠가는 한계점에 이르게 되고 결국은 깨어지게 되는 것이다. 사랑은 서로 상호간에 오고 갈 때에 점점 사랑은 깊어지고 오래토록 지속될 수 있기 때문이다.

③ "남을 사랑하는 자는 율법을 다 이루었느니라"

서로 사랑해야 할 이유(γὰρ)를 밝히고 있다. 그것은 계속해서 다른 사람을 사랑하는 자는 율법을 다 이루기 때문이다. 여기 '남'(τὸν ἕτερον)이란 단순히 다른 사람만을 지칭하는 것이 아니라 나와 완전히 인종적으로, 성적으로, 신분적으로 다른 사람들을 가리킨다. 이는 그리스도인의 사랑 실천은 편견과 차별의 담을 허물어 버리고 모든 이웃을 열린 마음으로 포용하는 자세로 실행해야 한다는 것을 말한다.

우리는 유대인들처럼 선민의식에 근거한 배타주의나 우월의식의 높은 담을 쌓고 다른 인종을 무시하고 깔보는 자기중심적인 교만한 태도를 보여서는 안 된다. 그리스도의 정신을 가지고 모든 종류의 사람들을 용납하고 포용하며 사랑해야 하는 것이다. 이럴 때에 율법을 다 성취할 수 있게 되는 것이다(갈5:14). 여기 '다 이루었느니라'($πεπλήρωκεν$ - $πληρόω$의 완료형)는 '채우다'(to fill), '성취하다'(to fulfill), '온전히 이루다'(to fully accomplish)라는 뜻으로 율법의 모든 계명들을 문자적으로 완벽하게 성취했다는 것을 뜻하는 것이 아니라 율법의 근본정신을 완전하게 이루는 것을 의미한다.

그리스도 예수의 사람은 하나님의 사랑과 그리스도의 십자가의 사랑의 넓이와 길이와 높이와 깊이가 어떠한 것인지를 깨달아(엡3:18-19) 그 사랑에 감복하여 서로 사랑을 실천해야 한다. 그때에 빛이신 하나님과 사귐을 갖고 빛 가운데서 거닐며 성령을 따라 행하게 되면 '율법의 의로운 요구'는 성취되어 갈 것이다(엡5:8-9, 요일1:7, 2:8-11, 롬8:4). 사랑을 실천할 때에 율법을 완성하게 되는 것이다.

둘째는, 모든 계명은 이웃을 네 몸과 같이 사랑하라는 말씀 속에 다 들어 있다.

"간음하지 말라, 살인하지 말라, 도둑질 하지 말라, 탐내지 말라 한 것과 그 외에 다른 계명이 있을지라도 네 이웃을 네 자신과 같이 사랑하라 하신 그 말씀 가운데 다 들었느니라"(9절)

사랑이 왜 율법의 완성이라고 말하는 지 그 이유($γάρ$)를 밝히고 있다. '간음', '살인', '도둑질', '탐욕'은 십계명 중에서 인간, 즉 이웃에 대하여 금지 사항으로 주신 계명들이다. 이 계명들은 다른 사람에 대한 사랑만 있다면 얼마든지 자제되고 금(禁)해 질 수 있는 것들이다.

그래서 "네 이웃을 네 자신과 같이 사랑하라"는 말씀 속에 다 들어있다고 말하는 것이다(레19:18, 마19:19, 22:39). 열거한 네 가지 계명들만이 아니라 인간관계에 해당되는 '그 외에 다른 계명이라 할지라도' 사랑이라는 계명 속에 다 포함되어 있는 것이다(갈5:14).

여기 '다 들어있다'($άνακεφαλαιόω$)는 말은 '요약하다'(to summarize), '포함하다'(to comprehend)는 뜻으로 하나의 주제 아래 나누어진 세부적인 항목들이 전체가 합해져서 요약되어져 있다는 말이다(엡1:10). 즉 사랑이라고 하는 주제 아래 율법의 모든 계명들이 포함되어 있기 때문에 이웃에게 사랑만 실천한다면 율법 전체를 실천하고 완성하는 것이 되는 것이다.

그런데 여기서 주목할 것은 네 이웃을 '네 자신과 같이'(ὡς σεαυτόν) 사랑하라는 것이다. 이는 사람이라면 누구든지 자기 자신에 대한 지극한 애정과 관심을 기울이는 것처럼 그리스도인이 이웃을 사랑할 때에도 마치 자신에게 갖는 애정과 관심을 동일하게 나타내라는 것이다.

그러므로 다른 사람을 자신을 사랑하는 것처럼 사랑하는 것은 율법의 근본정신을 성취하는 것과 마찬가지라는 사실을 알고 사랑을 실천하여야 한다. 그리고 마치 사마리아인의 비유처럼 지역과 신분과 이해관계를 초월하여 어려움을 당한 이웃에게 사랑을 베풀어야 한다(눅10:27-37, 요4:9).

셋째는, 사랑은 율법의 완성이다.

"사랑은 이웃에게 악을 행하지 아니하나니 그러므로 사랑은 율법의 완성이니라"(10절)

사랑이 무엇인지 그 정의를 내리면서 다시 한 번 사랑이 율법의 완성이라는 사실을 강조하고 있다.

① "사랑은 이웃에게 악을 행하지 아니하나니"

사랑을 실천하려는 사람은 절대로 '가까이 있는 사람에게'(τῷ πλησίον) 악을 행하지 않는다. 오히려 진정한 사랑은 '악을 미워하고 선에 속하여'(12:9) "악한 것을 생각하지 아니"(고전13:5)할뿐 아니라 어떤 사악한 행동도 행하지 않게 된다. 사랑을 실천하려는 사람은 이웃에게 정의와 진리와 선행을 행하려고 항상 노력하게 된다.

그러나 우리가 살아가는 세상에는 이웃에게 사기와 불의를 행하는 사람들이 얼마나 많은지 모른다. 자기 탐욕에 사로잡힌 악인들이 선량한 이웃에게 상처를 입히고 절망에 떨어지게 만들며 수렁에 빠져 헤어 나오지 못하게 만들고 죽음으로 몰아넣고 있다.

"이웃에게 술을 마시게 하되 자기의 분노를 더하여 그에게 취하게 하고 그 하체를 드러내게 하는 자에게 화 있을 진저"(합2:15)

우리 신자들은 거짓이 없이 형제를 사랑하며 마음으로 뜨겁게 서로 사랑하기 위하여(벧전1:22) 하나님의 사랑을 우리 마음에 부어달라고 항상 기도해야 한다(롬5:5).

② "그러므로 사랑은 율법의 완성이니라"

이 말씀은 지금까지 진술한 것(8-10절)의 결론이다. 여기 사랑이 '율법의 완성'(πλήρωμα νόμου)이라는 것은 8절에서 이미 설명한 것처럼 율법의 문자들을 완벽하게 완성한다는 뜻이 아니라 사랑을 실천하는 신자의 삶속에서 율법의 요구를 이루어 간다는 뜻이다(8:4). 즉 사랑을 실천할 때에 하나님의 요구와 목적은 완성되어져 가는 것이다. 그렇다, 사람이 이웃에게 악을 행하지 않고, 하나님의 사랑을 실천한다면 당연히 율법은 자동적으로 성취되어지는 것이다. 성령이 부어주시는 하나님의 사랑을 가지고 이웃을 사랑하여 그 구체적인 것들을 실천해 갈 때에 율법이 요구하는 의로운 목적은 하나씩 성취되어 가게 되는 것이다.

다시 한 번 말하지만, 율법의 문자들을 가지고 '이렇게 하라', '저렇게 하라', 또는 '이렇게 하지 말라' '저것은 행하지 말라'고 강요하면서 행하지 못했을 때에 비난하고 정죄하는 것은 율법주의에 불과하다는 사실을 꼭 기억해야 한다.

그리스도인들은 율법의 문자에 매달리지 말고 주님의 사랑을 실천해야 한다. 사랑만 실천한다면 율법은 자연히 완성된다는 원리, 또한 인간의 율법적 노력이 아닌 성령의 역사하심으로 율법의 요구가 성취된다는 진리를 반드시 기억해야 한다. 그러므로 먼저 하나님의 사랑을 깊이 경험하라. 그리스도의 사랑의 깊이를 체험하라. 그리고 그 사랑에 감복(感服)하여 사랑을 실천하는 삶을 살도록 하라. 특히 사랑은 이론이나 말로 하는 것이 아니라 구체적인 행동으로 옮길 때에 진정한 사랑이라는 것을 명심해야 한다(요일 3:18, 약2:15-16).

이제 왜 기독교가 사랑이 핵심 진리이고 실천 강령이라고 말하는지를 깨달았을 것이다. '서로 사랑하라'는 예수님의 가르침이 왜 새 계명인지를 알았을 것이다. 고린도전서 13장에서 말하는 사랑의 내용을 이웃에게 실천만 한다면 율법에 신경 쓸 필요도 없고 율법 때문에 갈등 할 이유도 없게 되는 것이다. 이웃을 사랑하면 자연적으로 율법을 완성하는 삶을 살게 되기 때문이다.

6. 종말적 삶을 살아라(13:11-14)

신앙인이 세상에 살아가면서 바른 역사관(歷史觀)을 가지는 것이 대단히 중요하다. 역사를 보는 관점은 크게 두 가지 사관을 생각할 수 있다. 먼저는 고대 동양과 헬라 사회, 예를 들면 중국, 인도, 중동, 그리고 그리스와 로마 세계에서는 역사는 반복된다는 순환사관(Cyclical history)을 가지고 있었다.

인생이란 출생(born)하여 성숙(youth)하고 결국에는 노쇠(decay)하여 사망(dead)한다고 보았고, 또한 역사를 자연의 계절 순환과 유사한 순환의 한 유형, 즉 돌고 도는 커다란 수레바퀴로 인식하여 영고성쇠(榮枯盛衰)는 끝없이 반복할 뿐, 이전에 일어난 적이 없는 새로운 것이 발생하지 않는다고 보았다.

그러나 히브리인과 기독교인들은 하나님에 대한 신앙에 기초하여 역사란 되돌리거나 반복될 수 없다는 직선적 혹은 단선적으로 진행 된다는 역사관을 믿었다. 이 역사관의 특징은 전 인류 역사를 하나님의 구속사(救贖史)적 관점으로 보는 것이다. 즉 하나님의 창조와 구원 계획에서 출발하는 알파 포인트(alpha point)에서 예수 그리스도의 재림과 역사의 종말, 그리고 새롭게 창조된 세계 오메가 포인트(omega point)를 향해 직선적으로 나아간다는 것이다.

그래서 스위스의 신학자 오스카 쿨만(Oscar Cullmann)은 이를 구속사적 개념으로 설명하면서 하나님께서 그의 구원의 드라마를 이끌어 가고 계신다고 보았다. 그는 현재의 단계를 〈종말 전의 마지막 때〉로 그리스도의 지상의 몸인 '교회의 시기'로서 그리스도의 승천과 그의 재림 사이의 기간이라고 말했다.

기독교인들이 종말적 신앙을 갖는 것은 바로 이러한 역사의식, 즉 하나님께서 종말의 세계를 향하여 가도록 세상 역사를 이끌어 가신다고 보기 때문이다. 또한 기독교 신앙은 종말적 신앙관을 가져야 타락한 세속에 물들지 않고 그리스도의 다시 오심을 바라보며 오늘의 삶을 바르게 살아갈 수 있기 때문이다.

사도 바울은 지금까지 교회 공동체와 사회 공동체 안에서 어떻게 인간관계를 형성해 갈 것인지를 권면해 왔었다. 한 마디로 율법의 정신일 뿐 아니라 새 언약의 새 계명의 주제인 사랑을 실천하라고 했다. 이제 본 단락에서는(13:11-14) 그 사회 속에서 어떤 자세로 신앙생활과 삶을 유지해야 할 것인지를 종말론적 관점에서 권면하고 있다.

　먼저는 우리가 살아가고 있는 '이 시기'를 알아야 한다는 것이다. 자다가 깰 때가 벌써 되었다는 것이다. 이것은 예수님께서 종말적 삶을 교훈하면서 주셨던 종말의 '임박성'과 함께 '긴박감'의 자세를 강조하기 위한 것이다(마24:44, 25:13). 기독교 신앙은 종말과 그리스도의 강림에 대한 긴박감의 자세를 가져야 깨어 있는 생활을 할 수 있는 것이다. 두 번째는 세속적인 것들을 벗어버리고 신랑을 기다리는 신부가 세마포를 입듯이 그리스도로 옷 입는 삶을 살아가라고 권면하고 있다. 그것은 사도 바울의 종말론에는 윤리적 동기가 강하게 나타나기 때문이다(고전15:32-34, 살전5:1-10).

(1) 우리는 이 시기를 알아야 한다.

　"또한 너희가 이 시기를 알거니와 자다가 깨 때가 벌써 되었으니 이는 이제 우리의 구원이 처음 믿을 때보다 가까웠음이라"(11절)

　여기 문장 서두에 나오는 '또한'(Καὶ τοῦτο)은 영어 개정역(RSV)처럼 '뿐만 아니라'(besides this)로 번역하는 것이 좋다고 보여 진다. 그것은 앞 단락에서 세상 속에서 그리스도인이 사랑으로 윤리적 삶을 실천할 것을 강조하였다면, 본 단락에서는 연이어 종말적 관점에서 윤리적 삶의 실천을 권면하려고 하기 때문이다.

　'시기'(καιρός)는 본래 '시간에 있어서의 결정적인 순간'을 뜻하여 보편적으로 하나님께서 주관하셔서 결정하고 섭리하는 때, 또는 '시간'을 가리킨다. 그래서 하나님의 최후 심판의 때를 가리킬 때가 많다(눅21:8, 벧전4:17, 5:6, 계1:3). 예수님께서는 '시대'라는 의미로 사용하여 사람들이 "날씨는 분별할 줄 알면서 시대의 표적은 분별할 수 없다"(마16:3)고 책망하셨다.

　바울도 여기서 '카이로스'를 '현 시대'라는 뜻으로 구속사의 전체 역사 가운데서 지금 이 시기가 어느 때인지 알고 있지 않느냐는 의미로 사용하고 있다. 우리는 하나님이 역사를 이끌어 가시는 시간 속에서 지금이 어느 때, 어느 시기인지를 정확하게 인식하고 알아야 한다.

첫째는, 지금은 자다가 깰 때가 되었다는 것이다.

자연 세계에서 어두워지면 사람들이 잠이 들고, 날이 밝아지면 일어나는 것이 자연의 이치이다. 여기 '벌써'($\H\delta\eta$)라는 단어는 '이미'(already)라는 뜻으로 잠을 자던 사람은 벌써 아침이 되어 해가 충천에 떠올라 있으므로 '자다가 깰 때'가 이미 지났다는 사실을 각성시키기 위한 긴박성을 주는 단어이다. 성경에서 밤이나 어두움은 죄악으로 타락한 시대를 가리킨다.

그래서 어두움(Darkness)을 불행(욥17:12, 시18:28, 사5:30), 죽음(욥 10:21-22, 시49:18, 사45:19), 무지(사29:15, 59:9), 죄와 부정(롬13:12, 엡5:8-12), 심판의 자리(마8:11-12, 25:30, 벧후2:4, 16, 17), 악한 영의 세력(눅22:53, 엡6:12, 골1:13)을 표현할 때에 사용하고 있다.

그리스도인은 "어두움에서 불러내어 그의 기이한 빛에 들어간"(벧전2:9) 자들이다. 그래서 지금은 어두움에 있지 않고 빛 가운데서 살아야 하는 자들이다(엡5:8, 살전5:4-5).

그러므로 '자다가 깰 때가 벌써' 되었음에도 아직도 어두움의 잠을 자고 있다는 것은 심각한 문제인 것이다. 이는 아직도 영적으로 무지하고 하나님의 뜻과 이웃 형제들에 대한 의무와 책임을 감당하지 않은 상태에서 세속의 어둠의 일에만 빠져있기 때문이다(엡5:11). 그리스도인은 어두움에서 벗어난 자들이다. 그런데도 어두움의 잠에 빠져서 주님 오실 때까지 잠자는 모습을 보여서는 안 된다(막13:35-37). 벌써 자다가 깰 때가 되었으니 빨리 일어나 빛의 자녀들처럼 활동하고 생활해야 한다.

둘째는, 지금은 우리의 구원이 가까웠다는 것이다.

'자다가 깰 때가 벌써 되었다'고 말하는 이유($\gamma\grave{\alpha}\rho$)를 밝히고 있다. 여기 '때'($\H\omega\rho\alpha$)라는 단어는 어떤 일을 할 적절한 시기라는 의미도 있지만 많은 경우 종말론적인 '주의 날'을 가리키기도 한다(요4:23, 요일2:18, 계3:10).

'구원이 가까웠다'는 말은 예수 그리스도의 강림의 날이 다가왔다는 종말적 의미이다. 지금 우리가 살고 있는 시기가 어느 때인지를 정확하게 알아야 하는 이유는 구원의 날이 가까웠기 때문이다.

여기에서의 '구원'($\H\eta\ \sigma\omega\tau\eta\rho\H\iota\alpha$)은 주를 믿을 때에 얻게 되는 현재적 구원을 말하는 것이 아니라 그리스도 강림하실 때에 우리의 낮은 몸이 그리스도의 영광의 몸의 형체와 같이 변화하는 구원(빌3:21), 즉 '몸의 구속'으로서의 미래적 구원을 가리킨다(롬8:23). 이때는 그리스도의 강림과 세상의 종말의 때로서 우리의 구원이 완성되는 때이다. 그런데 지금은 '처음 믿을 때보다'(ἡ ὅτε ἐπιστεύσαμεν) 우리의 구원이 완성되는 종말의 때가 훨씬 더 가까워졌기 때문이다. 이것은 그리스도의 재림이 임박해졌다는 '긴박성'(緊迫性)을 강조하기 위한 것이다.

기독교 신자는 항상 처음 믿을 때보다 주님의 강림의 때가 '보다 가까워졌다'는 긴박성의 신앙을 가지고 살아야 한다(약5:8, 벧전4:7, 계1:3). 그 이유는 깨어있는 신앙생활을 하기 위해서다(막13:36). 또한 그리스도를 맞이할 준비하는 삶을 살기 위해서다(눅12:47). 그리고 더욱 충성하여 복음을 땅 끝까지 전파하는 사명을 다 하기 위해서다(마24:45-51, 막13:10). 주님이 오실때까지 깨어있지 못하면 엄청난 불행을 겪게될 것이기 때문이다.

(2) 밤이 깊고 낮이 가까웠다.

"밤이 깊고 낮이 가까웠으니 그러므로 우리가 어둠의 일을 벗고 빛의 갑옷을 입자"(12절)

'밤'(ἡ νύξ)과 '낮'(ἡ ἡμέρα)은 문자적인 밤과 낮을 말하는 것이 아니라 "여호와께서 아시는 한 날이 있으리니 낮도 아니요 밤도 아니라 어두워 갈 때에 빛이 있으리로다"(슥14:7)는 말씀처럼 역사적인 상황과 시기를 일컫는 비유이다.

'밤'이란 성경에서 흔히 무지와 불신의 때를(살전5:5), 시험과 환난과 역경의 때를(욥36:20, 사21:12), 죄악이 가득한 때를(요10:11), 또는 죽음의 때를 가리킨다(요9:4). 그러므로 '밤이 깊다'는 것은 죄악과 불신과 무지가 가득한 세상이 더욱 깊어졌다. 또 한편 벌써 많이 지나갔다는 말이기도 하다. "밤이 깊고 낮이 가까웠으니"라는 말은 깊은 밤이 자나고 나면 곧 아침이 다가오듯이 죄악과 타락의 문화가 깊어질 때에 희망과 의가 가득한 찬란한 새 아침이 밝아오는 것을 뜻한다.

성경에서 '낮'은 천국을 상징한다(계21:23, 25, 22:5). 또는 메시아의 강림과 복음의 시대를(사60:1-2, 19-20, 마4:15-16, 눅1:78-79), 의로움을 가리키기도 한다(살전5:5, 8). 한 마디로 '낮'은 예수 그리스도로 말미암아 이루어지는 은총과 역사(役事), 또는 신적 사건이 일어나는 때를 말한다.

그리고 '가까이 왔다'(ἤγγικεν - ἐγγίζω의 완료형)는 단어가 그리스도의 사건과 관련하여 '하나님의 나라가 가까웠다'(마4:17, 10:7, 막1:15), 속량이(눅21:28), 주의 강림이(약5:8), 만물의 마지막이(벧전4:7), 그날이(히10:25), 멸망이(눅21:20), 또는 주께서 가까이 왔다(빌4:5)는 뜻으로 사용되어 종말적 개념이 강하게 배어있는 것을 볼 수 있다. 그러므로 여기에서 '낮이 가까웠다'는 말은 세상의 빛이신 예수 그리스도의 재림이 임박했다는 것을 의미하는 것이다.

성경은 예수 그리스도의 재림의 임박성을 강조하고 있지만 그렇다고 시간과 때를 말하고 있지는 않는다. 오직 아무도 모르는 시간, '언제 어느 시간'에 홀연히 강림하실지 모르기에 신자는 항상 깨어 있어 준비하는 삶을 강조하고 있다(마24:36-44, 막13:32-33).

첫째는, 어둠의 일을 벗어버리라는 것이다.

'그러므로'($o\hat{v}v$)는 그리스도의 강림의 시간이, 또는 종말의 때가 가까이 임박했으니 그 결과 우리가 어떻게 행동해야 할지를 말하려는 것이다. 낮이 가까웠다면 당연히 잠에서 깨어나고 어둠의 일들은 벗어던져버려야 한다.

신자는 시대적으로 그리스도의 강림의 때가 가까이 왔다는 긴박감과 긴장감을 가지고 정신을 차리고 깨어 일어나야 한다. 그리고 어두운 시절에 입고 있던 옷들은 벗어버리고 주님을 맞이할 준비를 해야 한다.

'벌써 자다가 깰 때'가 지났음에도 영적 잠에 떨어져 있거나 어두움의 일에 빠져 있어서는 안 되는 것이다. 여기 '벗다'($\dot{a}\pi o\tau\acute{\iota}\theta\eta\mu\iota$)는 '옷을 벗다'(to put off), '~와의 관계를 끊다'(to renounce)는 뜻으로 성경에서는 윤리적 삶의 변화를 나타낼 때에 흔히 쓰는 용어이다.

바울은 다른 서신에서 "옛 사람과 그 행위"를 벗어버리라고 했고(골3:9), "유혹의 욕심을 따라 썩어져 가는 구습을 따르는 옛 사람"을 벗어버리라고 했다(엡4:22). 먼저는 옛 본질의 사람을 벗어버려야 한다. 그리스도 안에서 새 존재가 되어야 한다(고후5:17). 그리고나서 내적 치유를 통하여 옛 기질이 변화해야 하고, 가치관의 변화를 통하여 의식이 완전히 새로워져야 하며, 인격까지도 변화하여 생활과 행실까지도 새롭게 되어야 한다. 특히 벗어버려야 할 악한 행실들은 음란, 부정, 사욕, 악한 정욕, 탐심과 분함, 노여움, 악의, 비방, 입의 부끄러운 말까지도 벗어던져야 한다(골3:5, 8, 참조 엡4:25-32, 벧전2:1).

예수님의 천국 비유 가운데서 임금이 혼인 잔치에 참여한 한 사람이 예복을 입지 않은 것을 발견하고 그 손발을 묶어 바깥 어두운 곳에 내던지도록 명령했었다(마22:11-13). 마찬가지로 만약에 하나님의 나라에 참여해야 할 신자가 '성도들의 옳은 행실'을 가리키는 '깨끗한 세마포'(계19:8)를 입지 않고 그리스도의 강림 때까지도 세속에 속하여 구습을 따르는 옛 사람의 모습이나 옛 행실의 더러운 거적 대기를 그냥 입고 있다면 분명히 그 사람도 책망과 함께 쫓겨나 어두움에 처하게 될 것이다.

그러므로 성도들은 신랑 되신 주님을 맞아할 신부처럼 준비해야 한다. 옛 것을 과감하게 벗어던져야 한다.

둘째는, 빛의 갑옷을 입으라는 것이다.

신자가 과거의 어두움의 옷을 벗었다면 반대로 빛의 옷을 입는 것은 당연한 일이다. 그리스도의 사람은 이미 어두움에서 나와 빛에 들어간 자들이기에(골1:13, 벧전2:9) "빛의 아들이요 낮의 아들"이 되었다(살전5:5, 엡5:8). 그래서 "하나님을 따라 의와 진리의 거룩함으로 지으심을 받은 새 사람을 입으라"(엡4:24)고 했다.

본 절에서는 '빛의 갑옷'을 입으라고 권면하고 있다. 여기 '갑옷'이라는 군사적 용어를 사용한 것은 신자가 세상에서 살아가는 것은 어두움의 세력들과의 영적 전투를 염두에 두고 무장하라는 내용이 내포되어 있는 것이다.

먼저는 우리의 싸움은 혈과 육을 상대하는 것이 아니라 어둠의 악한 세력들과의 투쟁이기에 무장해야 하며(엡6:12-13), 또한 환난과 여러 가지 시련들 속에서 승리하기 위하여 "깨끗함과 지식과 오래 참음과 자비함과 성령의 감화와 거짓이 없는 사랑과 진리의 말씀과 하나님의 능력으로 의의 무기를 좌우에 가지고"(고후6:6-7) 무장해야 한다.

뿐만 아니라 모든 이론과 교만과 모든 생각이라는 세상 사람들의 '견고한 진'을 무너뜨리기 위해서도 하나님의 능력으로 무장해야 한다(고후10:4-5). 특히 도덕적으로 어두움의 일들을 멀리하고 물리치기 위해서 '빛의 갑옷'으로 무장해야 한다.

(3) 낮과 같이 단정히 행하여야 한다.

"낮에와 같이 단정히 행하고 방탕하거나 술 취하지 말며 음란하거나 호색하지 말며 다투거나 시기하지 말고"(13절)

그리스도인은 과거에는 어둠에 있었지만 이제는 그리스도 안에서 빛이 되어 낮에 속한 빛의 자녀가 되었다(엡5:8, 살전5:8). 그러므로 낮에 살아가는 사람답게 단정히 행하여야 한다. 여기 '단정히'($\epsilon\dot{v}\sigma\chi\eta\mu\acute{o}\nu\omega\varsigma$)라는 단어는 '좋은'이라는 의미의 접두어 '유'(ϵv)와 외적으로 나타나는 '모양', '행실', '태도'를 의미하는 '스케마'($\sigma\chi\hat{\eta}\mu\alpha$)와의 합성어다. 즉 사람들이 볼 때에 '좋은 행실'을 보이며 살아가라는 권면이다.

밝은 대낮에 잠옷 바람으로 돌아다니거나 또한 밤에 숨어서 은밀하게 행할 행동을 공공연하게 행해서는 안 되는 것이다. 그러므로 신자의 신분에 걸맞게 '탁월하게'(prominent), '보기 좋게'(presentable), '고상하게'(noble) 품위를 갖추어 행동해야 한다(고전14:40, 살전4:12).

그리스도의 사람은 세상 사람들이 볼 때에 빛의 자녀다운 모습과 존경받을 만한 인품을 보여주어야 선교적 기회를 얻을 수 있는 것이다. 그러므로 더욱 빛의 열매인 모든 착함과 의로움과 진실함을 보여주어야 한다(엡5:9).

낮과 같이 단정하게 살아가야 할 신자는 밤 문화에서 성행하고 있는 부도덕한 행동들을 멀리해야 한다.

① 방탕과 술 취하지 말아야 한다.

'방탕'($\kappa\acute{\omega}\mu o\iota\varsigma$)은 '흥청거림'(carousing), '떠들썩한 자리'(reveling)를 뜻하여 당시 헬라 문화권에서 박카스신(Bacchus, 酒神)의 축제일에 사람들이 술이 취한 상태에서 친구들과 횃불을 들고 큰 소리로 노래를 부르고 희희낙락거리면서 밤거리를 배회(徘徊)하는 방종한 행동에서 유래한 말이다.

기독교 신자는 술 취하고 흥청거리고 사치하고 환락에 빠진 밤 문화에 휩쓸리거나 좋아해서는 안 된다(갈5:21). 그것은 지나간 때로 족하다고 했다(벧전4:3). 오직 이제는 거룩함과 의로움의 낮 문화를 창조하면서 살아가야 한다.

② 음란과 호색하지 말아야 한다.

'음란'($\kappa o\acute{\iota}\tau\eta$)은 성교(sexual intercourse)를 가리키는 말로 법적, 도덕

적 무절제한 성행위를 가리킨다. 그리고 '호색'($\dot{a}\sigma\epsilon\lambda\gamma\epsilon\acute{\iota}a$)은 '무절제' (debauchery), '뻔뻔스러운 음란한 행실'(immodest behaviour)이라는 뜻으로 향락의 노예가 되어 부끄럼이 없는 탐욕과 동물적 욕망, 그리고 방종에 빠져 살아가는 것을 의미한다. 그래서 호색에 빠진 사람은 변태스럽고 외설적인 언어와 행동을 아무 곳에서나 누구에게든지 거리낌 없이 해 대는 것이다. 신자는 세상의 추잡한 행실을 따라가서는 안 된다. 오히려 항상 절제와 정절과 거룩함으로 자신을 지켜가야 한다.

③ 다투거나 시기하지 말아야 한다.

'다툼'($\acute{\epsilon}\rho\iota\delta\iota$)은 외부로 나타나는 투쟁, 불화의 상태를 나타낸다. 분쟁과 다툼은 언제든지 육신에 속한 자들에게 나타나는 현상으로 질투심과 사적 이익 추구, 고집과 교만에서 시작되는 악이다(고전3:3, 딤전6:4).

이런 분쟁과 다툼은 그리스도인들에게는 무익하고 헛된 것일 뿐이다(딛 3:9). '시기'($\zeta\acute{\eta}\lambda\omega$)는 자기 자신의 개인적인 유익과 이기심에서 발동하여 남을 미워하고 헐뜯고 해치는 일에 골몰하는 내적 격정(激情)을 가리킨다. 시기심이 강한 사람은 어디에서든지 누구에게든지 싸움을 걸되 자신의 이익을 극대화 시키는 일이라면 온갖 분쟁과 다툼을 마다하지 않고 일으키는 사람이다.

신자는 "시기와 다툼이 있는 곳에는 혼란과 모든 악한 일이 있다"(약3:16)는 말씀을 가슴에 새겨 권력 투쟁이나 파벌의식을 버리고 그리스도인의 사랑을 실천하는 삶을 살도록 노력해야 한다.

신자는 비록 악이 만연한 세상에 살아가고 있지만 빛의 자녀다운 모습을 보이며 살아야 한다. 빛의 자녀가 밤 문화에 젖은 사람들에게서 나타나는 현상들, 무절제한 생활, 성적 문란함, 시기와 질투가 난무하는 분쟁과 다툼의 삶을 살아서는 안 된다.

(4) 주 예수 그리스도로 옷 입어야 한다.

"오직 주 예수 그리스도로 옷 입고 정욕을 위하여 육신의 일을 도모하지 말라"(14절)

여기에서 '옷 입으라'($\dot{\epsilon}\nu\delta\acute{\upsilon}\sigma\alpha\sigma\theta\epsilon$)와 '도모하지 말라'($\mu\grave{\eta}$ $\pi o\iota\epsilon\hat{\iota}\sigma\theta\epsilon$)는 두 개의 명령 동사를 통하여 단호하고 강한 결론적 권면을 하고 있다.

첫째는, 예수 그리스도로 옷 입으라는 것이다.

이는 12절의 '빛의 갑옷을 입으라'는 말씀과 같은 의미로 여기에서는 '주 예수 그리스도'로 입으라고 권하고 있다. 그리스도로 옷 입는 것은 '그리스 도와 연합 된 것'(갈3:27)과 '그의 형상을 본받는 것'과 같으며(롬8:29), '그리스도의 장성한 분량이 충만한 데까지 이르는 것'(엡4:13)과 같은 의미 이다. 즉 예수 그리스도의 사상과 행실을 그대로 본받으라는 말이다. 예수 그리스도께서는 "거룩하고 악이 없고 더러움이 없고"(히7:26) "죄를 범하지 아니하시고 그 입에 거짓도 없으시며"(벧전2:22) 우리에게 의로움과 거룩 함과 구원함이 되시기 때문이다(고전1:30).

여기 '옷 입으라'($\acute{\epsilon}\nu\delta\acute{v}\sigma\alpha\sigma\theta\epsilon$)는 단어가 중간태 명령형인 것은 예수 그리스 도의 사상, 삶의 목적, 성품, 삶의 스타일까지 하나도 빠뜨리지 말고 스스로 열심히 입고 취하는 행동을 하라는 것이다. 그리스도의 형상을 닮아가는 것 만이 그리스도인들이 세상에서 추구해야할 최상의 목표이며 그리스도께서 다시 강림하실 때에 그를 기쁨으로 맞이할 수 있는 모습을 갖추는 것만이 우리의 과제라는 것을 명심해야 한다.

둘째는, 정욕을 위해 육신의 일을 도모하지 말라는 것이다.

여기 '육신의 일'($\tau\eta s$ $\sigma\alpha\rho\kappa\grave{o}s$ $\pi\rho\acute{o}\nu o\iota\alpha\nu$)에서 헬라어 '프로노이아' ($\pi\rho\acute{o}\nu o\iota\alpha$)는 '선견'(forethought), '예지'(provision)란 뜻으로 여기에서 는 '앞 선 염려'(provident care), '미래의 필요를 위한 준비'(preparation for future wants)라는 의미이다.

육체의 욕망을 위하여 육신적인 염려에 빠지거나 그것을 준비하는 일에 몰두하지 말라는 것이다. 신자는 거룩한 것을 준비하는 일에 헌신해야 할 사람이지 세상의 욕망을 위하여 육신적인 것을 준비하고 염려에 빠져서 살 아갈 사람들이 아니다. 우리는 사치와 방탕과 세속적인 가치관에 따라 낮은 차원의 것들을 추구하며 살아서는 안 된다. 오히려 고상하고 영원한 더 높 고 더 순수한 목적을 추구하면서 살아야 한다.

'세상에 있는 모든 것이 육신의 정욕과 안목의 정욕과 이생의 자랑'일 뿐 이다. 그것들은 '다 아버지께로부터 온 것이 아니요 세상으로부터 온 것'이 다(요일2:16). 분명히 기억할 것은 '이 세상도, 그 정욕도 지나가되 오직 하 나님의 뜻을 행하는 자만이 영원히 거한다'는 사실이다(요일2:17).

그리스도의 사람들은 '이미'(already) 구원을 받았지만 '아직'(not yet) 구원을 완성한 것은 아니다. 현재는 구원이 완성되어져 가는 과정에 살고 있는 것이다. 최종적인 완성은 그리스도의 강림의 때에 이루어지는 것이기에 신자는 미래의 완성을 소망하고 기다리면서 현재의 악한 세대를 승리롭게 살아가야하는 과제가 남아있다. 그래서 종말론적 신앙생활이 필요한 것이다.

본 단락은 종말론적 신앙생활을 격려하고 권면하기 위하여 주어졌다.

우리가 살펴 본대로 본 단락에는 이원적(二元的) 대조의 은유법을 통하여 종말적 삶에 대하여 설명하였다. '잠자다/깨다', '밤/낮', '어두움/빛', '깊다/가깝다', '단정함/방탕', '그리스도로 옷 입으라/육신의 일을 도모하지 말라'. 바울은 신자들에게 이 두 가지 요소 중에서 하나를 선택해야 한다는 사실을 강조하였다.

한 마디로 '잠자는 것', '밤', '어두움', '방탕', '육신의 일'을 선택해서는 안 된다는 것이다. 오히려 구원의 날, 즉 구원이 완성되는 날이 가까이 왔으니 잠에서 깨어나 낮과 빛에 속하고 빛의 갑옷으로 무장하며 그리스도로 옷 입어야 한다고 했다.

여기에서 주는 교훈은 종말의 날의 '임박성'(臨迫性)을 알고 '긴장감'(緊張感)을 가지고 준비하며 살아가라는 것이다. 신앙은 종말의 긴박성이 사라지면 영적 잠에 떨어져 세속에 빠지게 된다는 것을 명심해야 한다.

우리는 매일 같이 거룩한 행실과 경건함으로 하나님의 날이 임하기를 바라보고 간절히 사모하면서 그의 약속하신대로 의가 있는 곳인 새 하늘과 새 땅을 바라보면서 살아야 한다(벧후3:11-13).

7. 하나 된 신앙 공동체 세우기를 힘쓰라(14:1-15:13)

사도 바울은 12장에서부터 생활의 실천 문제를 다루면서 먼저는 각 성도들에게 지체들이 모여 그리스도의 한 몸을 이룬 신앙 공동체에서 어떻게 역할을 해야 할 것인지에 대하여(12:3-13), 두 번째는 사회적 공동체 속에서 국가와 이웃과의 관계에서 어떻게 처신해야 할지 구체적인 방법들을 제시하였었다(12:14-13:10).

이제 마지막으로 14:1-15:13에서는 다시 신앙 공동체의 문제로 돌아가서 보다 구체적이고 실재 로마교회가 당면한 문제를 다루고 있다. 그것은 음식과 절기 날자 문제로 인하여 서로 간에 의견 차이가 생기고, 그것이 발전하여 비난과 비판이 일어났고 공동체의 화합이 깨어지게 되는 지경에 이른 것이었다.

그 바탕에는 유대인 신자와 이방인 신자간의 견해 차이와 종교 배경적 차이에서 비롯된듯하기도 하다. 그러나 음식과 절기의 문제로 어려움을 겪은 것은 로마교회만의 문제는 아니었다. 고린도교회도(고전10:25), 갈라디아교회도(갈4:10-11), 골로새교회도(골2:16) 겪고 있었던 문제였다.

여기에서 사도 바울이 교훈하고 권면하는 가장 중요한 것은 그리스도의 몸인 신앙 공동체가 불화와 다툼과 분쟁에 휩싸여서는 안 된다는 것이다. 거룩하신 하나님의 목적을 달성하기 위하여 각 지체들끼리도, 유대인과 이방인들끼리도 그리스도 안에서 하나가 되어야 한다는 것을 강조하고 있다.

신앙 공동체의 화합을 깨뜨리지 않기 위해서 먼저는 서로 견해 차이가 생긴다 할지라도 비판해서는 안 된다는 것이다(14:1-12). 비판하는 것은 남의 하인을 판단하는 것으로 주인의 임무를 월권하는 꼴이며, 비판은 반드시 하나님의 심판대 앞에서 심문을 받게 된다는 것이다.

두 번째는 지엽적인 문제로 형제를 실족시키지 말고 세워주는 사역을 하라는 것이다(14:13-23). 그리스도께서 죽음을 통하여 구원해 낸 형제들인데, 별 것 아닌 먹는 것 가지고 형제를 망하게 해서는 안 되며, 그것으로 우리의 큰 목표인 하나님의 나라 건설과 하나님의 사업을 망하게 해서는 안 된다는 것이다.

세 번째는 그리스도를 본받아 연약한 자들의 약점을 감당해 주어 하나가 되라는 것이다(15:1-13). 믿음이 강한 자는 믿음이 약한 자의 약점을 감당해 주어 자기 기쁨 중심이 아니라 남의 기쁨 중심으로 살아야 한다.

특히 그리스도께서도 자기 기쁨을 추구하지 않았고, 심지어 유대인의 할례의 수종자(隨從者)까지 되어 이방인으로 긍휼의 은총을 받게 하셨던 것을 본받아서 그로 인해 한 뜻, 한 마음, 한 입으로 하나님께 영광을 돌리라는 것이다.

여기에서 가장 중요한 것은 신앙 공동체의 목적이 무엇인지, 왜 공동체는 불화와 분쟁에 휩싸여서는 안 되는지를 우리 신자들은 분명히 알아야 한다.

(1) 서로 판단하지 말라(14:1-12)

교회가 신앙 공동체로서 '하나' 되기를 힘써야 할 이유는 '만물을 충만하게 하는 우주적 비전'을 성취하기 위한 것이다(엡1:23). 거대한 목표를 앞에 두고 별 것도 아닌 것, 핵심적인 요소도 아닌 것 가지고 서로 의견이 다르다고 형제들 간에 다투고 분열하여 공동체를 깨뜨려서는 안 되는 것이다. 특히 믿음이 강하다 하는 자들이 믿음이 '연약한 자'를 비판하고(1절), 업신여기고(3절상), 판단해서는 안 되는 것이다(3절하).

그 중요한 이유로 네 가지를 말하고 있다. 먼저는 다른 의견의 사람도 하나님이 받으셨다는 것이다(3절). 다음으로 그 사람도 하나님이 그의 종으로 세우셨다는 것이다(4절). 또한 모든 사람은 주를 위하여 사는 자들이기 때문이다(8절). 마지막으로 모든 사람은 하나님의 심판대 앞에 서기 때문이다(10절). 그러므로 신자들은 같은 지체들을 비판하고 판단할 때는 신중하게 생각해야 한다.

첫째는, 하나님이 연약한 자를 받으셨으니 우리도 용납해야 한다(1-3절).
여기에서 가장 핵심 부분은 3절 마지막에 있는 "이는 하나님이 그를 받으셨음이라"이다. 1절에서 믿음이 연약한 자를 받아들이라고 권한 후에 서로 견해가 달라서 행동의 결과가 다르다는 사실을 밝히면서 최종적인 이유($\gamma\grave{\alpha}\rho$)로서 바로 하나님께서 그를 받아주었다는 것이다. 하나님께서도 용납해 주셨는데 왜 우리가 그를 받아줄 수 없느냐는 것이다.

① 연약한 자의 의견을 받아주라는 것이다.
"믿음이 연약한 자를 너희가 받되 그의 의견을 비판하지 말라"(1절)

'믿음이 연약한 자'($\acute{o}$ $\mathring{a}\sigma\theta\epsilon\nu\tilde{\omega}\nu$ $\tau\tilde{\eta}$ $\pi\acute{\iota}\sigma\tau\epsilon\iota$)가 누구인지 정확하게 알 수는 없다. 보편적으로 그리스도인이 된 후에도 계속해서 옛 종교적 계율을 중시하여 음식이나 절기 문제로 갈등하는 유대인 신자를 가리킨다고 본다. 또한 이방인 신자들 중에 초신자들로서 아직까지도 유대교의 규례와 기독교의 규례 간의 관계를 혼돈하여 정립이 안 된 자들을 가리킨다고 보기도 한다.

그들이 누구이든, 어떤 면에서 믿음이 연약한 자들이라고 평가를 받든 믿음이 강한 자, 완숙한 단계에 있는 사람은 부족한 그들을 용납하여 받으라는 것이다. 여기 '받되'($\pi\rho o\sigma\lambda\alpha\mu\beta\acute{a}\nu\epsilon\sigma\theta\epsilon$ - $\pi\rho o\sigma\lambda\alpha\mu\beta\acute{a}\nu\omega$의 현재 중간태 명령형)는 '동료로 받아들이다'(to take as a companion), '자기 단체에 들어오는 것을 허락하다'(to admit to one's society or friendship)는 뜻으로 비록 상대가 믿음이 연약하고 부족하다 할지라도 자기 공동체의 구성원으로 영입하라는 강력한 명령인 것이다.

여기 단어를 현재형을 사용한 것은 계속적인 상황을 나타내 교회는 믿음이 연약한 사람들을 언제든지 또는 얼마든지 환영하고 수용하여 지체 의식을 가지라는 말이다. 이 단어는 3절의 "하나님이 저를 받으셨음이라"와 15:7의 "그리스도께서 우리를 받아"와 같은 단어로서 하나님과 그리스도께서 믿음이 연약한 자들을 용납하고 받아주셨기 때문에 인간들도 받아주는 것이 당연하다는 말이다. 만약에 자기들의 기준, 자기들의 잣대로 판단하여 수용하지 못하고 배척하고 쫓아낸다면 그것은 분명히 말씀 앞에 모순이며 또한 월권인 것이다.

다음으로 '그의 의견을 비판하지 말라'고 했다. 여기 '의견'($\delta\iota\alpha\lambda o\gamma\iota\sigma\acute{o}s$)은 '생각'(thought), '추론'(reasoning), '의문'(questioning)이라는 뜻으로 의혹이나 의심으로 가득 차 있는 생각이나(막2:6, 8, 고전3:20), 또는 서로 견해를 달리하는 의견(눅9:46, 47)을 의미한다.

교회공동체 안에서는 혹시 믿음이 부족해서 야기된 그릇된 생각이나 편협(偏狹)적인 견해들이 있을 수 있다. 그렇다고 그들을 반박하고 배척하여서 공동체 안에 들어오지 못하도록 막거나 출교(黜敎) 시키려는 극단적 행동을 해서는 안 된다.

여기 '비판'($\delta\iota\acute{a}\kappa\rho\iota\sigma\iota s$)이라는 단어는 '구별'(distinguishing), '다툼'(quarrel)이라는 뜻으로 구별하고 판단하는 행동으로 사용되지만(고전12:10, 히5:14) 여기에서는 여러 가지 난잡한 주장이나 격한 논쟁을 겸한 비판을 의미한다. 공동체 안에는 아직도 신앙이 어린아이 수준에 머물러서 성경을 해석함에 있어서 또는 신자의 실천 문제에서도 판단하고 결정하는 일에 미숙한 사람들이 있게 마련이다.

그러면 보편적으로 교회공동체의 핵심 구성원이며 기득권을 가진 '강한 자'들은 그들의 부족과 실수, 견해와 행동들을 용납하지 못하고 비판하고 언쟁을 벌이고 정죄하여 배척하려는 경향이 많이 있다.

그러나 사도 바울은 믿음이 연약한 자들의 생각과 행동이 근본적인 진리의 문제가 아니라면 논쟁거리를 만들지 말고 용납해 주라는 것이다. 우리는 사소한 문제로 견해를 달리하는 형제를 향하여 무조건 비판하기 보다는 "마음이 약한 자들을 격려하고 힘이 없는 자들을 붙들어 주며 모든 사람에게 오래 참으며"(살전5:14) 경계하고 권고하여 바르게 잡아주도록 해야 한다.

② 믿음의 수준에 따라 행동의 차이가 날 수 있다는 것이다.
"어떤 사람은 모든 것을 먹을 만한 믿음이 있고 믿음이 연약한 자는 채소만 먹느니라"(2절)

본 절은 두 문장을 대조하는 '멘...데'($\mu\acute{\epsilon}\nu...\delta\acute{\epsilon}$) 형식인 '한편...다른 한편'(one~another)의 뜻으로 믿음이 강한 자와 믿음이 약한 자의 먹는 음식에 대한 태도 차이를 매우 선명하게 대조시키고 있다.

여기 '모든 것을 먹을 만한'과 '채소만'이라는 말을 통해서 볼 때에 로마교회의 분쟁의 문제는 고린도교회처럼(고전8장) 우상 제물에 관한 문제인 듯하다. 당시 로마 각처에 있는 이방 신전에서 우상 제물로 드려졌던 고기들이 시장에 나와 판매하는 일이 많았었다(고전10:25).

어떤 사람은 이방 신들의 존재는 아무 것도 아니요 오직 하나님만이 유일하시다는 믿음(고전8:4)과 모든 것은 말씀과 기도로 거룩하여 짐으로 버릴 것이 없다는 믿음(딤전4:4-5)으로 거리낌 없이 모든 음식을 먹었는가 하면, 또 다른 사람은 시장에서 파는 고기는 대부분 우상숭배와 관련이 있다고 생각하여 혐오감과 미신적 두려움에 빠져 고기를 멀리하는 믿음이 연약한 자들이 있었다. 또한 구약성경의 규정에 따라 불결하게 취급하는 짐승의 고기들(레11:1-47)을 꺼리는 신자들도 있었다. 그래서 이들은 육식을 자제하고 채식만 고집하는 채식주의자들이었다.

사도 바울의 입장은 세상에 많은 신(神)이 있고 많은 주(主)가 있어도 우상은 아무 것도 아니요 오직 하나님만이 유일한 참 하나님이시라는 신앙으로 음식에 거리낌을 갖지 않았었다(고전8:4-6). 그러나 우상의 제물로 인하여 양심이 약해지고 더러워지는 믿음이 연약한 자들을 위해서라면 영원히 고기를 먹지 않겠다고 했다(고전8:7-13).

중요한 것은 "음식은 우리를 하나님 앞에 내세우지 못하나니 우리가 먹지 않는다고 해서 더 못 사는 것도 아니고 먹는다고 해서 더 잘 사는 것도 아니니라"(고전8:8)는 사상으로 음식과 같이 지엽적인 문제로 근본적인 것을 무너뜨려서는 안 된다는 입장이었다.

③ 서로의 견해를 존중히 여겨 업신여기거나 판단하지 말라는 것이다.

"먹는 자는 먹지 않는 자를 업신여기지 말고 먹지 않는 자는 먹는 자를 비판하지 말라 이는 하나님이 그를 받으셨음이라"(3절)

앞 절에서 모든 것을 먹는 자를 믿음이 '강한 자'로, 채소만 먹는 자를 믿음이 '연약한 자'로 표현했지만 사실은 그 기준은 애매한 점도 있다. 고기를 먹지 않는다고 믿음이 약한 것이 아니라 자기 나름대로의 신앙적 소신이 있기 때문에 그렇게 할 수 있는 것이다. 문제는 먹는 자나 먹지 않는 자나 서로 간에 비판하고 논쟁하지 말라는 것이다.

여기 '업신여기다'($\dot{\epsilon}\xi o\nu\theta\epsilon\nu\dot{\epsilon}\omega$)는 '하찮게 여기다'(to consider as nothing), '경멸하게 취급하다'(to treat with contempt)는 뜻으로 전혀 불필요한 것으로 또는 아무 것도 아닌 것으로 간주하는 행동을 가리킨다. 이는 보편적으로 오만한 태도로 상대방을 깔보고 경멸하여 배척하는 행동을 말한다(눅18:9, 23:11, 살전5:20).

로마교회에는 이방인 신자들이 유대인 신자들 앞에서 '자랑'하고 '높은 마음'을 품는 행동들이 종종 있었다(11:18, 20). 그들은 자신들은 복음으로 율법의 계명과 음식 문제에 대하여 참 자유를 얻었다는 자부심을 가지고 있었기에 여전히 유대교의 옛 종교적인 계율들에 매여 있는 유대인 신자들을 무시하고 경멸하는 경향이 있었다.

또한 '비판하다'($\kappa\rho\dot{\iota}\nu\omega$)는 단어는 '판단하다'(to judge)는 의미와 함께 '정죄하다'(to condemn)는 의미도 가지고 있기에(행13:27, 롬2:3, 14:22) 유대인 신자의 입장에서는 율법의 계율을 지키지 않는 이방인 신자들의 행동들은 하나님 앞에 용납할 수 없는 불경건한 짓이라고 비판하고 정죄했을 것이다(참조 갈2:11-14). 그래서 그들은 음식법과 정결법을 준수하지 않는 이방인 신자들을 하나님의 백성도 아니라는 극단적으로 평가하고 비판했을 가능성이 크다.

하여간 기독교의 근본적인 교리의 문제가 아닌 지엽적인 성경해석이나 관습 문제를 가지고 서로 비판하고 정죄하며 용납하지 못하고 배척하는 행위들은 건강한 공동체를 건설하지 못하게 하는 원인이며 공동체를 파괴시키는 소아적(小兒的)이고 폐쇄적(閉鎖的)인 편견인 것이다.

또한 이는 간교한 사탄의 전략에 사로잡혀 하수인 노릇하는 행동일 수 있는 것이다(참조, 요13:2. 고후11:3, 엡6:11). 여기 믿음의 형제들끼리 서로 멸시하고 비판하지 말아야 할 이유($\gamma\acute{\alpha}\rho$)를 밝히고 있다. 그것은 하나님께서 음식을 먹는 자와 먹지 않는 자 모두를 받으셨기 때문이다.

여기 '받으셨다'($\pi\rho\sigma\epsilon\lambda\acute{\alpha}\beta\epsilon\tau\sigma$)는 말은 이미 앞에서 설명한 것처럼 하나님께서 그들 모두를 하나님의 권속으로, 하나님의 나라 백성으로 영접했다는 의미이다. 하나님이 받아주셨는데, 인간이 거절하고 배척하고 쫓아낸다는 것은 있을 수 없는 일이며 그것은 신적 월권 행동인 것이다.

우리의 공동체 안에 들어오는 사람들은 인종적, 사회적, 문화적, 종교적 배경과 관습이 다른 사람들이다. 그들이 아직 옛 관습을 버리지 못했고, 복음적 삶으로 변화 되지 못했다고 해서 용납하지 못하는 것은 안 된다. 우리는 근본적인 진리 문제와 '아디아포라'(adiaphora-절대적인 문제가 아닌 것)의 문제를 구분할 줄 아는 안목을 길러야 한다.

그래서 다른 복음, 다른 예수, 다른 영을 전하는 이단적 요소는 철저히 배격해야 하지만(고전5:13, 고후11:4, 요이1:10), 그러나 지엽적인 문제로 인하여 믿음의 형제들을 공동체 안으로 환영하지 못하고 용납하지 못하는 것은 안 되는 것이다.

둘째는, 하나님이 세우신 남의 하인을 비판해서는 안 된다(4절).

하나의 공동체를 이루어야 할 지체들이 서로 업신여기고 비판하는 것이 합당하지 않은 두 번째 이유를 밝히고 있다. 그것은 한 마디로 남의 하인을 간섭하는 월권행위와 같다는 것이다.

① 하인의 세움과 넘어짐은 그 주인에게 있다.

"남의 하인을 비판하는 너는 누구냐 그가 서 있는 것이나 넘어지는 것이 자기 주인에게 있으매"(4절상)

의문문으로 시작하는 본 절은 '너'(σὺ)를 문장 제일 앞에 두어 남의 하인을 판단할 자격이 전혀 없는 '너'가 누구를 판단하느냐고 묻고 있다. 여기 '하인'(οἰκέτης)은 종의 신분 가운데 매매가 자유로웠던 가장 낮은 등급인 '둘로스'(δοῦλος)와는 다르게 주인집에 거하면서 가사를 돌보는 종, 즉 주인이 가족의 일원으로 취급할 정도로 주인과 친밀한 측근 사환을 가리킨다(행 10:7, 벧전2:18).

초대교회 당대의 사회에서 자신에게 속하지 않고 다른 사람에게 속한 종(ἀλλότριον)을 마치 자신의 소유라도 된 양 이러쿵저러쿵 하면서 판단하는 것은 주제 넘는 행동이며 그 사회에서 용인되지 않는 행동이었다.

그런데 감히 주인의 중요한 임무를 수행하는 남의 집 하인에 대하여 온갖 정죄를 씌워서 판단한다는 것은 있을 수 없는 일이기에 "너는 누구냐"고 강하게 묻고 있는 것이다. 그 하인의 '서는 것이나 넘어지는 것'은 전부 그의 주인에게 속한 권한인 것이다. 여기 '서 있는 것과 넘어지는 것'은 주인으로부터 그 집 하인으로 인정받느냐 인정받지 못하느냐, 또는 취하느냐 내쫓느냐 하는 권한은 전적으로 그가 속해 있는 주인에게 있다는 것이다.

그러므로 주인의 권한을 월권하여 그의 종을 판단하여 세우고 넘어지게 하는 일을 해서는 안 되는 것이다. 우리를 판단하실 분은 오직 한분 하나님밖에 없음을 명심해야 한다(약4:11-12).

② 성도들을 세우는 권한은 주님께 있다.

"그가 세움을 받으리니 이는 그를 세우시는 권능이 주께 있음이라"(4절하)

여기 '세움을 받으리니'(σταθήσεται - ἵστημι의 미래 수동태)는 '세우게 되다'(to make to stand), '수립하다'(to establish)는 뜻으로 누가 어떤 비방을 한다 할지라도 주님께서는 자기의 백성이며 종인 성도들을 굳게 세워줄 것을 말씀하는 것이다.

그리스도의 사람들은 믿음으로 말미암아 주 안에서 세워진 자들이다(롬 5:2, 11:20). 그리고 아무리 믿음이 강하다고 하는 자들이 약한 자들을 흔들고 넘어뜨리려 한다 할지라도 주께서는 그를 굳게 세워주실 것이다. 그를 흔들리지 않고 굳게 세워주실 권능을 가지신 분은 주님(ὁ κύριος)이시다. 주 예수 그리스도께서만이 그 종의 운명을 좌우할 수 있다.

　주께서 그를 굳게 세워주신다면 어느 누구도 흔들지 못할 것이며, 오히려 그를 흔들어 넘어뜨리려는 자는 주님의 소유의 종을 넘어뜨리는 주제 넘는 월권의 행위로 주님께 책망을 받을 것이다. 그러므로 공동체 안의 믿음의 형제를 업신여기거나 판단하는 것에 신중을 기해야 할 것이다.

　셋째는, 행위가 주님을 위한 동기에서 나왔다면 용납해야 한다(5-9절).

　앞에서는 음식 문제로 갈등하는 로마 교인들에게 권면했다면(2-4절), 연이어 본 부분에서는(5-9절) 날짜 준수 문제를 가지고 갈등하고 분쟁하는 것을 권면하고 있다. 특히 4절에서 신자는 '하인'이고 그리스도께서는 그의 '주인'(ὁ κύριος)이라는 신학적 개념으로 설명하던 것을 받아서 모든 신자의 행동은 자신을 위한 것보다는 주(主)이신 그리스도를 위하여 존재한다는 사실을 밝히면서 연속적으로 세 번째, 네 번째 내용을 설명해 가고 있다.

　"어떤 사람은 이 날을 저 날보다 낫게 여기고 어떤 사람은 모든 날을 같게 여기나니 각각 자기 마음으로 확정할지니라"(5절)

　로마교회 안에는 날짜 문제를 가지고 두 부류가 갈등하기도 했다. 믿음이 '약한 자'의 부류에 속한 자들은 어느 특정한 날을 다른 날보다 중요하게 여긴 반면, 믿음이 '강한 자'들은 모든 날은 동일하다고 여긴 것이다. 특정한 날을 중히 여기는 사람들은 유대인들이라 생각할 수 있다.

　유대인들은 절기와 초하루와 안식일에 대하여 특별한 의미를 부여하고 지키려는 종교적 신념이 강했었다(갈4:10, 골2:16). 사실 그리스도께서 오신 이후 안식일과 음식 문제는 더 이상 구속력(拘束力)이나 효력이 없는 '그림자'에 불과했던 것이요(골2:17), 폐지했던 것이었음에도 불구하고 유대인 신자들은 안식일 관습을 여전히 핵심 가치로 여겼던 것이다.

　반면에 믿음이 '강한 자들'이 '모든 날을 같게 여겼다'는 것은 매일의 삶은 하나님께 드리는 예배의 날로 인식하였기 때문에 어느 특정한 날에 얽매이지 않았다는 말이다. 이렇게 날짜 준수의 건으로 서로 시각 차이를 냄으로 인하여 교회 공동체 구성원들 간에 논쟁과 불화로 심각한 수준에까지 이른 것을 볼 수 있다.

이러한 '아디아포라'(adiaphora)와 같은 사소한 문제들은 각자 자기 마음에 확정하면 될 문제들이다. 여기 '확정하다'(πληροφορέω)라는 단어는 '완전히 행하다'(to discharge completely), '확신하다'(to convince fully)는 뜻의 현재 중간태 명령형으로 어느 날을 중하게 여기든 모든 날을 동등하게 여기든 그것은 주님의 뜻에 부합되는지를 따져본 후에 각자 자신의 마음으로 확정하라는 말이다.

주인의 임무를 위임받은 청지기는 사소한 문제들까지 일일이 주인에게 묻고 답을 얻은 후에 행동하지 않는다. 중요하고 큰 문제를 주인이 정해 주면 종은 나머지 문제들은 주인의 뜻에 부합하는지를 따진 후에 자기 스스로 판단하고 결정하면 되는 일이다.

만일 교회 공동체 안에서 어느 사람이 특정한 날을 중요하게 잡았다면 그 결정은 그 개인의 생각과 믿음의 표현으로 존중할 수 있지만 그것을 공동체 전체 구성원에게 강요하거나 절대화 시켜서는 안 되는 것이다.

그러므로 신앙공동체 안에서 어떠한 일에 대한 생각과 방법에서 견해 차이가 생길 때에는 그것이 주님의 뜻에 반(反)한 것이 아니고 "주를 위해서" 한 것이라면 서로 존중히 여기고 상대방이 내린 결정이 함께 공존할 수 있도록 배려하는 아량이 있어야 한다. 그리고 먹는 것과 절기에 관한 것뿐만 아니라 모든 면에서 미성숙해서 하는 신념과 행동이라면 깨닫고 성숙해질 때까지 기다려 줄 수 있어야 한다(갈4:10-11, 골2:16-17).

① 우리가 무슨 행동을 하든지 다 주님을 위하여 하는 것이다.
"날을 중히 여기는 자도 주를 위하여 중히 여기고 먹는 자도 주를 위하여 먹으니 이는 하나님께 감사함이요 먹지 않는 자도 주를 위하여 먹지 아니하며 하나님께 감사하느니라"(6절)
종은 자기 자신을 위해 사는 것이 아니라 주인을 위해 살아가는 인생이다. 어떤 일을 하든, 어떤 행동을 하든지 모두 주인을 위해서 하는 것이 되어야 한다. 예수 그리스도께서는 죽었다 사심을 통하여 모든 사람들의 '주'(ὁ κύριος)가 되셨을 뿐만 아니라 특별히 믿는 자의 '주'가 되셨다(14:9, 빌 2:11). 그리스도인은 예수를 '주'로 시인함으로 구원을 받고 자신의 삶의 주님(Lord)으로 모시고 살아야 한다. 그러므로 자신을 위한 삶이 아니라 매사(每事)가 주를 위한 삶이 되어야한다. 즉 음식을 먹는 자도, 먹지 않는 자도,

또한 어느 날을 중요하게 생각하는 자도, 그렇지 않고 모든 날을 동일하게 생각하는 자도 목적은 전부 '주를 위한 것'이 되어야 한다.

이것이 신자의 삶이다. 모든 것이 주를 위한 목적에 있다면, 식사를 할 때 음식을 먹으면서 모든 것을 허락하신 하나님께 감사하는 것은 당연하다(고전10:30-31). 뿐만 아니라 어떤 특정한 음식을 먹기를 거부하는 행위도 '주를 위한' 동기에서 비롯된 것이라면 그것도 감사해야 하는 것이다.

그러므로 우리는 유대인의 옛 종교적 계율들이 그리스도 안에 있는 자들에게 더 이상 구속력이 없다는 사실을 깨닫는 것도 중요하지만 아직 깨닫지 못하여 행동하는 믿음이 연약한 형제들을 용납하지 못하여 정죄해서는 안 되는 것이다. 그리고 배척하기 보다는 깨달을 때까지 기다려주는 아량이 필요할 뿐이다.

② 우리 중에 자기 자신을 위하여 살고 죽는 자 없다.

"우리 중에 누구든지 자기를 위하여 사는 자가 없고 자기를 위하여 죽는 자도 없도다"(7절)

사도 바울은 앞 절에서 신자들끼리 서로 각자가 다른 입장을 취하여 갈등을 겪고 있지만 그 내면에 있는 근본 동기에는 주를 위하는 마음에서 출발했다는 사실을 밝혔었다. 연이어 7-8절에서는 음식과 날짜 준수 문제뿐만 아니라 한 걸음 더 나아가서 신자의 생사의 근본 동기와 목적까지도 주를 위한 것에 있다는 것을 밝히고 있다.

여기 '사는 자가 없고'(οὐδείς...ζῇ)와 '죽는 자도 없도다'(οὐδείς..ἀποθνήσκει)에서 헬라어 '제'(ζῇ)와 '아포드네스케이'(ἀποθνήσκει)는 모두 계속을 나타내는 현재시제이다.

이것은 그리스도인은 '주' 되시는 예수 그리스도에게 속해 있는 '하인'이기에 자신에게 속한 모든 삶의 문제뿐만 아니라 죽음의 문제까지도 '자기를 위하여' 이기적 욕심으로 행동할 수 없다는 사실을 밝히는 것이다. 그리스도인이 자유를 얻었다고 해서 자기 마음대로 행동해도 되는 자유방임적(自由放任的) 자유가 아니다(갈5:1, 13, 벧전2:16).

그리스도인의 자유는 주께 속한 자이기에 '주를 위해' 살아가야 하는 자유이다. 그러므로 언제 어디에서 무엇을 하든지 삶의 궁극적 목표는 오직 하나, 즉 주를 위한 것, 주님의 뜻을 실현하는 것이어야 한다.

③ 우리는 사나 죽으나 주님의 것이다.

"우리가 살아도 주를 위하여 살고 죽어도 주를 위하여 죽나니 그러므로 사나 죽으나 우리가 주의 것이로다"(8절)

"우리가 주의 것이로다"(τοῦ κυρίου ἐσμέν)라는 말은 '주께 속한 것'이라는 뜻으로 우리 그리스도인들의 소유권이 주님께 있다는 것이다. 우리 그리스도의 사람들은 예수 그리스도의 피의 값을 주고 산 존재이기에 "너희는 너희 자신의 것이 아니라"고 했다(고전6:19-20).

'그리스도인'이라는 호칭을 처음 들었을 때 사용된 헬라어도 '크리스티아노스'(Χριστιανός)로서 '그리스도에게 속한 사람'이라는 의미를 가지고 있다(행11:26). 따라서 그리스도인에게는 그 자신을 위한 삶의 목표가 더 이상 존재하지 않는다. 살고 죽는 것뿐만 아니라 삶 전체가 오직 주인 되신 주의 목적을 따라 충성된 삶을 살아야 할 과제만 있는 것이다.

그러므로 여기서 우리 신자들은 공동체 안의 형제 한 사람 한 사람이 전부 주님의 것, 즉 주의 하인(οἰκέτης)이라는 정신을 가지고 사소한 문제를 가지고 서로 업신여기거나 비판하며 싸우고 분쟁해서는 안 되는 것이다.

우리 모두는 결국 주 안에서 한 길을 걸어가는 자들로서 한 가지 목적, 주님이 요구하는 것을 성취하기 위하여 서로 힘을 합해야만 하는 종들임을 명심해야 한다. 다시 말해 음식이나 날자 문제...등등 서로 견해 차이가 있는 다양함 속에서 일치를 이루기 위해 서로 관용하며 "평안의 매는 줄로 성령이 하나 되게 하신 것을 힘써 지키라"(엡4:3)는 말씀을 실현해서 하늘의 비전을 성취하는 공동체를 이루어야 한다.

그러하기 위해 서로 간에 좁혀지지 않는 견해 차이가 있다 할지라도 서로 비난이나 정죄할 것이 아니라 이해와 협력, 의견 교환과 상호 보완이라는 성숙한 관계를 유지하도록 힘써야 한다.

④ 그리스도께서는 산 자와 죽은 자의 주가 되신다.

"이를 위하여 그리스도께서 죽었다가 다시 살아나셨으니 곧 죽은 자와 산 자의 주가 되려 하심이라"(9절)

여기 '이를 위하여'(εἰς τοῦτο γάρ)는 '왜냐하면'까지 번역할 때에 8절에서 "우리가 주의 것이로다"라고 말한 이유를 밝히려는 의도가 더욱 선명해진다. 그것은 그리스도의 죽으심과 다시 사심이라는 구속 사역을 통하여 우리를 죄와 사탄의 세력에서 속량하여 주(*ὁ κύριος*)가 되신 그리스도의 소유로 삼으셨다는 것이다. 사실 '그리스도께서 죽었다가 다시 살아나셨다' 는 것은 5장에서도 이미 설명했지만 우리 인생들을 위해서 행하신 위대한 구속사건인 것이다.

먼저는 우리들이 "하나님이 아닌 자들에게 종노릇 하였던"(갈4:8) 것에서 속량, 즉 해방과 자유를 주신 것이다(갈3:13). 그것은 죄의 세력과 사탄뿐만 아니라 율법의 저주와 율법의 각종 구속력에서도 해방과 자유를 주신 것이다(6:6, 7:6, 히2:14-15).

두 번째로는 우리들로 하나님이 예비하신 은총에 참여하게 하신 것이다(3:24, 5:9-10, 엡1:6, 2:8). 그리스도 안에서 믿음으로 말미암아 거저주시는 하나님의 은혜의 상속자가 되게 하신 것이다(8:17, 갈3:29).

세 번째로는 그리스도께서 우리의 주가 되신 것이다. 하나님 아버지께서는 예수 그리스도를 죽은 자들 가운데서 살려 "지극히 높혀 모든 이름 위에 뛰어난 이름을 주사" 모든 무릎을 그 앞에 꿇게 하시고 모든 입으로 주라 시인하게 하셨다(빌2:9-11). 그리하여 그리스도는 만유의 주이실 뿐만 아니라 믿는 자의 주(*ὁ κύριος*)가 되셨다(행2:36). 여기 '주가 되려 하심이라'(*κυριεύσῃ*)는 '주가 되다'(to be lord), '통치하다'(to rule)는 뜻으로 그리스도는 이미 만유의 주가 되셔서 죽은 자뿐만 아니라 산 자들에게도 그 통치권의 영향력을 미친다는 말이다. 그래서 누구든지 예수 그리스도의 통치권을 인정하고 그를 주로 고백하면 구원을 주시는 것이다(10:9).

네 번째로는 새로운 인생, 새로운 목적을 위해 살게 하려는 것이다.

"그가 모든 사람을 대신하여 죽으심은 살아 있는 자들로 하여금 다시는 그들 자신을 위하여 살지 않고 오직 그들을 대신하여 죽었다가 다시 살아나신 이를 위하여 살게 하려 함이라"(고후5:15)

사탄의 권세에서 해방되어 그리스도를 주로 섬기며 살게 된 신자는 이제부터는 노예의 삶이나 자신을 위한 삶이 아니라 그리스도의 사환과 증인이 되어 거룩한 우주적 목적을 성취하기 위하여 살아야 하는 것이다(엡2:7, 10).

사도 바울이 지금까지 예수 그리스도의 '주' 되심과 신자들이 그의 종이 되어 모든 삶의 목적이 '주를 위해서' 산다는 사실을 밝힌 것은 로마교회의 논쟁 문제를 정리하고 잠재우려는 것에 있었다.

신자들은 그 삶과 죽음까지도 그 주권을 행사하는 분은 '주' 되신 그리스도에게만 있을 뿐인데 함부로 형제를 비판하거나 업신여기는 것은 남의 종을 비판하는 것과 같이 주의 권한을 월권하는 행위라는 것을 주지시켜주려는 목적에 있었다. 또한 신자의 삶의 목적이 '주를 위한' 것에 두었다면 어떤 문제에서 공동체 구성원 간의 서로 다른 견해를 가졌다 할지라도 비판하기보다는 서로 용납할 수 있어야 한다는 것이다.

참고로 '아디아포라'(adiaphora)에 대하여 알아둘 필요가 있다. 이는 헬라어 '아디아포로스'($\dot{\alpha}\delta\iota\dot{\alpha}\phi o\rho o\varsigma$)에서 유래한 것으로 '아무래도 좋은', '어느 한쪽으로 치우치지 않은'이란 뜻을 가지고 있다. 이는 보통 윤리학에서 사용되는 개념으로 어떤 사실 그 자체가 선하거나 악한 것이 아니라 상황과 목적에 따라 다르게 설명될 수 있는 문제를 지칭할 때 사용된다.

신학에서는 성경에서 직접 '하라' 혹은 '하지 말라'는 규정이 없고 또 성경에 계시된 객관적인 진리에 비추어 볼 때 선악과 직접적인 관련되지 않는 문제들을 가리킨다. 즉 상황과 문화에 따라 달라질 수 있는 관습에 해당하는 것들로서 자신의 판단에 따라 절대화해서는 안 되는 것들이다.

예를 든다면 의식(儀式)의 준행 문제, 음식 문제, 주초(酒草) 문제, 안식일 논쟁...등이다. 우리는 사도 바울이 "만일 음식이 내 형제를 실족하게 한다면 나는 영원히 고기를 먹지 아니하여 내 형제를 실족하지 않게 하리라"(고전8:13)고 말한 것처럼 사소한 문제를 가지고 믿음의 형제들과 논쟁하고 정죄할 것이 아니라 '형제를 세워주는 것'을 제일 원칙으로 삼고 용납하고 양보하여 교회의 유익과 하나님의 영광을 도모해야 한다.

넷째는, 우리가 다 하나님의 심판대 앞에 서게 된다(10-12절).

믿음의 형제를 비판하거나 업신여기지 말아야 할 마지막 이유를 밝히고 있다. 그것은 모든 사람은 반드시 마지막 날 하나님의 심판대 앞에 서서 자신의 행위를 자백하게 될 것이기 때문이다. 이는 사람을 판단하고 심판하실 분은 인간이 아니라 하나님이심을 강조하는 것이다.

① 형제를 비판하고 업신여긴 것에 대하여 하나님의 심판대 앞에 설 것이다.

"네가 어찌하여 네 형제를 비판하느냐 어찌하여 네 형제를 업신여기느냐

우리가 다 하나님의 심판대 앞에 서리라"(10절)

여기 '너'(σὺ)라는 단어를 강조하여 "네가…네 형제…너 역시(σὺ καὶ)… 네 형제"를 반복하고 문장 앞에 둔 것은 형제를 비판하고 업신여기는 행동을 서슴없이 행하는 사람을 염두에 두고 그 행위를 지적하려는데 있다.

그리고 '형제'(ἀδελφός)라는 용어를 통하여 성도들은 서로 간에 혈연적 피를 나눈 형제는 아니지만 그리스도 안에서 한 몸을 이룬 지체들로서 뗄 수 없는 관계임을 말하고 있다(고전12:12-13, 엡2:22-23). 즉 운명을 함께 해야 할 공동체 일원으로서 믿음의 지체를 꾸짖고 비판하고 정죄하고 다른 한편에서는 경멸하고 배척하는 행위를 서로 간에 행한다면 신앙 공동체는 무너지게 된다는 것을 지적하는 것이다(눅11:17-18). 또한 믿음의 동료를 비판하고 배척하지 말아야 할 이유(γὰρ)는 우리가 다 하나님의 심판대 앞에 서기 때문이다.

여기 '우리가…앞에 서리라'(παραστησόμεθα - παρίστημι의 미래형 중간태)는 '앞에 서다'(to stand before)는 뜻으로 법적인 술어로 사용할 때는 재판관 앞에 '출두하다'(to appear in court)는 의미를 나타낸다(행27:24, 고전8:8, 고후4:14, 딤후4:17).

'심판대'(βῆμα)는 원래 공적인 집회 장소에서 연설하기 위한 단상이라는 의미에서 재판관 앞에서 재판을 받는 법정으로 발전하였다(마27:19, 행18:12, 16-17). 신약의 저자들은 이를 최후 심판에 있을 하나님 앞에서의 공개적인 심판을 뜻하는 용어로 사용하였다(고후5:10).

하나님께서는 종말의 날 모든 사람들을 하나님의 심판대 또는 그리스도의 심판대 앞에 소환하여 그들의 모든 언어와 행위에 대하여 심문하실 것이다. 특히 '우리가 다 앞에 서리라'(πάντες)는 말을 통하여 어느 누구도 하나님의 심판대 앞에 서는 일을 면제 받을 사람은 없다는 것을 강조하며 모든 신자들을 각성시키고 있다.

그러므로 우리 신자들이 지금은 함부로 동료 형제들을 자기의 판단에 따라 비판하고 업신여기고 있지만 마지막 날 하나님의 심판대 앞에서 자신의 모든 말과 행위에 대하여 심문을 받게 된다는 것을 명심해야 한다. 오늘 우리들 가운데는 이 진리에 대하여 확신도 없거니와 또한 두려워하는 마음도 없이 함부로 행동하는 사람들이 많음을 볼 수 있다. 그러나 신실한 신앙인이라면 최후의 날, 하나님의 심판대 앞에 출두하여 심문을 받게 된다는 사실을 잊지 말아야 한다.

② 모든 사람은 주께 무릎을 꿇고 자백하게 될 것이다.
"기록 되었으되 주께서 이르시되 내가 살았노니 모든 무릎이 내게 꿇을 것이요 모든 혀가 하나님께 자백하리라 하였느니라"(11절)
사도 바울은 우리 모든 사람이 하나님의 심판대 앞에 서서 그 행위에 따라 심문을 받게 된다고 말한 이유를 확증하기 위하여 사45:23을 자유롭게 인용하고 있다. 여기 '내가 살았노니'(Ζῶ ἐγώ)에서 헬라어는 현재 시제로서 '나는 살아 있다'는 의미이다.
하나님은 영원히 살아 존재하는 분이시다. 이 표현은 구약에서 하나님께서 영원히 불변하는 진리를 말하고 자 할 때에 자주 등장하는 것으로, "내가 나의 삶으로 맹세하노니"(사49:18, 렘22:24, 겔5:11)라는 말 뒤에 하나님이 말씀하신 내용은 반드시 이루어진다는 것을 밝힐 때 사용하고 있다.
이 땅에 존재하던 모든 인생들은 하나님 또는 그리스도의 신적 권위 앞에 무릎을 꿇고 자신의 혀로 입을 열어 자백하게 될 것이다. 여기 '자백하리라'(ἐξομολογήσεται - ἐξομολογέω의 미래 중간태)는 '찬양을 돌리다'(to give praise)는 뜻도 있지만(마11:25, 롬15:9), 본 절에서는 '공개적으로 고백하다'(to confess openly), '시인하다'(to acknowledge)는 뜻으로 모든 사람이 하나님의 심판대 앞에 나와서 그 앞에 무릎을 꿇고 입을 열어 자신이 일생동안 행한 모든 말들과 행위에 대하여 낱낱이 자백하게 될 것을 가리킨다.
그때는 불꽃같은 눈으로 보시는 하나님의 눈길을 피할 수도 숨길 수도 없으려니와 또한 자기 스스로 하나도 남김이 없이 하나님 앞에서 줄줄이 자백하고 시인하게 될 것이다. 그러므로 우리는 그 날에 부끄럼을 당하지 않기 위하여 이 땅에서 살아가는 동안 악을 멀리하고 선에 속하여 하나님의 목적을 이루는 삶을 살아가도록 해야 할 것이다.

③ 각 사람은 자기 일을 하나님께 직고하게 될 것이다.
"이러므로 우리 각 사람이 자기 일을 하나님께 직고 하리라"(12절)
'이러므로'(ἄρα οὖν)를 통하여 모든 사람이 하나님의 심판대 앞에 출두하여 무릎을 꿇고 입으로 자백하게 된다는 것에 대한 결론의 말을 하고 있다. '우리 각 사람'(ἕκαστος ἡμῶν)은 앞선 구절들 속에 나타난 '우리가 다' (πάντες), '모든(πᾶν) 무릎', 모든(πᾶσα) 혀 '를 함축한 것으로 하나님의 심판의 자리에서 제외되는 사람이 하나도 없이 모든 사람이 전부, 또는 각각의 사람이 심판을 받게 된다는 것을 가리키고 있다.

또한 '자기 일'(περί ἑαυτοῦ)이란 '자기 자신에 관한'(respecting himself) 모든 것을 하나님께 직고한다는 것이다. '직고하리라'(λόγον δώσει)에서 헬라어 '로고스'(λόγος)는 ' 말씀 '이라는 의미도 있지만, 그 이외에도 '계산'(reckoning), '회계'(account)의 의미도 있어 자기 자신에 관한 모든 일을 하나님 앞에 펴놓고 일일이 회계할 것이라는 의미이다(마 12:36, 눅16:2, 히13:17).

신약성경에서 최후 심판의 날에 모든 인생은 하나님의 심판대 앞에 나아가서 자신의 인생에 대하여 셈하게 된다는 것이 종말론적 가르침이다. 자신이 세상에서 무슨 말을 했든지 그 말에 대하여 의롭다 함을 받기도 하고 정죄도 받게 되며(마12:34-37), 선악 간에 행한 모든 행위에 대하여서도 심문을 받게 되고(고후5:10, 벧전4:2-5), 또한 자신이 받은 달란트, 즉 사명에 대하여 하나님 앞에서 셈하게 될 것이다(마25:14-30).

그러므로 그리스도의 사람들은 세상에서 자기 기분에 내키는 대로 함부로 살아가서는 안 된다. 항상 종말의 날에 하나님의 심판대 앞에 서서 자신이 행한 것에 대하여 선악 간에 심문 받을 것을 염두에 두고 언행에 대하여, 자신의 사명에 대하여 신중해야 할 것이다(고전3:12-15).

로마교회 내에는 믿음이 '강한 자' 와 '약한 자' 사이에서 음식과 날짜 준수 문제로 인한 견해 차이 때문에 심한 갈등을 겪고 있었다. 서로 간에 비방과 멸시, 배척으로 인하여 신앙 공동체의 분열을 초래하는 위기에 처하게 된 것이다.

사도 바울은 이 문제 해결을 위하여 서로 간에 용납을 권면하였다. 먼저는 하나님이 믿음이 '강한 자' 와 '약한 자' 모두를 영접했으니 우리도 서로 용납하라는 것이었다. 두 번째는 각 신자들은 주님께 속한 '하인' 이기에 함부로 주께 속한 종을 판단하고 정죄하지 말라는 것이었다. 세 번째는 각 사람이 추구하고 신봉하는 것에 비록 견해 차이가 생긴다 할지라도 그 목적과 동기가 '주를 위해' 한 것이라면 용납해 주라는 것이다. 마지막으로 우리 각 사람은 하나님의 심판대 앞에 서서 심문을 받게 될 것을 생각하여 언행에 신중을 기하라는 것이다.

그러므로 우리는 주님이 오시기 전까지 아무 것도 함부로 판단하지 말아야 한다. 판단은 하나님이 하실 것이니 하나님께 맡겨버려야 한다(고전 4:5). 그리고 우리는 어떤 일이 있어도 신앙 공동체 분열을 조장하는 행동을 해서는 안 된다. 왜 하나의 신앙 공동체를 이루어야 하는지를 명확히 깨닫고 성령 안에서 하나 되기를 힘써야 한다.

(2) 서로 세워주는 일에 힘쓰라(14:13-23)

전 단락에서는 믿음의 형제를 판단하지 말아야 할 이유들을 설명했다면, 본 단락에서는 한 걸음 더 나아가서 우리의 과제, 또는 사명을 생각하면서 절대로 서로 판단하지 말라고 권면하고 있다. 특히 '하나님의 나라'와 '하나님의 사업', 그리고 형제를 '망하게 하는 것'과 '덕을 세우는 것'에 대하여 주목해 보아야 한다.

우리는 중요하지도 않은 문제를 가지고 하나님의 사업이 무너지거나 형제를 망하게 만들어서는 안 된다. 반면에 우리는 어떻게 해서라도 하나님의 나라를 건설하고 형제를 세워주는 일을 해야 한다. 이것이 우리들이 부름받아 공동체를 형성한 이유인 것이다.

첫째는, 지엽적인 문제로 형제를 실족시키지 말아야 한다(13-15절).
세상에서 모든 면에 완벽하고 완전한 사람은 없는 법이다. 음식 문제만 생각해 보아도 그리스도 신앙 안에서는 어떤 음식은 정결하고 어떤 것은 부정하다든지, 어떤 것은 속(俗)되고 어떤 것은 거룩한 것이 있을 수 없다.

그러나 사람들 가운데는 스스로 깨닫는 바와 자신의 견해에 따라서 이런 것들을 구별하는 사람도 있게 마련이다. 그러나 이러한 사소한 문제들로 믿음의 형제들을 근심시키거나 실족하게 만들어서는 안 된다. 심지어 어떤 규례와 법도를 만들어 그것으로 형제들에게 족쇄를 씌어서도 안 되는 것이다.

① 형제 앞에 부딪칠 것과 거칠 것을 두지 말아야 한다.
"그런즉 우리가 다시는 서로 비판하지 말고 도리어 부딪칠 것이나 거칠 것

을 형제 앞에 두지 아니하도록 주의하라"(13절)

'그런즉'(οὖν)은 앞 단락에서 형제들을 비판하거나 업신여기지 말아야 할 이유들로 인한 결과를 가리킨다. 본 절 서두에 나와 있는 헬라어 '메케티'(Μηκέτι)는 '이제부터는 더 이상 아니'(no longer)라는 뜻으로 '우리가 이 제부터는 더 이상 서로 비판하는 습관을 갖지 않도록 하자'는 권고이다.

공동체를 이루어 거룩한 목적을 성취해야 할 지체들이 서로 비난하고 헐 뜯는다는 것은 심각한 문제가 아닐 수 없다. 그것은 하나님의 목적과 하나 님의 나라를 무너뜨리는 결과를 초래하기 때문이다. 그래서 사도 바울은 교 인들에게 '도리어 이것을(τοῦτο) 더욱(μᾶλλον) 주의하라'고 명령하고 있다.

'이것'이란 형제 앞에 부딪칠 것과 거칠 것을 두지 말라는 것이다. '부딪 칠 것'(πρόσκομμα)은 발에 부딪혀서 사람으로 하여금 비틀거리며 넘어지게 하는 장애물을 뜻한다. 즉 걸림돌로서 사람들이 범죄하여 넘어지게 하는 원 인을 제공하지 말라는 것이다(고전8:9).

'거칠 것'(σκάνδαλον)은 걸려 넘어지게 하는 돌이나 올가미를 뜻한다. 이 는 죄를 짓게 만들거나 신앙을 잃어버리게 하거나 실망시킨다는 의미로 범 죄하여 사명의 길을 가지 못하게 만드는 것을 가리킨다(마16:23, 18:7).

그리스도의 사람은 자신의 이익과 견해를 우선시하고 절대화해서는 안 된 다. 어떤 경우라 할지라도 믿음의 형제를 실족시키는 일을 꾸미거나 자행(恣行)해서는 안 된다. 믿음이 약한 형제의 신앙 자세와 견해를 용납하지 못 하여 비판하고 정죄하고 온갖 올무를 씌어 실족하게 만드는 것은 거대한 하 나님의 뜻을 깨닫지 못한 소아적(小兒的) 행동인 것이다.

오히려 주 예수께서 우리에게 보여주신 것처럼 남을 먼저 생각하는 이타 적 정신과 사랑을 실천해야 한다. 사랑으로 그들 앞에 있는 걸림돌들을 제 거해 주는 아량과 헌신이 필요한 것이다.

② 어떤 것에 대해 견해와 생각이 부족한 사람도 있다는 것을 기억해야 한 다.

"내가 주 예수 안에서 알고 확신하노니 무엇이든지 스스로 속된 것이 없 으되 다만 속되게 여기는 그 사람에게는 속되니라"(14절)

사도 바울은 예수 그리스도를 믿고 난 후에 그리스도 안에서 계획하신 하 나님의 원대한 계획과 경륜하심을 성령의 계시로 알게 되었다. 즉 우주관,

역사관, 인생관…등 오묘한 하나님의 진리를 알고 확신하게 되었다. 본 절에서 바울이 알고 확신한 것은 자연 만물에 대한 것이다.

'무엇이든지 스스로 속된 것은 없다' 는 진리이다. 여기 '속된 것' 이라는 헬라어 '코이노스' (κοινός)는 기본 의미는 '일반적인' (general), '공통적인' (common) 것을 의미하지만, 성경에서는 자주 세상 사람들에게는 일반적인 것이지만 경건한 유대인의 관습의 입장에서는 금지된 것을 뜻하여 ' 부정한' (unclean), '불결한' (defiled)이라는 의미로 사용되는 술어다(막7:2, 5, 행10:44, 28).

하나님께서 모든 만물을 그 나름대로 유용한 목적으로 창조하셨다. 그러므로 "하나님께서 지으신 모든 것이 선하매"(딤전4:4)라는 말씀처럼 그 물질 자체로서 부정하거나 속된 것은 아무 것도 없다. 감사함으로 받으면 버릴 것이 없는 것이다. 예수님께서도 "모든 음식물은 깨끗하다"(막7:19)고 말씀하셨듯이 세상에 존재하는 모든 것은 처음부터 속된 것은 없는 것이다.

오직 사람의 마음과 견해에 따라 다를 뿐이다. 깨끗한 사람에게는 모든 것이 깨끗하지만 스스로 더럽거나 믿지 아니하는 자들에게는, 즉 마음과 양심이 더러운 자들에게는 아무 것도 깨끗한 것이 없는 것이다(딛1:15).

여기 '다만' (εἰ μή)이라는 말을 통하여 예외 규정을 말하고 있다. 속되다고 생각하는 사람에게는 그 물건, 그 음식이 속되다는 것이다. 그 대표적인 사람들이 유대인들이다. 유대인들에게는 정결 규례에 의하여 음식뿐 아니라 정결의식을 통하여 깨끗하고 부정하며, 성결하고 속된 것들을 구별하는 종교적 관습을 오래토록 지켜왔었다(레11:4-8, 신14:7-10, 겔22:26, 44:23).

그래서 유대 기독교인들도 이러한 전형적인 유대 관습을 떨쳐버리지 못하고 부정하다고 규정한 것들을 멀리하고 물리치는 행동을 보였던 것이다.

사실 예수 그리스도께서 '율법의 마침' 이 되셔서 정결법과 같은 규례적인 것들을 폐지하셨음에도 불구하고 믿음이 '약한 자' 들은 아직도 자신들이 오래토록 지켜왔던 종교적 인습과 전통을 순식간에 벗어버리지 못하고 버리기를 주저했던 것이다.

그러나 믿음이 '강한 자' 들은 그리스도로 말미암는 새 언약 시대에는 옛 종교적 계율들은 이미 그 효력을 상실했음을 깨닫고 세상에 존재하는 것은 '아무 것도 스스로 속된 것이 없다' 는 확신과 함께 하나님의 말씀과 기도로 모든 것은 거룩하여진다고 믿었던 것이다(딤전4:5).

본 절에서 전하고자 하는 권면은 믿음이 '강한 자'들은 아직도 복음의 의미를 충분히 이해하지 못하고 옛 종교적 관습을 벗지 못한 '약한 자'들도 있다는 사실을 인지하라는 것이다. 그리고 그들을 자신의 잣대로 비판하고 정죄하는 일에 급급하기 보다는 오히려 깨우치고 이해시켜 바르게 세워주려는 노력을 하라는 것이다.

③ 구속받은 형제를 지엽적인 문제로 망하게 해서는 안 된다.

"만일 음식으로 말미암아 네 형제가 근심하게 되면 이는 네가 사랑으로 행하지 아니함이라 그리스도께서 대신하여 죽으신 형제를 네 음식으로 망하게 하지 말라"(15절)

믿음이 연약한 형제들 앞에 거친 장애물을 놓지 말아야 할 이유($\gamma\alpha\rho$)를 밝히고 있다. 먼저는 만약에 음식의 문제로 말미암아 형제가 근심하게 된다면 그것은 그리스도의 사랑을 실천하지 않은 증거라는 것이다. 여기 '근심하게 되다'($\lambda\upsilon\pi\epsilon\hat{\iota}\tau\alpha\iota$-$\lambda\upsilon\pi\acute{\epsilon}\omega$의 현재 수동태)는 '슬프게 하다'(to cause sorrow), '해치다'(to hurt)는 뜻으로 신체적, 정신적 고통을 주는 것을 가리킨다. 이는 믿음이 '강한 자'들이 '약한 자'들에게 가한 모욕과 비판으로 인하여 상처에서 벗어나지 못하고 계속해서 괴로워하고 번민하며 고통 속에 빠져 있게 한 것을 말한다.

만약에 우리가 음식과 같이 사소하고 지엽적인 문제를 가지고 형제에게 상처를 주고 고통을 겪게 만들었다면 그것은 전혀 그리스도의 정신이 아니라는 것이다. 그리스도의 새 계명은 "네 이웃을 네 몸과 같이 사랑하라"는 것으로 사랑의 정신으로 형제를 대하고 문제에 접근했다면 그렇게 심하게 비판적 행동은 하지 않았을 것이다. 사랑은 오래 참아 기다려 줄 수 있어야 하며 무례히 행하지 않아야 하는 것이다(고전13:4-5). 우리는 자기 자신에게는 전혀 거리낌이 없다 할지라도 형제에게 상처를 입히고 실족하게 만들었다면 그것이 바로 허물이 된다는 것을 유념해야 한다.

다음으로 기억할 것은 우리가 상처를 준 형제는 바로 그리스도께서 죽음을 통하여 구원한 영혼이라는 사실이다. 여기 '망하게 하다'($\dot{\alpha}\pi o\lambda\lambda\acute{\upsilon}\omega$)는 '파괴하다'(to destroy), '멸망하다'(to ruin)라는 뜻으로 단순히 영적인 고통이나 정죄감을 말하는 것이 아니라 최종적인 구원을 얻는 데 실패한 궁극적인 영적 파멸을 가리킨다(롬2:12, 고전1:18, 고후2:15, 4:3).

　신앙 공동체 안에서 중요한 근본적인 문제도 아닌 사소한 문제를 가지고 분별없이 무례히 행동하며 다른 형제를 헐뜯으며 짓밟아 죽일 것 같이 열불을 내는 사람들이 있다. 만일 그런 행동 때문에 믿음의 형제가 상처를 받고 교회를 떠나고 신앙을 잃어버리게 된다면 주님의 구속의 공로를 헛되게 만드는 결과가 되는 것이다.

　"그리스도께서 대신하여 죽으신 형제"라는 말은 주님께서 그 한 사람을 구원하기 위하여 엄청난 희생의 댓가를 지불했다는 말이다(5:6, 8, 10, 고전6:20, 벧전1:18-19). 그러므로 이렇게 엄청난 희생의 댓가를 지불하고 구속한 믿음의 형제를 사소한 문제로 실족시키는 자는 화를 면치 못한다는 것을 명심해야 한다(마18:6-7).

둘째는, 하나님의 사업과 형제를 세워주는 일을 우선해야 한다(16-21절).

　그리스도의 사람은 공동체 안에서 항상 하나님의 나라와 하나님의 사업, 또한 형제들과의 화평과 세워주는 일을 염두에 두어야 한다. 즉 무엇이 중요한 일이고 경(輕)한 일인지, 또한 어떤 것이 핵심적 사항이며 지엽적인 것인지를 구별하면서 바른 선택을 해야 한다. 믿음의 형제 한 사람을 바르게 세워주는 일이 핵심적인 사명이며 과제라는 것을 명심해야 한다.

　"그러므로 너희의 선한 것이 비방을 받지 않게 하라"(16절)

　여기 '선한 것'($\tau\grave{o}$ $\acute{a}\gamma\alpha\theta\acute{o}s$)에 대한 해석은 학자마다 분분하다. 보편적으로 믿음이 강한 자의 '신앙의 자유'로 보는 견해이다. 그들의 자유로운 행동은 형제를 사랑하는 원칙에서 벗어나서 남용되었다는 비방을 교회 내에서 받지 말라는 의미로 보는 것이다.

　그러나 본 단락에서 하나님의 나라, 하나님의 사업 등의 표현을 볼 때에 교회 공동체 내에서 형제들끼리 판단하고 다투는 모습을 보고 세상 사람들로부터 우리의 복음, 또는 하나님의 일이 비방 받게 되는 것이 일어나지 않도록 금지한 것으로 볼 수도 있다. 특히 '비방하다'($\beta\lambda\alpha\sigma\phi\eta\mu\acute{e}\omega$)라는 단어가 '명예를 훼손하다'(to slander), '모독하다'(to speak evil of)는 뜻으로 보편적으로 세상 사람들에게 비방 받는 것에 사용된 것을 볼 때에 후자의 의미로 사용하는 것이 더 적절하다고 보여 진다(롬2:24, 딛2:5, 약2:7, 벧후2:2).

우리는 사소한 문제로 교회가 분쟁하고 분열함으로 인하여 세상 사람들로부터 비방을 받거나 명예가 실추되어서는 안 되는 것이다.

① 하나님의 나라의 본질을 알아야 한다.
"하나님의 나라는 먹는 것과 마시는 것이 아니요 오직 성령 안에 있는 의와 평강과 희락이라"(17절)

세상 사람들로부터 우리의 '선한 것'이 비방을 받지 말아야 할 이유($\gamma\dot{\alpha}\rho$)를 17, 18절에서 밝히고 있다. 하나님의 나라는 먹고 마시는 문제, 즉 사소한 것들로 인하여 싸움질하는 곳이 아니기 때문이다. 여기 '하나님의 나라'는 성경에서 일반적으로 사용하는 종말적인 하나님의 나라를 말하는 것이 아니다. 이것은 하나님이 통치하시는 주권을 강조하는 현세적인 하나님의 나라로서 '교회'를 의미한다.

교회는 먹는 것과 마시는 것과 같이 현세적이고 물질적인 것에 얽매이거나 그것들로 인하여 다툼의 문제꺼리가 발생해서는 안 된다. 여기 '먹는 것과 마시는 것'은 본 장에서 논의되고 있는 음식 문제만 가리키는 것이 아니라 하나님의 나라인 교회에서 논란이 되며 불필요한 정력을 소비하게 하는 모든 사소한 제반(諸般) 문제들을 포괄한다고 볼 수 있다.

교회는 핵심적이고 근본적인 진리의 문제가 아닌 지엽적이고 사소한 견해 차이로 인하여 서로 분쟁하고 분열하므로 믿음의 형제들에게 상처를 입히고 세상 사람들 앞에서 꼴 상스러운 모습을 보여서는 안 되는 것이다.

하나님이 통치하시고 임재하시는 공동체는 성령 안에서 의와 평강과 희락이 넘쳐야 한다. '성령 안에서'($\dot{\epsilon}\nu$ $\pi\nu\epsilon\acute{\upsilon}\mu\alpha\tau\iota$ $\dot{\alpha}\gamma\acute{\iota}\omega$)란 성령의 역사하심 속에서 이루어지는 하나님의 임재 또는 그 결과를 나타낼 때 사용하는 상용구이다(15:13, 16, 고전6:11, 고후6:6, 엡2:22, 딤전3:16, 벧전1:2).

성령은 신자가 미래의 하나님의 나라를 유업으로 받을 것을 확증하는 첫 할부금(a first installment)과 같은 역할을 한다(고후5:5, 엡1:14). 그래서 신자는 하나님의 나라의 경험을 미래에 참여하기를 기다리면서도 성령 안에서 현재적으로도 하나님의 임재와 통치를 경험할 수 있는 것이다.

교회는 바로 이러한 성령의 영적 경험을 할 수 있는 하나님의 임재 공동체인 것이다. 먼저는 성령 안에서 '의'($\delta\iota\kappa\alpha\iota\sigma\acute{\upsilon}\nu\eta$)를 경험하는 곳이다. '의'란 그리스도 안에서 주어지는 의롭다 하심의 은총과 신분을 가리키지만, 본 절에서는 공동체 안에서 구성원들의 관계적인 면을 가리키므로 신자의 '옳은 행동'이라고 보는 것이 더 타당하다. 하나님의 나라는 의에 목마른 자들이 의를 추구하며 살아가는 곳이다(마5:6, 6:33). 기독교 신자는 종교적 외적 형태를 갖추고 의식을 행하는 것에만 열중할 것이 아니라 의인으로서의 삶을 실천해야 한다(요일2:29, 3:7, 10). 의로움과 경건함으로 살아서 의의 열매가 주렁주렁 맺히어 하나님의 영광과 찬송이 되어야 한다(딛2:12, 빌1:11, 고후9:10).

두 번째는 성령 안에서 '평강'을 경험하는 곳이다. '평강'(εἰρήνη)은 의롭다하심을 얻은 자가 하나님과의 관계에서 얻게 되는 은총을 말한다(5:1). 그러나 여기에서는 '의'와 마찬가지로 공동체 구성원들끼리 서로 화목하고 협력하는 관계를 의미하고 있다.

하나님의 나라는 그 백성들이 서로 반목하여 업신여기고 비판하면서 분쟁과 분열로 시끄러운 곳이 아니다. 모든 지체들이 공동체적 정신을 가지고 서로 연결되어 붙들어주고 돕고 협력함으로 하나님의 평강의 은총이 넘쳐나는 곳이어야 한다(살전5:13, 히12:14, 약3:18).

세 번째는 성령 안에서 '희락'을 경험하는 곳이다. '희락'(χαρά)은 '기쁨'(joy), '즐거움'(gladness)을 뜻하지만, 신약에서 간혹 간접적으로 비유하는 환유어(換喩語)로 기쁨을 주는 '기쁨의 동기'(cause of joy), '환희의 근원'(occasion of rejoicing), '기쁨의 상태'(bliss) 등을 의미하기도 한다(눅2:10, 빌4:1, 살전2:19, 20, 마25:21, 23).

이는 다른 사람 때문에 나에게 기쁨이 넘치게 되었다는 말이다. 그러므로 여기에서의 희락이란 그리스도 안에서 받은 은총과 미래의 소망 때문에 즐거워하는 것도 가리키겠지만(5:2, 11), 특히 공동체의 구성원들의 섬김과 사역, 행실들로 인하여 교회 안에 기쁨이 넘치는 것을 가리킨다.

신앙 공동체는 먹는 것과 마시는 것과 같은 사소한 문제들로 서로 다투고 분쟁하며 상처받고 우울함이 가득한 곳이 되어서는 안 된다. 오히려 초대교회처럼 서로 섬김과 위로 사역을 통하여 기쁨과 행복을 체험하는 장소가 되어야 한다(행2:46, 고후1:24, 7:13).

② 그리스도를 섬기는 자는 하나님과 사람에게 칭찬을 받아야 한다.

"이로써 그리스도를 섬기는 자는 하나님을 기쁘시게 하며 사람에게도 칭

찬을 받느니라"(18절)

신자의 '선한 것'이 비방을 받지 않고 하나님의 나라가 성령 안에서 의와 평강과 희락이 되어야 할 이유($\gamma \grave{\alpha} \rho$)를 밝히고 있다. 여기 '이로써'($\acute{\epsilon} \nu$ $\tau o \acute{\nu} \tau \omega$)는 하나님의 나라의 삶의 방식으로 살아가는 사람을 뜻한다. 그리고 '섬기는 자'($\acute{o}$ $\delta o \upsilon \lambda \epsilon \acute{\upsilon} \omega \nu$)는 '종의 임무를 수행하는 자'라는 뜻으로 신자는 하나님의 나라의 생활 방식에 따라 그리스도를 섬기는 자라는 말이다.

신자는 그리스도를 주인으로 섬기는 종의 삶을 사는 사람들이기에 주의 명령에 순복하고 그 의도와 목적을 수행하며 주의 나라에 합당하게 살아가야 한다. 그런 사람은 당연히 하나님을 기쁘시게 하며 사람들에게도 칭찬을 받는 삶을 살아가게 된다.

여기 '기쁘시게 하며'($\epsilon \grave{\upsilon} \acute{\alpha} \rho \epsilon \sigma \tau o s$)는 '기뻐하는'(pleasing), '받음직한'(acceptable)이라는 뜻으로 하나님께서 기뻐하시고 만족하셔서 받으시는 삶을 말한다. 하나님께서는 에녹의 삶을 기쁘시게 받으셨다고 했는데(히 11:5), 특히 윤리적인 인간관계에서 하나님이 받으시는 삶은 "오직 정의를 행하며 인자를 사랑하며 겸손히 네 하나님과 함께 행하는 것"(미6:8)이라고 했다.

또한 금식... 등 종교적 의식보다는 이웃에게 "흉악의 결박을 풀어주며 멍에의 줄을 끌러 주며 압제 당하는 자를 자유하게 하며 모든 멍에를 꺾는 것...주린 자에게 네 양식을 나누어 주며 유리(遊離)하는 빈민을 집에 들이며 헐벗은 자를 보면 입히며 또 네 골육을 피하여 스스로 숨지 아니하는 것"(사58:6-7)을 기쁘게 받으신다고 했다.

신자는 하나님이 기쁘게 받으시는 삶을 살아야 할 뿐만 아니라 사람들에게도 칭찬을 받아야 한다(16:10). 신앙 공동체 안에서 뿐만 아니라 사회 속에서 사람들에게 인정과 존경을 받는 삶은 우리 모든 신자들이 추구해야 할 삶이다. 그러므로 그리스도를 섬기는 우리들은 공동체 안에서 믿음이 약한 형제를 멸시하고 비판하고 결박하기에 급급하기보다는 그들에게 의와 평강과 기쁨의 생활을 할 수 있도록 배려와 도움을 주어야 한다.

③ 신자들은 서로 화평과 세워주는 일에 힘써야 한다.
"그러므로 우리가 화평의 일과 서로 덕을 세우는 일을 힘쓰나니"(19절)
본 절부터는 앞에서 논의해 왔던 문제에 대하여 결론적 권면을 주는데, 본 절에서는 두 가지를 권면하고 있다.

여기 '힘쓰나니'(διώκωμεν - διώκω의 현재 가정법)는 '얻고자 하여 열심히 노력하다'(to endeavour earnestly to acquire)는 뜻으로 사냥개가 사냥감을 찾아서 전력 질주하는 모습을 가리킨다. 또한 현재 가정법이니, 한글성경처럼 평서문으로 평이하게 번역할 내용이 아니라 우리가 화평의 일과 서로 세워 주는 일을 '계속해서 열심히 추구하자'는 권면으로 보아야 한다.

먼저 우리가 추구해야 할 것은 '화평의 일'이다. '화평의 일'(τὰ τῆς εἰρήνης)이란 '화평에 속한 일들', 혹은 '화평에 기여하는 일들'(things which make for peace-KJV)이라는 뜻으로 성도들 간의 조화와 친교적인 관계를 유지하는 일들을 도모하라는 말이다. 이는 많은 지체들이 모여 있는 그리스도의 몸으로서의 교회가 공동체 정신으로 무장하라는 말이기도 하다(고전12:20-21).

하나님의 거룩한 목적을 달성해야 할 신앙 공동체가 서로 지체들끼리 음식이나 날짜 준수와 같은 사소하고 지엽적인 문제들을 가지고 업신여기고 비판하고 다투고 분쟁한다면 공동체는 깨어져 버리고 목적 달성은 이룰 수가 없게 되는 것이다.

생명 공동체인 몸 가운데서는 분쟁이 있을 수 없다(고전12:25). 시기와 분쟁은 '육신에 속한 자', 즉 영적 어린아이들의 세속적 탐욕과 편견, 졸렬(拙劣)한 생각 수준에서 비롯된 것들이다(고전3:3, 11:18-19). 만약에 마음속에 독한 시기와 다툼을 가지고 행동한다면 그의 모든 지혜는 세속적인 것이요 정욕적인 것이요 마귀적인 것임을 명심해야 한다(약3:13-15).

"오직 위로부터 난 지혜는 첫째 성결하고 다음에 화평하고 관용하고 양순하며 긍휼과 선한 열매가 가득하고 편견과 거짓이 없나니 화평하게 하는 자들은 화평으로 심어 의의 열매를 거두느니라"(약3:17-18).

그러므로 우리는 신령하고 장성한 자들처럼 분쟁이 없이 같은 마음과 같은 뜻으로 온전히 합하여 서로 돌아보아 화평의 일들을 도모해야 한다(고전1:10, 3:1).

다음으로 우리가 추구해야 할 것은 '서로 덕을 세우는 일'이다. 여기 '덕을 세우다'는 헬라어 '오이코도메'(οἰκοδομή)는 사도 바울에게서 대단히 중요한 신학적 개념 중에 하나다. 한글성경에는 '덕'(德)이란 말 때문에 도덕적 냄새가 나는 단어로 치부하고 있지만, 원래는 '건물의 건설'(erection of a building)이라는 뜻으로 성경에서는 사람을 세우는 것을 비유하고 있다. 그래서 '영적인 독려'(spiritual strengthening), '계발'(edifying), 또한 '준비'(equipping)의 의미를 가지고 있다. 이는 사람을 세워주는 일로서 영적인 삶을 성장시켜주고, 진리를 바르게 깨우쳐주고, 삶과 사역의 원리와 전략을 갖출 수 있도록 도와주고 준비시켜주는 것을 말한다(15:2, 고전12:3, 26). 구약의 예언서에서는 황폐하게 된 예루살렘 성읍을 다시 재건하는 것(사44:26, 28, 45:13, 58:12, 61:4)과 그 백성을 다시 회복시켜 세워준다는 의미로 사용하였다(사54:14, 렘12:16, 31:4, 28, 33:7).

사도 바울은 자신의 사역에 대하여 '사람을 세우는' 일이라고 표현했다(15:20, 고전3:9-10, 고후10:8, 13:10). 그러면서 모든 신자들에게도 서로 세워주는 사역을 할 것을 권면하고 있다.

세워주는 사역(equipped ministry)은 공동체 전체를 세우는 일뿐만 아니라 신자 개개인을 세워주는 것으로 나눌 수 있지만 개인을 세워줄 때에 공동체 전체가 건강하게 세워져 가는 것이다(15:2, 고후10:8, 12:19, 엡2:22, 4:12, 16). 그러므로 믿음의 형제들이 공동체 안에서 서로 세워주는 사역을 감당하는 것은 건강한 공동체를 이루는 길이며 더 나아가 하나님의 목적을 성취하는 지름길임을 명심해야 한다.

④ 사소한 것으로 하나님의 사업이 무너지게 해서는 안 된다.

"음식으로 말미암아 하나님의 사업을 무너지게 하지 말라 만물이 다 깨끗하되 거리낌으로 먹는 사람에게는 악한 것이라"(20절)

'하나님의 사업'이란 하나님께서 행하시는 일들로서, 특히 그의 교회를 통하여 성취하시기를 원하시는 일들을 말한다. 모든 신자들이 하나가 된 공동체를 이루려는 것은 '만물을 충만하게 하는' 우주적 비전을 성취하려는 것이다.

그리하려면 함께 힘을 합해 협력할 다른 믿음의 형제들을 세워주고 건강한 그리스도의 몸을 건설해 가야 한다. 그런데 만약에 별 것도 아닌 음식 문제로 인하여 형제들을 실족시키므로 거대한 하나님의 사업을 무너지게 한다면 엄청난 손실을 초래할 것이다.

여기 '무너지게 하다'(καταλύω)는 '부수다'(to tear down), '전복시키다'(to overthrow), '파괴하다'(to demolish)는 뜻으로 19절의 '세우다'는

단어의 반대적 개념이다. 특히 이 단어가 부정어와 함께 현재 명령형인 것은 하나님의 사업을 무너지게 하는 습관적 행동이나 지금도 계속 진행하고 있는 파괴적 행동을 중단하라는 말이다.

신자는 그리스도 예수 안에서 선한 일을 위하여 지음 받은 '새 피조물'이 되었다(엡2:10, 고후5:17). 그러므로 그리스도의 '명품'(workmanship, 엡2:10), 또는 '소유된 백성'(His own special people, 딛2:14), '하나님의 동역자'(God's fellow worker, 고전3:9)로서 하나님께서 위임해준 선한 일, 즉 하나님의 영원한 목적을 성취하는 역군이 되어야 하는 것이다. 그리하여 사람 하나하나를 소중히 여겨 그리스도 안에서 세우고 그들로 서로 연합하게 하여 그리스도의 몸으로서의 공동체를 형성하게 만들어 마치 이스라엘 백성이 가나안을 향하여 갈 때에 들소와 같고 사자와 같이 일어나듯이(민2324, 24:8-9) 일어나 세상을 정복하고 만물을 충만하게 하는 우주적 비전을 성취해 내야 한다.

이런 위대한 사역을 맡은 사람들이 사소한 음식 문제와 같은 것들로 서로 치고 박으며 싸우고 상처받고 실족하게 만들어 하나님의 사업을 무너지게 해서는 안 되는 것이다. 지금 당장 그 악한 행동들을 중단해야 한다. 여기서 분명히 기억해야 할 것은 다른 사람들을 걸려 넘어져 실패하게 만드는 사람의 행동은 악하다는 사실이다.

먼저 살펴 볼 것은 '만물이 다 정하다'(πάντα καθαρά)는 것이다. 이는 14절의 "무엇이든지 스스로 속된 것이 없다"는 말과 같이 우주 안에 존재하는 모든 물질적인 것들은 유대인의 규례처럼 정하거나 부정한 것으로 나누어지는 것이 아니라 그리스도 안에서 정결하다는 말이다. 그것은 그리스도께서 정하고 부정한 것을 나누는 정결의식의 모든 규례를 폐지하셨기 때문이다.

다음으로 주의 깊게 살펴 볼 것은 "거리낌으로 먹는 사람에게는 악한 것이라"는 말이다. 이는 14절의 "다만 속되게 여기는 그 사람에게는 속되다"는 말처럼 거리낌을 가지고 음식을 먹는 믿음이 약한 사람에게는 모든 물건들이 악하다는 의미로 이해할 수 있다. 그러나 여기서는 그런 의미가 아니다. 오히려 반대로 믿음이 강한 자의 행동이 악하다는 말이다. 이것은 더 정확하게 이해하기 위해 세 가지를 생각해 보아야 한다.

첫째로 한글성경에는 번역도 또는 표현도 되어 있지 않은 '멘~ 알라' ($\mu\acute{\varepsilon}\nu..., \ \dot{\alpha}\lambda\lambda\grave{\alpha}$)라는 두 번째 구(句)를 강조하기 위해 대조시키는 접두사를 이해해야 한다. 이는 '틀림없이..., 그러나'(to be sure...but)라는 뜻으로 '참으로 만물은 정하지만, 그러나 걸려 넘어지게 하여 먹는 사람은 악하다'라는 의미이다.

두 번째로 '거리낌으로'($\delta\iota\grave{\alpha}$ $\pi\rho o\sigma\kappa\acute{o}\mu\mu\alpha\tau o\varsigma$)라는 전치사구(前置詞句)를 이해해야 한다. '거리낌'($\pi\rho o\sigma\kappa\acute{o}\mu\mu\alpha$)은 '장애물'(stumbling block), '죄 짓게 하는 근거'(an occasion of sinning)를 뜻하여 '걸려 넘어지게 하는 돌'(롬9:32, 33, 14:13)을 의미한다. 이는 파멸의 원인 혹은 믿음의 퇴보, 죄로 넘어지게 하는 유혹 등으로 13절처럼 다른 사람 앞에 걸림돌을 놓아서 손상을 입히는 원인을 말한다. 따라서 이 전치사구의 의미는 신자 자신의 거리끼는 양심을 지칭하는 것보다는 다른 형제를 실족하게 만드는 걸림돌을 가리킨다.

세 번째로 21절의 문맥과 연결시켜 비교해 볼 때에 강한 자의 행동이 악하다는 말이 분명해 진다. 21절에서는 믿음이 강한 자가 음식 문제로 믿음이 약한 형제를 실족시키는 문제가 발생 한다면 "...무엇이든지 네 형제로 거리끼게 하는 일을 아니함이 아름다우니라"고 했다. 이로써 '거리끼게 하는 것'과 '거리끼게 아니하는 것'이라는 말을 비교해 볼 때에 본 절의 '거리낌으로'($\delta\iota\grave{\alpha}$ $\pi\rho o\sigma\kappa\acute{o}\mu\mu\alpha\tau o\varsigma$)는 강한 자의 행동을 가리키는 것이 분명하다.

믿음이 강한 사람이 자신이 누리는 자유로 인하여 아무 거리낌 없이 음식을 먹음으로 인하여 형제를 실족하게 만들었다면 그 행동은 악하다는 것이다. 형제를 배려하는 마음이 없이 그들 앞에서 우월의식을 가지고 함부로 행동하는 것은 형제 사랑의 정신에 위배되는 것이다.

우리는 사도 바울이 "모든 것이 가하나 모든 것이 유익한 것이 아니요 모든 것이 가하나 모든 것이 덕을 세우는 것이 아니니"(고전10:23)라고 말한 것처럼 내가 할 수 있다고 모든 행동을 다 해서는 안 되는 것이다. 다른 형제를 세워주는 것이 아니고 오히려 넘어지게 하는 걸림돌이 된다면 영원히 고기를 먹지 아니하여 형제를 실족하지 않게 하려고 해야 한다(고전8:13). 즉 우리는 내 유익을 우선으로 삼지 말고 하나님의 영광과 남의 유익을 구하는 행동을 먼저 해야 한다(고전10:24, 31, 33).

⑤ 형제를 실족시키지 않는 것이 아름답다.

"고기도 먹지 아니하고 포도주도 마시지 아니하고 무엇이든지 네 형제로 거리끼게 하는 일을 아니함이 아름다우니라"(21절)

본 절은 형제를 실족시키지 말아야 할 행동을 구체적으로 음식물들을 거론하면서 재차 강조하고 있다. 형제를 실족시키는 행동은 '악한'(κακός) 것이지만, 형제를 실족시키지 않기 위해 자신의 자유를 포기하는 행동은 '선한'(καλός) 것이다.

여기에서 언급하고 있는 고기와 포도주가 구원의 문제와 관계있는 것도, 그렇다고 하나님 앞에 죄가 되는 것도 아니지만 믿음이 약한 다른 형제와의 관계에서 상처와 실족의 원인이 된다면 건덕을 위해 자신의 권리를 포기하라는 것이다.

여기 '거리끼게 하다'(προσκόπτει)라는 헬라어 동사는 '부딪치다'(to strike against), '비틀거리게 하다'(to stumble)는 뜻으로, 9:32에서 이미 사용한 바와 같이 길에서 돌이나 다른 장애물에 의하여 걸려 넘어지게 하는 것으로 '죄에 빠지게 하는 행위'를 가리킨다. 특히 '~하는 바는 무엇이든지'(ἐν ᾧ, anything by which)라는 말이 더해져서 '형제를 걸려 넘어지게 하는 것은 무엇이든지 아니하는 것이 아름답'고 했다.

고기와 포도주 같은 음식 문제만이 아니라 어떤 종류의 것이라 할지라도 형제들로 넘어지고 시험에 들게 하는 것이라면 하지 않으려는 노력이 필요한 것이다. 장성하여 교회의 화목과 하나님의 사업, 그리고 형제를 세워주는 사역의 중요성을 알고 그 일에 헌신해야 한다는 사실을 깨달은 신자는 형제를 넘어지게 할 만한 요소는 하지 않고 삼가려고 노력하는 자가 되어야 한다.

바로 그 행위가 아름다운 것이요. 하나님이 기뻐하시며 사람들에게 칭찬을 듣게 되는 행실인 것이다. 이제 이 정도의 권면을 들었다면 공동체 안에서 우리가 무엇을 추구해야 하며, 또한 어떻게 행동해야 하며, 서로 다른 견해 차이를 어떻게 해결해 가야 할 것인지를 심각하게 생각해야 할 것이다. 이런 권면과 말씀들을 망각하고 공동체의 분열과 형제들을 실족하게 하는 일을 서슴없이 획책(劃策)한다면 그는 분명히 자신의 목에 연자(姸妾) 맷돌을 달고 깊은 바다에 던짐을 받아야 할 것이다(마18:6-7). 또한 자신은 혹시 사탄의 종은 아닌지 점검해 보아야 할 것이다(고후11:15).

셋째는, 하나님 앞에서 믿음을 가지고 행해야 한다(22-23절).

이제 본 단락(13-23절)을 마무리하면서 결론적인 권면을 하고 있다. 22절에서는 믿음이 강한 자에게 주는 교훈으로 그는 계속해서 믿음을 가지고 자기의 확신한 바를 책하지 말라는 것이다. 반대로 23절에서는 믿음이 연약한 자들은 믿음을 좇아 행하지 않고 의심하기 때문에 사람들에게 정죄 받는다는 사실을 알고 믿음을 좇아 하라고 권면하고 있다.

① 믿음이 강한 자는 믿음을 계속 유지해야 하며 옳은 것은 스스로 정죄하지 말아야 한다.

"네게 있는 믿음을 하나님 앞에서 스스로 가지고 있으라 자기가 옳다 하는 바로 자기를 정죄하지 아니하는 자는 복이 있도다"(22절)

여기 '스스로'(κατὰ σεαυτòν)라는 말은 '네 자신의 확신으로'(as your own conviction-NASB)라는 의미로 자신이 확신하여 가진 믿음을 하나님 앞에서 계속해서 가지고 있으라는 말이다. 모든 비본질적인 사항들로 인하여 양심에 거리끼고 부담을 느끼는 것에서 자유로워진 믿음을 가리킨다.

비록 믿음이 약한 자들 때문에 자신이 가진 확신에 제약을 받기는 하지만 그것은 결코 잘못된 것도, 도리(道理)에 어긋나는 것도 아니기에 자신의 확신을 계속 유지하는 것이 좋다. 즉 하늘 아래 어떤 물질적인 것은 "스스로 속된 것이 없다"는 것과 "만물은 깨끗하다"는 확신은 옳은 것이기에 저버리지 말아야 한다. 그것은 자기 자신이 옳다고 여기는 것을 스스로 정죄하지 않는 자가 복이 있기 때문이다.

여기 '옳다 여기다'(δοκιμάζω)는 말은 '호의적으로 판단하다'(to approve)는 뜻으로 사람과 사물에 대하여 시험과 검열을 한 후에 좋다고 판단을 내리는 것을 의미한다. 음식뿐만 아니라 자신이 옳다고 판단한 것은 '무엇이든지'(ἐν ᾧ, anything by which) 자기 스스로 정죄하여 양심에 가책을 느끼거나 신념을 포기해서는 안 된다. 그리하여야 나중에 믿음이 약한 자들이 자신들의 판단과 행동이 잘못되었고 생각이 짧았다는 것을 깨닫고 돌아올 수 있기 때문이다.

자신의 믿음의 확신을 좇아 자유롭게 판단하고 행동하면서 자신의 행동에 대하여 아무런 양심의 가책이 없이 당당한 사람은 복된 사람이다. 그러나 자신의 그 자유로 인하여 믿음이 약한 형제 앞에서 우월의식을 갖거나 과시

하려는 태도를 보여 주어서는 안 된다. 도리어 약한 형제들이 상처받지 않도록 신경 쓰고 배려하는 마음으로 행동해야 하는 것이다. 이것이 '사람 세우는 사역'(We build people)을 귀중한 사역으로 생각하는 사람의 태도인 것이다.

② 믿음이 약한 자는 믿음을 좇아 행하지 않아 정죄 받게 된다는 사실과 믿음으로 행하지 않는 모든 것은 죄라는 것을 깨달아야 한다.

"의심하고 먹는 자는 정죄 되었나니 이는 믿음을 따라 하지 아니하였기 때문이라 믿음을 따라 하지 아니하는 것은 다 죄니라"(23절)

앞 절에서는 믿음의 확신으로 행하는 신자를 권면 했다면, 반대로(δέ)본절에서는 그런 확신을 갖지 못하고 '의심하는' 약한 믿음의 신자를 묘사하고 있다. 여기 '의심하는 자'(ὁ διακρινόμενος)는 '우열을 판단하다'(to judge between), '망설이다'(to hesitate), '권리를 포기하다'(to waive)의 현재 중간태 분사로 '계속해서 이론(異論)을 가진 사람', '계속해서 의심하고 주저하는 사람', '계속해서 마음에 다투는 자'라는 의미이다.

이는 아직 믿음이 성숙하지 못한 유대인 신자들처럼 그들의 율법적 의식들이 새 언약 시대를 맞이하여 더 이상 구속력(拘束力)이 없음에도 불구하고 아직도 그 사실을 깨닫지 못하고 그 효력과 타당성에 붙들려 망설이는 신자를 가리킨다.

의심은 '믿음'의 반대적 태도로서 두 마음을 품은 자이며, 모든 일에 정(定)함이 없이 흔들리는 자로서 마치 바람에 밀려 요동하는 바다 물결 같은 사람이다(약1:6-8). 그래서 믿음의 내적인 확신이 없이 의심하고 음식을 먹는 자는 믿음으로 행하지 않았기에 정죄되어지는 것이다.

여기 '정죄되었다'(κατακέκριται)라는 동사가 완료 수동태로 되어 있는 것은 '정죄 받은 상태에 있는 것'을 나타내는 것으로 자기 스스로 정죄 받았다는 의미로 볼 수 있는가 하면, 또한 믿음으로 행하지 않았기 때문에 하나님께로부터 정죄되었다고 해석할 수도 있다.

의심하는 사람은 음식을 먹음에 있어서 자신은 율법의 음식법 규정을 어겼기 때문에 하나님의 심판을 받을 것이라는 스스로 정죄감에 눌려 있기도 하고, 또한 하나님과의 언약관계가 깨졌다는 죄책감 속에 시달리게 되는 것이다. 뿐만 아니라 의심하고 음식을 먹는 사람은 음식 먹는 행위 자체보다는 믿음으로 행하지 않는 것 때문에 정죄되었다고 볼 수도 있는 것이다.

어찌하든 진리를 바르게 이해하지 못하여 구속(拘束)받지 않아도 될 것을 스스로 의심하고 죄책감을 가지고 신앙생활하는 것은 불행스러운 일인 것이다. 그러므로 "진리를 알지니 진리가 너희를 자유롭게 하리라"(요8:32)는 말씀처럼 말씀을 바르게 이해하는 것이 우리들에게는 급선무인 것이다.

결론적으로 사도 바울은 "믿음을 따라 하지 아니하는 것은 다 죄니라"고 선언하고 있다. 여기 '믿음을 따라'(ἐκ πίστεως)에서 전치사 '에크'(ἐκ)는 기원, 동기, 이유를 나타내는 것으로 '~에서 난', '~으로 말미암아'라는 뜻이다. 이는 우리가 음식을 먹든 또는 무엇을 하든지 그 결정과 행동이 하나님을 신뢰하는 믿음에 입각한 것이어야 한다.

만약에 믿음의 동기에서 출발하지 않는 것이라면 그 모든 것은 죄를 범하는 것이 되는 것이다. 특히 여기서 '모든'(πᾶν)이라는 말을 사용한 것은 본장에서 진술해 오던 음식과 날짜 문제만이 아니라 세상에 살아가면서 부딪치는 모든 문제와 상황에서 믿음을 따라 행하지 않는 것은 전부 죄라는 말이다. 이것은 믿음이 강한 자들에게 약한 자들을 배려하라고 권면했었지만, 반면에 믿음이 약한 자에게는 '의심하는 상태'에 계속해서 머물러 있어서는 안 된다는 것을 권면할 뿐 아니라 또한 약한 믿음에서 강한 믿음으로 나아갈 것을 촉구하는 말이기도 하다.

본 단락에서 사도 바울은 믿음이 '강한 자'들에게 '약한 자'들에 대한 배려심을 촉구하는 반면 사소하고 지엽적인 문제만 보지 말고 하나님의 나라와 하나님의 사업이라는 큰 것을 바라보면서 공동체 의식으로 생활 할 것을 권면하였다. 특히 공동체 생활에서 우리들이 힘써야 할 일은 화평하게 하는 일과 형제를 세워주는 일(οἰκοδομή)이라는 것을 강조하였다.

그러므로 어떤 일, 어떤 문제가 있다 할지라도 형제 앞에 부딪칠 장애물이나 걸려 넘어지게 할 것을 놓아서 구속 받은 형제를 망하게 해서는 안 된다는 것이다. 정말 그리스도를 섬기는 신자라고 한다면 자기 견해, 자기 판단, 자기 결정만이 절대적인 것으로 단정 짓는 행동을 해서는 안 된다.

내 견해가 아무리 옳다 할지라도 믿음이 약한 형제를 생각해서 양보하고 포기하고 배려해 주는 아량이 있어야 한다. 이것만이 하나님을 기쁘시게 할뿐 아니라 사람들에게도 칭찬 듣는 신앙인이 되는 것이다. 또한 신자는 삶의 목적을 하나님의 나라 건설과 하나님의 사업에 두어 매사에 제일 먼저 그것들을 생각해야 한다. 그래서 사소한 문제를 가지고 형제끼리 다툼으로 하나님의 사업에 지장을 초래하거나 무너지게 하는 결과를 낳아서는 절대로 안 되는 것이다. 또 한편 믿음이 약한 자들은 언제까지 자신의 옹졸한 견해와 신앙적 이론만을 고집하면서 다른 형제의 견해와 성경의 복음적 이론을 배격하고 있어서는 안 된다. '무엇이든지 스스로 속된 것은 없다', '만물이 다 깨끗하다'는 말씀의 뜻이 무엇인지 정확하게 이해해야 한다.

성경의 문자적인 글자만 보지 말고 그 안에 있는 하나님의 의도, 신학적 사상, 중심 개념이 무엇인지 깨닫고 발견하는 노력을 기울여야 한다. 그리하여 성숙한 신앙으로 성장해야 한다. 편협(偏狹)된 자신의 신앙 태도와 복음의 중심을 이해하지 못한 무지와 고집이 신앙 공동체의 화합을 깨어지게 하는 원인을 제공할 뿐 아니라 결국에는 하나님의 사업까지도 무너지게 한다는 것을 기억해야 한다.

(3) 그리스도를 본받아 하나가 되라(15:1-13)

본 단락은 14장의 주제였던 공동체 내의 성도간의 분쟁 문제를 연속하여 논의하면서 결론을 맺고 있다. 14장에서는 믿음이 강한 자와 약한 자가 서로 업신여기거나 비판하지 말아야 할 이유와 함께 하나님의 나라와 하나님의 사업을 우선 생각해야 하며 형제를 세워주는 사역이 핵심 사역이라는 사실을 들어 권면했었다.

본 단락에서는 믿음이 강한 자에게 초점을 맞추어 공동체 형성의 중요성과 그들의 역할과 책임이 무엇인지를 강조하고 있다. 먼저는 믿음이 강한 자는 자기중심보다는 약한 자 중심으로 처신하여 그들의 약점을 감당해 주고 선을 베풀어 세워주라는 것이다(1-2절).

다음은 그리스도께서도 자기보다는 남을 중심으로 하여 사셨던 것을 본받아 한 마음 한 뜻을 품은 공동체를 형성하여 하나님께 영광을 돌리라는 것이다(3-6절). 그리고 그리스도께서 우리를 받아주심과 같이 우리도 유대인뿐 아니라 이방인까지도 수용하고 환영하라는 것이다(7-12절).

마지막으로 성령으로 소망이 넘치기를 기원하고 있다(13절). 여기에서는 교회 내의 분쟁의 책임은 우선적으로 믿음이 강한 성숙한 자들에게 있다는 것을 강조하여 성숙한 책임과 의무를 다 할 것을 권면하고 있다.

첫째는, 연약한 자의 약점을 담당하고 기쁘게 하는 것이 마땅하다(1-2절).

신앙 공동체가 평안하고 은혜롭게 되려면 앞선 자, 믿음이 강한 자, 장성한 자들이 먼저 믿음이 약한 자들을 용납할 줄 알고 아량을 베풀 뿐만 아니라 한 걸음 더 나아가 그들의 약점을 담당해 주는 연대의식이 있어야 한다. 또한 그들을 일으켜 세우므로 복리(福利)를 이루게 해 주어야 한다.

① 강한 자가 약한 자의 약점을 담당해 주어야 한다.

"믿음이 강한 우리는 마땅히 믿음이 약한 자의 약점을 담당하고"(1절상)

사도 바울은 자신을 포함한 믿음이 '강한 자들'(οἱ δυνατοί)의 책임과 역할이 무엇인지 밝히고 있다. 자신이 믿음이 강하다고 생각하는 신자는 공동체 내에서 믿음이 연약한 자의 약점을 담당해 줄 수 있어야 한다.

여기 약한 자의 '약점들'(τὰ ἀσθενήματα)이란 신앙적인 것뿐만 아니라 육체적인 것과 정신적인 것을 전부 포함한 연약한 요소들을 가리킨다. 공동체 안에는 믿음도 약하고(롬14:2, 고전8:11), 신앙적 견해도 약하고(롬8:26), 양심과 도덕적 능력도 약하고(고전8:12), 육체적 의지력도 약한(롬6:19) 형제들이 많이 있다. 믿음이 강한 신자들은 약한 형제들의 여러 가지 종류의 약점들을 담당해 줄 의무를 가져야 한다.

여기 '마땅히'(Ὀφείλομεν)라는 말은 '빚지고 있다'(to owe someone)는 뜻으로 '담당하다'(βαστάζειν)라는 부정사를 동반하여 빚을 갚아야 하는 의무 이행의 의미를 가지고 있다. 즉 빚을 진 사람은 그것을 반드시 갚아야 하듯이 믿음이 강한 신자는 약한 자들의 약한 것들을 걸머지고 담당해야 할 의무가 있는 것이다.

마치 그리스도께서 죄인들을 위하여 십자가를 짊어진 것처럼 우리들은 약한 자들의 연약한 것들을 당연히 짊어져야 한다(요19:17, 갈6:17). 그것이 그리스도의 법을 성취하는 길이기 때문이다(갈6:2). 그러함에도 불구하고 이런 의무를 생각지 않고 약한 자의 약점들만 바라보고 그것을 지적하고 비난하고 책망하여 배척한다는 것은 자신의 역할과 책임을 전혀 생각지 않은 행동이며 그리스도의 법을 성취할 의지도 없는 행위인 것이다.

우리 믿음이 있는 자들은 연약한 성도들의 약점들을 비판하여 그들을 실족시키고 공동체까지 무너지게 만들어서는 안 된다. 하나님께서 성숙한 자들을 세우신 목적은 '성도를 온전하게 하여 그리스도의 몸을 세우는 것'에 있다는 것을 유념하여(엡4:12) 약한 자들의 약점들을 자신이 감당하면서 그들을 세워주는 일에 주력해야 한다.

② 각 사람은 이웃을 기쁘게 하는 자가 되어야 한다.

"자기를 기쁘게 하지 아니할 것이라"(1절하) "우리 각 사람이 이웃을 기쁘게 하되"(2절상)

인간은 자기중심적이어서 자기 기쁨과 자기 만족을 추구할 때가 많다. 그러나 그리스도의 사람은 자기 자신의 기쁨을 먼저 추구하지 말고 이웃의 기쁨을 우선으로 추구해야 한다. 여기 '기쁘게 하다'(ἀρέσκειν - ἀρέσκω의 현재 부정사)는 '어떤 사람의 기쁨을 염두에 두다'(to consult the pleasure of any one), '편의를 도모하려고 애쓰다'(to seek favor with)는 뜻으로 신자는 자기 편의(便宜)와 자기 만족을 추구해서는 안 된다는 말이다.

믿음이 강하다고 말하는 사람들은 자기 중심적인 성향이 강해서는 안 된다. 아무리 경건함과 사랑을 외친다 할지라도 그의 모든 견해와 행동이 자기 중심적인 성향이 강하여 남을 배려하지 못하고 남의 유익을 추구하지 않으며 상대편의 성장을 도모하지 않는다면 그의 경건은 위선이며 헛될 뿐이다. 그러므로 그리스도 안에 있는 각 사람은 항상 이웃의 유익과 기쁨을 도모해야 한다. 여기 '우리 각 사람'(ἕκαστος ἡμῶν)은 '강한 자'나 '약한 자'를 막론하고 공동체 안에 있는 모든 구성원들은 자신을 기쁘게 하기 위하여 노력하기 보다는 이웃을 기쁘게 하고 그들의 유익을 추구해야 한다는 것을 강조하는 것이다.

사도 바울은 그 목적에 대하여 밝히기를 "나와 같이 모든 일에 모든 사람을 기쁘게 하여 자신의 유익을 구하지 아니하고 많은 사람의 유익을 구하여 그들로 구원을 받게 하라"(고전10:33)고 했다.

③ 사람을 세워주므로 선한 상태를 이루게 해야 한다.

"선을 이루고 덕을 세우도록 할지니라"(2절하)

여기 이웃을 기쁘게 하는 사람이 무엇을 해야 할지 그 목적을 두 가지로 밝히고 있다. 먼저는 '선'을 이루는 것이다. '선'(τὸ ἀγαθὸν)이란 12:2 등에서 여러 차례 설명한 것처럼 하나님의 창조 사역에서 나타난 '아름다운 상태'를 만드는 것을 가리킨다. 하나님께서 혼돈과 공허와 어둠이 가득한 세상을 '보시기 좋은' 세상을 창조하였듯이 우리 강한 자들은 사람들의 삶속에 있는 모든 불행의 요소를 제거해 주고 그들의 영적 축복과 삶의 유익을 통하여 행복하게 만들어 주어야 한다. 이것이 신자의 사명, 즉 대단히 중요한 과제인 것이다.

다음으로는 '세우는' 사역을 해야 한다. 14:19에서 설명하였듯이 '세우는 일'(οἰκοδομή)은 신자의 가장 중요한 사역, 즉 신자들이 감당해야 할 과제 중에 하나라는 것이다. 다른 사람을 세워주는 사역을 하는 것이 바로 그들에게 선을 베푸는 것이며 기쁘게 해 주는 일인 것이다. 우리는 항상 다른 사람들을 향하여 '선을 행하고'(creative ministry of Good) '세워주는'(equipped ministry) 이 두 가지 사역을 염두에 두고 실천하면서 세상을 살아야 한다.

둘째는, 그리스도를 본받아 서로 같은 목적의 공동체를 이루어야 한다(3-6절).

믿음이 '강한 자'들은 '약한 자'들의 약점을 담당해 주고 그들을 기쁘게 하는 것을 초점으로 하는 삶을 살아야 할 이유(γάρ)를 밝히고 있다. 그것은 한 마디로 우리의 표상(表象)이신 그리스도께서도 인생들의 죄를 담당해 주셨을 뿐만 아니라 그들의 유익, 즉 기쁨을 위하여 사셨기 때문이다. 우리도 예수 그리스도의 삶을 본받아 서로 같은 삶의 태도를 가지고 공동체를 이루어 하나님께 영광 돌려야 한다.

① 그리스도께서도 자기를 기쁘게 하지 않으셨다.

"그리스도께서도 자기를 기쁘게 하지 아니하셨나니 기록된바 주를 비방하는 자들의 비방이 내게 미쳤나이다 함과 같으니라"(3절)

그리스도께서 '자기를 기쁘게 하지 않았다'는 말은 자신의 편의와 유익을 도모하기 보다는 십자가의 고난과 죽음을 통하여 인생들의 유익을 도모했다는 의미이다(벧전2:21). 예수님께서는 자신의 뜻을 행하려고 세상에 오신 것이 아니라 자기를 보내신 아버지의 뜻을 성취하기 위하여 오셔서(요6:38, 4:34, 5:30) '항상 하나님이 기뻐하시는 일'을 행하셨다(요8:29).

그리하여 자신의 유익보다는 사람들의 유익을 위하여 친히 자신의 목숨까지도 많은 사람의 대속물로 내어주어(막10:45) 그들을 율법의 저주에서 속량하셨을 뿐만 아니라(갈3:13) 측량할 수 없는 그리스도의 풍성에 참여할 수 있도록 만드셨다(롬5:10, 15, 엡3:8). 그러므로 오늘 우리도 남을 위한 삶을 사셨던 그리스도의 정신을 본받아 다른 사람의 유익을 위하여 희생과 헌신을 해야 한다(벧전3:18, 2:21, 요일2:2).

사도 바울은 그리스도의 고난의 실례로 시69:9를 인용하고 있다. "주를 비방하는 자들의 비방이 내게 미쳤나이다." 이는 원수들에게 공격을 당할 뿐만 아니라 자신의 골육 형제들에게도 버림받은 '고난당하는 의인'에 대한 이야기를 메시아 예언으로 받은 것이다(참조, 시69:89=요2:17 비교, 시69:21=요19:28-29 비교).

바울은 이것을 그리스도에게 적용하여 하나님을 향한 인간들의 적개심이 전부 그리스도에게 임하였다는 의미로 해석하고 있다. 이는 하나님을 대적하는 악인들이 쏟아낸 악담, 비난, 거칠고 모욕적인 언사들이 그리스도에게 그대로 임하였다는 말이다.

정말 예수 그리스도께서는 십자가의 고난을 당하실 때에 온갖 모욕적 말들을 받았지만 "욕을 당하시되 맞대어 욕하지 아니하시고 고난을 당하시되 위협하지 아니하시고"(벧전2:23) 묵묵히 당하셨다. 그것은 '그 몸으로 우리 죄를 담당하시고 우리로 죄에 대하여 죽고 의에 대하여 살게 하려는'(벧전2:24) 목적 때문이었다.

오늘 우리 그리스도의 사람들도 '그리스도의 고난에 참여하는 것으로 즐거워하고' '그리스도의 이름으로 치욕을 당하는 것'을 기뻐하면서 다른 형제들의 유익을 추구해야 한다(벧전4:13-19).

"누구든지 자기의 유익을 구하지 말고 남의 유익을 구하라"(고전10:24)

② 성경은 우리에게도 같이 적용되어 교훈을 준다.

"무엇이든지 전에 기록된 바는 우리의 교훈을 위하여 기록된 것이니 우리로 하여금 인내로 또는 성경의 위로로 소망을 가지게 함이니라"(4절)

본 절은 중심 주제에서 벗어난 삽입구이지만 3절의 구약 인용에 대한 정당성과 성경이 기록된 목적을 언급하고 있다. "무엇이든지 전에 기록된"이란 과거에 기록된 구약 성경 전체를 가리킨다.

구약 성경이 기록된 이유는 우리의 교훈을 위한 것이다. 간혹 어떤 사람들은 그리스도께서 율법의 마침이 되었기에 새 언약 시대에는 구약의 필요성이 없어졌다면서 과소평가하거나 천시여기고 폐지된 것으로 여기는 사람들이 있다. 그러나 사도 바울은 로마서에서 구약 성경을 구속사(Redemptive history)적 관점에서 인용하여 현재와 미래를 해석했었다.

또한 본 절에서는 "우리의(ἡμετέραν) 교훈을 위하여"라는 표현을 통해 구약 성경은 유대인뿐 아니라 이방인 기독신자들에게도 적용되고 유효하다는 사실을 인정하고 있다. 구약성경은 우리의 '본보기'와 '깨우침'을 위하여 기록되었으며 주어진 것이다(고전10:6, 11).

첫 번째로 우리로 '인내'를 갖게 하려는 것이다. '인내'(ὑπομονή)는 '견디어 냄', '오래 참음', '확고부동'이라는 뜻으로 하나님의 약속이 성취되어질 때까지 고난을 참고 끝까지 버티어 내는 것을 의미한다(벧전1:6, 9, 계1:9, 3:10). 5:4에서 바클레이(William Barclay)가 설명한 것처럼 '휘포모네'는 단순히 버티어 내는 수동적인 자세만 의미하는 것이 아니라 역경을 헤치고 선을 이루기 위해서 적극적으로 노력하는 자세와 고난의 상황을 영광으로 변화시키는 능력인 것이다. 성경은 우리로 인내의 능력을 길러준다.

두 번째로 우리로 '안위'를 갖게 하는 것이다. '안위'(παράκλησις)는 '위로'(consolation), '권면'(encouragement)이라는 뜻으로 희망과 용기를 북돋아주는 것을 의미한다. 성경은 마치 살아있는 인격체처럼 그것을 읽는 사람에게 힘을 북돋아주고 위로하며 권면하는 능력을 가지고 있다.

세 번째로 우리로 '소망'을 갖게 한다. 신자의 소망은 하나님의 신실하심과 약속의 성취를 확신하는 가운데 갖는 소망이다. 하나님은 '아골 골짜기로 소망의 문을 삼아'(호2:15) 주시는 분이시기에 갇혀 있는 상태에서도 소망을 품고 살아갈 수 있는 것이다(슥9:12).

바울은 "소망은 우리를 부끄럽게 하지 아니"하다고 했다(5:5). 성경은 우리로 소망을 갖게 하여 내일을 향하여 힘차게 살아가게 만드는 것이다. 그러므로 성경의 말씀이 그리스도에게 적용되었듯이 우리들도 항상 성경을 자신에게 적용시켜 교훈을 얻어 성숙한 신자답게 세상을 살아가야 한다.

③ 그리스도를 본받아 서로 뜻을 같이해야 한다.
"이제 인내와 위로의 하나님이 너희로 그리스도 예수를 본받아 서로 뜻이 같게 하여 주사"(5절)
'인내와 안위의 하나님'이란 4절에서 설명한 대로 우리들이 갖게 되는 인내와 성경의 위로는 하나님께로부터 온다는 것이다. 즉 하나님께서 인내와 위로 자체라는 말이며 성경을 통하여 우리에게 인내와 위로를 주시는 것이다. 그러므로 하나님께로부터 환경을 변화시킬 수 있는 능력과 위로의 은총을 받은 사람은 교회 안에서 서로 의견이 다르다 할지라도 그것을 극복하고 조화로운 공동체를 만들어 갈 수 있는 것이다(고후1:4-6).

여기 '주사'($\delta\hat{\omega}\eta$ - $\delta\iota\delta\omega\mu\iota$의 과거 능동태 희구법)는 기원을 나타내는 동사 (optative verb)로 하나님께서 믿음의 형제들에게 일치와 화목을 이루어 주시기를 기원하고 있다. 먼저는 '그리스도 예수를 본받는' 것이다. 모든 신자의 롤 모델(role model)은 예수 그리스도이시다. 우리는 그의 사상, 삶의 목적, 삶의 스타일, 사역을 본받아서 따라가야 한다. 그러므로 그리스도의 정신을 본받을 뿐 아니라 삶의 발자취를 따라서 약한 자의 약점들을 담당해 주고 그들의 유익을 위하여 헌신해야 하는 것이다.

다음으로는 '서로 뜻이 같게' 되는 것이다. 여기 '같은 뜻'($\tau\grave{o}$ $\alpha\grave{u}\tau o$ $\phi\rho o\nu\epsilon\hat{\iota}\nu$)이란 '같은 생각', '같은 태도', '동일한 사상'이라는 뜻으로 공동체 전체 구성원들이 그리스도의 뜻을 따라 동일한 사상으로 뭉쳐주시기를 기원하고 있는 것이다. 이것은 공동체 정신을 추구하는 목회자가 늘 기도해야할 기도제목이며 평신도를 향한 사역 과제인 것이다(엡4:13).

④ 한 마음과 한 입으로 하나님께 영광을 돌려야 한다.

"한 마음과 한 입으로 하나님 곧 우리 주 예수 그리스도의 아버지께 영광을 돌리게 하려 하노라"(6절)

5절에서 '서로 뜻이 같게 하여 주기를' 기원하는 목적을 밝히고 있다. 공동체의 구성원들이 서로 '같은 뜻'을 가질 수 있도록 기원하는 것은 "한 마음과 한 입으로 하나님께 영광을 돌리게 하려"는 것이다.

여기 '한 마음'이라는 단어 '호모뒤마돈'($\delta\mu o\theta\upsilon\mu\alpha\delta\grave{o}\nu$)은 '함께' (together), '동시에'(together at the same time)라는 뜻의 부사 '호무' ($\delta\mu o\hat{\upsilon}$)와 '마음'(mind), '강한 열정'(a strong passion), '마음의 감정' (emotion of the mind)이라는 명사 '두모스'($\theta\acute{\upsilon}\mu os$)의 합성어로 '한 마음으로'(with one mind), '하나같이'(with one accord), '만장일치로' (unanimously)라는 뜻을 가지고 있다.

이는 모인 군중의 일치단결된 소원을 나타내어 내면적인 일치를 가리킨다. 또한 '한 입으로'(ἐν ἑνὶ στόματι)는 '한 입' 혹은 '한 목소리'라는 뜻으로 외면적 일치를 나타내는 이구동성(異口同聲)이라는 의미이다.

교회는 전 구성원들이 견해와 사상도, 마음의 감정도, 목소리까지도 하나로 일치단결할 때에 위대한 역사를 창출해 낼 수 있고 하나님께 영광을 돌릴 수가 있는 것이다. 이것이 바로 공동체 정신(community mentality)이며 전체 구성원들이 추구해야 할 과제이기에 우리는 매일 같이 기도하면서 전력투구해야 할 것이다.

다시 말해 어떤 것이 하나님이시며 우리 주 예수 그리스도의 아버지께 영광 돌리는 길인지 생각하고 행동해야 할 것이다(요17:4).

셋째는, 그리스도께서 유대인과 이방인을 모두 받으시는 사역을 하신 것처럼 우리도 서로 용납해야 한다(7-12절).

본 단락은 결과를 나타내는 접속사 '이러므로'(Διὸ)로 시작하여 14:1-15:6까지 논의 되어 오던 로마교회의 문제, 즉 믿음이 강한 자와 연약한 자 사이에서 일어난 논쟁을 어떻게 해결하고 조화를 이룰지 그 원리적 개념을 중심으로 살펴왔던 것에 대한 결론을 맺고 있다.

특히 그리스도께서 유대인을 용납하시기 위해 친히 할례의 수행자가 되었을 뿐만 아니라 이방인을 수용하기 위해 긍휼의 사역을 전개한 것을 말하고 있다. 결론적으로 그리스도는 '이새의 뿌리'에서 나오셔서 유대인을 포용하고, 또한 열방을 다스리기 위해 일어난 메시아로서 이방인의 구주가 되셔서 유대인과 이방인을 한 하나님의 백성이 되게 만드셨다는 것이다.

이것이 '만물을 충만하게 하려는' 하나님의 근본적인 목적이며 그리스도께서 십자가에서 성취한 사역인 것이다. 그러므로 우리들도 그리스도처럼 모든 사람들을 수용하여 하나님의 목적을 이루라고 권면하고 있다.

① 우리는 그리스도를 본받아 서로 용납해야 한다.

"그러므로 그리스도께서 우리를 받아 하나님께 영광을 돌리심과 같이 너희도 서로 받으라"(7절)

여기 '받다'(προσλαμβάνω)라는 단어는 이미 14:1에서 설명한 것처럼 상대가 연약하고 부족해도 자기 공동체의 구성원으로 영접하라는 말이다. '그리스도께서 우리를 받으셨다'는 것은 우리 인간들이 하나님 앞에서 경건하지도 않고, 죄인 되었으며, 원수의 상태에 있어 도저히 용납될 수 없는 존재임에도 불구하고 우리를 성도들과 동일한 시민으로, 하나님의 권속으로 받아주신 은혜를 말한다.

그리스도께서는 어느 누구도 차별을 두지 않으시고 그들에게 동일한 은혜를 베풀어 주셨다(3:29, 10:12). 특별히 여기 '같이'($\kappa\alpha\theta\dot{\omega}s$)라는 부사는 보편적으로 비교의 의미로 사용하지만, 드물게는 원인을 나타내는 의미로 사용되기도 한다.

비교의 의미일 때는 그리스도께서 우리를 받으신 것과 마찬가지로 (likewise) 우리들도 같은 방식으로 서로를 받으라는 말이 된다. 그러나 원인의 의미로 사용한다면 그리스도께서 우리 모두를 하나님의 백성으로 받으셨기 때문에(because) 우리도 서로를 받아주는 것이 당연하다는 의미이다. 하여간 그리스도께서는 유대인이나 이방인에게 차별을 두지 않으시고 그 신분이나 인종적 차이를 불문하고 전부 용납하셔서 '새로운 하나님의 백성'이 되게 하신 것이다. 마찬가지로 우리들도 공동체 안에서 어느 누구에게든지 차별하거나 조건을 달아서는 안 된다. 아무리 견해와 문화의 차이가 있다 할지라도 서로 간에 전부 용납하고 환영해야 한다.

그것은 하나님께 영광을 돌리기 위한($\epsilon\iota s$ $\delta\acute{o}\xi\alpha\nu$ $\tau o\tilde{v}$ $\theta\epsilon o\tilde{v}$) 목적 때문이다. 이는 한글성경처럼 그리스도께서 우리를 받아 하나님께 영광을 돌리셨다는 의미로 볼 수도 있고, 6절에서 이미 설명한 것처럼 강한 자와 약한 자가 서로 용납하여 화평과 일치를 이룸으로 하나님께 영광을 돌리라는 의미로 해석할 수도 있다. 어찌하든 우리는 그리스도의 정신과 행하심을 본받아서 서로 간에 어떤 문제가 있다 할지라도 용납하고 환영하는 자세를 취하여야 하며, 또한 하나님의 목적을 성취하여 영광을 돌리기 위해서라도 마음을 넓혀야 하는 것이다.

② 그리스도께서는 유대인들을 위하여 할례의 수행자가 되셨다.

"내가 말하노니 그리스도께서 하나님의 진실하심을 위하여 할례의 추종자가 되셨으니 이는 조상들에게 주신 약속들을 견고하게 하시고"(8절)

사도 바울은 8-9절에서 그리스도께서 어떻게 유대인과 이방인을 받아서 하나님께 영광을 돌렸는지 그 이유($\gamma\grave{a}\rho$)를 밝히고 있다. "내가 말하노니"($\lambda\acute{\epsilon}\gamma\omega$)는 '교리적 선언'의 의미로서 '내가 선언하노니'라는 말이다. 그는 그리스도의 사역은 유대인에게도 관련이 있고 이방인에게도 관련이 있다는 사실을 선언하고 있다.

먼저는 예수 그리스도께서는 유대인들이 기다리던 메시아(Messiah)로서 유대인으로 태어나시고, 유대인의 결례를 따르며 성장했고, 유대인 가운데서 사역하셨고, 그들 가운데서 죽으셨다. 그리스도께서는 유대인의 조상들에게 약속하셨던 것을 성취하는 사역을 하셨다. 유대인을 향한 그리스도의 사역에는 몇 가지 특징을 가지고 있다.

첫 번째는 조상들에게 약속하신 것을 견고하게 하려는 것이었다. 여기 '견고하게'(βεβαιῶσαι - βεβαιόω의 부정과거 부정사)라는 단어는 '입증하다'(to confirm), '설립하다'(to establish)라는 뜻으로 '약속'이라는 단어와 연결되어 약속을 믿을 만한 것으로 증명하는 '성취하다'(to fulfill)는 의미로 사용된다. 그리고 '에이스 토'(εἰς τό)는 부정사와 함께 사용될 때에 '~하기 위하여'라는 목적의 의미를 나타낸다. 이는 그리스도께서는 유대인의 조상인 아브라함과 이삭, 야곱에게 주었던 약속을 성취하기 위하여 사역하셨다는 말이다(창12:3, 18:18, 22:18, 26:4, 28:14, 행3:25-26).

과연 그리스도께서는 '복 주시는 자'로 세상에 오셔서 먼저 유대인들에게 보내져서 '그 악함을 버리고' "죄 사함을 받게 하는 회개가 예루살렘에서 시작"하게 하신 것이다(눅24:47).

두 번째는 하나님의 진실하심을 위한 것이었다. 여기 '하나님의 진실하심을 위하여'(ὑπὲρ ἀληθείας θεοῦ)라는 전치사구는 다양하게 생각할 수 있다. '하나님의 진리를 위하여'(in the interest of God's truth), '하나님의 성실함을 증명하기 위하여'(in order to prove God's honesty), '하나님의 정직함을 보여주려고'(to show God's truthfulness), '하나님의 진리를 입증하여'(in vindication of God's truth) 등등이다.

여기에서는 '하나님의 약속이 참되다는 것을 보여주기 위하여'라는 의미로 사용하는 것이 가장 적절하다고 보여 진다. 그리스도의 구속 사역은 하나님께서 그 백성을 구원하시겠다고 약속한 것이 참 되며 성취되었다는 것을 보여주는 것이었다.

세 번째는 그리스도께서 할례의 수행자가 되셨다는 것이다. 여기 '할례'라는 말은 할례가 언약의 표지라는 사실이나 그 상태를 보여주려는 것이 아니라 할례를 받은 자인 유대인들을 가리킨다(갈2:7). 또한 '추종자'로 번역된

'디아코논'(διάκονον)은 '심부름하는 자', '임무를 수행하는 사람'이라는 뜻으로 한글 개정개역의 '추종자'(追從者)라는 의미보다는 오히려 개역성경의 '수종자'(隨從者)라고 보는 것이 더 낫지만 여기서는 단순히 '섬기는 종'이라고 해석하는 것이 훨씬 이해하기 좋다.

그리스도께서는 유대인들이 기대한 것처럼 능력과 영광중에 나타난 것이 아니라 섬기는 종으로 세상에 오셨다(막10:45, 눅22:27, 갈4:4-5). 그리고 예수 그리스도께서는 사람들을 섬기기 위하여 자신의 몸을 친히 대속물로 내어주어 많은 사람들을 구원해 내신 것이다. 특히 '되셨다'(γεγενῆσθαι)는 단어가 완료 시제인 것은 예수님께서 지상사역 기간 동안만 유대인을 섬긴 것이 아니라 죽었다가 다시 사시고 하늘로 올리심을 받은 지금까지도 유대인들의 구원을 위하여 종으로 섬기고 계시다는 의미이다.

우리는 그리스도께서 친히 스스로 섬기는 종이 되시어 자신을 희생시킨 결과 구원의 길을 마련하시고 하나님의 목적을 성취하신 그 자세와 정신을 깨닫고 본받아야 한다. 자신이 강한 자라고 해서 우월의식이나 남을 판단하는 자세를 취할 것이 아니라 오히려 그리스도처럼 약한 자들의 종노릇을 해서 그리스도의 법을 성취해야 한다(갈5:13).

③ 그리스도께서는 이방인의 긍휼을 위하여 사역하셨다.

"이방인들도 그 긍휼하심으로 말미암아 하나님께 영광을 돌리게 하려 하심이라"(9절상)

8절에서 그리스도의 사역이 유대인을 위한 것이라고 했다면, 9절에서는 이방인에게까지 연관이 되어 있음을 확장하여 적용시키고 있다. 그리스도께서 할례의 수행자가 되신 것은 유대인의 조상들에게 주신 약속을 성취하기 위한 것도 되지만, 또한 이방인으로 긍휼하심을 받아 하나님께 영광을 돌리게 하려는 목적도 있는 것이다.

하나님은 유대인의 하나님만이 아니라 이방인의 하나님도 되시고(롬3:29), 또한 유대인 조상들에게 주신 약속들은 "율법에 속한 자에게 뿐만 아니라 아브라함의 믿음에 속한 자에게도 그러하다"(롬4:16)고 말씀한 것처럼 이방인을 위한 것도 된다. 바울은 9:23에서 "영광 받기로 예비하신 바 긍휼의 그릇"에 대하여 설명하면서 "이 그릇은 우리니 곧 유대인 중에서 뿐 아니라 이방인 중에서도 부르신 자니라"(9:24)고 했었다. 그리스도의 사역을 통하여 이방인에게도 하나님의 긍휼의 은총에 참여하는 자격을 부여해 주신 것이다. 9하반 절부터 12절까지에서 네 개의 인용구를 통하여 이방인에게 베풀어주신 하나님의 구원의 은총이 얼마나 놀라운 것인지 찬양하고 있다.

"기록된 바 그러므로 내가 열방 중에서 주께 감사하고 주의 이름을 찬송하리로다 함과 같으니라"(9절하)

첫 번째 인용구는 시18:49의 말씀으로 다윗이 이방 나라를 정복하여 이스라엘로 편입한 것에 대하여 찬양한 것처럼, 여기서 그리스도의 복음을 통하여 이방인들이 복종하고 하나님의 나라 백성된 것을 찬양하고 있다. 여기 '감사하다'(ἐξομολογέω)는 '공개적으로 고백하다'(to confess openly)는 뜻으로 '이런 이유 때문에'(Διὰ τοῦτο), 즉 구원해 주신 하나님의 은총에 대하여 이방인들 중에서 모든 사람이 들을 수 있도록 공개적으로 시인하고 인정하고 고백하는 것을 말한다(롬14:11, 빌2:11).

그리고 '찬송하다'(ψάλλω)는 '손가락으로 현악기를 치다'(to play a stringed instrument with the fingers), '하프로 노래하다'(to sing to a harp)는 뜻으로 악기를 동원하여 찬양하는 것을 가리킨다. 이는 이방인까지 구원하신 하나님의 구원하심을 모든 열방이 다 들도록 악기를 치며 찬양하라는 것이다.

"또 이르되 열방들아 주의 백성과 함께 즐거워하라 하였으며"(10절)

두 번째 인용구는 신32:43로 하나님께서 속죄 사역을 이루신 것에 대하여 이방인들은 이스라엘과 함께 즐거워하라는 의미인데, 여기에서는 그리스도의 복음이 이방인에게까지 적용된 것에 대하여 주의 백성과 함께 즐거워하라는 것이다. 여기 '즐거워하다'(εὐφραίνω)는 주로 연회 등에서 다른 사람들과 함께 '기뻐 날뛰다'(to exult)는 뜻으로 구원의 승리를 노래하는 모습을 그린다(행2:26).

특히 하나님의 최종 승리에서 즐거워하는 거룩한 기쁨을 말한다(계12:12).

"또 모든 열방들아 주를 찬양하며 모든 백성들아 그를 찬송하라 하였으며"(11절)

세 번째 인용구는 시117:1로 '모든 열방' '모든 백성들'이 주체가 되어 인류를 향한 하나님의 인자하심과 진실하심을 찬양하라는 말인데, 여기에서는 이는 열방을 사랑하신 하나님께서 이방인에게까지 복음과 그 은총을 베풀어주신 것을 함께 찬양하라는 것이다. 여기 '찬양하다'(αἰνέω)는 '좋게 말한다'는 것에서 온 것으로 '경축하다'(to celebrate)는 뜻으로 하나님의 명예를 높이고 그 이름을 찬양하는 것을 말한다(눅2:13, 20:19, 24:53).

또한 '찬송하다'(ἐπαινέω)는 '박수를 보내다'(to applaud)는 뜻으로 하나님이 긍휼히 여기시고 구원의 은총을 베풀어 주신 것에 대하여 경외심을 보내고 칭송하라는 말이다(눅16:8, 고전11:2). 마찬가지로 그리스도의 사역에 대하여 유대인과 이방인이 마음을 합하여서 하나님께 우주적 찬양을 하라는 것이다. 그것은 유대인들에게는 '진실하심'을 보여주시고, 이방인에게는 '긍휼하심'을 베풀어 주셨기 때문이다. 그러므로 모든 백성, 모든 열방들은 하나님의 위대하신 구속사역에 대하여 찬양할 수 있는 모든 것을 총동원하여 영광 돌려야 한다.

④ 그리스도께서는 유대인과 열방을 다스리기 위해 일어나신 분이다.
"또 이사야가 이르되 이새의 뿌리 곧 열방을 다스리기 위하여 일어나시는 이가 있으리니 열방이 그에게 소망을 두리라 하였느니라"(12절)
네 번째 인용구는 앞의 찬양에 관한 내용과 다르게 열방이 하나님을 찬양하는 원인을 밝히고 있다. 사도 바울은 지금까지 모세와 다윗의 글을 인용하였으나 본 절에서는 메시아 출현과 사역에 관한 예언을 많이 기록한 이사야의 글 가운데서 칠십인역(LXX) 사11:10에 나오는 메시아 예언에 관한 내용을 그대로 인용하고 있다. 이는 메시아와 인류의 관계를 설명하고 있다.
먼저 메시아는 이새의 뿌리라는 것이다. "이새의 뿌리"라는 말은 뿌리 자체를 말하는 것이 아니라 뿌리에서 나온 '싹'을 지칭하는 말이다. '싹'(צֶמַח, tsemach)은 메시아를 지칭하는 상징어로 여호와의 종으로 메시아 사역을 전개하는 분을 가리킨다(사4:2, 슥3:8, 6:12, 참조 사11:1). 이는 메시아이신 예수 그리스도는 다윗의 혈통을 통하여 세상에 오셨다는 것을 강조하는 말이다.
다음은 메시아는 열방을 다스리기 위하여 일어나신 분이라는 것이다. 이는 렘23:5 말씀에 의해 볼 때에 이해하기가 쉽다.
"여호와의 말씀이니라 보라 때가 이르리니 내가 다윗에게 한 의로운 가지(צֶמַח, tsemach)를 일으킬 것이라 그가 왕이 되어 지혜롭게 다스리며 세상에서 정의와 공의를 행할 것이며"

메시아는 '이새의 뿌리'인 다윗에게서 '한 의로운 가지'로 일으켜 세움을 받아 세상을 다스릴 왕이 될 것이다. 그는 사람들에게 정의와 공의를 베풀어 사람들에게 희망을 줄 것이다. 바로 예수 그리스도는 유대인의 뿌리에서 나온 메시아로서 유대인뿐만 아니라 이방인들에게도 희망이 되신 것이다. 마지막으로 열방이 그에게 소망을 둔다는 것이다. '소망을 둔다'는 말은 예수 그리스도는 만물을 회복하시는 분이시며(행3:21), 흑암에 앉은 자들에게 '돋는 해가 위로부터 우리에게 임하여' 비취시는 분이시며(눅1:78-79), 인류의 유일한 구원자이시기에(행4:12) 전 인류가 그리스도에게 소망을 두고 그를 찾게 될 것을 말한다. 예수 그리스도만이 인류의 유일한 소망이시다. 이러한 은총과 소망을 주신 하나님께 손뼉을 치고 악기를 키고 큰 소리로 찬양하고 영광을 돌려야 한다.

넷째는, 모든 기쁨과 평강과 소망이 넘치기를 기원한다(13절).
"소망의 하나님이 모든 기쁨과 평강을 믿음 안에서 너희에게 충만하게 하사 성령의 능력으로 소망이 넘치게 하시기를 원하노라"(13절)
본 절은 사도 바울이 지금까지 교훈하던 것을 종결하면서 5-6절에서 사용했던 기원을 나타내는 동사(optative verb)를 사용하여 자신의 기도의 소원을 피력하고 있다.

① 하나님은 소망의 하나님이시다.
사도 바울은 본서에서 신자의 '소망'에 대하여 이야기 했었는데(5:2, 4, 8:24, 12:12, 15:4), 본 절에서는 하나님을 '소망의 하나님'($\acute{o}$ $\theta\epsilon os$ $\tau\hat{\eta}s$ $\acute{\epsilon}\lambda\pi\acute{\iota}\delta os$)라고 소개하고 있다. 하나님은 소망의 원천이기에 우리가 소망할 수 있는 분이시며 소망을 주시는 분이시다. 또한 우리를 향한 하나님의 계획은 '미래와 희망을 주는 것'(렘29:11)이기에 그 하나님께 소원을 아뢸 수 있는 것이다.

② 믿음 안에서 기쁨과 평강이 충만하기를 기원한다.
'기쁨과 평강'은 14:17에서 설명하였듯이 우리 신자들의 삶에서도, 공동체 안에서도 반드시 필요한 요소이다. 하나님은 기쁨과 평강의 원천이시기에(15:33, 살전5:23, 살후3:16) 선물로 충만히 채워주기를 기원하고 있다.

그런데 '믿음 안에서'($\acute{\epsilon}\nu$ $\tau\hat{\omega}$ $\pi\iota\sigma\tau\epsilon\acute{\upsilon}\epsilon\iota\nu$)라는 전치사구에서 믿음에 대하여 현재 부정사를 사용한 것은 믿음이 정적인 요소가 아니라 동적인 개념인 것을 나타내려고 한 것 같다.

즉 믿음은 정지된 상태에 머물러 있는 것이 아니라 끊임없이 작용하고 역사할 때에 그 안에서 기쁨과 평강이 충만해지는 것이기 때문이다. 현재 믿음의 삶을 힘차게 살아가는 사람들에게 하나님께서는 기쁨도 평강도 충만히 채워주시는 것이다.

③ 성령의 능력으로 소망이 넘치기를 기원한다.

여기 '넘치게 하다'($\pi\epsilon\rho\iota\sigma\sigma\epsilon\acute{\upsilon}\epsilon\iota\nu$ - $\pi\epsilon\rho\iota\sigma\sigma\epsilon\acute{\upsilon}\omega$의 현재 부정사)는 '넘칠 듯하다'(to abound), '충분하다'(to be superfluous)는 뜻으로 차고 넘치는 상태가 계속되어지기를 목적한다는 말이다. 신자에게 소망이 차고 넘치게 되는 것은 필연적인 것이다. 소망이 있어야 환난 중에서도 '하나님을 영광을 바라고' 즐거워할 수 있기 때문이며(5:2, 12:12), 도전하는 악의 세력들과 싸우며 피난처를 찾을 때에 큰 안위를 얻기 위함이기도 하다(히6:18).

루터(M. Luther)는 소망은 "강한 용기이며 새로운 의지"라고 했다. 소망을 가지고 있는 사람만이 자신의 전력을 극대화 시킬 수 있고 무한한 잠재력을 개발할 수 있는 것이다. 그런데 이러한 소망은 '성령의 능력 안에서' 생겨나는 것이다. 성령은 우리들에게 하나님의 사랑도 부어주시고 소망도 넘치게 만들어 주시는 것이다. 우리는 오직 성령의 능력을 통해서만이 환경을 이기고 소망 속에서 달려갈 수 있는 것이다.

우리는 14장에서부터 지금까지 로마교회 안에 존재하는 믿음이 강한 자와 약한 자 사이에서 벌어지고 있는 갈등과 분쟁의 문제에 대한 교훈을 살펴보았다. 그것은 음식과 날짜에 관한 유대인 신자와 이방신 신자 사이에 생긴 견해차이로 인한 분쟁이었다.

유대인들은 옛 언약 시대에 받았던 할례와 음식 규례, 또한 날짜 준수와 같은 것을 하나님의 언약 백성의 표지(標識)로 생각해 왔었다. 그러나 새 언약 시대를 맞이하여 그리스도께서 '율법의 마침'이 됨으로 옛 종교적 의식과 계율들이 더 이상 구속력을 가지지 못하게 되었고 또한 신자의 표지가 될 수도 없게 하셨다. 그럼에도 불구하고 유대인 출신 신자들은 옛 종교의 관습을 벗어버리지 못하고 그 계율에 얽어 매여 약한 믿음의 모습을 보였던 것이다. 그들의 신앙 자세와 행동은 분명히 미숙하고 참된 진리를 이해하지 못한 면이 있었던 것이다.

여기에서 음식과 날짜 문제에서 자유로움을 소유한 신자들은 여러 가지 율법적 계율에 매여 있는 사람들을 업신여겼고, 율법적 계율을 준수하려는 사람들을 수준미달의 신자라고 함부로 판단하고 비판했었던 것이다. 이것이 거대한 하나님의 목적을 성취해야 할 신앙 공동체에 엄청난 손실을 가져오는 원인을 제공했던 것이다. 이에 사도 바울은 그들 모두를 책망하며 분쟁하지 말아야 할 이유들을 조목조목 교훈했다.

먼저는 14:1-14에서 네 가지 이유를 들었다. 첫째는 하나님이 용납했으니 우리들도 서로 용납하라는 것이다. 둘째는 각 신자는 주님의 하인이기에 월권하여 함부로 비판하지 말라는 것이다. 셋째는 각 사람이 섬기는 방법이 다르다 할지라도 목적이 전부 주님을 위한 것이라면 함부로 판단하지 말라는 것이다. 넷째는 우리 모두는 반드시 하나님의 심판대 앞에 나아가서 심문을 받을 것을 생각하여 언행에 조심하라는 것이었다.

다음으로 14:13-23에서는 하나님의 일이라는 거대한 목적을 생각하면서 서로 판단하지 말라는 것이었다. 첫째는 형제 앞에 장애물을 놓아 실족시키지 말라는 것이었다. 믿음의 형제 하나가 바로 하나님의 교회 공동체의 중요한 지체이기 때문이다. 둘째는 우리는 하나님의 나라를 세우고, 하나님의 사업을 완성해야 한다.

그 중요한 요소가 바로 서로 화평하고 세워주는 사역이라고 했다. 우리는 형제가 실족하게 되고 하나님의 일을 실패하게 만드는 자들이 아니라 '사람 세우는 사역'을 해야 하고 하나님의 목적을 완성해야 하는 자들이라고 했다. 셋째는 만일 나의 자유 때문에 형제가 실족하게 된다면 차라리 자신의 자유를 포기하는 것이 아름답다는 것이다.

마지막으로 15:1-13에서는 그리스도를 본받아서 하나 되기를 힘쓰라는 것이다. 첫째는 믿음이 강한 자는 연약한 자의 약점을 담당해 주고 기쁘게 하는 자가 되라는 것이다. 그래서 그에게 선을 이루고 세우는 사역을 하라는 것이다. 둘째는 그리스도를 본받아 서로 같은 목적의 공동체를 건설하라는 것이다.

그리스도께서 타인을 기쁘게 하는 삶을 사셨으니 우리도 다른 사람 중심으로 살아 '같은 뜻, 같은 마음, 같은 말'을 하는 공동체 정신을 가지라는 것이다. 셋째는 그리스도께서는 유대인을 위해 할례의 수종자가 되셨을 뿐만 아니라 이방인의 긍휼을 위해 섬기셨던 것처럼 우리도 서로 용납하라는 것이다. 그리하여 하나님의 목적을 성취하고 하나님께 영광을 돌리라는 것이다.

우리는 이스라엘 백성들의 실패 공동체의 전철을 밟아서는 안 된다. 하나님이 새 언약 공동체인 교회에 맡겨준 임무, 성취하기를 원하는 목적이 무엇인지를 분명히 알고, 그것을 성취하기 위하여 건강하고 강력한 신앙 공동체를 건설해야 한다. 어떤 경우에라도 하나님이 임재하신 신앙 공동체를 깨뜨리는 행동을 해서는 안 된다. 건강하고 강력한 신앙 공동체를 건설하여 복음으로 세계를 정복해야만 한다. 그날이 올 때까지 '성령이 하나 되게 하신 것'을 힘써 지켜 앞으로 전진해 나아가야 한다.

Ⅶ. 결론(15:14-16:27)

이제 로마서의 종결부분에 이르렀다. 서론(1:1-17)에서는 복음의 정의와 함께 로마교회를 방문하려는 이유를 설명했고, 본론 부분(1:18-15:13)에서는 구원론 전반과 실천 사항들을 논의하고 제시했었다.

특히 전반부에서는 인류 구원의 필요성에 대하여, 그리고 새로운 하나님의 구원 전략인 믿음으로 의로워지는 이신득의(以信得義) 원리에 대하여, 성화 문제에서는 율법주의가 아닌 성령에 따라 살아갈 때에 실천할 수 있고 완성할 수 있다는 사실을 밝혔었다.

9-11장에서는 하나님의 구원 은총이 유대인에게서 어떻게 이방인에게로 옮겨 갔는지 그 이유와 최종적으로 유대인 구원에 대한 하나님의 구원 계획과 경륜에 대하여 살폈었다.

마지막 실천 부분(12:1-15:13)에서는 여러 가지 상황에서의 복음적 삶과 사랑이 율법의 완성임을, 그리고 교회 공동체를 건강하게 만들기 위해서 신자들이 서로 어떤 자세를 취해야 옳은지에 대하여 권면하였다.

이제 본서의 종결부에서는 본서의 기록 이유와 이방인을 위한 자신의 선교 상황과 입장을 말하고, 또한 로마 방문과 서반아 선교 계획과 함께 기도를 요청하고, 그리고 주 안에서 수고한 사람들의 이름을 들어 개별적인 문안 인사 요청과 함께 마지막 권면으로 마무리하고 있다.

1. 바울의 이방인을 위한 선교 경과(經過)와 앞으로의 계획들 (15:14-33)

바울이 모든 이방인을 향하여 '빚진 자'의 심정과 '할 수 있는 대로 로마에 있는 자들에게 복음 전하기를 소원'(롬1:14-15)했던 이유는 자신은 복음을 위한 하나님의 일군이며, 이방인을 위한 복음의 제사장 직분을 받았다는 인식 때문이었다.

그리하여 그는 지금까지 예루살렘에서 시작하여 아드리안(Adriatic) 해 동편에 있는 일루리곤(Illyricum)까지 두루 다니며 전 지역에 복음을 전파했었다. 이는 주로 중앙아시아와 마케도니아를 포함한 전 그리스 반도 지역으로 로마가 있는 이탈리아 반도를 중심으로 볼 때에 동편 지역을 가리킨다. 그는 자신이 지금까지 복음을 전파한 동편 지역에는 사역을 완성하였고 더 이상 '일할 곳'이 없다고 판단하여(19, 23절) 이제는 세계의 끝이라 할 수 있는 지중해 서단(西端)의 서반아까지 서쪽 지역에서 일할 것을 피력하고 있다. 그래서 할 수 있는 대로 로마를 방문해서 그들의 도움을 받아 서반아까지 선교지역을 넓혀 나아가기를 계획하며 자신의 이방인 선교 비전과 계획이 이루어질 수 있도록 기도를 요청하게 된 것이다.

(1) 로마서 집필 목적과 이방인 선교 과정을 설명하고 있다(14-21절).
사도 바울은 자신은 예수 그리스도의 '복음의 비밀을 알리는 사신'이라는 소명의식이 아주 강하였다(엡6:19-20). 그리하여 어떤 경우를 통해서라도 복음이 전파되기를 원했던 것이다(빌1:12-18). 그가 로마서를 쓰게 된 이유도 바로 복음의 참된 뜻이 무엇인지 알려주려는 것이었고, 실제는 아시아와 전 마케도니아 지역을 다니며 전파했고, 또한 인생의 마지막에 로마와 서반아에까지 가려는 것도 복음의 사신으로서의 자신의 사명을 다하려는 소명의식 때문이었다. 이는 사도 바울 뿐만이 아니라 우리 모두가 그리스도를 대신한 복음의 사신이라는 것을 명심해야 한다(고후5:20).

첫째는, 나는 진리를 다시 생각나게 하려는 목적으로 로마서를 썼다(14-15절).
바울은 로마교회 교인들을 만나 본 적이 없었기에 편지를 쓰기에 사실은 조심스러웠다. 그것은 그들의 실력과 능력을 알았기 때문이었다. 그러나 로마서를 쓴 것은 하나님의 계시로 깨달은 복음의 비밀이 있었기에, 즉 자신은 '하나님의 은혜의 선물을 따라 복음의 일꾼'이 되었기에(엡3:7) 그들로 복음의 비밀을 생각나게 하려는 목적으로 용기를 내어 담대히 로마서를 써서 보냈던 것이다.

① 로마교회 교인들의 실력을 인정하였다.
"내 형제들아 너희가 스스로 선함이 가득하고 모든 지식이 차서 능히 서로 권하는 자임을 나도 확신하노라"(14절)

사도 바울은 로마교회 교인들의 수준이 상당히 높다는 사실을 인정하였다. 여기 '나도 확신하노라'($\Pi\acute{\epsilon}\pi\epsilon\iota\sigma\mu\alpha\iota...\kappa\alpha\grave{\iota}\ \alpha\mathrm{\mathring{v}}\tau\grave{o}\varsigma\ \acute{\epsilon}\gamma\mathrm{\mathring{\omega}}$)가 문장 앞에 나와 매우 강조적인 의미로 자신의 주관적인 추측이 아니라 어떤 객관적 사실에 의해 납득된 확신으로서 "나 자신 역시"라는 말이 첨부되어 '나 자신 또한 이미 확신을 가진 상태'에 있다는 것을 말하고 있다. 바울이 로마교인들에 대하여 확신했던 것은 그들의 성숙한 모습들 때문이었다.

　　먼저는 그들에게는 선함이 가득하다는 것이다. 여기 '선함'($\acute{\alpha}\gamma\alpha\theta\omega\sigma\acute{v}\nu\eta$)은 '선함'(goodness), '미덕'(virtue), '친절'(beneficence)라는 뜻으로 성령의 열매(갈5:22)이기도 하고 빛의 열매(엡5:9)이기도 한 것으로 모든 그리스도인들에게 요구되는 선하고 이치에 합당한 행동을 가리킨다. 이는 성숙한 그리스도인의 성품이며 모습으로 로마교인들에게는 상당한 수준의 영적 성숙이 이루어졌음을 보여주는 말이다.

　　다음으로는 모든 지식이 충만했다는 것이다. 여기 '지식'($\gamma\nu\acute{\omega}\sigma\epsilon\omega\varsigma$)은 '하나님의 뜻을 아는 것'(골1:9)과 관련이 있어 진리에 대한 통찰력도 지니고 있었음이 분명하다.

　　또한 그들에게는 서로 권할 수 있는 능력을 갖춘 자들이었다는 것이다. 로마교회의 상당수 교인들은 성숙한 신앙과 온전한 영적 지식의 분별력을 가지고 있어서 서로 간에 충분히 교훈하고 권고할 수 있는 실력을 지니고 있었음이 분명하다.

　　그리하여 음식과 날짜 문제로 믿음이 강한 자와 약한 자 사이에 있는 판단하는 일 이외는 지적받을 것이 없었던 것이다. 다른 교회들과 비교해 보았을 때에 훌륭한 모습을 갖추었음이 분명하다.

　② 그럼에도 불구하고 생각나게 하려는 목적 때문에 로마서를 담대히 써서 보냈다.

　"그러나 내가 너희로 다시 생각나게 하려고 하나님께서 내게 주신 은혜로 말미암아 더욱 담대히 대략 너희에게 썼노니"(15절)

　여기 '그러나'($\delta\acute{\epsilon}$)는 '그럼에도 불구하고'(nevertheless)라는 의미로 로마의 교인들이 여러 면에서 훌륭한 면이 인정됨에도 불구하고 복음의 핵심적 요소들을 전달해 주어야 할 필요성이 있었다는 것을 강조하고 있다. 그렇지만 조심스럽게, 그러면서도 어느 정도 매우 담대하게, 그리고 아주 중요한 것들만 간략하게 기록하여 보내게 되었다(11:25, 15:24).

그것은 바울의 메시지와 권고가 아무것도 모르는 사람들에게 새로운 사실을 깨우치려는 의도보다는 이미 알고 있던 사실을 깨우쳐 '견고하게' 해 주려는(1:11) 측면이 있었기에 담대함을 발휘하여 썼던 것이다. 그가 로마서를 써야만 했던 것에는 두 가지 이유가 있었기 때문이다.

먼저는 하나님께서 자기에게 주신 은혜가 있었기 때문이었다. '은혜'(χάρις)는 받을 자격 없는 자에게 거저 주어지는 호의를 의미한다. 바울에게 있어서 '은혜'는 주로 구원으로 주시는 하나님의 은총을 일컫지만(엡2:5, 딛2:11), 또한 성령을 통하여 주시는 은사를(엡4:7), 하나님의 구원의 경륜하심을(엡3:2), 계시로 비밀을 알게 한 것을(엡3:3), 자신이 받은 사도적 직무에 대하여(엡3:7) 은혜라고 표현하였었다.

여기에서 하나님께로부터 받은 은혜라는 것은 이 모든 것을 포괄하는 것으로 보는 것이 좋다고 보여 진다. 그는 율법의 행위가 아닌 새로운 구원의 전략으로서의 이신득의(以信得義)의 원리가 무엇인지, 율법적 노력이 아닌 성령을 따라서 완성되어지는 원리, 유대인과 이방인을 구원하여 하나의 공동체를 이루시기를 원하시는 하나님의 구속 경륜이 무엇인지, 또한 무엇 때문에 교회의 구성원들이 하나의 공동체를 이루어야 하는지에 대하여 깨달은 것이 너무나 감격스러웠었다. 그래서 조심스럽게 이 진리들을 알려주고 싶어서 로마서를 집필하게 된 것이다.

특히 바울이 로마서를 집필한 시기가 3차 전도여행을 마칠 무렵, 자신이 세웠던 교회의 대표자들과 함께 예루살렘으로 귀환하려는 무렵이었음이 분명하다(행20:3-6). 그가 예루살렘을 방문하는 것에는 구제 헌금을 전달하는 책임도 있었지만(롬15:26-27), 헌금 전달을 계기로 유대인 교회와 이방인 교회가 그리스도 안에서 '하나'라는 공동체 의식으로 연결되는 것을 기대했던 것이다. 또한 중요한 것은 할례와 율법 없는 복음을 전파한 자신의 복음의 정당성을 확인 받고자 함이었다. 곳곳에서 유대주의자들이 바울을 공격하고 죽이려고 공모하는 상황에서(행20:3) 유대주의의 소굴 같은 예루살렘을 방문한다는 것은 목숨의 위협을 받는 일이었다.

그래서 그는 예루살렘을 방문하기 전에 자신이 전하고자 한 '복음의 내용'이 무엇인지 자세히 집필할 필요성을 느꼈던 것이다. 그리고 성숙한 믿음을 소유한 로마교회로부터 지지를 받기를 원했을 것이다.

다음은 로마 교인들로 하여금 이미 알고 있는 사실을 다시 생각나게 하려는 목적 때문이었다.

여기 '다시 생각나다'(ἐπαναμιμνήσκων - ἐπαναμιμνήσκω의 현재 분사)는 '다시 마음에 회상하다'(to call back to mind again), '다시 생각나게 하다'(to remind again)는 뜻으로 하나하나 세밀하게 기억에 떠올라서 그것에서 떠나지 않고 지속적으로 머무는 상태를 가리킨다. 이는 알지 못하는 어떤 새로운 것을 가리키는 것이 아니라 이미 알고 있는 복음의 진리를 회상시키는 것이다.

그러나 이미 알고 있는 진리라 할지라도 다시 한 번 말씀을 되씹어 볼 때에 말씀의 의미가 새롭게 다가오고 가슴속 깊이 깨닫게 되어 삶의 실천으로 옮겨질 수 있는 것이다. 신앙의 성장과 성숙에 있어서 말씀을 다시 회상하고 되씹어 보는 작업은 대단히 중요한 요소이다(벧후1:12-13, 15).

그것은 진리를 숙지(熟知)하여 삶에 실천하는데 가장 좋은 방법이기 때문이다. 말씀은 얼마나 많이 아느냐에 있지 않고 그 말씀을 얼마나 뼈저리게 느끼고 나 자신의 말씀으로 도성인신(道成人身)화시키느냐에 있는 것이다(요1:14). 바울은 로마서를 통하여 로마 교인들이 말씀을 회상하여 변화되고 굳게 서고 성장하여 헌신된 삶을 살기를 소원했던 것이다.

그러므로 목회자는 성도들에게 말씀을 한 번 가르친 것으로 끝내서는 안된다. 경건의 연습이 되도록 끊임없이 반복적으로 훈련을 시켜야 하는 것이다(딤전4:6-8).

둘째는, 나는 이방인을 위한 복음의 제사장이 되었다(16절).

"이 은혜는 곧 나로 이방인을 위하여 그리스도 예수의 일군이 되어 하나님의 복음의 제사장 직분을 하게 하사 이방인을 제물로 드리는 것이 성령 안에서 거룩하게 되어 받으실 만하게 하려 하심이라"(16절)

여기 부정사를 동반한 관용구 '에이스 토'(εἰς τὸ)가 또 사용되었다(8, 13절). 이는 '~하기 위하여'라는 목적의 의미를 나타내어 15절의 '하나님께서 내게 주신 은혜'를 받아 하나님께서 바울에게 사도직분의 은혜를 주신 목적은 그로 하여금 이방인을 위한 그리스도의 일군이 되게 하려는 것이었다.

① 이방인을 위한 그리스도 예수의 일군이 되게 하셨다.

여기 '일군'(λειτουργός)은 13:6에서 설명했던 것처럼 국가적 의무를 짊어지는 것으로 자발적인 것이 아니라 의무적으로 감당해야 하는 봉사활동을 가리킨다. 후에는 종교적 활동에서 자신에게 주어진 임무를 수행하는 사람으로 '사역자'(minister)로 사용하고 있다. 바울은 처음 다메섹 도상에서부터 이방인을 위한 "종과 증인"으로 부름을 받았었다(행9:15, 22:15, 26:16).

그래서 그는 항상 자신은 이방인을 위한 복음의 증인, 즉 그리스도로부터 임무를 부여받은 종이라는 사상이 철저했었다. 자신은 하나님의 구원계획을 성취하시는 경륜에 따라 교회의 일군이 되었고(골1:25), 그 경륜의 도구로 위임을 받았기에(고전9:17) 복음을 전한다 할지라도 자랑할 것이 없고 '부득불 할 일'(ἀνάγκη μοι ἐπίκειται), 즉 '자신에게 주어진 필연적인 것'(necessity is laid upon me-NKJV)이라고 여긴 것이다(고전9:16).

② 하나님의 복음의 제사장 직무를 하게 하셨다.

여기 '제사장 직무'(ἱερουργοῦντα - ἱερουργέω의 현재 분사)는 '제사장으로 섬기다'(to serve as a priest), '신적 기능을 수행하다'(to perform a sacred function)는 뜻으로 복음 전파 사역을 마치 구약의 제사장과 같은 입장에서 그 직무를 수행하는 것으로 비유한 말이다.

그래서 '제사장 직무'(ἱερουργοῦντα), '일군'(λειτουργός), '제물'(προσφορά), '거룩하게 됨'(ἡγιασμένη) 등 전부 구약의 제사 개념이 있는 단어들을 사용하고 있다. 이것은 복음 전파 사역이 문자적으로 제사장의 직무를 수행하고 제물을 드린다는 의미가 아니다. 이는 이방인을 제물 삼아 하나님 앞에 바친다는 의미에서 제사장 직무처럼 하나님 앞으로 인도한다는 의미로 사용하고 있는 것이다(히2:17, 5:1). 쉽게 말해 복음 전파는 하나님 앞에서 거룩한 직무를 수행하는 것이라는 말이다.

③ 이방인을 제물로 드려 거룩하게 하려는 것이었다.

16절 하반절에서 사도 바울 자신이 하나님의 복음의 제사장 직무를 수행하는 이유를 밝히고 있다. 먼저는 이방인으로 하나님이 기뻐하는 제물이 되게 하려는 것이다. 만약에 자신이 제사장이라면 하나님 앞에 제물을 가지고 들어가야 한다. 바울은 바로 이방인을 하나님이 받으시는 제물로 삼아 드리려는 것이다. 이는 사66:20을 반영한 것 같다. 종말의 때에 "뭇 나라와 언어가 다른 민족들을 모으시는"(사66:18) 하나님께서 "너희 모든 형제들을 뭇 나라에서...여호와께 예물로 드릴 것"이라는 예언의 말씀처럼 바울은 이방인들을 하나님께서 기뻐하는 제물처럼 드린 것이다(히10:5).

사도 바울은 '이방인의 충만한 수'가 찬 때만이 최종적으로 이스라엘이 구원받게 된다는 확신 때문에 더욱이 이방인을 하나님 앞에 바치는 복음 전파에 온 힘을 기우렸던 것이다. 다음으로 이방인들을 성령 안에서 거룩하게 하려는 것이었다. 여기 '거룩하게 되어'(ἡγιασμένη - ἁγιάζω의 완료 수동태 분사)가 완료형인 것은 과거에 이미 이루어진 일이 계속 지속되어 현재까지 이르게 된 것을 나타낸 것으로 예수 그리스도의 십자가의 공로와 성령의 거룩하게 하시는 역사로 말미암아 거룩함을 얻어 지금까지 거룩한 상태에 놓여 있다는 말이다(히9:14, 10:14, 고전6:11, 딛3:5).

거룩함은 일시적인 역사가 아니라 계속적이고 반복적인 성령의 역사로 성화를 이루어가는 과정을 말한다(롬8:2, 4). 이방인은 비록 더러운 존재들이었으나 그리스도의 피와 성령의 거룩하게 하심을 통하여 하나님 앞에 받으실만한 거룩한 제물이 된 것이다.

셋째는, 나는 복음이 편만하게 전파되기 위해 힘썼다(17-21절).

사도 바울은 자신이 이방인을 위한 복음의 제사장으로서 어떻게 사역했는지 그 과정을 간략하게 진술하고 있다.

"그러므로 내가 그리스도 예수 안에서 하나님의 일에 대하여 자랑하는 것이 있거니와"(17절)

먼저는 자신이 하나님으로부터 맡은 복음 전파의 직무에 대하여 자랑할 것이 있다고 고백하고 있다. 이는 자신이 다른 사람을 그리스도께 인도하는 도구로 사용 받았다는 사실과 자기 나름대로 최선의 노력을 기우려 열매를 맺었다는 사실을 밝히려는 것이다(고전15:31, 고후1:12-14, 7:4, 14, 8:24, 살전2:19).

그러나 이는 결코 자기 자신을 자랑하려는 것이 아니라 오직 '하나님이 역사하신 일', 즉 복음의 제사장 직무를 수여해 주신 것, 그리고 그 직무를 성실히 수행할 수 있게 하신 것, 그 결과로서 그리스도 예수 안에서 이루어진 것만이 자랑할 뿐이었다. 그래서 자신을 드러내지 않고 오직 사용해 주시고 역사해 주신 하나님을 자랑하려는 것이다.

　① 그리스도께서 나를 통하여 역사하셨다.

　"그리스도께서 이방인들을 순종하게 하기 위하여 나를 통하여 역사하신 것 외에는 내가 감히 말하지 아니하노라"(18절)

　'어떤 것도 감히 말하지 않을 것이다'(*οὐ τολμήσω τι λαλεῖν*)라는 말은 자신이 자랑할지라도 아무 것이나 함부로 주절거리지 않겠다는 것이다. 오직 자기를 통하여 그리스도께서 역사하신 것 이외에는 말하지 않겠다는 말이다.

　'나를 통하여'(*δι' ἐμοῦ*)는 '그리스도를 통하여 내가 행한 일'을 말하는 것이 아니라 나를 통해서 일하신 '그리스도의 역사하심'을 말하려는 것이다. 오직 자기 자신은 도구요 통로에 불과하다는 말이다. 하나님께서는 사도 바울을 통하여 많은 역사들을 행하셨다. 특히 이방인들로 순종하여 복음을 믿게 할 수 있는 일들을 수없이 행하셨다.

　여기 '역사하신'(*κατεργάζομι*)은 '수행하다'(to accomplish), '야기하다'(to produce)는 뜻으로 그리스도께서는 이방인들이 복음에 순종하게 하려고 놀라운 역사로 일하셨다. 바울을 도구로 삼았을 뿐이지 성취된 모든 것은 그리스도께서 이루신 것이며, 결국 이방인들을 구원하는 일들을 행하므로 자신의 목적을 이루어 가셨던 것이다. 그러므로 주도권이 주님께 있으므로 주님이 역사하신 것 이외에 그 어떤 것도 자랑할 필요가 없는 것이다. 오직 역사해 주신 주님의 역사하심만 증거하고 자랑하면 된다.

　② 그 일은 성령의 능력으로 이루어졌다.

　"그 일은 말과 행위로 표적과 기사의 능력으로 성령의 능력으로 이루어졌으며"(18하-19상절)

　초대교회 제자들은 복음을 전파할 때에 "주께서 함께 역사하사 그 따르는 표적으로 말씀을 확실히 증언"(막16:20)할 수 있었다고 했다. 히브리서 저자도 "하나님도 표적들과 기사들과 여러 가지 능력과 및 자기의 뜻을 따라 성령이 나누어 주신 것으로써 그들과 함께 증언하셨다"(히2:4)고 했다.

　사도 바울도 같은 고백을 하고 있다.

"말과 행위로"라는 말은 그리스도의 복음을 전파하기 위해 노력한 모든 가르침과 설교, 복음을 위한 사역 전반을 가리킨다(눅24:19, 행7:22, 골3:17, 살후2:17). "표적과 기사의 능력으로"는 초대교회 전도 현장에서 자주 나타난 현상이며(행2:43, 4:30, 5:12), 바울의 사역에도 나타났다(행14:3). '표적'($\sigma\eta\mu\epsilon\acute{\iota}\omega\nu$)은 인간들의 눈에 나타나는 하나님의 초월적인 역사들을 말한다.

'기사'($\tau\epsilon\rho\acute{\alpha}\tau\omega\nu$)는 자연 법칙을 초월하여 일어나는 경이로운 이적을 말한다. 바울은 '표적과 기사와 능력을 행한 것'이 사도의 표라고 했다(고후 12:12). '성령의 능력으로'는 복음을 전파할 때에 열매 맺게 하는 실질적인 능력을 말한다.

복음 증거는 말로만 이루어지는 것이 아니다. 아무리 지혜의 말을 한다 할지라도 능력과 성령이 역사해 주지 않는다면 이루어질 수 없는 것이다(고전 2:4, 살전1:5). 주의 손이 함께 하는 역사가 따라야 풍성한 열매를 맺을 수 있는 것이다.

③ 그리스도의 복음을 두루 다니며 편만하게 전파하였다.
"그리하여 내가 예루살렘으로부터 두루 행하여 일루리곤까지 그리스도의 복음을 편만하게 전하였노라"(19하절)

'그리하여'($\ddot{\omega}\sigma\tau\epsilon$)는 앞에 있는 이야기의 실제적인 결과를 나타내는 접속사로서 그리스도께서 표적과 성령의 능력으로 역사해 주신 은총의 결과로 복음 전파를 편만하게 만들었다는 것이다. 특히 자신이 전심전력으로 선교했던 선교지역에 대하여 말하고 있다.

먼저는 '예루살렘에서부터' 시작하였다. 사도 바울은 예루살렘을 몇 차례 방문한 적은 있지만(행9:28-29, 15:4, 21:17) 안디옥에서 제 1차 전도여행을 출발했기에(행13:1-3) 예루살렘이 그의 선교 출발지라 말하기는 어렵다. 그러나 여기서 예루살렘을 언급한 것은 그곳은 복음 전파의 출발점과 중심지였기 때문이다(행1:8). 그는 예루살렘을 자신의 선교 지역에서 동쪽의 한계지점으로 본 것이다.

다음은 '일루리곤까지' 이르렀다는 것이다. 일루리곤(Illyricum)는 아드리안(Adriatic) 해 동편에 있는 마케도니아 북서쪽으로 오늘날의 유고슬라비아와 알바니아 지역을 말한다. 이는 바울의 선교 활동 지역의 서쪽 한계지점을 말한다(딤후4:10). 특히 예루살렘과 일루리곤 지역 사이에 있는 전 지역을 '두루 행하여' 복음 전파 사역을 전개했다. 이는 팔레스틴과 소아시아, 그리고 지중해 연안과 마케도니아 지역을 세 차례에 걸쳐서 전도 여행을 하며 지역 지역을 복음화 했던 것을 말한다.

특히 그는 전도의 전초기지 역할을 할 거점도시를 개척하여(행14:21-23, 15:41, 16:40, 18:8) 지도자를 세우고 그 주변 지역으로 확산해 가는 선교 전략을 실시했었다. 여기 '두루 행하여'(κύκλος)는 '원'(circle)이란 뜻으로 본 절에서는 '사방 도처에', '주위에' 라는 뜻의 부사로 사용되었다. 이는 지중해 연안을 중심으로 예루살렘에서 일루리곤까지 3차에 걸쳐 순회 선교 사역을 전개한 것을 일컫는 말이다.

그는 알렉산드리아를 중심으로 하는 아프리카 환(環)은 다른 사람들에게 맡기고 자신은 지중해 연안을 중심으로 소아시아와 그리스, 그리고 마케도니아 지역을 선교지로 삼아 사역하였다. 그는 그 지역에 그리스도의 복음을 편만하게 전파하였다. 여기 '편만하게 전하다'(πληρόω)는 '부족한 것을 보충하고 완결 짓는다' 는 뜻으로 복음 전하는 일을 완성하여 끝마쳤다는 의미이다(골1:25).

이것은 그 지역에 사는 모든 개인에게 복음이 전파 되었다는 것이 아니라 새로운 개척지역에 복음을 전파하는 일을 완성했다는 말이다. 그래서 그는 그 지역에서는 더 이상 일할 곳이 없다고 생각하여(23절) 마지막으로 로마를 기점으로 스페인까지를 포함한 유럽 환(環)을 선교하고자 하는 계획을 피력하게 된 것이다.

④ 이미 믿는 곳에서는 복음을 전하지 않기를 힘썼다.

"또 내가 그리스도의 이름을 부르는 곳에는 복음을 전하지 않기를 힘썼노니 이는 남의 터 위에 건축하지 아니하려 함이라"(20절)

여기 '또'로 번역 되어 있는 '후토스 데'(οὕτως δέ)는 앞의 내용에 반의적 의미를 가지고 '그러나 다른 한편'(but the other in another), '그 다음에 이어'(and so)라는 말이다. 선교 지역에 복음이 편만할 정도로 전파했지만 그러나 이미 그리스도의 이름을 부르는 곳에는 복음을 전하지 않기로 결심한 것이다. 즉 그리스도의 복음 전파를 완성함에 있어서 결코 사적 이득이나 편법을 사용하지 않겠다는 말이다. 여기 '힘썼노니'(φιλοτιμούμενον -

$\varphi\iota\lambda o\tau\iota\mu\acute{\epsilon}o\mu\alpha\iota$의 현재 중간태 분사)는 '명예를 사랑하다'(to be fond of honor), '자신의 야망으로 취하다'(to have as one's ambition), 특히 가치있고 위대한 것을 '열망하다'(to aspire)는 뜻으로 개인적인 명예를 구하는 것보다는 공동의 과업을 완수한다는 차원에서 기존의 다른 사람의 선교지에는 복음을 전하지 않기로 노력한 것이다.

이는 자기만의 어떤 특별한 구별의식이나 우월의식 때문에 그렇게 말하는 것이 아니라 그는 '남들이 가지 않은 곳,' '그리스도의 이름을 부르지 않는 곳'인 개척지, 또는 처녀지에서 복음을 전파하려는 선교 정책 때문이었다(고전3:10). 사도적 선교 사역은 혼자만이 독점하거나 독불장군(獨不將軍)식으로 하는 것이 아니다.

또한 남의 사역을 빼앗아 자기의 것으로 만드는 세속적 기업쟁탈전이 아니다. 그러므로 선교에 임하는 사람들은 우주적 비전을 성취한다는 사명의식과 하루라도 빨리 땅 끝까지 가서 그리스도의 복음을 전파하려는 열망을 가지고 다른 사역자의 활동과 열매를 존중히 여기는 자세로 사역해야 한다.

선교는 혼자만이 할 수 있는 것이 아니다. 기독교 전체가 함께 전력투구해야만 하는 공동사역(team ministry)인 것이다. 우리는 사도 바울처럼 '남의 터 위에 건축하지 않으려는' 개척자 정신을 가져야 한다. 이는 복음의 황무지에 복음을 전파한다는 개척자적 심정과 자세를 말하는 것이지 전혀 서로 관계하지 않겠다는 말이 아니다.

하나님의 나라 건설은 공동사역이기에 바울처럼 "나는 심었고 아볼로는 물을 주었으되 오직 하나님께서 자라나게 하셨나니"(고전3:6)라는 자세를 가져야 한다.

"기록된 바 주의 소식을 받지 못한 자들이 볼 것이요 듣지 못한 자들이 깨달으리라 함과 같으니라"(21절)

사도 바울은 구약 이사야52:15의 인용구를 통하여 자신이 복음을 듣지 못한 곳에만 복음을 전하기로 한 선교 정책이 성경적이라는 사실을 밝히고 있다. 이러한 선교 정책은 자기만의 특별한 고집이나 자랑이 아니다. 이미 하나님께서는 이방인 구원을 위해 정해 놓은 선교적 계획이었으며 그의 구속 경륜이었던 것이다. 우리는 오직 하나님의 목적이 무엇인지 정확히 깨닫고 그것에 부합된 삶을 실천하면 되는 것이다.

(2) 미래의 선교여행을 위한 계획들과 기도를 요청하고 있다(22-33절).

사도 바울은 앞 단락(14-21절)에서 자신이 이방인을 위한 그리스도의 일꾼이요 복음의 제사장 직분을 받아 예루살렘에서부터 일루리곤까지 전 지역에 걸쳐서 복음을 편만하게 전파했다는 사실을 밝혔다. 이제 본 단락에서는 미래의 선교 계획을 이야기 하고 있다.

그 내용은 먼저 로마를 걸쳐 서반아(Spain)에 가서 선교하려는 소원이다. 로마를 선교 전초기지로 삼아 유럽 선교를 전개할 때에 협력해주고 파송해 주기를 희망했다. 다음으로 로마를 지금 당장 방문할 수 없는 이유는 예루살렘 방문 계획 때문이라고 했다. 그것은 마케도니아와 아가야 지역 성도들이 예루살렘의 가난한 교인들을 위한 구제 헌금한 것을 전달해 주려는 것 때문이었다.

특히 영적인 것을 받은 지역교회는 모교회를 위해 섬기는 것은 당연하다고 했다. 그리고 예루살렘 방문 계획을 마무리하면 로마에 방문할 것을 약속하면서 기도를 요청하고 있다. 유대인의 위협에서의 보호와 구제헌금 전달 업무가 잘 이루어지기 위하여, 그리고 로마에 갈 계획이 순조롭게 이루어지기 위하여 기도해 줄 것을 당부하고 있다.

첫째는, 로마 방문을 통한 서반아 선교 계획을 꿈꾸고 있다(22-24절).

사역자들에게는 자신이 현재 사역하고 있는 선교 필드(field)에서 더 이상할 일이 없다고 생각 될 때에 선교지를 옮기고 싶은 충동이 일어나기 마련이다. 사도 바울도 자신이 사역하는 지중해 연안과 마케도니아 지방에서는 자기 역할을 마쳤다고 생각하였다.

그래서 지중해 서부지역, 더 멀리 서반아까지 유럽지역으로 나아가기를 원했던 것이다. 이제 로마서를 쓴 목적도, 로마교회를 방문하려는 목적도 어디에 있는지 보여주고 있다. 한 마디로 유럽 선교의 교두보(橋頭堡)가 되어 달라는 것이다.

① 로마에 가는 길이 여러 번 막혔다.

"그러므로 또한 내가 너희에게 가려 하던 것이 여러 번 막혔더니"(22절)

사도 바울은 "땅 끝까지 이르러 내 증인 되라"(행1:8)는 예수님의 선교 명령을 항상 염두에 있었기에 지정학적으로 '땅 끝' 인 스페인 선교를 꿈 꾸어

왔었다. 그래서 복음 전파의 전략 요충지(要衝地, important position)로 로마를 선택하여 로마를 방문하려는 시도를 여러 차례 감행했었다. 그러나 매번 그 길이 막혔었다.

여기 '막혔더니'(ἐνεκοπτόμην - ἐγκόπτω의 미완료 과거 수동태)는 '막다'(to prevent), '방해하다'(to hinder), '좌절시키다'(to thwart)는 뜻으로 군사 작전에서 후퇴하는 동안 추격하는 적을 지체시키기 위해 차단하는 것을 가리킨다. 미완료 수동태인 것은 길이 막히는 일이 계속해서 반복되었다는 말이다. 왜 로마의 길이 막혔는지는 알 수 없다. 사탄의 방해 공작으로 막힐 수도 있고(살전2:18), 또는 성령이 막아서 좌절 될 수도 있다(행16:6-10). 그러나 로마의 길이 막힌 진짜 이유는 마케도니아 지역에서 복음 전파 사역을 완수하느라 시간의 여유를 내지 못했을 것이며, 또한 하나님께서 가장 적절한 때에 인도하기 위해서 막으셨을 것이다(행25:11-12, 28:16).

② 선교지역을 서반아로 옮기려는 소원을 가지고 있었다.

"이제는 이 지방에 일할 곳이 없고 또 여러해 전부터 언제든지 서바나로 갈 때에 너희에게 가기를 바라고 있었으니"(23절)

'이 지방에'(ἐν τοῖς κλίμασι τούτοις)는 '이 넓은 지역들 안에서'(in these region)라는 뜻으로 지중해 연안을 끼고 소아시아와 마케도니아 지역들을 가리킨다. 복음을 그 지역에 편만하게 전파하였고(19절) 철저하게 개척 선교 중심으로 사역을 하다 보니 더 이상 일할 곳이 없다고 판단한 것이다. 그래서 서역(西域)으로 선교지를 옮기려고 계획한 것이다.

여기 "언제든지 서바나로 갈 때에"(ὡς ἂν πορεύωμαι)는 원문 상에는 24절에 있다. 그리고 '호스 안'(ὡς ἂν)+가정법은 미래에 일어날 사건의 불확실성을 나타내어 '내가 언제든지 스페인에로의 여행할 때에' 로마에 가려는 소원이 있었다는 뜻이다.

스페인 선교 계획은 하루아침에 생각한 것이 아니라 오래 전부터 계획하고 염두에 두었던 소원이었다. 여기 '바라고'(ἐπιποθίαν)라는 명사는 드물게 나타나는 단어로(고후7:7, 11) '간절히 바라다'(to long for)는 뜻의 '에피포데오'(ἐπιποθέω)에서 파생된 명사로 '갈망'(earnest desire), '동경'(憧憬, longing)이란 의미를 갖는다.

사도 바울이 이러한 간절한 소원을 갖게 된 것은 단순히 로마교회에 가서 신령한 은사를 나누어 주어 견고하게 하려는 목적도 있었지만(롬1:11), 그것보다 더 '복음의 빚진 자'의 심정을 가졌기 때문이었다(롬1:14-15). 로마를 기점으로 하여 땅 끝인 스페인까지 복음을 전파하여 유럽 전역을 복음화 시키려는 간절함이 있었기에 어떻게 해서라도 로마를 방문하려는 시도를 여러 차례 했던 것이다. 혹자는 바울이 사66:19의 이사야 예언의 성취를 전망해서 스페인 선교 계획을 세웠다고 보기도 한다.

③ 로마교회가 서반아 선교에 파송해 주기를 희망하였다.
"이는 지나가는 길에 너희를 보고 먼저 너희와 사귐으로 얼마간 기쁨을 가진 후에 너희가 그리로 보내주기를 바람이라"(24절)

여기 이유를 나타내는 접속사 '가르'($\gamma\grave{\alpha}\rho$)를 통하여 로마를 방문하려는 목적을 분명히 밝히고, 또한 '바람이라'($\acute{\epsilon}\lambda\pi\acute{\iota}\zeta\omega$)는 단어를 맨 앞에 두어 자신의 소원과 기대를 강조하고 있다.

먼저는 지나는 길에 로마 교인들을 '보기'($\theta\epsilon\acute{\alpha}o\mu\alpha\iota$)를 원하는 것이었다. 여기 '지나가는 길에'($\delta\iota\alpha\pi o\rho\epsilon\nu\acute{o}\mu\epsilon\nu o s$)라는 단어를 통하여 그가 로마 교회에 장기간 체류하기를 원하지 않고 잠시 방문했다가 스페인으로 가려는 의지를 분명히 보여주고 있다.

이미 로마 교인들의 믿음의 소문을 들었기 때문에 그곳에서는 자신이 할 일이 없다고 본 것이다. 오직 잠시 머물면서 '보는 것'($\theta\epsilon\acute{\alpha}o\mu\alpha\iota$)으로 만족하고 교제하고 안위함을 받아 선교적 지원을 받기를 원했을 뿐이다.

신약성경에는 '보다'(to see)라는 헬라어 단어가 여러 가지가 있다. 사도 요한은 요한복음 20장에서 부활하신 예수님을 본 경험과 세례 요한의 증거를 통하여 네 가지 용어를 사용하는 것을 볼 수 있다.

첫 번째는 요20:5에 "그 제자가 세마포 놓인 것을 보았으나" 들어가지 않았다. 여기 "보았다"($\beta\lambda\acute{\epsilon}\pi\omega$)는 말은 가장 흔히 사용하는 단어로 그 대상물이 눈에 인상적으로 들어왔다는 말이다.

두 번째는 요20:6에 뒤에 따라온 베드로가 "보니 세마포가 놓였었다"고 했다. 여기 "보았다"($\theta\epsilon\omega\rho\acute{\epsilon}\omega$)는 말은 '자세히 조사해 보았다'는 단어로 시체를 감았던 세마포가 가지런히 놓인 것이 이상할 정도로 보였다.

세 번째는 요20:8에 머리를 쌌던 수건은 세마포와 별도로 개켜있는 것을 요한은 "보고 믿었다"고 했다. 여기 "보았다"($\acute{o}\rho\acute{a}\omega$)는 '보고 이해하다'는 의미로 예수의 시체는 없고 세마포만 그대로 있는 것을 보니 예수님께서 부활하셨음이 틀림없다는 사실을 확인한 것이다. 이것은 다른 사람은 몰라도 자신은 분명히 이 사실을 눈으로 체험했다는 것이다(요1:34, 14:9).

네 번째는 요1:32에서 침례 받으러 오신 예수님을 세례 요한이 "내가 보매 ($\theta\epsilon\acute{a}o\mu\alpha\iota$)성령이 비둘기 같이 하늘로부터 내려와서" 그 위에 머무는 것을 본 것이다. 본 절에 나와 있는 이 단어는 주의를 기우려서 또는 의도적으로 어떤 목적과 관심과 감탄 속에서 바라보는 것을 의미한다. 보편적으로 영적인 상태를 보았을 때에 사용하고 있다(요1:14, 4:35, 6:5, 11:45, 행1:11).

그러므로 사도 바울은 잠시 로마 교인들을 보려는 계획을 세웠는데, 그것에는 그들의 신앙과 영적 상태를 깊이 살펴보려는 의도가 있었던 것이다.

다음으로 로마 교인들과 '교제를 나누는'($\acute{\epsilon}\mu\pi\lambda\eta\sigma\theta\tilde{\omega}$) 것이었다. '사귐'으로 번역된 '엠피플레미'($\acute{\epsilon}\mu\pi\acute{\iota}\pi\lambda\eta\mu\iota$)는 원래 '채우다'(to fill, 눅1:53, 행14:17), 또는 '만족시키다'(to be satisfied, 요6:12, 고후6:25)는 뜻으로 비유적으로 '충분한 기쁨을 나누다'(to have the full enjoyment of)를 의미하여 사귐을 갖는 것을 말한다.

'얼마간'($\acute{a}\pi\grave{o}$ $\mu\acute{\epsilon}\rho ov\varsigma$)이란 말을 통하여 로마 방문 기간이 길지 않고 '잠시'(for a while) 짧은 기간임을 시사하고 있다. 비록 짧은 기간이지만 로마에 체류하면서 교제를 나누고 서로 안위를 얻기를 바라였던 것이다(롬1:12).

최종적으로 로마 교인들을 통하여 서반아로 '보내주기'($\pi\rho o\pi\epsilon\mu\phi\theta\tilde{\eta}\nu\alpha\iota$)를 바라였던 것이다. 여기 '보내주다'($\pi\rho o\pi\acute{\epsilon}\mu\pi\omega$)라는 단어는 '전송하다'(to send forth), '여행을 돕다'(to help on one's journey)는 뜻으로 단순한 전송(餞送)을 받는 것을 의미하지 않고 동반자와 여행의 필요한 것을 준비하면서 음식과 돈, 교통편과 숙소까지도 도움을 받아 보내지는 것을 의미한다. 전반적인 선교를 위한 후원처가 되어주기를 조심스럽게 타진하고 희망한 것이다. 이러한 선교 후원 방식은 이미 초대교회에서 순회 선교사들에게 있어왔던 터이기에 가능성을 타진한 것이다(행15:3, 20:38, 21:5, 고전16:6, 11, 고후1:16, 딛3:13, 요삼6). 바울이 이렇게 로마 교인들에게 선교 후원처가 되어주기를 희망한 것은 자신의 이방인을 위한 사도적 사명 때문이었고, 그들이 사도적 사명과 비전을 깨닫고 동참하기를 바라였기 때문이었다.

둘째는, 구제의 일로 예루살렘을 방문할 것이다(25-29절).

사도 바울은 지금 당장 로마를 방문하지 못하는 이유를 설명하고 있다. 그것은 구제 헌금 때문에 예루살렘을 방문하려는 계획 때문이었다. 그러나 그 길이 "결박과 환난"이 기다리는 결코 순탄치 만은 않을 것을 예상했었다(행 20:22-24). 그럼에도 불구하고 그가 원대한 스페인 선교 계획을 잠시 접어두고 예루살렘 방문 길을 택한 것은 성령의 이끄심도 있었지만 중요한 과제들을 해결하기 위해 떠나려는 것이었다(갈2:7-9).

① 성도 섬기는 일로 예루살렘에 간다.

"그러나 이제는 내가 성도를 섬기는 일로 예루살렘을 가노니"(25절)

스페인 선교의 길이 미래의 계획이라면 예루살렘을 방문하려는 것은 지금 당장 감당해야 할 임무였다. 여기 '섬기는 일'(*διακονῶν*)은 생활의 필요를 공급하는 역할로서 '다른 사람을 섬기는 일'(thing which renders service to another)을 뜻한다.

바울은 복음을 전파하는 선교 사역도 중요하게 생각하였지만 '섬기는 사역'도 소중히 여겼다(고후8:4, 갈2:10). 이러한 봉사의 직무는 성도들의 부족한 것을 보충하는 것도 있었지만 무엇보다도 하나님께 영광이 된다는 사실이다(고후9:12-13). 특히 성도 섬기는 일은 유대인과 이방인이 그리스도 안에서 한 몸이라는 지체의식을 갖는데 중요한 역할을 하게 만들기에 바울은 이 일에 사명감을 갖고 바쁜 일정 속에 떠나게 된 것이다(고전12:13).

"이는 마게도냐와 아가야 사람들이 예루살렘 성도 중 가난한 자들을 위하여 기쁘게 얼마를 연보하였음이라"(26절)

예루살렘 성도 중에 왜 가난한 자들이 생겼는지 정확히는 알 수 없다. 그리스도를 믿음으로 유대사회에서 배척을 당하여 실직되거나 생계 수단을 빼앗기는 일이 발생했기 때문일 것이다(행6:7). 또는 "천하에 큰 흉년"이 들었을 때에 예루살렘과 유대 지역이 더욱 극심했기 때문에 주변의 도시의 성도들이 '부조'(*διακονία*)를 보낸 전력을 볼 때에 가난의 원인을 짐작할 수 있다(행11:28-30). 마케도니아와 아가야 지방의 성도들이 구제 헌금에 동참한 것은 '기쁨으로'($\epsilon\dot{v}\delta\acute{o}\kappa\eta\sigma\alpha\nu$) 한 것이었다. 사실 그들은 '환난의 많은 시련'과 '극심한 가난'을 겪었던 사람들이었지만(고후8:2), 그러나 그들은 기쁨으로 "힘대로 할 뿐 아니라 힘에 지나도록 자원하여"(고후8:3) 헌금에 동참했던 것이다.

또한 그들은 가난한 형제들의 고난에 '동참하는 마음'으로 헌금했던 것이다. 개정개역성경에서 '연보'로 번역된 '코이노니아'($\kappa o\iota\nu\omega\nu\acute{\iota}a$)는 '교제' (fellowship), '기부금'(contribution)의 의미도 있지만, 가장 핵심적인 의미는 어떤 것을 나누거나 또는 어떤 일에 공동으로 참여하는 행위를 가리킨다(고전10:10, 고후13:13, 빌2:1, 3:10).

재난으로 인하여 가난에 처한 동료 형제들의 아픔에 함께 참여하여 자원하는 마음으로 힘껏 헌금해 준 것이다. 이는 어려움을 당한 성도들을 향한 참된 교제의 징표이며 형제 사랑의 증거라 할 수 있다.

② 구제 연보는 기쁨과 빚진 자의 심정으로 해야 한다.
"저희가 기뻐서 하였거니와 또한 저희는 그들에게 빚진 자니 만일 이방인들이 그들의 영적인 것을 나눠 가졌으면 육적인 것으로 그들을 섬기는 것이 마땅하니라"(27절)

저희가 기쁘게 자원하여 헌금에 동참해 준 것이 고맙고 감사할 일이지만 그렇다고 자만할 필요는 없는 것이다. 그것은 이방인 교회는 예루살렘 교회를 향하여 '빚진 자들'이기 때문이다. 이는 반드시 갚아야 할 책임과 의무가 있는 사람들이라는 말이다.

'왜냐하면'($\gamma\grave{a}\rho$) 이방인 교회는 예루살렘 교회로부터 '신령한 것들'을 나눠가졌기 때문이다. '신령한 것들'은 예수 그리스도의 복음과 그 안에서 주어지는 모든 영적 축복들을 지칭한다. 이는 이사야의 예언대로 하나님께서 '시온에서 만민을 위한 연회를 베풀어주고'(사25:6-8), '시온에서 구속자가 나오고'(사59:20) 이방 나라 백성들로 하여금 그곳에 와서 은혜를 먹게 하시는 은총을 주셨기 때문이다(사60:16, 62:11-12).

사도 바울의 표현대로 돌 감람나무였던 이방인들이 참 감람나무에 접붙임이 되어 "참 감람나무 뿌리의 진액을 함께 받는 자"가 되었기 때문이기도 하다(롬11:17). 그러므로 신령한 것을 나누어 가졌으면 육신적인 것으로 섬기는 것은 당연하다는 것이다. 그러므로 이방인 신자들이 예루살렘 교회 성도들의 육신적 필요를 공급한 것은 자선이 아니라 당연히 해야 할 의무였다는 것이다.

③ 일을 마치면 그리스도의 충만한 축복을 가지고 갈 것이다.
"그러므로 내가 이 일을 마치고 이 열매를 그들에게 확증한 후에 너희를 들렀다가 서바나로 가리라"(28절)

여기 '확증한 후에'(σφραγισάμενος · σφραγίζω의 부정과거 중간태 분사)는 문자적으로는 '인치다'(to seal)는 뜻이지만, 비유적 용법으로 '확실히 하다'(to certify), '인증하다'(to attest)는 뜻으로 '그들이 받은 것을 확인하다'(have made sure that they have received-NIV)는 의미이다.

'열매'는 이방인 신자들의 연보로서, 본 절의 뜻은 예루살렘 교회에 구제 헌금을 전달하여 분명히 확증한 후에 계획대로 스페인 선교로 가겠다는 말이다. 또한 이 말 속에는 유대인 신자들이 이방인의 헌금을 받아주므로 이방인 신자들도 동일한 하나님의 백성으로 인정한다는 것을 확인하는 작업이기도 하다.

그러므로 단순한 헌금 전달이 아니라 이 일로 인하여 유대교인과 이방교인이 서로 친밀한 연대감을 갖고 거룩한 공동체의 일원이라는 것을 확인하는 시간이기도 하다.

"내가 너희에게 나아갈 때에 그리스도의 충만한 복을 가지고 갈 줄을 아노라"(29절)

교회와 사역자의 사명은 '그리스도 안에서 주시는 하늘에 속한 모든 신령한 복'(엡1:3), 즉 "측량할 수 없는 그리스도의 풍성함을 이방인에게 전하는"(엡3:8) 일을 하는 것이다. 그러므로 당연히 그리스도의 복음을 들고 가는 바울의 발걸음에는 풍성한 복을 가지고 가게 되어 있는 것이다. 복음을 들고 가는 것은 엄청난 복을 들고 가는 발걸음인 것이다.

셋째는, 기도에 함께 동참해 주기를 요청하다(30-33절).
이제 마지막으로 로마 교인들에게 자기를 위해 기도해 줄 것을 요청하고 있다. 이런 기도의 부탁은 중보기도의 중요성과 그 위력을 알았기에 종종 이런 기도를 부탁했었다(고후1:11, 엡6:19, 골4:3).

"형제들아 내가 우리 주 예수 그리스도와 성령의 사랑으로 말미암아 너희를 권하노니 너희 기도에 나와 힘을 같이하여 나를 위하여 하나님께 빌어"(30절)

여기 '내가 권하노니'(Παρακαλῶ)는 단순한 부탁이나 일반적인 권면보다는 좀 더 강한 의미로 '내가 강권한다'(to exhort), 집요하게 '재촉하다'(to urge)는 뜻으로 예수 그리스도와 성령의 사랑에 입각해서 간절히 당부하고 있다. '성령의 사랑으로 말미암아'는 우리를 사랑하시는 성령의 사랑을 지칭하는 것보다는 "성령께서 불러일으킨 신자 자신의 사랑"을 가리키는 것으로 보는 것이 더 타당하다. 신자들은 성령이 부어주시는 하나님의 사랑으로(롬5:5) 서로 사랑하는 자들이 되었기 때문이다. 성령의 사랑을 체험한 사람답게 함께 기도에 동참해 달라는 것이다.

또한 기도를 할 때 자신과 '힘을 같이하여' 기도해 달라는 것이다. 여기 '힘을 같이하여...빌어'(συναγωνίζομαι)는 본래 체육 경기에서 승리를 위해 분투하는 모습을 나타내는 '아곤'(ἀγών)에다가 '~와 함께'라는 의미의 '쉰'(σύν)이라는 접두어의 합성어에서 유래한 것으로 승리를 위해 '어떤 사람과 함께 싸우다'(to fight along with someone), 목표 달성을 위해 '함께 분투하다'(to strive together)는 뜻으로 공동의 적과 싸워 승리하기 위하여 함께 힘을 합해서 기도로 싸워달라는 부탁이다.

영적 전투에서 승리하고 공동의 거룩한 목적을 달성하기 위하여 우리 모든 신자들은 함께 기도를 합해야 한다. 여기에 합심한 중보기도의 중요성이 있다. 초대교회처럼 마음을 같이하여 기도하기에 전혀 힘쓸 때에 위대한 역사는 일어나는 것이다.

① 유대에서 대적자들로부터 건져달라고 기도해 주라

"나로 유대에서 순종하지 아니하는 자들로부터 건짐을 받게 하고"(31절 상)

바울은 "유대인들이 자기를 해하려고 공모"를 꾸미고 있다는 것을 알았고(행20:3), 예루살렘을 향하여 가는 길에 "결박과 환난이 나를 기다린다"(행20:23)는 것도 알고 있었다.

그래서 죽음을 각오한 일사각오(一死覺悟)의 정신으로 예루살렘을 방문하려 했던 것이다(행20:24, 21:13). 그러나 아직도 로마를 비롯한 스페인 선교 계획이 남아 있기에 그 목적을 달성할 때까지는 죽을 수는 없었다.

그래서 유대에 살고 있는 복음에 순종하지 않는 대적자들의 손으로부터 하나님께서 목숨을 건져주시기를 기도 부탁하는 것이다. 이것은 죽음이 두려워서가 아니라 자신의 사명을 위해서 하나님의 보호가 절대로 필요했기 때문이다(딤후4:17, 참조 행23:11, 27:23).

② 예루살렘에서 섬기는 일이 잘 받아들여지도록 기도해 주라

"또 예루살렘에 대하여 내가 섬기는 일을 성도들이 받을만하게 하고"(31절하)

여기 '받을만하게'($\epsilon\dot{\upsilon}\pi\rho\acute{o}\sigma\delta\epsilon\kappa\tau o\varsigma$)는 기쁨으로 받아들을 수 있게 해 달라는 것이다. 아무리 좋은 뜻으로 행한 일이라 할지라도 상대방이 그 의도를 오해하거나 거부한다면 결과는 역효과를 낳게 되는 것이다. 그러므로 구제헌금을 가지고 방문했는데 유대에 있는 기존 성도들이 비록 이방인 성도들로부터 온 것이라 할지라도 용납해 줄 수 있는 분위기를 위해서 기도를 부탁하는 것이다.

그것은 유대인 신자와 이방인 신자 사이에 율법과 복음에 대한 견해 차이 때문에 갈등을 빚고 있는 차에(행21:21) 구제 헌금이 그들의 감정과 자존심에 상처를 입힐 수 있기 때문이다. 만약에 유대의 성도들이 이방인의 성의를 기쁨으로만 받아준다면 거룩한 공동체로서의 목적은 달성될 수 있기 때문이다. 기도는 응답되어 예루살렘 교회는 이방교회 성도들의 헌금을 기꺼이 받아주었다(행24:17-20). 그리하여 유대인 교회와 이방인 교회가 하나의 거룩한 공동체로 연합하는 계기를 마련했던 것이다.

③ 하나님의 뜻을 따라 로마에 갈 수 있도록 기도해 주라

"나로 하나님의 뜻을 따라 기쁨으로 너희에게 나아가 너희와 함께 편히 쉬게 하라"(32절)

사도 바울은 로마의 방문도 하나님의 계획 속에서 가기를 원했다. 앞에 있는 기도 제목대로 이루어진다면 기쁨으로 로마를 방문할 수 있게 된다. 그것은 오래 전부터 계획한 스페인 선교 계획이 실현될 수 있게 길이 열리는 것이다. 그렇다면 기쁨으로 로마에 가서 성도들과 함께 사귐을 가질 수 있고(24절), 신령한 은혜를 나눌 수도 있고(롬1:11), 서로 위로를 받으며 함께

편히 쉴 수 있게 될 것이다(롬1:12).

여기 '쉬다'는 말은 사역을 중단하고 쉬겠다는 말이 아니라 험난했던 선교 여정 기간 동안에 '자지 못하고 늘 눌리고 염려에 쌓였던' 것들에서 벗어나 잠시나마 영적인 안식을 얻고자 하는 것이다(고후11:23-28).

바쁘게 일하던 사역자들에게는 잠시 일지라도 영성을 재충전할 수 있는 영적 피서, '퇴수회'(退修會)가 필요한 것이다. 그런데 '함께 편히 쉬다'(συναναπαύομαι)라는 말을 볼 때에 혼자만의 자연 속에 들어가서 안식을 얻으려는 것이 아니라 믿음의 형제들과 함께 교제를 통하여 영적 원기를 회복하고 영적 안식을 얻고자 하는 것임을 알 수 있다(롬1:12, 고후7:5-7).

④ 평강의 하나님이 함께 계실지어다.

"평강의 하나님께서 너희 모든 사람과 함께 계실지어다 아멘"(33절)

이제 본 단락의 결론으로 '평강의 하나님'이 로마교회의 모든 구성원들에게 함께 하기를 기원하고 있다. 바울은 앞에서 하나님을 '인내와 위로의 하나님'(15:3), 또는 '소망의 하나님'이라고 표현했었는데, 여기서는 '평강의 하나님'으로 소개하고 있다.

바울에게 있어서 모든 평강은 하나님께로부터 온다는 확신 속에서 '평강의 하나님'은 매우 친숙한 표현이었다(16:20, 빌4:9, 살전5:23, 살후3:16). 평강의 하나님이 함께 하시면 때마다 일마다 평강의 은총이 넘치게 될 것이다. 그로 인하여 하나님과의 관계는 은혜로울 것이고, 심령은 평안하며, 육신은 건강하고, 환경은 형통할 것이다.

우리가 지금까지 로마서를 살펴보면서 본론 부분과 종결 부분의 분위기가 다른 것을 느꼈을 것이다. 본론의 교리와 삶의 실천 부분에서는 개인적인 이야기는 없고 복음에 관한 진리를 진술함에 있어서 논리적이면서도 집요하게 한 가지 주제를 집중적으로 논증하여 분명한 결론을 맺어가는 것을 보았다. 그러나 종결부에 와서는 전혀 그런 느낌이 없이 오직 자신의 사역과 신상에 관한 이야기를 가지고 로마 교인들에게 이해와 용납과 도움을 요청하고 있다.

먼저는 자신이 로마서를 쓴 것은 자신이 받은 '은혜'로 말미암은 진리가 다시 생각나게 하려는 목적으로 썼다는 것을 이해해 달라는 것이었다. 이미 로마 교인들은 상당한 수준의 영적 지식과 실력을 갖추고 있었지만 자신이 하나님의 계시로 깨달은 복음, 즉 "내 복음"(2:16, 16:25)이라고 말한 이유를 용납하라는 것이었다. 그것은 율법이 아닌 은혜로 의롭다하심을 얻고, 또한 거룩한 삶을 이루는 것도 율법주의적 노력과 몸부림이 아니라 성령의 은혜에 따라 이루어진다는 진리를 전달해 주려는 의도였다는 것이다(롬 1:15).

둘째로 자신은 이방인을 향한 그리스도 예수의 일군으로, 또는 하나님의 복음의 제사장 직무를 따라 소아시아와 마케도니아 지역에서 열심히 사명을 감당했다는 것이다. 예루살렘에서부터 일루리곤 지역까지 그 넓은 지역을 두루 행하면서 이방인을 제물처럼 하나님께 열심히 드렸다는 것이다. 그래서 더 이상 일할 곳이 없을 정도로 복음을 편만하게 만들었다는 사실을 간략한 선교 보고를 했다.

셋째로 자기 나름대로 동편지역 선교 사역에서의 역할을 마쳤으니, 이제 로마 서편지역을 선교하고자 하는 계획에 동참해 달라는 것이다. 복음이 전파되지 않은 지역에 복음을 전하고자 하는 정책에 따라 복음의 황무지와 같은 스페인 선교에 로마교회가 교두보가 되어 주기를 조심스럽게 타진하며 간청하였다.

넷째는 자기가 당장 로마에 방문할 수 없는 것은 구제헌금 문제로 예루살렘을 방문해야 하는 일정 때문이라고 그 이유를 밝히고 있다. 구제헌금을 전달하는 것이 일차적 목표였지만 "이 열매를 그들에게 확증한 후에"(28절)라는 말을 볼 때에 그 배후에 다른 의도가 있음을 보여주고 있다.

그것은 헌금 전달을 통하여 유대인 교회가 이방인 교회를 용납해 주어 그리스도 안에서 하나의 공동체로 일치하고 연합되기를 바라는 것이었으며(31절), 또한 이방 지역에서 전파하던 복음, 즉 율법과 복음의 문제로 인한 갈등이 해결되어 유대인 교회에서도 자신이 증거한 그리스도의 복음을 수용해 주기를 바라는 것이었다.

다섯째는 이 모든 내용들이 하나님의 뜻 안에서 아름답게 이루어지기를 위하여 함께 기도에 동참해 주기를 부탁하였다. 특히 살해 공모와 위협이 도사리고 있는 예루살렘 여정에서의 하나님의 보호와 이방인 교회의 구제헌금이 종교적 자존심이 강한 유대인들에게 용납되는 문제는 당장 시급한 기도 제목이었다.

이 두 가지 기도제목이 은혜롭게 풀어지면 기쁨으로 로마에 들렀다 스페인 선교 계획을 펼칠 수 있는 일이었다. 감사한 것은 기도의 제목들은 전부 응답되었다는 것이다. 그가 우려했던 것과 달리 예루살렘 지도자들은 그를 영접하였고(행21:17), 계획했던 의도와 일들도 잘 받아들여졌고(행21:18-20), 극렬한 유대인들의 위협에서도 건져내셨고(행21:27-36, 23:12-35), 하나님의 뜻에 따라(행23:11) 비록 죄수처럼 압송되는 몸이었지만 무사히 로마까지 가서 사역할 수 있었던 것이다(행28:23, 30-31).

우리는 목숨이 다하는 날까지 그리스도의 복음을 증거하고 자신에게 주어진 사명을 완수하려는 사도 바울의 정신과 자세를 본받아야 할 것이다.

2. 마지막 인사와 권면들(16:1-27)

로마서의 마지막 문안 인사의 글이 다른 서신들과 비교했을 때에 너무나 길고 등장인물이 많다는 것과 문안 인사를 하다가 갑자기 거짓교사에 대한 경고를 한 점 등을 들어서 학자들 가운데서는 16장은 본래 로마서에 속한 것이 아니라 후대에 잘못 첨가된 것이라고 주장하기도 한다.

그러나 우리는 그들의 주장들은 전부 신빙성이 없는 추측들이라고 본다. 특히 16:25-27의 송영부분은 바울의 것이 아니라고 주장하는 사람들은 로마서 전체를 이해하지 못했을 뿐 아니라 9-11장, 그리고 11:33-36을 전혀 이해하지 못한 무지의 소치라고 보여 진다. 우리는 대부분의 사본들이 보여주는 대로 16장 전체를 로마서의 마지막 문안 인사로 보기를 원한다.

16장은 크게 다섯 부분으로 나눌 수 있다. 첫째는 자신을 대신해서 로마서를 전달할 임무를 맡은 뵈뵈를 천거하고(1-2절), 둘째는 함께 동역했던 로마의 성도들을 일일이 문안하라는 권고이며(3-16절), 셋째는 공동체의 분열을 조장하는 거짓 교사들을 경계하라는 것이며(17-20절), 넷째는 자신과 동역하고 있는 자들의 문안 인사를 받아주라는 것이고(21-23절), 다섯째는 복음과 예수 그리스도를 전파하는 하나님의 구속 계획을 마련하신 하나님을 찬미하는 송영으로 마치고 있다(25-27절).

이것은 전체적으로 세 가지 주제를 말하려는 의도가 있다. 먼저는 그가 언급한 26명의 인물들은 단순히 문안 인사를 하라는 것이 아니라 그들은 전부 나름대로 여러 모양으로 사도 바울과 함께, 또는 각자 주어진 위치에서 하나님의 교회를 건설하기 위하여 수고한 동역자들이라는 것이다. 그들의 수고를 인정하고 존경하여 거룩한 하나님의 공동체를 건설함에 있어서 하나로 일치하자는 것이다.

다음으로 배운 교훈을 거슬러 분쟁을 일삼고 형제들을 실족시키는 자들은 절대로 그리스도의 일군이 아니라는 것이다. 그들은 공동체 건설을 통한 하나님의 목적을 성취하는 것에는 관심이 없는 교활한 사탄의 도구이기에 반드시 배격해야 한다는 것이다.

마지막으로 지금까지 로마서에 기록한 복음과 예수 그리스도를 전하는 것은 만세 전부터 하나님이 계획하신 것이며 그 경륜 속에 이루어진 역사적 사실이라는 것이다. 이는 이미 로마서 전체에서 진술했던 것으로 다시 한번 마지막으로 요약하는 것이다. 이와 같이 모든 민족으로 믿어 순종하게 하시려고 위대한 일을 계획하시고 경륜해 오신 하나님께 영광을 세세무궁토록 돌리자는 것이다.

(1) 교회의 일꾼을 합당한 예절로 영접하라(1-2절)

사도 바울은 로마에 가고자하는 간절한 소원이 있었지만 시급하게 예루살렘을 방문해야 하는 일정 때문에 갈 수가 없었다. 그래서 로마서를 자신을 대신하여 겐그리아 교회의 일군인 뵈뵈(Phoebe) 자매에게 전달 임무를 맡겨 보내면서 로마 교인들에게 그녀를 영접해 주고 도와주라고 부탁하고 있다.

"내가 겐그리아 교회의 일꾼으로 있는 우리 자매 뵈뵈를 너희에게 추천하노니"(1절)

뵈뵈(Phoebe)에 대하여 다른 성경에 기록된 바가 없기 때문에 그녀가 어떤 인물인지 자세히는 알 수가 없다. 먼저는 그녀는 "우리 자매", 즉 동료 신자라는 것이다. 보편적으로 남성 명사 '형제'($\dot{a}\delta\epsilon\lambda\phi\acute{o}s$)가 신앙공동체 안의 구성원들을 지칭하는 술어로 쓰였지만, 여성 명사 '자매'($\dot{a}\delta\epsilon\lambda\phi\acute{\eta}$)는 드물게 나온다(고전7:15, 9:5, 몬2, 약2:15). 이는 초대교회에서 모든 그리스도인들을 형제, 자매로 부르는 보편적인 습관이었다.

다음은 그녀는 겐그리아(Cenchrea) 교회의 일꾼이었다. 겐그리아는 고린도에서 동쪽으로 아주 가까운 위치(약10km)에 있던 항구도시로 사도 바울을 통하여 그곳에 교회가 세워진 것 같다(행18:18). 여기 '일꾼'($\delta\iota\acute{a}\kappa o\nu os$)은 15:8에서 설명한 것처럼 '심부름하는 자', '임무를 수행하는 사람'라는 뜻으로 '섬기는 종', 또는 나중에는 '집사'라는 의미로 사용되었다(빌1:1, 딤전3:8, 12).

그들이 정확하게 어떤 일을 수행했는지 정확하지는 않지만, 주로 가난한 자들을 돌아보고 교회의 재정을 담당한 것으로 추정하고 있다. 그러나 '하나님의 사역자'라는 의미로 사용하는 것을 보면 현대교회의 집사 수준과는 다르게 그리스도 공동체 안에서 중요한 임무와 중책을 맡아서 수행한 사람인 것만은 분명하다(롬13:4, 고전3:5, 고후6:4, 골1:23, 25).

사도 바울은 겐그리아 교회에서 중요한 임무를 맡고 있는 믿음의 자매 뵈뵈를 로마서 전달 임무를 맡기면서 추천하고 있다. 여기 '추천하다'

($\Sigma v v \iota \sigma \tau \eta \mu \iota$)는 단순히 '소개하다'(to introduce)는 뜻보다는 더 적극적으로 그 사람에 대해 보증하면서 '추천하다'(to commend)는 의미를 가지고 있다(고후3:1, 5:12). 그러나 추천한다는 것보다는 '위탁하다'(to entrust), '맡기다'(to commit)는 의미가 더 강하여 2절을 볼 때에 바울은 뵈뵈를 로마 교인들에게 잘 돌보아 주기를 위탁했던 것으로 보여 진다.

① 그녀를 성도들의 합당한 예절로 영접해 주어라
"너희는 주 안에서 성도들의 합당한 예절로 그를 영접하고 무엇이든지 그에게 소용되는 바를 도와줄지니 이는 그가 여러 사람과 나의 보호자가 되었음이라"(2절)

여기 '영접하다'($\pi \rho o \sigma \delta \acute{\epsilon} \chi o \mu a \iota$)는 '영접하다'(to receive), '환영하다'(to welcome)는 뜻으로 어떤 집단에 들어오도록 받아들여 음식과 숙박같은 것을 제공하는 것을 말한다.

초대교회는 멀리서 온 손님에 대한 '성도들의 합당한 예절'이 있어 기쁨으로 맞이해 주고 필요한 것을 공급해 주며 제공해 주는 미덕이었다(12:13, 벤전4:9). 이것은 비록 인종과 피부색깔이 다르고, 지역과 문화가 다르다 할지라도 믿음의 성도들은 '주 안에서' 한 가족이라는 인식으로 기쁘게 영접하여 숙식을 제공해 주는 전통이 있었던 것이다. 특히 여성의 몸으로 주의 일을 위하여 수고하는데 타락한 세속문화 가운데 방치해 두어서는 안 되는 일이었다.

② 그녀에게 무엇이든지 필요한 일들을 도와주라
여기 '소용되는 바'($\chi \rho \acute{\eta} \xi \eta \pi \rho \acute{a} \gamma \mu a \tau \iota$)는 '필요한 일'로 그녀가 도움이 필요하든지, 또는 어떤 필요한 문제가 있으면 무엇이든지 도와주라는 부탁이다. 사실 뵈뵈는 로마교회를 돕고 섬기기 위하여 갔지만 한편 로마교회 성도들도 그녀의 곁에서 필요로 하는 모든 문제를 해결해 주고 도와주라는 그리스도의 사랑과 일치를 강조하는 권면이다.

그리스도께서 유대인과 이방인 사이의 '중간의 막힌 담을 헐어버린 것'(엡2:14)과 같이 그리스도 안에서는 편협한 지역주의나 민족주의, 인종주의와 같은 것에 얽매어서는 안 된다. 모든 장벽을 헐고 또한 모든 것을 초월하여 서로 돕고 섬기는 그리스도의 사랑을 실천해야 한다.

③ 그녀가 나와 여러 사람의 보호자가 되었기 때문이다.

그녀가 합당한 영접과 도움을 받을 충분한 이유가 있다는 것이다. 그것은 사도 바울의 사역뿐만 아니라 여러 사람들의 보호자 역할을 해 주었기 때문이다. '보호자'(προστάτις)라는 단어는 로마 사회에서 '외국인의 법적인 대표자'(the legal representative of a foreigner)라는 의미로 시민권이 없어서 경제력이 취약한 이방인을 보호하는 직책을 가리킨다.

또한 유대 공동체에서는 법률적 조력자나 경제적인 후원자의 의미로도 사용하였다. 이로 보건대 뵈뵈는 겐그리아 지역에서 경제적으로나 사회적으로 넉넉하고 힘 있는 환경에 있었던 것 같다. 그리하여 전도자인 바울과 그 일행, 또한 주변의 많은 사람들에게 힘이 되어 주었고 보호자 역할을 해 주었던 것이다. 이렇게 주 안에서 헌신적으로 일한 사람을 환영하고 편의를 돌보아주는 것은 당연한 일이다.

(2) 주 안에서 수고하고 공동체의 주축이 되는 사람들에게 문안하라(3-16절)

본 단락의 두드러진 특징은 문안 인사 목록에 무려 26명의 개인 이름을 거명하고, 두 가정과 세 개의 가정 교회들을 언급하고 있다는 것이다. 26명의 이름들을 분석해 볼 때에 그 중에는 로마인, 헬라인, 유대인이 섞여 있어 로마교회가 여러 인종이 함께 한 거룩한 공동체인 것을 보여준다.

또한 그들은 거의 소아시아와 헬라지역에서 사귐을 가졌던 사람들로 로마로 이주한 사람들인 듯하다. 특히 주 안에서 수고하고 충성한 일군들을 많이 거명한 것을 볼 때에 복음과 하나님의 나라를 위하여 중추적 역할을 한 사람들을 인정하라는 의미를 주고 있다.

교회는 인종을 초월하여 연합과 일치에 힘쓰는 사람, 또한 수고와 섬김을 통하여 하나님의 나라를 건설하는 사람들을 통하여 은혜롭게 세워져 가는 것이다.

여기 '문안하라'('Ασπάσασθε)라는 편지글 끝머리에 문안 인사말로 나오는 단어가 이인칭 명령법으로 되어 있는 것은 로마 교인들에게 상대방에게 문안하라는 명령이기보다는 바울 자신의 개별적 인사를 특정 인물들에게 전해 달라는 의미로 보는 것이 좋다.

이제부터 이 인물들을 성경구절의 순서에 따라 살펴보는 것보다 그 각자에게 언급 되어진 특징에 따라 분류하여 살펴보려고 한다.

첫째는, 나의 동역자에게 문안하라(3-4, 9절).

"너희는 그리스도 예수 안에서 나의 동역자들인 브리스가와 아굴라에게 문안하라"(3절)

여기 '동역자'($\sigma\upsilon\nu\epsilon\rho\gamma os$)는 '함께 일하다'(to work together with), '협력하다'(to co-operate), '돕다'(to assist)는 뜻을 가진 동사 '쉬네르게오'($\sigma\upsilon\nu\epsilon\rho\gamma\acute\epsilon\omega$)에서 유래한 명사로 '동료 일꾼'(a fellow labourer), '조수'(coadjutor)를 의미한다.

사도 바울은 자신의 선교 사역에서 자기를 도와 함께 수고한 사람들을 향하여 존경을 표함과 동시에 그 권위를 인정하여 '동역자'라고 했다. 바울은 '브리스가와 아굴라'에 대해서는 '나의 동역자'라고 했는데, '우르바노'에 대해서는 '우리의 동역자'라고 했다(9절). '브리스가와 아굴라' 부부는 고린도에서 바울을 만난 이후 함께 일하면서 그의 선교 사역에서 중요한 부분을 담당해 주었다(행18:1-3).

아굴라는 본도 출신 유대인으로서 그 아내와 함께 바울을 도와 고린도에서 에베소까지 가서 사역을 하였다. 그들은 바울을 지키기 위해 "자기들의 목까지도 내놓았을" 정도로 헌신적으로 충성하였고 뿐만 아니라 "이방인의 모든 교회들"이 고마워 할 만큼 그리스도인들의 모임을 후원하고 돕는 일에 열성적이었다. 그들은 가르치는 사역도 감당했고(행18:26) 자기 집에 그리스도인들이 모이는 가정 교회를 마련할 정도로 복음을 위해 중추적 역할을 해 주었다(16:5, 고전16:19). 이런 충성된 동역자를 통하여 주의 사역은 더욱 효과적으로 열매를 맺게 되는 것이다.

둘째는, 주 안에서 많이 수고한 사람에게 문안하라(6, 12절).

"너희를 위하여 많이 수고한 마리아에게 문안하라"(6절)

여기 '수고하다'($\kappa o\pi\iota\acute\alpha\omega$)는 '피로해지다'(to grow weary), '수고하다'(to work with effort), '힘써서 일하다'(to toil)는 뜻으로 기진할 정도로 수고하여 일한다는 의미이다. '마리아'(Mary)와 '버시'(Persis)는 다른 사람들보다 많이 수고했으며, '드로배나와 드루보사'는 지금 현재도 수고하고 있다고 말하고 있다(12절). 사도 바울은 자신이 선교 사역을 한 것이나 교인들을 양육하고 훈련시킨 일들에 대하여 '수고'라는 단어를 사용했는데(고전5:10, 갈4:11, 빌2:16, 골1:29, 딤전4:10), 이들이 수고한 것은 선교 사역뿐만 아니라 교회 공동체 안에서 전반적인 일들에서 있는 힘을 다하여 수고하고 섬겼던 것이다.

교회 안에서는 항상 이렇게 최선을 다하여 수고하고 섬기는 사람들을 통하여 은혜롭게 되며 일이 성취되어 가는 것을 볼 수 있다. 그들의 수고를 알아주는 것은 당연하다(살전5:12).

셋째는, 주 안에서 탁월한 자에게 문안하라(13절).

"주 안에서 택하심을 입은 루포와 그의 어머니에게 문안하라 그의 어머니는 곧 내 어머니니라"(13절)

여기 '루포'(Rufus)는 마가복음에 나와 있는 구레네 시몬의 아들과 동일 인물로 보여진다(막15:21). 또한 '택하심을 입은'(τὸν ἐκλεκτὸν)이란 단어는 선택이라는 보편적인 의미보다는 '루포'에게만 특별히 사용된 것을 볼 때에 탁월한 장점을 가지고 있는 사람을 뜻하여 '뛰어난 신자'(outstanding christian)를 의미하고 있다(벧전2:4, 6).

그는 교회에서 모든 성도들의 모범이 될 정도로 탁월한 신앙생활과 헌신을 해서 많은 사람들로부터 존경을 받는 사람일 가능성이 많다. 그리고 그의 어머니를 "내 어머니"라고 부른 것은 실제적 어머니라는 것보다는 안디옥 교회에 있을 때에 초신자였던 바울을 구레네 시몬의 아내이며 루포의 어머니께서 따뜻한 사랑을 가지고 돌보아 주었기 때문에 신앙 안에서 어머니로 생각했을 것이다(행11:20, 13:1).

우리에게는 교회 안에서 특출(特出)나게 헌신하고 모범을 보여주는 헌신된 신자들이 필요하다.

넷째는, 나의 사랑하는 자에게 문안하라(5, 8, 9, 12절).

"내가 사랑하는 에베네도에게 문안하라 그는 아시아에서 그리스도께 처음 맺은 열매니라"(5절)

바울 자신이 '사랑하는'(τὸν ἀγαπητόν) 사람이라는 표현을 쓴 사람이 네 명이나 된다. 바울에게 있어서 '사랑하는 자'라는 말을 붙일 때에는 주로

'자녀'(고전4:14, 17, 딤후1:2), 또는 '형제'(고전15:58, 엡6:21, 빌4:1, 골4:9)라는 단어와 함께 사용했던 것을 볼 수 있다. 이는 깊은 애정을 가지고 부르는 말로서 바울에게서 잊을 수 없는 사람들을 지칭한다. 특히 '에베네도'는 아시아에서 전도 할 때에 첫 번째 맺은 열매이었기에 더욱 애정이 갔던 인물이다.

다섯째는, 그리스도 안에서 인정함을 받은 자에게 문안하라(10절).
"그리스도 안에서 인정함을 받은 아벨레에게 문안하라"(10절)
'인정함을 받은'(τὸν δόκιμον)이란 '연단 후에 인정받는 것'(approved after trial)을 가리킨다. '아벨레'는 시련 속에서도 변치 않는 신앙인의 모습을 보여주어 그 신앙이 진실하다는 것이 모든 성도들 앞에 인정받아 칭찬을 받았던 것 같다(롬14:18, 고후10:18, 13:7, 딤후2:15). 이렇게 굳건한 믿음의 모습을 보이며 성도들에게 모범이 되는 사람을 인정해 주는 것은 당연하다.

여섯째는, 내 친척에게 문안하라(7, 11절).
"내 친척이요 나와 함께 갇혔던 안드로니고와 유니아에게 문안하라 그들은 사도들에게 존중히 여겨지고 또한 나보다 먼저 그리스도 안에 있는 자라"(7절)
여기 '친척'(συγγενής)이란 실제적인 친족일 수도 있고 동족 유대인 기독인을 가리킬 수도 있다. '안드로니고'와 '유니아', 그리고 11절에 있는 '헤로디온'이 누구인지 정확히는 알 수 없다. 하여간 바울과 아주 가깝고 친밀했던 것만은 사실이다.
행23:16에서 바울의 생질이 살해 음모에서 바울을 구출했던 것과 본 절에서 친척들이 '함께 갇혔다'는 것을 볼 때에 바울을 심히 염려하는 친족인 듯하다. 특히 그들은 바울보다 먼저 그리스도 안에서 신앙을 가졌고 사도들에게도 유명하게 인정을 받던 인물들이었다. 사도들에게 '존중히 여김'을 받았다는 것은 그만큼 교회 공동체 안에서 미친 영향력이 크기 때문일 것이다. 어쩌면 이들이 바울의 회심을 위하여 쌓은 기도가 응답되어 다메석 도상의 회심 사건이 일어났고 바울이 주께로 돌아와 위대한 사도로 변했는지 모른다.

일곱째는, 주 안에 있는 자들에게 문안하라(10, 11, 14, 15절).

"나깃수의 가족 중 주 안에 있는 자들에게 문안하라"(11절)

이제 개인적인 이름을 거론하면서 그와 함께 있는 많은 무리, 즉 '권속들', '함께 있는 형제들', '함께 있는 성도들' 이라는 표현을 통하여 어느 한 그룹들을 문안하라고 권하고 있다.

3-15절을 살펴보면 로마에는 서로 다른 다섯 개 이상의 회중 그룹이 형성되어 있었던 것 같다.

① 브리스가와 아굴라의 가정 교회(3-5절),

② 아리스도불로 권속에 있는 사람들(10절),

③ "나깃수의 가족 중에 주 안에 있는 자들"(11절),

④ "아순그리도와 블레곤과 허메와 바드로바와 허마와 및 그들과 함께 있는 형제들"(14절),

⑤ "빌롤로고와 율리아와 또 네레오와 그의 자매와 올름바와 그들과 함께 있는 모든 성도"(15절),

⑥ 그리고 16장에 나타난 개인들은 상기한 다섯 그룹에 속하지 않고 서로 다른 회중에 속해 있었던 것 같다.

아마 이들은 로마 전역에 흩어져서 가족과 가까운 형제나 친구, 이웃들과 함께 모인 '가정교회' 들인 것 같다.

"너희가 거룩하게 입맞춤으로 서로 문안하라 그리스도의 모든 교회가 다 너희에게 문안하느니라"(16절)

이제 마지막으로 로마 교인들을 일일이 다 거명할 수 없어서 서로 거룩한 입맞춤의 인사로 문안하라고 당부하면서, 또한 다른 곳에 흩어져 있는 모든 그리스도의 교회가 문안 인사한다는 사실을 알리고 있다.

우리는 로마서에 문안 인사의 글이 길게 쓰인 것은 단순히 사람들의 명단을 나열한 것보다는 중요한 교훈을 주려는 목적이 있었던 것을 깨닫게 된다. 그것은 공동체 의식이다. 그 명단에는 서로 다른 그룹의 회중들이 있었고, 유대인과 로마인, 그리고 각 지역의 인종들이 섞여 있었으며, 또한 26명 중에서 여성이 9명이나 될 뿐 아니라 그들의 비중이 남성들보다 높다는 사실이다. 그리고 신분적으로 차이가 있는 사람들이 서로 섞여 있는 것을 볼 수 있다.

이렇게 다양한 사람들이 섞여 있음에도 불구하고 그 이름들을 거론하면서 문안 인사를 하기를 요청한 것은 모든 사람은 "그리스도 안에서", 또는 "주 안에서" 하나라는 사실을 주지시키려는 것이다. 즉 모든 신자는 그리스도 안에서 하나의 거룩한 신앙 공동체라는 것이다. 비록 인종은 다르고, 신분, 성별이 다르다 할지라도 하나의 공동체를 이루어 하나의 목적을 향하여 달려가야만 한다는 것을 교훈하고 있다.

(3) 배운 교훈을 거슬러 분쟁을 일삼고 형제들을 실족하게 하는 자들에게서 떠나라(17-20절)

본 단락은 주제의 흐름상 어울리지 않는 것처럼 보이지만 사실은 앞에서 열거하던 '신앙 공동체'에 관한 같은 이야기를 하는 것이다. 앞 단락에서는 거룩한 신앙 공동체를 건설함에 있어서 상기했던 많은 사람들이 수고했던 반면, 본 단락에서 말하는 사람들은 공동체를 파괴하는 사람들이기에 그들에게서 떠나라는 것이다.

이는 14장에서부터 권면해 오던 견해 차이로 인한 공동체의 분쟁을 말하기보다는 전문적으로 공동체의 분쟁을 일삼고 파괴시키려는 거짓 교사와 같은 자들을 경계하라는 말씀이다.

① 공동체를 파괴하는 자들을 살피고 떠나야 한다.
"형제들아 내가 너희를 권하노니 너희가 배운 교훈을 거슬러 분쟁을 일으키거나 거치게 하는 자들을 살피고 그들에게서 떠나라"(17절)
공동체를 파괴시키는 사탄의 도구 같은 사람들의 특징은 다음과 같다.
첫째는 그들은 신자들이 배운 교훈을 거역하는 자들이다. '너희가 배운 교훈'($\tau\grave{\eta}\nu$ $\delta\iota\delta\alpha\chi\grave{\eta}\nu$ $\H{\eta}\nu$ $\acute{\upsilon}\mu\epsilon\hat{\iota}\varsigma$ $\acute{\epsilon}\mu\acute{\alpha}\theta\epsilon\tau\epsilon$)이란 본서를 비롯하여 사도들을 통하여 주었던 진리들이다. 이는 사도의 전승을 따라 주어진 '건전한 교리'(sound doctrine)로서 그리스도 중심, 복음 중심의 진리를 말한다(딛1:9). 가깝게는 14장에서부터 진술해 왔던 '공동체 건설'이라는 진리를 일컫기도 한다. 그런데 초대교회 때부터 지금까지 교회사 속에서 사도들에게서 배웠던 '건전한 교리'를 거슬리거나 벗어나서 "여러 가지 다른 교훈"이나(히 13:9), "귀신의 가르침"(doctrines of devils)을 전하는 무리들이 있어 왔다 (딤전4:1, 계2:14, 15).

둘째는 그들은 분쟁과 장애물을 만들어 내는 자들이다. '분쟁'($\tau \grave{\alpha} \varsigma$ $\delta \iota \chi o \sigma \tau \alpha \sigma \acute{\iota} \alpha \varsigma$)은 원래 '갈라진 틈'을 뜻하여 루터(M. Luther)는 '옷의 꿰매었던 자리를 잡아 뜯는다'(zertrennung)는 의미로 번역을 했다.

교회는 그리스도의 몸으로서 불화와 분쟁이 일어날 수 없음에도 불구하고(고전12:25) 간혹 성도들 간에 이간질을 시키고 불화를 조장하여 공동체 정신이 깨어지고 무너지게 만드는 악한 자들이 있다.

또한 '거치게 하는 자들'($\tau \grave{\alpha}$ $\sigma \kappa \acute{\alpha} \nu \delta \alpha \lambda \alpha$)이란 원래 짐승을 잡기 위해 덫을 열어 놓는 나무토막을 가리키는 말로 '실족케 하는 것'(offense), '거침돌'(stumbling blocks)을 뜻하여 다른 사람을 파멸시키는 덫을 말한다.

공동체 안의 형제를 실족시키고 불행하게 만드는 악마 같은 자들이 있는 것이다. 어떤 자들은 의도적으로 분쟁을 일삼고 형제들을 실족시키는 일을 자행하지만 많은 경우 미련하고 깨닫지 못하여 분별없는 행동을 통하여 공동체를 분란에 빠뜨리고 형제들을 실족시켜 망하게 하는 자들이 있다.

우리는 먼저 이와 같은 행동을 습관적으로 하는 사람들을 '살펴야' 한다. 여기 '살피다'($\sigma \kappa o \pi \acute{\epsilon} \omega$)라는 말은 '관찰하다'(to observe), '속속들이 알아보다'(to scrutinize)는 뜻으로 무엇이든지 예사롭게 보아 넘기지 않고 정밀하게 살피고 상황을 정확하게 숙지하라는 말이다.

우리는 사람들의 말과 행동을 자세히 살피고 눈여겨 볼 필요가 있다(빌3:17). 그러나 많은 경우 어린아이 신자들이 "사람의 속임수와 간사한 유혹에 빠져 온갖 교훈의 풍조에 밀려 요동하는"(엡4:14) 것과 같은 행동을 하는 사람들을 많이 보게 된다.

옳고 그름을 자세히 살펴보고 진리와 비진리를 따져 본 후에 판단해야 함에도 몇 마디 말에, 아첨과 미혹의 말에 휩쓸려 분쟁과 분당을 만드는 경우가 얼마나 많은지 모른다. 우리는 사람들의 말과 행동이 성경적인지 정확하게 살펴보고 따져보는 분별력이 있어야 한다(히5:14).

다음으로 잘못된 자들에게서 떠나야 한다. '떠나다'($\acute{\epsilon} \kappa \kappa \lambda \acute{\iota} \nu \omega$)는 '어떤 사람으로부터 벗어나다'(to come away from someone), '~을 피하다'(to shun), '가까이하지 않다'(to avoid)는 뜻으로 언제든지, 그리고 얼마든지 단절해야 함을 명령하는 것이다.

사람이 누구와 동행하느냐가 중요하다. 울분(鬱憤)을 품은 자와 동행하면 함께 분노에 사로잡히고(잠22:24), 악인과 동행하면 악해지는 것이다(시

1:1). 공동체를 분열시키는 자와 어울리면 자신도 모르게 공동체 파괴자로 전락하게 되는 것이다. 하나님의 말씀과 목적에 맞지 않는 자라면 과감하게, 그리고 결단력 있게 단절하고 떠나야 한다.

인간적 의리(義理) 때문에 못 떠난다. 도대체 신앙인에게 인간적 의리가 무엇인가? 무엇 때문에 거룩한 부르심의 부름을 받았는가? 신앙인에게 있어서 인간적 의리와 인간적 관계보다 우선 되어야 할 것은 하나님의 말씀이요, 하나님의 뜻인 것이다.

② 그들은 자기의 배만 챙기는 자들로 순진한 자들을 미혹한다.
"이 같은 자들은 우리 주 그리스도를 섬기지 아니하고 다만 자기들의 배만 섬기나니 교활한 말과 아첨하는 말로 순진한 자들의 마음을 미혹하느니라"(18절)

왜 그들을 떠나야 하는 지 그 이유($\gamma\grave{\alpha}\rho$)를 밝히고 있다. 신앙 공동체를 혼란에 빠뜨리고 성도들을 실족시키는 자들은 솔직히 그리스도를 섬기는 자들이 아니다. 그리스도를 섬기는 자들은 자기를 위하여 사는 자 없다. 신앙인은 "살아도 주를 위하여 살고 죽어도 주를 위하여 죽는" 자들이다(롬 14:7-8).

그렇다면 당연히 주님의 뜻과 목적을 위하여 사는 자이며 주의 말씀에 순종하는 자들이다. 앞에서 설명했던 것처럼 '성령 안에서 하나된' 공동체 건설에 목적을 두지 않거나, '세우는 사역'($o\grave{\iota}\kappa o\delta o\mu\acute{\eta}$)에 헌신하지 않는다면 그는 분명히 '자신의 배만 위하여' 행동하는 자들이다.

여기 '자기의 배만'($\tau\hat{\eta}$ $\acute{\epsilon}\alpha\upsilon\tau\hat{\omega}\nu$ $\kappa o\iota\lambda\acute{\iota}\alpha$)이라는 말은 '이기적인 탐욕', 즉 모든 것을 자신의 이권(利權)에 초점을 맞추어 행동하는 인간들이다. 겉으로는 가장 성경적이고 정의로운 것 같지만 속으로는 더러운 탐욕에 사로잡혀 분란을 일으키는 자들이다(갈4:17, 빌3:18-19).

그들은 교활하고 아첨하는 말로 순진한 사람들의 마음을 미혹하는 자들이다. '교활한 말'($\tau\hat{\eta}s$ $\chi\rho\eta\sigma\tau o\lambda o\gamma\acute{\iota}as$)이란 '번드르르하고 그럴 듯한 말'(smooth, plausible speech), '다정하고 환심을 사는 말'(fair and insinuating speech)로서 말은 잘 하지만 속으로는 악하게 행동하는 사람의 말을 가리킨다. 그들은 신성하고 매우 종교적인 말을 하지만 그 허울 뒤에서 악한 영향력을 끼치고, 직접적인 충돌이 아니라 교활한 방법으로 잘못된 길로 인도하며, 그리스도를 섬기는 체 하나 실상은 신앙을 파괴하는 사람들이다. 또한 '아첨하는 말'($εὐλογίας$)은 진실성이 없는 '좋은 말'(fine speaking), '진실성이 결여된 세련된 말'(false eloquence), '감언이설' (甘言利說, flattery)이라는 뜻으로 상대방의 마음을 빼앗고자 하여 그럴듯하고 아주 감미로운 말을 하지만 사실은 그를 유혹하기 위하여 하는 위장술일 뿐이다.

거대한 하나님의 뜻을 생각하지 않고 오직 자신의 이권에만 사로잡힌 자들은 교활하고 아첨의 말을 하지만 사실은 상대방을 속여 자기의 이익의 도구로 사용하는 것이다. 악의가 없이 천진난만하고, 의심하지 않는 순수한 사람의 마음을 미혹하여 빼앗으려는 것이다.

분별력이 없고 경계심이 부족한 순진한 사람들은 교활하고 아첨의 말을 너무나 쉽게 받아들이는 경향이 있다. 그러므로 빨리 장성하여 "선악을 분별하는" 능력을 길러야 한다(히5:14).

우리는 양의 탈을 쓴 이리 같은 인간들이 다가와서 주의 이름으로 말한다고, 또는 가장 의로운 척 말한다고 전부 믿어서는 안 되는 것이다. 우리는 겉과 속이 다른 인간, 말과 목적이 다른 거짓된 사역자, 또한 가짜 신자들을 가려내는 분별력을 길러야 한다. 그리고 그들을 멀리하고 경계하며, 오히려 바로 잡아줄 수 있는 실력을 키워야 한다.

③ 너희는 선한 것에 지혜롭고 악한 것에는 미련해야 한다.

"너희의 순종함이 모든 사람에게 들리는지라 그러므로 내가 너희로 말미암아 기뻐하노니 너희가 선한 데 지혜롭고 악한 데 미련하기를 원하노라" (19절)

한글성경에는 나타나 있지 않지만 이유를 묻는 접속사 '왜냐하면'($γὰρ$)이 나온다. 그것은 앞 절에서 신자들 주변에는 항상 배운 교훈을 거슬려 분쟁을 일삼는 자들이 있고 그들은 교활하고 아첨한 말로 '순수한' 사람들을 미혹한다는 것을 경계했었다.

그런데 바로 로마교회 교인들이 '순수한 자들'이라고 칭찬하고 있다. 즉 가르쳐주었던 복음과 교훈들을 순수한 마음으로 받아들여 순종하는 자들이라는 소문이 온 기독교 세계에 널리 퍼졌기 때문이다. 바울은 이러한 순수한 신앙과 평판에 기뻐하였다.

'그러나'($\delta\acute{\epsilon}$, 19절하), 순수한 마음과 자세를 갖는 것은 좋지만 너무나 분별력이 없이 순진하여 거짓된 자들의 밥이 되어서는 안 된다. 오히려 선악을 분별할 수 있는 분별력과 능력을 길러서 선한 것에는 지혜를 갖고 악한 것에 대해서는 미련하라는 것이다.

여기 '선한 것'($\tau\grave{o}$ $\dot{\alpha}\gamma\alpha\theta\acute{o}\nu$)은 지금까지 진술하였던 복음과 교훈한 가르침들, 가깝게는 15:2에서 '선을 이루고 사람을 세우는 사역'을 가리킨다. 신자는 선한 것에 관련된 것들에 대하여는 지혜로워야 한다. '지혜롭다' ($\sigma o\phi o\grave{v}\varsigma$)는 말은 단순히 지능적인 면에서 지혜롭다는 말이 아니라 선과 악, 진리와 비진리, 참과 거짓을 분별함에 있어서 지혜롭고 현명하면서 노련하다는 말이다. 선한 것이 무엇인지 정확하게 분별하여 적절하게 대처할 수 있는 지혜와 능력이 필요한 것이다.

반면에 '악한 것'($\tau\grave{o}$ $\kappa\alpha\kappa\acute{o}\nu$)에 관련하여서는 미련하라는 것이다. '미련하다'($\dot{\alpha}\kappa\epsilon\rho\alpha\acute{\iota}o\upsilon\varsigma$)는 말은 '혼합되지 않은'(unmixed), '섞은 것이 없는' (unsophisticated), '결백한'(innocent)이라는 뜻으로 다른 이물질(異物質)이 들어가지 않은 순수한 상태를 가리킨다. 악한 일에 대하여는 전혀 오염되지 않고 순수한 신앙의 상태를 유지하도록 힘써야 한다는 말이다.

'지혜'와 '순수함'은 그리스도의 제자들이 갖추어야 할 가장 중요한 덕목 중에 하나이다. 하나님의 계획과 목적이 무엇인지, 신자가 추구해야 할 사역이 무엇인지, 왜 공동체를 세워야 하는지, 어떻게 해야 건강한 공동체를 건설하여 하나님의 목적을 성취할 수 있는지...등을 정확하게 이해하고 분별하는 것이 대단히 중요하다.

뿐만 아니라 그 기본 진리와 정신, 신앙 자세가 거짓과 악에 오염되지 않는 것도 중요한 일이다. 항상 문제가 되는 것은 세월이 지나면서 처음의 순수성이 변질되고 오염된다는 것이다. 우리는 어떤 일이 있어도 거짓되고 악한 것에 물들거나 변질되어서는 안 된다. 그리하려면 항상 성경의 정신으로 돌아가고, 초대교회 사도들의 가르침을 회복하려고 노력해야 한다.

④ 평강의 하나님이 속히 사탄을 너희 발아래 상하게 하실 것이다.

"평강의 하나님께서 속히 사탄을 너희 발아래에서 상하게 하시리라 우리 주 예수의 은혜가 너희에게 있을지어다"(20절)

우리가 깊이 명심하고 기억해야 할 것이 있다. 그리스도의 몸인 신앙 공동체를 분열시키고 형제들을 실족시키는 일을 자행하는 사람들의 배후에는 항상 '사탄'이 역사하고 있다는 사실이다.

자신은 주를 위하여, 또는 정의를 위하여 행동하는 것 같지만 사실은 공동체를 무너지게 하고 하나님의 나라와 사업을 망하게 하려는 사탄의 전략인 것이다. 사탄, 즉 마귀는 오늘도 간교한 계교를 가지고 삼킬 자를 찾아서 우는 사자처럼 다니고 있다(벧전5:8). 사람들을 도구로 사용하여 '마귀의 정죄'로(딤전3:6), '마귀의 올무'(딤전3:7)로 역사하고 있다. 하나님의 목적이 성취되지 못하도록 활동하고 다니는 것이다.

그러나 평강의 하나님이 속히 사탄을 우리의 발아래서 상하게 하실 것이다. 여기 '상하게 하다'(συντρίβω)는 '부서뜨리다'(to rub together), '박살내다'(to crush)는 뜻으로 하나님께서 사탄의 계교와 이루어낸 일들을 전부 부서뜨려서 신자들 발아래 놓게 하실 것이다.

마귀의 일을 멸하려고 세상에 오신 예수님께서(요일3:8) 이미 십자가로 마귀의 세력을 무력화시키셨다(골2:15, 히2:14). 이제도 '속히' 사탄의 계략들을 산산이 부서뜨릴 것이다. 뿐만 아니라 최종적으로 마지막 날 마귀와 거짓 선지자들은 '불 못'에 던짐을 받게 될 것이고 그리스도와 그 군대는 승리할 것이다. 그 날을 바라보며 전신갑주로 무장하고 힘써 싸워 매일의 삶에서 승리하자.

(4) 함께 있는 형제들의 문안 인사를 받아주라(21-23절)

이제 편지를 마무리 하면서 함께 있는 동역자와 지역교회 신자들의 이름으로 문안 인사를 하고 있다.

"나의 동역자 디모데와 나의 친척 누기오와 야손과 소시바더가 너희에게 문안하느니라"(21절)

바울은 디모데를 자신의 '동역자'로, 또는 '믿음 안에서 참 아들'(딤전1:2)이라고 불렀으며 매 서신에서 그의 이름이 거명될 정도로 가장 가까운 사역 동반자로 보았다. 그는 바울이 서신을 기록할 때마다 함께 하였고(고후1:1, 빌1:1, 골1:1, 몬1), 사역을 대신하여 담당하기도 하였고(딤전1:2-3), 선교 여행에 함께 동행 하였고(행20:2-3), 함께 사역할 때에 마치 자식이 아버지에게 함같이 함께 복음을 위해 수고해 준 신실한 아들이었다(빌2:22). 이런 동역자가 곁에 있다는 것은 정말 큰 힘이 되는 것이다.

"이 편지를 기록하는 나 더디오도 주 안에서 너희에게 문안하노라"(22절)

'더디오'(Tertius)가 이 편지를 기록하였다는 것은 바울은 불러주고 '더디오'는 대필한 것 같다. 그는 바울이 신임했던 비서였던 것 같다.

"나와 온 교회를 돌보아 주는 가이오도 너희에게 문안하고 이 성의 재무관 에라스도와 형제 구아도도 너희에게 문안하느니라"(23절)

여기 '돌보아 주는'(ὁ ξένος)이란 말은 보통 '나그네'를 뜻하지만, 본 절에서는 손님을 대접하는 '식주'(食主, host), '따뜻한 대접을 하는 사람'(one who extends hospitality)을 뜻하여 바울뿐만 아니라 온 교회에 따뜻한 식사와 휴식을 취할 수 있도록 배려해 준 것을 말한다.

아마 그는 바울이 세례를 베푼 고린도의 가이오(고전1:14)로 전도자들과 믿음의 형제들을 환대해 주었을 뿐만 아니라 자신의 집을 성도들의 모임의 장소로 내어놓은 듯하다.

'에라스도'(Erastus)는 제삼차 전도여행 중에 바울을 도와 수고했던 사람 중에 하나로 언급하고 있다(행19:21-22). 그는 고린도의 재무관이었다. 그의 직급이 어느 정도인지는 알 수 없으나 지방 도시의 재정 업무를 맡아서 일하는 중에서도 선교 사역을 하는 바울을 도왔다는 것은 정말 아름다운 모습이다. 하나님의 나라를 건설함에 있어서 이렇게 복음을 위해 수고하는 동역자 '디모데', 성도들을 환대해 주었던 '더디오', 공무(公務) 중에서도 시간을 내어 사역자를 도와 헌신했던 '에라스도'와 같은 사람들이 있었기에 이루어질 수 있었던 것이다.

(5) 영원한 계획에 따라 복음과 예수 그리스도를 전파하게 하신 하나님께 영광 돌리라(25-27절)

사도 바울은 로마서 서론에서 '복음'을 주제로 하여 설명했었는데, 이제 마지막 종결부에서도 '복음'을 주제로 하여 마치고 있다. 서론에서 복음에 대하여 "선지자들을 통하여"(1:2), "모든 이방인 중에서", "믿어 순종하게 하시니"(5절), "너희를 견고하게 하려 함이니"(11절)라고 설명했었는데, 종결부에서도 같은 말들을 사용하고 있다.

로마서 전체가 복음이 무엇이냐를 설명하려는 것이었기에, 다시 한 번 요약하여 설명하고, 복음을 허락하신 하나님께 영광을 돌리는 것은 당연하다고 본다. 이제 본문 해설은 한글성경 순서를 따르는 것보다 헬라어 원문을 따라 하려고 한다. 그것이 본문을 이해하는데 도움이 될 것 같다.

"나의 복음과 예수 그리스도를 전파함은 영세 전부터 감추어졌다가"

"이제는 나타내신 바 되었으며 영원하신 하나님의 명을 따라 선지자들의 글로 말미암아 모든 민족이 믿어 순종하게 하시려고 알게 하신바 그 신비의 계시를 따라 된 것이니 이 복음으로 너희를 능히 견고하게 하실"

"지혜로우신 하나님께 예수 그리스도로 말미암아 영광이 세세무궁토록 있을지어다 아멘"(25-27절)

① 복음으로 너희를 능히 견고하게 하시는 하나님께 영원토록 영광이 있을지어다.

헬라어 본문은 한글성경과 달리 문단 제일 앞에 '너희를 능히 견고하게 하실 이에게'(Τῷ δέ δυναμένῳ ὑμᾶς στηρίξαι)라는 문장으로 시작하고 있다. 이는 27절 상반절에 같은 여격 표현으로 되어 있는 "지혜로우신 하나님께"(μόνῳ σοφῷ θεῷ)와 연결되어 있는 병행구로 해석해야 한다.

그러므로 이것을 연결시키면 '너희를 능히 견고하게 하실 이에게 영원토록 영광이 있을지어다' 라는 문장이 되는 것이다. 여기 '견고하게 하다'(στηρίζω)라는 단어의 중심은 '지지하다'(to support), '견고하게 만들다'(to make firm), 정치적인 면에서 '평화로운 상태로 회복하다'(to pacify), 우주론적으로 어지럽혀진 것을 '고정하다'(to fix), '안전하게 하다'(to secure), 의학적인 면에서 약을 써서 '강하게 하다'(to strengthen), 법률적으로 질서를 '확립하다'(to establish)는 뜻으로 어떤 혼돈과 파괴 된 것에서 똑 바로 세우고, 회복하고, 강하게 만들어 준다는 말이다.

살전3:13에서는 그리스도의 재림의 때에 흠 없이 굳게 세워준다는 뜻으로, 살후3:3에서는 윤리적인 면에서 악한 자에게서 똑바로 세워 지켜준다는 뜻으로, 계3:2에서는 영적인 죽음으로부터 보존한다는 뜻으로, 롬1:11에서는 영적 은사를 통하여 견고하고 굳건히 세워준다는 뜻으로 사용되어졌다. 인간을 인간답게, 신앙인을 신앙답게 회복시키고 똑바로 세워주는 것은 기독교가 감당해야할 과제이며, 신자들이 성취해 내야할 사명이다. 우리는 우주와 역사, 사회와 인간들을 올바르고 정상적인 상태로 세워놓아야 한다. 이 일을 성취할 수 있는 길은 바울이 전한 "나의 복음"과 "예수 그리스도의 전파함"을 통하여 이루어질 수 있는 것이다. '나의 복음'이란 지금까지 사도 바울이 로마서에서 증거한 복음을, 그리고 '예수 그리스도의 선포'($\tau \grave{o}$ $\kappa \acute{\eta} \rho \nu \gamma \mu \alpha$)는 예수 그리스도에 관하여 선포된 복음의 내용, 또는 선포된 행동을 가리킨다. 한 마디로 예수 그리스도로 말미암아 성취 되어지는 복음의 내용만이 세상과 인간들, 또한 신자들의 신앙까지도 견고하게 세워줄 수 있는 것이다. 특히 여기 '능히'라는 말로 번역되어 있는 '뒤나메노'($\delta \nu \nu \alpha \mu \acute{\epsilon} \nu \omega$)는 현재 중간태 분사로 하나님께서는 계속해서 지금도 복음을 통하여 성도들의 신앙을 흔들림이 없이 세워주시는 분이라는 것을 말하고 있다(살후3:3, 벧전5:10).

"다른 복음은 없다"(갈1:7). 오직 예수 그리스도의 복음만이 바른 믿음 위에 굳게 세우고 견고하게 만들 수 있다. 거짓된 사람들이 우리를 혼란에 빠뜨리기 위하여 그리스도의 복음을 변질시킬 뿐이다.

② 복음은 영원 전부터 비밀로 감추어져 있던 것이다.

복음과 예수 그리스도에 관한 것은 "영원 전부터 감추어진 비밀"이라는 것이 사도 바울의 줄기찬 주장이었다(고전2:7, 엡3:9, 딤후1:9, 딛1:2). 여기 '감추어졌다'($\sigma \epsilon \sigma \iota \gamma \eta \mu \acute{\epsilon} \nu o \nu$ - $\sigma \iota \gamma \acute{\alpha} \omega$의 완료 수동태 분사)는 단어가 완료형 분사인 것은 '침묵의 상태'(a state of silence)가 오래토록 유지되어 왔다는 것을 강조한다. 비록 구약 선지자들에게 일부분, 또는 약간 보여주었지만 그 핵심 내용은 그리스도께서 오시기까지 침묵을 지켰던 것이다(사48:6-7). 그래서 그것을 '비밀'($\mu \nu \sigma \tau \acute{\eta} \rho \iota o \nu$)이라고 말하는 것이다.

'비밀'은 신약 성경의 전형적인 계시 용어로 예수 그리스도와 함께 하나님의 구원 계획과 그 목적, 그리고 그것을 성취하는 경륜하심을 전부 비밀에 간직해 두셨던 것이다. 바울은 이 비밀은 "이 세대의 통치자들이 한 사람도 알지 못하였나니"(고전2:8)라고 했다. 그것은 "만물을 회복하실 때까지는 하늘이 마땅히 그를 받아 두었기"(행3:21) 때문이었다.

③ 복음은 이제 계시를 따라 선지자의 글을 통해 나타내었다.

'그러나 이제는'($\delta \grave{\epsilon}$ $\nu \tilde{\nu} \nu$), '이제'라는 말은 예수 그리스도께서 세상에 나타난 때(딤후1:10), 또는 구약적 구속 경륜의 마지막 시간인 "이 모든 날의 마지막" 때를 가리킨다(히1:2). 비밀에 감추어져 있던 하나님의 구속 계획이 나타나기 시작하였다.

여기 '나타나신 바 되었으며'(φανερωθέντος)는 '분명히 나타내다'(to manifest), '드러내다'(to reveal)는 뜻으로 하나님께서 주시는 "계시를 따라"(κατὰ ἀποκάλυψιν) 세상 사람들에게 드러내 보여준 것을 가리킨다. 하나님의 구속 계획과 복음은 비밀로 감추어졌던 것인데 계시를 따라 보여주기 시작하였다. 일차적으로는 영원하신 하나님께서 선지자들에게 명하여 예언서의 글에 기록하여 드러날 수 있도록 하셨다.

한 예로 이사야 선지자는 알지 못했던 "은비한 일"로서 "나와 그의 영을 보내신다"(사48:6, 16)고 예언했고, 고난의 종의 이야기를 통하여 메시아의 구속에 관한 것을 예언하도록 하셨다(사53장). 그러나 이것은 희미한 계시에 불과했었다.

이차적으로 하나님께서는 사도 바울과 신약의 저자들을 통하여 더욱 확실하게 계시하여 드러내고 알려지게 하셨다(골1:26). 사도 바울은 "계시로 내게 비밀을 알게 하신 것을 내가 먼저 간단히 기록함과 같으니 그것을 읽으면 내가 그리스도의 비밀을 깨달은 것을 너희가 알 수 있으리라"(엡3:3-4)고 말하여 자신은 하나님의 구속 계획을 구체적으로 알게 되었다고 증언하고 있다. 그래서 그는 감히, 그렇지만 담대히 "나의 복음"이라고 말할 수 있었던 것이다.

④ 복음은 모든 민족으로 알게 하려는 목적이 있다.

감추었던 복음의 비밀을 밝히 드러나게 하신 목적은 "모든 민족으로 알게" 하시려는 것이다. 여기 '알게 하다'(γνωρίζω)는 '알게 하다'(to make known), '드러내다'(to reveal), '밝히다'(to declare)는 뜻으로 과거에는 알지 못했던 것을 가르쳐 주고 알려 주므로 사람들로 이해시켰다는 말이다(요15:15, 17:26).

하나님께서는 모든 민족, 즉 모든 이방인들이 '그 뜻의 비밀을 알게 되기'(엡1:9)를 원하셨고 계획하셨다. 그리하여 전도자와 교회를 통하여 복음의 비밀을 알리고 선포해야 할 사명을 주신 것이다(엡3:10, 골4:3-4). 바울은 자기는 이 복음의 비밀을 알리는 일을 위하여 '선포자와 사도와 교사로 세우심을 입었다'(딤후1:11)고 고백하였다.

그러므로 교회는 그리스도로 말미암아 이루어진 구원의 비밀을 세상 모든 민족들, 지역과 인종을 초월하여 모든 사람들이 알 수 있도록 '전하고' '드러내고' '알려야' 한다(엡3:8-10). 그리하여 보냄 받은 전도자는 가서 '눈먼 자를 보게' 하는 사역을 전개해야만 한다(눅4:18, 행26:18). 이것이 그리스도 안에서 성취하시기를 원하시는 하나님의 영원한 목적인 것이다(엡3:11).

⑤ 복음은 믿어 순종하게 하려는 것이다.

복음의 비밀을 드러내는 또 하나의 목적은 "믿어 순종하게" 하려는 것이다. 이는 1:5에서 "모든 이방인 중에서 믿어 순종하게 하나니"라고 이미 진술했던 내용이다. 여기 '믿어'($\pi i \sigma \tau \epsilon \omega s$)가 소유격으로 쓰여 진 것은 '믿음으로부터 생겨난 순종'이라는 뜻을 나타내는 것으로 볼 수 있다.

구원은 마음으로 믿고 입으로 예수를 주로 시인할 때에 이루어지는 것이기 때문이다(10:9-10). 믿음은 율법의 행위로 의롭게 될 수 없는 인간들에게 하나님께서 새롭게 마련하신 구원의 전략으로 '예수 그리스도를 믿음으로 말미암아 모든 믿는 자에게 미치는 하나님의 의로서 유대인이나 이방인에게 차별이 없게 하신 것'(롬3:22)이다.

하나님이 마련하신 복음, 즉 믿음의 법을 통하여 거저주시는 하나님의 은혜에 참여하게 하신 것이다. 누구든지 마음으로 믿어 입으로 시인만 하면 구원의 은총을 받게 하신 것이다. 그러므로 전도자들은 이러한 복음을 널리 전파하는 사명을 열심히 감당해야 한다.

⑥ 홀로 지혜로운 하나님께 영원토록 영광이 있을지어다.

이제 마지막으로 하나님께 영광을 돌리고 있다. '홀로 지혜로우신 하나님' ($\mu \acute{o} \nu \omega \ \sigma o \phi \tilde{\omega} \ \theta \epsilon \tilde{\omega}$)은 이미 11:33에서 해석한 것처럼 지혜는 은밀하게 감추어진 하나님의 비밀로서 만세 전에 정하신 '하나님의 계획'을 가리킨다(고전2:8). 인간이 상상할 수 없는 이 놀라운 지혜로운 계획은 오직 홀로 지혜로우신 하나님이 준비하셨고 성취되도록 역사하셨고 또한 적용되기 위하여 역사하신 것이다.

그러므로 예수 그리스도로 말미암아 이렇게 놀라운 지혜로운 것을 계획하시고 실행하신 하나님을, 또한 그의 지혜를 찬양하며 세세무궁토록 영광을 돌리는 것은 당연하다. 인류 구원을 위하여 위대하신 계획을 펼치신 하나님의 지혜를 찬양한다. 그리고 그에게 영원토록 영광을 돌린다. 아멘.

우리는 16장에서 사도 바울이 마지막 문안 인사와 함께 송영으로 끝나는 긴 문장을 살펴보았다. 그러나 그 내용은 단순한 문안 인사를 나누는 것이 아니라 분명한 메시지가 담겨 있는 문안 인사였다. 14-15장에서 중점적으로 다루었던 주제 '신앙 공동체 건설'이라는 개념을 인사 형식으로 한 것이었다.

신앙 공동체가 음식과 날짜와 같이 사소한 문제로 분쟁과 분열에 휩싸여 파괴되는 것은 바로 하나님께서 교회 공동체를 통하여 성취하기를 원하시는 목적을 무너뜨리는 결과를 낳게 된다고 했다.

그러므로 하나님의 나라라는 큰 그림을 그리면서 서로 용납하라고 권면했었다. 바로 16장은 건강하고 성장하는 신앙 공동체를 건설함에 있어서 거론되었던 인물과 같이 수고하는 일꾼들 때문에 이루어진다는 사실을 암시해 주었다.

공동체 건설을 위해 수고한 사람들을 알아주고 칭찬하는 것은 당연한 일이다. 그리고 17-20절에서 공동체를 파괴하는 거짓된 신앙들을 경계할 것을 권한 것도 당연한 지침이었던 것이다.

우리는 하나님의 계획이라는 큰 그림을 볼 줄 아는 눈이 열려야 한다. 그리스도로 말미암아 인류를 구원하시기를 계획하신 하나님께서는 복음을 통하여 구속의 은혜에 참여하게 하시고, 또한 교회 공동체를 통하여 이 목적을 성취해 가도록 하신 것이다.

그러므로 사람 세우는 사역($o\grave{\iota}\kappa o\delta o\mu\acute{\eta}$)이 신자의 기본적 삶이 되어야 하며, 건강한 공동체를 건설하는 것이 하나님의 목적을 성취하는 첩경인 것을 명심해야 한다. 그리할 때에 모든 민족으로 복음을 믿어 순종하게 할 수 있으며 '만물을 충만하게 하는' 우주적 비전을 성취할 수 있는 것이다.

참고 도서

1. 성경과 사전

개역한글판 성경전서, 대한성서공회, 2001

개정개역 베스트 성경, 성서원, 2009

표준새번역 성경전서, 대한성서공회, 1993

공동번역 성서, 대한성서공회, 1977

한글킹제임스 스코필드 주석성경, 말씀보존학회, 1999

분해대조 로고스 성경, 장보웅 편저 도서출판 로고스, 서울, 1992

Nestle-Aland, *Novum Testamentum Graece*,
　　　　　Deutsche Bibelgesellschaft Stuttgart, Germany, 1979

George Ricker Berry,
　　　　　The Interlinear Literal Translation of The Greek :
　　　　　New Testament With the Authorized Version,
　　　　　Zondevan Publishing House, Grand Rapids,
　　　　　Michigan, 1971

Alfred Rahlfs, *Septuaginta,*
　　　　　Deutsche Bibelgesellschaft Stuttgart, Germany, 1935

The Holy Bible(Revised Standard Version), American Bible
　　　　　Society, 1952

The New English Bible, Cambridge at the University Press, 1972

The Jerusalem Bible, Darton, Longman & Todd Ltd, London,
　　　　　1974

The New Testament in Today's English Version, American Bible
　　　　　Society,1966

Spirit Filled Life Bible(New King James Version), Thomas Nelson
　　　　　Publishers, 1991

The Full Life Study Bible(New International Version), Zondervan
　　　　　Publishing House, Grand Rapids, Michigan, 1992

The Companion Bible(King James Version), Kregel Publications,
　　　　　Grand Rapids, Michigan, 1999

Dake's Annotated Reference Bible(King James Version),
　　　　　Dake Bible Sales, Lawreneeville, Georgia, 1991

Walter Bauer, William F. Arndt and F. Wilbur Gingrich, eds.,
　　　　　A Greek-English Lexicon of the New Testament
　　　　　and Other Early Christian Literature,
　　　　　The University of Chicago Press, Ltd., London, 1979

Francis Brown, S. R. Driver, C. A. Briggs, eds., *A Hebrew and*
　　　　　English Lexicon of the Old Testament, Clarendon
　　　　　Press, Walton Street, Oxford,

Ethelbert W. Bullinger, *A Critical Lexicon and Concordance*
　　　　　to the English and Greek New Testament, Zondervan
　　　　　Publishing House, Grand Rapids, MI, 1981

Fritz Rienecker, *A Linguistic Key To the Greek New Testament*,
　　　　　Regency Reference Library, Grand Rapids, Michigan,
　　　　　1980

Gerhard Kittel, eds., *Theological Dictionary of The New*
　　　　　Testament, Vol. X, trans. G.W.Bromiley,
　　　　　Wm.B.Eerdmans, Grand Rapids, Michigan, 1982

George Morrish, *A Concordance of the Septuagint*, Regency
　　　　　refernce Library, Zondervan Publishing House, Grand
　　　　　Rapids, Michigan, 1988

John R. Kohlenberger III, Edward W. Goodrick, James A.
　　　　　Swanson, *The Exhaustive Concordance to the Greek*
　　　　　New Testament, Zondervan Publishing House,
　　　　　Grand Rapids, MI, 1995

The Analytical Greek Lexicon, Harper & Row Publishers,
　　　　　NewYork,

James Hastings, ed., *A Dictionary of the Bible*, Vol. 5,
　　　　　Hendrickson Publishers, Peabody, Massachusetts, 1988

George A. Buttrick, eds., *The Interpreter's Dictionary of the*
　　　　　Bible: An Illustrated Encyclopedia, Abingdon Press,
　　　　　Nashville, 1982

2. 주석서

Allen Leslie C., *Romans*, The International Bible Commentary, Editor, F. F. Bruce, Marshall Pickering/Zondervan, Grand Rapids, Michigan, 1979

Barnes Albert, *Epistle to the Romans*, Notes on the New Testament Explanatory and Practical, Baker Book House, Grand Rapids, Michigan, 1978

Black Matthew, *Romans*, The New Century Bible Commentary, Wm. B. Eerdmans Publ. Co., Grand Rapids, 1984

Buttrick George A., eds., *Acts- Romans*, The Interpreter's Bible, Vol. 9, Abingdon, Nashville, Tennessee, 1982

Cranfield C. E. B., *The Epistle to the Romans*, The International Critical Commentary, Two Volumes, T. & T. Clark Ltd., Edinburch, 1975

Martin Ralph P., *Romans*, The New Bible Commentary: Revised, edted by D.Guthrie, J.A. Motyer, A.M. Stibbs, D.J. Wiseman, WM. B. Eerdmans Publishing Co., Grand Rapids, Michigan, 1970,

Morris Leon, *The Epistle to the Romans*, William B. Eerdmans Publishing Company, Grand Rapids, Michigan, 1998

Mounce Robert H., *Romans*, The New American Commentary: An Exegetical and Theological Exposition of Holy Scripture, Editor, E. Ray Clendenen, Broadman & Holman Publishers, 1995

Tourville Robert E., *The Acts of the Apostles* : a verse-by verse commentary from the classical pentecostal point of view, The House of Bon Giovanni, New Wilmington, PA., 1983

Witherington Ben Ⅲ, *Paul's Letter to the Romans*: A Socio-Rhetorical Commentary, William B. Eerdmans Publishing Company, Grand Rapids, Michigan, 2004

Barclay William, *The Letter to the Romans*, 로마서, 정혁저 역,
　　　기독교문사, 서울, 1977
Calvin John, 존 칼빈 신약성경주석, 요한복음 I , 로마서, 갈라디아서,
　　　존 칼빈 성경주석출판위원회, 신교출판사, 서울, 1978
Lloyd-Jones D. M., *Romans:* Atonement and Justification.
　　　속죄와 칭의, 로마서 강해, 제1권, 서문강 역,
　　　기독교문서선교회, 서울. 2000
　　　Assurance, 확신, 제2권 1999
　　　The New Man, 새사람, 제3권 1990
　　　The Law, 율법의 기능과 한계 , 제4권 1992
　　　The Son of God, 하나님의 자녀들, 제5권 2005
　　　The Final Perseverance of the Saints, 성도의 견인,
　　　제6권 2005
　　　God's Sovereign Purpose, 하나님의 주권적 목적,
　　　제9권, 1995
김복출, 로마서 주해, 도서출판 베다니, 서울, 1996
이상근, 로마서, 대한예수교장로회 총회교육부, 서울, 1969
이한수, 복음은 구원을 주시는 하나님의 능력, 이레서원, 서울, 2010
최선근, 물리학자가 본 로마서 1, 2, 도서출판 나눔사, 서울, 2001
그랜드 종합 주석(로마서, 고린도전서, 고린도후서), 성서교재주식회사,
　　　서울, 1996
옥스퍼드 원어성경대전(로마서 제1-8장), 제자원, 2005
옥스퍼드 원어성경대전(로마서 제9-16장), 제자원, 2005

3. 일반서적

Berkouwer G. C., *Divine Election*, trans. Hugo Bekker, Wm.B.
　　　Eerdmans publishing Co., Grand Rapids, Michigan,
　　　1960
Dake Finis Jennings, *God's Plan for Man*, Dake Bible Sales, Inc.,
　　　Lawrenceville, Georgia, 1977
Demarest Bruce, *The Cross and Salvation*, Crossway Books,
　　　Wheaton, Illinois, 1997

Evans William, *The Great Doctrines of the Bible,* Moody Press, Chicago, 1974

Fee Gordon D., *God's Empowering Presence: The Holy Spirit in the Letters of Paul,* Hendrickson Publishers, Peabody Massachusetts, 1994

Horton Stanley M., *Systematic Theology: A Pentecostal Perspective,* Logion Press, Springfield, Missouri, 1994

Johnson S. Lewis, Jr., *The Old Testament in the New: An Argument for Biblical Inspiration,* Zondervan Publishing House, Grand Rapids, MI, 1980

Klein William W., *The New Chosen People: A Corporate View of Election,* Academie Books, Grand Rapids, Michigan, 1990

Letham Robert, *The Work of Christ, Contours of Christian Theology,* Editor, Gerald Bray, InterVarsity Press, Downers Grove, Illinois, 1993

Martin Ralph P., *Reconciliation: A Study of Paul's Theology,* New Foundations Theological Library, Atlanta, John Knox Press, 1981

Morris Leon, *The Apostolic Preaching of the Cross,* Wm. B. Eerdman Publishing co. Grand Rapids, Michigan, 1965
  - *The Cross in the New Testament,* William B. Eerdmans Publishing Company, Grand Rapids, Michigan/ Cambridge, U.K., 1965

Pink Arthur W., *The Sovereignty of God,* 4th ed. Baker Book House, Grand Rapids, Michigan, 1930

Shank Robert, *Life in the Son: A study of the Doctrine of Perseverance,* Bethany House Publishers, Bloomington, Minnesota, 1989

- *Elect in the Son: A Study of the Doctrine of Election*, Bethany House Publishers, Bloomington, Minnesota, 1989

Vos Geerhardus, *The Pauline Eschatology*, Baker Book House, Grand Rapids, Michigan, 1979

Williams Ernest S., *Systematic Theology*, Gospel Publishing House, springfield, Missouri, 1953

Berkhof Louis, *Introduction to Systematic Theology*, 벌코프 조직신학, 상. 하, 권수경. 이상원 옮김, 크리스챤 다이제스트, 서울, 1994

Brueggemann Walter, *Theology of the Old Testament(Testimony, Dispute, Advocacy)*, 구약신학, 류호준 · 류호영 공역, 기독교문서선교회, 서울, 2003

Cullmann Oscar, *Christus und Zeit*, 그리스도와 시간, 김근수 역, 태학사, 서울, 1987

Dunn James D. G., *The Theology of Paul the Apostle*, 바울 신학, 박문재 역, 크리스챤다이제스트, 경기, 2003

Nee Watchman, *The Normal Christian Life*, 죄를 지어야 하느냐? (정상적인 그리스도인의 삶), 생명의말씀사, 서울, 1966

Ridderbos Herman , *Paul, An Outline of his Theology*, 바울 신학, 박영희 역, 비젼, 서울, 1988

Schreiner Thomas R., *The Law and Its Fulfillment: A Pauline Theology of Law*, 바울과 율법, 배용덕 역, 기독교문서선교회, 서울, 1993

Thiessen Henry C., *Lectures in Systematic Theology*, 조직신학강론, 권혁봉 역, 생명의말씀사, 서울, 2002

김성도, *개혁복음주의 오순절 신학 : 하나님의성회 신학적 관점*, 미출간

김희보, 구약신학논고, 예수교문서선교회, 서울, 1980

성종현, *신약성서의 중심 주제들*, 장로회신학대학교출판부, 서울, 1998